岩﨑一郎［編著］

［執筆］
上垣　彰
雲　和広
杉浦史和
鈴木　拓
徳永昌弘
堀江典生
溝端佐登史

市場経済化の理論と実証

比較経済論講義

移行経済研究の体系的レビューとメタ分析

日本評論社

目　次

序　論　**比較経済論講義**：その目的，方法及び各講義の狙いと概要
（岩﨑一郎）―――――――――――――――――――――――――1

1　目的　1
2　方法　3
　2.1　抽出推定結果のメタ統合　7
　2.2　文献間異質性のメタ回帰分析　9
　2.3　公表バイアスの検証　9
　2.4　体系的レビュー及びメタ分析対象文献の研究水準評価方法　14
3　各講義の狙いと概要　16
　参考文献　27

第Ⅰ部　計画経済の破綻と市場経済への移行戦略

第1講　**社会主義経済システムはなぜ破綻したのか**
：政治経済学からの接近（上垣　彰・杉浦史和・岩﨑一郎）―――――31

1.1　はじめに　31
1.2　破綻要因に関する有力説の摘出と分類　32
1.3　体系的レビュー対象文献の選択方法及び主張態度と文献属性の分類　38
1.4　主張態度と文献属性の相関関係：クロス表分析　45
1.5　重回帰分析による検証　49
　1.5.1　有力破綻要因の主張及び主張数と文献属性の相関関係　49
　1.5.2　特定破綻要因の主張と文献属性の相関関係　53
　1.5.3　悔悟論主張度，必然論主張度及び悔悟度と文献属性の相関関係　59
1.6　おわりに　59
　参考文献　65

iii

第2講　移行戦略論争：漸進主義対急進主義（岩﨑一郎・鈴木　拓）――――67

2.1　はじめに　67
2.2　文献探索方法及び体系的レビュー対象文献の概要　69
2.3　移行戦略論争の全体的構図　74
2.4　急進主義対漸進主義論争各派の主張内容　79
    2.4.1　急進主義派　79
    2.4.2　漸進主義派　81
    2.4.3　中立派　84
2.5　主張態度と文献属性の相関関係　85
2.6　おわりに：急進主義と漸進主義の二分法を超えて　94
    参考文献　98

第3講　市場経済移行と経路依存性：転換か進化か（溝端佐登史・堀江典生）
――――――――――――――――――――――――――――――105

3.1　はじめに　105
3.2　経路依存性概念と文献調査方法　106
    3.2.1　概念と方法　106
    3.2.2　基本抽出文献の特性　109
3.3　移行経済論における経路依存性論の系譜　112
    3.3.1　1990年代における位置づけ　112
    3.3.2　選定論文に見る理論的根拠　114
3.4　経路依存性支持度合いの統計・計量分析　117
    3.4.1　経路依存性の影響力　117
    3.4.2　経路依存性支持度の統計・計量分析　119
3.5　移行経済研究における経路依存性論　126
3.6　おわりに　129
    参考文献　130

第Ⅱ部　体制転換の社会的衝撃

第4講　転換不況と経済復興：Ｊカーブ型成長経路発生のメカニズム
（岩﨑一郎・雲　和広）――――――――――――――――――――139

4.1　はじめに　139
4.2　移行経済の危機と復興：四半世紀の軌跡　143
4.3　移行経済成長論争　146

目　次

4.3.1　経済システムの構造変化　147
4.3.2　体制移行政策　149
4.3.3　社会主義の遺制　151
4.3.4　インフレーション　152
4.3.5　地域紛争　153
4.3.6　メタ分析の必要性　154
4.4　メタ分析対象文献の探索・選択方法及び抽出推定結果の概要　155
4.5　メタ分析　157
4.5.1　全抽出推定結果のメタ統合　158
4.5.2　メタ回帰分析　161
4.5.3　構造変化及び体制移行政策のメタ分析　163
4.6　公表バイアスの検証　173
4.7　おわりに　179
　　　参考文献　181

第5講　体制転換と貧困：困窮化決定要因の推移（雲 和広）————187

5.1　はじめに　187
5.2　移行経済における貧困　188
5.3　サーベイ対象文献の範囲確定：文献検索作業手順　193
5.4　移行諸国における貧困研究のメタ分析　200
5.5　公開バイアスの検出と真の効果の有無　204
5.6　おわりに　206
　　　参考文献　210

第6講　混迷する社会と汚職：倫理破綻の要因と影響を探る
　　　　（鈴木 拓・溝端佐登史）————215

6.1　はじめに　215
6.2　移行経済における汚職の水準　217
6.3　汚職問題の理論的仮説　219
6.3.1　発生要因　220
6.3.2　影響要因　222
6.3.3　文化・価値観　223
6.4　検証手法・文献探索方法及び基本抽出文献の概要　224
6.5　検証結果　229
6.6　おわりに　237
　　　参考文献　240

第Ⅲ部　企業システムの大転換

第7講　私有化政策と企業再建：ポスト私有化期の所有構造と経営成果
（溝端佐登史・岩﨑一郎）————————————249

　7.1　はじめに　249
　7.2　ポスト私有化期の所有構造と経営成果：理論的考察と仮説　254
　　7.2.1　所有主体と経営成果　254
　　7.2.2　移行経済の特殊要因　259
　7.3　文献調査の手続き及び抽出推定結果の概要　264
　7.4　抽出推定結果のメタ統合　267
　7.5　研究間異質性のメタ回帰分析：ベースライン推定　274
　7.6　移行経済の特異性に関するメタ回帰分析　284
　　7.6.1　中東欧諸国の特異性　284
　　7.6.2　バウチャー私有化優先諸国の特異性　286
　　7.6.3　MEBO優先諸国の特異性　288
　　7.6.4　直接売却優先諸国の特異性　290
　　7.6.5　私有化政策進行速度の差異　290
　7.7　公表バイアスの検証　294
　7.8　おわりに　300
　　参考文献　304

第8講　社会主義的遺制と人事労務管理（堀江典生・雲 和広）————————309

　8.1　移行経済における人事労務管理　309
　8.2　文献調査方法と基本抽出文献の研究属性　311
　　8.2.1　文献調査方法　311
　　8.2.2　基本抽出文献の研究属性　313
　8.3　欧州移行諸国における人事労務管理研究における社会主義的遺制　317
　　8.3.1　移行問題の焦点　317
　　8.3.2　移行の決定要因の構図　319
　　8.3.3　問題群と文献属性の相関関係に関する仮説　326
　8.4　文献属性と移行要因評価の相関関係　328
　8.5　おわりに　332
　　参考文献　334

第9講　モノバンクから二層モデルへ：中央銀行独立性のインフレ抑制効果論争（上垣　彰・岩崎一郎）―――341

9.1　はじめに　341

9.2　中東欧・旧ソ連諸国の中央銀行改革：二層制と独立性　344

　　9.2.1　移行経済諸国における二層制銀行システムの創出　344

　　9.2.2　旧社会主義諸国における中央銀行の独立性　345

　　9.2.3　中央銀行独立性の確保・強化と銀行システム改革の進展：4つのタイプ　346

　　9.2.4　中央銀行独立性の確立・強化の多様性：エストニア，ロシア，キルギス，ハンガリーの事例　351

9.3　中央銀行独立性のインフレーション抑制効果：理論と実証　357

9.4　文献調査の手続き及び抽出推定結果の概要　364

9.5　移行経済研究と先進・開発途上国研究のメタ比較分析　366

　　9.5.1　抽出推定結果のメタ統合　366

　　9.5.2　研究間の異質性に関するメタ回帰分析　371

　　9.5.3　公表バイアスの検証　379

9.6　おわりに　382

　　参考文献　386

第Ⅳ部　経済開放と国際社会との共存

第10講　コメコン体制の崩壊と移行国の貿易（上垣　彰・雲　和広）―――393

10.1　はじめに　393

10.2「コメコン体制」の崩壊と貿易構造の転換　394

10.3　調査文献の概略　396

　　10.3.1　文献の抽出　396

　　10.3.2　分析対象文献の傾向　397

10.4　メタ分析の方針　398

10.5　調査対象論文の主張　402

10.6　メタ分析　404

　　10.6.1　抽出推計結果のメタ統合　404

　　10.6.2　公開バイアスの検出と真の効果の有無　407

10.7　おわりに　411

　　参考文献　414

第11講　市場経済移行と外国直接投資（FDI）：FDI 決定要因の比較分析

（徳永昌弘・岩﨑一郎）————————————419

11.1　はじめに　419

11.2　中東欧・旧ソ連諸国向け外国直接投資の決定要因：メタ分析対象文献の概要　422

    11.2.1　外国直接投資の決定要因　422

    11.2.2　メタ分析対象文献の選出　424

    11.2.3　メタ分析対象文献の概要　425

11.3　抽出推定結果のメタ統合　431

11.4　研究間の異質性に関するメタ回帰分析　438

11.5　公表バイアスの検証　451

11.6　おわりに　456

    参考文献　458

第12講　体制転換と環境改革：中東欧諸国を中心に（徳永昌弘）————————————463

12.1　中東欧諸国の体制転換と環境改革をめぐる問題　463

12.2　体系的レビューの対象研究の概要　468

    12.2.1　体系的レビューの狙い　468

    12.2.2　検索方法と選択基準　470

    12.2.3　体系的レビュー対象研究の基本属性　472

12.3　中東欧諸国の体制転換と環境改革に対する評価　483

12.4　今後の展望と課題　494

    参考文献　495

終　論　閉講の辞：あとがきに代えて（岩﨑一郎）————————————505

索引　508

講師紹介　517

viii

序　論｜**比較経済論講義**

その目的，方法及び各講義の狙いと概要

岩﨑一郎

1　目的

　本書には，中東欧，ロシア，並びにウクライナをはじめとするその他旧ソビエト社会主義共和国連邦構成諸国（旧ソ連）を中心に，しかし採用する研究テーマによっては，「社会主義市場経済」（socialist market economy）[1]を標榜する中国や，ベトナム等のアジア旧社会主義諸国をも包括した総勢 8 名の研究者による比較経済論的論考が収められている。本書の中で展開される一連の講義は，相互に非常に異なる題目を取り上げているものの，その実，目指すところは一つである。即ち，本書において，我々 8 名の講師は，社会主義計画経済から資本主義市場経済へ向かう国民経済システムの大転換プロセスに伴い惹起した重大問題領域に関して，東西冷戦体制の象徴であったいわゆる「ベルリンの壁」が崩壊した1989年から今日に至る長きに亘り，研究者が，どのような理論を下敷きに，いかなる研究活動を繰り広げてきたのか，その全体像を明らかにすることを共通の目標に掲げている。

　上記に列挙した国々は，しばしば中国を含めて，「旧社会主義（ポスト共産主義）移行経済諸国」（former socialist（post-communist）transition economies）と総称される。これまでにも，これら移行経済諸国を幅広く取り上げた教科書や学術図書は，数多く出版されている。実際，2010年代の刊行物に限っても，欧文の図書には，Myant and Drahokoupil（2010），Turley and Luke（2010），Tridico（2011），Roland（2012），Åslund（2013），Hare and Turley（2013），Gevorkyan（2013），Åslund and Djankov（2014），Myant and Drahokoupil（2015），Ateljević and

---

1 ）政治的には一党独裁体制を堅持しつつ，経済的には市場原理の導入を目指すという中国共産党の政策方針を意味する。1992年秋に開催された第14回中国共産党大会において，当時の最高指導者である鄧小平が提唱し，翌1993年には，中華人民共和国憲法に，同国経済政策の基本方針として盛り込まれた。

1

Trivić（2016），Douarin and Mickiwicz（2017），Havlik and Iwasaki（2017）等があり，日本語で出版されたものとしては，岩﨑・鈴木（2010），中兼（2010），仙石・林（2011），羽場・溝端（2011），溝端他（2011），コーヘン（2012），市川他（2013），上垣・田畑（2013），池本・田中（2014），堀林（2016）及びボーレ・グレシュコヴィッチ（2017）等を手にすることができるのである。これらは，本書の読者にも是非目を通して欲しい書籍である。しかしながら，あえて誤解を恐れずに云うなら，こうした既存の文献は，本質的に，移行経済諸国が直面した社会・経済上の諸問題，構造改革や経済政策の実施過程とその帰結，体制転換期における国家機関，官僚組織，企業，家計及び個人の経済行動の把握，言い換えれば，旧社会主義圏やその構成国の経済事情の解説や，個別具体的な経済問題の考察及び実証分析に関心を向けるものではあるとしても，移行経済諸国を対象とした学問的営為それ自身の研究を目標とするものではない。

　本書は，正にこの点，即ち，いわゆる「移行経済論」（transition economics）の中核を形作るような問題領域において，研究者が，過去二十数年間に亘ってどのような論争を展開してきたのか，また如何なる研究成果が蓄積され，その結果，当該研究分野において，一定の結論ないし共通認識が導き出されているのか否かという点を問うことを，その究極的な目的としている。この観点において，本書は，既にある移行経済論の教科書やその他学術図書の圧倒的大部分とは，明らかに一線を画するものである。なお，「比較経済論」（comparative economics）は，異なる国や地域の経済システム，諸制度及び経済組織に見られる一般性や多様性の実態的な把握と，かかる事実認識に基礎付けられた経済理論や実証的分析用具の開発を主要な任務とするものであり，従って，移行経済諸国に研究対象を限るものでは決してない（Berkowitz and Roland, 2007）。しかし，この学問分野が発展するそもそもの発端が，20世紀に突如出現した社会主義計画経済の研究及び資本主義市場経済との比較体制論的考察に求められるのは歴とした事実であり，従って，このような歴史的経緯から，かつて社会主義レジームを採用した中東欧・旧ソ連諸国及び今日も形式的にはこれを保持している中国の経済研究が，現在も比較経済論の中心的存在であるという主張に対して，異論を差し挟む向きは少ないであろう[2]。移行経済論という学術的研究活動の主要部分の解説を目指す本書に対して，我々8名の講師が，

2）無論，今日の比較経済論が，対象地域や国及び時間軸の何れの観点においても，研究対象を大幅に拡張していることは，紛れもない事実であり，本書の筆者らも，近年におけるこの傾向を大いに歓迎している。その好例として，まずは，日本語訳が刊行されているグライフ（2009）やアセモグル・ロビンソン（2016）を参照されたい。また，Kurosaki（2017）は，この方向性に沿った日本人研究者による南アジア比較経済研究である。

序論　比較経済論講義：その目的，方法及び各講義の狙いと概要

『比較経済論講義—市場経済化の理論と実証』というタイトルを与えたのは，正にそれが故である。

2　方法

　以上に提示した目的を達成するために，本書が採用する基本的方法論を次に述べる。

　繰り返しになるが，本書は，移行経済論における主要研究領域の展開状況と到達点を詳らかに解説しようとするものである。従って，当然のことながら，先行研究の総合的論評，換言すれば，既存文献の包括的なレビューが，本書で展開する各講義の基礎となる。この点において，本書は，既に刊行されている教科書の大多数となんら変わるところはない。しかし，これら類書とは決定的に異なる点がある。それは，文献レビューに計量的・数理統計学的手法を大々的に持ち込むことである。我が国では恐らく初の企てであり，また欧米諸国においても，少なくとも経済学分野の教科書としては非常に稀有な試みである。従って，読者の大多数が，それが何を意味するのかを即座に理解できないとしても至極当然である。そこで，文献レビューの形態論から話を始めよう。

　さて，先行研究の渉猟と論評を主要目的とする学術論文は，一般に「サーベイ論文」（survey article）と呼ばれる。サーベイ論文は，過去の研究動向を回顧しつつ，今後の方向性を定める上で，しばしば極めて重要な役割を果たす。そのため，特定の研究領域を主導する有力研究者がサーベイ論文を発表することは決して稀なケースではない。しかも，成功したサーベイ論文は，その後発表される文献において，当該分野の代表的な理論研究，実験報告，事例調査及び実証成果に勝るとも劣らない引用率（citation ratio）を誇る場合すらある。サーベイ論文の執筆を生業とする研究者がいるのも何ら不思議ではない。

　経済学分野のサーベイ論文の圧倒的大多数は，いわゆる「記述レビュー」（narrative review）である。記述レビューとは，要するに，先行研究の是々は，こうした理論的考察や実証的裏付けを背景に，このような主張を行っているといった風の既存研究の概略的解説を行うものである。また，実証研究のレビューを目的とするサーベイ論文の中には，特定の理論を支持する文献が，反証例と較べてこれだけ存在するから，当該理論は有力説又は非有力説だと判定を下す例もある。こうした記述レビューは，取り上げられた既存研究の内容を大掴みに把握する上では大変有効である反面，サーベイ論文執筆者の主観性が必要以上に強く反映されてしまうといった危険性や，本来取り上げられてもおかしくない文献が，紙幅制約等の理由

で，あえなく割愛されてしまうという意味での渉猟不十分性という問題をはらんでいる。記述レビューのこうした欠点は，研究活動の全体像を正しく把握するというサーベイ論文の本来的目的にとって大きな障害であるのは，殊更強調するまでもない。

　記述レビューが抱えるこのような欠陥を，計量的・数理統計学的手法を駆使して，克服ないし大幅に緩和しようとする接近法が，「体系的レビュー」（systematic review）と呼ばれるものであり，その中でも，とりわけ数値化された実験成果や分析結果を対象に，計量・統計解析を徹底的と云えるほど突き詰めた文献レビューの方法が，「メタ分析」（meta-analysis）と称されるものである。記述レビューに対するメタ分析の利点として，Mullen（1989）は，第1に「精度」（precision）の高さを挙げ，「記述レビューには，注意深く行われたメタ分析にあるような有意水準間の関連，標本サイズ間の関連，効果サイズ間の関連を考慮するすべがない。これは研究を要約することに対する2つのアプローチから引き出される結論の精度水準を反映する」と述べている。また，第2の利点として，彼は「客観性」（objectivity）の高さを指摘し，「伝統的記述レビューでは，レビューの過程で研究を含めること，研究から結果を抽出すること，最終的な統合において結果に重みづけをすることに対する規則や基準が全然明確ではない。対照的にメタ分析では，これらの規則や基準が明確でなくてはならない」と論じ，更に，第3の利点として，「再現可能性」（replicability）という面での記述レビューとの比較におけるメタ分析の相対的優位性を，「メタ分析の結果は再現されるが，伝統的な記述レビューの結果は再現されないかもしれない」と強調している[3]。

　研究課題の性質上，メタ分析を適用するには至らない体系的レビューもあるが，以上に述べた「精度」，「客観性」，「再現可能性」という3つの観点から，かかる範疇に属する文献レビューは，記述レビューとメタ分析の中間点に位置することになる。何故なら，この種の体系的レビューは，研究結果の抽出及び分類作業等の過程において，分析者の主観が入り込む余地が残されており，従って，精度，客観性，再現可能性のいずれの面においても，メタ分析に劣るからである。但し，この類の体系的レビューも，またメタ分析も，記述レビュー的要素を完全に排除するものではない。そのような意味で，これら3種類の文献レビュー手法は，**図1**の様な階層構造を形成するものだといえよう[4]。

　上述の通り，体系的レビューとメタ分析は，精度，客観性，再現可能性という3つの観点から，記述レビューよりも上位に位置付けられる。しかし，方法論的な相

3）Mullen（1989）からの直接的引用箇所は，その日本語訳（7-10頁）に依った。

図1　文献レビューの階層構造

出所）筆者作成。

違性は，これに止まるものではない。むしろ，体系的レビューとメタ分析は，いずれもエビデンスの「統合」（synthesis）を，その究竟の目標としているという点こそ，記述レビューとの決定的な違いがある。ここに云う「統合」とは，過去に独立して行われた一次研究の諸結果を，メタ統合値やメタ回帰係数等の統計量に集約することを意味する。図2は，この意味での研究成果の統合をイメージ化したものである。とりわけメタ分析は，この目標を実現するために開発された「統計的テクニックの集合」（Mullen, 1989）であるとすらいえるものであり，その手続きと統計的・計量的手法は，大変厳密かつ高度である。そこで，本節の後半では，この点を詳しく解説しておこう。なお，以下に述べる内容は，メタ分析を適用しない体系的レビューにもある程度は当てはまるものである。

図3には，メタ分析の基本的作業プロセスが図式化されている。ここに示された

4）メタ分析研究者の一部は，体系的レビューとメタ分析を厳に同一視しており，従って，ここに述べたような意味での二者間の区別を認めない傾向もある。このため，欧米の学術論文では，メタ分析を行うものではないが，しかし計量的・統計的手法を適用した文献レビューを，「分析的サーベイ」（analytical survey）とか，「数量的レビュー」（quantitative review）等と名付けて，通常の記述レビューと差別化する例も少なくない（Glowienka, 2015; Cornelson and Siow, 2016）。但し，メタ分析を専門とする研究集会に幾度か参加した筆者の感触では，多くのメタ分析研究者の間で，記述レビューとメタ分析の間には，中間形態的な文献レビューの一群が確かに存在し，これらを体系的レビューと総称してもよいのではないかという意見が共有されていることもまた事実である。本節の分類方法は，このような学会やメタ分析研究者の考え方を反映している。

図 2　研究成果の統合（イメージ）

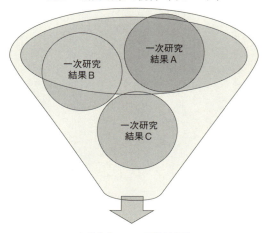

出所）筆者作成。

図 3　メタ分析の基本的作業プロセス

出所）筆者作成。

　研究手順は，メタ分析を試みた本書の一連の講義にも厳に適用されており，手続き①の研究テーマの設定，手続き②の関連先行研究の検索・収集及び手続き③の収集文献からの推定結果の抽出は，研究テーマに即して各講義の中で詳しく説明している。従って，以下2.1項では，手続き④にある抽出推定結果のメタ統合方法を，次の2.2項では，手続き⑤の文献間異質性のメタ回帰分析を，続く2.3項では，手続き⑥である公表バイアスの検証方法を，それぞれ解説する[5]。

5）本書は，統計学と計量経済学を一通り学習した経済学部上級生及び大学院生を主な読者に想定しているから，以下，2.1項から2.3項に亘って登場する専門用語の解説は割愛する。その必要がある読者は，岩崎他（2004），加納他（2011），鹿野（2015），白砂（2015），難波（2015），石村他（2016）及び美添他（2017）等の教科書や解説書を適宜参照してほしい。また，岩﨑・鈴木（2010）にも，簡便な統計・計量分析用語集が付録として提供されている。

2.1 抽出推定結果のメタ統合

本書では，抽出した推定結果のメタ統合（meta-synthesis）に，偏相関係数（partial correlation coefficient）と t 値を用いる。偏相関係数は，他の条件を一定とした場合の従属変数と問題となる独立変数の相関度と方向性を表す統計量であり，いま第 k 推定結果（$k = 1, \cdots, K$）の t 値と自由度を，それぞれ t_k 及び df_k で表せば，次式

$$r_k = \frac{t_k}{\sqrt{t_k^2 + df_k}} \tag{1}$$

によって算出される。偏相関係数 r_k の標準誤差は，$\sqrt{\dfrac{(1 - r_k^2)}{df_k}}$ となる。この通り，t 値と自由度から計算される偏相関係数は，単位や定義が異なる推定結果の相互比較やメタ分析を可能にする大変便利な統計量である[6]。

その偏相関係数は，以下の方法で統合する。いま，第 k 推定結果の偏相関係数 r_k に対応する母数及び標準誤差を各々 θ_k 及び s_k で表す。ここで，各偏相関係数の母数は共通であり（$\theta_1 = \theta_2 = \cdots = \theta_K = \theta$），その差は専ら偶然誤差として生じると仮定すれば，観測不能な真の母数 θ の漸近的有効推定量は，各観測値の分散の逆数を重みとした加重平均となる。即ち，

$$\overline{R} = \frac{\sum_{k=1}^{K} w_k r_k}{\sum_{k=1}^{K} w_k} \tag{2}$$

但し，$w_k = \dfrac{1}{v_k}$，$v_k = s_k^2$ である。統合偏相関係数 $\overline{R}$ の分散は，$\dfrac{1}{\sum_{k=1}^{K} w_k}$ となる。

この統合法は，メタ分析の最も基本的なモデルである固定効果モデル（fixed-effect model）を前提としている。以下本書では，メタ固定効果モデルの推定値を，$\overline{R_f}$ で表す。偏相関係数統合法として，この固定効果モデルを利用するためには，抽出した推定結果が均質であるという条件が満たされていなければならない。そこで，カイ二乗分布に従う次の統計量で均質性の検定（test of homogeneity）を行う。

6）その一方，偏相関係数は，その値が下限の -1 及び上限の $+1$ に接近すると，分布が正規分布から逸脱する欠点を持つ（Stanley and Doucouliagos, 2012, p. 25）。この問題の最もよく知られた解決法は，フィッシャーの z 変換 $\left(z = \dfrac{1}{2} \ln \left(\dfrac{1+r}{1-r} \right) \right)$ である。ただし，経済学研究全般がそうである様に，本書がメタ分析に用いる推定結果の偏相関係数が上下限に近い値を取るケースは殆ど観察されないため，我々は，（1）式で算出された偏相関係数を首尾一貫利用する。なお，z 変換した偏相関係数を用いても，各講義で報告する分析結果が大きく違わないことは確認済である。

$$Q_r = \sum_{k=1}^{K} w_k \big(r_k - \overline{R_f}\big)^2 \sim \chi^2(K-1) \tag{3}$$

統計量 Q_r が棄却限界を超えれば，帰無仮説は棄却される。その場合は，推定結果間には無視できない異質性が存在することを許容した上で，その偏りは，平均0分散 τ^2 の確率変数に従うと仮定する変量効果モデル（random-effects model）を採用する。いま，推定結果間の偏りを δ_θ^2 とすれば，第 k 偏相関係数の無条件分散は，$v_k^u = (v_k + \delta_\theta^2)$ で表される。そこで，変量効果モデルは，重み w_k の代わりに，重み $w_k^u = \dfrac{1}{v_k^u}$ を（2）式に代入して母数 θ を推定する[7]。分散成分にはモーメント法の推定値を用いる。それは，均質性の検定統計量 Q_r を用いた次式

$$\hat{\delta}_\theta^2 = \frac{Q_r - (K-1)}{\sum_{k=1}^{K} w_k^u - \left(\sum_{k=1}^{K} w_k^{u2} / \sum_{k-1}^{K} w_k^u\right)} \tag{4}$$

で求められる。本書では，メタ変量効果モデルの推定値を，$\overline{R_r}$ で表す。

t 値は，Djankov and Murrell（2002）に倣い，次の式を用いて結合する。

$$\overline{T_w} = \frac{\sum_{k=1}^{K} w_k t_k}{\sqrt{\sum_{k=1}^{K} w_k^2}} \quad \sim \quad N(0, 1) \tag{5}$$

本書では，（5）式の重み w_k として，雑誌論文であれば経済学雑誌ランキングやインパクト・ファクター，学術図書や学術図書所収論文であれば査読制の有無や出版社等の文献情報に基づき，筆者らが独自に判定した研究水準の10段階評価（$1 \leq w_k \leq 10$）を用いる。その概要は，本節の最後に述べる。また，研究水準で加重された結合 t 値 $\overline{T_w}$ と共に，以下（6）式で得られる重みのない結合 t 値 $\overline{T_u}$ も併せて報告し，研究水準と各文献が報告する統計的有意水準との関係を検証する。

$$\overline{T_u} = \frac{\sum_{k=1}^{K} t_k}{\sqrt{K}} \sim N(0, 1) \tag{6}$$

更に本書では，有意水準5％を基準とするローゼンタールのフェイルセーフ数（fail-safe N: fsN）を次式で求め，上記結合 t 値の信頼性を評価する補足的統計量として報告する。

$$fsN\,(p = 0.05) = \left(\frac{\sum_{k=1}^{K} t_k}{1.645}\right)^2 - K \tag{7}$$

7）つまり，メタ固定効果モデルは，$\delta_\theta^2 = 0$ を仮定した特殊ケースと見なすことができる。

フェイルセーフ数は，効果の有無を判定する標準的有意水準に，研究全体の結合確率水準を導くために追加されるべき平均効果サイズ 0 の研究数を意味するものであり，（7）式で求められる統計量 fsN の値が大きければ大きい程，結合 t 値の推定結果はより信頼に値すると評価できるのである[8]。

2.2　文献間異質性のメタ回帰分析

　いくつかの講義では，推定結果のメタ統合に続いて，文献間異質性のメタ回帰分析（meta-regression analysis）も行う。メタ回帰分析は，推定結果に差異をもたらした要因を厳密に解析する手法として大変有用であり，以下に示した回帰モデルの推定を目的とする。

$$y_k = \beta_0 + \sum_{n=1}^{N} \beta_n x_{kn} + e_k, \quad k = 1, \cdots, K \qquad (8)$$

ここで，y_k は第 k 推定結果，x_k は推定結果に差異をもたらすと考えられる研究上の諸要因を表すメタ独立変数，β_n は推定すべきメタ回帰係数，e_k は残差項である。本書では，上述した偏相関係数及び t 値を，（8）式の従属変数に用いる。

　メタ回帰モデル推定量の選択に際して最も留意すべき点は，分析対象となる文献の間に存在する異質性（heterogeneity）である。特定の文献から複数の推定結果を抽出する本書の場合，この問題への対処は大変重要である。そこで本書では，Stanley and Doucouliagos（2012）の指針に従い，推定結果を文献毎にクラスター化した上で標準誤差を頑健推定する最小二乗法推定量（cluster-robust OLS），同様のクラスター法を採用し，かつ上述した10段階の研究水準，観測値の数（N），標準誤差の逆数（$1/SE$）及び自由度（df）等を分析的重みとする加重最小二乗法推定量（cluster-robust WLS），多段混合効果制限付最尤法推定量（multi-level mixed effects RLM），クラスター法変量効果パネル一般最小二乗法推定量（cluster-robust random-effects panel GLS）及びクラスター法固定効果パネル最小二乗ダミー推定量（cluster-robust fixed-effects panel LSDV）から成る推定量を用いて（8）式を推定し，メタ回帰係数 β_n の統計的頑健性を点検する。

2.3　公表バイアスの検証

　推定結果の統合や推定結果間の相違性の要因解析に比肩するメタ分析の重要課題は，いわゆる「公表バイアス」（publication selection bias）の検証である。公表バイアスとは，直ぐ後に述べるような理由によって，実際に行われた研究の一部しかそ

8）詳しくは，Mullen（1989）及び山田・井上（2012）を参照のこと。

の成果が公のものとならず，その弊害として，公表された研究成果のみに基づく効果サイズや統計的有意性の評価結果が，真の値から乖離する問題を意味する。この問題の有無と程度を検証するため，本書では，漏斗プロット（funnel plot），ガルブレイズ・プロット（Galbraith plot），並びにこの目的のために特別に開発されたメタ回帰モデルの推定を行う。

漏斗プロットは，効果サイズ（本書では偏相関係数）を横軸，推定精度（同様に標準誤差の逆数や自由度）を縦軸に置いた分布図である。仮に公表バイアスが存在しないなら，複数の独立した研究が報告する効果サイズは，真の値の周りをランダムかつ対称的に分布するはずである。また，統計理論の教えるところでは，効果サイズの分散と推定精度は負に相関する。従って，その様は伏せた漏斗の姿に似ることが知られている。故に，抽出した推定結果を用いて描いた漏斗プロットが，左右対称ではなく，いずれか一方に偏った形状を示すなら，問題となる研究領域において，特定の結論（符号関係）を支持する推定結果が，より高い頻度で公表されるという意味での恣意的操作（公表バイアスⅠ型）を疑うことになる。**図4**には漏斗プロットの一例が示されているが，同図(a)や(b)の漏斗プロットでは，抽出推定結果の分布が左右対称的であるのに対して，図(c)では，正方向へ明らかに偏った分布が表されている。即ち，これら漏斗プロットからは，外国直接投資の技術移転効果や所有集中の企業パフォーマンス効果の研究では，公表バイアスⅠ型の恐れは低いと考えられるのに対して，外国所有の企業パフォーマンス効果を検証した研究においては，外国所有の肯定的な効果を殊更に強調しようとする傾向が強いとの判定が導き出されるのである。

一方，推定精度（本書では標準誤差の逆数や自由度）を横軸，統計的有意性（同様にt値）を縦軸とするガルブレイズ・プロットは，符号関係に係りなく，統計的に有意な推定結果であればあるほど公表頻度が高いという意味での恣意的操作（公表バイアスⅡ型）の検出に用いる。一般に，統計量$|$（第k推定結果－真の効果）$/SE_k|$が，閾値1.96を超過する推定結果は，全体の5％前後に止まるはずである。いま，仮に真の効果が存在せず，なおかつ推定結果の公表になんら作為がなされていないのであれば，報告されたt値は，0の周りをランダムに分布し，なおかつその95％が±1.96の範囲内に収まるであろう。ガルブレイズ・プロットは，抽出された推定結果の統計的有意性に，このような関係が観察されるか否かを検証することにより，公表バイアスⅡ型の有無を判定する。また，以上の理由から，ガルブレイズ・プロットは，非ゼロ効果の存在を検証するツールとしても用いられる[9]。**図5**

9）詳しくは，Stanley（2005）及び Stanley and Doucouliagos（2009）を参照のこと。

序論　比較経済論講義：その目的，方法及び各講義の狙いと概要

図4　漏斗プロットの一例

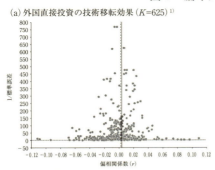

(a) 外国直接投資の技術移転効果（$K=625$）[1]

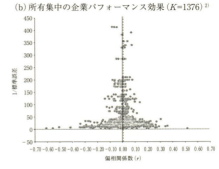

(b) 所有集中の企業パフォーマンス効果（$K=1376$）[2]

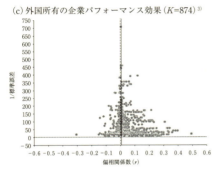

(c) 外国所有の企業パフォーマンス効果（$K=874$）[3]

注1) Iwasaki and Tokunaga（2016）から再掲。
　2) 岩﨑・溝端（2018）から再掲。
　3) 本書第7講図7.7(c)。
　4) 図中の実線は，推定値精度最上位10％の平均値を指す。
出所）筆者作成。

には，図4と同一の研究から抽出された推定結果のt値を用いたガルブレイズ・プロットが例示されている。同図(a)では，推定結果の95％が±1.96の範囲内にある状態に近いとまでは云い難いものの，しかしかなりの部分が，この閾値内に収まっていることを確認することができる。一方，図(b)及び(c)のケースでは，図(a)の場合より，公表バイアスⅡ型の恐れがより濃厚であることが容易に見て取れるだろう。

　これら2つの散布図に加えて，本書では，上記2種類の公表バイアス及び真の効果の有無をより厳密に検証するために開発されたメタ回帰モデルの推定結果も報告する。

　公表バイアスⅠ型の検出は，第k推定結果のt値を，標準誤差の逆数に回帰する

図5　ガルブレイズ・プロットの一例

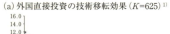
(a) 外国直接投資の技術移転効果 (K=625)[1)]

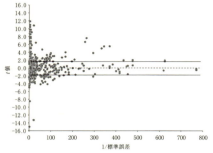

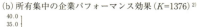
(b) 所有集中の企業パフォーマンス効果 (K=1376)[2)]

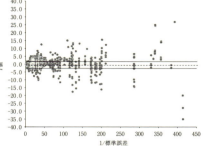

(c) 外国所有の企業パフォーマンス効果 (K=874)[3)]

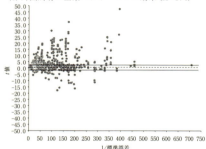

注1）Iwasaki and Tokunaga（2016）から再掲。
　2）岩﨑・溝端（2018）から再掲。
　3）本書第7講図7.8(c)。
　4）図中の実線は，閾値 $t=\pm 1.96$ を示す。
出所）筆者作成。

次式

$$t_k = \beta_0 + \beta_1\left(\frac{1}{SE_k}\right) + v_k \tag{9}$$

を推定し，同式の切片 β_0 がゼロであるという帰無仮説の検定によって行う[10)]。v_k は残差項である。切片 β_0 が有意にゼロでなければ，効果サイズの分布は，左右対称形ではないと判断できる。このため同検定は，別称「漏斗非対称性検定」(funnel-asymmetry test: FAT) と呼ばれる。一方，公表バイアスⅡ型は，（9）式の左辺を t 値の絶対値に置き換えた下記（10）式を推定し，FAT と同様に帰無仮説：$\beta_0=0$ を検定することで，その有無を判定する。

$$|t_k| = \beta_0 + \beta_1\left(\frac{1}{SE_k}\right) + v_k \tag{10}$$

　仮に公表バイアスが生じているとしても，入手可能な研究成果の中に，効果サイズに関する正真正銘（genuine）の証拠が存在することはあり得る。Stanley and Doucouliagos（2012）によれば，上記（9）式の係数 β_1 がゼロであるという帰無仮説の検定によって，その可能性を検証することができる。つまり，帰無仮説: $\beta_1 = 0$ の棄却は，正真正銘の証拠の存在を示唆する。この β_1 が推定精度の係数であることから，彼らは，この検定を「精度＝効果検定」（precision-effect test: PET）と名付けている。更に，彼らは，定数項を持たない下記（11）式を推定し，係数 β_1 を得ることで，公表バイアスを修正した効果サイズの推定値を得ることができると述べている。即ち，帰無仮説: $\beta_1 = 0$ が棄却されるなら，問題となる研究領域には非ゼロの効果が実際に存在し，係数 β_1 がその推定値と見なし得るのである。

$$t_k = \beta_0 SE_k + \beta_1\left(\frac{1}{SE_k}\right) + v_k \tag{11}$$

　Stanley and Doucouliagos（2012）は，この（11）式を用いた正真正銘の効果サイズの推定方法に，「標準誤差を用いた精度＝効果推定法」（precision-effect estimate with standard error: PEESE）という名称を与えている[11]。なお，上記（9）式から（11）式の推定に際しては，最小二乗法の他，研究間の異質性に対処したCluster-robust OLS 推定量及びアンバランスド・パネル推定量[12]を用いた推定結果も報告し，回帰係数の頑健性を点検する。

　メタ回帰モデルを用いた公表バイアスと真の効果の有無に関する以上の検証手順

---

10)（9）式は，効果サイズを従属変数，標準誤差を独立変数とするメタ回帰モデル

$$\text{effect size}_k = \beta_0 SE_k + \beta_1 + \varepsilon_k \tag{9b}$$

　の代替モデルであり，この式の両辺を標準誤差で除したものである。(9b) 式の誤差項 ε_k は，多くの場合，$i.i.d.$（independent and identically distributed）の仮定を満たさないが，（9）式の誤差項 $v_k = \dfrac{\varepsilon_k}{SE_k}$ の分散は均一であるから，最小二乗法で推定することが可能である。なお，(9b) 式を，標準誤差の二乗の逆数 $\left(\dfrac{1}{SE_k^2}\right)$ を分析的重みとする加重最小二乗法で推定し，帰無仮説: $\beta_0 = 0$ を検定することによっても，公表バイアス I 型の検出は可能である（Stanley, 2008; Stanley and Doucouliagos, 2012, pp. 60-61）。

11)（11）式の係数 β_1 が，公表バイアスを修正した効果サイズの推定値となり得ることは，（11）式の両辺に標準誤差を乗じた式が，

$$\text{effect size}_k = \beta_0 SE_k^2 + \beta_1 + \varepsilon_k \tag{11b}$$

　となることから分かる。この（11b）式を直接推定する場合は，$\dfrac{1}{SE_k^2}$ を分析的重みとする加重最小二乗法を用いる（Stanley and Doucouliagos, 2012, pp. 65-67）。

を要約すれば，次の通りとなる。初めに（9）式を推定してFATで公表バイアス
Ⅰ型の，（10）式を推定して公表バイアスⅡ型の有無をそれぞれ検証し（第1段階），
公表バイアスが検出されれば，次にPETを実行して，公表バイアスが存在する上
でも，抽出した推定結果の中に効果サイズに関する正真正銘の証拠があるか否かを
検定し（第2段階），帰無仮説が棄却された場合は，最後にPEESE法を用いて公
表バイアスを修正した効果サイズの推定値を報告する（第3段階），という3つの
段階を踏む。仮に，PETが帰無仮説を受容する場合は，問題となる研究領域は，
総体としてゼロではない効果サイズに関する十分な証拠を提出していないと判断す
ることになる。この通り，本書は，基本的には，Stanley and Doucouliagos（2012）
が提唱する公表バイアス検証手続（FAT-PET-PEESE接近法）を継承するもので
あるが，第一段階に，（10）式を用いた公表バイアスⅡ型の検証を加味した点が異
なっている。

2.4　体系的レビュー及びメタ分析対象文献の研究水準評価方法

　本節の最後に，本書の体系的レビュー及びメタ分析が，その分析対象とする雑誌
論文，学術図書及び学術図書所有論文の研究水準を評価する方法について述べてお
こう。

　まず，雑誌論文であるが，学術雑誌上に公表された研究業績については，インタ
ーネット公開経済学文献データベースIDEAS（http://ideas.repec.org/）が，2012
年11月1日時点に公表していた経済学雑誌ランキングを，研究水準評価の最も基礎
的な情報源に用いる。IDEASは，2012年11月当時，1173種類の学術誌を対象とす
る世界で最も包括的な経済学雑誌ランキングである。本書では，その総合評価スコ
アを用いたクラスター分析によって，これら1173雑誌を10クラスターに分割した上
で，最上位クラスターに属する雑誌群から最下位クラスターのそれに対して，順次
10から1の評点（重み）を与える。

　世界トップレベルの学術雑誌13点及び比較経済論分野における代表的学術雑誌16
点のIDEAS経済学雑誌ランキング順位，総合評価スコア，並びに，以上の手続に
従い本書の講師陣が付与した研究水準の評点は，表1の通りである。

　なお，IDEASが調査対象としていない学術誌については，Thomson Reuters社
のインパクト・ファクターや他の雑誌ランキングを参考に，当該学術誌とほぼ同等

---

12)（9）式及び（10）式の推定に当たっては，Hausman検定の結果に従って，クラスター法変量
　効果推定量又はクラスター法固定効果推定量の何れかを用いる。他方，定数項を持たない（11）
　式は，変量効果モデルを最尤法で推定した結果を報告する。

序論　比較経済論講義：その目的，方法及び各講義の狙いと概要

表1　世界トップレベルの学術雑誌13点及び比較経済論分野における代表的学術雑誌16点のIDEAS経済学雑誌ランキング順位，総合評価スコア及び本書の体系的レビューやメタ分析が採用する研究水準評点

学術雑誌名	IDEAS経済学雑誌ランキング順位	総合評価スコア	研究水準評点(10段階評価)
Quarterly Journal of Economics	1	1.560	10
American Economic Review	4	3.570	10
Review of Economic Studies	10	11.020	10
Economic Journal	16	20.510	10
European Economic Review	28	28.930	10
World Development	33	33.350	10
International Economic Review	38	42.490	9
Journal of Economic Surveys	49	55.020	9
American Economic Journal: Applied Economics	58	64.160	9
Scandinavian Journal of Economics	70	79.030	9
IMF Economic Review	85	89.380	9
Economica	93	95.100	9
Canadian Journal of Economics	97	99.710	9
Journal of Comparative Economics	129	129.98	8
Economics of Transition	138	137.84	8
Emerging Markets Review	162	160.99	7
China Economic Review	169	164.32	7
Economic Systems	230	216.02	7
Economic Change and Restructuring	362	338.54	5
Comparative Economic Studies	397	370.99	5
Emerging Markets Finance and Trade	419	393.71	5
Journal of Chinese Economic and Business Studies	438	416.86	5
European Journal of Comparative Economics	443	421.53	5
Post-Communist Economies	449	425.82	5
China & World Economy	457	430.31	5
Eastern European Economics	483	456.52	4
Problems of Economic Transition	626	590.06	4
Transition Studies Review	663	625.18	3
International Journal of Economic Policy in Emerging Economies	895	837.22	2

出所）2.4項で解説した方法論に基づき筆者作成。

　の評価が与えられているIDEASランキング掲載雑誌に加えた評点と同じ評点を与える[13]。一方，学術図書及び学術図書所収論文については，原則として一律に1の評点を与えるものの，（1）査読制を経たことが明記されている場合，（2）専門家による外部評価を実行している有力学術出版社の刊行図書である場合，（3）研

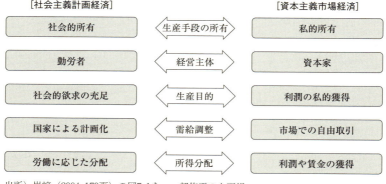

図6 社会主義計画経済と資本主義市場経済の理念型による比較

出所）岩﨑（2004, 179頁）の図7.1を，一部修正の上再掲。

究水準が明らかに高いと判断される場合，の何れか一つの条件が満たされる際は，上記IDEAS経済学雑誌ランキング掲載雑誌に与えた評点の中央値である4を一律に与えることとする。

3 各講義の狙いと概要

本節では，一連の講義に本格的に取り掛かるための最終準備段階として，各講義の狙いと概要を説明しておく。しかし，その前に，社会主義経済論や移行経済論に関して何ら学習経験を持たない初学者の読者諸氏に向けて，ここで短い導入論的講義をしておこう。

さて，かの有名な『資本論』（Das Kapital: Kritik der politischen Ökonomie）の作者であるカール・ハインリヒ・マルクスが示した社会主義計画経済の理念型は，「生産手段の社会的所有に基づいて，勤労者が経済運営の主人公となって，社会の欲求充足を基本目的として生産活動を営み，一国全体の計画をつくって生産と消費を調整し，各人は能力に応じて働き労働に応じて受け取る」（西村，1995, 4頁）という生産・分配様式を真骨頂とする。それは，図6の通り，資本主義市場経済とは，多くの点で対極的な機能原理に立脚するものである。ところが，マルクス自身

---

13) 例えば，Communist and Post-communist Studies, Eurasian Geography and Economics, Europe-Asia Studies, Journal of East-West Business, Post-Soviet Affairs, Problems of Post-communism は，中東欧・旧ソ連地域研究の代表的な国際学術雑誌であるが，IDEAS経済学雑誌ランキングの調査対象外であるため，この方法によって各誌に評点を与えた。

序論　比較経済論講義：その目的，方法及び各講義の狙いと概要

の科学的社会主義構想の中には，この理念の実現に不可欠な「社会計画への生産主体の従属」を保証する具体的なメカニズムは何ら示されなかった。そこで，ウラジーミル・イリイチ・レーニンをはじめとするソ連の政治指導者は，国家が社会計画を策定し，法的拘束力を以てその遂行を確保するメカニズムを作り上げた。これこそが，我々が20世紀に目撃した社会主義計画経済の現象である。

　それは，社会主義経済研究者によって，「ソ連型計画経済システム」と呼び慣らわされたものであり，（1）生産手段の国家独占，（2）中央計画機関の行政命令に基づいた生産主体への生産課題や生産財の割当制，並びに，（3）連邦閣僚会議から末端の国有企業に至る巨大かつ垂直的な官僚機構という3つの特徴を具備した高度に中央集権的な経済管理機構を実体とするものであった。国民経済全体の問題のみならず，企業経営に係る事細かな意思決定権までもが中央政府に集中したこの経済システムを，研究者は「集権制」と呼ぶ。

　この集権制は，構造的に簡素かつ未発達な経済社会で，特定部門を優先的に発展させるため資源を集中的に動員する場合に，極めて高い能力を発揮する。この観点において，集権制は，西欧や米国と比べて経済的に後進国であったロシア及びその他ソ連構成共和国の近代化を推進する上で，実に効果的であった。しかしながら，経済発展に伴って，一極集中型の産業開発よりも，国民経済の総合的発展が重要になるやいなや，集権制は，先進的な市場経済との比較における，経済システム上の優位性を失うばかりか，20世紀後半を通じたソ連経済の大幅な立ち遅れすら招いてしまった。その元凶が，非効率極まりない生産活動と不活発な資本蓄積や技術革新にあることは，当時誰の目にも明らかであった。この問題は，程度の差こそあれ，中東欧の社会主義諸国にも共通した。

　社会主義末期のソ連及び中東欧諸国の経済状況を，簡単なモデルを用いて分析してみよう。**図7**の通り，2種類の財XとYを生産する経済を考える。1980年代のソ連及び中東欧諸国の経済状態は，図7における例えば点Aで示される。図中の曲線SS′は，利用可能な技術と資源を用いて生産できる2つの財の組み合わせを表しており，「生産可能性フロンティア」（production possibility frontier）と呼ばれる。ここで，消費者の嗜好を反映した2財の交換比率（価格体系）を直線PP′で表現するとすれば，社会的に最も効率的な生産状態は，直線PP′が曲線SS′と接する点Dで示される。そこでは，生産技術と資源を所与として，社会の需要が最大限満たされている。従って，実際の経済状態が，点Aにあるということは，社会全体の潜在的生産能力が十分に発揮されておらず，なおかつ，消費者にとって望ましい組み合わせで財の生産が行われていないことを意味している。

　点Dの理想状態と点Aとして表現される現実の間の著しいギャップは，集権制の

17

図7 資本主義市場経済との比較における社会主義計画経済の非効率性

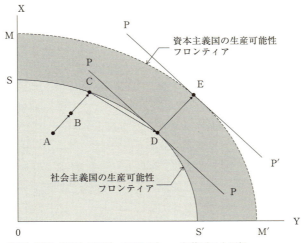

出所）岩﨑（2004, 180頁）の図7.2を，一部修正の上再掲。

最も深刻な問題点である，（1）価格体系や資源配分の歪み（図7における点Dから点Cへのシフト），（2）社会計画の不整合性や中央計画機関の不十分な行政処理能力（点Cから点Bへの後退），（3）「親方赤旗」と揶揄された放漫な経営管理や従業員の慢性的な怠業に象徴される社会主義企業の内部組織的非効率性[14]（点Bから点Aへの更なる後退）の帰結であった。このような状況の下では，資本の蓄積が進まないばかりか，国家全体の技術革新力が衰えるのも無理からぬことであった。

　ペレストロイカ時代のソ連は，社会主義の枠組みを維持しつつ，これらの問題を克服しようと様々な改革を試み，それに悉く失敗した。そればかりか，経済システムとして一定の首尾一貫性を保っていた集権制に，市場経済的な要素を無理やり接木しようとしたゴルバチョフ政権の企ては，生産活動の大混乱と更なる経済停滞を引き起こし，終局的には，1989年のベルリンの壁崩壊に端を発する社会主義圏の全面的瓦解をも招来してしまったのである。従って，社会主義レジームを放棄した中東欧，ロシア及び他旧ソ連の国々にとって，市場経済化とは，集権制のシステム障害を一掃して，国家の経済状態を点Aから点Dへ引き上げると共に，消沈しきっていた資本蓄積や技術革新のダイナミズムを呼び起こして，生産可能性フロンティア

---

[14] この種の非効率性は，資源配分上の非効率性と区別するため，「X非効率」と呼ばれる。米国の理論経済学者ハーヴェイ・ライベンシュタインが，1960年代にその存在を主張した。

序論　比較経済論講義：その目的，方法及び各講義の狙いと概要

それ自身を資本主義国のそれへと拡張させ（SS′ から MM′ へのシフト），国民経済の水準を点Dから点Eへと跳躍させる手段と見なされたのである。無論，この問題意識は，中国やアジア旧社会主義諸国の政治指導者にも共有されている[15]。

　以上の通り，集権制の何が問題であり，その解決に向けて，図6に示された生産手段の所有から所得分配に至る一連の経済原理を，資本主義市場経済のそれに置き換えなければならないことは，社会主義崩壊直後の時点で既に明らかであった。しかし，当時の経済学及び研究者は，旧社会主義諸国の政策当局や市民に対して，目指すべきゴール地点を教えることはできても，そこに至る道筋を（少なくとも確信をもって）指し示すことはできなかった。ここに旧社会主義移行経済諸国の苦難があり，その様相を把握すると共に出来る限り適切な政策措置を提言すべく，経済学者は，本書のテーマである「移行経済論」と呼ばれる学問分野を創造したのである。

　旧社会主義移行経済は，過去二十数年間に亘り，実に様々な側面から調査・研究されてきた。しかし，上述の通り，国民経済システムから集権制の要素を払拭し，そこに市場経済を確立するための優先的政策課題というものは明らかに存在したから，勢い数多くの研究者が，これらの問題により果敢に取り組み，その結果として，移行経済論の中核部分を形成するような研究業績の「群」ともいうべきものが幾つか生まれた。本書において，我々8名の講師は，移行経済研究の中でも最も大きな盛り上がりを見せたこれらの研究群の内容と到達点を，12のテーマに分けて講義する。これら12の講義題目は，3テーマずつが組み合わさることによって，合計4つの部を構成している。そこで，以下では，各部・各講義それぞれについて，その狙いと概要を順次紹介しよう[16]。

　第Ⅰ部は，社会主義を破綻に導いた要因，市場経済化に向けた構造改革のグランド・デザイン，体制転換プロセスの本質的特徴という，移行経済論の主要研究テーマの中でも最もスケールの大きい問題に取り組む。

　その皮切りとなる第1講では，社会主義経済システムの破綻要因を議論する論文274点を，2つの「分析軸」から読み解く。第1の分析軸は，論文の「属性」であり，著者所属機関の種別，著者所属機関の所在国，論文刊行年，研究対象地域（中国，東欧，ソ連・ロシアの別），研究テーマ（不可能論を含む社会主義経済理論や市場社会主義論）等，合計14の項目で構成されている。第2の分析軸は，「社会主義経済システム破綻の要因」である。それは，大別して次の8領域にカテゴライズ

15）以上の短い講義内容は，かつて旧ソ連中央アジア諸国の市場経済化とマクロ経済実績の関係を取り上げた岩﨑（2004）を，一部修正の上で再掲したものである。

16）以下，各講義の狙いと概要は，担当講師それぞれが用意したものである。

される。即ち，（１）国際環境，冷戦，軍拡，（２）連邦制や民族問題，（３）政策失敗，（４）「システムの限界生産力」減退，（５）技術革新や起業家精神の欠如，（６）政治制度，特に秘密主義と政治的抑圧，（７）計画経済の機能不全，予算制約のソフト化と不足，所有権の独占，（８）重工業優先，生活水準（消費物資）の低迷，インセンティヴの欠如，である。これら２つの分析軸に基づいた先行研究274点の分類作業を下敷きとして，本講義では，如何なる「属性」を持つ論文が，どのような「破綻の要因論」を採用する傾向があるのかを明らかにする。更に本講義では，以上に述べた８つの「破綻要因論」を，（１）から（４）までの「悔悟的要因論」と，（５）から（８）までの「必然的要因論」に二分した上で，それを点数化して各論文の「悔悟度」を計算し，その時系列的な傾向や論文属性との相関関係も検証する。

　第２講で取り上げるテーマは，「移行戦略論争」（transition strategy debate）である。移行戦略論争とは，社会主義計画経済を放棄した中東欧・旧ソ連諸国や，共産党一党独裁制度を維持しつつも根本的な経済構造改革を標榜する中国やキューバ等の国々が，市場経済システムの確立に向けて，如何なる改革路線をその基本に採用すべきなのか，という点を巡る議論の総称である。1990年代前半に世界を沸かせたこの論争は，驚くべきことに，いまもなお脈々と続いている。何故なら，この論争の本質は，これら旧社会主義諸国や中国だけではなく，世界の他の開発途上国や新興市場諸国にも当てはまる，かなり普遍的な性質を備えているからである。本講義では，移行戦略論争の本流である「急進主義」（radicalism）対「漸進主義」（gradualism）論争に寄与した先行研究137点の体系的レビューを通じて，同論争の全体像を提示すると共に，これら先行研究の主張態度と文献属性の相関関係を検証する。その結果，主張態度という観点から，総じて急進主義派は，一枚岩的であるのに対して，漸進主義派の内部では，反急速主義，段階主義，並びに双方の折衷的な見解を表明する３つの研究者集団が，ほぼ拮抗している様が見出される。また，急進主義対漸進主義論争の枠内には止まりつつも，急進主義からも漸進主義からも一定の距離を置く，いわゆる「中立派」的な研究者集団の存在も確認される。更に，主張態度と文献属性の相関関係に関するクロス表分析や質的選択モデルの回帰推定は，論争の背景像や今日に至る道筋を理解する上で，大変示唆に富む事実関係を明らかにする。本講義では，これらの点を詳らかに解説する。

　第３講では，市場経済に向けた体制転換プロセスの「経路依存性」（path-dependency）を取り上げる。経路依存性とは，偶然の出来事や決定が制度に投影され，なおかつそれが長期に亘って維持されることで，経済主体の行動を制約する現象を指しており，制度論，経済史，進化経済学の分野で特に重要視される接近法

である。市場経済移行の結果として形成された資本主義経済システムは，過去とはまったく断絶した「転換」を経験したとみることができる。しかし同時に，市場経済への体制転換に際しては，過去の遺産がその過程に強く影響し，結果，それぞれの国の歴史的な発展の経路を反映して，独自色の強い資本主義が形成されたとみることもできる。この場合，経済システムは，「進化」的に変化したと見なすことができよう。後者の進化論的見解に立脚すると，仮に経済政策は類似のものが採用されても，市場経済移行により形成された社会経済制度は各国で多様に変化し，従って，その発展経路は，収斂ではなく，むしろ多様化に向かう。経済システムのこのような多様化プロセスを説明するロジックとして，「経路依存性」という視点が注目されるのである。この点を踏まえて，本講義では，経路依存性に関連付けて移行過程を議論・検証した文献に依拠しつつ，移行経済論における経路依存性論議の動向や理論的な発展系譜を検討する。更に本講義では，経路依存性論の支持度合いと文献属性の相関関係を，統計的・計量的手法を用いて厳密に検証する試みも行う。

　第Ⅱ部は，市場経済への体制転換がもたらした社会的衝撃の様相を，経済危機とそこからの復興，市民生活の困窮，汚職行為の蔓延という視点から描き出すと共に，これらの問題を，研究者がどう捉え，分析したのかを論じる。

　その始めとなる第4講では，中東欧・旧ソ連諸国の体制移行期におけるマクロ経済動態を取り上げる。これらの国々は，社会主義体制崩壊直後に「転換不況」（transformational recession）と呼ばれた激しい経済危機に陥り，その後穏やかな復興を遂げたという意味で，例外なく「Jカーブ」型の成長経路を歩んだ。しかし，危機の深度や復興の速度には，国家間に顕著な差異も現れている。この興味深い問題について，今日我々は，同時期のマクロ経済パフォーマンスに決定的な影響を及ぼした要因は，伝統的な経済成長論が重視する教育水準や人的資本投資でも，資本や労働の要素投入でもなく，むしろ旧社会主義移行経済や中東欧・旧ソ連地域に特異な要因，具体的には，（1）市場経済に向けた国民経済システムの構造変化，（2）体制移行政策，（3）社会主義の遺制，（4）インフレーション及び（5）地域紛争の5つであったとの理解を共有している。しかし，これら5要因の相互作用を解明しなければ，なぜJカーブ型成長経路が発現したのかを理解することはできない。そこで，本講義では，上記5要因の効果サイズと統計的有意性のメタ分析による比較を通じて，この問題への接近を図る。この目的のために，本講義では，先行研究123点から3279の推定結果を抽出し，それらのメタ統合を行う。また，統合結果の頑健性を点検するために，メタ回帰分析や公表バイアスの検証も試みる。これら一連の分析結果は，我々の想像以上にJカーブ型成長経路発生のメカニズムを明快に説明するものであった。

第5講では，中東欧諸国や旧ソ連諸国を分析対象とした貧困研究の知見の統合を試みる。中東欧・旧ソ連地域に関する貧困研究は，体制転換の開始からほどなく始まった。爾来，その研究は著しく深化・拡大し，移行経済論の分野において大きな位置を占めるものとなった。これら既存文献によると，貧困の様相は，中東欧地域と旧ソ連地域とで大きく異なり，また1990年代の拡大・安定フェーズと2000年代の沈静化フェーズという2つの局面が存在するものと見られる。このような研究状況を踏まえつつ，本講義では，伝統的な貧困研究が重視する家計規模，教育水準，都市居住という3つの要素の影響が，年次によって，或いは地域によって相異なる可能性を鑑みつつ，先行研究が報告する実証結果のメタ統合を行う。その結果は，概ね仮説を支持するものであった。即ち，1990年代は，都市に住んでいようと農村で暮らしていようと，人々が貧困に陥るリスクに差は無かった。それが2000年代に入り，都市居住は，統計的に有意に貧困に陥る確率を引き下げる要因に変化したことが確認された。他方，中東欧諸国と旧ソ連諸国との間でも，貧困状況に影響を及ぼす要因には注目すべき相異が見られた。メタ分析が捉えたこの現象は，今後の移行経済論が検討を進めるべき方向性の一端を指し示すものである。また，ここで見た研究の趨勢は，着実な「移行」の進展を示唆するものであると捉えることもできるだろう。

　第6講で取り上げる研究テーマは，汚職問題である。汚職とは，「公的役割の公式義務からの行動上の逸脱および，贈賄やネポティズムを含むが，殺人のようなモラルレベルに攻撃的であるような行動を除く，地位あるいは金銭上の利得取得」を指し，その延長上では，「私的利得のための公職の乱用」や「私的利益のための委託された権力の乱用」といった定義もなされる非常に多くの事柄を内包する多義的かつ広範囲な概念である。体制移行に伴う汚職問題は，極めて早い時期から重要研究対象として提起されており，大きくは，マクロとミクロのふたつの経路から注目されてきたが，この分野の議論は収束するどころか，むしろ発散する傾向すら示している。かかる研究動向を踏まえつつ，本講義では，大きくは，発生要因，影響要因，文化・価値観という3つの側面から提示する合計14の仮説を検証すべく，先行研究全331点を対象とする体系的レビューを試みる。その結果，汚職の原因や影響が及ぶとされる多種多様な要因に関する研究者間の認識はほぼ一致していることが判明したのみならず，例外的に見解が分かれる部分はあるにせよ，汚職行為を社会経済的に否定的にみる見方が支配的であることから，汚職の肯定的側面を強調するいわゆる「潤滑油仮説」（greasing wheels hypothesis），即ち，体制移行の混乱の中で，汚職は生き残り行動の一種として作用し，従って経済成長にも一定の貢献をもたらしたとする理論仮説は，ほぼ全面的に否定されていることが明らかになった。

この通り，本講義では，汚職の原因や影響範囲に関わる諸因子の詳細及びそれらに関する研究者の認識を，先行研究の内容を集計・整理する作業を通じて詳らかに解説する。

続く第Ⅲ部では，市場経済に向けた構造改革のいわば「本丸」ともいえる企業システムの転換過程に焦点を当てる。

この観点から第7講が取り上げるテーマは，企業私有化である。本節冒頭でも述べた通り，社会主義計画経済の根幹が，生産手段の国家独占であるとすれば，資本主義市場経済は，私的財産権をその制度的基盤とする。国有企業の民間主体への移譲は，体制転換そのものであるという意見があながち的外れといえないのは，正にこのためである。事実，数ある市場経済化政策の中でも，企業私有化は研究者の最も高い関心を集め，その結果，この問題領域に係る文献は，枚挙に遑がないほどの数に達している。私有化企業の所有構造と経営成果の関係は，この分野の中核的な研究課題だが，一口に企業私有化といっても，その初期条件も実施措置の内容も国ごとに実に様々であり，その上，国有企業を実際に取得した人々や組織も多彩を極めているから，先行研究の実証成果も混沌としているのが実情である。そこで，本講義では，先行研究121点から抽出した総計2894の推定結果を用いたメタ分析を通じて，ポスト私有化期の所有構造と経営成果の相関関係を実証的に検証した中東欧・旧ソ連移行経済研究の全体像を明らかにする。講義の中では，所在地域，私有化方式及び政策進行速度に見られる国家間の相違性が，所有構造と経営成果の関係に強く作用することが示唆される。同時に本講義は，これら移行経済特殊要因は，企業パフォーマンスの改善度という観点から，国家間に顕著な較差を生み出すばかりではなく，外国投資家，国内外部投資家，企業経営者間及び性格を異にする国内外部投資家間の相対的優劣関係にも大きく影響することを併せて指摘する。とりわけ，国有資産の事実上の無償譲渡に結果したバウチャー私有化方式の有害性を立証するメタ分析結果は，本講義最大のポイントである。講義の中では，これらの結論に至る道筋を逐一説明する。

第8講では，移行国企業の人事労務管理システムに注目する。社会主義計画経済の下では，個々の企業に独自の人事労務管理機能は存在しなかった。従って，移行経済諸国の企業にとって，市場経済に適した人事労務管理手法の導入や社会主義時代の人事労務管理体質の変革は，新たな挑戦であった。とはいえ，そうした新しい人事労務管理手法の導入や企業の旧社会主義的企業文化からの脱却が一夜にしてできたわけではなく，むしろ多くの場合，社会主義的遺制の上に新たな制度を再結合させ，西欧型の企業文化と移行国独特の企業文化とを融合するいわば「ハイブリッドな企業文化」が生み出されている。本講義では，欧州移行諸国を対象とした人事

労務管理研究において，移行経済を文脈とした研究を特に取り上げ，社会主義的人事労務管理の制度的遺制や文化的遺制を論じている既存研究と，その文献属性との関係を実証的に検証する。このような体系的レビューの結果，市場経済への移行25年間を経過した現在においても，欧州移行諸国における企業経営や人事労務管理施策に見られる社会主義時代の遺制は，依然として重要な研究対象であり，特に社会主義体制下で重要産業と位置付けられていた伝統産業を対象とする研究は，旧社会主義的遺制を強く意識した研究となること，また，欧州連合（EU）との質的な経済統合が進むにつれて，文化的遺制を根拠にしたいわゆる「分岐論」は，影を潜める傾向があるものの，社会主義的制度遺制は，分岐論の引き続き重要な根拠となる可能性があること，等が明らかになる。社会主義の経験は，本書で移行経済論を学ぶ読者の多くが誕生する以前の事象であるが，欧州移行諸国にとっては，社会主義的人事労務管理の様々な遺制が，今も，そして今後も，これらの国々の人事労務管理の多様性を生み出す重要な要素であり，無視できない特有の研究対象であり続けることを，本講義から学んでほしい。

　第9講では，金融改革を取り上げる。社会主義計画経済下の中央銀行は，発券銀行であると共に，国営企業に短期の運転資金を提供する商業銀行業務も行っていた。このため，その基本構造は，「一層制」又は「モノバンク・システム」として特徴付けられる。一方，資本主義市場経済下の銀行部門は，発券銀行たる中央銀行と金融仲介業務を担う商業銀行群から成る「二層モデル」を採用している。従って，金融システムという側面から見た計画経済から市場経済への移行とは，モノバンク・システムから二層モデルへの抜本的な構造転換を意味した。その過程を，主として中央銀行の行政府や産業界からの政治的・組織的独立性の確立という視点から考察するのが，本講義の目的である。なぜなら，中央銀行独立性は，二層モデルの下で，中央銀行が「通貨の番人」としての役割を十全に果たすための欠くべからざる条件であるからに他ならず，従って，中央銀行独立性は，金融改革の進展度を測る最も基本的なバロメーターだからである。このため，多くの研究者が，旧社会主義移行経済諸国の金融改革を，「中央銀行独立性のインフレーション抑制効果」という視点から，実証的に検証してきた。本講義では，何故そのような観点から研究がなされてきたのか，またその結果，移行経済諸国に即して，どのような政策含意が得られたのかを解説する。この目的を達成するため，本講義では，中央銀行独立性のインフレーション抑制効果という観点に立った，移行経済諸国とその他先進・開発途上諸国の相互比較を目的としたメタ分析を行い，中東欧・旧ソ連諸国における金融改革の実質を問う。

　最終第Ⅳ部では，国際的な視点から移行経済を考える3つの研究テーマを取り扱

序論　比較経済論講義：その目的，方法及び各講義の狙いと概要

う。即ち，国際貿易，外国直接投資（foreign direct investment: FDI），そして環境改革である。

　その第10講では，かつて貿易の国家独占と経済相互援助会議（コメコン）という２つの制度によって支えられていた旧社会主義圏の貿易活動が，経済体制の移行に伴ってどのように変化したかを検討する。本講義では，この問題を，貿易規模の決定要因に関する先行研究の実証結果を，メタ分析の手法で統合することにより検証する。社会主義体制の崩壊によって貿易の国家管理は失われた。これにより，市場規模や輸送コスト等の貿易規模を決定付けるより一般的な要因の影響拡大が予想される。そこで，移行経済研究者は，交易国の二国間距離と経済規模とを最も基本的な独立変数として採用するいわゆる「重力モデル」（gravity model）の推定結果を次々と報告した。更に，体制転換の進展そのものが，国家間の障壁を除去し，貿易規模を拡大すると仮定した実証分析も同時に進められた。これら先行研究の検証結果を対象とするメタ分析の結果は，次の点を明らかにした。即ち，重力モデルが想定する貿易量の基本的決定要因，つまり交易国の二国間距離や国内総生産（GDP）で代理される経済規模は，理論仮説に従って，移行経済諸国においても統計的に有意に作用している。また，「構造変化変数」として定義される移行要因は，貿易量を増やす方向に作用する，即ち，「移行」が進展すればするほど貿易規模は拡大するという仮説も実証された。他方，「構造改革変数」や「EU 要因変数」として表現されるファクターの貿易効果は，その真の効果を捉えることができなかった。その意味は，講義の中で明らかにする。

　第11講では，外国直接投資を取り上げる。先進諸国を中心とする諸外国からの直接投資は，国の開発計画や企業の設備投資に必要な資本を欠いていた旧社会主義移行経済諸国の資金源を増やすだけでなく，資本主義市場経済と比べると極めて非効率であった社会主義計画経済を根本的に立て直すための推進力としても期待されていた。移行当初は，旧社会主義圏の経済再建に対する根深い不信感や，第４講で取り上げた体制転換初期の深刻な経済危機が災いして，ハンガリーを始めとする一部の国々を除くと，1990年代を通じて FDI の受け入れは低調であった。しかし，2000年代に入ると，経済改革の遂行に基づく市場経済移行の進展，目覚ましい景気回復を背景にした新興市場経済としての台頭，中東欧諸国の EU 新規加盟に象徴される経済のグローバル化等が直接投資の急伸をもたらした。こうした情勢を踏まえて，多くの研究者が，移行経済諸国向け FDI の決定要因に関する実証研究に乗り出した。その際に焦点が当てられたのは，これらの国々に特有の事情，すなわち計画経済から市場経済への移行が，FDI の動向に及ぼしたインパクトの大きさと方向性である。そこで本講義では，FDI の決定要因に関する議論を踏まえた上で，

25

中東欧・旧ソ連諸国における市場経済移行の FDI 誘引効果の有無と程度を把握すると同時に，市場規模，労働費用，資源賦存，地理的距離といった他の一般的な FDI 決定要因の誘引効果や，主要な中東欧諸国が実現した EU への新規加盟が FDI に及ぼしたであろう影響度と比較考量するという視点からメタ分析を行い，移行経済諸国向け FDI 決定要因の全体像を明らかにする。

　第12講は，国際的視点に立った移行経済の第3番目の重大問題として，環境改革に目を向ける。東欧革命後の中東欧諸国では，市場経済への移行（経済改革）ならびに政治の民主化（政治改革）と並んで，環境問題の解決に必要な環境政策の実施（環境改革）も重要な政策課題であった。その歴史的背景として，数十年に及ぶ集権的な計画経済機構と強権的な独裁政治体制が，各国の国民経済と市民社会を疲弊させただけでなく，その自然環境にも大きな爪痕を残したことが指摘される。体制転換に結実した東欧革命を率いた人々の願いの一つは，深刻な産業公害に終止符を打ち，良好な自然・生活環境を取り戻すことであった。さらに，体制転換後に提起された EU への新規加盟に伴い，経済成長と環境保全の両立（持続的発展）を目指す EU の環境法規を自国に取り入れ，その内容と矛盾しないように国内の法規制を根本的に再編成することが求められた。EU の基本条約から規則，指令，判例法までを網羅した法体系の総称である「アキ・コミュノテール」の受容は，EU 新規加盟の必須条件とされ，環境分野での受入要件は，通称「環境アキ」と呼ばれたが，それだけで約450点にも及ぶ法体系の見直しは，膨大な費用と負担をもたらし，加盟候補国では，EU に対する反発の声も少なからず見られた。同じような問題は現在も続いており，とりわけ旧ユーゴスラビアで勃発した内戦（ボスニア紛争）に巻き込まれ，その戦禍が未だに癒えない南東欧・西バルカン地域では，EU の主導下で，政治・経済・環境の再建が三位一体となって進められている。こうした状況を踏まえて，本講義では，中東欧諸国の体制転換と環境改革に関する諸問題を検討した先行研究の体系的レビューを通じて，両者の関係性に対する多様な見解の全体像を描写するとともに，どのような研究上の要因が見解の相違をもたらしているのかを，システマティックに検証する。

＊　　＊　　＊

　開講ガイダンスは，以上の通りである。なかなかの長丁場ではあるが，これから取り掛かる全12回の講義を通じて，受講生の皆さんが，本書の狙い通りに，移行経済論の中核部分について，一定の理解と知識が得られたと感じて頂けるなら，我々講師陣にとって，これ以上の喜びはない。それでは始めよう！

参考文献

アセモグル，ダロン，ジェイムズ・A・ロビンソン（2016）『国家はなぜ衰退するのか─権力・繁栄・貧困の起源』（鬼澤忍訳，上下巻）早川書房.

池本修一・田中宏編著（2014）『欧州新興市場国への日系企業の進出─中欧・ロシアの現場から』文眞堂.

石村貞夫・デズモンド・アレン・劉晨（2016）『すぐわかる統計用語の基礎知識』東京図書.

市川顕・稲垣文昭・奥田敦編著（2013）『体制転換とガバナンス』ミネルヴァ書房.

岩﨑一郎（2004）「市場経済移行とマクロ経済実績」岩﨑一郎・宇山智彦・小松久男編著『現代中央アジア論─変貌する政治・経済の深層』日本評論社，177-199頁.

岩﨑一郎・鈴木拓（2010）『比較経済分析─市場経済化と国家の役割』ミネルヴァ書房.

岩﨑一郎・溝端佐登史（2018）「移行諸国企業の所有集中と経営成果─メタ分析」『比較経済研究』第55巻第1号，1-22頁.

岩崎学・中西寛子・時岡規夫（2004）『実用統計用語事典』オーム社.

上垣彰・田畑伸一郎編著（2013）『ユーラシア地域大国の持続的経済発展』ミネルヴァ書房.

加納悟・浅子和美・竹内明香（2011）『入門 経済のための統計学』（第3版）日本評論社.

グライフ，アブナー（2009）『比較歴史制度分析』（岡崎哲二・神取道宏監訳）ＮＴＴ出版.

コーヘン，スレイマン・イブラヒム（2012）『国際比較の経済学─グローバル経済の構造と多様性』（溝端佐登史・岩﨑一郎・雲和広・德永昌弘監訳，比較経済研究会訳）ＮＴＴ出版.

鹿野繁樹（2015）『新しい計量経済学─データで因果関係に迫る』日本評論社.

白砂堤津耶（2015）『例題で学ぶ 初歩からの統計学』（第2版）日本評論社.

仙石学・林忠行編著（2011）『ポスト社会主義期の政治と経済─旧ソ連・中東欧の比較』北海道大学出版会.

中兼和津次（2010）『体制移行の政治経済学─なぜ社会主義国は資本主義に向かって脱走するのか』名古屋大学出版会.

難波明生（2015）『計量経済学講義』日本評論社.

西村可明（1995）「ソ連型計画経済の理念・制度・現状・改革」木村汎・皆川修吾・西村可明・長谷川毅・鵜野公郎・袴田茂樹『ソビエト研究─ソ連を知りたい人のために』教育社，113-188頁.

羽場久美子・溝端佐登史編著（2011）『ロシア・拡大EU』ミネルヴァ書房.

堀林巧（2016）『中東欧の資本主義と福祉システム─ポスト社会主義からどこへ』旬報社.

ボーレ，ドロテー，ベーラ・グレシュコヴィッチ（2017）『欧州周辺資本主義の多様性─東欧革命後の軌跡』（堀林巧他訳）ナカニシヤ出版.

美添泰人・竹村彰通・宿久洋編著（2017）『現代統計学』日本評論社.

溝端佐登史・小西豊・出見世信之編著（2011）『市場経済の多様化と経営学─変わりゆく企業社会の行方』ミネルヴァ書房.

山田剛史・井上俊哉編（2012）『メタ分析入門─心理・教育研究の系統的レビューのために』東京大学出版会.

Åslund, Anders（2013）How Capitalism Was Built: The Transformation of Central and Eastern Europe, Russia, and Central Asia, Second edition, Cambridge University Press: New York.

Åslund, Anders and Simeon Djankov（eds.）（2014）The Great Rebirth: Lessons from the Victory of Captialism over Communism, Peterson Institute for International Economics: Washington D.C.

Ateljević, Jovo and Jelena Trivić（2016）Economic Development and Entrepreneurship in Transition Economies: Issues, Obstacles and Perspectives, Springer: Switzerland.

Berkowitz, Daniel and Gérard Roland (2007) Editorial statement from Daniel Berkowitz and Gérard Roland, Journal of Comparative Economics, 35(1), pp. 1-2.

Cornelson, Kirsten and Aloysius Siow (2016) A quantitative review of marriage markets: How inequality is remaking the American family by Carbone and Cahn, Journal of Economic Literature, 54(1), pp. 193-207.

Djankov, Simeon and Peter Murrell (2002) Enterprise restructuring in transition: A quantitative survey, Journal of Economic Literature, 40(3), pp. 739-792.

Douarin, Elodie and Tomasz Mickiewicz (2017) Economics of Institutional Change: Central and Eastern Europe Revisited, Third edition, Palgrave Macmillan: Basingstoke.

Gevorkyan, Aleksandr V. (2013) Innovative Fiscal Policy and Economic Development in Transition Economies, Routledge: Abingdon.

Glowienka, Jens (2015) The refusal of the subsistence level for nonresident taxpayers: An analytical survey of the relevant legal framework, Journal of Business Economics, 85(1), pp. 85-106.

Hare, Paul and Gerard Turley (eds.) (2013) Handbook of the Economics and Political Economy of Transition, Routledge: Abingdon and New York.

Havlik, Peter and Ichiro Iwasaki (eds.) (2017) Economics of European Crises and Emerging Markets, Palgrave Macmillan: Singapore.

Iwasaki, Ichiro and Masahiro Tokunaga (2016) Technology transfer and spillovers from FDI in transition economies: A meta-analysis, Journal of Comparative Economics, 44(4), pp. 1086-1114.

Kurosaki, Takashi (2017) Comparative Economic Development in India, Pakistan, and Bangladesh: Agriculture in the 20th Century, Maruzen Publishers: Tokyo.

Mullen, Brian (1989) Advanced BASIC Meta-analysis, Lawrence Erlbaum Associates: Hillsdale. (小野寺孝義訳『基礎から学ぶメタ分析』ナカニシヤ出版, 2000年)

Myant, Martin and Jan Drahokoupil (2010) Transition Economies: Political Economy in Russia, Eastern Europe, and Central Asia, J. Wiley: Hoboken, NJ.

Myant, Martin and Jan Drahokoupil (2015) Transition Economies after 2008: Responses to the Crisis in Russia and Eastern Europe, Routledge: London and New York.

Roland, Gérard (ed.) (2012) Economies in Transition: The Long-run View, Palgrave Macmillan: Basingstoke.

Stanley, T. D. (2005) Beyond publication bias, Journal of Economic Surveys, 19(3), pp. 309-345.

Stanley, T. D. (2008) Meta-regression methods for detecting and estimating empirical effects in the presence of publication selection, Oxford Bulletin of Economics and Statistics, 70(1), pp. 103-127.

Stanley, T. D. and Hristos Doucouliagos (2009) Picture this: A simple graph that reveals much ado about research, Journal of Economic Surveys, 24(1), pp. 170-191.

Stanley, T. D. and Hristos Doucouliagos (2012) Meta-regression Analysis in Economics and Business, Routledge: London and New York.

Tridico, Pasquale (2011) Institutions, Human Development and Economic Growth in Transition Economies, Palgrave Macmillan: Basingstoke.

Turley, Gerard and Peter J. Luke (2010) Transition Economics: Two Decades On, Routledge: London and New York.

第 I 部

計画経済の破綻と市場経済への移行戦略

第 1 講	**社会主義経済システムはなぜ破綻したのか**
	政治経済学からの接近

上垣　彰・杉浦史和・岩﨑一郎

1.1　はじめに

　本講義は，社会主義経済システムの破綻要因を論じた過去四半世紀余に発表され
た英語論文を精査して，それに，政治経済学的視点から体系的レビューを施そうと
するものである。先の序論でも述べた通り，「体系的レビュー」とは，単なる印象
批評的文献調査を超えて，相当数の文献を対象に，いくつかの統一的基準を設けて
それらを分類し，そこから何らかの一般的傾向を見出そうとする試みを指す。

　また，「政治経済学的」接近法について説明しておく必要もあるだろう。我々が
あえてこの接近法をとったことには理由がある。この問題は，社会主義（あるいは
共産主義）を経済的に運営していくのは不可能であることを主張したルードヴィッ
ヒ・フォン・ミーゼスやフリードリッヒ・ハイエクの理論と関係している[1]。ロシ
ア・東欧における社会主義体制が崩壊したいま，彼らの「正しさ」は，現在ではほ
ぼ経済学者たちの共通の理解となっており（Boettke, 2001），「社会主義が経済的に
破綻するのは当たり前であって，その論理を今更議論する必要などない」という立
場に正面から対抗するような研究を見出すことは困難である。即ち，純経済学的接
近法では，いわば「結論」はもう定まっているというのが，現在の学界の状況なの
である。我々としては，たとえそうであるとしても，なぜあの時点で社会主義が破
綻したのか，ロシアと東欧（広い意味で）との間に，破綻のきっかけに違いはある
のか，破綻の要因は，本質的なものから情勢的なものまで層状を成しているはずだ
としたら，その具体相はどのようなものだったのか等を問いたいわけである。その

---

1 ）「社会主義」と「共産主義」という言葉に関して，両者を区別すべきであるという議論が発せ
　られていることは認識しているが，ここでは，両者はまったく相互互換的な，同じ意味を持つ言
　葉として取り扱う。

第Ⅰ部　計画経済の破綻と市場経済への移行戦略

場合は，どうしても純経済学的な要素以外のファクターも考慮せざるを得ない。

　この点については，さらに敷衍しておく必要がある。まず，ソ連やロシアに関しては，社会主義経済システムの破綻とソ連という連邦政体の解体との関係について考察せざるを得ない。両者は分ちがたく結びついているからである。従って，ソ連の国際関係や軍事体制，並びに民族問題の考察抜きには，同国における社会主義経済システムの破綻を論じることは困難なのである。さらに，東欧における社会主義の破綻は，ソ連における政治変動と結びついている。ソ連の強権体制が生き残ったら，東欧がどうなっていたかは分からない。ここでも国際関係の側面を考慮せざるを得ない。これらの問題は，純経済学的な論理だけでは問題を全面的に分析することが不可能なことを示している。

　以上を踏まえて，本講義では次のように議論を進める。まず，1.2節では，体系的レビューを施す対象論文を調査する前に，そもそも「社会主義経済システムはなぜ破綻したのか」という「破綻要因論」がどのように語られてきたのかを，代表的研究者の著書を参考に整理する。ここで我々は，8つの破綻要因論を見出す。次の1.3節では，体系的レビュー対象文献の選択・分類方法を解説すると共に，当該文献の主張態度と属性を分類・整理する。1.4節では，主張態度と文献属性との関係を，クロス表を用いて分析する。続く1.5節では，主張態度と文献属性の相関性を重回帰分析の手法で再検証する。そして最終1.6節において，講義全体のまとめと筆者らの結論を述べる。

1.2　破綻要因に関する有力説の摘出と分類

　まず我々は，体系的レビューの要となる先行研究の分類基準を確立すべく，代表的研究者の18の単行本及び単行本所収論文（以下，「単行本文献」と呼ぶ）を選んで，それらが「社会主義経済システムはなぜ破綻したのか」という問題に対して，どう答えているかを調べた。もちろん，種々の論者が，多様な視角から様々なニュアンスをもってこの問題を論じているわけだが，我々は，それらが，**表1.1**のように8つに有力説にまとめられると考えた[2]。これら18単行本文献の主張内容と8つ

2）8つの破綻要因論を摘出するのに際して，我々は，中兼（1993）を大いに参考にした。同論文の中で，中兼は，「歴史環境」，「政策失敗」，「イデオロギーの衰退」，「技術革新の遅れ」，「国際的な情報流通の拡大（社会主義国家の人々に西側コンプレックスを植え付けた）」，「期待のギャップ（体制が保障する豊かさと現実のギャップ）」，「抑圧と秘密主義（自律的ダイナミズムを失わせた）」という7つの社会主義経済破綻の原因を上げている（57-59頁）。我々は，彼の議論を出発点として，本節に言及する18の著作が主張する破綻要因論を8つにまとめたのである。

第1講　社会主義経済システムはなぜ破綻したのか：政治経済学からの接近

表1.1　社会主義経済破綻の8要因

要因番号	破綻要因
1	国際環境／冷戦／軍拡
2	連邦制／民族問題
3	政策失敗（ペレストロイカの失敗を含む）
4	「システムの限界生産力」減退
5	技術革新の欠如／企業家精神の欠如
6	政治制度，特に秘密主義と政治的抑圧
7	計画経済の機能不全／予算制約のソフト化と不足／所有権の独占
8	重工業優先／生活水準（消費物資）の低迷／インセンティヴの欠如

出所）著者作成。

の要因論との関係は，**表1.2**に示す通りである。単行本文献は，体系的レビューの対象とはしないが，有力説摘出の資料としたのである。

　ここで，破綻要因1，2及び6を含めている点が，本講義が政治経済学的接近を標榜する所以である。以下，単行本文献の叙述を基礎に，個々に説明を加えていく。

　まず，表1.1の筆頭に挙げた破綻要因1「国際環境／冷戦／軍拡」は，東西冷戦下でソ連（及び東欧）が軍拡を過大に進め，それが経済の重荷になり，その破綻を促進したという議論である。ソ連・ロシアの政治研究で有名なオックスフォード大学のアーチー・ブラウンは，「軍事競争の重荷はアメリカにとってよりはソ連にとってずっと重かった」と言っている（Brown, 2009, p. 601）。ロシア人研究者もそのことを認めている（Timoshina, 2009）。また，それとは別に，外国の経済的・社会的・政治的動きが，当該社会主義社会を流動化させたという議論がある。フランスの経済学者マリー・ラヴィーニュは，オイル・ショックがソ連経済に与えたインパクトを強調する（Lavigne, 1999）。さらに，西側諸国からのイデオロギー的な影響力が，社会主義体制を動揺させたという議論が，例えば，Brown（2009）の様に，いくつかの文献に見られる。

　破綻要因2である「連邦制／民族問題」は，民族問題を含む種々の国家体制上の問題を，不自然な連邦制に押し込めていたため，その矛盾が噴出して，ついに体制は崩壊した，というストーリーであり，ソ連社会主義の崩壊に社会主義経済システムの破綻を見る考え方である。ソ連崩壊後のロシアの市場経済移行を推進した経済学者・政治家のエゴール・ガイダルは，ソ連を，ハプスブルグ帝国やオスマントルコ帝国と同じような，崩壊を運命付けられた一種の帝国と見ているが，この見方はその典型である（Gaidar, 2006）[3]。この要因論が考える具体的な社会主義経済破綻のメカニズムは，連邦制と表裏一体となっていた社会主義的な連邦内分業や統一貨幣システムが，民族問題の揺らぎと共に動揺して，それが，社会主義経済システム

33

第Ⅰ部　計画経済の破綻と市場経済への移行戦略

表1.2　単行本文献に描かれた破綻要因論

著者、刊行年及び著書名（簡略表記）	描かれた破綻要因論（番号）	特徴・独自の主張
Allen (2003) Farm to Factory	1, 4	イギリスのヴェテラン経済史学者（特にイギリス農業史の専門家）の著作。比較経済史の手法を用いて、ソ連1930年代の全体主義的理解を批判。マーチン・ワイツマンの言う「労働資本の要素代替の弾力性の低さ」を理論的基礎として、70年代の労働力不足に、後年の経済停滞の原因を見る。
Åslund (1995) How Russia Became a Market Economy	1, 3, 5, 7, 8	エリツィン政権の経済アドヴァイザーだった著者の激しいゴルバチョフ批判。
Boettke (2001) Calculation and Coordination	3, 6	ソ連は重商主義的なレント・シーキング社会だとする。ゴルバチョフも厳しく批判。
Braguinsky and Yavlinsky (2000) Incentives and Institutions	3	現代ロシアのユニークな政治家・経済学者によるロシアの市場経済移行論。ワシントン・コンセンサス的な移行方針に反対し、マクロ経済安定化とミクロ制度設計を重視する。
Brown (2009) The Rise and Fall of Communism	1, 3, 4, 5	イギリスのヴェテラン政治学者による包括的な共産主義論。その末尾部分で、いろいろ問題を抱えながら生き延びてきた共産主義システムが、何故ある時になって終焉を迎えたかという問題意識から種々論じている。
Ellman and Kontorovich (1998) The Destruction of the Soviet Economic System	3	ゴルバチョフ期の官庁や企業の現場がいかに混乱していたかを、現場担当者の証言を集めて描いている。
Gaidar (2003) The Economics of Russian Transition	1, 6, 7, 8	ロシア市場経済移行の設計者の一人。元副首相エゴール・ガイダルが率いる移行経済研究所がイニシアティヴをとって編集したロシアの改革派エコノミストの英語論文集。「社会主義経済崩壊の必然性」という論文を寄稿している。
Gaidar (2006) Gibel' imperii	1, 2, 3, 6	ソ連を、全体主義的・権威主義的な帝国と見た上で、過去の帝国（海洋帝国と陸続きの帝国（大陸帝国）を区別し、ソ連を後者と考える）及び全体主義・権威主義国家の崩壊の原因を考察。
IERAN (2007) Ekonomicheskaya istoriya SSSR	4, 6	「ソヴィエト期の経済の客観的・脱イデオロギー的評価」（p.3）と銘打った科学アカデミーの集団的著作。その中で、D.E.ソローチンが「ソヴィエト経済システムの集権性は何故だったか」を論じている。
Lavigne (1999) The Economics of Transition	1, 3	システムが崩壊すべきだったことを説明する理由はいくらでもある…しかし、問題はなぜシステムを存続させたか、崩壊はなぜ遅れたかである。事態の進行の掛け金を外したのは政治である、と論じる。

文献		内容
Ligachev (2010) Kto predal SSSR?	3	ソ連末期に政権中枢で働いた著者の回想。問題は、ソ連各共和国の党と国家の指導部に、出世主義者、民族＝分離主義者、民主主義者が入り込んでいたことであり、ソ連崩壊の責任を負うべきはゴルバチョフらだと主張。
中兼 (2010)『体制移行の政治経済学』	7	中兼（1993）とは異なって、社会主義の体制内改革の可能性を論じ、それが不可能なことを示して、社会主義経済システム崩壊の必然性を論じるという内容。
Roland (2000) Transition and Economics	7	旧社会主義の市場経済移行の諸側面を精緻な理論に基づいて分析したものであり、社会主義経済システム崩壊の原因をまとめて述べた箇所はないが、同システムの持つ欠陥について、インセンティヴ問題を論じるという形で言及している。
Rosefielde and Hedlund (2008) Russia since 1980	1	Muscovy［モスクワ大公国：15世紀のイワン3世の下で成立した権威主義的なレント供給支配体制］をキーワードにして、1980年以来のソ連とロシアを論じる。著者らによれば、ソ連は、Muscovy的な権威主義的軍事警察国家であった。またゴルバチョフのソ連も、エリツィン、プーチンのロシアもMuscovy的な権威主義国家である。その意味でロシアはなく（Shleifer, 2005）とは異なって、体制転換後のロシアも特殊な国家であるというのである。『何が社会主義経済の崩壊を導いたのか』という問題意識は、彼らには、無意味であり、本質的には体制の根幹それは、歴史に根ざすものであり、ソ連崩壊を導いたのか』という問題意識は変化せずに続いているということになる。
Sachs (1993) Poland's Jump to the Market Economy	1, 3	著者自らが深く関わったポーランドの市場経済移行政策について、ごく早い時期に、自らの見解をまとめた著作。その中で、ポーランドの旧体制下における経済政策の欠陥についても言及しながら論じる。ソ連の見解との類似性にも言及している。
Shleifer (2005) A Normal Country	7	エリツィン政権下で市場経済移行政策を進めるロシア連邦は、実は、不完全な市場経済と民主主義を持つ他の中進国と変わりのない、ごく『普通の国家』であると主張する。多くの問題を抱える点からその異常性が強調されるが...
Stiglitz (1994) Whither Socialism?	4, 7	ノーベル経済学賞受賞者の社会主義経済論である。正確に言うと、社会主義経済論というより市場社会主義論であり、著者は（社会主義ではなく）市場社会主義の持続不可能性を否定しようとしているのである。
Timoshchina (2009) Ekonomicheskaya istoriya Rossii	1, 3	国際関係大学の経済理論系講座の教授であるチモシチナが執筆した教科書副読本。9世紀以来のロシア（及びソヴィエト）経済史を描く。収奪所群島における労働についても厳しい評価が見られるなど、ソ連末期の経済について詳しく論じるなど、興味深い箇所がある。
中兼 (1993)『社会主義経済の崩壊と経済体制論』	1, 3, 5, 6, 7, 8	略（本文参照）。

注）具体的内容は、表1.1を参照。
出所）筆者作成。

第Ⅰ部　計画経済の破綻と市場経済への移行戦略

と連邦制の双方を破綻に導いたというものである。

　破綻要因３の「政策失敗」は，ミーゼス＝ハイエク流の社会主義経済不可能論を基本的に認めるにしても，なぜあの時期に破綻してしまったのかに関して，政策決定の要因を重く見る議論である。当然，ソ連やロシアに関しては，ゴルバチョフの政策に注目する。アムステルダム大学のマイケル・エルマンと米ハヴァーフォード大学のウラジーミル・コントロヴィッチは，ゴルバチョフ期の経済運営の混乱を生き生きと描き出している（Ellman and Kontorovich, 1998）。上記のブラウンは，端的に「ソ連では，危機が改革を促進したというよりは，改革が危機を作り出したのだ」（Brown, 2009, p. 598）と言っている。この考え方の最も極端なものは，ソ連末期に反ゴルバチョフ派の政治家であったエゴール・リガチョフの主張である。彼は，基本的には順調に発展していたソ連を崩壊させ，経済システムを破綻させた張本人は，外国の介入のもとで誤った政策を実施したゴルバチョフであると指摘しているのである（Ligachev, 2010）。

　破綻要因４の「システムの限界生産力減退」は，社会主義システムが発展途上国の工業化にある程度の効果があることを認めた上で，当該国家の経済発展と共にその効果が薄れることを主張する議論である。ロシア・アカデミー経済研究所の集団的著作（IERAN, 2007）が，「経済成長の減速をもたらした原因は，ソ連が，新しい資源の注入（エクステンシヴな道）の可能性がますます尽きてきているのに，ソ連経済を成長のインテンシヴな動因に移行させていくことができなかったことだ」（p. 477）と言っているのがその典型である。ノーベル経済学賞受賞者のジョセフ・スティグリッツも，後述の破綻要因７を強調しつつも，同時に，重工業は社会主義システムによくフィットするものだったのだが，産業構造に大きな変化があった過去50年間に，社会主義システムは革新する能力がないことが明らかになった，との指摘をしている（Stiglitz, 1994）。

　破綻要因５として挙げた「技術革新の欠如／起業家精神の欠如」は，社会主義経済システムは，技術革新を促進することができず，また，起業家精神を涵養することもなかったため，当該国経済の生産力の停滞は免れず，この帰結として，市場経済諸国との国際競争に敗れて，社会主義は敗北していった，という議論である。アーチー・ブラウンは，「共産主義経済の最も大きな失敗の一つは，新技術を作り出すことに失敗したことだ」（Brown, 2009, p. 590）と述べ，ソ連保守派リーダーの

──────────
３）ただし，ガイダルは，「石油の呪い」，「体制の非効率，特に農業・食料生産の非効率」，「西シベリア石油への幻想」「外的ショック，交易条件の悪化」「（ゴルバチョフ期の）一連の失敗」，「外貨危機」，「外貨・財政危機下の政治経済の自由化」など，種々の問題を包括的に論じている。

36

第1講　社会主義経済システムはなぜ破綻したのか：政治経済学からの接近

「コンピュータ過信」（p. 591）も失敗の原因に上げている。中国経済研究者である中兼和津次は，マーシャル・ゴールドマンを援用しながら，「軽薄短小」の新しい技術への転換が社会主義システムにそぐわなかったという点を指摘している（中兼, 1993, 58頁）。ソ連のリーダーの「コンピュータ過信」と新しい時代の「軽薄短小」技術は似て非なるものなのである。

　破綻要因6の「政治制度，特に秘密主義と政治的抑圧」は，言うまでもなく，一党独裁制とその下での言論の抑圧や秘密警察による住民の監視（場合によっては拘束と投獄）というシステムを指すが，それは，中兼（1993）が，社会主義経済破綻の重要な要因として特に強調するものである。何故なら，一党独裁制こそが，資本主義システム発展の原動力となった「自律的ダイナミズムあるいは生の飛躍（élan vital）［ベルグソン］」（ibid., 59頁）を，社会主義経済体制下の人々から奪ったからである。

　破綻要因7の「計画経済の機能不全／予算制約のソフト化と不足／所有権の独占」は，ミーゼス＝ハイエク流の不可能論が，その基本にある。ただし，多くの文献は，そのことを直接主張するのではなく，社会主義経済の弱点の具体相にその基本問題がどう反映しているかを論じている。例えば，スティグリッツは，彼独自の情報経済学の立場からこの問題を論じている。彼は，インセンティブの問題を重視する。彼によれば，問題は，社会主義システムにインセンティブが存在しないことではなく（実際，社会主義諸国にもインセンティブは存在した。この意味で，次の破綻要因8の議論とは異なる），多くのインセンティブが，個人レヴェルでも制度レヴェルでも，誤った方向に向けられていることである。スティグリッツによると，企業では，インセンティブが不適切に設計されており，価格が恣意的に決定されるため，労働者の配置や投資が適切になされなかった，競争に関しては，新古典派モデルのような完全市場は必要なく，企業にとっては，同じような経済活動を行っている2～3の企業を見て自らのインセンティブと選択を設計すればよいのだが，ソ連では，革命前の経験が忘れられるにつれて，適切な参照点を失って孤立していったことが大きな問題であったとしている（Stiglitz, 1994）。表1.2に掲げた18単行本文献の著者のうち，スウェーデン出身の経済学者アンデルス・オスルンド，ガイダル，中兼，カリフォルニア大学バークレー校の経済学者ジェラール・ローラン，ロシア出身でハーヴァード大学の経済学者アンドレイ・シュライファーは全て，ソ連のシステムにも，ゴルバチョフの改革の試みにも大変批判的であり，社会主義経済システムがその根幹の作動形態の部分で重大な欠陥を持っていたことは，議論の当然の前提とされている（Åslund, 1995; Gaidar, 2003; 中兼, 2010; Roland, 2000; Shleifer, 2005）。

第Ⅰ部 計画経済の破綻と市場経済への移行戦略

破綻要因論8「重工業優先／生活水準（消費物資）の低迷／インセンティブの欠如」には，方向性の異なる2つの議論が含まれている。第1の方向性は，社会主義経済システムは，種々の理由からどうしても重工業重視路線をとることとなり，その結果，住民への消費物資の供給がおろそかになる，それが，人々の労働意欲の減退に繋がり，結局は経済全体の衰退が導かれた，というものだ。オスルンドは，いびつな産業構造，特に防衛産業の過重，消費財の軽視，サービスの軽視に言及している（Åslund, 1995）。他方，ガイダルは，ソ連は，輸入代替工業化を一貫して追求する最初の実験を行ない急速な工業化を達成したのだが，同時にそれは国家による強制貯蓄と生活水準の低下を招いた，また，その強制的工業化は，農業からの資源の大量収奪を伴い，周期的な農業危機と食料不足を引き起こして，さらなる発展の障害となったと論じた（Gaidar, 2003）。破綻要因8の第2の方向性は，西欧社会にみられる市民的自由や華やかな文化の享受に制限のある社会主義社会では，権力側は，それら制限を住民に甘受させる一方，後者には，最低限の生活を保証する（安価な必需品，無料医療，完全雇用等）という暗黙の「社会契約」が存在したが，消費の現代的多様化と情報化という国際的条件下で，住民達は「制限下の最低限の生活」に大きな不満を感じるようになり，その動きが底流となって社会が流動化した，というものである。中兼（1993）は，これを「期待のギャップ」（59頁）という言葉で表現している。

本講義では，以上に紹介した社会主義経済破綻要因に関する8つの有力説を参照基準として，先行研究の体系的レビューを試みる。

1.3 体系的レビュー対象文献の選択方法及び主張態度と文献属性の分類

次に我々は，体系的レビューの対象となる文献を選択した。その方法は，代表的電子学術文献情報データベースである EconLit や Web of Science を利用して，1989年初めから2017年末までの間に出版された英語論文の中から，*socialism, communism, planned economy, breakdown, collapse, Gorbachev, dissolution, Perestroika, economic calculation problem, Brezhnev doctrine, communist party, Soviet bloc, socialist regime, reform of planned economy, Marxism, soft budget constraints, shortage, incentive incompatibility* のキーワードで検索し，そのいずれかでヒットしたものを選び出すというものである[4]。この結果，一般均衡論批判やイスラム経済等を研究対象としており，従って我々の問題意識には明らかに沿わないものを除いた総計274点の学術雑誌論文，図書所収論文及びワーキング・ペーパー等の未刊

行論文を選んだ。以下，当該274文献を「基本抽出文献」と名付ける。

　このような文献収集方法は，分析者の恣意性を混入させない中立的なものとして，大きなメリットがある一方で，いくつかの問題も抱えている。まず，このような方法故に抜け落ちた単行本文献を調査対象にしなくていいのかという問題がある。我々はこの問題を，前節で説明した通り，いくつかの代表的研究者の単行本を選び，それを，体系的レビューの対象にはしないが，近年までの社会主義経済システム破綻要因論を，摘出・分類するための基本資料とすることによって対処した。我々がこのような方法をとった理由は，単行本文献が，包括的な背景説明や詳細な文献サーベイを含んで，複数の破綻要因論に言及する傾向が強い一方で，鋭角的に著者の主張を押し出さない場合も少なくないからである。なお，著名な単行本を出版している著者は，簡潔に自らの主張を雑誌論文として別途発表している場合も多いという点にも注意すべきである。実際，著名な単行本の執筆者の何人かは，我々が調査の対象とした論文の著者でもある。

　我々の文献選択方法が孕む第2の問題点は，英語文献のみが調査対象だということである。問題の性質上，少なくともロシア語文献は調査すべきではないか，あるいは，日本人研究者として，日本語文献を考慮すべきではないかという主張はもっともである。実際，我々は，ロシア語読解能力を有しており，技術的にはロシア語文献を調査対象に含めることは不可能ではない。しかし，我々は多言語調査を行わなかった。その理由は，多言語調査においては，上で説明したような中立的な文献選択をなし得ないからである。膨大に存在すると予想できる関連文献（しかもその多くはデジタル化されていない）を網羅的に読んで，調査対象文献を取捨選択するのは，現在我々の持っている人的資源では不可能なことであった。もちろん，ロシア語文献なり，日本語文献なりの主張は，おのずから，英語文献のそれとは異なることが予想され，その相違自体が，重要な研究テーマとなるはずである。この点に関しては，将来の課題としたい。ただし，1.2節で言及した単行本文献には，ロシア語及び日本語文献が加わってはいる。

　さて，本講義における我々の問題関心は，上記基本抽出文献のうち，どのような属性を持った論文が，1.2節で論じた8つの破綻要因論のいずれを主張する傾向があるのかを調査することである。そこで，我々は，基本抽出文献を一つ一つ読んで，その文献の属性を，分類・整理した。この観点から我々が注目したのは，以下の諸

4）文献検索作業は，2013年6月，2016年7月及び2018年3月の3度に亘って行った。基本抽出文
　献リストは，日本評論社ウエブサイト（https://www.nippyo.co.jp/shop/downloads）にある本書
　第1講付録として用意されている。適宜参照してほしい。

図1.1 基本抽出文献の属性別構成

(a) 分析視角

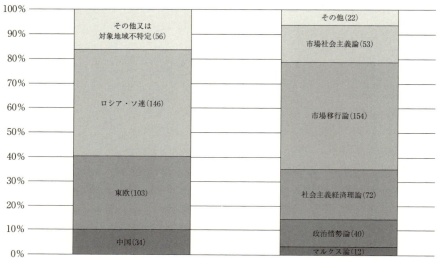

(b) 執筆者属性

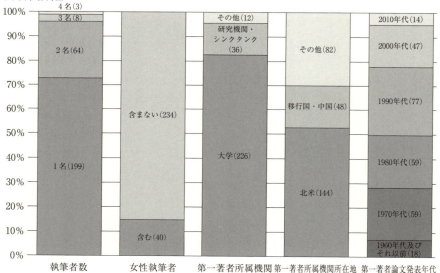

(c) 発表媒体属性

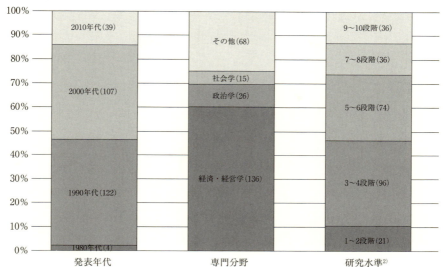

注1) 図中括弧内の数値は，該当文献数。
 2) 評価方法の詳細は，本書序論を参照。
出所) 筆者作成。

点である。即ち，(a)「分析視角」としての対象地域及び主要テーマ，(b)執筆者数，女性執筆者の有無，第一執筆者の所属機関，所属機関所在地，並びに論文初発表年から成る「執筆者属性」，(c)論文発表年，発表媒体専門分野及び研究水準で構成される「発表媒体属性」である[5]。図1.1には，基本抽出文献の上記属性別構成が示されている[6]。

以上に述べた文献属性の中でも，主要テーマについては，特に説明が必要であろう。これは，執筆者が明らかにしようとした問題関心を，我々の判断で分類したものである。この内，「市場社会主義論」は，社会主義の中に市場の要素を注入して社会主義の活性化を図ろうとする試みの可能性と不可能性を論じているものである。「社会主義経済理論」には，ミーゼス及びハイエク等の社会主義経済不可能論を巡る問題を論じているものを中心に，その他理論的分析を主題とするものを含めた。

---

5) 研究水準に関しては，本書序論を参照のこと。
6) なお，分析視角の内訳は，基本抽出文献の多くが，複数の対象地域と主要テーマを取り上げていることから，その合計は274にならないことに留意されたい。

第Ⅰ部　計画経済の破綻と市場経済への移行戦略

「市場移行論」には，社会主義から市場経済への移行過程を論じている論文を含めたが，ここでは歴史をやや長くとって，社会主義破綻に至る経緯や体制転換後の事態の展開について論じているものも含めた。「政治情勢論」は，移行期の政治アクターの役割や底流として存在した政治力学を描こうとするものである。「マルクス論」は，マルクスの社会主義論を検討しようとするものである。ここで注意する必要があるのは，これら「主要テーマ」のどれにも当てはめることができない「その他」文献が相当数（22点）存在することである。このことは，後の統計・計量分析の際に，重要な意味を持つことになる。

　文献属性全体の概略は，図1.1に描かれた通りであるが，**図1.2**には，発表年別文献数の推移がさらに詳しく示されている。同図の通り，全体的な傾向として，文献発表数は漸次減少しているといえるが，むしろ，2017年に至るまで，社会主義経済破綻の問題に対する研究者の注目は潰えていない点こそが重要であろう。

　次に我々は，基本抽出文献各々が，どのような破綻要因論を主張しているのか（いわゆる「破綻要因主張態度」）を調べた。その結果，複数の破綻要因を主張している文献がある一方，いかなる破綻要因も言及していない文献があることが分かった。破綻要因主張の有無と破綻要因言及数で分類した基本抽出文献の構成は，**図1.3**の通りである。ここで，破綻要因になんら言及しない文献が，基本抽出文献の29％（80点）も占めていることには注意する必要がある。これら破綻要因非言及文献は，社会主義経済破綻の原因に関して何らかの言及はしているものの，それは，1.2節で示した8つの要因論のどれとも異なるものである，と言うわけではない。むしろ，これら文献は，破綻原因を，どのようなものであれ論じてはいないのである。すなわち，上述した主要テーマである市場社会主義論，社会主義経済理論，市場移行論，政治情勢論，マルクス論のいずれかを主題としながらも，社会主義経済破綻の要因に関しては無関心な論文が多数存在するのである。このことも，統計・計量分析を行う際に重大な意味を持つ。

　図1.4は，基本抽出文献274点から破綻要因非言及文献80点を除いた残る194論文に関して，各々が主張する破綻要因の種類別に集計してみたものである。一つの文献が複数の要因に言及している場合があるため，その合計は194にならない。同図によれば，要因7「計画経済の機能不全／予算制約のソフト化と不足／所有権の独占」を，社会主義経済破綻の主因と主張している文献が，194文献中108点と最も多く，要因3の「政策失敗」を挙げているものがそれに次ぐ。しかし，この二つの要因論は，かなり性格が異なる。即ち，前者は，社会主義経済システムの本質に根ざす要因論であって，システムは早晩破綻する運命にあったと考える主張であるのに対して，後者の主張には，もし適切な政策が講じられれば，社会主義経済システム

第1講　社会主義経済システムはなぜ破綻したのか：政治経済学からの接近

図1.2　基本抽出文献の発表年別度数分布

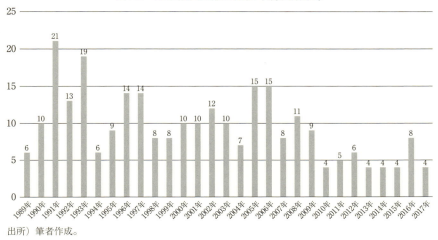

出所）筆者作成。

図1.3　基本抽出文献の社会主義破綻要因主張数別内訳

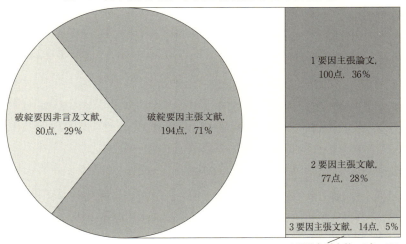

注）図中括弧内の数値は，該当文献数及び文献全体に占める構成比（％）。
出所）筆者作成。

第I部　計画経済の破綻と市場経済への移行戦略

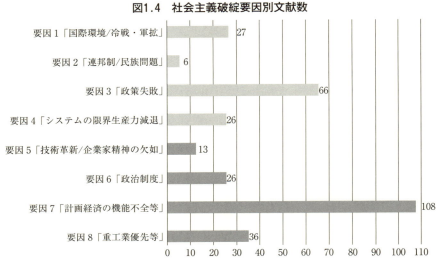

図1.4　社会主義破綻要因別文献数

注）8破綻要因主張文献194点が対象。
出所）筆者作成。

はもっと存続できたかもしれないという含意があるからである。この二分法は，他の要因論にも適用可能である。即ち，破綻要因5，6，8も，要因7と同様な性格を具えた要因論であり，逆に，要因1，2，4は，要因3と同様の性質を共有する議論である。そこで我々は，前者を社会主義経済破綻の「必然論」，後者を「悔悟論」と名付けて，基本抽出文献全体の傾向を性格付けることにした。以下，特定の論文が言及している必然要因と悔悟要因の数を，それぞれ「必然論主張度」及び「悔悟論主張度」と呼ぶ。更に，これら2つの指標に加えて，我々は，次式で算定される指標を，個々の論文の「悔悟度」と定義する。

　　　　悔悟度＝悔悟論主張度(悔悟要因言及数)－必然論主張度(必然要因言及数)

　例えば，ある基本抽出文献が，社会主義経済の破綻を引き起こしたファクターとして，要因1，4，6及び7を主張しているとすれば，当該論文の悔悟論主張度は1，必然論主張度は3となり，この結果，悔悟度は－2となる。**図1.5**には，このように定義された悔悟論主張度，必然論主張度，並びに悔悟度別文献数の分布が示されている。これら3つの合成指標は，上述した破綻要因論主張態度と共に，各文献の主張態度変数として以下で用いられる。

　以上で，社会主義経済の破綻を論じた先行研究の主張態度と文献属性の相関関係を分析するための準備が整った。そこで，次節では，クロス表を用いた統計分析を，続く1.5節では，重回帰分析による検証を行う。

第1講　社会主義経済システムはなぜ破綻したのか：政治経済学からの接近

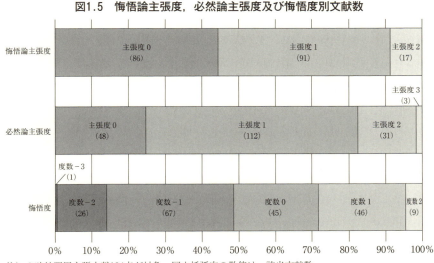

図1.5　悔悟論主張度，必然論主張度及び悔悟度別文献数

注）　8 破綻要因主張文献194点が対象。図中括弧内の数値は，該当文献数。
出所）　筆者作成。

1.4　主張態度と文献属性の相関関係：クロス表分析

　表1.3は，社会主義経済の破綻をもたらした決定的要素として，図1.3の破綻要因主張文献194点それぞれが，いずれの破綻要因を主張しているのかという問題と，文献属性との関係を，クロス表として示したものである。同表には，破綻要因別・文献属性別論文数の分布に加えて，破綻要因主張態度と文献属性の独立性に関するカイ二乗検定の結果及びクラメールの連関係数（Cramer's V）が併せて報告されている。ここで，独立性の検定結果が統計的に有意であり，なおかつクラメールの連関係数が高い係数を示すならば，主張態度と問題となる文献属性の間には，注目に値する相関性が存在すると判断できる。

　このクロス表において特に注目すべきは，次の3点である。第1に，同表は，研究対象地域と破綻要因主張態度との間に，なんらかの相関関係が存在することを強く示唆している。即ち，表1.3(a)から，ロシア・ソ連を研究対象とする文献は，破綻要因3「政策失敗」と要因7「計画経済の機能不全等」とをほぼ同等に主張する傾向があるのに対して，東欧を研究対象地域とする文献は，破綻要因7を取り上げる傾向がより強いことが分かる。この点に加えて，要因1「国際関係／冷戦／軍拡」に関しても，両文献グループの主張態度には，傾向的な違いが存在するように

45

第Ⅰ部　計画経済の破綻と市場経済への移行戦略

表1.3　社会主義破綻要因主張態度と文献属性のクロス表分析

		社会主義破綻要因主張態度								合計	統計的検定[1] 上段:独立性の検定 下段:クラメールの連関係数
		擁護論					必然論				
	文献属性	要因1「国際環境/冷戦・軍拡」	要因2「連邦制/民族問題」	要因3「政策失敗」	要因4「システムの限界性/産力減退」	要因5「技術革新/企業家精神の欠如」	要因6「政治制度」	要因7「計画経済の機能不全等」	要因8「重工業優先等」		
分析視角	**(a) 研究対象地域**										
	中国	4	0	14	3	2	3	13	8	47	43.640***
	東欧	10	3	12	12	7	12	39	16	111	0.193
	ロシア・ソ連	21	4	46	17	7	16	49	19	179	
	その他又は対象地域不特定	2	0	6	1	2	4	35	4	54	
	合計	37	7	78	33	18	35	136	47	391	
	(b) 主要テーマ										
	マルクス論	0	0	0	1	1	1	5	2	10	47.197*
	政治情勢論	8	2	13	5	0	12	9	5	54	0.149
	社会主義経済理論	7	2	19	12	4	12	36	13	105	
	市場移行論	13	4	33	13	7	11	53	17	151	
	市場社会主義論	6	1	24	5	6	4	30	12	88	
	その他	1	0	2	0	0	0	11	1	15	
	合計	35	9	91	36	18	40	144	50	423	
執筆者属性	**(c) 執筆者数**										
	1名	20	6	52	20	7	20	81	25	231	18.996
	2名	7	0	14	6	5	5	25	10	72	0.143
	3名	0	0	0	0	1	0	1	1	3	
	4名	0	0	0	0	0	1	1	0	2	
	合計	27	6	66	26	13	26	108	36	308	
	(d) 女性執筆者										
	含む	1	1	7	4	3	3	9	5	33	5.318
	含まない	26	5	59	22	10	23	99	31	275	0.131
	合計	27	6	66	26	13	26	108	36	308	
	(e) 第一著者所属機関										
	大学	22	4	57	26	13	22	85	32	261	18.106
	研究機関・シンクタンク	3	1	6	0	0	2	19	4	35	0.171
	その他	2	1	3	0	0	2	4	0	12	
	合計	27	6	66	26	13	26	108	36	308	

（f）第一著者所属機関所在地

北米	17	2	34	14	9	10	61	17	164		
移行国・中国	3	2	15	5	1	7	18	8	59		
その他	7	2	17	7	3	9	29	11	85		
合計	27	6	66	26	13	26	108	36	308	8.212	0.115

（g）第一著者論文初発表年代

1960年代及びそれ以前	4	0	2	2	4	1	8	2	23		
1970年代	5	1	18	11	3	6	23	8	75		
1980年代	8	0	14	4	0	2	27	6	61		
1990年代	5	3	20	5	3	12	34	9	91		
2000年代	5	1	10	4	3	4	14	9	50		
2010年代	0	1	2	0	0	1	2	2	8		
合計	27	6	66	26	13	26	108	36	308	44.703	0.170

（h）発表年代

1980年代	3	0	1	2	0	1	1	1	8		
1990年代	10	4	38	15	5	12	56	16	156		
2000年代	10	1	24	9	7	8	40	13	112		
2010年代	4	1	3	1	1	5	11	6	32		
合計	27	6	66	26	13	26	108	36	308	22.155	0.155

（i）専門分野

経済・経営学	11	3	40	18	10	13	71	19	185		
政治学	5	0	6	2	2	2	10	4	29		
社会学	1	0	1	2	1	3	2	1	11		
その他	10	3	19	4	2	8	25	12	83		
合計	27	6	66	26	13	26	108	36	308	22.462	0.156

（j）研究水準 [2]

1～2段階	3	2	6	2	0	6	12	2	33		
3～4段階	11	3	22	9	4	11	36	13	109		
5～6段階	4	0	21	8	5	6	30	12	87		
7～8段階	3	0	8	8	2	3	12	7	38		
9～10段階	6	0	9	4	2	0	18	2	41		
合計	27	6	66	26	13	26	108	36	308	24.970	0.142

（発表媒体属性：（i）・（j）の区分）

注1）　***：独立性の検定値が、1％水準で統計的に有意。**：5％水準で有意。*：10％水準で有意。
　　2）　評価方法の詳細は、本書序論を参照。
出所）筆者作成。

第Ⅰ部　計画経済の破綻と市場経済への移行戦略

見受けられる。これらのことは，１％水準で有意な独立性検定の結果及びクラメールの連関係数が，その他の分類ケースよりも0.193とより高い係数を示していることによって，統計的に裏付けられている。

　他方，第２に，表1.3(b)の通り，主要テーマと破綻要因主張態度の関係は，独立性の検定によると統計的に相互は独立ではないものの，上述した研究対象地域との相関関係ほど明瞭ではない。実際，要因主張態度の内，要因７の「計画経済の機能不全等」と要因３の「政策失敗」とに注目して，主要テーマである社会主義経済理論，市場移行論及び市場社会主義論別の文献分布を相互比較すると，市場社会主義論を主要テーマとする文献が，相対的に要因３を重視する傾向が存在するとはいえそうだが，同表から，これ以上の含意を見出すのは難しいのである。

　第３に，第一著者所属機関所在地と破綻要因主張態度との関係を見ると，北米所在機関に所属する執筆者は，移行国・中国所在機関で勤務する者よりも，社会主義経済の破綻要因として，要因３の「政策失敗」よりもむしろ要因７の「計画経済の機能不全等」を挙げる傾向が相対的に強いように見受けられる。ただし，表1.3(f)右端欄の通り，独立性の検定は帰無仮説を棄却しておらず，従って，両者の相関性の存在は，統計学的には支持されない。

　表1.3によれば，他の文献属性と要因主張態度との関係性は，さらに希薄である。相当以前から社会主義諸国の調査を重ねてきた研究者と，比較的最近デビューを果たした研究者との間で，同表(g)の通り，社会主義経済破綻に関する主張態度に統計的に有意な差が認められないという事実は，我々にとっては，むしろ興味深いともいえる。

　次の表1.4は，文献属性と，悔悟論主張度，必然論主張度，悔悟度との相関性を質したクロス表である。ここでは，どのような属性を持った文献が，どれ程強く悔悟論あるいは必然論を主張するかが吟味されている。同表(a)の通り，これら３つの合成指標によっても，表1.3(a)の分析結果と同様に，研究対象地域と主張態度の間には強固な相関性が存在することが再確認された。ここで明らかなのは，東欧を研究対象とする文献と，ロシア・ソ連を取り上げた文献では，その主張態度が目に見えて異なるという点である。例えば，悔悟度別の文献数分布に注目すると，東欧研究は，ロシア・ソ連研究よりも，明らかに悔悟度が負の領域に偏っている。換言すると，東欧研究の必然論への傾倒度は，ロシア・ソ連研究よりもかなり強いと判断されるのである。同様の関係性は，悔悟論主張度や必然論主張度と研究対象地域のクロス表からも確認することができる。

　一方，主要テーマと主張態度の関係は，研究対象地域の場合ほど明快ではない。表1.4(b)によれば，マルクス論，社会主義経済理論及び市場社会主義論を主要テ

ーマに掲げる文献は，どちらかといえば必然論的破綻要因を主張する傾向が強いといえよう。一方，政治情勢論を主要テーマとする文献は，悔悟論的破綻要因を強調するものが多いように見受けられる。ただし，悔悟度と主要テーマの相関性に関するクロス表分析は，両者は独立であるという帰無仮説を棄却しておらず，従って，以上の諸点の是非は，クロス表では判断が難しい。

執筆者属性や発表媒体属性と主張態度との相関関係については，表1.4(d)及び(h)の通り，女性執筆者の有無と悔悟度及び発表年代と必然論主張度の間に，それぞれ統計的に有意な相関性が認められるものの，両者間に特筆に値するような傾向が看取されるわけではない。また，その他の全てのケースについて，独立性の検定は帰無仮説を棄却していない。表1.3及び上述の分析結果を総合すると，執筆者や発表媒体の属性が主張態度に及ぼす影響は，仮に存在したとしても，非常に軽微なものであるとの判断が得られる。

1.5　重回帰分析による検証

本節では，主張態度と文献属性の相関関係に関するこれまでの考察結果を，統計的頑健性という観点から，重回帰分析の手法を用いてより厳密に検証する。まず，以下1.5.1項では，1.2節で論じた8つの破綻要因を主張する文献に特徴的な属性及びこれら8要因をどれほど同時に言及しているのかを決定付ける属性の特定を試みる。続く1.5.2項では，8要因の中でもとりわけ特定の要因を主張する研究に特徴的な文献属性とは如何なるものであるのかを分析する。そして1.5.3項では，悔悟論主張度，必然論主張度，並びに悔悟度と緊密に相関する文献属性の析出を行う。

以上の分析目的を達成するために，筆者らが採用した諸変数の定義，タイプ及び記述統計量は，**表1.5**の通りである。同表の通り，回帰式の左辺に導入する従属変数（被説明変数）には，合計13種類の変数を，一方，右辺に導入され，互いに他を同時的に制御する独立変数（説明変数）には，合計20種類の変数を，それぞれ利用する。

1.5.1　有力破綻要因の主張及び主張数と文献属性の相関関係

表1.5に列挙した従属変数の筆頭にある2つの変数，即ち，社会主義破綻要因主張文献194点を1で特定するダミー変数及び破綻要因言及数を従属変数とする回帰分析の結果は，**表1.6**の通りである。前者を左辺とする回帰モデルは，ロジット推定量で，後者を従属変数に採用した回帰モデルは，同変数の有力説に対する支持広範度という側面と，カウントデータという側面のいずれの性格にも配慮して，順序

表1.4　悔悟論主張度，必然論主張度及び悔悟度と文献属性のクロス表分析

統計的検定[1]　上段：独立性の検定　下段：クラメールの連関係数

文献属性	悔悟論主張度 主張度0	主張度1	主張度2	合計	統計的検定[1]	必然論主張度 主張度0	主張度1	主張度2	主張度3	合計	統計的検定[1]	悔悟度 度数-3	度数-2	度数-1	度数0	度数1	度数2	合計	統計的検定[1]
分析視角																			
(a) 研究対象地域																			
中国	7	13	4	24		8	8	6	2	24		1	6	2	5	8	2	24	
東欧	35	25	6	66		9	42	13	2	66		1	8	32	14	8	3	66	
ロシア・ソ連	36	58	15	109		32	63	14	0	109		0	10	29	31	32	7	109	
その他又は対象地域不特定	31	9	0	40		4	27	9	0	40		0	9	22	5	4	0	40	
合計	109	105	25	239	28.686*** / 0.245	53	140	42	4	239	24.623*** / 0.185	2	33	85	55	52	12	239	41.975*** / 0.242
(b) 主要テーマ																			
マルクス論	6	1	0	7		1	3	3	0	7		0	3	3	0	1	0	7	
政治的情勢論	10	18	5	33		13	15	4	1	33		0	5	6	8	10	4	33	
社会主義経済理論	29	26	7	62		13	34	14	1	62		0	12	20	14	13	3	62	
市場移行論	41	51	6	98		24	61	12	1	98		1	9	34	27	24	3	98	
市場社会主義論	18	26	5	49		14	19	15	1	49		0	11	13	10	11	4	49	
その他	10	3	0	13		1	12	0	0	13		0	0	10	2	1	0	13	
合計	114	125	23	262	17.613* / 0.183	66	144	48	4	262	25.594** / 0.180	1	40	86	61	60	14	262	33.740 / 0.160
執筆者属性																			
(c) 執筆者数																			
1名	62	70	14	146		39	82	24	1	146		0	18	51	33	36	8	146	
2名	20	21	3	44		9	27	6	2	44		1	7	13	12	10	1	44	
3名	2	0	0	2		0	1	1	0	2		0	1	1	0	0	0	2	
4名	2	0	0	2		0	2	0	0	2		0	2	0	0	0	0	2	
合計	86	91	17	194	5.494 / 0.119	48	112	31	3	194	7.608 / 0.114	1	28	65	45	46	9	194	20.175 / 0.186
(d) 女性執筆者																			
含む	11	7	3	21		5	13	2	1	21		0	2	8	3	6	1	21	
含まない	75	84	14	173		43	99	29	2	173		1	24	59	42	40	8	173	
合計	86	91	17	194	2.089 / 0.104	48	112	31	3	194	2.268 / 0.108	1	28	65	45	46	9	194	9.630* / 0.223
(e) 第一著者所属機関																			
大学	69	77	16	162		43	89	27	3	162		1	23	52	37	40	9	162	
研究機関・シンクタンク	15	8	1	24		3	17	4	0	24		0	3	13	4	4	0	24	
その他	2	6	0	8		2	6	0	0	8		0	2	0	4	2	0	8	
合計	86	91	17	194	6.383 / 0.128	48	112	31	3	194	4.938 / 0.113	1	28	65	45	46	9	194	9.807 / 0.159

第1講　社会主義経済システムはなぜ破綻したのか：政治経済学からの接近

【区分 I（3 区分）】

区分	(1)	(2)	(3)	合計	検定値	p値
(f) 第一著者所属機関所在地					4.080	0.103
北米	46	43	12	101		
移行国・中国	14	19	3	36		
その他	26	29	2	57		
合計	86	91	17	194		
(g) 第一著者論文初発表年代					7.262	0.137
1960年代及びそれ以前	9	4	2	15		
1970年代	17	23	6	46		
1980年代	19	18	4	41		
1990年代	26	25	4	55		
2000年代	12	18	1	31		
2010年代	3	3	0	6		
合計	86	91	17	194		
(h) 発表年代					5.003	0.114
1980年代	2	3	1	6		
1990年代	37	45	11	93		
2000年代	36	34	5	75		
2010年代	11	9	0	20		
合計	86	91	17	194		
(i) 専門分野					3.672	0.097
経済・経営学	56	52	10	118		
政治学	9	9	2	20		
社会学	4	2	1	7		
その他	17	28	4	49		
合計	86	91	17	194		
(j) 研究水準[2]					3.343	0.085
1～2段階	15	9	2	26		
3～4段階	37	33	6	76		
5～6段階	38	26	4	68		
7～8段階	19	10	2	31		
9～10段階	12	13	3	28		
合計	121	91	17	229		

【区分 II（4 区分）】

区分	(1)	(2)	(3)	(4)	合計	検定値	p値
(f) 第一著者所属機関所在地						5.679	0.121
北米	21	63	17	0	101		
移行国・中国	10	19	6	1	36		
その他	17	30	8	2	57		
合計	48	112	31	3	194		
(g) 第一著者論文初発表年代						15.570	0.164
1960年代及びそれ以前	4	7	4	0	15		
1970年代	11	30	5	0	46		
1980年代	11	25	5	0	41		
1990年代	9	35	10	1	55		
2000年代	11	12	6	2	31		
2010年代	2	3	1	0	6		
合計	48	112	31	3	194		
(h) 発表年代						16.760*	0.170
1980年代	4	1	1	0	6		
1990年代	19	59	15	0	93		
2000年代	22	41	9	3	75		
2010年代	3	11	6	0	20		
合計	48	112	31	3	194		
(i) 専門分野						5.745	0.099
経済・経営学	27	70	20	1	118		
政治学	7	11	1	1	20		
社会学	1	5	1	0	7		
その他	13	26	9	1	49		
合計	48	112	31	3	194		
(j) 研究水準[2]						9.833	0.120
1～2段階	10	13	2	1	26		
3～4段階	27	34	15	0	76		
5～6段階	26	32	9	1	68		
7～8段階	12	15	3	1	31		
9～10段階	8	18	2	0	28		
合計	83	112	31	3	229		

【区分 III（5 区分）】

区分	(1)	(2)	(3)	(4)	(5)	合計	検定値	p値
(f) 第一著者所属機関所在地							3.346	0.093
北米	13	36	25	22	5	101		
移行国・中国	5	12	8	9	2	36		
その他	8	19	12	15	3	57		
合計	26	67	45	46	10	194		
(g) 第一著者論文初発表年代							21.739	0.150
1960年代及びそれ以前	2	8	1	3	1	15		
1970年代	6	18	11	9	2	46		
1980年代	6	14	9	11	1	41		
1990年代	8	19	17	9	2	55		
2000年代	3	6	6	14	2	31		
2010年代	1	2	1	0	2	6		
合計	26	67	45	46	10	194		
(h) 発表年代							17.217	0.172
1980年代	1	1	0	3	1	6		
1990年代	9	33	26	19	6	93		
2000年代	10	28	13	21	3	75		
2010年代	6	5	6	3	0	20		
合計	26	67	45	46	10	194		
(i) 専門分野							15.982	0.166
経済・経営学	15	45	24	29	5	118		
政治学	2	8	2	7	1	20		
社会学	0	4	2	1	0	7		
その他	9	10	17	9	4	49		
合計	26	67	45	46	10	194		
(j) 研究水準[2]							21.214	0.152
1～2段階	3	6	13	3	1	26		
3～4段階	12	21	21	18	4	76		
5～6段階	9	19	24	14	2	68		
7～8段階	2	9	14	4	2	31		
9～10段階	0	12	8	7	1	28		
合計	26	67	80	46	10	229		

（(i)・(j) は「発表媒体属性」に属する。）

注1）***：独立性の検定値が，1％水準で統計的に有意，**：5％水準で有意，*：10％水準で有意。
　　2）評価方法の詳細は，本書序論を参照。
出所）筆者作成。

第Ⅰ部 計画経済の破綻と市場経済への移行戦略

表1.5 回帰分析に用いる変数の定義，タイプ及び記述統計量

変数グループ	変数名（括弧内はディフォルト・カテゴリー）	変数タイプ[1]	記述統計量 平均	標準偏差	中央値	最大値	最小値
主張態度	従属変数						
	社会主義破綻要因主張文献	D	0.708	0.456	1	1	0
	社会主義破綻要因言及数	O	1.124	0.929	1	4	0
	要因1「国際環境／冷戦・軍拡」主張文献	D	0.099	0.299	0	1	0
	要因2「連邦制／民族問題」主張文献	D	0.022	0.147	0	1	0
	要因3「政策失敗」主張文献	D	0.241	0.428	0	1	0
	要因4「システムの限界生産力減退」主張文献	D	0.095	0.294	0	1	0
	要因5「技術革新／企業家精神の欠如」主張文献	D	0.047	0.213	0	1	0
	要因6「政治制度」主張文献	D	0.095	0.294	0	1	0
	要因7「計画経済の機能不全他」主張文献	D	0.394	0.490	0	1	0
	要因8「重工業優先他」主張文献	D	0.131	0.338	0	1	0
	悔悟論主張度[2]	O	0.644	0.638	1	2	0
	必然論主張度[3]	O	0.943	0.684	1	3	0
	悔悟度[4]	C	−0.299	1.126	0	2	−3
分析視角	研究対象地域（その他地域又は対象地域不特定）						
	中国	D	0.124	0.330	0	1	0
	東欧	D	0.376	0.485	0	1	0
	ロシア・ソ連	D	0.533	0.500	1	1	0
	主要テーマ（その他）						
	マルクス論	D	0.044	0.205	0	1	0
	政治情勢論	D	0.146	0.354	0	1	0
	社会主義経済理論	D	0.263	0.441	0	1	0
	市場移行論	D	0.562	0.497	1	1	0
	市場社会主義論	D	0.193	0.396	0	1	0
執筆者属性	執筆者組織						
	執筆者数	C	1.325	0.587	1	4	1
	女性執筆者[5]	D	0.146	0.354	0	1	0
	第一執筆者所属機関（その他機関）						
	大学	D	0.825	0.381	1	1	0
	研究機関・シンクタンク	D	0.131	0.338	0	1	0
	第一執筆者所属機関所在地（その他地域）						
	北米	D	0.526	0.500	1	1	0
	移行国・中国	D	0.175	0.381	0	1	0
	第一執筆者世代						
	第一著者論文初発表年[6]	C	1988.723	12.783	1990	2015	1950

第1講　社会主義経済システムはなぜ破綻したのか：政治経済学からの接近

発表媒体属性	論文発表時期						
	発表年	C	2000.796	7.722	2000	2017	1989
	発表媒体専門分野（その他分野）						
	経済・経営学	D	0.602	0.490	1	1	0
	政治学	D	0.095	0.294	0	1	0
	社会学	D	0.055	0.228	0	1	0
	発表媒体研究水準						
	研究水準[7]	O	5.193	2.463	5	10	1

注1）各記号の意味は次の通り。C：連続変数，D：ダミー変数，O：順序変数。
　2）要因1から4の合計採用数。破綻要因指摘文献に限定。
　3）要因5から8の合計採用数。破綻要因指摘文献に限定。
　4）悔悟論主張度－必然論主張度として計算。破綻要因指摘文献に限定。
　5）執筆者に女性研究者の存在が認められる場合は1，全員男性研究者である場合は0。
　6）EconLit 又は Web of Science データベースに登録された該当執筆者の研究業績の内，最も古い発表年を意味する。
　7）発表媒体の学術的クオリティに関する10段階評価。評価方法の詳細は，本書序論を参照。
出所）筆者作成。

ロジット推定量とポワソン推定量の2種類を用いて推定を行った。

　表1.6にモデル[1]として報告した回帰モデルの推定結果によれば，社会主義破綻要因を主張する文献は，8要因のいずれをも言及しない文献との比較において，政治情勢論，社会主義経済理論，市場社会主義論を主要テーマに掲げて論述を展開する傾向の強いことが分かる。一方，執筆陣に女性が含まれている文献は，他の条件が等しければ，社会主義破綻要因を特定的に主張する確率が，統計的に有意に低下することも同時に判明する。

　他方，破綻要因言及数を従属変数とするモデル[2]から[5]までの推定結果によれば，分析対象文献に破綻要因非言及文献が含まれているか，含まれていないかの違いにかかわらず，4モデル中3モデルにおいて，社会主義経済理論や市場社会主義論への研究関心は有意に正の係数を示した。言い換えれば，他の条件が一定であれば，社会主義論を主要テーマとする一連の研究は，破綻要因有力説をより幅広く取り上げる傾向があるといえるのである。

　なお全文献を分析対象としたモデル[2]では，以上に加えて，女性執筆者，発表年及び発表媒体専門分野としての社会学の3変数が，他方，8破綻要因主張文献のみを対象としたモデル[4]及び[5]では，研究対象地域としての中国や東欧という変数に対して，統計的に有意な係数が与えられている。これらも，破綻要因有力説への支持やその言及範囲の背景要因を理解する上で，示唆を含む推定結果であろう。

1.5.2　特定破綻要因の主張と文献属性の相関関係

　次に，表1.5の通り，有力説の中の特定破綻要因を主張する文献を1で指定する

第Ⅰ部　計画経済の破綻と市場経済への移行戦略

表1.6　社会主義破綻要因の主張及び要因主張数と文献属性との関係に関する回帰モデルの推定結果[1]

モデル	[1]	[2]	[3]	[4]	[5]
従属変数	社会主義破綻要因主張文献	社会主義破綻要因言及数	社会主義破綻要因言及数	社会主義破綻要因言及数	社会主義破綻要因言及数
対象文献	全文献	全文献	全文献	破綻要因主張文献	破綻要因主張文献
推定量	Logit	Ordered logit	Poisson	Ordered logit	Poisson
研究対象地域					
中国	− 0.2511	0.3699	0.1886	1.0056 **	0.5473 **
東欧	− 0.2202	0.2016	0.0797	0.5985 *	0.4091 *
ロシア・ソ連	0.3289	0.3710	0.1225	0.3393	0.1268
主要テーマ					
マルクス論	− 0.4590	− 0.3040	− 0.2072	− 0.6350	− 0.4753
政治情勢論	0.8745 *	0.5094	0.2018	0.2228	0.1283
社会主義経済理論	1.1387 **	0.9246 ***	0.3584 ***	0.6325 *	0.3462
市場移行論	− 0.3406	− 0.2758	− 0.1162	0.0055	− 0.0810
市場社会主義論	1.5385 ***	0.9853 ***	0.3406 **	0.6905 *	0.3444
執筆者組織					
執筆者数	− 0.0463	− 0.0561	− 0.0038	0.0088	0.0064
女性執筆者	− 0.7651 *	− 0.6427 *	− 0.2216	0.1119	0.0869
第一執筆者所属機関					
大学	0.3880	0.5236	0.3091	0.5164	0.4415
研究機関・シンクタンク	− 0.0018	0.1781	0.1045	0.2525	0.2565
第一執筆者所属機関所在地					
北米	− 0.3826	− 0.0628	− 0.0043	0.4469	0.2400
移行国・中国	0.4903	0.4152	0.1925	0.2202	0.2065
第一執筆者世代					
第一著者論文初発表年	− 0.0202	− 0.0108	− 0.0046	0.0064	0.0025
論文発表時期					
発表年	− 0.0274	− 0.0302 *	− 0.0124	− 0.0268	− 0.0174
発表媒体専門分野					
経済・経営学	0.0218	− 0.2136	− 0.1051	− 0.4566	− 0.2550
政治学	0.0589	− 0.4411	− 0.1225	− 0.9391	− 0.3750
社会学	− 0.9247	− 1.1036 *	− 0.4046	− 0.7865	− 0.1049
発表媒体研究水準					
研究水準	0.0488	0.0147	0.0055	− 0.0303	− 0.0183
切片	95.3868 **	−	33.4741 **	−	28.4082
N	274	274	274	194	194
Log pseudolikelihood	− 138.428	− 321.785	− 339.701	− 173.350	− 179.188
Pseudo R^2	0.163	0.086	0.056	0.072	0.055
赤池情報量規準（AIC）	318.857	691.570	721.403	392.700	400.376
ベイジアン情報量規準（BIC）	394.732	778.285	797.278	467.860	469.001
Wald 検定（χ^2）[2]	54.080 ***	60.840 ***	40.530 ***	26.760	21.000

注1）推定に用いた変数の定義，タイプ及び記述統計量は，表1.5を参照。Huber-White サンドイッチ推定量を用いた頑健標準誤差に基づく回帰係数の有意性に関する統計検定により，***：1％水準で有意，**：5％水準で有意，*：10％水準で有意。

　2）帰無仮説：全ての変数がゼロ。

出所）筆者推定。

第1講　社会主義経済システムはなぜ破綻したのか：政治経済学からの接近

8種類のダミー変数を従属変数とする回帰モデルの推定を行う。ここでは，(1)破綻要因非言及文献との比較における特定破綻要因主張文献の属性的特質，(2)他破綻要因主張文献との比較における特定破綻要因主張文献の属性的特質，並びに(3)破綻要因非言及文献をベースカテゴリーとした場合の8破綻要因への分岐因子を，順次分析する。

　上記(1)及び(2)の分析視点に対応したロジット回帰モデルの推定結果は，それぞれ**表1.7**(a)及び(b)の通りである。同表の通り，中国から社会学に至る合計8種類の独立変数が，1つまたは複数のモデルで「完全予測因子」に特定された。本講義の場合，完全予測因子とは，該当する文献属性が含まれているか，又は含まれていない文献は，その全てが，悉く問題としている破綻要因を主張しているか，または悉く主張していないことを意味する。ロジット回帰分析では，このような完全予測因子は，モデルの推定過程から脱落し，従って推定値が与えられない。そこで，表1.7には，これら完全予測因子を，モデル毎に当初より回帰式の右辺から除外した上での推定結果が報告されている。

　上記8完全予測因子の意味するところは，先述した表1.3のクロス表を参照することにより理解することができる。即ち，中国を研究対象地域とする文献は，その全てが，連邦制や民族問題を，社会主義破綻の要因として主張していない。同様に，マルクス論を主要テーマとする文献も，要因1，2，3のいずれをも取り上げていない。政治情勢論と要因5の主張確率も同様の関係にある。共著で執筆された文献は，要因2を主張の対象外としている。要因4及び5を主張する文献の第一執筆者は，全て大学に所属しており，研究機関やシンクタンクに所属する者は皆無である。更に，政治学専門誌に掲載された文献は，要因2及び5を，社会学専門雑誌掲載論文は，要因2を一切主張していない。完全予測因子の存在とその意味は，以上の通り，主張態度と文献属性の関係を理解する上で，極めて重要な情報を提供している。

　上記完全予測因子に合わせて注目すべきは，統計的に有意な係数を示した一連の独立変数である。とりわけ注目すべきは，研究対象地域や主要テーマの相違が，主張態度に及ぼす強力かつ広範な影響であろう。即ち，中国やロシア・ソ連を研究対象地域に選択すると，悔悟論的破綻要因に主張の力点が置かれる確率が高まる一方，東欧が研究対象地域に選ばれると，どちらかといえば必然論的破綻要因の採用確率が上昇する傾向にある。他方，論述の基盤となる主要テーマの中でも，政治情勢論，社会主義経済理論，市場社会主義論のいずれかまたは複数に立脚した文献は，他の文献と比して，悔悟論と必然論の違いを問わず，より多くの破綻要因に言及する確率が総じて高い。これらの分析結果は，社会主義破綻要因点と分析視角の緊密な相関性を示唆した表1.3のクロス表分析の結果と大いに整合的である。

55

表1.7 社会主義破綻要因主張文献と文献属性の相関関係に関するロジット回帰モデルの推定結果[1]

(a) 特定破綻要因主張度と破綻要因非言及文献との比較分析

モデル 従属変数	[1] 要因1 「国際環境／ 冷戦・軍拡」 主張文献	[2] 要因2 「連邦制／ 民族問題」 主張文献	[3] 要因3 「政策失敗」 主張文献	[4] 要因4 「システムの限界／ 生産力減退」 主張文献	[5] 要因5 「技術革新／ 企業家精神」欠如」 主張文献	[6] 要因6 「政治制度」 主張文献	[7] 要因7 「計画経済の 機能不全他」 主張文献	[8] 要因8 「重工業優先他」 主張文献
研究対象地域								
中国	-0.5207	10 文献完全予測	0.6321	-0.0821	0.3059	-0.8596	-0.3120	0.5962
東欧	0.5009	1.6422	-1.3824 ***	-0.0768	1.0291	-0.1195	-0.0911	-0.0523
ロシア・ソ連	1.5276 **	1.2762	0.8140 *	0.7093	1.0029	0.9485	-0.0030	0.4823
主要テーマ								
マルクス論	5 文献完全予測	5 文献完全予測	5 文献完全予測	-0.6729	1.3638	-1.6745	-0.3884	-0.5616
政治情勢論	1.0798	3.0738	2.0634 ***	1.5792 *	0.4764	2.8905 ***	0.1266	0.854
社会主義経済理論	1.1595	6.9584 **	1.5404 **	1.9673 **	7 文献完全予測	2.9477 ***	0.8927 *	1.9795 ***
市場移行論	-1.0190	1.2760	0.2833	0.4530	-1.7046	-0.5551	-0.7997 *	-0.2655
市場社会主義論	1.0759	-2.9966	2.4637 ***	0.9230	5.1749 ***	1.3770	1.6420 ***	2.2132 ***
執筆者組織								
執筆者数	0.5567	25 文献完全予測	0.0771	-0.2219	0.5364	0.2829	0.0254	0.5532
女性執筆者	-2.8655 **	-1.3347	-0.3308	0.2348	0.4738	-0.5825	-1.1769 **	-0.6101
第一執筆者所属機関								
大学	1.5065	-1.7326	1.0091	16 文献完全予測	13 文献完全予測	0.9457	0.4673	16.5590
研究機関・シンクタンク	0.0385	-1.2808	-0.5269	12 文献完全予測	12 文献完全予測	-1.3745	0.5879	15.2395
第一執筆者所属機関所在地								
北米	0.5442	-2.9562	-0.5055	-0.9978	-0.7942	-1.0871	-0.0618	-0.2344
移行国・中国	0.7950	1.3743	1.0910	0.4252	-1.3894	1.2194	0.3565	0.9095
第一執筆者世代								
第一著者論文初発表年	-0.0085	0.0975	0.0037	-0.0266	-0.1124 **	-0.0313	-0.0249	-0.0017
論文発表時期								
発表年	0.0055	-0.1557	-0.0969 **	-0.0667	0.1815 *	0.0170	-0.0244	-0.0404
発表媒体専門分野								
経済・経営学	-1.3878 *	-1.5572	0.0977	0.6832	2.3629	-0.8459	0.0360	-0.7258
政治学	-0.5983	4 文献完全予測	0.0651	0.2315	4 文献完全予測	-0.7209	-0.2423	0.2455
社会学	-2.8787 *	1 文献完全予測	-1.1728	0.5638	0.6877	-0.2692	-1.9607 *	-1.6175

第1講　社会主義経済システムはなぜ破綻したのか：政治経済学からの接近

	[9]	[10]	[11]	[12]	[13]	[14]	[15]	[16]
発表媒体研究水準	-0.0098	-0.2765	0.1869*	0.0730**	0.0874	-0.1820	0.0941	0.1282
切片	2.6204	114.4603	183.1319***	183.5420**	-145.9580	26.1620	98.1905*	65.2591
N	107	86	146	106	93	106	188	116
Log pseudolikelihood	-42.989	-12.480	-64.752	-44.877	-22.266	-34.317	-103.337	-52.254
Pseudo R^2	0.289	0.427	0.356	0.240	0.408	0.419	0.194	0.273
赤池情報量規準 (AIC)	125.978	56.960	169.503	127.754	78.532	110.634	248.675	146.507
ベイジアン情報量規準 (BIC)	179.435	96.230	229.175	178.360	121.586	166.566	316.640	204.332
Wald 検定 (χ^2)[2]	34.910**	18.560	71.550***	28.350*	30.720**	49.470***	49.760***	39.190***

(b) 特定破綻要因主張文献とその他破綻要因主張文献との比較分析

モデル	[9]	[10]	[11]	[12]	[13]	[14]	[15]	[16]
従属変数	要因1「国際環境／冷戦・軍拡」主張文献	要因2「連邦制／民族問題」主張文献	要因3「政策失敗」主張文献	要因4「システムの限界生産力減退」主張文献	要因5「技術革新／企業家精神の欠如」主張文献	要因6「政治制度」主張文献	要因7「計画経済の機能不全他」主張文献	要因8「重工業優先」主張文献
研究対象地域								
中国	0.5534	24 文献完全予測	1.1209**	0.2319	-0.1453	0.3828	-0.1345	0.7933
東欧	1.2087**	2.2549	-1.5294***	0.5714	0.9742	1.2293**	0.0662	0.9836**
ロシア・ソ連	1.3942**	1.5620	0.6642*	0.3902	-0.0176	0.2821	-0.9787***	-0.0901
主要テーマ								
マルクス論	7 文献完全予測	5 文献完全予測	7 文献完全予測	0.3172	0.5454	-0.8508	1.0571	0.1926
政治体制論	0.7384	0.0122	0.0097	0.2121	33 文献完全予測	1.7678***	-1.1561**	-0.1082
社会主義経済論	-0.5090	0.7516	-0.2051	0.8717*	0.0706	0.8410	0.1361	0.5227
市場移行論	-0.6437	1.4923	0.1925	0.1085	0.3986	-0.3910	0.0476	-0.0636
市場社会主義論	-0.8904	-0.4864	0.6314	-0.3759	2.0921**	-0.7503	0.3213	0.5379
執筆者組織								
執筆者数	-0.0054	40 文献完全予測	-0.2825	-0.2240	0.6009	-0.0015	-0.0099	0.2480
女性執筆者	-1.4260	0.2923	0.2724	0.5166	1.3094	-0.1125	-0.4758	0.4373
第一執筆者所属機関								
大学	-0.8421	-0.3164	-0.3048	32 文献完全予測	27 文献完全予測	0.0795	-0.1078	15.5379
研究機関・シンクタンク	-0.5122	1.2201	-0.7566	24 文献完全予測	24 文献完全予測	-0.6126	1.1291	15.6242
第一執筆者所属機関所在地								
北米	0.1878	-0.3808	-0.0417	-0.1523	1.1080	-0.9114	0.6667	0.0483
移行国・中国	-1.0002	-1.0351	0.5033	0.0588	-0.4132	-0.1997	0.1500	0.2554

第Ⅰ部　計画経済の破綻と市場経済への移行戦略

第一執筆者世代								
第一著者論文初発表年	-0.0217	0.1176	0.0079	-0.0137	-0.0207	-0.0102	0.0089	0.0201
論文発表時期								
発表年	0.0447	-0.1164	-0.0680**	-0.0406	0.0977*	0.0349	-0.0198	0.0007
発表媒体専門分野								
経済・経営学	-1.1225**	-0.8671	0.1921	0.4139	1.0951	-0.5844	0.2926	-0.7240
政治学	0.6328	14 文献完全予測	-0.5869	0.0671	15 文献完全予測	-1.2481	-0.1483	-0.0346
社会学	-1.8444	5 記載完全予測	-0.2829	0.8193	2.0582	0.9074	-1.3610	-0.4646
発表媒体研究水準								
研究水準	-0.0016	-0.7429**	0.0534	-0.0270	0.0609	-0.3733**	0.0676	0.0545
切片	-47.5174	-4.1570	119.5389**	105.9237	-161.3382	-49.9198	22.0709	-59.3741
N	194	194	194	194	194	194	194	194
Log pseudolikelihood	-65.459	-18.273	-103.752	-70.235	-37.480	-56.885	-114.746	-83.962
Pseudo R^2	0.164	0.317	0.166	0.081	0.214	0.256	0.139	0.098
赤池情報量規準 (AIC)	170.918	68.547	247.503	178.471	108.960	155.771	271.492	209.924
ベイジアン情報量規準 (BIC)	236.275	120.833	312.860	240.560	164.513	224.396	340.117	278.549
Wald 検定 (χ^2)[2]	25.630	16.980	41.270***	12.390	20.420	39.090***	36.950**	18.210

注1）推定に用いた変数の定義，タイプ及び記述統計量は，表1.5を参照。本表には，完全予測因子を除外した推定結果が報告されている。Huber-White サンドイッチ推定量を用いた頑健標準誤差に基づく回帰係数の有意性に関する統計検定により，***：1％水準で有意．**：5％水準で有意．
*：10%水準で有意．
　2）帰無仮説：全ての変数がゼロ。
出所）筆者推定。

第1講　社会主義経済システムはなぜ破綻したのか：政治経済学からの接近

　なお，**表1.8**には，上記(3)の分析視点に即して，破綻要因非言及文献をベースカテゴリーとした多項ロジット回帰モデルの推定結果が披露されている。このモデルは，表1.7の(a)及び(b)で試みた2つの分析的アプローチを同時に加味したモデルといえるが，この通り，その分析的含意は，表1.7から得られるそれと大きく隔たるものではない。従って，社会主義破綻要因有力説への支持及び特定要因の主張という研究者の思考プロセスは，かなり共通した因子によって導かれている可能性が高いといえよう。

1.5.3　悔悟論主張度，必然論主張度及び悔悟度と文献属性の相関関係

　本節の最後に，悔悟論主張度，必然論主張度及び悔悟度という観点から，社会主義破綻要因主張論文の間に差異を生み出す文献属性の特定を試みる。前者2変数は，順序ロジット推定量で，悔悟度は，最小二乗法（OLS）推定量を用いて，一連の文献属性に回帰した。

　その結果は，**表1.9**の通りである。同表の通り，研究対象地域の相違性が，悔悟論主張度，必然論主張度，悔悟度のいずれに対しても，決定的な影響をもたらしているのは明らかである。即ち，中国やロシア・ソ連を研究対象地域にする文献の悔悟論主張度は，他の条件が等しければ，統計的に有意におよそ1.0ポイント上昇する一方，東欧を研究対象地域とした文献の必然論主張度は，平均的に約0.9ポイント高い。そればかりか，研究対象地域としてのロシア・ソ連の選択は，必然論主張度を0.55ポイント押し下げもするのである。この結果として，悔悟度に及ぶ影響も，東欧の引き下げ効果とは対照的に，ロシア・ソ連は引き上げ効果を発揮している。これらの推定結果は，研究対象地域が，悔悟論主張度，必然論主張度及び悔悟度のいずれとも統計的に独立した関係ではないことを示した表1.4のクロス表分析の結果と見事に一致している。

　なお，研究対象地域以外では，主要テーマとしてのマルクス論が，悔悟論主張度と負に相関し，逆に，社会主義経済理論は，必然論主張度と正に相関していること，更に，発表年と悔悟論主張度は，負の相関にあることの3点が，表1.9より判明する。これらの推定結果も，主張態度と文献属性の関係を理解する重要な手がかりとなろう。

1.6　おわりに

　本講義では，アンデルス・オスルンド，マイケル・エルマン，マリー・ラヴィーニュら有力研究者が論じた社会主義経済破綻要因説の何がどれほど国際的研究者コ

59

表1.8 社会主義破綻要因主張態度と文献属性の相関関係に関する多項ロジット回帰モデルの推定結果[1]

モデル	[1] 要因1「国際環境/冷戦・軍拡」主張文献	[2] 要因2「連邦制/民族問題」主張文献	[3] 要因3「政策失敗」主張文献	[4] 要因4「システムの限界生産力減退」主張文献	[5] 要因5「技術革新/企業家精神の欠如」主張文献	[6] 要因6「政治制度」主張文献	[7] 要因7「計画経済の機能不全他」主張文献	[8] 要因8「重工業優先他」主張文献
従属変数								
研究対象地域								
中国	0.2617	-16.0412	0.5643	-0.1048	-0.1716	-0.0452	-0.2164	0.3953
東欧	0.5112	2.7086	-1.2812***	0.0077	0.4487	0.4266	-0.2401	0.3662
ロシア・ソ連	1.4210**	2.0796	0.7656*	0.5532	0.1144	0.6674	-0.1053	0.3101
主要テーマ								
マルクス論	-17.2880	-14.6188	-16.7660	0.0240	-0.2191	-0.6336	-0.1440	-0.2592
政治情勢論	1.3859**	1.7972	0.8636	1.3303*	-15.1991	2.2721***	0.1008	0.7963
社会主義経済理論	0.6899	3.7572*	1.0817*	2.2418***	1.3270	2.1465***	1.0749**	1.6193***
市場移行論	-0.7627	2.1195	-0.1023	0.2433	-0.0015	-0.2525	-0.3700	-0.2284
市場社会主義論	1.2474	0.4189	2.1374*	1.4708*	3.3449***	1.1324	1.6865***	2.0666***
執筆者組織								
執筆者数	-0.0173	-15.5041	-0.3067	-0.2238	0.1855	0.0542	-0.0739	0.1586
女性執筆者	-2.0179*	-1.8351	-0.4966	-0.2727	0.3731	-0.5033	-0.9483**	-0.3529
第一執筆者所属機関								
大学	-0.3095	0.6529	0.3454	17.9303	16.2254	-0.0039	0.1457	17.5669
研究機関・シンクタンク	-0.7991	0.5426	-0.6136	0.7733	-0.1456	-1.1809	-0.0478	17.0077
第一執筆者所属機関所在地								
北米	0.0996	-1.5897	-0.3358	-0.3909	0.6951	-1.1673*	-0.0617	-0.2694
移行国・中国	-0.0454	0.3792	0.6677	0.8804	0.3200	0.3824	0.5276	0.7247
第一執筆者世代								
第一著者論文初発表年	-0.0308	0.0268	-0.0119	-0.0276	-0.0501	-0.0356	-0.0193	-0.0078
論文発表時期								
発表年	0.0194	-0.0738	-0.0603*	-0.0652	0.0632	0.0127	-0.0299	-0.0241

	(1)	(2)	(3)	(4)	(5)	(6)	(7)	(8)
発表媒体専門分野								
経済・経営学	-1.0107*	-1.8237	-0.0318	0.4875	0.9195	-0.3939	0.1295	-0.5305
政治学	0.3704	-18.8410	-0.1930	0.2050	-14.8673	-1.5948	0.0948	0.0037
社会学	-2.0326	-17.6216	-1.1121	-0.2684	0.3119	-0.3416	-1.6818*	-1.4746
発表媒体研究水準								
研究水準	0.0631	-0.8436*	0.1089	0.0343	0.0834	-0.2540*	0.0873	0.0977
切片	21.0196	107.1237	143.3184***	165.1799	-47.8735	44.7045	98.1651**	44.2360

N	388
Log pseudolikelihood	-621.180
Pseudo R^2	0.170
赤池情報量規準 (AIC)	1578.360
ベイジアン情報量規準 (BIC)	2243.809
Wald検定 $(\chi^2)^{2)}$	254.86***

注1）ベースカテゴリーは、破綻要因非言及文献。推定に用いた変数の定義、タイプ及び記述統計量は、表1.5を参照。Huber-White サンドイッチ推定量を用いた頑健標準誤差に基づく回帰係数の有意性に関する統計検定により、***：1％水準で有意、**：5％水準で有意、*：10％水準で有意。
　2）帰無仮説：全ての変数がゼロ。
出所）筆者推定。

第Ⅰ部　計画経済の破綻と市場経済への移行戦略

表1.9　悔悟論主張度，必然論主張度及び悔悟度と文献属性との関係に関する回帰モデルの推定結果[1)]

モデル	[1]	[2]	[3]
従属変数	悔悟論主張度	必然論主張度	悔悟度
推定量	Ordered logit	Ordered logit	OLS
研究対象地域			
中国	0.9690 **	0.2199	0.1724
東欧	−0.1963	0.9170 ***	−0.3656 *
ロシア・ソ連	0.9815 ***	−0.5527 *	0.4920 ***
主要テーマ			
マルクス論	−2.1925 *	0.7772	−0.6279
政治情勢論	0.4214	−0.2830	0.1727
社会主義経済理論	0.1366	0.5922 *	−0.1660
市場移行論	0.0079	0.0164	−0.0208
市場社会主義論	0.1311	0.5611	−0.1733
執筆者組織			
執筆者数	−0.3476	0.2647	−0.2089
女性執筆者	−0.0105	0.0635	−0.0267
第一執筆者所属機関			
大学	−0.1119	0.6462	−0.2800
研究機関・シンクタンク	−0.7910	0.9469	−0.5773
第一執筆者所属機関所在地			
北米	−0.1110	0.4844	−0.1756
移行国・中国	0.0308	0.1922	−0.0320
第一執筆者世代			
第一著者論文初発表年	−0.0012	0.0071	−0.0041
論文発表時期			
発表年	−0.0396 *	0.0067	−0.0150
発表媒体専門分野			
経済・経営学	−0.2846	−0.2432	0.0055
政治学	−0.3353	−0.5062	0.0436
社会学	−0.3196	−0.1688	−0.0132
発表媒体研究水準			
研究水準	−0.0186	−0.0114	−0.0046
切片	−	−	38.4606
N	194	194	194
Log pseudolikelihood/Root MSE	−161.656	−185.395	1.092
Pseudo R^2/R^2	0.103	0.063	0.156
赤池情報量規準（AIC）	367.312	416.790	604.575
ベイジアン情報量規準（BIC）	439.205	491.951	673.200
Wald 検定（χ^2）/F 検定[2)]	37.160 **	25.060	2.410 ***

注1）分析対象は，破綻要因主張文献。推定に用いた変数の定義，タイプ及び記述統計量は，表1.5を参照。Huber-White サンドイッチ推定量を用いた頑健標準誤差に基づく回帰係数の有意性に関する統計検定により，***：1％水準で有意，**：5％水準で有意，*：10％水準で有意。

2）帰無仮説：全ての変数がゼロ。

出所）筆者推定。

第1講　社会主義経済システムはなぜ破綻したのか：政治経済学からの接近

ミュニティの間で学術的な支持を集めているのかを把握すべく，1989年以降四半世紀以上の時をかけて発表された文献の包括的な収集及び体系的レビューを試みた。

　この結果，社会主義経済システムの破綻を主題とした英語論文として，総数274点に上る文献の存在が確認された。これら基本抽出文献の発表年は，ソ連邦が劇的に崩壊した1991年にピークを迎えているが，再び図1.2の通り，類似研究は，その後も増減を繰り返しながら，2017年まで発表され続けていたことが判明した。中東欧・旧ソ連圏における社会主義経済システムの消滅は，多くの人々にとって既に遠い過去の事象ではあるものの，社会科学における本研究テーマの際立った重要性を反映して，この分野の学術論争は，今日も脈々と継続しているのである。

　体系的レビューの第一歩として，我々は，代表的研究者の著作を吟味することを介して，8種類の社会主義経済破綻要因論を特定した。次に，電子学術文献情報データベース上でキーワード検索を行い，我々の問題意識に沿うような文献274点を選び出し，この内の194文献が，なんらかの破綻要因論を主張していることを確認した。さらに，我々は，当該194文献の主張態度を，上記8つの破綻要因論に照らして，大胆に分類した。この結果，これら破綻要因主張文献は，まずは，要因7の「計画経済の機能不全等」に対して（194文献中108点），次に，要因3の「政策失敗」に対して（同様に66点），残る6種類の破綻要因論よりも抜きん出て幅広い支持を表明していることが明らかになった。この単純で明快な事実は，社会主義経済の破綻という歴史的事件に直面した各国の研究者が，それをもたらした理論的・根源的な要因の解明に目を向けるとともに，どのような歴史的大事件も，政策担当者の初期の問題意識や戦術のわずかな相違が，結果に大きな違いをもたらし得ることに関心を寄せていることを示している。

　以上の研究作業を踏まえて，我々は，基本抽出文献の主張態度と，分析視角，執筆者及び発表媒体に関わる一連の諸属性との相関関係に関するクロス表分析や重回帰分析を行った。そこで発見された多くの事実の中で，筆者らが特に注目する分析結果は，次の3点である。即ち，第1に，破綻要因説を積極的かつ広範に主張する文献は，社会主義諸国内の政治情勢や，社会主義経済の有り方に理論的な問題関心を抱いた研究者によって執筆される確率が高い。第2に，研究対象地域や主要テーマの差異が，破綻要因有力説のどれを特に主張するのかという研究者の意思決定プロセスに対して，重大な作用をもたらしている可能性が高い。とりわけ，中国やロシア・ソ連を研究対象地域に選択した研究は，悔悟論的破綻要因を重視する傾向がある一方，研究対象地域として東欧を選んだ文献は，必然論的破綻要因を主張する確率が高いという分析結果は，この観点から大いに注目される。第3に，悔悟論主張度，必然論主張度，悔悟度という指標の質的な相違性にも拘らず，研究対象地域

としての中国，ロシア・ソ連及び東欧の区別は，これらの指標に対して決定的ともいえる影響を及ぼしている。

　我々が得た以上の分析結果をどのように解釈すれば良いのだろうか。ここで注意する必要のあるのは，ロシア・ソ連を対象とした文献が悔悟論を主張しがちであり，東欧を対象とした文献が必然論を主張しがちであるという事実が，各国の社会主義経済破綻の経緯や実態をそのまま反映していると解釈されてはならない点であろう。即ち，ロシアやソ連では，ある程度偶然的要因でそのシステムは崩壊したのに対して，東欧では，システムに内在する要因でそれは崩壊したのだと，我々は結論したいのではない。そうではなく，我々が究明したかったのは，社会主義経済の破綻と市場経済への移行という未曾有の大事件に接した各国の研究者が，どのような態度や視点で対象に向かい合ったかという問題である。これが，体系的レビューの基本的立場である。先に我々は，マルクス論が，悔悟論主張度と負に相関し，また，社会主義経済理論は，必然論主張度と正に相関していると論じたが，これも，マルクス論や社会主義経済理論を論じようとした研究者の態度や視点が，大いに関係しているのである。

　しかし，他方において，各国における社会主義経済破綻の経緯や実態と，研究者の態度や視点は，完全に切り離されるべきであると考えるなら，それは事態を単純化し過ぎている。ロシア・ソ連の社会主義経済破綻の経緯は，東欧のそれよりはるかに複雑であった。従って，ロシア・ソ連を研究対象とした研究者は，様々な偶然的要因により多くの注意を向けざるを得なくなり，この結果として，必然論には単純に与しないような議論を展開する傾向が強いとの解釈は可能であろう。とはいっても，歴史的事実の経緯や実態と，それを研究対象とする研究者の態度や視点との関係に関しては，さらに深い探求が必要である。本講義は，そのための多数かつ重大な示唆を提示することに成功した。今後は，学問社会学的アプローチを含めて，より一層広範な調査・研究が期待される。

謝辞

　本稿は，科学研究費補助金基盤研究（A）「比較移行経済論の確立：市場経済化20年史のメタ分析」（課題番号：23243032）の研究成果であり，岩﨑を新たな共同研究者に迎えた上垣・杉浦（2013）の抜本的改訂版である。同『経済研究』掲載論文の執筆に際しては，久保庭眞彰一橋大学名誉教授及び本書執筆陣から多数の有益な示唆やコメントを得た。ここに記して謝意を表したい。

参考文献

上垣彰・杉浦史和（2013）「社会主義経済システム破綻の政治経済学―体系的レビュー」『経済研究』第64巻第4号, 320-337頁.

中兼和津次（1993）「社会主義経済の崩壊と経済体制論」『経済学論集』第58巻第4号, 49-70頁.

中兼和津次（2010）『体制移行の政治経済学―なぜ社会主義国は資本主義に向かって脱走するのか』名古屋大学出版会.

Allen, Robert（2003）Farm to Factory: A Reinterpretation of the Soviet Industrial Revolution, Princeton University Press: Princeton, NJ.

Åslund, Anders（1995）How Russia Became a Market Economy, Brookings Institution Press: Washington D.C.

Boettke, Peter J.（2001）Calculation and Coordination: Essays on Socialism and Transitional Political Economy, Routledge: New York.

Braguinsky, Serguey and Grigory Yavlinsky（2000）Incentives and Institutions: The Transition to a Market Economy in Russia, Princeton University Press: Princeton, NJ.

Brown, Archie（2009）The Rise and Fall of Communism, Vintage Book: London.

Ellman, Michael and Vladimir Kontorovich（eds.）（1998）The Destruction of the Soviet Economic System: An Insider's History, M. E. Sharpe: Armonk, New York, and London.

Gaidar, Yegor（ed.）（2003）The Economics of Russian Transition, The MIT Press: Cambridge, M. A. and London.

Gaidar, Egor（2006）Gibel' imperii: Uroki dlya sovremennoi Rossii, Rossiiskaya politicheskaya entsiklopediya: Moskva.（in Russian）

IERAN（Institut ekonomiki rossiiskoi akademii nauk）（2007）Ekonomicheskaya istoriya SSSR: Ocherki, Infra-M: Moskva.（in Russian）

Lavigne, Marie（1999）The Economics of Transition: From Socialist Economy to Market Economy, Second edition, Palgrave Macmillan: Basingstoke.

Ligachev, Egor（2010）Kto predal SSSR? Eksmo: Moskva.（in Russian）

Roland, Gerard（2000）Transition and Economics: Politics, Markets, and Firms, The MIT Press: Cambridge, M.A. and London.

Rosefielde, Steven and Stefan Hedlund（2008）Russia since 1980 : The World since 1980, Cambridge University Press: Cambridge.

Sachs, Jeffrey（1993）Poland's Jump to the Market Economy, The MIT Press: Cambridge, M.A. and London.

Shleifer, Andrei（2005）A Normal Country: Russia after Communism, Harvard University Press, Cambridge, M.A. and London.

Stiglitz, Joseph E.（1994）Whither Socialism? The MIT Press: Cambridge, M.A. and London.

Timoshina, Tat'yana M.（2009）Ekonomicheskaya istoriya Rossii: Uchebnoe posobie, Yustitsinform: Moskva.（in Russian）

| 第 2 講 | **移行戦略論争** |
| | 漸進主義対急進主義 |

岩﨑一郎・鈴木 拓

2.1 はじめに

　「移行戦略論争」(transition strategy debate) と聞いて，なんらかの感情の高ぶりを覚えるとすれば，それは，少なくとも四半世紀ほど前から，中東欧・旧ソ連諸国に係る政策実務や調査・研究に携わってきた人である可能性が高い。1980年代末から90年代初頭にかけて，相次いで社会主義計画経済を放棄したこれらの国々が，社会福祉の向上と経済成長の追求にとってより効果的な経済システムである資本主義市場経済の創出に向けて，如何なる改革路線を採用すべきなのか，という点を巡る当時の議論は大変激しいものがあり，これに係った政策関係者や研究者の心に，それほどまでの強い印象を刻んだに違いないからである。

　70年もの長きに亘って世界を拘束した冷戦体制の終結に続く安堵感と解放感に浸りつつも，新たな経済秩序を生み出すために，体制転換の当事者である旧社会主義諸国も，その他世界の国々も，直ちに次の一歩を踏み出さなければならなかった。その道筋の大枠を定めようというのが移行戦略論争であったから，いきおい議論は，世界的にも著名な経済学者を巻き込むに止まらず，学問世界の枠をも超えて非常に大きな広がりを見せた。その後，十数年を経て，経済学には「移行経済論」(transition economics) と呼ばれる一大研究領域が確立されるが，その草分け的かつ最重要研究テーマの一つが移行戦略論争であるのは，同論争が放った世界的インパクトの大きさに鑑みれば，蓋し当然のことであろう[1]。

　その移行戦略論争は，敢えて大胆に形容すれば，相対立する2つの改革理念であ

---

1) 比較的最近出版された移行経済論の基本テキストである Myant and Drahokoupil (2010)，Turley and Luke (2010) 及び Åslund (2013) が，その導入部分において，例外なく移行戦略論争の紹介に大きな頁を割いているのは，その紛れもない証である。

る「急進主義」と「漸進主義」の優劣を競う議論として展開した。ここでいう「急進主義」（radicalism）とは，いわゆる「ワシントン・コンセンサス」[2]が提示する一連の政策パッケージを，迅速かつ同時並行的に実行すべしという極めて明快な政策哲学を指し，その勧告内容を反映して，「ショック療法」（shock therapy）や「ビッグ・バン方式」（big-bang approach）とも呼ばれる。一方の「漸進主義」（gradualism）は，急進主義に対するアンチテーゼの総称というべきものであって，その支持者が勧奨する政策内容は実に多彩であるが，急進主義支持者と較べて，時間的により緩慢な政策遂行を是とするか，ないしは，然るべき政策順序を以て構造改革を推進する理論的・実際的必要性を強調するかのいずれか又は双方を求める点では，論者の間で概ね主張態度が一致している（鈴木, 2014）。

　後述の通り，移行諸国の中には，急進主義にも漸進主義にも分類し得ない改革路線を歩んだ国々が存在すると指摘する研究者や，そもそも移行戦略論争の存在意義自体に疑問を投げかける者もいるのではあるが，彼らは極めて少数派であり，少なくともこれまで論争に参戦した人々の圧倒的多数が，急進主義と漸進主義という2つの対照的な改革理念の正当性や現実への適応性に焦点を当てて，各々の主張を展開してきたのは紛れもない事実である。

　共産主義圏消滅を象徴する出来事であったベルリンの壁崩壊から四半世紀以上の年月が経過した現在，当時の熱気は既に過去の記憶となった。しかし，Popov（2000a）の「終結宣言」にも係らず，移行戦略論争はいまもなお脈々と続いており，収束の兆候すら見えない。急進主義的移行戦略に基づいて体制転換を進めた国々と，漸進主義に基礎付けられた構造改革を実行した国々との間で，事後的な経済成果に誰が見ても明らかと云えるほどの決定的な差異が生じていないことや，そうはいえども，移行戦略の有り方が，歴史的経路依存性という観点から，国民経済の様々なレベルや局面で，今も依然として重大な影響を及ぼしていることが，論争が決着しないままに現在も継続している主な理由だと思われる。

　従って，移行戦略論争を総括する機は，未だ熟したとはいえない。しかし，過去四半世紀の膨大な研究蓄積を以て，同論争の全体像を眺望すること，更には，これ

2）「ワシントン・コンセンサス」は，国際通貨基金（IMF），世界銀行，米国財務省等，ワシントンを本拠とする国際機関や行政組織に，各種調査研究機関を加えた官僚・研究者集団が，1980年代に開発途上諸国で起こった一連の経済危機に対応する過程で練り上げた政策体系の代名詞であり，Williamson（1990）の定式化によれば，補助金カットを含む財政赤字の是正，特定分野への優先的財政支出，税制改革，金利自由化，為替レートの柔軟化，貿易自由化，外国直接投資の促進，国営企業及び他国有財産の私有化，規制緩和，財産権の確立から成る10の政策項目を基本としている。ワシントン・コンセンサスの中東欧・旧ソ連諸国への適用に対する示唆に富んだ批評として，Rodrik（2006）及び Lütz and Kranke（2014）を参照。

ら先行研究各々の主張態度と，執筆者，研究内容及び発表媒体といった文献属性との相関関係を検証することは十分可能であり，また，今後の論争の在り方を考える意味でも，これらは非常に意義のある研究課題であることに疑問の余地は無い。そこで，本講義では，急進主義対漸進主義論争に寄与した先行研究137点の体系的なレビューを通じて，この課題の達成を試みる。これに加えて，筆者らは，上述した少数派の異端的な見解にも注意を払うことで，移行戦略論争の枠内で今後取り組まれるべき諸問題の一端を明らかにする。

　本講義の構成は，次の通りである。2.2節では，文献探索方法及び体系的レビュー対象文献の概要を述べる。2.3節では，移行戦略論争の全体的構図を考察し，体系的レビューの基本的視座を提示する。2.4節では，急進主義・漸進主義各派の代表的な主張内容を紹介する。2.5節では，主張態度と文献属性の相互関係を，統計的・計量的手法を用いて分析する。そして最終2.6節では，急進主義対漸進主義という二分法を超えた異端的見解の存在にも言及しつつ，今後の更なる論争深化と体系化に向けた問題提起を行う。

2.2　文献探索方法及び体系的レビュー対象文献の概要

　計画経済から市場経済への移行戦略としての急進主義や漸進主義の有効性を論じた文献群を特定する第一次的接近法として，筆者らは，電子学術文献情報データベースの代表格である EconLit を利用して，1989年から2016年の28年間に発表された文献の検索を行った[3]。この作業に際しては，*big bang, gradualism, radicalism, shock therapy, Washington consensus* という移行戦略論争と切っても切り離せない５つのキーワードに，政策論的観点から同論争と深い関連を持つ，*inflation, institution, liberalization, stabilization, social costs* を加えた合計10種類のキーワードの何れか一つと，*transition economies, Central Europe, Eastern Europe, former Soviet Union* 又は中国ないし中東欧・旧ソ連諸国の国名何れか一つの組み合わせを検索語に用いた。この上で，論題や要旨から判断して，本講義の問題関心とは明らかに無関係だと考えられる文献を除外した結果，300点を少し上回る文献が見出されたが，更に我々は，この機械検索からは漏れているが，移行戦略論争に重大な影響を及ぼしたと広く考えられている文献（図書が中心）及び上記 EconLit 検索

3）最終文献探索作業は，2017年８月に実施した。なお，2015年と2016年は，本講義のベースとなる筆者らの英語論文（Iwasaki and Suzuki, 2016）を除いて，移行戦略論争に直接的に関係する文献は見い出せなかった。

第Ⅰ部　計画経済の破綻と市場経済への移行戦略

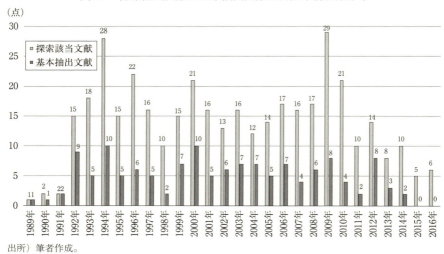

図2.1　探索該当文献と基本抽出文献の発表年別度数分布

出所）筆者作成。

該当文献が引用する非重複類似研究も可能な限り収集した。こうして，筆者らの手元には，合計389点の文献が集まった。

次に筆者らは，これら探索該当文献を一つ一つ精読することで，体系的レビューの対象となり得る研究業績の更なる絞り込みを行った。この結果として我々は，移行戦略論争の皮切りとなったSvejnar（1989）やLipton and Sachs（1990）から，2014年に発表されたJakšić（2014）及びShleifer and Treisman（2014）に至る合計137点の文献を最終的に選び出した。以下，これら137点の文献を，「基本抽出文献」と総称する[4]。図2.1には，探索該当文献及び基本抽出文献各々の発表年別度数分布が示されているが，この通り，双方の発表年別構成は大変相似的であり，発表年別文献数の相関係数は0.787に達する。また，同図から，市場経済を標榜した移行戦略の有り方を巡る議論は，ソ連崩壊直後の1992年から非常に活発化したこと，更に，移行戦略論争は，ベルリンの壁解体又はソ連崩壊から5年が経過した1994年や1996年，世紀の終わりを迎えた2000年，並びに共産主義圏消滅から20周年に当たる2009年から2010年の2年間にかけて，顕著な盛り上がりを見せたことが分かる。「社会主義国の雄」と云われたソ連の退出に触発されて議論を始めた研究者達は，その後も時代の節目を迎える度毎に，この問題への関心を呼び戻してきたといえる

4）これら基本抽出文献は，日本評論社ウエブサイト（https://www.nippyo.co.jp/shop/downloads）にある本書第2講付録に一覧されている。

だろう。

　執筆者，研究内容及び発表媒体の属性という観点から見た基本抽出文献の概要は，**図2.2**の通りである。同図（a）によれば，基本抽出文献全137点は，延べ196名の人々によって執筆されているが，その圧倒的多数派は，大学やその他学術研究機関に所属する160名の研究者である。一方，移行諸国の政策決定に重大かつ直接的な影響を及ぼしたであろう IMF や世界銀行に籍を置きつつ移行戦略論争に係った執筆者は16名を数え，全体の8.2％を占める。これに続く第3のグループは，11名のシンクタンク職員である。これら執筆者の77.6％に当たる152名は，北米や西欧を活動の拠点とする一方，中東欧・旧ソ連圏所在機関に所属する執筆者は，全体の14.8％（29名）に過ぎない。国際的論壇は，改革当事国の研究者よりも，むしろ移行諸国を外部から観察する人々によって牽引されたといえる。

　我々は，所属機関やその所在地と共に，執筆者の研究経験やジェンダー及び学術界に対する発言力の強さが，その主張態度と深く関係する可能性にも注目し，これらの執筆者属性も調査した[5]。再び図2.2（a）の通り，執筆者論文初発表年の中央値[6]で見た文献構成によると，中東欧・旧ソ連地域に社会主義が現存した時代に研究生活に入った世代が執筆した論文とポスト社会主義世代の手になる論文は，69点対68点と見事に拮抗している。世代的な最大勢力は，1990年代に論壇デビューした人々であり，基本抽出文献の35.8％（49点）を生み出している。また更に，女性研究者又は世界的に著名ないし移行経済論の分野において極めて強い発言力を有する経済学者を執筆者に含む文献は，各々全体の12.4％（17点）及び20.4％（28点）を占めている。

　続く図2.2（b）には，研究属性に基づいた文献構成が示されている。この通り，これまで移行戦略論争を形作ってきた文献の大多数は，研究対象地域や国を特に絞ることなく，なおかつ議論の対象も特定の政策分野に限定されていないという意味で，地域包括的かつ政策一般論的な研究である。また，同図から，学術プロジェクトの研究成果として発表された文献は，全体の10.9％（15点）を占めるに過ぎないこと，並びに有り得べき移行戦略に対する自らの主張を，数理経済モデルを駆使して論証した文献や，本格的な計量分析ないし公式統計データを加工・比較するなどして数量的に裏付けた文献も，各々全体の16.8％（23点）及び33.6％（46点）と相

5）ジェンダーへの注目は，政策判断基準としての社会的安定性への尊重度に，一定の性差が存在するのではないかという筆者らの経験的推測に基づいている。

6）執筆者の論文初発表年は，世界中の研究者をあまねく網羅する ProQuest データベース（http://www.proquest.com/）を用いて，筆者らが独自に調査した。共著論文の存在に対応して，本研究では，その中央値を研究経験の代理変数に用いた。

第Ⅰ部　計画経済の破綻と市場経済への移行戦略

図2.2　基本抽出文献の属性別構成

(a) 執筆者属性

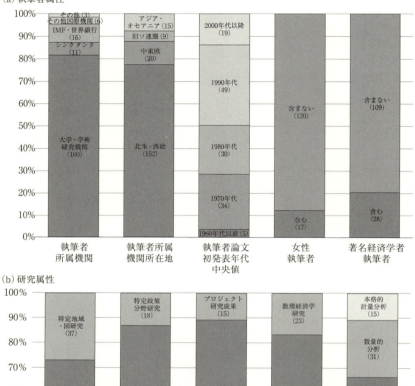

(b) 研究属性

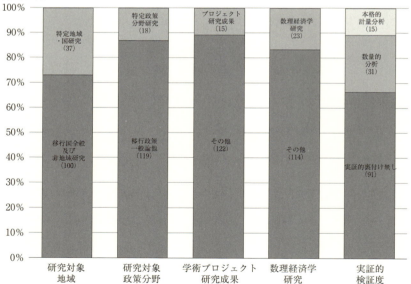

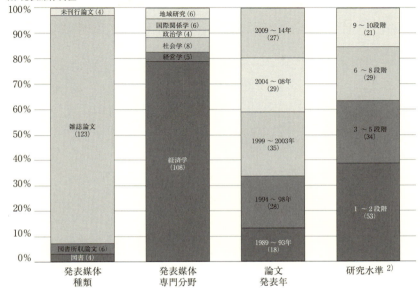

注1）図中括弧内の数値は，該当文献数。
　2）評価方法の詳細は，本書序論を参照。
出所）筆者作成。

対的に少数派であることも合わせて確認できる。

　発表媒体属性の詳細は，図2.2(c)の通りである。ここから，基本抽出文献の殆どは，経済学分野の雑誌論文として発表されたことが分かる。事実，全文献に占める雑誌論文及び経済学専門媒体に発表された文献の比率は，それぞれ89.8%（123点）及び78.8%（108点）にも達する[7]。これら137文献の発表年数は，5年刻みで集計すると，1989～93年に発表された文献がやや少なく，逆に，1999～2003年発表の文献は相対的に多数であるものの，期間を通じて概ね均等に分布している。これらの属性に加えて，我々は，雑誌論文であれば雑誌ランキングやインパクト・ファクター，学術図書や学術図書所収論文であれば査読制の有無や出版社等の文献情報に基づいて筆者ら独自に設定した10段階基準によって，発表媒体の研究水準を評価し

---

[7] これは，EconLitを文献探査の主要手段として用いたことの結果である可能性は高く，従って，経済学雑誌が，移行戦略論争の「主戦場」であることを必ずしも確証したものではない。

第Ⅰ部　計画経済の破綻と市場経済への移行戦略

た[8]。その結果によれば，発表媒体の研究水準と文献数には負の相関関係が成立している，国際的に極めて評価の高い学術雑誌（第9～10段階評価媒体）やこれに続く高水準の学術雑誌（第6～8段階評価媒体）に発表された文献は，両者合わせて基本抽出文献全体の36.5%（50点）を占めており，これら高評価雑誌の学術誌全体に占める比率を勘案すると決して少なくない[9]。この事実は，世界的にも著名な研究者をも多く巻き込んで進展した移行戦略論争が，社会主義計画経済圏の消滅と共に大きなパラダイム・シフトを迎えた経済学世界全体にとっても，非常に重要な研究テーマだと見なされたことの表れだと考えられる。

2.3　移行戦略論争の全体的構図

　一般に学術論争というものは，議論の深まりや時間の経過に伴って，立場を異にする研究者集団や学派の間の対立軸が，次第に明確化するものである。この法則は，四半世紀を経た移行戦略論争にも当てはまる。即ち，旧社会主義諸国のより適切な移行戦略として，急進主義と漸進主義の是非を闘わせた当初の議論は，その焦点が必ずしも定まっておらず，錯綜の感すら否めない面もあった。しかし，現在という高みから，過去26年間における論争の流れを俯瞰してみると，無論後知恵ではあるものの，そこには，各論者の主張態度を分かつ明確な境界を見て取ることができる。その最も根本的な基準となるのは，「時間的速度」（time speed），「政策順序」（policy sequence），並びに「制度」（institution）という3つの分析視角に他ならない。筆者らは，これら3つの基準に照らし合わせながら，基本抽出文献137点各々の急進主義に対する受容度及び反対論拠をその文脈から読み取り，この結果に基づいて先行研究の大胆な類型化を行った[10]。そこで本節では，かかる分類作業の過程から立ち現れた移行戦略論争の全体的構図を提示する。

　さて，移行戦略論争を牽引してきた研究者集団の一方である Lipton and Sachs（1990）や Balcerowicz（1994）ら急進主義派の主張態度は，上述した「時間的速度」と「政策順序」という2つの基準に照らして，大変首尾一貫している。即ち，同派に属する論者は，資本主義市場経済の確立に必要とされる政策を，「全て同時

8）第10段階が最高。研究水準評価方法の詳細は，本書序論を参照。
9）事実，我々が依拠した学術雑誌ランキングによれば，第6～10段階評価媒体がランキング対象雑誌全体にしめる比率は，26.0%（1,171誌中304誌）である。
10）この類型化作業は，以下に述べる判断基準に基づいて努めて客観的に行ったが，無論，筆者らの恣意性が完全に排除されているとは云い難い。また，分類結果は，基本抽出文献各著者の執筆当時における個人的な信条や立場とは，必ずしも合致するものではない。

かつ迅速」（big-bang and speedy）に実行すべきであるとする点で，その見解が見事に一致しているのである。体制転換は可能な限り速やかに推進されなければならないという考え方が，急進主義支持者の根底にあり，そのためには，必要とされる改革措置の一気呵成な実施が不可欠であるというのが，彼らの基本的なロジックとなっている。また，何故市場経済化は素早く達成されるべきなのかという点についても，異なる論者の間で文章表現こそ様々であるが，その要点を敢えて大胆に集約すれば，（1）冷戦時代への後戻り抑止を求める西側先進諸国を中心とした国際社会の要請，（2）共産党系反対勢力と厳しく対峙する国内改革派の生き残り戦略，（3）民主主義や市場経済を積極的に支持する中間階級を早期に育成する必要性という，優れて政治的な論拠を強調する研究者が多いのも急進主義派の特徴といえる（Åslund, 2007; Turley and Luke, 2010）。

　但し，急進主義派の中には，社会主義計画経済の完成度やその他歴史的前提条件等の違いに係らず，急進主義的移行戦略の実現を目指すことが，中東欧及び旧ソ連諸国にとって最善の選択であると主張する Murphy et al.（1992），de Melo et al.（1996），Åslund（2007, 2009）等の「普遍的急進主義派」と，これら普遍的急進主義支持者に較べれば極めて少数派であるが，移行国政府の政策遂行能力や資本主義に対する一般市民の理解度や許容度といった一連の制約条件が，実際の改革速度を強く規定することは明確に認識しつつも，改革に先行するこれらの初期的諸条件が最低限度満たされていれば，急進主義を基本理念とする移行戦略の可能な限り迅速な遂行が漸進主義に優ると主張する Klaus（1993）等の「条件付き急進主義派」に分かれる傾向は見られる[11]。

　移行戦略論争を主導してきたもう一方の研究者集団である漸進主義派は，急進主義を，「拙速」で「無計画」かつ「非現実的」なアプローチであると断じると共に，社会的に耐え難いほどの深刻な副作用を伴う点も看過し得ないと非難する点で，意見の大きな一致が見られる。しかしながら，漸進主義を正当化する基本的な論拠となると，これら漸進主義派の叙述は，急進主義派論者のそれよりも遥かに多彩である。とはいえ，移行戦略の時間的速度と政策順序の何れに議論の重心が置かれているのかという観点から，これら多様な漸進主義論者を幾つかのグループに分類することは可能である。

　第1に，政策遂行の時間的ペースが余りにも急速であるが故に生じるであろう政

___

11）これら条件付き急進主義派と主張態度は異なるものの，体制転換プロセスに及ぼす歴史的初期条件の影響を特に強調する移行経済研究者が少なからぬ存在する。比較的最近の研究例には，BenYishay and Grosjean（2014）や Grosfeld and Zhravskaya（2015）がある。

第Ⅰ部　計画経済の破綻と市場経済への移行戦略

治的・社会的不安定，転換不況（Kornai, 1994），富の不公正な配分，並びに失業
や貧困の増大といった構造改革の副作用を効果的に抑制する必要性や，改革当事国
の立法・行政能力や治安維持能力及び社会変化に対する一般市民の適応力の限界性
を踏まえつつ，市場経済への体制転換は，社会的に破綻を来さない時間配分を以て
進めるべきであると論じる Etzioni（1992），Murrell（1992a, 1992b），Blanchard
and Kremer（1997），King（2002）等の一連の研究者が存在し，その主張態度から
彼らを「反急速主義派」と呼ぶことが出来る。なお，これら反急速主義派は，急進
主義派が求めるように，体制転換に必要な諸政策を全面的・同時的に着手する点に
ついては，必ずしも強い反対意見を表明しているわけではない。

　このような反急速主義派の主張態度に対して，経済体制を一変するような構造改
革を，過度の社会的混乱を回避しつつ成功裡に実行するためには，理論的・現実的
に一定の政策順序というものが存在する点をとりわけ重視する研究者達もいる。
Van Brabant（1993, 1994a, 1994b），Lian and Wei（1998），Calcagno et al.（2006）
らを始めとする，これら漸進主義派第２の研究者集団を「段階主義派」と名付けよ
う。これら段階主義論者に加えて，漸進主義を支持する人々の間には，先述した第
３の基準である「制度」の重要性に立脚して，計画経済から市場経済への体制転換
を進めるためには，何を差し置いても，市場経済や民主主義の基盤となる財産権や
法の支配といった諸制度の構築が優先されるべきであるとの主張を展開する Hecht
（1994），Liew（1995），Popov（2000a, 2000b, 2007, 2009, 2012）等の研究者も少な
からず含まれている。彼ら「制度主義派」の主張の骨子は，価格自由化や企業私有
化等の市場経済化政策を実行するための基本的前提条件となる諸制度の整備が，こ
れらの諸策に先行すべきであるというものであり，従って，体制転換の進め方には
特定の政策順序があるという点を強調している意味では，上記の段階主義派と本質
的に見解の相違は無い[12]。このため，制度主義派は，広義の意味での段階主義派
に包摂されると考えてよいだろう。

　また更に，漸進主義派の中には，急進主義を糾弾する論拠として，上述した反急
速主義派と段階主義派いずれの主張をも等しく重要と見なす研究者も少なくない。
Dewatripont and Roland（1992a, 1992b, 1995），Aghion and Blanchard（1994），
North（1994），Stiglitz（1999），Arrow（2000）等，数多くの著名研究者を含むこ
れら研究者の一団を，反急速主義派や段階主義派の主張態度と区別するために，本

─────────

12）彼ら制度主義派の論争態度は，国家の繁栄や衰退を決定付ける上で，制度が死活的に重要であ
　　ると主張するダロン・アセモグル教授らの手になる一連の論考と気脈が通じているのは，大変興
　　味深い（Acemoglu et al., 2008; Acemoglu et al., 2011; Acemoglu and Robinson, 2012）。

講義では，漸進主義派の一部を構成する「折衷派」と呼ぶことにする。

　以上に加えて，本来，急進主義と漸進主義は，二律背反的な関係にあるのではなく，むしろ代替的な選択肢であり，従って，一方が他方に常に優越することは，理論的・現実的にあり得ず，このため，現実世界において，政策当局がどちらを移行戦略の基本に選ぶべきかは，当該国の実情に即してケース・バイ・ケースで決定されて良い性質の問題であり，また場合によっては，両者の混合や時期的切り替えすらあり得るとの見方を示している点で，上記に述べたいずれの派にも与しないMcMillan and Naughton（1992），Islam（1993），Fan（1994）及び Papapanagos and Sanfey（2003）らといった研究者集団も存在する。急進主義対漸進主義論争の枠内に留まりつつも，しかしながら同時に，急進主義派とも漸進主義派とも一定の距離を置く彼らの主張態度は，「中立派」と位置付けることができる。これら中立派は，議論構築の基本的ロジックという観点から，前出の条件付き急進主義派と通底する面もあるにはあるが，その主張のスタンスが，条件付き急進主義派よりもより徹底して中立的である意味で，同派とは明確に区別されるべきものである。

　なお，冒頭でも触れたが，移行戦略を議論する研究者の全てが，急進主義対漸進主義論争の枠内に収まるわけでは決してない。即ち，移行諸国の一部には，急進主義にも，漸進主義にも分類し難い「第3の改革路線」を選択・実行した国があると主張する Pomfret（2000）や Herrmann-Pillath（2006）等の研究者達や，またそもそも，移行戦略論争自体の意義に大きな疑問符を投げかける Hoen（1996, 2010），Swaan and Lissowska（1996），Liodakis（2001）といった研究者らもいるのである。これら「第三の道派」や「超越論派」と名付け得る研究者集団の登場を以て，移行政策論争に深く関与した人々がほぼ全て出揃うのであるが，伝統的な移行戦略論争とは一線を画す彼ら異端派は，急進主義派と漸進主義派の比較結果を交えて，本講義の最後に改めて取り上げることとする。

　以上の議論を総合すれば，過去四半世紀における移行戦略論争の全体的構図を，**図2.3**のように示すことができる。そこで，この図式に従って，前節に言及した基本抽出文献137点各々を，その主張態度に基づいて分類してみた。**図2.4**がその結果である。同図（a）によれば，これまでに発表された文献数という点で，漸進主義派は，急進主義派や中立派を大きく引き離している。実際，漸進主義派に分類される文献は合計95点に及び，基本抽出文献全体の69.3％をも占めているのである。この意味で，漸進主義は多数派説である[13]。

　一方，急進主義派に属する文献の数は29点を数え，全体の21.2％を構成する。なお，図2.4（b）の通り，これら急進主義派文献29点中26点は，急進主義的移行戦略の普遍的な適応性を固く信じる研究者達が執筆したものであり，この事実にも，急

図2.3 移行戦略論争の全体的構図

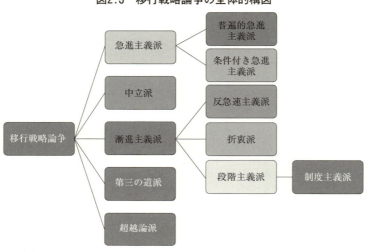

出所）筆者作成。

進主義派の一枚岩的な性格が良く反映されている。残る13点の文献は，中立派的な主張態度を表明する研究者によるものであるが，急進主義派文献の半数にも及んでいない。急進主義派と漸進主義派の対立構造は，かくも実に鮮明である。

図2.4(c)の漸進主義派文献下位分類構成によると，漸進主義派の中では，反急速主義論者が95文献中41文献（漸進主義派文献全体の43.2％）と最も多数派であるが，段階主義派や折衷派が書き著した文献も各々33文献（同じく34.7％）及び21文献（22.1％）に達しており，総じて三つ巴の様相を呈している。なお，制度構築の重要性を何よりも重んじる制度主義派の文献は18点に上り，段階主義派文献の過半（54.5％）に及んでいる。

このように，漸進主義派の主張態度は多様であり，かつ特定の見解が他を圧倒していない事実は，首尾一貫した主張態度を示す急進主義派とは大いに対照的であるといえよう。

13）重複を除くと，基本抽出文献の全執筆者数は157名である。この内，全ての著作が単一の主張態度に分類された者は153名であり，その主張態度別構成は，急進主義36名（23.5％），中立派19名（12.4％）及び漸進主義派98名（64.1％）である。従って，文献数のみならず，執筆者数の観点から見ても，漸進主義が多数派説であることは揺らがない。

図2.4 基本抽出文献の主張態度別構成

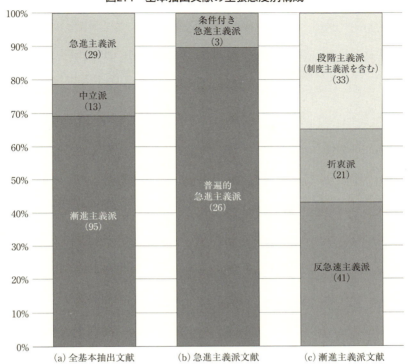

注）図中括弧内の数値は，該当文献数。
出所）筆者作成。

2.4 急進主義対漸進主義論争各派の主張内容

　続く本節では，前節で明らかにした移行戦略論争の全体的構図に準拠しつつ，急進主義対漸進主義論争を構成する各派の代表的な主張内容を概観する。以下では，初めに急進主義派を，続いて漸進主義派を取り上げ，最後に中立派の見解を順次紹介する。

2.4.1 急進主義派

　既述の通り，急進主義派文献の大多数は，その他の選択肢に対する急進主義の優越性を強く訴える普遍的急進主義派の研究業績によって占められている。そこで，まずは普遍的急進主義派の見解をレビューし，次に条件付き急進主義派に目を転じ

る。

（1）普遍的急進主義派

　普遍的急進主義派に属する初期の研究は，中東欧諸国における社会主義体制内改革の試みを踏まえて，改革の時間的速度を重視するものが多数を占めており，その勢いは，後の研究動向にも大きな影響を及ぼした。例えば，ベルリンの壁崩壊直後に発表された Lipton and Sachs（1990）は，速度こそが体制転換における最も重要な改革要素であると主張し，西側諸国における急進主義派の牽引役となった。一方，Murphy et al.（1992）は，部分的（従って漸進主義的）改革は，既存の経済システムを容易に破壊する一方，効率的な市場の形成に至ることは困難で，その結果として生産の大幅な低下を招きかねないと述べて，改革措置の包括的実施を訴えた。また，Brada（1993）は，急速な改革は，旧共産主義諸国に利益をもたらすと述べる一方，漸進主義派の主張は，中東欧諸国の歴史や現状に照らし合わせて妥当ではない上，民主主義体制とも不整合であるとの批判を展開した。更に，Balcerowicz and Gelb（1995）は，急進主義的な自由化政策やマクロ経済安定化策が最もリスクが低く，なおかつ中期的に見ても，改革や生産の妨げにならない戦略であるとして，急進主義的改革方針に積極的な意義を付与した。

　その後，これら普遍的急進主義派の主張は，中東欧・旧ソ連各国が辿った体制転換プロセスの実際や事後的な経済成果に基づいて，急進主義をより積極的に評価・正当化する傾向が強まる。例えば，Lavigne（2000）は，1990年代の改革実績を回顧してみれば，急進主義的移行戦略は概ね正しかったとの総括を行っているし，また，急進主義派の旗手を自認する Åslund（2007）は，移行諸国の失敗，とりわけロシアにおける経済的混乱は，政府による改革実施の中途半端さがその原因であり，急進主義的移行戦略そのものではないと述べて，漸進主義派からの批判に鋭く反論している。更に，その2年後に発表された Åslund（2009）では，ロシアは政治的には失敗したかもしれないが，経済改革には一定の成功を収めたとの認識を示した上で，後者の原因をショック療法の正しさに求めている。

　なお，2.2節で述べた通り，移行戦略論争において，本格的な実証分析を伴う文献の数は非常に限られており，更にその大多数は，この普遍的急進主義派に属する。その代表例である Sachs（1996）は，移行国25カ国の1995年のクロスセクション・データを用いた回帰分析から，自由化の進展度と経済成長の間に正の相関関係を見出し，この実証結果を以て，急進主義に軍配を上げている。また，de Melo et al.（1996）及びその続編である de Melo et al.（2001）も，東アジア諸国を一部に含む移行28カ国を対象とした1990年代前半のマクロ経済データを用いて，自由化の速度

と経済成長との間に正の相関関係が成立することを実証することで，急進主義的改革路線にお墨付きを与えている。その他 Selowsky and Martin（1997）や Berg et al.（1999）等も，Sachs（1996）や de Melo et al.（1996, 2001）に類似する分析結果を提出して，急進主義に対する自らの支持を実証的に裏付けている。

（2）条件付き急進主義派

　急進主義派の中にも，迅速かつ全面的な移行戦略の適用に対して，やや慎重な意見を表明する研究者が，ごく一部ではあるが存在する。例えば Klaus（1993）は，制度及びその他の環境と政策の整合性が満たされるその限りにおいて，急進主義は常に推奨されるとの主張態度を示している。また，Balcerowicz（1994）も，急進主義を実行する条件が最低限揃う限りは，改革の不可逆性を担保するために，急進主義的改革が優先されるべきだとの意見を述べている[14]。改革理念としての急進主義が，漸進主義に優越すると考える点では，これら条件付き急進主義派は，普遍的急進主義派と本質的に同じ主張態度を保ってはいるものの，両派の間には明らかな温度差が存在するのもまた事実である。

2.4.2　漸進主義派

　以上の一枚岩的な急進主義派に真っ向から対立する漸進主義派の論陣は，急進主義批判の基本的論法に応じて，反急速主義派，制度主義派を含む段階主義派及び折衷派に三分される。以下では，これら3派の主張内容を，順を追って紹介する。

（1）反急速主義派

　反急速主義派の議論の推移は，上述した普遍的急進主義派の「写し鏡」ともいえる様相を呈している。即ち，論争初期の段階では，経済理論的な観点に基づいて漸進主義の妥当性を訴える傾向があり，その後は，中東欧・旧ソ連諸国や中国の構造改革や社会・経済情勢の実際を，正当化の根拠に用いるという流れである。

　論争初期に，反急速主義の代表的見解を表明したのは Murrell（1992a, 1992b）である。Murrell（1992a）において，彼は，国有企業の急激な改革は，かえって移行国市民の起業を阻害する恐れが高いと指摘して，より緩やかな速度での企業改革の遂行を提唱した。一方の Murrell（1992b）では，中東欧諸国における改革の成

14）この Balcerowicz（1994）や先出の Balcerowicz and Gelb（1995）の様に，共著者の存在や発表時期の違い等を反映して，同一の執筆者が，異なる派に同時に登場するケースも，極めて僅かではあるが存在する。但し，普遍的急進主義派と反急速主義派の様に，主張態度が極端に相違する派に同時に属する執筆者は一例も見出せなかった。

第Ⅰ部　計画経済の破綻と市場経済への移行戦略

功例は，時間をかけた小さい変化の積み重ねによって形作られた制度にその多くを見出すことができると指摘し，反急速的漸進主義の正当性を訴えている。この他，1990年代には，社会変化は元来漸進的なものであって，いかなる手段を以てしても加速化することは不可能であるが故に，移行戦略も自ずと漸進的でなければならないと論じた Etzioni（1992）や，同論文と主張態度を一にする論文が，Bhagwati（1994），Gel'vanovskii（1994）及び Dehejia（1996）等，枚挙の暇なく発表された。

　その後，反急速主義派の論理構成は，普遍的急進主義派がそうであった様に，移行諸国の事後的な改革実績や経済成果に依拠する傾向が漸次強まっていった。とりわけ，反急速主義派が，漸進主義を正当化する根拠として頻繁に持ち出したのが，中国の成功やロシアの悲惨な経済実態である。Blanchard and Kremer（1997）が，その代表作の一つであることに異論の余地はないだろう。漸進主義派を勢いづかせたこの大変有名な論文の中で，この論文の筆者らは，中国では，低い工業化度，共産党権力の温存及び地方分権型の開発体制といった諸条件に加えて，時間を十分にかけた漸進主義的改革が，彼らの言う「無秩序」（disorganization）の効果的な回避に寄与したと結論している。他方，ロシアについては，King（2002）が，有望な投資家が見つかるまで私有化政策を延期したポーランドと対比させつつ，ロシアは，拙速な私有化を強行したことで，企業経営に激しい歪みが生じ，それが，この国の経済危機を深刻化させたと述べて，反急速主義的視点に立った急進主義批判を展開している。Rosefielde（2001），Molchanov（2005），Zweynert（2006），Rozzelle and Swinnen（2009）等，Blanchard and Kremer（1997）や King（2002）に連なる主張態度を表明した文献は，2000年代に数多く見られる。

　以上の通り，反急速主義派の議論は実に旺盛であるが，反面，その主張内容の実証的な裏付けを本格的に試みた文献は，大変限定的である。移行23カ国の1995～2002年のパネルデータを用いた実証分析の結果を踏まえて，急進主義的な「荒々しい」改革によって引き起こされたと考えられる移行特有の不確実性（transition-specific uncertainty）が，移行諸国の経済成長を大いに阻害した可能性が高いことを示唆した Sušjan and Redek（2008）は，反急速主義派の貴重な実証研究である。

（2）段階主義派・制度主義派

　反急速主義と共に，段階主義に基づく主張も論争初期から盛んであった。この時期を代表する文献は，Van Brabant（1993, 1994a, 1994b）である。彼は，急速な改革を全面的に否定こそしないものの，主要な市場経済化政策の中でも，いの一番に着手すべきは安定化政策であると主張したり，逆に，貿易自由化や不良債権処理は，然るべき政策順序を以て段階的に処置すべきであると述べる等，一貫して政策順序

の重要性を強調している。同様に，Lian and Wei（1998）も，急進主義派が唱道するビッグ・バン戦略よりも，部分的改革の方が望ましく，その連続である漸進主義は，移行戦略としてより優れていると結んでいる。また，その後は，ルーマニア鉄鋼産業を題材に，私有化に前後して，国有企業の大規模なリストラをほぼ同時に実行したことが，後に大きな問題を生み出したと指摘する Calcagno et al.（2006）や，スロベニアにおける通貨統合策と反インフレ政策の段階的アプローチを高く評価した Minniti and Polutnik（2007）等の国別研究が，段階主義に基礎付けられた改革路線に積極的な評価を与える文献として次々に発表された。

　他方，制度構築を，移行戦略の最優先課題と見なす制度主義派の初期的研究に，Hecht（1994）がある。同論文は，旧社会主義諸国の構造改革は，財産権の確立や法の支配等にもっと注力すべきであったと述べて，制度の役割を軽視する急進主義派に厳しい批判を向けている。中国の経験を念頭に置く Liew（1995）も，改革推進のためには，一定水準の指導力を具えた中央集権国家を含む強靭な制度の優先的な確保が必要だとしている。その後も，Noman（1999）が，経済自由化の結果生じる所得格差や資本逃避などの副作用を効果的に回避・緩和するためには，強い制度の存在がなによりも重要であると述べているし，Coyne and Boettke（2006）は，改革速度の調整よりも，むしろ異なる制度間の整合性を維持することの方が，改革の成功には肝要だと指摘する等，その文脈こそ異なれど，制度構築のその他改革措置に対する優先性を説く論考が，この派に属する研究者から相次いで提示された。

　このような制度主義派の立場を，最も熱心かつ首尾一貫して代弁してきたのが，Popov（2000a, 2000b, 2007, 2009, 2012）である。移行戦略論争の牽引者の一人でもある彼は，移行国の失敗の 9 割は，自由化政策そのものではなく，強い制度の維持に失敗した故であると指摘したり（Popov, 2000b），経済成長に必要なものは，なによりもまず強力な制度の創出と保全であると論じる等（Popov, 2009），独自の実証研究（Popov, 2000a, 2007, 2012）も交えて，体制転換プロセスにおける制度の重要性を繰り返し訴えた人物である。2.2節でも言及した通り，米国や西欧の研究者が主導する国際的論壇において，ロシア人研究者であるウラジミール・ポポフは，制度主義派における最右翼の論客として，実に異彩を放った存在である[15]。

（3）折衷派

　漸進主義支持の論拠として，時間的速度と政策順序を共に重視する研究者も少な

15）但し，同氏の活動拠点は，オタワ市に所在する Carleton 大学の欧州・ロシア・ユーラシア研究所や国際連合である。

くない。論争初期におけるその代表的文献は，Dewatripont and Roland（1992a，1992b，1995）である。1992年に発表された2つの論文で，彼らは，改革の財政コストを重視するならば，慎重かつ順を追った漸進的な改革が最適な方法であるとの主張を展開し，次いで1995年の論文では，政策順序は国民の支持が得られるものでなければならないとの条件を付けながらも，急速かつ全面的な市場経済化政策よりも，緩やかで段階的な改革措置の方が，開始準備がより容易な上，投資成果もより早く得られると述べている。また，ほぼ同時期に発表された Aghion and Blanchard（1994）も，改革を加速させるのは現実的に困難であるし，望ましくもないと述べた上，様々な改革措置の中でも，雇用の創造がなによりも優先されるべきであると論じて，移行戦略の時間的速度と政策順序の双方に等しく配慮した政策勧告を行っている。

　折衷派は，ノーベル賞経済学者の存在感が際立つ研究者集団でもある。新制度派経済学の重鎮であった North（1994）は，経済システムにおける非公式制度（規範）の重要性と制度変化の長期性という観点から，非対称情報の経済学を切り開いた Stiglitz（1999）は，急進主義派の多くが依拠する新古典派モデルの非現実性を限定合理性の視点から痛烈に批判することによって，更に，社会選択理論の主峰として知られた Arrow（2000）は，価格や市場の働きを旧社会主義国市民が認知・理解することの困難性に我々の目を向けることによって，それぞれが急速かつ全方位的な構造改革に対する，反急速的・段階的移行戦略の徳を説いてみせたのである。これら世界的に著名な経済学者の参戦が，研究者世界にもたらした衝撃は計り知れず，その後の移行戦略論争の方向性や各派の勢力図に大きな影響を及ぼした。

　これら有力経済学者の著作と共に，折衷派の見解を強く後押しした文献が，Marangos（2003，2004a，2004b，2006）による一群の研究成果に他ならない。彼は，これらの論文の中で，折に触れて時間的速度の重要性に触れており，なおかつ研究が進展するにつれて，政策順序に関する示唆も増えている。また近年は，漸進主義の必要性を説くに止まらず，旧社会主義諸国は，ポスト・ケインジアン的・社会市場主義的経済体制を目指すべきであると主張して，そのための具体的な政策内容や実施順序を精力的に論じている。

2.4.3　中立派

　本節の最後に，中立派の見解を短く紹介しておこう。漸進主義派と同様，中立派には中国の改革実績や経済成果に依拠した論文が少なからず存在するが，その代表的文献の一つが McMillan and Naughton（1992）である。彼らは，中国の経験は，急進主義路線を否定するものでもなければ，漸進主義に基づいた段階的改革を完全

に正当化するものでもないと述べると共に，中国の改革・開放策は，様々な側面で成功を収めてはいるが，同時に問題が多いのも事実だと認めることで，急進主義にも漸進主義にも偏らない改革戦略論を披露している。また，Islam（1993）は，経済領域毎に政策効果が顕在化する時間的スパンが異なることに考慮して改革速度は論じられるべきであり，政策順序もまた然りだと述べることで，急進主義と漸進主義いずれをも可能な選択肢とする態度を打ち出している。

　中立派には，体制転換の成功裡の推進には，戦略的柔軟性こそが重要だと主張する文献も幾つか含まれている。例えば，Fan（1994）は，急進主義的改革と漸進主義的改革は，どちらが優れていると云う訳でなく，それぞれが与えられた条件下での最適解であると述べている。また，移行戦略は，時間の経過と共に柔軟に切り替えることが肝要だとする主張もある。その典型例は，Papapanagos and Sanfey（2003）であり，彼らは，独自の数理モデルを開発しつつ，労働力の再配分は，改革初期は漸進的に行う方が良いが，長期的には急進的な労働市場改革がより望ましく，できるだけ早期の切り替えが求められるとの見解を打ち出している。この通り，急進主義派と漸進主義派を架橋する中立派は，極めて少数派ではあるものの，移行戦略論争の融和的な収束に向けて，傾聴に値する意見を提示している。

2.5　主張態度と文献属性の相関関係

　以上の検討を通じて，基本抽出文献の属性と主張態度の全体像が明らかとなった。そこで本節では，これら2つの要素の相関関係を，統計的・計量的手法を用いて分析する。即ち，以下では，始めにクロス表に基づく両者間の独立性に関する統計的検定を試み，次に主張態度を従属変数，文献属性を独立変数とする質的選択モデルの回帰推定を行う。

　表2.1は，主張態度と文献属性のクロス表である。その表頭には，2.3節で明らかにした移行戦略論争の全体的構図に準拠して，急進主義派，中立派及び漸進主義派という3つのカテゴリーに加えて，急進主義派と漸進主義派を更に分かつ下位5カテゴリーにも対応した主張態度区分が設けられている。一方，表側には，2.2節で言及した計14種類の文献属性が示されているが，先の図2.2とは異なり，このクロス表では，研究対象地域と研究対象政策分野の内訳がより細分化されている。主張態度と文献属性の独立性を，急進主義派，中立派及び漸進主義派から成る3カテゴリーに基づく検定に加えて（統計的検定Ⅰ），急進主義派と漸進主義派の下位5カテゴリーに中立派を加えた6カテゴリーでも検定した（統計的検定Ⅱ）。表2.1には，独立性のカイ二乗検定値と共に，両者間の関連度を表すクラメールの連関係

第Ⅰ部　計画経済の破綻と市場経済への移行戦略

表2.1　主張態度と文献属性のクロス表分析

	急進主義派			中立派	漸進主義派				合計	統計的検定 I [1] 上段:独立性の検定 [3] 下段:クラメールの連関係数	統計的検定 II [2] 上段:独立性の検定 [3] 下段:クラメールの連関係数
	急進主義派全文献 (1)	普遍的急進主義派 (1a)	条件付き急進主義派 (1b)	(2)	漸進主義派全文献 (3)	反急進主義派 (3a)	折衷派 (3b)	段階主義派 (3c)			
(a) 執筆者所属機関											
大学・学術研究機関職員執筆者数	24	22	2	20	116	48	26	42	160		
シンクタンク職員執筆者数	6	6	0	1	4	3	0	1	11		
IMF・世界銀行職員執筆者数	14	14	0	1	1	0	1	0	16		
その他国際機関職員執筆者数	1	1	0	1	4	0	0	4	6		
その他所属機関職員執筆者数	2	1	1	0	1	1	0	0	3	51.882***	83.510***
合計	47	44	3	23	126	52	27	47	196	0.364	0.326
(b) 執筆者所属機関所在地											
北米・西欧所在機関執筆者数	38	38	0	15	99	43	24	32	152		
中東欧所在機関執筆者数	7	5	2	6	7	3	0	4	20		
旧ソ連圏所在機関執筆者数	2	1	1	1	6	1	0	5	9		
アジア・オセアニア所在機関執筆者数	0	0	0	1	14	5	3	6	15	15.818**	41.310***
合計	47	44	3	23	126	52	27	47	196	0.201	0.265
(c) 執筆者論文初発表年代中央値											
1960 年代以前	0	0	0	1	4	1	3	0	5		
1970 年代	7	7	0	5	22	8	4	10	34		
1980 年代	13	12	1	2	15	7	5	3	30		
1990 年代	6	4	2	4	39	20	7	12	49		
2000 年代以降	3	3	0	1	15	5	2	8	19	15.188*	32.487**
合計	29	26	3	13	95	41	21	33	137	0.235	0.243
(d) 女性執筆者									0		
含む	6	6	0	3	8	5	1	2	17		
含まない	23	20	3	10	87	36	20	31	120	4.581	6.864
合計	29	26	3	13	95	41	21	33	137	0.183	0.224
(e) 著名経済学者執筆者											
含む	7	7	0	3	18	6	8	4	28		
含まない	22	19	3	10	77	35	13	29	109	0.430	7.778
合計	29	26	3	13	95	41	21	33	137	0.056	0.238
(f) 研究対象地域											
移行国全般及び非地域研究	23	20	3	8	69	29	15	25	100		
旧ソ連圏国家横断研究	0	0	0	0	2	1	1	0	2		
中国研究	0	0	0	3	4	1	2	1	7		
キューバ研究	0	0	0	0	1	0	0	1	1		
チェコ・チェコスロバキア研究	0	0	0	0	2	1	1	0	2		
ハンガリー研究	0	0	0	0	1	1	0	0	1		
ポーランド研究	2	2	0	0	0	0	0	0	2		
南東欧特定国研究	0	0	0	1	6	1	0	5	7		
ロシア研究	4	4	0	1	7	4	2	1	12		
ウズベキスタン研究	0	0	0	0	3	3	0	0	3	24.655	51.617
合計	29	26	3	13	95	41	21	33	137	0.300	0.275
(g) 研究対象政策分野											
移行政策一般論他	26	24	2	12	81	36	19	26	119		
経済自由化研究	2	1	1	0	0	0	0	0	2		
マクロ経済安定化研究	1	1	0	0	5	2	1	2	6		
私有化政策研究	0	0	0	1	4	2	0	2	5		
企業改革・企業再建研究	0	0	0	0	5	1	1	3	5	12.276	32.534**
合計	29	26	3	13	95	41	21	33	137	0.212	0.244
(h) 学術プロジェクト研究成果											
プロジェクト研究成果	1	0	1	3	11	5	3	3	15		
その他	28	26	2	10	84	36	18	30	122	3.673	7.122
合計	29	26	3	13	95	41	21	33	137	0.164	0.228

第２講　移行戦略論争：漸進主義対急進主義

	急進主義派			中立派 (2)	漸進主義派				合計	統計的検定 I [1] 上段：独立性の検定 [3] 下段：クラメールの連関係数	統計的検定 II [2] 上段：独立性の検定 [3] 下段：クラメールの連関係数
	急進主義派全文献 (1)	普遍的急進主義派 (1a)	条件付き急進主義派 (1b)		漸進主義派全文献 (3)	反急進派 (3a)	折衷派 (3b)	段階主義派 (3c)			
(i) 数理経済学研究											
数理経済学研究	4	3	1	3	16	9	6	1	23		
その他	25	23	2	10	79	32	15	32	114	0.554	8.810
合計	29	26	3	13	95	41	21	33	137	0.064	0.254
(j) 実証的検証度											
本格的計量分析	10	10	0	1	4	2	0	2	15		
数量的分析	5	5	0	2	24	11	7	6	31		
実証的裏付け無し	14	11	3	10	67	28	14	25	91	21.594***	29.069***
合計	29	26	3	13	95	41	21	33	137	0.281	0.326
(k) 発表媒体種類											
学術図書	1	1	0	0	3	0	1	2	4		
学術図書所収論文	1	1	0	1	4	2	2	0	6		
雑誌論文	23	20	3	12	88	39	18	31	123		
未刊行文献	4	4	0	0	0	0	0	0	4	16.161**	24.144*
合計	29	26	3	13	95	41	21	33	137	0.243	0.242
(l) 発表媒体専門分野											
経済学関係媒体	22	20	2	12	74	33	17	24	108		
経営学関係媒体	1	1	0	0	4	0	0	4	5		
社会学関係媒体	3	3	0	0	5	1	1	3	8		
政治学関係媒体	2	1	1	0	2	2	0	0	4		
国際関係関係媒体	1	1	0	1	4	2	0	2	6		
地域研究関係媒体	0	0	0	0	6	3	3	0	6	7.932	36.224*
合計	29	26	3	13	95	41	21	33	137	0.170	0.230
(m) 論文発表年											
1989～1993年	5	3	2	3	10	6	3	1	18		
1994～1998年	8	7	1	4	16	6	3	7	28		
1999～2003年	6	6	0	2	27	13	8	6	35		
2004～2008年	3	3	0	2	24	10	4	10	29		
2009～2014年	7	7	0	2	18	6	3	9	27	7.951	23.452
合計	29	26	3	13	95	41	21	33	137	0.170	0.207
(n) 研究水準 [4]											
1～2段階	13	12	1	3	37	10	8	19	53		
3～5段階	2	2	0	2	30	15	4	11	34		
6～8段階	5	4	1	4	20	14	4	2	29		
9～10段階	9	8	1	4	8	2	5	1	21	17.496***	36.159***
合計	29	26	3	13	95	41	21	33	137	0.253	0.297

注１）検定対象カテゴリーは，(1)，(2)及び(3)。
　２）検定対象カテゴリーは，(1a)，(1b)，(2)，(3a)，(3b)及び(3c)。
　３）***：独立性の検定値が，1％水準で統計的に有意，**：5％水準で有意，*：10％水準で有意。
　４）評価方法の詳細は，本書序論を参照。
出所）筆者作成。

数[16]も報告している。

　その結果によれば，執筆者の所属機関，同所在地及び論文初発表年代中央値，実証的検証度，発表媒体の種類及び研究水準は，３大カテゴリーでも，下位６カテゴ

---

16) クラメールのV（Cramér's V）ともいう。同係数は，0から1までの値を取り，1に近いほど両者の連関は強いと判断される。

表2.2 順序プロビット回帰分析に用いる変数のタイプと記述統計量及び従属変数と各独立変数の相関係数

変数グループ	変数名	変数タイプ[1]	記述統計量					急進主義支持度との相関係数[2]	段階主義強調度との相関係数[2]
			平均	標準偏差	中央値	最大値	最小値		
主張態度	従属変数								
	急進主義支持度[3]	O	0.708	1.183	0	3	0	-	-
	段階主義強調度[4]	O	0.916	0.883	1	2	0	-	-
執筆者属性	執筆者所属機関								
	シンクタンク職員執筆者比率	C	0.077	0.265	0	1	0	0.237***	-0.099
	IMF・世界銀行職員執筆者比率	C	0.040	0.188	0	1	0	0.309***	0.010
	その他国際機関職員執筆者比率	C	0.040	0.188	0	1	0	-0.013	0.259**
	その他所属機関職員執筆者比率	C	0.013	0.100	0	1	0	0.125	-0.108
	執筆者所属機関所在地								
	北米・西欧所在機関執筆者比率	C	0.756	0.421	1	1	0	-0.009	-0.167
	中東欧所在機関執筆者比率	C	0.094	0.287	0	1	0	0.158*	0.156
	旧ソ連圏所在機関執筆者比率	C	0.056	0.227	0	1	0	0.003	0.201*
	その他執筆者属性								
	執筆者論文初発表年中央値[5]	C	1987.940	11.201	1990	2008.5	1951	-0.083	-0.023
	女性執筆者比率	C	0.082	0.245	0	1	0	0.088	-0.099
	著名経済学者執筆者[6]	D	0.195	0.397	0	1	0	0.064	-0.015
研究属性	研究対象地域								
	旧ソ連圏国家横断研究	D	0.020	0.141	0	1	0	-0.073	-0.069
	中国研究	D	0.054	0.226	0	1	0	-0.055	0.020
	キューバ研究	D	0.007	0.082	0	1	0	-0.052	0.127
	チェコ・チェコスロバキア研究	D	0.020	0.141	0	1	0	-0.073	-0.069
	ハンガリー研究	D	0.007	0.082	0	1	0	-0.052	-0.108
	ポーランド研究	D	0.013	0.115	0	1	0	0.237***	-
	南東欧特定国研究	D	0.047	0.212	0	1	0	-0.111	0.222**
	ロシア研究	D	0.094	0.293	0	1	0	0.099	-0.111
	ウズベキスタン研究	D	0.027	0.162	0	1	0	-0.090	-0.188*
	研究対象政策分野								
	経済自由化研究	D	0.013	0.115	0	1	0	0.185**	-
	マクロ経済安定化研究	D	0.040	0.197	0	1	0	-0.038	0.023
	私有化政策研究	D	0.040	0.197	0	1	0	-0.084	0.020
	企業改革・企業再建研究	D	0.034	0.181	0	1	0	-0.117	0.130
	その他研究属性								
	学術プロジェクト研究成果	D	0.114	0.319	0	1	0	-0.112	-0.040
	数理経済学研究	D	0.154	0.363	0	1	0	-0.038	-0.213**
	実証的検証度[7]	O	0.463	0.683	0	2	0	0.325***	-0.050
発表媒体属性	発表媒体種類								
	学術図書	D	0.027	0.162	0	1	0	0.006	0.154
	学術図書所収論文	D	0.040	0.197	0	1	0	-0.008	-0.099
	未刊行文献	D	0.027	0.162	0	1	0	0.337***	-
	発表媒体専門分野								
	経営学関係媒体	D	0.040	0.197	0	1	0	-0.018	0.259**
	社会学関係媒体	D	0.054	0.226	0	1	0	0.088	0.130
	政治学関係媒体	D	0.027	0.162	0	1	0	0.080	-0.153
	国際関係論関係媒体	D	0.040	0.197	0	1	0	-0.008	0.020
	地域研究関係媒体	D	0.040	0.197	0	1	0	-0.129	-0.123
	その他発表媒体属性								
	論文発表年	C	2001.738	6.499	2002	2014	1989	-0.071	0.147
	研究水準[8]	O	4.020	3.332	4	9	0	0.097	-0.200*

注 1) 各記号の意味は次の通り。C：連続変数，D：ダミー変数，O：順序変数。
2) ***：相関係数が 1 ％水準で統計的に有意，**： 5 ％水準で有意，*：10％水準で有意。
3) 漸進主義派＝ 0 ，中立派＝ 1 ，条件付き急進主義支持派＝ 2 ，普遍的急進主義派＝ 3 とする順序変数。
4) 反急進主義派＝ 0 ，折衷派＝ 1 ，段階主義派＝ 2 とする順序変数。

第2講　移行戦略論争：漸進主義対急進主義

5）ProQuestデータベースに登録された該当執筆者の研究業績の内，最も古い発表年を意味する。
6）執筆者に以下の研究者（括弧内は，Iwasaki and Suzuki (2016) 執筆時に確認できた職名と所属先）が含まれている場合に1の値を取る。Anders Åslund (Senior Fellow, Peterson Institute), Kenneth J. Arrow (Emeritus Professor, Stanford University), Jagdish Bhagwati (Professor, Columbia University), Olivier Blanchard (Professor, Massachusetts Institute of Technology; Economic Counsellor, IMF), Martha de Melo (Former Chief Economist, World Bank), Mathian Dewatripont (Extraordinary Professor, Université libre de Bruxelles; Director, National Bank of Belgium), Stanley Fischer (Vice-Chairman, US Federal Reserve System), Alan Gelb (Senior Fellow, Center for Global Development), Marie Lavigne (Senior Fellow, Institute of Mathematical Sciences and Applied Economics), John McMillan (Professor, Stanford University), Peter Murrell (Mancur Olson Professor, University of Maryland), Douglass C. North (Spencer T. Olin Professor, Washington University; Bartlett Burnap Senior Fellow, Hoover Institution, Stanford University), Vladimir Popov (Adjunct Research Professor, Carleton University at Ottawa; Interregional Advisor, United Nations), Gérard Roland (E. Morris Cox Professor, University of California at Berkeley), Jeffrey Sachs (Director of the Earth Institute, Columbia University), Andrei Shleifer (Professor, Harvard University), Joseph E. Stiglitz (Professor, Columbia University)。
7）本格的な計量分析を行っている文献に2，数量的な分析を行っている文献に1，それ以外の文献に0を与える変数。
8）発表媒体の学術的クオリティに関する筆者独自の10段階評価。評価方法の詳細は，本書序論を参照。
出所）筆者作成。

リー間の比較においても，これらの属性と主張態度は相互に独立しているという帰無仮説が，10%以下の水準で統計的に有意に棄却されている。更に，下位6カテゴリー間の検定では，研究対象政策分野及び発表媒体専門分野について，主張態度との独立性が有意に棄却された。この通り，移行戦略論争における主張態度の相違性は，多くの文献属性と有意に連関しているが，クラメールの連関係数によれば，その相関度は異なる文献属性間で大きな違いは認められない。

　続いて，個々の文献属性が，他の属性を同時的に制御した上でも，主張態度と有意に相関するか否かを検証するために，質的選択モデルの回帰推定を行う。2.3節で解説した通り，急進主義派との対立軸として，政策順序の重要性を前面に打ち出す段階主義派の主張態度は，反急速主義派との比較において，漸進主義支持の論拠が理論的により明快である。従って，漸進主義論者の手になる先行研究の中でも，如何なる属性を有する文献において，段階主義がより強調される傾向にあるのかを検証することは，急進主義の強調度と文献属性の相関関係に関するそれと共に，極めて重要な分析視角であろう。そこで，本講義では，回帰モデルの従属変数として，普遍的急進主義派と漸進主義派を両極とする急進主義支持の4段階評価及び漸進主義派文献を対象とした段階主義強調度の3段階評価という2種類の変数を用いる。

　一方，独立変数には，先述したクロス表の文献属性項目に対応して，執筆者属性10種類，研究属性16種類及び発表媒体属性10種類から成る合計36種類の変数を採用する。表2.2には，推定に用いる変数のタイプ，記述統計量及び従属変数と各独立変数の相関係数が報告されている。同表の通り，急進主義支持度及び段階主義強調度共に，7種類の変数が従属変数と有意に相関している。しかし，有意な独立変数の組み合わせは，両者間で全く異なっている。

　表2.3には，急進主義支持度又は段階主義強調度を従属変数とする順序プロビット回帰モデルの推定結果が報告されている。標準誤差の推定には，分散不均一性の下でも一致性のある Huber-White のサンドイッチ推定量を適用した。また，報告モデルは，赤池の情報量規準（AIC）及びベイジアン情報量規準（BIC）の観点か

第Ⅰ部　計画経済の破綻と市場経済への移行戦略

表2.3　主張態度と文献属性の相関関係に関する順序プロビット回帰モデルの推定結果[1)]

モデル	[1]	[2]
従属変数	急進主義支持度	段階主義強調度
分析対象文献	全文献	漸進主義派文献
執筆者所属機関（大学・学術研究機関職員執筆者比率）		
シンクタンク職員執筆者比率	1.480**	-0.916
IMF・世界銀行職員執筆者比率	5.448***	5.898***
その他国際機関職員執筆者比率	0.380	6.352***
その他所属機関職員執筆者比率	0.004	-11.198***
執筆者所属機関所在地（アジア・オセアニア所在機関執筆者比率）		
北米・西欧所在機関執筆者比率	2.413***	-0.222
中東欧所在機関執筆者比率	3.282***	1.242
旧ソ連圏所在機関執筆者比率	2.633**	1.217
その他執筆者属性		
執筆者論文初発表年中央値	-0.035**	-0.005
女性執筆者比率	0.596	-2.128
著名経済学者執筆者	-1.514***	0.844
研究対象地域（移行国全般及び非地域研究）		
旧ソ連圏国家横断研究	-10.187***	-5.366***
中国研究	2.135***	0.333
キューバ研究	-6.845***	8.373***
チェコ・チェコスロバキア研究	-2.843***	-0.111
ハンガリー研究	-6.625***	-5.526***
ポーランド研究	10.477***	–
南東欧特定国研究	-0.798	2.651**
ロシア研究	-0.014	-0.736
ウズベキスタン研究	-5.822***	-5.838***
研究対象政策分野（移行政策一般論他）		
経済自由化研究	2.075**	–
マクロ経済安定化研究	-5.770***	0.376
私有化政策研究	-0.559	-2.375**
企業改革・企業再建研究	-7.056***	0.238
その他研究属性		
学術プロジェクト研究成果	-0.359	-0.291
数理経済学研究	0.315	-0.207
実証的検証度	1.044***	-0.388
発表媒体種類（雑誌論文）		
学術図書	1.993*	1.334*
学術図書所収論文	1.678**	-0.766
未刊行文献	12.082***	–
発表媒体専門分野（経済学関係媒体）		
経営学関係媒体	-3.446***	7.663***
社会学関係媒体	2.326***	0.558
政治学関係媒体	2.820***	-6.269***
国際関係論関係媒体	0.337	2.531**
地域研究関係媒体	-5.801***	0.220
その他発表媒体属性		
論文発表年	0.037	0.043
研究水準	0.265***	-0.034

第2講　移行戦略論争：漸進主義対急進主義

N	137	95
Log pseudolikelihood	-67.145	-67.771
Pseudo R^2	0.441	0.329
赤池情報量規準（AIC）	212.290	203.543
ベイジアン情報量規準（BIC）	326.170	290.375
Wald検定（χ^2）[2]	3256.840	3520.210

注1）推定に用いた変数の定義及び記述統計量は，表2.2を参照。Huber-White のサンドイッチ推定量
　　を用いた頑健標準誤差に基づく回帰係数の有意性に関する統計検定により，***：1％水準で有
　　意，**：5％水準で有意，*：10％水準で有意。
　2）帰無仮説：全ての変数がゼロ。
出所）筆者推定。

　ら，最も望ましいものを選択した[17]。

　モデル［1］の推定結果から，急進主義支持度と文献属性の間に，次のような相
関関係の存在を認めることができる。即ち，執筆者属性との関係については，市場
経済を目指す移行戦略の望ましい姿として，急進主義的アプローチを支持する傾向
は，大学や学術研究機関に勤務する執筆者よりも，シンクタンクや IMF 及び世界
銀行に籍を置く執筆者の方がより強い。同様に，アジア・オセアニアを拠点とする
執筆者よりも，他地域で活動する執筆者の方が，急進主義的移行戦略により高い評
価を与える傾向がある。更に，執筆者の論題デビューが最近であればあるほど，ま
た，著名経済学者が執筆陣に加わると，急進主義への支持度が大きく後退すること
も合わせて確認することができる[18]。

　研究属性との関係では，移行国全般ないし研究地域の特定無く移行戦略論を議論
する文献との比較において，旧ソ連圏，キューバ，チェコ又はチェコスロバキア，
ハンガリー及びウズベキスタンを研究対象として明示的に取り上げた文献は，急進
主義に対してより否定的な主張態度を表明する傾向があるのに対して，中国やポー
ランドの経験や事例に基づいて移行戦略を論じる文献では，逆に急進主義を支持す
る程度が強まることが分かる[19]。この点に加えて，政策一般論的な文献と比較し
て，経済自由化政策に即して移行戦略の有り方を検討した文献は，急進主義に対し
てより積極的な支持を表明する一方，マクロ経済安定化や企業改革・企業再建問題
を研究対象に取り上げた文献は，急進主義により消極的な姿勢を示していること，
更に，実証的な検証は，急進主義の正当性を裏付ける手段として用いられる頻度が

17）推定結果の頑健性を点検するために，順序ロジット回帰モデルでの推定も試みたが，その結果
　　は，表2.3と大差ないことが確認されている。
18）推測の域を出ないが，ポスト社会主義世代の研究者は，急進主義諸国における改革当初の危機
　　的状況を，社会主義世代の研究者よりも一層深刻に捕えた可能性がある。また，著名研究者は，
　　その社会的評判の高さ故に，極端な言説を差し控える傾向が強いのかもしれない。

91

第Ⅰ部　計画経済の破綻と市場経済への移行戦略

表2.4　漸進主義派文献の主張態度と文献属性の相関関係に関する多項ロジット回帰モデルの推定結果[1]

従属変数（ベースカテゴリーは反急速主義派）	折衷派	段階主義派
執筆者所属機関（大学・学術研究機関職員執筆者比率）		
シンクタンク職員執筆者比率	-20.066***	-15.521***
IMF・世界銀行職員執筆者比率	40.498***	39.107***
その他国際機関職員執筆者比率	0.818	18.760***
その他所属機関職員執筆者比率	-41.185***	-38.354***
執筆者所属機関所在地（アジア・オセアニア所在機関執筆者比率）		
北米・西欧所在機関執筆者比率	-1.164	-0.078
中東欧所在機関執筆者比率	-18.032***	20.074***
旧ソ連圏所在機関執筆者比率	-18.137***	22.985***
その他執筆者属性		
執筆者論文初発表年中央値	-0.056	-0.011
女性執筆者比率	0.523	-123.495***
著名経済学者執筆者	2.006*	0.219
研究対象地域（移行国全般及び非地域研究）		
旧ソ連圏国家横断研究	-18.437***	-20.543***
中国研究	1.983	1.805
キューバ研究	20.423***	85.330***
チェコ・チェコスロバキア研究	1.943	-19.057***
ハンガリー研究	-10.192***	-30.799***
ポーランド研究	–	–
南東欧特定国研究	-18.563***	106.551***
ロシア研究	0.897	-41.326***
ウズベキスタン研究	-21.437***	-18.223***
研究対象政策分野（移行政策一般論他）		
経済自由化研究	–	–
マクロ経済安定化研究	0.691	-17.227***
私有化政策研究	-20.636***	-89.377***
企業改革・企業再建研究	0.545	-16.691***
その他研究属性		
学術プロジェクト研究成果	-0.540	0.132
数理経済学研究	0.619	-1.210
実証的検証度	-0.315	-0.053
発表媒体種類（雑誌論文）		
学術図書	20.671***	20.477***
学術図書所収論文	-0.029	-18.661***
未刊行文献	–	–
発表媒体専門分野（経済学関係媒体）		
経営学関係媒体	0.099	159.579***
社会学関係媒体	0.505	25.785***

---

19)　研究対象地域と主張態度の間の緊密な相関関係を示すこの推定結果は，急進主義と漸進主義各々の陣営が，自身の主張にとって有利な研究対象地域や国を，意図的に選択している可能性を強く示唆している。他方，漸進主義諸国の筆頭と見なされている中国が，急進主義移行戦略を支持する研究材料として取り上げられる傾向が強いことを示唆する推定結果は，一見奇妙に思われるが，表2.1のクロス表(f)が示す通り，中立派的な主張態度を表明した３つの文献が，その論拠として同国を取り上げていることが，かかる推定結果が得られた原因だと考えられる。

92

第2講　移行戦略論争：漸進主義対急進主義

政治学関係媒体	-22.084***	-19.072***
国際関係論関係媒体	2.898*	73.404***
地域研究関係媒体	0.913	-18.231***
その他発表媒体属性		
論文発表年	0.124	-0.018
研究水準	0.052	0.033
定数項	-138.221	55.949
N	95	
Log pseudolikelihood	-48.290	
Pseudo R^2	0.522	
赤池情報量規準（AIC）	218.580	
ベイジアン情報量規準（BIC）	374.367	
Wald検定（χ^2）[2]	5506.84***	9579.72***

注1）推定に用いた変数の定義及び記述統計量は，表2.2を参照。Huber-White サンドイッチ推定
　　量を用いた頑健標準誤差に基づく回帰係数の有意性に関する統計検定により，***：1％水準
　　で有意，**：5％水準で有意，*：10％水準で有意。
　　2）帰無仮説：全ての変数がゼロ。
出所）筆者推定。

高いことも，この推定結果から明らかである。

　発表媒体属性と主張態度の相関関係に関しても，興味深い分析結果が得られた。
即ち，急進主義を支持する論調は，雑誌論文よりも，学術図書，学術図書所収論文
及び未刊行文献の中でより頻繁に表明される可能性が高い。また，経済学関係媒体
との比較において，社会学や政治学を専門とする媒体では，急進主義寄りの見解が
より高い確率で発表される一方，逆に，経営学及び地域研究の専門媒体では，急進
主義から距離を置く文献が，経済学関係媒体よりもより高い頻度で登場する。また，
他の条件を一定とすれば，外形標準的に研究水準が高いと見なされる発表媒体には，
急進主義に肯定的な論考がより多く掲載される可能性が高いことも，この推定結果
に表れている。

　続くモデル［2］の推定結果からは，段階主義強調度と文献属性の相関関係につ
いて，特に次の点を指摘することができる。第1に，大学や学術研究機関に属する
執筆者との比較において，漸進主義を支持する国際機関職員は，その論拠として，
改革の性急さが招く問題点よりも，政策順序の重要性により注意を払っている。第
2に，旧ソ連圏，ハンガリー及びウズベキスタンを研究対象国に取り上げた文献は，
段階主義よりもむしろ反急速主義の観点から漸進主義を擁護する傾向が強い一方，
キューバや南東欧の特定国に注目した文献では，その逆に，段階主義的立場から漸
進主義の妥当性を正当化する向きがある。そして第3に，経済学関係媒体と比して，
経営学や国際関係論を専門とする媒体では，政策順序を重要視する議論がより積極
的に主張されるのに対して，政治学関係媒体では，改革推進の時間配分を重点とす

第Ⅰ部　計画経済の破綻と市場経済への移行戦略

る論調がより高い頻度で表明される傾向が強いといえる。

　段階主義強調度と文献属性の相関関係については，反急速主義派文献をベースカテゴリーとする多項選択モデルのロジット推定による解析も試みた。表2.4に，その結果が報告されている。同表から，順序プロビット回帰分析から得られた上述の3点に，次の諸点を加えることができる。即ち，第1に，シンクタンク職員は，段階主義よりも反急速主義を論拠に自らの主張を組み立てる傾向が強い。第2に，中東欧や旧ソ連諸国を活動拠点とする執筆者は，改革の時間配分よりも政策順序の観点から，急速主義を反駁する傾向が顕著である。第3に，漸進主義を支持する女性研究者は，段階主義よりも反急速主義的な論拠を以て論争に臨む向きがあり，改革に伴う社会的混乱を懸念する傾向の強さが読み取れる。第4に，著名経済学者は，折衷派的な主張態度に沿って意見表明する傾向が見て取れる。第5に，個別具体的な政策論を主題とする漸進主義派文献は，政策一般論的な文献よりも，政策遂行の時間的速度をより重視している。第6に，経営学や国際関係論に加えて，社会学関係媒体においても，反急速主義的な文献よりも，段階主義的な主張を展開した文献の掲載確率が高い一方，地域研究関係媒体では，政治学関係媒体と同様に，むしろ逆の相関関係が成立している。以上の6点である。

　この通り，基本抽出文献の主張態度と文献属性の間には，非常に密接な相関関係が成立しており，なおかつ，本節に報告された分析結果は，移行戦略論争の背景像や今日に至る道筋を理解する上で，大変示唆に富んだ事実発見を提示している。

2.6　おわりに：急進主義と漸進主義の二分法を超えて

　市場経済への移行に向けて，旧社会主義諸国が採用すべき改革路線を巡る議論は，中東欧・旧ソ連地域において共産主義が消滅してから四半世紀以上が経過したいまも脈々と続いている。本講義では，その本流である急進主義対漸進主義論争に寄与した先行研究137点の体系的レビューを通じて，同論争の全体像を提示すると共に，これら先行研究の主張態度と文献属性の相関関係を検証した。この結果，急進主義派は，移行戦略の時間的速度及び政策順序という観点から，総じて一枚岩的な主張態度を維持しているのに対して，一方の漸進主義派のそれはより多彩であり，反急速主義，段階主義又は双方を折衷した移行戦略を勧奨する3つの研究者集団の勢力がほぼ拮抗している。更に，段階主義派は，財産権や法の支配を含む制度基盤の構築が，体制転換の如何なる諸策にも優先すると論じる制度主義派を内包しており，その主張内容は，他派よりもより重層的である。また，急進主義対漸進主義論争の枠内には止まりつつも，急進主義からも漸進主義からも一定の距離を置く中立派的

94

な研究者達の存在も確認された。ただし，これら中立派の存在感は薄く，移行経済論争における急進主義派と漸進主義派の対立的構図は極めて鮮明である。

更に，2.5節で行った主張態度と文献属性の相関関係に関するクロス表分析及び質的選択モデルの回帰推定は，移行戦略論争の深層に迫る上で，幾つかの非常に興味深い事実関係を明らかにした。即ち，所属機関，その所在地，研究経験や性別及び研究世界に対する影響力の強さといった執筆者属性は，改革理念としての急進主義支持度及び漸進主義支持派の間の段階主義強調度と密接に相関していることが明らかとなった。また，研究対象地域や政策分野を特定しない一般論的な研究と較べて，特定の国や政策分野に即して移行戦略の有り方を論じた文献は，急進主義及び段階主義のいずれに対しても，より鮮明な主張態度を打ち出す傾向があることが判明した。更に，実証分析は，急進主義を裏付ける手段としてより頻繁に用いられていることも確認された。この通り，執筆者のプロフィールや研究対象及び調査方法の多様さは，過去四半世紀を通じた移行戦略論争の百家争鳴さを醸成した主要な源泉なのである。加えて，発表媒体の種類，専門分野及び外形標準的な研究水準も，特定の主張態度の発表確率と統計的に有意に相関しており，この研究分野に一種の公表バイアスが存在している可能性が示唆された。

急進主義と漸進主義の優劣を競う議論は，以上のような対立構造と研究者勢力及び文献属性との相関関係によって特徴付けられる数多くの研究業績を生み出すことで，移行戦略論争の主潮を形作ると共に，移行経済論という研究領域の創出にも大きな役割を果たした。冷戦体制終結から四半世紀が過ぎて，「体制転換の終焉」を宣言する研究者すらいる昨今（Sonin, 2013），中東欧・旧ソ連諸国の大多数にとって，改革路線の選択がもはや喫緊の戦略的要事でないことを否定するのは難しい。しかし，世界には依然として比較的厳格な社会主義体制を維持する国々が存在し，これらの国々が，近い将来に中東欧や旧ソ連の国々と同様の政治・経済状況に直面しないとも限らない。また，急進主義及び漸進主義という改革理念は，その適応対象を旧社会主義経済に限定するものでは決してなく，世界の様々な開発途上国や，場合によっては，先進諸国の構造改革や経済政策を議論する際にも重要な検討基盤となり得るものである。この意味で，中東欧・旧ソ連諸国及び中国の経験を主な検討材料として発展してきた移行戦略論争は，より一般性の高い経済政策論へと昇華すべく，今後も更に深化し，体系化される必要があると筆者らは確信している。

この目的のために今後研究者が取り組まなければならないと我々が考える研究課題の一つは，実証研究の大幅な拡充である。再び図2.2(c)の通り，基本抽出文献に占める本格的実証研究の比率は，137文献中15点と全体の10.9％に過ぎない。つまり，移行戦略論争は，これまでのところ，他の重大政策研究分野では常識とされる

第Ⅰ部　計画経済の破綻と市場経済への移行戦略

証拠主義とは程遠いスタイルで議論が進んできたといえるのである。実証成果の不足は研究者の裁量や恣意性を許し，ひいては論争の収束を阻む。移行戦略論争は，正にこのような隘路に陥っていると，我々には思われてならない。政策哲学論争という性質上，実証分析に馴染みにくい面があることは筆者らも重々承知しているが，それでもなお工夫の余地はまだまだ大きい[20]。

　移行戦略論争の深化と体系化に資するいま一つの研究課題と考えられるのは，急進主義対漸進主義という伝統的二分法の脱構築に他ならない。急進主義に漸進主義を対置させるこれまでの論争形態は，争点の明確化と理論的考察には有用である半面，移行経済の観察から得られた知見を，この枠組みに無理やり押し込めようとする余り，現実理解が過度に単純化・矮小化される場面も少なくないのである。この弊害は，体制転換プロセスに関する実際的知識やデータが蓄積すればするほど，益々深刻化している感がある。

　この問題の突破口の一つを提供しているのが，2.3節で言及した「第三の道派」である。急進主義対漸進主義という二分法は，その前提条件として，移行経済国は，資本主義市場経済を最終目的地とする点では揺ぎ無い存在であると暗黙裡に仮定している。この条件が満たされているからこそ，研究者は，観察される全ての移行経済を，急進主義国か漸進主義国の何れか，ないし，場合によっては両者の中間形態に分類し，相互に比較することが許されるのである。しかし，第三の道派は，旧社会主義諸国の一部や論者によっては中国を，必ずしも資本主義体制の樹立を目指さない第3の国家グループとして，他の国々から明示的に識別することによって，これらの国々の改革実績や経済成果を，伝統的移行戦略論争の枠組みで論じようとする無理が引き起こす深刻な矛盾を克服しようとしている。

　この第三の道派を代表する文献といえるのは，ウズベキスタンの開発モデルを，伝統的な漸進主義的改革モデルとは明確に区別して見せた Pomfret（2000）である。彼は，ウズベキスタンは，本来の漸進主義とは整合性に乏しい改革路線を採用した国であるが，移行初期の経済運営は堅調であり，その秘訣は，他の多くの研究者が指摘する改革速度の緩やかさよりも，むしろ同国に独特な政策内容にあると論じている。Zettelmeyer（1999）も，Pomfret（2000）と同様に，ウズベキスタンの異質性に目を向けた論考である。即ち，同論文は，他の旧ソ連諸国と比較して，ウズベキスタンにおける連邦崩壊直後の経済危機が相対的に軽微であった理由として，工業化率の低さやエネルギー資源の賦存という初期条件的な優位性に加えて，同国

20）この観点から，移行経済の構造改革と経済成果の因果関係に関する実証成果の再解釈やメタ分析は，大いに有益である。この問題は，第4講で改めて取り上げる。

96

政府による生産統制的な産業政策の実行を指摘することで，ウズベキスタンが，本来想定された漸進主義的改革ではない，全く別の政策措置によって経済再建を図った可能性を強く示唆している。更に，Herrmann-Pillath（2006）は，中国の改革は，必ずしも市場経済への移行を最終目標としている訳ではなく，むしろ時々の状況に応じて柔軟かつ機会主義的に変化する性質のものだと論じることによって，同国の改革路線は，標準的な漸進主義とは似て非なるものであると結論付けている。

　我々もまた，旧ソ連圏には，社会主義時代に政府が掌握していた経済権限の国内企業への分権化によって経済システムの自立性を回復しようとする「分権化戦略」を採用した国々と，その正反対に，国内企業に対する指揮・監督権限の新生独立国政府への集中及びそれに適応した産業組織体制の再編を通じて連邦崩壊直後の制度的真空を解消しようとした「再集権化戦略」を採用した国々が併存する事実に注目して，これらの国々の経済成果や汚職問題を論じた経験を持つ（Iwasaki, 2004; Iwasaki and Suzuki, 2007）。分権化戦略は，急進主義対漸進主義論争と非常に親和性が高いのに対して，一方の再集権化戦略は，この論争の枠組みでは扱いきれない性質を有する改革路線である。この再集権化戦略を終始一貫追及してきたベラルーシ，トルクメニスタン及びウズベキスタンの3か国は，分権化戦略を徹底的に推し進めたバルト諸国や，バルト諸国と較べれば政府・企業間関係の分離が十分とは言えないまでも，市場経済システムの確立を標榜する点ではバルト諸国と政策目標を共有しているロシアや他の旧ソ連諸国とは，移行戦略の本質が決定的に異なっている[21]。従って，これら3か国を，急進主義国でも漸進主義国でもない第3の国家集団に分類することは，急進主義対漸進主義論争を整序化する上でも大変有効である。このような持論を提示した我々及び我々と同様の立場から，再集権化戦略採用国を他の移行諸国と明確に区別する Myant and Drahokoupil（2010）も，Pomfret（2000）らと共に，第三の道派に与するものである。

　移行戦略論争の脱構築を推し進める上では，その存在意義そのものに疑義を呈する超越論派の意見にも耳を傾ける必要があろう。例えば，Hoen（1996）は，チェコやポーランドを急進主義国，ハンガリーを漸進主義国というように，移行諸国を

21）また，アゼルバイジャンやタジキスタンの様に，体制転換の途上で，再集権化戦略から分権化戦略へ改革路線を抜本的に転換したケースもある（Iwasaki, 2004）。なお，Iwasaki（2004）及びIwasaki and Suzuki（2007）では，再集権化戦略を採用したベラルーシ，トルクメニスタン及びウズベキスタンを，その政府・企業間関係の上意下達的な性質に鑑みて「命令国家」と呼ぶ一方，分権化戦略を徹底して推進した結果，経営破綻企業を法で裁くことを原則に打ち立てたバルト諸国を「処分国家」，政府・企業間関係の分離の不徹底さ故に，経営破綻企業の救済策を政府が頻繁に発動するロシア等を「救済国家」とそれぞれ名付けている。岩﨑・鈴木（2010）の第4章及び第8章を参照のこと。

第Ⅰ部　計画経済の破綻と市場経済への移行戦略

二分する試みは，いずれの国でも，政策分野毎に急進主義的要素と漸進主義的要素が入り混じっている事実に配慮すると全く現実的ではないと述べている。同様の観点から，Louzek（2009）も，私有化政策の内容から，移行諸国を急進主義と漸進主義に分類するのは不適当だと論じている。

Hoen（1996）やLouzek（2009）とは大きく異なる視点から，移行戦略論争の本質に疑問を投げかけているのがLiodakis（2001）である。彼によれば，急進主義対漸進主義論争は，社会主義計画経済からの移行を前提に組み立てられているが，中東欧諸国の体制転換は，国家資本主義を出発点とするものであり，従って，議論の焦点がそもそもの始めから逸れているとの批判を展開している。更に進んで，Leijonhufvud and Rühl（1997）の様に，改革理念の正当性や現実妥当性を争う議論は，市場経済化が一定程度進展した後では，もはやその重要性を喪失しており，移行戦略論争を続けることそれ自身に意義が見出せないとの見解もある。

第三の道派の建設的な意見と共に，以上に紹介した超越論派からの痛烈な批判にも応える過程の中で，移行戦略論争はより充実した内容を伴う研究領域へと更なる発展を遂げることができよう。今後の大いなる進展に期待をかけたい。

謝辞

本稿は，科学研究費補助金基盤研究(A)「比較移行経済論の確立：市場経済化20年史のメタ分析」（課題番号：23243032）の研究成果であり，Iwasaki and Suzuki（2016）の増補版である。本研究に当たっては，久保庭眞彰一橋大学名誉教授，ドナルド・ジョージ（Donald A. R. George）エジンバラ大学上級講師，トム・スタンレー（Tom Stanley）ヘンドリックス大学名誉教授，田畑伸一郎北海道大学教授，中村靖横浜国立大学教授，並びに2名のJournal of Economic Surveys誌匿名審査員から，数多くの貴重な示唆を頂いた。記して謝意を表する。

参考文献

岩﨑一郎・鈴木拓（2010）『比較経済分析―市場経済化と国家の役割』ミネルヴァ書房.

鈴木拓（2014）「旧社会主義諸国の体制移行における戦略論争史―急進主義対漸進主義とその背景」『帝京経済学研究』第47巻第2号，39-70頁.

Acemoglu, Daron, Davide Cantoni, Simon Johnson and James A. Robinson（2011）The consequences of radical reform: The French revolution, American Economic Review, 101 (7), pp. 3286-3307.

Acemoglu, Daron, Simon Johnson, James A. Robinson and Pierre Yared（2008）Income and democracy, American Economic Review, 98 (3), pp. 808-842.

Acemoglu, Daron and James A. Robinson（2012）Why Nations Fail: The Origins of Power, Prosperity and Prosperity, Crown Publishers: New York.

Aghion, Philippe and Olivier J. Blanchard (1994) On the speed of transition in Central Europe, In: Fischer, Stanley and Julio J. Rotemberg (eds.), NBER Macroeconomics Annual 1994, Volume 9, MIT Press: Cambridge, MA and London, pp. 283-320.

Arrow, Kenneth J. (2000) Economic transition: Speed and scope, Journal of Institutional and Theoretical Economics, 156(1), pp. 9-18.

Åslund, Anders (2007) How Capitalism Was Built: The Transformation of Central and Eastern Europe, Russia, and Central Asia, Cambridge University Press: New York.

Åslund, Anders (2009) Why market reform succeeded and democracy failed in Russia, Social Research, 76(1), pp. 1-28.

Åslund, Anders (2013) How Capitalism Was Built: The Transformation of Central and Eastern Europe, Russia, and Central Asia, Second edition, Cambridge University Press: New York.

Balcerowicz, Leszek (1994) Common fallacies in the debate on the transition to a market economy, Economic Policy, 9(19) (Supplement), pp. 16-50.

Balcerowicz, Leszek and Alan Gelb (1995) Macropolicies in transition to a market economy: A three-year perspective, In Bruno, Michael and Boris Pleskovič (eds.), Proceedings of the World Bank Annual Conference on Development Economics 1994, World Bank: Washington, D.C., pp. 21-44.

BenYishay, Ariel and Pauline Grosjean (2014) Initial endowments and economic reform in 27 post-socialist countries, Journal of Comparative Economics, 42(4), pp. 892-906.

Berg, Andrew, Eduardo Borensztein, Ratna Sahay and Jeromin Zettelmeyer (1999) The evolution of output in transition economies: Explaining the differences, Working Paper No. WP/99/73, IMF: Wasington, D.C.

Bhagwati, Jagdish (1994) Shock treatments, New Republic, 210(13), pp. 39-43.

Blanchard, Oliver and Michael Kremer (1997) Disorganization, Quarterly Journal of Economics, 112(4), pp. 1091-1126.

Brada, Josef C. (1993) The transformation from communism to capitalism: How far? How fast? Post-Soviet Affairs, 9(2), pp. 87-110.

Calcagno, Peter T., Frank Hefner and Marius Dan (2006) Restructuring before privatization - putting the cart before the horse: A case study of the steel industry in Romania, Quarterly Journal of Austrian Economics, 9(1), pp. 27-45.

Coyne, Christopher J. and Peter J. Boettke (2006) The role of the economist in economic development, Quarterly Journal of Austrian Economics, 9(2), pp. 47-68.

Dehejia, Vivek H. (1996) Shock therapy vs. gradualism: A neoclassical perspective, Eastern Economic Journal, 22(4), pp. 425-431.

de Melo, Martha, Cevdet Denizer and Alan Gelb (1996) Patterns of transition from plan to market, World Bank Economic Review, 10(3), pp. 397-424.

de Melo, Martha, Cevdet Denizer, Alan Gelb and Stoyan Tenev (2001) Circumstance and choice: The role of initial conditions and policies in transition economies, World Bank Economic Review, 15(1), pp. 1-31.

Dewatripont, Mathias and Gérard Roland (1992a) Economic reform and dynamic political constraints, Review of Economic Studies, 59(4), pp. 703-730.

Dewatripont, Mathias and Gérard Roland (1992b) The virtues of gradualism and legitimacy in the transition to a market economy, Economic Journal, 102(411), pp. 291-300.

Dewatripont, Mathias and Gérard Roland (1995) The design of reform packages under uncertainty, American Economic Review, 85(5), pp. 1207-1223.

Etzioni, Amitai (1992) How is Russia bearing up? Challenge, 35(3), pp. 40-43.

Fan, Gang (1994) Incremental changes and dual-track transition: Understanding the case of China, Economic Policy, 9(19) (Supplement), pp. 99-122.

Gel'vanovskii, Mikhail (1994) Russia on the path to a normal economic system, Problems of Economic Transition, 37(3), pp. 47-61.

Grosfeld, Irena and Ekaterina Zhuravskaya (2015) Cultural vs. economic legacies of empires: Evidence from the partition of Poland, Journal of Comparative Economics, 43(1), pp. 55-75.

Hecht, James L. (1994) Shocked Russians, chagrined economists, Orbis, 38(3), pp. 499-504.

Herrmann-Pillath, Carsten (2006) Cultural species and institutional change in China, Journal of Economic Issues, 40(3), pp. 539-574.

Hoen, Herman W. (1996) Shock versus gradualism in the Central Europe reconsidered, Comparative Economic Studies, 38(1), pp. 1-20.

Hoen, Herman W. (2010) Transition strategies in Central Asia: Is there such a thing as "shock-versus-gradualism"? Economic and Environmental Studies, 10(2), pp. 229-245.

Islam, Shafiqul (1993) Russia's rough road to capitalism, Foreign Affairs, 72(2), pp. 57-66.

Iwasaki, Ichiro (2004) Evolution of the government-business relationship and economic performance in the former Soviet states: Order state, rescue state, punish state, Economics of Planning, 36(3), pp. 223-257.

Iwasaki, Ichiro and Taku Suzuki (2007) Transition strategy, corporate exploitation, and state capture: An empirical analysis of the former Soviet states, Communist and Post-Communist Studies, 40(4), pp. 393-422.

Iwasaki, Ichiro and Taku Suzuki (2016) Radicalism versus gradualism: An analytical survey of the transition strategy debate, Journal of Economic Surveys, 30(4), pp. 807-834.

Jakšić, Miomir (2014) Political macroeconomy: The case of Serbia, Ekonomske Ideje i Praksa, 12, pp. 47-66.

King, Lawrence (2002) Postcommunist divergence: A comparative analysis of the transition to capitalism in Poland and Russia, Studies in Comparative International Development, 37(3), pp. 3-34.

Klaus, Vaclav (1993) Interplay of political and economic reform measures, Vital Speeches of the Day, 60(5), pp. 130-132.

Kornai, János (1994) Transformational recession: The main causes, Journal of Comparative Economics, 19(1), pp. 39-63.

Lavigne, Marie (2000) The economics of the transition process: What have we learned? Problems of Post-Communism, 47(4), pp. 16-23.

Leijonhufvud, Axel and Christof Rühl (1997) Russian dilemma, American Economic Review, 87(2), pp. 344-348.

Lian, Peng and Shang-Jin Wei (1998) To shock or not to shock? Economics and political economy of large-scale reforms, Economics and Politics, 10(2), pp. 161-183.

Liew, Leong H. (1995) Gradualism in China's economic reform and the role for a strong central state, Journal of Economic Issues, 29(3), pp. 883-895.

Liodakis, George (2001) The political economy of the transition and the transformation crisis in

Eastern Europe, East-West Journal of Economics and Business, 4(2), pp. 45-64.

Lipton, David and Jeffrey D. Sachs (1990) Creating a market economy in Eastern Europe: The case of Poland, Brookings Papers on Economic Activity, 21(1), pp. 75-148.

Louzek, Marek (2009) The Czech privatisation after 20 years, Post-Communist Economies, 21(3), pp. 345-359.

Lütz, Susanne and Matthias Kranke (2014) The European rescue of the Washington consensus? EU and IMF lending to Central and Eastern European countries, Review of International Political Economy, 21(2), pp. 310-338.

Marangos, John (2003) Was shock therapy really a shock? Journal of Economic Issues, 37(4), pp. 943-966.

Marangos, John (2004a) A post-Keynesian approach to the transition process, Eastern Economic Journal, 30(3), pp. 441-465.

Marangos, John (2004b) Alternative Economic Models of Transition, Ashgate: Burlington, VA.

Marangos, John (2006) Was market socialism a feasible alternative for transition economies? International Journal of Political Economy, 35(3), pp. 64-88.

McMillan, John and Barry Naughton (1992) How to reform a planned economy: Lessons from China, Oxford Review of Economic Policy, 8(1), pp. 130-143.

Minniti, Maria and Lidija Polutnik (2007) Currency conversion and the role of expectations: The case of Slovenia, Economic and Business Review, 9(1), pp. 5-21.

Molchanov, Mikhail A. (2005) Russia and globalization, Perspectives on Global Development and Technology, 4(3/4), pp. 397-429.

Murphy, Kevin M., Andrei Shleifer and Robert W. Vishny (1992) The transition to a market economy: Pitfalls of partial reform, Quarterly Journal of Economics, 107(3), pp. 889-906.

Murrell, Peter (1992a) Evolutionary and radical approaches to economic reform, Economics of Planning, 25(1), pp. 79-95.

Murrell, Peter (1992b) Evolution in economics and in the economic reform of the centrally planned economies, In: Clague, Cristopher and Gordon C. Rausser (eds.), The Emergence of Market Economies in Eastern Europe, Blackwell: Oxford, pp. 35-53.

Myant, Martin and Jan Drahokoupil (2010) Transition Economies: Political Economy in Russia, Eastern Europe, and Central Asia, J. Wiley: Hoboken, NJ.

Noman, Omar (1999) In the former eastern bloc, a hazardous transition, UNESCO Courier, 52(3), pp. 30-31.

North, Douglass C. (1994) Economic performance through time, American Economic Review, 84(3), pp. 359-368.

Papapanagos, Harry and Peter Sanfey (2003) Emigration and the optimal speed of transition, Review of International Economics, 11(3), pp. 541-554.

Pomfret, Richard (2000) The Uzbek model of economic development, 1991-1999, Economics of Transition, 8(3), pp. 733-748.

Popov, Vladimir (2000a) Shock therapy versus gradualism: The end of the debate (explaining the magnitude of transformational recession), Comparative Economic Studies, 42(1), pp. 1-57.

Popov, Vladimir (2000b) Shock therapy versus gradualism: Ten years down the road (book review of 'From Shock to Therapy. The Political Economy of Postsocialist Transformation,' by Grzegorz W. Kolodko), Comparative Economic Studies, 42(3), pp. 121-125.

Popov, Vladimir (2007) Shock therapy versus gradualism reconsidered: Lessons from transition economies after 15 years of reforms, Comparative Economic Studies, 49(1), pp. 1-31.

Popov, Vladimir (2009) Lessons from the transition economies: Putting the success stories of the postcommunist world into a broader perspective, UNU-WIDER Research Paper No. RP2009/15, World Institute for Development Economics Research, United Nations University: Helsinki.

Popov, Vladimir (2012) Russia: Austerity and deficit reduction in historical and comparative perspective, Cambridge Journal of Economics, 36(1), pp. 313-334.

Rodrik, Dani (2006) Goodbye Washington consensus, hello Washington confusion? A review of the World Bank's Economic Growth in the 1990s: Learning from a decade of reform, Journal of Economic Literature, 44(4), pp. 973-987.

Rosefielde, Steven (2001) Premature deaths: Russia's radical economic transition in Soviet perspective, Europe-Asia Studies, 53(8), pp. 1159-1176.

Rozelle, Scott and Johan F. M. Swinnen (2009) Why did the communist party reform in China, but not in the Soviet Union? The political economy of agricultural transition, China Economic Review, 20(2), pp. 275-287.

Sachs, Jeffrey. D. (1996) The transition at mid decade, American Economic Review, 86(2), pp. 128-133.

Selowsky, Marcelo and Ricardo Martin (1997) Policy performance and output growth in the transition economies, American Economic Review, 87(2), pp. 349-353.

Shleifer, Andrei and Daniel Treisman (2014) Normal countries: The east 25 years after communism, Foreign Affairs, 93(6), pp. 92-103.

Sonin, Konstantin (2013) The end of economic transition: Lessons for future reformers and students of reform, Economics of Transition, 21(1), pp. 1-10.

Stiglitz, Joseph E. (1999) Whither reform? Ten years of the transition, Annual Bank Conference on Development Economics, April 1999, World Bank: Washington, D.C.

Sušjan, Andrej and Tjaša Redek (2008) Uncertainty and growth in transition economies, Review of Social Economy, 66(2), pp. 209-234.

Svejnar, Jan (1989) A framework for the economic transformation of Czechoslovakia, PlanEcon Report, 5(52), pp. 1-18.

Swaan, Wim and Maria Lissowska (1996) Capabilities, routines, and East European economic reform: Hungary and Poland before and after the 1989 revolutions, Journal of Economic Issues, 30(4), pp. 1031-1056.

Turley, Gerard and Peter J. Luke (2010) Transition Economics: Two Decades On, Routledge: London and New York.

Van Brabant, Jozef M. (1993) Lessons from the wholesale transformations in the East, Comparative Economic Studies, 35(4), pp. 73-102.

Van Brabant, Jozef M. (1994a) Alternative trade regimes and the economics of transition, Russian and East European Finance and Trade, 30(1), pp. 32-52.

Van Brabant, Jozef M. (1994b) Bad debts and balance sheets in transforming Eastern Europe, Russian and East European Finance and Trade, 30(2), pp. 5-33.

Williamson, John (ed.) (1990) Latin American Adjustment: How Much Has Happened, Institute for International Economics: Washington, D.C.

Zettelmeyer, Jeromin (1999) The Uzbek growth puzzle, IMF Staff Papers, 46(3), pp. 274-292.

Zweynert, Joachim (2006) Shared mental models, catch-up development and economic policy-making: The case of Germany after World War II and its significance for contemporary Russia, Eastern Economic Journal, 32(3), pp. 457–478.

第 3 講 | 市場経済移行と経路依存性
転換か進化か

溝端佐登史・堀江典生

3.1 はじめに

　1989年11月のベルリンの壁崩壊を契機に本格化した中東欧・旧ソ連諸国の資本主義経済の確立に向けた体制転換プロセスは，主に計画と国有に立脚する社会主義計画経済から市場と私的所有に立脚する資本主義市場経済への広範な制度変化を伴うものであった。形成された資本主義経済は過去のそれとは大きく異なるゲームのルール・異なる制度のうえに存在する以上，体制転換とは文字通り一種の歴史的な発展のなかでの断絶を示唆する出来事ということができる。しかし，結果はそれほど単純なものではなかった。実際に形成された市場経済には過去の遺産と呼ぶべき制度が内包されており，その結果，それぞれの国の歴史的な発展の経路を反映して，独自色の強い資本主義経済が形成されたとみることができ，市場経済はまさに多様な像を指し示した。この場合，経済システムは「進化」的に変化したとみなすことができよう。市場経済移行とは歴史と切り離されて存在しない。後者の進化論的な見解に立脚すると，仮に経済政策は類似のものを採用しても，その発展経路は収斂ではなく発散していることになり，各国での経済システムの適応力こそが問題になる。

　その際，経路依存性（path-dependency）の概念は，移行国の制度変化の理解を助けかつ，移行国経済の発展経路の収斂ではなく，多様化を説明するベースになっている。もっとも象徴的な接近は，David（1985）であり，キーボードの QWERTY 配列という過去の最適とはいえない偶然の歴史的技術選択がもたらした遺制の標準化・汎用化過程に経路依存性を見いだし，歴史は無視できないことを主張している。市場経済という特定の状態に収斂すると目された市場移行過程に対して経路依存性を活用した分析は，当該の議論の発展期と重なって重要なキーワードとみなされたにもかかわらず，系統だった文献研究はこれまでのところ皆無に等しい[1]。

第Ⅰ部　計画経済の破綻と市場経済への移行戦略

　本講義が挑戦する問題は，市場経済移行という大転換が文字通りの断絶であったのか否かを探ることにある。そこで，本講義は，特に旧社会主義計画経済の遺制や市場経済化初期の政策決定がその後の制度変化の経路を説明する「経路依存性」に着目し，それがどのように移行経済論に浸透し，進化してきたのかを考える。研究方法として，EconLit のデータベースからキーワード検索で無作為に抽出された論文のうち，経路依存性に関連付けて移行経済を研究している「基本抽出文献」及び関連する文献に依拠して，移行経済論における経路依存性論議の展開の動向・傾向，移行経済論が依拠する理論的傾向，地域別分析傾向などを統計的・計量的手法を用いて厳密に検討する。それにより，移行経済論における経路依存性論議の理論的・実証的特性を明らかにするとともに，移行経済論における経路依存性からの接近の有効性と今後の可能性を展望する。

　本講義の構成は，次の通りである。次節では，経路依存性概念を概説した上で，体系的レビューのための文献調査方法を述べる。3.3節では，移行経済論における経路依存性論の系譜を辿る。3.4節では，移行経済論における経路依存性概念の影響力を，統計的・計量的手法を用いて検証する。3.5節では，近年における経路依存性論議論の展開状況に触れ，そして最終3.6節で，本講義を締めくくる。

3.2　経路依存性概念と文献調査方法

3.2.1　概念と方法

　本講義は，経路依存性概念そのものを精緻化し，再定義することを目的とはしていない。むしろ，本講義では，経路依存性とは「偶然の事象や決定が構築される制度に帰着し，それが長期に渡って維持される傾向を持ち，将来的にアクターが利用可能な選択肢の幅が，たとえそれらがより長期的には効率的・効果的であろうとも，制約される過程」（Campbell, 2010, p. 90）といった理解，すなわち歴史が長期的に人々の行動を制約する過程とみなし，それを基盤としながら，経路依存性が内包する多様な含意に眼を向ける。

　文献検索に利用したキーワードの選択は，経路依存性論を囲む広範な理論状況に関係する。例えば，ポール・デイヴィッド（Paul David）は，経路依存性は進化的プロセスと表現するに相応しい広範なプロセスを含み，偶然の，遡行できない動態

---

1 ）例えば，移行経済論の研究を網羅した Hare and Turley（2013）及び Hölscher and Tomann（2016）は，経路依存性に特に注目を払っていない。

106

的なプロセスである（David, 2001）としているように，そもそも経路依存性という概念は進化論的要素に親和的である。移行経済論における経路依存性概念を利用した初期の文献を見ても，例えばクラウス・ニールセン（Klaus Nielsen）らは，経路依存性が「過去の制度的遺制が現在の可能性や制度的イノベーションの選択肢の幅を制約」し，正のフィードバック効果が強く働いて変動が起こるとき自己増殖しながら安定的な経路にロックイン（lock-in）するという「運命づけられた発展（chreodic development）という＜分岐（branched）＞傾向」に似た考え方であるとしている（Nielsen et al., 1995, p. 6）。制度の遺伝子のような機能でもって進化論的に説明する「運命づけられた発展」経路へのロックインは，ジェフリー・ホジソン（Geoffery Hodgson）に代表される進化論的アプローチを意識したものである。

　進化論的アプローチと経路依存性概念の結びつきは，経路依存性概念に依拠する理論の幅を広げてきた。例えば，レギュラシオン派の資本主義多様性論は，経路依存性概念に依拠しやすい。ホジソン自身がソースティン・ヴェブレン（Thorstein Veblen）信奉者を自認するように，旧制度学派にとっても，経路依存性は魅力ある概念であり，制度に埋め込まれた社会的ネットワークや文化，慣習，アクターの行動様式にも経路依存性概念の適用が試みられる傾向がある。

　以上の系譜を踏まえ，文献検索では，*path-dependency, branching, social capital, legacy, marketization* というキーワードを採用した。文献抽出とその調査手続き（第1次調査）は，以下の通りである。

（1）EconLit のデータベースを利用して，キーワード検索を1989年1月から2012年末までの時期の文献を対象に行い，抽出された文献（594編）のなかから要旨レベルで明らかに移行経済論と無関係な論文は除外した。この段階では，筆者は上記検索語の選定を別にすれば文献抽出にコミットしていない。抽出された文献は164編であったが，うち6編は書籍であることと非英語論文であることから除外し，分析対象論文数は158編である。

（2）上記抽出文献を個別に読み，移行経済論への貢献を前提とし，経路依存性論に関わると考えられる文献を筆者が選定した。筆者両名が共通して抽出に及ばないと判断した36編を除外し，最終的に122編を抽出した。本講義では「基本抽出文献」と名付ける[2]。

（3）基本抽出文献について次の作業を行う。まず，掲載に関する基礎情報，すなわち掲載雑誌の性格と発行所在地，著者総数191名の所属機関と専門分野，論文

2）本講義の分析対象となる基本抽出文献一覧（第1次調査）の詳細は，日本評論社ウエブサイト（https://www.nippyo.co.jp/shop/downloads）にある本書第3講付録1を参照されたい。

第Ⅰ部　計画経済の破綻と市場経済への移行戦略

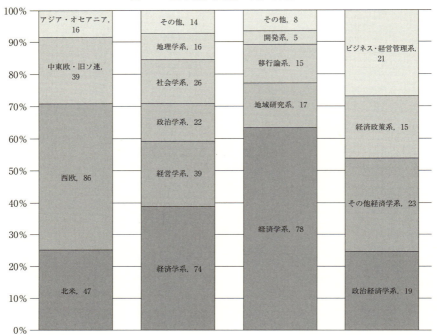

図3.1　基本抽出文献の属性別構成

注）グラフ内の数値は，該当文献点数。著者所属分野においては，3編は2つの分野に属している。また，公表雑誌の性格について，1編は2つの性格に分類している。
出所）基本抽出文献（第1次調査）に基づき筆者作成。

の性格（理論・実証）を確認した。次いで，論文の課題，経路依存性の支持度合い，その根拠要因，ほかに作用する要因という一連の文献属性を筆者独自にコーディングした。

（4）基本抽出文献の中から，path-dependency 及び関連する概念を直接利用している文献を107編抽出した。本講義では「選定文献」と名付ける。この選定文献において経路依存性を言及している箇所で，ベースとなる参考文献をリストアップした。本稿では，リストアップした文献を，「被引用文献」と名付ける。被引用文献の抽出においては，選定文献著者自身の文献の引用はカウントせず，非英語文献を除外し，雑誌掲載論文または書籍に限定した。被引用文献数は439文献になる[3]。

第3講　市場経済移行と経路依存性：転換か進化か

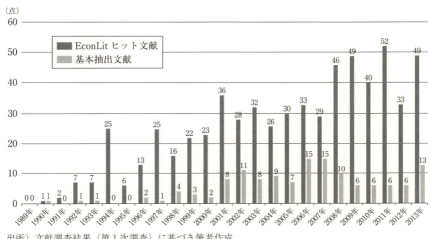

図3.2　EconLitヒット文献と基本抽出文献の発表年別度数分布

出所）文献調査結果（第1次調査）に基づき筆者作成。

3.2.2　基本抽出文献の特性

　基本抽出文献122編の著者総数は191名にも及ぶ。著者の属性について，およそ半分が西欧所在機関に属し，大部分が大学機関に属する。専門で分類すれば，経済学系は半分に満たず，経営学，政治学，社会学，地理学にも相当規模が存在する。基本抽出文献は主に経済学系の雑誌を中心に公表されているが，地域研究，移行経済論，社会学，政治学など公表先は多岐にわたる。また，経済学では必ずしも理論系だけに傾斜しているわけではない（**図3.1**）。
　図3.2に示された基本抽出文献の発行分布を見ると，1990年代の文献が著しく少ない。移行経済論に限らず，1990年代よりは2000年代に入ってからの方が，経路依

3）本講義の分析は，主として，ここに記した1989〜2012年文献調査（第1次調査）に立脚して構成されている。その後，2013〜2015年末文献の調査（第2次調査）を追加的に実施し，その結果も本講義に補足的に反映させている。第2次調査におけるEconLitヒット文献数は126編，分析対象論文数は113編，基本抽出文献は40編であった。これら第2次調査の基本抽出文献は，日本評論社ウエブサイトにある本書第3講付録2に一覧されている。ヒットした文献全体では中国，金融，地域経済，社会関係資本を対象とした論文が多いことが特徴であり，中国を対象としたものの多くは必ずしも経路依存性に関係したものではなく，その多くを除外した。第2次調査の基本抽出文献に限定すると，著者総数は76名，選定文献数28編，被引用文献数45編であった。被引用文献で最多はPierson（2000）であり，次いでFukuyama（1995）とPutnam（1993, 2000）であり，本講義で注目したStark（1992）は，彼の他の論文と共に，それに次ぐ位置を占めている。

第Ⅰ部　計画経済の破綻と市場経済への移行戦略

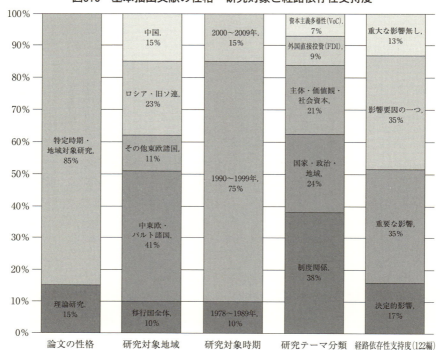

図3.3　基本抽出文献の性格・研究対象と経路依存性支持度

注）グラフ内の数値は，全調査対象文献に占める該当文献の比率。研究対象時期は，実証論文の内，時期を特定しうる87点を分類している。分析テーマにおいては，複数テーマをもつ論文も合わせ，延べ131編を分類している。
出所）基本抽出文献（第1次調査）に基づき筆者作成。

存性概念を利用した論文が遙かに多いことは，組織論一般の文献サーベイでも明らかにされている（Vergne and Durand, 2010, pp. 736-737）。EconLit のデータベースで，*path-dependency* のみのキーワードでヒットした文献数と比較しても，その傾向に変わりはない（相関係数は0.64）。それゆえ，移行経済論関連で経路依存性概念を活用した論文が，2000年代に比べ1990年代に少ないことは，決して異常なわけではない。実際，論文の発行数は，2000年代になってから大幅に増加している。

基本抽出文献の性格および研究対象の特徴と経路依存性の影響力に対する支持の度合いは，図3.3に示されている。特定の地域と時期で分類できる論文は103編であり，地域に関しては，移行諸国全体がカバーされ，中国も含まれる。特定の地域に特化しているわけではないが，相対的に初期の研究は移行のスピードを反映して中東欧地域に傾いており，年を経過するにつれ中国が急増する。1990年代の主要著作

110

である Stark（1996）及び Hausner et al.（1993）が，それぞれハンガリー（産業組織）及びポーランド（地域発展）に注目していたことは象徴的である。研究対象時期は，体制転換時期全体にまたがるが，厳密に言えば1990年代が主たる研究対象になり，その後は急減している。1990年代の実証分析はその帰趨を短期で考察する同じ1990年代ではなく，移行の結果・完了度合いを考察する2000年代にこそ開花したと言うことができよう。

　研究テーマは，主に制度に傾斜している[4]。経路依存性の影響力に対する支持の度合いは，本講義の分析の基盤となる。ここでは，その度合いを，「決定的に影響」，「重要」，「影響要因のひとつ」，「重大な影響なし」の4段階に分けて検討している。

　移行経済論では，市場経済移行時点における構造的な初期条件が移行過程に影響し，それには地理，EU の存在，共産主義の作動期間，教育水準や産業構造，制度上の遺産，資源賦存状況などが挙げられる（Frye, 2010）。移行の結果は必ずしも初期条件に制約されるわけではない。すなわち，「初期条件が改革結果において国全体に時間の経過と共に，発散あるいは収束を引き起こす経路依存性という単純な形態が作動しているとは思われない」（ibid., pp. 251-252）のである。つまり，経路依存性は，重要な制度形成の契機と見られない。むしろ Frye（2010）は，良好とは云い難い初期条件を有する国であっても，恵まれた初期条件の国にキャッチアップできる証拠があるとさえ主張する[5]。この Frye（2010）以上に，経済主体の変化に注目を払って，経路依存性を拒絶する見方もある。例えば，Zakaria（2013）は，完全に共産主義社会のルールは消え失せ，若い世代が出現し，環境への関心など新しい動きがみられる現実を踏まえて，「共産主義の社会化に関する文献による批判は，移行から20年が経ったこと，ポスト移行時代に新しい世代が出現したという事実を説明しえていない」（p. 365）と主張している。

　その一方で，経路依存性こそが制度選択の戦略に強く働くとみる研究がある。Hausner et al.（1995）がその代表例である。制度形成は公式制度に目を奪われがちだが，市場移行において「制度の真空」はなく，「ポスト社会主義の経路は，以

---

4 ）本講義は研究テーマを主体及びエリート，公式制度，非公式制度，国家と政治，文化・価値・倫理，社会関係資本とネットワーク，地域及び地方でのアイデンティティ，直接投資及び外国貿易，資本主義多様性論の9領域に分類している。ただし，図3.3では，これらを制度関係（公式・非公式制度），国家・政治・地域（国家と政治，地域及び地方でのアイデンティティ），主体・価値観・社会資本（主体及びエリート，文化・価値・倫理，社会関係資本とネットワーク），投資・貿易（直接投資および外国貿易），資本主義多様性論の6分類に統合している。ただし，3.4節の統計・計量分析は，上記の9分類を用いている。

5 ）Frye（2010）は，経済格差を政治的分極化（polarization）の社会的基盤とみなし，それを移行社会の政治的変動においてとらえている。

前の経済・政治秩序がなお行動の期待と型を形成するという密度の濃い複雑な制度の遺産に著しく依存する」(ibid., p. 4)。彼らは，決定論や宿命論ではなく，「戦略的選択」を経路依存性の中心概念とみなし，その影響はいかなる市場経済移行のなかにもみられると主張する。

　移行経済論において過去の歴史的影響を完全に否定する論考は存在しない。社会主義経済の歴史的存在感は，それほどにも大きいのである。そこで，本講義では，社会主義的遺制を移行の結果及び政策選択における重要な契機とみなさず経路依存性は作用しないとする Frye-Zakaria 基準と，社会主義的遺制を，戦略的選択を規定する決定的な要因であるとする Hausner 基準とを，経路依存性の支持に対する評価基準とする。かかる評価基準に立脚して，基本抽出文献の経路依存性論に対する支持度を４段階に分類した結果をみると，経路依存性が決定的，または重要な影響を及ぼすとする論文が多いのは，基本抽出文献の性格上当然とは言えるが，控えめな評価も少なくないことは，移行経済論における経路依存性に対する評価が，実に多様であることを示している。図3.3の通り，基本抽出文献の87％ほどが，経路依存性を市場経済移行の結果と戦略に影響を与えた要因とみなしており，なおかつ，およそ半分の文献が，その影響力を重視している。その一方，市場経済への移行過程を，過去と決別した断絶・転換とみる文献は少数派であり，進化派，それも遺伝子がその後の成長を決定付けるかのような歴史の強い作用をみる進化派や経路依存性支持派が，先行研究の中では優勢にみえる[6]。

3.3　移行経済論における経路依存性論の系譜

3.3.1　1990年代における位置づけ

　移行経済論において，最初に経路依存性に目を向けた論文はいずれであろうか。基本抽出文献の中では，Roland（1990）が最も古い。この論文は，彼自身が指摘するように，ペレストロイカ自体が，根本的な制度変化に至る過程でなかったため，経路依存性の中心に位置する制度変化を説得的に検証しているわけではない。

　Roland（1990）に次ぐ論文は，Nee（1992）である。同論文は，中国における部分的な市場経済化のもとで，市場化企業が地方政府との紐帯のなかで取引費用を低

6）この傾向は2013年以降の第２次調査結果にも観察される。40編の基本抽出文献のうち，重大な影響なし15％，影響要因のひとつ27.5％，重要な影響35％，決定的影響22.5％という結果であった。

第3講　市場経済移行と経路依存性：転換か進化か

減させ，多様な市場経済化の経路を生み出している様を，ハイブリッド型市場経済とみなし，経路依存性を示唆している。基本抽出文献の中では，この論文が経路依存性への最初の明確な言及ではあるが，それを中心的な分析概念に置いているわけではなかった。

筆者らが，1991〜1992年を発表年とする基本抽出文献に含まれていない文献の中で特に注目しているものは，急進改革派に対抗して漸進主義を論じたピーター・ミューレル（Peter Murrell）の研究成果である。ミューレルは，市場経済化における急進主義的政策を批判し，進化論的政策をその後も提唱する研究者である（Murrell, 1990）。1991年には，Journal of Economic Perspectives 誌において移行経済に関する特集を組んでいる。この特集の中で，彼は，改革の経路が多様であり，従って，その後の市場経済化の経路も多様となるであろうことを強く示唆しているが，経路依存性への着目はなかった（Murrell, 1991）。

上述の Roland（1990）や Murrell（1990, 1991）の経路依存性に対する曖昧な接近とは対照的に，経路依存性概念を意識的に用いた源泉とも言える移行経済研究は，Stark（1992）であると考えられる。同論文の中で，著者のデイヴィッド・スターク（David Stark）は，民営化実施における民営化資産（所有権）とそれを獲得しようとするアクター（個人と法人）の持つ資源（社会的地位や金融資産）によって東ドイツ，チェコスロバキア，ポーランド，ハンガリーの民営化戦略を区別し，国家社会主義から離脱する際の4つの特色ある経路[7]から，制度的真空状態の存在を否定し，異なる政治状況で行われた民営化の政策決定が，その後の多様な経路を生み出したとの主張を展開している。

1991年，このスタークは，ラズロ・ブルスト（Laszlo Bruszt）と共に，ハンガリーの民主化をポーランドと比較している（Bruszt and Stark, 1991）。市場経済化の経路が最初の政治制度選択によって形作られるとする考え方は，経路依存性の接近そのものであるが，この論文では，経路依存性概念に言及していない。ただし，彼らが下敷きにしている議論は，引用した時点ではまだ草稿段階であった Karl and Schmitter（1991）であり，そこではラテンアメリカ・南東欧の政治体制の移行を論じ，経路依存性が言及されている（p. 270）。異なる移行モードが異なる経路依存的結果を生み出すという基本命題を，Karl and Schmitter（1991）と Bruszt and Stark（1991）及び Stark（1992）は共有する。つまり，Bruszt and Stark（1991）と Stark（1992）の間にこそ，スターク自身が経路依存性概念利用の有効

7）東ドイツの西ドイツへの編入，チェコスロバキアの共産党政権の降伏，ポーランドの共産党と改革派との妥協，ハンガリーの選挙による競争を指す。

113

第Ⅰ部　計画経済の破綻と市場経済への移行戦略

性を意識し，積極的にそれを適用する転換点があった。

　Stark（1992）以後に経路依存性概念を本格的に展開したものとして，Hausner et al.（1993, 1995）がある。ただし，Hausner et al.（1993）は，ポーランドにおける市場経済のための制度的枠組みがどのように形成され転換したのかを論じているが，この論文でも，経路依存性概念への直接的言及はみられない。イェジ・ハウスナー（Jerzy Hausner）が関わる論文で経路依存性概念が初めて現れるのは，これら両文献の狭間に発表された論文 Wojtyna and Hausner（1993）においてである。この論文では，Stark（1992）の経路依存性論議が下敷きにされている。そして，その後に発表された Hausner et al.（1995）では，経路依存性がいよいよ彼らの著作の主題となっている。

　1989年から1991年までの東欧における体制転換・市場経済化初期段階において，早くから登場した議論は，ミューレルにしても，スタークやブルストにしても，移行経路の多様性を論じる点では，急進改革派のもとで想定される市場経済化の収斂論とは対峙しつつも，それがそのまま経路依存性概念の活用にはつながらなかった。1990年代にようやく Stark（1992）や Hausner et al.（1995）などの論考を皮切りに，経路依存性概念を利用した議論が市場経済化の多様な経路を説明するものとして利用されるようになったことが，これまでの叙述で理解できよう。急進的な政策選択が制度論的にどのように経路を決定するのか，市場経済への制度設計の際に過去の制度設計がいかなる影響を与えるかなどの議論が，当時の政策決定に反映されなかった理由として，ダグラス・ノース（Douglas North）に代表される制度論の到来が，市場経済化研究に影響を与えるには，遅すぎたことも影響しているとの指摘もある（Nutti, 2013）。

3.3.2　選定論文にみる理論的根拠

　基本抽出文献が経路依存性概念を活用する場合，どのような理論的根拠に依拠しているのであろうか。ここで着目したいのは，個々の著者の理論的背景ではなく，経路依存性概念を利用する場合の論拠，そのばらつき，そしてその周辺理論との関係である。そこで，基本抽出文献の引用文献439文献を検討してみた。即ち，引用頻度の高い文献の著者を，年代別にまとめ，その上で，個々の理論的立場に鑑みた分類を試みたのである。その結果は，**表3.1**に集約されている。ここでの分類は，原典著者の思想・理論や原典そのものの理論的分類ではなく，選定文献がその原典の引用において意図した理論的要素で分類している。

　1979年までの時期の文献として，ヴェブレンの論文・著作9編が引用されている。フリードリヒ・ハイエク（Friedrich August von Hayek）やロナルド・コース

第3講　市場経済移行と経路依存性：転換か進化か

表3.1　年代別主要引用文献の特徴

文献発行年代	文献著者	理論的特徴	
1979年及びそれ以前	ソースタイン・ヴェブレン（Veblen, 1898, 1899, 1904, 1909, 1914, 1915, 1919a, 1919b, 1923）	旧制度学派論拠	
	マックス・ウェーバー（Weber, 1922）		
	カール・ポランニー（Polanyi, 1944）	「埋め込み」「社会的ネットワーク」	
	フリードリヒ・ハイエク（Hayek, 1948, 1952, 1964, 1967, 1973, 1979）	新制度学派経済学原点への依拠・批判	
	ロナルド・コース（Coase, 1937, 1960）		
	オリバー・ウイリアムソン（Williamson, 1975, 1979）		
1980年〜1991年	ポール・デイヴィッド（David, 1985, 1986）	経路依存性論拠	
	ダグラス・ノース（North, 1986, 1987, 1989, 1990, 1991）		
	マーク・グラノヴェッター（Granovetter, 1985）	「埋め込み」「社会的ネットワーク」	
1992年以降	ピーター・ミューレル（Murrel, 1992, 1995, 2008）	進化論的アプローチ	移行経済論研究
	デイヴィッド・スターク（Stark, 1992, 1995, 1996a, 1996b）	経路依存性	
	デイヴィッド・スターク/ラズロ・ブルスト（Stark and Bruszt, 1998, 2001）		
	イェジ・ハウスナー他（Hausner et al., 1995 ）		
	ジョン・ピクルス/エイドリアン・スミス（Pickles and Smith, 1998）		
	ブライアン・アーサー（Arthur, 1994）	経路依存性論拠	
	ダグラス・ノース（North, 1994,1997a, 1997b, 1998, 2005 ）		
	アーサー・デンザウ/ダグラス・ノース（Denzau and North, 1994）		
	ジェラルド・ローランド（Roland, 2000, 2002, 2004）	制度理解	
	ロバート・パットナム（Putnam, 1993, 2000）	社会関係資本・信頼	

出所）選定文献から筆者作成。

（Ronald Coase）らに立ち返って新制度学派経済学を批判し，旧制度学派の意義を論じる傾向が見られることから，1979年までの被引用文献は主に旧制度学派に関わるものである。新制度学派の前提となる人間像への不信，個人の慣習や制度の慣習的性格への着目は，Ibrahim and Galt（2002）の他にも Lichtenstein（1996），Poirot（2002），Oleinik（2006），Klimina（2008），Tridico（2007）等に共通する。また，1979年までの時期にカール・ポランニー（Karl Polanyi）も取り上げられて

いる。これら被引用文献筆者の殆どが、経済主体の行動の制度や社会的ネットワークへの「埋め込み」（embeddedness）[8] という論点を、Granovetter（1985）と共にPolanyi（1944）に求めており、正に、1980年代の新しい経済社会学の発展を反映している。

1991年以前に、経路依存性の論拠とされる文献は、David（1985）と North（1990）の2つに集中している。前者のデイヴィッドの代表作としては、David（1985）以外に、David（1986, 1997, 2001）がある。経済システムの進化に果たす収穫逓増効果の重要性への着目から、経路依存性概念を展開したブライアン・アーサー（Brian Arthur）による一連の文献（Arthur, 1988, 1989, 1990, 1994）も被引用文献に含まれる。概念の原点を表す David（1985）や Arthur（1988）とは異なり、経路依存性論拠としてだけでなく、その周辺概念である「ロックイン」（lock-in）[9] などの概念の典拠として、さらには、新制度学派批判の対象としてよく取り上げられるのが、この学派の代表格でありノーベル賞経済学者でもあるノースである。彼の著作の1990年の引用頻度は突出して高いが、それは North（1990）があるが故であり（選定文献107編のうち27編）、その効果は2000年代にも保持される。

なお、第2次調査期間に限れば、社会資本に重心をおいた研究が増加しており、Putnam（1993, 2000）だけでなく、Bourdieu（1986）の議論を基盤に、社会的ネットワークや信頼醸成の規定要因を歴史に求める文献が目立つ[10]。このように、経路依存性概念そのものの進化抜きに、市場経済移行の検証は成り立たなかった。

経路依存性に注目する移行経済研究全体としてみれば、スタークの著作や雑誌論文は、圧倒的な存在感を放っている。実際、共著を含めて、彼の手になる文献を引用した選定文献（重複を除いた実数）の数は37編に達し、選定文献全体の3分の1強を占めるのである。

しかしながら、スタークへの引用は、彼の主張に対する支持を表すとは限らない。例えば、Beyer and Wielgohs（2001）は、Stark（1992）をとりあげ、経路依存性は理論的に何ら目新しいものを生み出すわけではなく、新たな制度は、多様化より

8）この「埋め込み」概念は、資本主義以前には、経済が社会に埋め込まれており、資本主義下では社会が市場システムに埋め込まれているとするポランニーの主張に依拠しており、前者の場合に経済行為が非経済制度の制約を受ける程度を意味する。

9）技術や制度が歴史的な偶然や外的要因などによって一度選択されると、その選択が最適でなかったとしても別の選択を遡及的に行うことはできず、その選択に進化の方向性が拘束されてしまうことを意味する。

10）Hölscher and Tomann（2016）は、文献研究に基づいて移行経済を概観しているが、収斂か拡散かと、信頼を重要な課題としており、その点では社会関係資本は2010年代以降の重要な課題に位置づけられよう。

もむしろ収斂化をみせると批判する。Beyer and Wielgohs（2001）の批判の論拠は，経路依存性アプローチが，既存の資源を活用することで新たな経路を形成するという経路形成的な議論を行っていても，それが市場経済化初期の政策決定に限定されていることに加え，その初期の政策選択の影響は経路依存性論が提示するほどには長期的でない点，そして経路依存性概念の市場経済化への適応そのものが，収穫逓増問題に結びついていない点に他ならない。

Beyer and Wielgohs（2001）と同じ年に発表された Burawoy（2001）は，Stark and Bruzst（1998）に批判の矛先を向けている。この論文の中で筆者は，過去の体制を画一的に捉えている点を批判するとともに，所有権の組合せにどれほどの多様性があったとしても，経済的・政治的帰結を説明できていないと断じている。つまり，制度や組織の再構築における移行諸国の経路依存性を説明するために選ばれた旧体制崩壊という分析の出発点はあまりに恣意的であり，経路依存性を，「原点に駆られた研究（origin driven analyses）」（ibid., p. 1103）と批判しているのである[11]。

Beyer and Wielgohs（2001）が指摘した通り，初期の政策選択とその長期的影響は，経路依存性論議が提示する以上に限られ，特に民営化が短期的現象であるとすれば，経路依存性は議論の対象にさえなりえない。伝統的な歴史決定主義批判に加えて，多様な資本主義，多様な制度群という結果についても，グローバル化によって諸制度が収斂するのであれば，それは，経路依存性への批判となる。経路依存性の理論的根拠は，同時にその有効性の制約に変わりうるのである。経路依存性論議に依拠する移行経済研究ではあっても，本節でこれまで論じたように，経路依存性概念への支持度には，文献間に顕著な差が存在する。そこで，次節では，基本抽出文献の諸属性と経路依存性支持度の関係を，統計的・計量的な手法で厳密に検証してみよう。

3.4　経路依存性支持度合いの統計・計量分析

3.4.1　経路依存性の影響力

経路依存性支持度合いの統計・計量分析を試みるに先立ち，その前提条件として，基本抽出文献における経路依存性概念の影響力を大掴みに概観しておこう。それは，以下に述べる4点に要約される。

---

11) Stark and Bruzst（2001）は，マイケル・ブラウォイ（Michel Burawoy）を運命論的と批判し，経路依存性概念を擁護している。

第Ⅰ部　計画経済の破綻と市場経済への移行戦略

　第1に，経路依存性概念への支持度合いは，2000年代に入って明らかに低下している。影響しないとみなす研究が現れるのは主に2006年以降であり，それは，グローバル化やEU東方拡大による制度の収斂傾向と移行国での経済成長の時期に相当する。EU基準による収斂こそが制度形成の基盤にあり，経済成長は移行後の相違を消し去っているとみる見解が強まる。影響しないとみなす16編の見解は，政策はもちろん，政治的要因，多国籍企業やEUなどの外的要因こそが強く作用したと主張する。「出現する新秩序に圧倒的な影響力を及ぼした国際金融制度，超国家企業，EUといった…強力な外部勢力」（Bohle and Greskovits, 2012, p. 56）は，特に欧州の小国では無視できなかった。経路依存性の論文数の増加は，外的要因と政治を重視した経路依存性否定論を伴う。否定論を外的要因にだけ求めることはできない。とくに四半世紀を経て，新しい世代が出現し，彼らの価値観はすでに過去とは異なるとすれば，またさらには，急速なIT化の中で，既存の生産技術や産業組織のあり方そのものが断絶的な性格を帯びているとすれば，経路依存性概念への支持度合いの低下は，当然の結果でもある。

　第2に，経路依存性論議は移行国すべてをカバーするものの，EUへの加盟が遅れている南東欧地域及びロシアにおいて，相対的に強く経路依存性が支持されている。このことは転換の推進力である欧州化（Europeanization）が，必ずしも東欧諸国に均質に波及しなかったことを示唆する。一方，中国では独自の発展経路が形成された（Zhang and Sun, 2012）が，アジアにおける雁行モデル型開発の見方や強い国家及び多国籍企業の存在への注目に押されて，経路依存性議論は，アジア研究において必ずしも決定的な位置を占めているわけではない。

　第3に，研究テーマでは，制度，地域及びローカルアイデンティティ研究において，相対的に強く経路依存性が支持されている。移行後の制度が西側のそれに収斂しないだけでなく，移行国間においても，移行国内の地域間においても，相互に異なる市場が構築されたことに起因する。とりわけ，多国籍企業がその進出地域を選択したり，特定の地域に産業クラスターの編成が観察される場合，固有の歴史的条件が注目されるのは当然の結果であった。さらに，形成された市場の「変異性」に対する説明要因に経路依存性を求める接近がある。Stark（1996）やStark and Brustz（1998）の組み換え概念が，その最たる事例と言うことができるが，両論文が後発研究に及ぼした影響力には著しいものがある。また，現場（localities）及び現場でのネットワークは，グローバル化に代替されず，その重要性を高めた。

　第4に，経路依存性の支持度合いは著者の所属機関や分析対象が単一の国であるか否かに左右されない。また，研究公表媒体に関して，経路依存性は,移行論，地域研究に関する研究誌など経済学雑誌に限定されない幅広い媒体で接近されており，

第3講　市場経済移行と経路依存性：転換か進化か

市場の制度・構造に対する関心，及び地域間格差の究明が経路依存性を重視させている。

3.4.2　経路依存性支持度の統計・計量分析

以上を踏まえて，本項では，経路依存性支持度の統計・計量分析の諸結果を報告する[12]。ここでは，基本抽出文献の経路依存性論支持度合いの4段階評価が分析の焦点となる。この4段階評価と文献の諸属性，即ち，（1）発行年，（2）著者所属機関所在地，（3）研究対象地域，（4）論文の性格（研究タイプ），（5）研究テーマ，（6）社会主義及びそれ以前の経済制度・遺制の評価，（7）経済依存性メカニズムへの言及，（8）掲載雑誌タイプ，並びに（9）経路依存性概念の理論的根拠となる被引用文献の著者との相関関係を検証することで，前節までの分析が，統計的・計量的にどの程度裏付けられるのかを確認する。

まず，経路依存性効果の研究評価と文献属性の相関関係を俯瞰するために，クロス表を作成してみた。**表3.2**には，経路依存性効果の研究評価と問題となる文献属性は互いに独立であるという帰無仮説を検証する独立性の検定結果及び両者間の連関の強さを測るクラメールのV（Cramer's V）の算定結果も合わせて報告されている。同表の通り，独立性の検定結果によれば，経路依存性効果の評価と，発行年，研究対象地域・国，研究タイプ及び経路依存性メカニズムへの言及から成る一連の文献属性の間には，統計的に有意な相関関係が認められる。更に，研究対象地域・国を除く3種類の文献属性は，クラメールのVが0.30を超しており，連関の度合いも相当程度高いことが判明する。

次に，各文献属性が，他の属性を同時に制御した上でも，経路依存性効果の評価と統計的に有意に相関するか否かを検証するために，順序プロビット推定量を用いた重回帰分析を行った。**表3.3**には，順序プロビットモデルの推定に用いた変数の記述統計量及び従属変数である経路依存性効果の評価と各独立変数の相関係数が一覧されている。従属変数は，0（影響しない）から3（決定的影響）までの値を取る順序変数であり，その平均は1.55，中央値は2である。独立変数は，発行年，並

---

12) 本節の計量分析は，岩﨑一郎教授の示唆・助言に全面的に依拠している。繰り返し行った煩雑な分析作業を含め，多大な支援に対して記して感謝申し上げたい。本節の回帰分析は，第1次調査分のみを対象としている（基本抽出文献122編）。第2次調査では，転換後20年以上を経た社会を対象に，相対的に社会関係資本に研究の重心が移動したことが，被引用文献により色濃く表れている。研究の重心移動が明瞭に観察されることから，移行の特徴づけを焦点にした第1次調査結果と重ねることで分析結果に齟齬をきたすリスクを考慮し，第2次調査文献は，本項の統計・計量分析の対象とはしていない。

119

第Ⅰ部　計画経済の破綻と市場経済への移行戦略

表3.2　経路依存性効果に関する研究評価と文献属性のクロス表分析

文献属性 ＼ 経路依存性効果の研究評価	影響しない (16文献)	要因の一つ (43文献)	重要な要因 (43文献)	決定的影響 (20文献)	合計	統計的検定[1]	
(a)刊行年							
1990年	0	0	1	0	1		
1992年	0	0	1	0	1		
1993年	0	0	0	1	1		
1996年	0	0	2	0	2		
1997年	0	0	0	1	1		
1998年	0	0	3	1	4		
1999年	0	2	0	1	3		
2000年	0	1	1	1	3		
2001年	1	3	3	0	7		
2002年	0	1	5	5	11		
2003年	0	2	5	1	8		
2004年	0	4	5	0	9		
2005年	0	2	4	1	7		
2006年	3	7	3	2	15		
2007年	3	8	3	1	15		
2008年	3	3	2	2	10		
2009年	0	4	1	1	6		
2010年	1	3	2	0	6		
2011年	4	1	1	0	6		
2012年	1	2	1	2	6	独立性の検定(χ^2)	82.213**
合計	16	43	43	20	122	Cramer's V	0.474
(b)著者所属機関タイプ[2]							
大学	15	35	42	15	107		
研究所	1	9	3	5	18		
国際機関・政府機関	1	3	1	1	6	独立性の検定(χ^2)	7.219
合計	17	47	46	21	131	Cramer's V	0.166
(c)著者所属機関所在地[2]							
北米所在機関	3	12	15	4	34		
西欧所在機関	8	17	22	14	61		
中東欧・旧ソ連諸国所在機関	5	15	6	4	30		
アジア・オセアニア所在機関	2	4	5	0	11	独立性の検定(χ^2)	10.905
合計	18	48	48	22	136	Cramer's V	0.163
(d)研究対象地域・国[3]							
東ドイツ研究	0	1	0	1	2		
中東欧EU加盟国研究	5	17	11	9	42		
中東欧EU非加盟国研究	3	5	9	2	19		
ロシア研究	0	8	6	6	20		
旧ソ連諸国研究(ロシアを除く)	1	3	1	2	7		
中国研究	1	8	10	0	19		
移行経済一般研究	8	7	12	2	29	独立性の検定(χ^2)	26.679*
合計	18	49	49	22	138	Cramer's V	0.254

第3講　市場経済移行と経路依存性：転換か進化か

(e)国家横断型研究/単一国家研究の別

国家横断型研究	12	20	22	7	61	
単一国家研究	4	23	21	13	61	独立性の検定(χ^2)　6.033
合計	16	43	43	20	122	Cramer's V　　0.222

(f)研究タイプ

理論研究	5	3	10	0	18	
実証研究	11	40	33	20	104	独立性の検定(χ^2)　11.462 ***
合計	16	43	43	20	122	Cramer's V　　0.307

(g)研究テーマ[3]

主体・エリート	1	2	4	1	8	
公式制度	6	11	14	12	43	
非公式制度	0	0	4	3	7	
国家・政治	2	7	7	1	17	
文化・価値観・倫理	1	7	2	1	11	
社会関係資本とネットワーク	1	3	4	1	9	
地域および地方でのアイデンティティ	2	5	5	3	15	
直接投資と外国貿易	1	7	3	1	12	
資本主義多様性論	3	1	3	0	7	独立性の検定(χ^2)　27.926
合計	17	43	46	23	129	Cramer's V　　0.269

(h)遺制の影響

肯定的	1	4	5	4	14	
中立	6	24	16	5	51	
否定的	9	15	22	11	57	独立性の検定(χ^2)　7.559
合計	16	43	43	20	122	Cramer's V　　0.176

(i)経路依存性メカニズム[3]

経済的メカニズム	4	19	20	8	51	
政治的メカニズム	2	6	9	3	20	
文化的メカニズム	2	15	8	9	34	
システムロジック	1	3	5	1	10	
言及なし	7	0	1	0	8	独立性の検定(χ^2)　48.047 ***
合計	16	43	43	21	123	Cramer's V　　0.361

(j)掲載雑誌タイプ

政治経済学	6	6	5	2	19	
経済学(他)	3	9	6	5	23	
経済政策系	2	4	7	2	15	
ビジネス・管理	1	7	9	4	21	
地域研究	3	5	6	3	17	
移行論	0	8	3	4	15	
開発論	0	2	3	0	5	
その他	1	2	4	0	7	独立性の検定(χ^2)　19.750
合計	16	43	43	20	122	Cramer's V　　0.232

(k)引用研究者[4]

Arthur	1	1	4	2	8
Campbell	0	0	1	0	1
Chavance	0	0	1	1	2
Coase	0	1	3	1	5
David	1	1	2	2	6
Granovetter	0	2	3	3	8

121

第Ⅰ部　計画経済の破綻と市場経済への移行戦略

Hausner	2	5	5	3	15		
Hayek	0	1	4	1	6		
Hodgson	0	0	2	3	5		
Murrell	0	2	4	1	7		
Nelson and Winter	0	0	3	1	4		
North	3	12	11	8	34		
Pierson	3	1	1	0	5		
Polanyi	0	1	3	2	6		
Roland	0	2	2	2	6		
Scott	0	1	2	1	4		
Smith	1	0	3	1	5		
Stark	4	5	14	9	32		
Thelen	2	1	0	0	3		
Veblen	0	1	0	4	5		
Weber	0	0	1	0	1		
Williamson	0	2	4	2	8	独立性の検定(χ^2)	63.420
合計	17	39	73	47	176	Cramer's V	0.347

注1）独立性の検定結果が，***：1％水準で統計的に有意，**：5％水準で有意，*：10％水準で有意。
　2）著者構成に対応した複数コーディング。
　3）研究内容に対応した複数コーディング。
　4）引用文献内容に対応した複数コーディング。
出所）筆者作成。

びに過去の遺制の影響が否定的だと評価する文献には−1，中立的だとみなす文献には0，肯定的だとみなす文献には1をそれぞれ与える遺制の影響変数を除いて，全てイナリーなダミー変数である。表3.3右端欄の通り，これら56種類の独立変数の内，発行年をはじめとする全15変数が，独立変数と有意に相関している。

　推定結果は，**表3.4**の通りである。標準誤差の推定に際しては，分散不均一性の下でも一致性のあるホワイトの頑健標準誤差推定法を適用した。同表において10％水準ないしそれ以下で有意に推定された独立変数の符号関係から，以下の7点を指摘することができる。即ち，

（1）他の条件を一定とすれば，問題となる文献の発行年が新しければ新しいほど，経路依存性に対する研究評価はより保守的になる。

（2）西欧に所在する研究教育機関や政府又は国際機関に所属する著者が経路依存性効果を強調する文献を発表する確率は，西欧以外の地域に所在する機関に所属する著者よりも相対的に高く，逆に，中東欧・旧ソ連所在機関に所属する研究者は，経路依存性に重要な効果を認めない文献をより高い確率で発表している。

（3）東ドイツ研究は，他の地域や国を取り上げた文献よりも，経路依存性効果に対して否定的な評価を下す強い傾向がある。

第3講 市場経済移行と経路依存性：転換か進化か

表3.3 順序プロビット回帰分析に用いる変数の記述統計量及び従属変数と各独立変数の相関係数

変数名	平均	標準偏差	中央値	最大値	最小値	従属変数との相関係数
経路依存性効果の4段階評価（従属変数）	1.549	0.919	2	3	0	1.000
刊行年	2005.134	4.305	2006	2012	1990	−0.355 ***
研究所	0.148	0.356	0	1	0	0.053
国際機関・政府機関	0.049	0.217	0	1	0	−0.054
西欧所在機関	0.500	0.502	0.5	1	0	0.152 *
中東欧・旧ソ連諸国所在機関	0.246	0.432	0	1	0	−0.156 *
アジア・オセアニア所在機関	0.090	0.288	0	1	0	−0.095
東ドイツ研究	0.016	0.128	0	1	0	0.064
中東欧 EU 加盟国研究	0.344	0.477	0	1	0	0.018
中東欧 EU 非加盟国研究	0.156	0.364	0	1	0	−0.011
ロシア研究	0.164	0.372	0	1	0	0.170 *
旧ソ連諸国研究（ロシアを除く）	0.057	0.234	0	1	0	0.006
中国研究	0.156	0.364	0	1	0	−0.035
国家横断型研究	0.500	0.502	0.5	1	0	−0.170 *
理論研究	0.148	0.356	0	1	0	−0.123
主体・エリート	0.066	0.249	0	1	0	0.022
公式制度	0.352	0.480	0	1	0	0.157 *
非公式制度	0.057	0.234	0	1	0	0.237 ***
国家・政治	0.139	0.348	0	1	0	−0.060
文化・価値観・倫理	0.090	0.288	0	1	0	−0.095
社会関係資本とネットワーク	0.074	0.262	0	1	0	0.002
地域および地方でのアイデンティティ	0.123	0.330	0	1	0	0.021
直接投資と外国貿易	0.098	0.299	0	1	0	−0.078
遺制の影響	−0.352	0.679	0	1	−1	0.008
経済的メカニズム	0.418	0.495	0	1	0	0.073
政治的メカニズム	0.164	0.372	0	1	0	0.049
文化的メカニズム	0.279	0.450	0	1	0	0.106
システムロジック	0.082	0.275	0	1	0	0.017
政治経済学	0.156	0.364	0	1	0	−0.184 **
経済学（他）	0.189	0.393	0	1	0	0.008
経済政策系	0.123	0.330	0	1	0	0.021
ビジネス・管理	0.172	0.379	0	1	0	0.106
地域研究	0.139	0.348	0	1	0	−0.009
移行論	0.123	0.330	0	1	0	0.075
開発論	0.041	0.199	0	1	0	0.012
Arthur	0.049	0.216	0	1	0	0.094
Campbell	0.006	0.078	0	1	0	0.045
Chavance	0.012	0.110	0	1	0	0.134
Coase	0.030	0.172	0	1	0	0.102
David	0.037	0.188	0	1	0	0.071
Granovetter	0.049	0.216	0	1	0	0.167 *
Hausner	0.091	0.289	0	1	0	0.021
Hayek	0.037	0.188	0	1	0	0.112
Hodgson	0.030	0.172	0	1	0	0.237 ***
Murrell	0.043	0.203	0	1	0	0.083

第Ⅰ部　計画経済の破綻と市場経済への移行戦略

Nelson and Winter	0.024	0.155	0	1	0	0.141
North	0.207	0.407	0	1	0	0.106
Pierson	0.030	0.172	0	1	0	-0.214 **
Polanyi	0.037	0.188	0	1	0	0.153 *
Roland	0.037	0.188	0	1	0	0.112
Scott	0.024	0.155	0	1	0	0.091
Smith	0.030	0.172	0	1	0	0.057
Stark	0.195	0.398	0	1	0	0.212 **
Thelen	0.018	0.134	0	1	0	-0.211 **
Veblen	0.030	0.172	0	1	0	0.237 ***
Weber	0.006	0.078	0	1	0	0.045
Williamson	0.049	0.216	0	1	0	0.131

注）***：相関係数が 1 ％水準で統計的に有意，**：5 ％水準で有意，*：10％水準で有意。
出所）筆者作成。

（4）実証研究と較べて，理論研究は，経路依存性を強調しない文献でより多く構成されている。
（5）研究テーマの違いは，経路依存性効果の評価に大きな影響を及ぼす。事実，公式制度や非公式制度，地域及び地方でのアイデンティティを研究課題とした文献は，他の研究テーマを取り上げた文献よりも，市場経済化プロセスにおける経路依存性の重要性を強調する傾向が明らかに強い。
（6）内容如何にかかわらず，経路依存性メカニズムに言及する文献は，経路依存性効果を重要視する結論に至る傾向がある。
（7）ベルナール・シャヴァンス（Bernard Chavance）やホジソンなどの進化経済学，マーク・グラノヴェッター（Mark Granovetter）など社会的ネットワーク論の諸作に理論的根拠を求める著者は，経路依存性効果の重要性に高い評価を与える一方，David に代表される技術変化における経路依存性論やキャサリン・セレン（Kathleen Thelen）に代表される比較政治学に依拠する著者は，経路依存性効果を軽視する確率が高い。

　以上の事実発見とは対照的に，表3.4の推定結果によれば，著者所属機関タイプ，国家横断型研究か単一国家研究であるかの別，過去の遺制の影響に関する評価，並びに掲載雑誌タイプの差異は，経路依存性効果の評価になんら統計的に有意な影響を及ぼしていない。これら非有意な変数の中でも，掲載雑誌タイプに関する推定結果は，経路依存性研究の発表に際して，強い「公表バイアス」（publication selection bias）が存在していない可能性を示唆し，特に興味深い。

　以上に報告した統計・計量分析は，3.2節までの議論をおおむね支持するものではあるが，いくつか予想を裏切る結果も含んでいる。第 1 に，本来移行国の独自経路を強調すると想定される移行国に所在する著者が，経路依存性を重視していない。

第3講　市場経済移行と経路依存性：転換か進化か

表3.4　経路依存性効果の研究評価に関する順序プロビット回帰分析

従属変数	経路依存性効果の4段階評価（0〜3）		
独立変数（括弧内はディフォルトカテゴリー）	回帰係数	標準誤差[1]	z値[2]
刊行年	−0.079	0.037	−2.12 **
著者所属機関タイプ（大学）			
研究所	−0.071	0.471	−0.15
国際機関・政府機関	0.724	0.859	0.84
著者所属機関所在地（北米）			
西欧所在機関	0.967	0.380	2.55 **
中東欧・旧ソ連所在機関	−1.027	0.429	−2.40 **
アジア・オセアニア所在機関	−0.265	0.611	−0.43
研究対象地域・国（移行経済一般研究）			
東ドイツ研究	−3.259	0.924	−3.53 ***
中東欧EU加盟国研究	−0.654	0.427	−1.53
中東欧EU非加盟国研究	0.335	0.418	0.80
ロシア研究	0.359	0.621	0.58
旧ソ連諸国研究（ロシアを除く）	−0.233	0.509	−0.46
中国研究	−0.904	0.635	−1.42
国家横断型研究（その他）	−0.399	0.448	−0.89
研究タイプ（実証研究）			
理論研究	−1.576	0.588	−2.68 ***
研究テーマ（Variety of capitalism）			
主体・エリート	−0.251	0.494	−0.51
公式制度	1.067	0.426	2.50 **
非公式制度	2.788	0.758	3.68 ***
国家・政治	−0.221	0.521	−0.42
文化・価値観・倫理	−0.878	0.722	−1.22
社会関係資本とネットワーク	0.476	0.592	0.80
地域および地方でのアイデンティティ	1.781	0.585	3.05 ***
直接投資と外国貿易	0.010	0.527	0.02
遺制の影響（−1, 0, 1）	0.207	0.244	0.85
経路依存性メカニズム（言及なし）			
経済的メカニズム	9.331	0.820	11.38 ***
政治的メカニズム	10.172	1.019	9.98 ***
文化的メカニズム	9.686	0.885	10.94 ***
システムロジック	8.553	0.994	8.61 ***
掲載雑誌タイプ（その他）			
政治経済学	0.603	0.725	0.83
経済学（他）	−0.181	0.652	−0.28
経済政策系	−0.443	0.669	−0.66
ビジネス・管理	−0.294	0.610	−0.48
地域研究	−0.497	0.579	−0.86
移行論	0.218	0.621	0.35
開発論	0.809	1.079	0.75
引用研究者（その他）			
Arthur	1.228	0.822	1.49
Campbell	2.071	1.259	1.64 *
Chavance	10.849	2.668	4.07 ***
Coase	0.975	0.992	0.98

第Ⅰ部　計画経済の破綻と市場経済への移行戦略

David	−2.948	1.314	−2.24 **
Granovetter	2.215	0.862	2.57 ***
Hausner	−0.266	0.503	−0.53
Hayek	2.389	0.968	2.47 **
Hodgson	3.067	1.332	2.30 **
Murrell	−0.488	0.843	−0.58
Nelson and Winter	0.639	0.860	0.74
North	−0.836	0.466	−1.79 *
Pierson	−0.252	1.121	−0.22
Polanyi	0.405	0.900	0.45
Roland	1.392	1.002	1.39
Scott	−0.724	1.353	−0.54
Smith	−0.779	0.708	−1.10
Stark	0.158	0.451	0.35
Thelen	−3.412	1.216	−2.81 ***
Veblen	1.769	1.165	1.52
Weber	−1.349	1.582	−0.85
Williamson	−1.339	0.844	−1.59
N		122	
Log pseudolikelihood		−88.712	
Pseudo R^2		0.440	

注1）White の修正法による分散不均一性の下でも一致性のある標準誤差。
　2）***：1％水準で統計的に有意，**：5％水準で有意，*：10％水準で有意。
出所）筆者推定。

第2に，移行経済論において経路依存性論を主導したスタークを引用する文献と経路依存性効果の間に有意な関係はみられず，スターク論文の引用がそのまま経路依存性への強い支持にも批判にもつながっていない。こうした予想外の結果については，更なる考察が必要であろう。

3.5　移行経済研究における経路依存性論

　ここまでの議論をまとめよう。社会主義から資本主義への大転換という意味で，市場経済移行は正に断絶的な意味合いが強く，経済政策に焦点をあてた研究が中心であった。しかし，実際に進展した多様な移行結果から，歴史，とりわけ社会主義的遺制の影響を重視する研究が増加しており，Stark（1992）を契機として，経路依存性論の存在感は無視できなくなったと考えられる。あわせて，制度研究もまた経路依存性論の進展には追い風に働いた。その結果，統計的・計量的方法論から導き出された結果を顧みれば，更に次のことも指摘できよう。第1に，経路依存性の効果は，研究テーマによって異なり，経路依存性は公式制度・非公式制度など移行経済の制度のあり方や役割を巡って重要な論点であり続けている。第2に，時間の

第3講　市場経済移行と経路依存性：転換か進化か

経過が進むにつれ，経路依存性が生じるメカニズムには疑問が生じやすい。世代交代は無視できない。

以上の体系的レビューの結論ではカバーできるものではないが，本講義のテーマである経路依存性の理解そのものが，移行研究の中で深化・発展したことも注目に値する。以下では，経路依存性論議の意味を深めるために，この点を議論しよう。

さて，基本抽出文献を見渡すと，そのいずれも，経路依存性を安易な歴史決定論として扱っているわけではないことが分かる。経路依存性に対する評価に関わりなく，すべてに共通する中心軸は，市場経済移行における単線的・単一モデルの見方，過去を無視し政策だけが結果を規定するという接近に対する懐疑的な評価であり，その際に，経路依存性は，過去の制度が意思決定者の選択・戦略における制約要因になったこと，制度変化のあり方，そこでのアクターの構成が，政策や外的要因と並んで重要な影響要因のひとつであることを論証している。

その一方で，経路依存性を支持しない研究は，資源や歴史の初期条件の存在を認めても，それを経済成長や制度変化に結びつけていない。ただし，注意深く分析すれば，経路形成的接近（Drahokoupil, 2007）も，経路偶発的接近（Gould and Sickner, 2008）も，経路依存性論に関係している。Nielsen et al.（1995）によると，経路形成的接近は，「現在の変化」（the present matters）を問題にし，それは，特殊かつ歴史的に与えられた制約の範囲内で，アクターが自らふるまう「舞台」を再設計し，ゲームのルールを再構成することを意味し，それ故に，ネオリベラル派が熱望するような制度設計への主意主義的・創造論的接近には制約がある。「歴史が重要である」証拠は認められるが，その作用だけにこだわらず，むしろ歴史の作用の範囲内で「現在も重要である」とすれば，経路依存性を完全に否定する研究はごく限られていることになる。

社会主義から資本主義への体制転換という壮大かつ複雑な制度変化過程において，経路依存性論は，過大にも過小にも評価されるべきではなく，それが活用される時間と空間における位置付け（Labrousse, 2002）と選択的な利用（Pavlinek, 2002）の場が，歴史決定主義を避けるうえでも重要である。また，過去がいくら重要であり，かつ歴史的遺産が存在するからと言って，それを以て進化の存在証明と結論するわけにはいかない。過去と現在を結び付ける関係性こそが重要なのであり（Kotkin and Beissinger, 2014），それには，「分裂」（制度破壊から新しいものが生み出される），「翻訳」（過去の実践が新しい目的に利用されたり別様に用いられる状態），「ブリコラージュ」（過去の要素が現在と混ざり合い深く浸透する状態），「パラメーター化」（個人の思考や行動に課される制限），「文化スキーマ」（習慣化した思考や行動）という多様な事象が含まれる。言い換えれば，新しい関係性の観察が，経路

127

第Ⅰ部　計画経済の破綻と市場経済への移行戦略

依存性論には必要なのである。

　ところで，市場経済移行は，ポスト社会主義システムの公式制度・ルールの形状とその形成度合いに特徴付けられる。単線的な見方への対案のひとつが，Stark（1992）による民営化は過去の制度の延長線上で組み換えられるという見方であり，進化的接近の Murrell（1995），比較制度分析から移行国を考察した Aoki and Kim（1995）も同じアングルの上にあった。政策による制度矯正力に対する考え方に違いはあっても，これら全ての経済学者が，制度に着目したと言っても過言ではない。

　今日の制度論では，非公式制度がその不可欠な構成要素である。その一例として，Neef and Stanculescu（2002）は，ロシアや東欧諸国の非公式部門を，実証分析の俎上に挙げた。彼らは，日々の生活の「基本原則」（ground rules）を，「新しいシステムで自分の人生をわがものとするために獲得し内部化しなければならない知識のため池」（p. 91）とみなし，人々は，「全体主義国家の圧倒的な影響力に抗するために，自らの社会主義的習慣の一部としての行動のため池を発展させた」（p. 91）と主張した。このような「ため池」は，体制転換において市場経済化を促す反面，市場経済化の中で生き残る手段，さらには犯罪と化することで市場経済化に抗する要素にもなった[13]。制度構築が遅れるか歪んだ地域において，非公式部門が再生産される度合いは高い。

　以上の様に，経路依存性議論の内容が深まる一方で，市場化の進展，とりわけグローバル化と EU 化の中で，更には2000年代における新興市場諸国の目覚ましい経済成長の中で，経路依存性論の有効性が問題視される傾向も確かに存在する。移行経済研究者の間での支持度合いの低下は，経路依存性論そのものの消滅を意味するわけではない。実際，スタークは，中東欧の研究を通して，「いろいろな体制の混ざり合ったパターンの組み換え（recombination）」を創造的な組織とみなし，この見方を制度論に一般化する試みを行っているのである（Stark, 2009）。

　経路依存性論は，移行経済論にめぐり合うことで，それ自身を目覚ましく発展させた。移行経済は，単に市場・民主主義への制度変化を意味するだけでなく，アクターとその価値観の転換を内包する以上，経路依存性もまた制度・慣習と共に，そこでのアクター，行動，ネットワークを重視せざるを得ない。更に，経路依存性論は，形成された制度の多様性故に資本主義多様性論と緊密に結びついている。着地点とされた既存の先進的な市場経済それ自身が多様に理解される上に，経路依存性が移行経済内の多様性を提示している。換言すれば，経路依存性論は，制度変化を分析する限られたツールの位置からその守備範囲を広げたと言ってもいいだろう。

────────────

13）この問題は，本書第 6 講で改めて取り上げる。

128

3.6 おわりに

　移行経済論という時代制約的な研究において，制度形成・制度変化を説明するための一つの説明手段として，経路依存性とそれに関連する分析概念が洗練されてきた。最も影響力を持つ経済学者は言うまでもなくノースであり，その影響力の大きさは，被引用頻度に十分に見て取れる。現代経済分析における制度概念の重要性を大きく高めたという意味では，コースやジョセフ・スティグリッツ（Joseph Stiglitz）といったノーベル賞経済学者もまたノースを補完して余りある働きをした。更に，制度と行動の関係に焦点を当てて，マックス・ウェーバー（Max Weber）やヴェブレンらの研究に遡及する流れは，これらの古典的な議論の思想史上の貢献を強く示唆している。

　しかし，本講義が明らかにした通り，こと移行経済論という場に限定すれば，基本抽出文献の総意として，スタークが特別の注目を集めているのは明白である。被引用頻度はもちろん，彼の主張を巡る移行経済研究者の議論の深さ，即ち支持と批判双方の大きさは，経路依存性論者スタークをして，一つの支柱として位置付けるに十分な存在であることを指し示している。スタークの研究は，社会主義崩壊の前後を研究する者にとって，同時代性を感ずるに十分な成果であった。彼に浴びせられる歴史決定主義批判は，資本主義システムの中での生命力のある組織を模索することで切り返している。つまり，ハンガリーはひとつのサンプルでそこから多様性をもって生き残る組織原理を追求する彼の姿勢は，ヤーノシュ・コルナイ（János Kornai）があくまで移行経済論に固執し，中国，ベトナム，北朝鮮とその範囲を広げようとしたことと対照的に，移行経済論に対するひとつの模範的な「卒業」と位置付けられるだろう。

　スタークの知見の蓄積とその浸透は，経済改革論で先陣を切ったハンガリーにおいてこそ経路依存性論が開花したことを指し示しており，それは特別な意味を持つ。ソフトな予算制約から社会主義経済システムの機能不全を論証したコルナイも経済制度と価値観に注目したように，コルナイの接近は，スタークにも脈々と受け継がれている（Stark, 2009）。市場社会主義と経済改革に関して膨大な模索を重ねたハンガリーは，Stark（2009）の研究の基盤を作っただけでない。EU東方拡大では新規加盟レースの最先端を走りながら，その一方で，EU中核国とは制度上の距離を保ちつつ，しかし，それにもかかわらず他の東欧諸国とも違いを顕示するハンガリーという国家の独自の位置取りこそが，経路依存性を，歴史決定主義に陥らせることなく，制度研究に導いたと考えることもできよう[14]。更に言えば，Kornai

第Ⅰ部　計画経済の破綻と市場経済への移行戦略

（1971）を引き継げば，経路依存性の見方に立脚した社会発展認識は，進化と適応という，正に生物学的な経済学の接近を提起し[15]，規範的な法則に立脚する物理学的な接近に対峙している（Mihályi, 2016）。

　経路依存性論は，移行経済研究者に対して，「転換」に代わり「進化」という道筋を提起し，彼らをして，この考え方を支持する厚みのある研究を生み出しめた。転換と進化が二択ではなく，一種の両立関係にあるとすれば，経路依存性と経路形成の関連付けこそが，その重要性を著しく高めるのであり，比較経済学の魅力ある視座にまで成長させるのである（Csaba, 2016）。今後の議論の展開を見守りたい。

謝辞

　本講義は，科学研究費補助金基盤研究（A）「比較移行経済論の確立：市場経済化20年史のメタ分析」（課題番号：23243032），平成27年度京都大学経済研究所共同利用・共同研究拠点プロジェクト研究「経路依存の移行経済論」，並びに人間文化研究機構北東アジア地域推進事業の研究成果であり，第2次文献調査を踏まえて，溝端・堀江（2013）を増補・改訂したものである。

参考文献

溝端佐登史・堀江典生（2013）「市場経済移行と経路依存性—体系的レビュー」『経済研究』第64巻第4号，338-352頁.

Aoki, Masahiko and Hyung-ki Kim（1995）Corporate Governance in Transitional Economics: Insider Control and the Role of Banks, World Bank: Washington, D. C.

Arthur, Brian（1988）Self-reinforcing mechanism in economics, In: Anderson, Phillip W., Kenneth Arrow and David Pines（eds.）, The Economy as an Evolving Complex System, Wiley: New York, pp. 9-31.

Arthur, Brian（1989）Competing technologies, increasing returns, and lock-in by historical events, Economic Journal, 99(1), pp. 116-131.

Arthur, Brian（1990）Positive feedbacks in the economy, Scientific American, 262(2), pp. 92-99.

Arthur, Brian（1994）Increasing Returns and Path Dependence in the Economy, University of Michigan Press: Ann Arbor.（有賀裕二訳『収益逓増と経路依存—複雑系の経済学』多賀出版，2003年）

Beyer, Jurgen and Jan Wielgohs（2001）On the limits of path dependency approaches for explaining postsocialist institution building: In critical response to David Stark, East European Politics & Societies, 15(2), pp. 356-380.

Bohle, Drothe. and Bella Greskovitz（2012）Capitalist Diversity on Europe's Periphery, Cornell University Press: Ithaca and London.（堀林巧・田中宏・林裕明・柳原剛司・高田公訳『欧州

14）Bohle and Greskovitz（2012）は，欧州の周辺部の資本主義多様性を論じている。

15）経済システムの適応を論じたものとして Steinmo（2010）がある。

周辺資本主義の多様性―東欧革命後の軌跡』ナカニシヤ出版，2017年）

Bourdieu, Pierre（1986）The forms of capital, In: Richardson, John C.（ed.）, Handbook of Theory and Research for the Sociology of Education, Greenwood: New York, pp. 241-258.

Bruzst, Laszlo and David Stark（1991）Remaking the political field in Hungary, Journal of International Affairs, 45（1）, pp. 201-245.

Burawoy, Michel（2001）Neoclassical sociology: From the end of communism to the end of classes, American Journal of Sociology, 106（4）, pp. 1099-1120.

Campbell, John L.（2010）Institutional reproduction and change, In: Morgan, Glenn, John L. Campbell, Colin Crouch, Ove Kaj Pedersen and Richard Whitley（eds.）, The Oxford Handbook of Comparative Institutional Analysis, Oxford University Press: New York, pp. 87-116.

Coase, Ronald（1937）The nature of the firm, Economica, 4（16）, pp. 386-405.

Coase, Ronald（1960）The problem of social cost, Journal of Law and Economics, 3, pp. 1-44.

Csaba, Laszlo（2016）Introduction: Constraints and driving forces in economic systems, In: Hámori, Balázs and Miklós Rosta（eds.）, Constraints and Driving Forces in Economic Systems: Studies in Honour of János Kornai, Cambridge Scholars Publishing: Newcastle, pp. 1-14.

David, Paul（1985）Clio and the economics of QWERTY, American Economic Review, 75（2）, pp. 332-337.

David, Paul（1986）Understanding the economics of QWERTY: The necessity of history, In: Parker, William（ed.）, Economic History and the Modern Economist, Blackwell: Oxford, pp. 30-49.

David, Paul（1997）Why are institutions the carriers of history? Path-dependence and the evolution of conventions, organizations and institutions, Structural Change and Economic Dynamics, 5（2）, pp. 205-220.

David, Paul（2001）Path dependence, its critics and the quest for 'historical economics', In: Garrouste, Pierre and Stavros Ioannides（eds.）, Evolution and Path Dependence in Economic Ideas, Edward Elgar: Cheltenham, pp. 15-40.

Denzau, Arthur and Douglass North（1994）Shared mental models: Ideologies and institutions, Kyklos, 47（1）, pp. 3-31.

Drahokoupil, Jan（2007）Analysing the capitalist state in post-socialism: Towards the Porterian workfare postnational regime, International Journal of Urban and Regional Research, 31（2）, pp. 401-424.

Frye, Timothy（2010）Building States and Markets after Communism, Cambridge University Press: New York.

Fukuyama, Francis（1995）Trust: The Social Virtues and the Creation of Prosperity, The Free Press: New York.（加藤寛訳『「信」無くば立たず―「歴史の終わり」後，何が繁栄の鍵を握るのか』三笠書房，1996年）

Gould, John A. and Carl Sickner（2008）Making market democracies? The contingent loyalties of post-privatization elites in Azerbaijan, Georgia and Serbia, Review of International Political Economy, 15（5）, pp. 740-769.

Granovetter, Mark（1985）Economic action and social structure: The problem of embeddedness, American Journal of Sociology, 91（3）, pp. 481-510.

Hare, Paul and Gerard Turley（eds.）（2013）Handbook of the Economics and Political Economy of Transition, Routledge: New York.

Hausner, Jerzy, Bob Jessop and Klaus Nielsen（eds.）（1993）Institutional Frameworks of Market

Economies: Scandinavian and Eastern European Perspectives, Avebury Ashgate: Aldershot.

Hausner, Jerzy, Bob Jessop and Klaus Nielsen (eds.) (1995) Strategic Choice and Path-dependency in Post-socialism: Institutional Dynamics in the Transformation Process, Edward Elgar: Aldershot.

Hayek, Friedrich (1948) (1980) Individualism and Economic Order, University of Chicago Press: Chicago. (嘉治元郎・嘉治佐代訳『個人主義と経済秩序（新版）』春秋社，2008年)

Hayek, Friedrich (1949) (1997) The Counter-revolution of Science : Studies on the Abuse of Reason, Free Press: Indianapolis. (佐藤茂行訳『科学による反革命―理性の濫用』木鐸社，1979年)

Hayek, Friedrich (1967) Studies in Philosophy, Politics and Economics, University of Chicago Press: Chicago.

Hayek, Friedrich (1973) Rules and Order: Law, Legislation and Liberty, Volume 1, University of Chicago Press: Chicago. (矢島鈞次・水吉俊彦訳『ルールと秩序―法と立法と自由(1)』春秋社，1998年)

Hayek, Friedrich (1979) The Political Order of a Free People, Legislation and Liberty, Volume 3, University of Chicago Press: Chicago.

Hölscher, Jens and Horst Tomann (eds.) (2016) Palgrave Dictionary of Emerging Markets and Transition Economics: Insights from Archival Research, Palgrave Macmillan: New York.

Ibrahim, Gamal and Vaughan Galt (2002) Bye-bye central planning, hello market hiccups: Institutional transition in Romania, Cambridge Journal of Economics, 26(1), pp. 105-118.

Karl, Terry Lynn and Philippe C. Schmitter (1991) Modes of transition in Latin America, Southern and Eastern Europe, International Social Science Journal, 128, pp. 269-284.

Klimina, Anna (2008) Veblenian concept of habit and its relevance to the analysis of captured transition, Journal of Economic Issues, 42(2), pp. 545-552.

Kornai, János (1971) Anti-equilibrium: On Economic Systems Theory and the Tasks of Research, North-Holland: Amsterdam. (岩城博司・岩城淳子訳『反均衡の経済学―経済システム理論の形成をめざして』日本経済新聞社，1975年)

Kotkin, Stephen and Mark R. Beissinger (2014) The historical legacies of communism, In: Beissinger, Mark R. and Stephen Kotokin (eds.), Historical Legacies of Communism in Russia and Eastern Europe, Cambridge University Press: New York, pp. 1-27.

Labrousse, Agnes (2002) Institutional and organisational dynamics in the East German transformation, East-West Journal of Economics and Business, 5(1/2), pp. 139-171.

Lichtenstein, Peter M. (1996) A new-institutionalist story about the transformation of former Socialist economies: A recounting and an assessment, Journal of Economic Issues, 30(1), pp. 243-265.

Mihályi, Peter (2016) János Kornai's anti-equilibrium, a harbinger of evolutionary economics, In: Hámori, Balázs and Miklós Rosta (eds.), Constraints and Driving Forces in Economic Systems: Studies in Honour of János Kornai, Cambridge Scholars Publishing: Newcastle, pp. 77-86.

Murrell, Peter (1990) 'Big bang' versus evolution: East European economic reforms in the light of recent economic history, PlanEcon Report, 6(26), pp. 1-11.

Murrell, Peter (1991) Symposium on economic transition in the Soviet Union and Eastern Europe, Journal of Economic Perspectives, 5(4), pp. 3-9.

Murrell, Peter (1992) Evolution in economics and in the economic reform of centrally planned economics, In: Clague, Christpher and Gordon Rausser (eds.), The Emergence of Market Economies in Eastern Europe, Blackwell: Cambridge, pp. 35-54.

Murrell, Peter (1995) Reform's rhetoric-realization relationship: The experience of Mongolia, In: Poznanski, Kazimierz (ed.), The Evolutionary Transition to Capitalism, Westview Press: Boulder, pp. 79-96.

Murrell, Peter (1995) The transition according to Cambridge, Mass., Journal of Economic Literature, 33(1), pp. 164-178.

Murrell, Peter (2008) Institutions and firms in transition economies, In: Ménard, Claude and Mary Shirley (eds.), Handbook of New Institutional Economics, Springer: Berlin, pp. 667-699.

Nee, Victor (1992) Organizational dynamics of market transition: Hybrid forms, property rights, and mixed economy in China, Administrative Science Quarterly, 37(1), pp. 1-27.

Neef, Rainer and Manuela Stanculescu (eds.) (2002) The Social Impact of Informal Economies in Eastern Europe, Ashgate: Aldershot.

Nielsen, Klaus, Bob Jessop and Jerzy Hausner (1995) Institutional change in post-socialism, In: Hausner, Jerzy, Bob Jessop and Klaus Nielsen (eds.), Strategic Choice and Path-dependency in Post-socialism: Institutional Dynamics in the Transformation Process, Edward Elgar: Aldershot, pp. 3-44.

North, Douglas C. (1990) Institutions, Institutional Change and Economic Performance, Cambridge University Press: Cambridge. (竹下公視訳『制度・制度変化・経済成果』晃洋書房, 1994年)

North, Douglass (1986) The new institutional economics, Journal of Institutional and Theoretical Economics, 142(1), pp. 230-237.

North, Douglass (1987) Institutions, transaction costs and economic growth, Economic Inquiry, 25 (3), pp. 419-428.

North, Douglass (1989) Institutions and economic growth: An historical introduction, World Development, 17(9), pp. 1320-1334.

North, Douglass (1991) Institutions, Journal of Economic Perspectives, 5(1), pp. 97-112.

North, Douglass (1994) Economic performance through time, American Economic Review, 84(3), pp. 359-368.

North, Douglass (1997a) Institutional change: A framework of analysis, Voprosy Ekonomiki, 3, pp. 6-17. (In Russian)

North, Douglass (1997b) Understanding economic change, In: Nelson, Joan, Charles Tilly and Lee Walker (eds.), Transforming Post-communist Political Economies, National Academy Press: Washington, pp. 11-18.

North, Douglass (1998) Economic performance through time, In: Brinton, Mary, and Victor Nee (eds.), The New Institutionalism in Sociology, Russell Sage Foundation: New York, pp. 247-257.

North, Douglass (2005) Understanding the Process of Economic Change, Princeton University Press: Princeton. (瀧澤弘和・中林真幸監訳『ダグラス・ノース制度原論』東洋経済新報社, 2016年)

Nutti, Mario (2013) Did we go about transition in the right way? In: Hare, Paul and Gerard Turley (eds.), Handbook of the Economics and Political Economy of Transition, Routledge: New York, pp. 46-58.

Oleinik, Anton (2006) The more things change, the more they stay the same: Institutional transfers seen through the lens of reforms in Russia, Journal of Economic Issues, 40(4), pp. 919-940.

Pavlinek, Petr (2002) Transformation of the Central and East European passenger car industry: Selective peripheral integration through foreign direct investment, Environment and Planning A, 34(9), pp. 1685-1709.

Pickles, John and Adrian Smith (eds.) (1998) Theorising Transition: The Political Economy of Post-communist Transformation, Routledge: New York.

Pierson, Paul (2000) Increasing returns, path dependence and the study of politics, American Political Science Review, 94(2), pp. 251-267.

Poirot, Clifford Jr. (2002) Wither the NIE, Journal of Economic Issues, 36(2), pp. 557-565.

Polanyi, Karl (1944) The Great Transformation: The Political and Economic Origins of Our Time, Beacon Press: Boston. (野口建彦・栖原学訳『大転換』東洋経済新報社, 2009年)

Putnam, Robert D. (1993) Making Democracy Work: Civic Tradition in Modern Italy, Princeton University Press: Princeton. (河田潤一訳『哲学する民主主義—伝統と改革の市民的構造』NTT 出版, 2001年)

Putnam, Robert D. (2000) Bowling Alone: The Collapse and Revival of American Community, Simon & Schuster: New York. (柴内康文訳『孤独なボウリング—米国コミュニティの崩壊と再生』柏書房, 2006年)

Roland, Gerard (1990) Gorbachev and the common European home: The convergence debate revived? Kyklos, 43(3), pp. 385-409.

Roland, Gerard (2000) Transition and Economics: Politics, Markets, and Firms, The MIT Press: Cambridge.

Roland, Gerard (2002) The political economy of transition, Journal of Economic Perspectives, 16 (1), pp. 29-50.

Roland, Gerard (2004) Understanding institutional change: Fast-moving and slow-moving institutions, Studies in Comparative International Development, 38(4), pp. 109-131.

Stark, David (1992) Path dependence and privatization strategies in East Central Europe, East European Politics and Societies, 6(1), pp. 17-54.

Stark, David (1995) Not by design: The myth of designer capitalism in Eastern Europe, In: Hausner, Jerzy, Bob Jessop and Klaus Nielsen (eds.), Strategic Choice and Path-dependency in Post-socialism: Institutional Dynamics in the Transformation Process, Edward Elgar: Aldershot, pp. 67-83.

Stark, David (1996a) Recombinant property in East European capitalism, American Journal of Sociology, 101(4), pp. 993-1027.

Stark, David (1996b) Networks of assets, change of debt: Recombinant property in Hungary, In: Frydman, Roman, Cheryl Gray and Andrzej Rapaczynski (eds.), Insiders and the State, Corporate Governance in Central Europe and Russia, Volume 2, Central European University Press: Budapest, pp. 109-150.

Stark, David (2009) The Sense of Dissonance, Princeton University Press: Oxford. (中野勉・中野真澄訳『多様性とイノベーション—価値体系のマネジメントと組織のネットワーク・ダイナミズム』マグロウヒル・エデュケーション, 2011年)

Stark, David and Laszlo Bruszt (1998) Postsocialist Pathways, Cambridge University Press: Cambridge.

Stark, David and Laszlo Bruszt (2001) One way or multiple paths: For a comparative sociology of East European capitalism, American Journal of Sociology, 106(4), pp. 1129-1137.

Steinmo, Sven (2010) The Evolution of Modern States: Sweden, Japan, and the United States, Cambridge University Press: New York.（山崎由希子訳『政治経済の生態学―スウェーデン・日本・米国の進化と適応』岩波書店，2017年）

Tridico, Pasquale (2007) Institutions, human development and economic growth in transition economies, European Journal of Development Research, 19(4), pp. 569-593.

Veblen, Thorstein (1898) The Theory of the Leisure Class: An Economic Study of Institutions, Macmillan: New York.（高哲男訳『有閑階級の論理―制度の進化に関する経済学的研究』筑摩書房，1998年）

Veblen, Thorstein (1898) Why is economics not an evolutionary science? Quarterly Journal of Economics, 12(4), pp. 373-397.

Veblen, Thorstein (1904) The Theory of Business Enterprise, Transaction Publishers: New Brunswick.（小原敬士訳『企業の論理』筑摩書房，2002年）

Veblen, Thorstein (1909) The limitations of marginal utility, Journal of Political Economy, 17(9), pp. 620-636.

Veblen, Thorstein (1914) The Instinct of Workmanship and the State of the Industrial Arts, B.W. Huebsch: New York.（松尾博訳『ヴェブレン経済的文明論―職人技本能と産業技術の発展』ミネルヴァ書房，1997年）

Veblen, Thorstein (1915) Imperial Germany and Industrial Revolution, Macmillan: New York.

Veblen, Thorstein (1919a) The Place of Science in Modern Civilisation and Other Essays, B.W. Huebsch: New York.

Veblen, Thorstein (1919b) The Vested Interests and the Common Man, B.W. Huebsch: New York.

Veblen, Thorstein (1923) Absentee Ownership and Business Enterprise in Recent Times: The Case of America, B.W. Huebsch: New York.

Vergne, Jean-Philippe and Rodolphe Durand (2010) The missing link between the theory and empirics of path dependence, Journal of Management Studies, 47(4), pp. 736-759.

Weber, Max (1922, 1978) Economy and Society: An Outline of Interpretive Sociology, University of California: Berkeley.

Williamson, Oliver (1975) Markets and Hierarchies: Analysis and Antitrust Implications, Free Press: New York.（浅沼萬里・岩崎晃訳『市場と企業組織』日本評論社，1980年）

Williamson, Oliver (1979) Transaction-cost economics: The governance of contractual relations, Journal of Law and Economics, 22(2), pp. 233-261.

Wojtyna, Andrzej and Jerzy Hausner (1993) Privatization as a restructuring device: Can it substitute for industrial policy in the transforming economies? Some lessons from Poland, Journal of Socio-Economics, 22(4), pp. 417-443.

Zakaria, Patty (2013) Is corruption an enemy of civil society? The case of Central and Eastern Europe, International Political Science Review, 34(4), pp. 351-371.

Zhang, Wanfa and Feng Sun (2012) Resurrection through adaptation: The dynamics of China's "comcapitalism" model, Journal of Comparative Asian Development, 11(2), pp. 349-378.

第Ⅱ部

体制転換の社会的衝撃

第4講	**転換不況と経済復興**
	J カーブ型成長経路発生のメカニズム

岩﨑一郎・雲 和広

4.1 はじめに

　市場原理に基づく国民経済の再建と活性化を目指して社会主義を放棄した当初に，中東欧・旧ソ連諸国を待ち受けていたものは，生産水準のカタストロフィックな崩落であった。表4.1によれば，その規模は，計画経済システム崩壊の影響が最も軽微な国々でも，社会主義末期における国内総生産（GDP）の13％から20％に達し，最も深刻な国々では，64％から87％にも及んだ。しかも，この生産低下劇は，国によっては6年から8年も続いた。ハンガリーの著名な経済学者コルナイ・ヤーノシュは，資本主義諸国に見られる通常の景気後退と区別するために，この旧社会主義諸国に観察された特異な経済現象を，「転換不況」（transformational recession）と名付けている（Kornai, 1994）。

　市場経済への体制転換が，一定の社会的混乱や景気後退を引き起こすであろうことは，旧社会主義諸国内外の政策当局者や研究者もある程度は予想していた。しかし，中東欧・旧ソ連諸国がこれほどにも深刻かつ長期の経済危機に見舞われると正しく予測できた者は，冷戦終結当時，殆どいなかったと思われる。一方，危機からの復興過程も，多くの人々の期待を裏切るものであった。何故なら，改革推進国と目された中欧諸国ですらも，社会主義末期の生産水準へ復帰するために，経済縮小の底打ちより5年から8年の歳月を費やさざるを得なかった上，体制移行が25年目に突入した時点でも，少なからぬ国々が，危機前の経済水準を依然取り戻してはいないからである[1]。

1）実際，欧州復興開発銀行（EBRD）の公開データ（http://www.ebrd.com）によれば，中東欧諸国ではボスニア・ヘルツェゴビナ，モンテネグロ及びセルビアの3カ国が，旧ソ連諸国ではモルドバ及びウクライナの2カ国が，前者は2013年，後者は2015年の時点で，社会主義末期の生産水準を8％から35％程度下回っている。

第Ⅱ部　体制転換の社会的衝撃

表4.1　中東欧・旧ソ連28カ国の経済危機継続年数，危機時生産低下率，復興期当初10年間の期間平均実質成長率，地域間多群比較及び国家グループ属性別単変量比較分析

地域・国家	経済危機継続年数	危機時生産低下率（社会主義末期＝100）[1]	復興期当初10年間の期間平均実質成長率
中東欧・旧ソ連全地域平均	4.0	60.2	5.7
中欧・バルト地域平均	3.3	73.1	4.7
エストニア	3	77.0	6.7
クロアチア	4	59.5	4.3
スロバキア	4	75.3	4.3
スロベニア	3	79.7	4.1
チェコ	3	86.9	2.0
ハンガリー	4	81.9	3.7
ポーランド	2	82.2	4.7
ラトビア	4	56.2	6.8
リトアニア	3	59.5	5.6
南東欧地域平均	4.0	54.6	5.3
アルバニア	3	60.1	7.0
セルビア	4	40.6	2.8
ブルガリア	4	73.3	1.5
ボスニア・ヘルツェゴビナ	4	13.5	18.7
マケドニア	6	70.9	2.2
モンテネグロ	4	48.7	3.1
ルーマニア	3	74.9	1.5
旧ソ連地域平均（バルト諸国を除く）	4.5	53.8	6.8
アゼルバイジャン	4	42.2	10.5
アルメニア	2	53.1	7.5
ウクライナ	8	44.8	4.7
ウズベキスタン	4	82.5	4.4
カザフスタン	4	69.0	6.5
キルギス	4	55.0	4.7
ジョージア	3	36.5	5.9
タジキスタン	5	34.1	7.3
トルクメニスタン	6	54.1	14.6
ベラルーシ	4	66.1	6.9
モルドバ	5	44.9	3.4
ロシア	5	62.8	5.2
3地域間多群比較[2]			
ANOVA（F）	2.50	4.40 **	0.86
Bartlett検定（χ^2）	4.66 *	3.10	12.45 ***
KruskalWallis検定（χ^2）	4.73 *	4.73 *	5.90 *
国家グループ属性別単変量比較分析[3]			
(a)構造変化[4]			
構造変化進展度上位国家グループ平均	3.3 †††	65.2 †	5.3
構造変化進展度下位国家グループ平均	4.6	56.4	6.0
(b)体制移行政策[5]			
体制移行政策進捗度上位国家グループ平均	3.4 †††	69.1 †††	4.3
体制移行政策進捗度下位国家グループ平均	4.6	51.3	7.1
(c)社会主義の遺制（初期条件）			
中東欧諸国平均	3.7	65.2 †	4.6
旧ソ連諸国平均（バルト諸国を含む）	4.3	55.8	6.7
(d)インフレーション[6]			
移行当初物価上昇率上位国家グループ平均	4.4 ††	55.0 †††	6.9
移行当初物価上昇率下位国家グループ平均	3.4	71.0	4.3

140

第4講　転換不況と経済復興：Ｊカーブ型成長経路発生のメカニズム

(e)地域紛争[7]
地域紛争発生国家グループ平均	4.1	44.4 [†††]	6.6
地域紛争非発生国家グループ平均	3.9	69.0	5.3

注1）中東欧諸国は1989年，旧ソ連諸国は1991年の実質 GDP を基準とした。
　2）***：1％水準で有意，**：5％水準で有意，*：10％水準で有意。
　3）片側 t 検定。†††：1％水準で有意，††：5％水準で有意，†：10％水準で有意。
　4）2010年民間部門 GDP シェアが75％以上の12カ国を構造変化進捗度上位国家グループに，75％未満の16カ国を下位国家グループに分類した。
　5）チェコ及び2010年 EBRD 移行指標の平均値が3.5以上の14カ国を体制移行政策進捗度上位国家グループに，3.5未満の14カ国を下位国家グループに分類した。
　6）移行当初5年間の消費者物価上昇率期間平均値を基準に24カ国を，上位12カ国と下位12カ国に二分した。データ欠如のため，ボスニア・ヘルツェゴビナ，マケドニア，モンテネグロ及びセルビアの4カ国は分析対象から除外されている。
　7）地域紛争発生国家とは，クロアチア，セルビア，ボスニア・ヘルツェゴビナ，マケドニア，モンテネグロ，アルメニア，アゼルバイジャン，ジョージア，モルドバ，タジキスタンの10カ国を指す。
出所）欧州復興開発銀行（EBRD）公開データ（http://www.ebrd.com）に基づき筆者作成。

　移行初期における生産活動の急激な縮小とその後の相対的に穏やかな回復過程は，ありとあらゆる中東欧・旧ソ連諸国に共通する特徴である。言い換えれば，旧社会主義移行経済諸国は，一カ国の例外もなく，いわゆるＪカーブ型の成長経路を歩んで現在に至っていると云えるのである（Brada and King, 1992）。しかし同時に，経済危機の継続期間や危機時における生産低下の度合い及び復興期の成長力には，表4.1の通り，これらの国々の間に極めて顕著な差が生じたことも，また歴然たる事実である。このような当事国のみならず，国際社会的にも極めて重大で，なおかつ，学術的にも大変興味深い経済情勢に直面した研究者は，その背景要因を巡って様々な理論的検討を行うと共に，その現実適合性を検証すべく，多様な実証分析を繰り広げてきた。その研究蓄積には目を見張るものがあり，移行経済論における最重要研究領域の一つを形成しているといって過言ではない。

　かかる移行経済研究者の精力的な研究活動の結果，我々は，中東欧・旧ソ連諸国のマクロ経済成長決定要因に関して，次のような認識を共有するに至っている。即ち，伝統的な経済成長論が重視している教育水準や人的資本投資はおろか，資本や労働の要素投入すらも，危機時及び復興期初期における経済成長率の有効な説明変数ではなかった。むしろ，旧社会主義移行経済や中東欧・旧ソ連地域に特異な諸要因，より具体的には，（1）市場経済に向けた国民経済システムの構造変化，（2）体制移行政策，（3）初期条件としての社会主義の遺制，（4）インフレーション及び（5）地域紛争の5要因こそが，当該期間のマクロ経済パフォーマンスを決定付ける極めて重大な要素であったという理解に他ならない。実際，多くの先行研究に

おいて，前者2要因は経済成長促進的に，後者3要因は経済成長抑制的に作用するという実証結果が得られている。しかしながら，以上の政策含意に反する研究成果も少なからず提出されており，いわゆる移行経済成長論争は，最終的な決着に達しているとまでは云えない。更に，上記5つの要因の経済成長に及ぼす効果や統計的有意性の相対的な大小関係を厳密に比較した研究は皆無であり，従って，中東欧・旧ソ連諸国が，U字型やV字型ではなく，Jカーブ型の成長経路に沿って，国民経済の危機と復興を経験したのは一体何故なのかという疑問に対しても，既存研究は，依然明快な回答を示してはいないのである。この問題の解明は，移行経済論の重大な空隙を埋めることになる。

　以上の問題意識を踏まえて，本講義では，構造変化，体制移行政策，社会主義の遺制，インフレーション及び地域紛争の効果サイズと統計的有意性のメタ分析による比較を通じて，Jカーブ型成長経路創発メカニズムの解明を試みる。先行研究123点から抽出した3279推定結果を用いたメタ分析の諸結果に基づき，我々は，構造変化をはじめとする上記5要因の相互作用が，中東欧・旧ソ連諸国をして，等しくJカーブ型成長経路を発現せしめたものの，歴史的初期条件，政治情勢及び改革努力に現れた国家間格差が，その形状に大きな差異をもたらしたと主張する。

　なお，旧社会主義諸国のマクロ経済成長研究を対象とした先駆的メタ分析に，Babecký and Campos（2011）及び Babecky and Havranek（2014）がある。本講義は，後発研究としての利点を活かして，これら2つの先行研究を3つの点から補完する。第1に，当該2文献は，経済改革に焦点を当てたメタ分析を行っているが，ここでは，より広範な意味での体制移行政策の成長促進効果を検証する。第2に，上述の通り，本講義は，性質を異にする5つの成長決定要因を同時に取り上げることにより，体制移行政策の効果サイズと統計的有意性を，他4要因との比較の中で明示的に相対化する。そして第3に，本講義では，これら先行メタ分析対象文献の殆ど全てを含む関連研究のより徹底的な渉猟を介して，移行経済研究の全体像に迫る[2]。

　本講義の構成は，次の通りである。次節では，過去四半世紀における中東欧・旧ソ連諸国の経済危機と復興の過程を概観し，その特徴を把握する。4.3節では，先行研究のレビューを通じて，Jカーブ成長経路創発メカニズムを解明するために注目すべきマクロ経済成長要因の特定を試みる。4.4節では，メタ分析対象文献の探索・選択手続き及び抽出推定結果の概要を解説する。4.5節では，抽出推定結果を

2）Babecký and Campos（2011）は，46先行研究が報告する515推定結果をメタ分析に利用し，一方の Babecky and Havranek（2014）は，60研究から抽出した537推定結果を用いている。

用いたメタ統合及びメタ回帰分析を行い，続く4.6節で，当該研究領域における公表バイアスの有無や影響度を検証する。そして最終4.7節で，分析結果の要約と筆者らの結論を述べる。

4.2 移行経済の危機と復興：四半世紀の軌跡

本節では，GDP実質成長率のパネルデータを用いて，中東欧・旧ソ連28カ国の過去四半世紀（1989年〜2014年）における経済成長経路の特徴を把握する。講義冒頭でも述べた通り，これら旧社会主義移行諸国は，体制転換開始直後の数年間に激しい経済危機，即ち，コルナイの云う「転換不況」に見舞われ，その後，危機時のマイナス成長率と比べれば緩やかなテンポのプラス成長期を迎えたという意味で，いずれの国もJカーブ型の成長経路を歩んだ。しかし，経済危機の継続期間やこの間の生産水準下落率，並びに危機からの復興速度には，以下で見る通り，国家間に顕著な差が生じた。

図4.1には，中東欧・旧ソ連28カ国全体と共に，中欧・バルト地域，南東欧地域及びバルト諸国を除く旧ソ連地域の経済危機と復興の経路が描かれている。同図では，中東欧諸国は1989年，旧ソ連諸国は1991年の実質GDPが，それぞれ初期値（t_0）に設定されている。この通り，中東欧・旧ソ連28カ国全体で見ると，体制転換開始から5年目にその経済収縮が最も進むに至っている。一方，このような生産落下の「谷」から，社会主義末期の生産水準へと復帰するために，これら移行諸国は，旧社会主義圏全体として，11年の歳月を費やしている。つまり経済回復には，転換不況による経済収縮に比べて，倍以上もの期間がかかっているのである。しかし，地域別に比較すると，その様相には大きな違いも見られる。実際，南東欧地域と旧ソ連地域の経済危機時における生産低下の度合いは，中欧・バルト地域のそれよりもはるかに激しい。また，経済危機からの復興という面でも，南東欧・旧ソ連地域は，中欧・バルト地域よりもより多くの時間を要した。事実，旧ソ連地域の生産水準が，1991年の水準へと回復するのは，ようやく2004年のことであったし，南東欧地域が1989年の生産水準へ復帰するには，更に2007年まで待つ必要があった。中欧・バルト地域の経済復帰の速さとは，実に対照的な結果であるといえよう。

ここで再び表4.1に戻ると，経済危機継続年数，危機時生産低下率，復興期当初10年間の期間平均実質成長率のいずれについても，上記3地域の間には，分散分析（ANOVA）又はKruskal Wallis検定により，統計的に有意な差が存在することを確認することができる。この結果によっても，南東欧及び旧ソ連地域は，中欧・バルト地域よりも，移行初期に惹起した経済危機がはるかに深刻であったことが分か

第Ⅱ部　体制転換の社会的衝撃

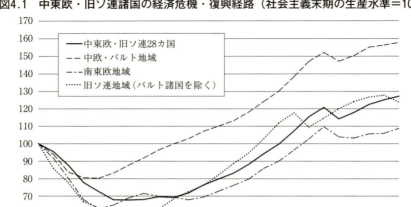

図4.1　中東欧・旧ソ連諸国の経済危機・復興経路（社会主義末期の生産水準＝100）

注）中東欧諸国は1989年，旧ソ連諸国は1991年の実質GDPを基準とした。
出所）EBRD公開データに基づき筆者作成。

る。国別データによると，南東欧地域の中では，旧ユーゴスラビア連邦構成国であるセルビア，ボスニア・ヘルツェゴビナ及びモンテネグロの3カ国が，旧ソ連地域においては，アゼルバイジャン，ウクライナ，ジョージア，タジキスタン及びモルドバの5カ国が，経済危機時に社会主義末期の生産水準を50％以上も喪失している。一方，中欧・バルト地域では，これら8カ国ほどの生産低下を経験した国は一つとして存在しない。

　しかしながら，復興期の経済成長力という観点では，南東欧及び旧ソ連地域は，中欧・バルト地域に必ずしも大きく劣っているわけではない。却って旧ソ連地域は，中欧・バルト地域のそれを凌駕してすらいる。但し，地域間の比較から得られるこのような傾向が，地域構成国レベルにおいてもおしなべて観察されるわけではない。むしろ，このような状況が演出された背景には，ボスニア・ヘルツェゴビナをはじめとする南東欧・旧ソ連地域構成国の幾つかが，復興期に突出して高い経済成長を実現したという事実がある。また，復興期の経済成長率ほど明らかではないが，経済危機継続年数や危機時生産低下率という点でも，南東欧・旧ソ連地域を構成する国々の間の差異は，なかなか大きいものがある。

　以上の通り，体制移行期の成長経路に顕れた地域［内］の相違性は，地域［間］のそれ以上に実は顕著である。そこで，地域差とは異なる視点から中東欧・旧ソ連

144

第4講　転換不況と経済復興：Jカーブ型成長経路発生のメカニズム

諸国の相互比較を行うべく，我々は，社会主義末期を100とする実質生産動向指数データを用いたK平均法アルゴリズムによる非階層型クラスター分析を試みた。クラスター数は3に指定した。その分析結果によると，セルビアをはじめとする旧ユーゴスラビア構成3カ国及び旧ソ連諸国の中で最も経済危機が深刻で，なおかつその後の復興も遅れがちなウクライナ，ジョージア，タジキスタン及びモルドバの4カ国が，一つのクラスターを形成する。過去四半世紀を通じてマクロ経済パフォーマンスが最も低迷した移行国グループと見なしてよいだろう。一方，マクロ経済パフォーマンス最良国グループとして特徴付けられる別のクラスターには，エストニア，スロバキア，スロベニア，チェコ，ハンガリー，ポーランドの中欧・バルト6カ国に加えて，アルメニア，ウズベキスタン，カザフスタン，トルクメニスタン及びベラルーシという旧ソ連諸国の中でも比較的経済運営が良好だとされている5カ国が加わっている[3]。ルーマニアやロシアを含む残り10カ国から成るいま一つのクラスターは，これら2国家グループの中間的存在として位置付けることができる。

　図4.2には，上記3移行諸国クラスター毎の成長経路が描かれている。ここでは，過去四半世紀のマクロ経済パフォーマンスが最も貧弱であった国家グループを第1クラスター，逆に最も良好であった国家グループを第3クラスター，中間グループを第2クラスターと名付けている。図4.1の地域別成長カーブがそうであったように，同図においても，クラスターの違いを超えて，やはりJ型の成長カーブが再現されている。但し，図4.1にも増して，成長カーブの形状に顕在化した国家グループ間の差は目にも明らかである。この事実発見を言い換えるならば，中東欧・旧ソ連経済の危機と復興のプロセスは，地域間の差異にも勝るとも劣らないほど，上記3移行諸国クラスター間の差異に影響された可能性が高いということに他ならない。地域間格差に単純には解消し得ない移行諸国のマクロ経済成長決定要因として，我々はどのようなファクターに注目すべきであるのか？　この点を明らかにすることが，次節の検討課題である。

3）この通り，EU新規加盟国の中でも，改革推進国としての評判がひときわ高いエストニア他中欧・バルト6カ国と，旧ソ連諸国の内でも民主化や経済改革の進展度が特に低いウズベキスタン，トルクメニスタン及びベラルーシの3カ国が，同一のクラスターに含まれることに，一種の違和感を覚える向きも多いだろう。しかし，Iwasaki（2004）が指摘した通り，連邦解体という国家的危機に対処すべく，政府が産業界を強力に統率したこれら旧ソ連諸国のマクロ経済パフォーマンスは，とりわけ移行初期において，前者の中欧・バルト諸国に見劣りするものではなかった。国家統制的・温情主義的産業政策の改革戦術としての是非はともかくとしても，このような事実関係が，クラスター分析の結果にも強く反映されたとみられる。

145

第Ⅱ部　体制転換の社会的衝撃

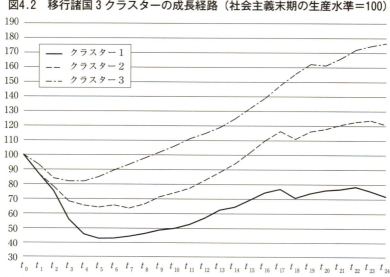

図4.2　移行諸国3クラスターの成長経路（社会主義末期の生産水準＝100）

注1）中東欧諸国は1989年，旧ソ連諸国は1991年の実質GDPを基準とした。
　2）各クラスターの構成国は，次の通り。クラスター1：セルビア，ボスニア・ヘルツェゴビナ，モンテネグロ，ウクライナ，ジョージア，タジキスタン及びモルドバの7カ国。クラスター2：クロアチア，ラトビア，リトアニア，アルバニア，ブルガリア，マケドニア，ルーマニア，アゼルバイジャン，キルギス及びロシアの10カ国。クラスター3：エストニア，スロバキア，スロベニア，チェコ，ハンガリー，ポーランド，アルメニア，ウズベキスタン，カザフスタン，トルクメニスタン及びベラルーシの11カ国。
出所）EBRD公開データに基づき筆者作成。

4.3　移行経済成長論争

　中東欧・旧ソ連経済の危機と復興をめぐっては，移行当初から，政策当局者や研究者の間で様々な議論がなされた。社会主義計画経済体制の特殊性に目を向けたKornai（1994）の「転換不況論」やBlanchard and Kremer（1997）の「ディスオーガニゼーション論」は，予想以上に深刻化した旧社会主義圏における経済危機の深層を理解するという観点から，当時の論争に多大な影響を及ぼした。また，その後に発表されたHeybey and Murrell（1999），de Melo et al.（2001），Havrylyshyn and Wolf（2001），Falcetti et al.（2002）らによる一連の論考は，社会主義時代の不足経済下で蓄積された貨幣オーバーハング（過剰流動性）が引き起こしたハイパーインフレーションの深刻な悪影響と共に，歴史的初期条件としての社会主義の負

第4講　転換不況と経済復興：Ｊカーブ型成長経路発生のメカニズム

の遺産や，内戦及び民族間紛争等に代表される地域特殊問題が，中東欧・旧ソ連経済に，重大かつ否定的な影響を及ぼしたと論じた。一方，移行経済の復興過程に大きな注目を払った Mitrović and Ivančev（2010），Apolte（2011），Peev and Mueller（2012）等による一連の研究は，経済改革のみならず，国民経済活動に影響を及ぼし得るその他様々な政策領域についても，その成長促進効果の実証的検証に努めた。

その末に，移行経済研究者が到達したコンセンサスは，次の点であった。即ち，Mankiw et al.（1992）らが注目する教育水準や人的資本投資といった長期経済成長要因はおろか，標準的な経済成長モデルでは必須の資本及び労働の要素投入すらも，GDP ないし国民（又は労働者）一人当たり GDP で測定される中東欧・旧ソ連諸国の生産水準や成長率を決定付ける重要なファクターではなかった。むしろ，経済危機の谷の深さやその後の復興速度という観点から，これらの国々の間に顕著な差をもたらしたのは，（1）市場経済に向けた国民経済システムの構造変化，（2）体制移行政策，（3）初期条件としての社会主義の遺制，（4）インフレーション及び（5）地域紛争から成る5つの要因に他ならないという点である（Havrylyshyn, 2001; Campos and Coricelli, 2002; Iwasaki, 2004; 岩﨑・鈴木, 2010）。

そこで以下では，上記5要因それぞれについて，先行研究がどのような議論を展開し，また如何なる変数を以て，その経済成長への影響度を実証的に捕捉しようとしたのかを順次検討する。そして本節の最後に，Ｊカーブ型成長経路出現メカニズムの解明にとって，メタ分析が何故必要であるのかを論じる。

4.3.1　経済システムの構造変化

投下労働量と中間投入される物財に価値の根源を置いた社会主義諸国は，物的生産を重視し，重厚長大な産業構造を指向する一方，金融システムを発展させることはなかった。また，これらの国々は，計画的管理を容易なものとするために，生産拠点の集中的配置や極端に巨大な工場の建設も行った（いわゆる「ギガントマニア」）。更に，教育・研究機関を含む社会システムも，このような物財重視の生産体制を支えるべく設計・整備された。かかる社会主義経済システムの特質を踏まえ，研究者が，体制転換に伴う国民経済の構造変化を捉える変数として採用したのは，国営企業を中核とした生産体制の変容度を表す民間部門 GDP シェア，コメコン体制下で国家が事実上独占していた対外経済活動の自由化や多角化の程度を反映する貿易開放度，計画経済では極めて限定された役割しか与えられていなかった金融部門の発展度を示す銀行融資浸透度や金融深化度といった指標である。

民間部門の拡大が経済成長に及ぼす効果の検証は，国有企業私有化の進展に伴い，

147

第Ⅱ部　体制転換の社会的衝撃

2000年代に入ってから大いに進められた。Fischer and Sahay（2001）は，中東欧・旧ソ連25カ国を網羅する1990～98年のパネルデータを用いて，民間部門GDPシェアと実質経済成長率との間に，正の相関関係を見出した比較的初期の業績である。その約10年後に発表されたPróchniak（2011）の中東欧EU新規加盟国を対象とした計量分析も，Fischer and Sahay（2001）と同様の実証結果を再現している。但し，Bennett et al.（2004, 2007）やSukiassyan（2007）の様に，民間部門GDPシェアは，経済成長率と正に相関するものの，統計的には非有意だとする推定結果を報告する研究も幾つか存在し，実証的評価は大きく分かれている。

　貿易開放度と経済成長率の因果関係を検証した論考の代表例としては，Cernat and Vranceanu（2002）が，1990年代の中東欧10カ国において，これら2つの変数の間に，緊密な正の相関関係が成立することを実証した。Capolupo and Celi（2005）もまた，貿易開放度が高い移行国ほど，経済成長率も向上する傾向があると報告している。貿易開放度とGDP成長率との関係を検証した先行研究には，他にもNath（2009）やJosifidis et al.（2012）があり，そのいずれも，両者の間に有意に正の相関関係を見出している。無論，Campos and Kinoshita（2002）やNeyapti and Dincer（2005）等の反証例もあるが，その相対的な文献数は少ない。

　移行期における金融部門の発展と経済成長の関係を考察した研究も，Halushka（1997）を皮切りに途切れなく発表されてきた。比較的近年の実証研究には，Akimov et al.（2009），Gaffeo and Garalova（2014），Cojocaru et al.（2016）があるが，これらは，銀行融資浸透度や金融深化度が，経済成長率に対して有意に正のインパクトを及ぼすことを揃って確認している。転換不況論を唱えたKornai（1994）は，金融制度の未発達がその要因の1つであると指摘し，その克服のためにも，民間商業銀行の設立と発展が重要であると説いたが，Akimov et al.（2009）ら研究成果は，そのような主張を実証的に裏付けるものである。但し，この研究領域には，Djalilov and Piesse（2011）やDudian and Popa（2013）の様に，金融部門発展の経済成長促進効果に関して，中立的ないし否定的な実証結果を提示する研究も数多く含まれており，民間部門や貿易活動の拡大効果以上に，その実証的評価は混然としている。

　以上の議論を踏まえて，ここで再び表4.1に立ち戻ろう。同表(a)において，経済システムの構造変化が，中東欧・旧ソ連諸国の成長経路に及ぼす影響が検証されている。ここでは，構造変化度の代理指標としてしばしば用いられている民間部門GDPシェアを基準に，移行28カ国を上位グループと下位グループに二分した上で，経済危機継続年数，危機時生産低下率及び復興期当初10年間の期間平均実質成長率という観点から，これら2つの国家グループ間に，統計的に有意な差が存在するの

148

か否かを検定している。その結果によれば，構造変化進展度上位国家グループは，下位国家グループよりも，経済危機の継続年数が片側１％水準で有意に平均1.3年短く，なおかつ危機時の生産低下度も10％水準で8.8％小さい。即ち，構造変化の進展度が相対的に高い国々では，経済危機のダメージが比較的軽微であった可能性を示唆しているという意味で，表4.1(a)の分析結果は，構造変化は経済危機抑制的であると主張する先行研究の議論と合致している。一方，復興期の経済成長率では，２国家グループ間に有意な差は検出されず，危機後の構造変化と経済成長の相関関係に関する議論は，この分析枠組みでは明確な支持を得られない。

4.3.2 体制移行政策

　市場経済への体制転換を促進する政策とは何か，それはどのように設計・実行され，如何なる結果をもたらしたのか，という問いは，移行経済論の根幹的な研究課題の一つであり，体制移行政策とマクロ経済成長との関係に限っても，先行研究の議論は実に多彩を極めている。実際，移行経済成長論争において，体制移行政策の成長促進効果は研究者の最も強い関心を惹き，それ故に，極めて活発な理論的・実証的検討を醸成した論点であるといっても決して誇張ではない。事実，後述の通り，本講義のメタ分析が対象とする先行研究の大多数が，体制移行政策を実証分析の中核に据えているのである。

　体制移行政策の中でも，自由化，価格・競争政策，企業改革，私有化政策及び金融・貿易改革等から成る経済改革が，研究者の最大関心事であるのは，遡ることÅslund et al.（1996）から，最近の研究成果である da Rocha（2015）に至るまで，常に変わりない。中東欧・旧ソ連諸国の経済改革進展度を５段階で評価した欧州復興開発銀行（EBRD）の「移行指標」や，米国ヘリテージ財団が世界各国の経済自由度の総合指標として提供している「自由度指標」及びこれら国際機関や有力シンクタンクの指標に独自的な加工を加えた変数を以て，経済改革の成長効果を検証した事例は，ここに紹介しきれないほど枚挙に暇がない。先行研究を俯瞰する限り，自由化を初めとする改革措置は，総じて経済成長促進的であるという見解が有力説であるという印象を受ける。しかし同時に，研究対象国・地域や観察期間及び如何なる改革措置を取り上げるのかという研究者の選択が，実証結果に著しい違いをもたらす傾向も強いのが，この研究領域の特徴でもある。

　経済改革に次いで，研究者が注意を払った体制移行政策が，議会制や多党制の導入を柱とする民主化である。Fidrmuc（2001, 2003），Heckelman（2010），Apolte（2011）及び Peev and Mueller（2012）は，民主化と経済成長の関係に真正面から取り組んだ研究成果である。米国フリーダムハウスや世界銀行が独自に調査・算定

第Ⅱ部　体制転換の社会的衝撃

する「民主主義指標」等を用いて，両者の相関関係を精査したこれら先行研究は，総じていえば，民主化が経済成長の直接的な駆動力であるという一部の見方に否定的である。実際，民主化の経済成長促進効果を認める Fidrmuc（2003）も，「民主化は，経済的自由の強化を介して，間接的に移行期の経済成長に肯定的な効果をもたらした」（p.583）との留保的意見を表明しているのである。民主化指標をコントロール変数の一部に用いたその他先行研究の推定結果も，正否入り乱れており，上述の経済改革以上に，実証的評価の全体的趨勢は不透明である。

　研究者が視野に入れる体制移行政策の範囲は，経済改革や民主化に止まらない。法の支配や司法改革も，その重要な構成要素である。この改革領域に着目した多くの研究は，米国フリーダムハウスを筆頭とする第三者機関の評価値を用いて，法の支配や所有権の確立度及び司法機関の独立性・公平性と，当該国の経済成長との関係を検証し，両者の間に正の相関を見出している（Grogan and Moers, 2001; Godoy and Stiglitz, 2006; Popov, 2007; Eicher and Schreiber, 2010）。この他，文献数は大きく劣るが，国民社会の制度的質，行政改革，政治改革・政治的安定度，市民権・市民社会の成熟度が，経済危機や復興過程に及ぼすインパクトを調査し，それらの肯定的な効果を見出した研究例もある（Beck and Laeven, 2006; Eicher and Schreiber, 2010; Heckelman, 2010）。

　以上を大胆に総括すれば，体制移行政策と経済成長の関係を検証した先行研究は，反証例は少なくないものの，市場経済への体制転換に資する諸策は，経済成長とも親和的であるか，少なくとも阻害的ではないという点で，概ね意見の一致を見ている。実際，表4.1（b）では，体制移行政策の進捗度と成長経路との関係を，EBRDの移行指標を用いて検証しているが，先述した構造変化のケースと同様に，ここでも，体制移行政策の危機抑制効果を示唆する上述の見解を支持する結果が得られているのである。

　但し，体制移行政策と経済成長との関係が，単線的・線形的ではない可能性を示唆する先行研究があるという事実は，ここに指摘しておく必要があろう。例えば，自由化と安定化は表裏一体のものであり，社会の安定化が進まないと自由化を進展させることも難しく，従って，まずは安定化を優先すべきであるという Fischer et al.（1996ab）や de Melo et al.（1997）の主張は，この観点から傾聴に値する。また，Selowsky and Martin（1997）のいう「より良い政策」が，長期的にはともかく，移行初期においては，経済危機をより激化した可能性があるという指摘も，見逃すことはできない。

　政策と成長の非線形的な関係の存在を示唆する de Melo et al.（1997）らの見解と分かち難く結びついている移行経済成長論争上の重大テーマが，第2講でも取り上

げた政策速度の在り方を巡る急進主義派と漸進主義派の意見対立である。1990年代から2000年代初頭にかけて，両派は，体制移行政策（特に経済改革）の実行速度と経済成長との関係について，相反する主張をぶつけ合った。事実，Roland and Verdier（2000）のように，漸進主義的な政策実施が，移行初期の生産低下を効果的に緩和したと主張する一連の研究が存在する一方，Wyplosz（2000）の如く，急速な自由化政策は，転換不況からの速やかな脱出とその後の急速な経済回復をもたらしたと述べる論考も多数提出されたのである。この論争に決着をつけるべく，Heybey and Murrell（1999）をはじめとする移行経済研究者の一群は，体制移行政策変数の尺度として，従来の改革到達度に加えて，改革速度という尺度を採用し，独自の実証分析を試みている。これら2つの変数尺度の違いが，実証結果に如何なる違いをもたらすのかという点は，非常に興味深い問題である。

4.3.3 社会主義の遺制

　移行経済成長論争では，社会主義経験年数の長短や計画経済体制の徹底振りが，移行期の成長経路に及ぼす影響を巡っても，活発な議論が展開された。このいわゆる「社会主義遺制論」は，歴史的初期条件が，今日及び将来の経済活動に決定的ともいえる影響を及ぼすと述べる制度派経済学や進化経済学の「経路依存性概念」に共鳴する研究者によって唱導されたものである。その要諦は，社会主義計画経済の経験期間が長ければ長いほど，また生産活動や国民生活への浸透度が深ければ深いほど，資本主義市場経済への体制転換は困難化し，故に，移行期の経済成長に対しても抑制的に作用するというものである。

　以上の観点から，Rosati（1994）は，旧体制の残滓が，移行初期の経済危機を助長したとする意見を打ち出したが，Stuart and Panayotopoulos（1999）も，初期時点のマクロ経済的不均衡が，転換不況の深さと時間的長さに直結しているとの見解を表明した。また，Polanec（2004）は，市場構造の歪みという社会主義時代の負の遺産が，転換不況期の生産性に対して，極めて否定的な影響を与えたと述べている。このように，移行初期の危機的状況を，社会主義末期の経済状態に関連させて論じる研究者は少なくない。

　歴史的初期条件は，移行初期の経済危機のみならず，その後の体制移行プロセスをも決定付ける重要な要素の一つであり，その意味で，中央アジアを筆頭とする旧ソ連諸国は，中東欧諸国よりも解決すべきより多くの課題を抱えていると主張したのは Denizer（1997）であるが，Kolodko（2001）も，社会主義的遺制の排除が遅れれば遅れるほど，経済成長が立ち遅れるとの指摘を行っている。同様の観点から，Selowsky and Martin（1997）は，産業立地の歪みや軍需生産に偏った工業構造，

第Ⅱ部　体制転換の社会的衝撃

私的所有権の欠如や法の未整備等，旧ソ連諸国が抱える問題は，中東欧諸国のそれよりも広範かつ深刻であり，従って，前者の国々では，資源の再配分により多くの時間を費やさざるを得ないと述べることで，Denizer（1997）や Kolodko（2001）の議論を一歩深める考え方を示した。歴史的な初期状態は，経済危機時のみならず，復興期のマクロ経済パフォーマンスをも強く規定する影響因子として機能したという考え方は，Redek and Sušjan（2005）や Hodgson（2006）等にも継承されている。

　なお，社会主義的遺制の重みを表現する指標として，社会主義継続年数を用いる研究は少なくなく，その先駆けである Wolf（1999）は，計画経済体制実施期間と実質経済成長率との間に，有意な負の相関関係を見出している。但し，その後は，社会主義継続年数と経済成長率の相関性は，暫時減衰する傾向にあるという実証結果が相次いで提出された。その代表例が，Falcetti et al.（2002）である。歴史的初期条件の時間減衰効果は，Iwasaki（2004），Cerović and Nojković（2009），Mitrović and Ivančev（2010）を含む他の先行研究によっても繰り返し実証されており，今日多くの移行経済研究者が共有する「歴史的初期条件は重要だが，克服不能なものでは決してない」という見解の実証的裏付けとなっている。なお，先行研究の中には，旧ソ連圏ダミーや独立国家共同体（CIS）加盟国ダミー等を用いて，中東欧諸国との比較における，旧ソ連諸国の経済成長に対する社会主義的遺制の負の影響度を計測した文献が幾つか存在するが，むしろ大多数は，上述の社会主義継続年数に加えて，EBRD（1999）や de Melo et al.（2001）が開発した総合初期条件指標や，社会主義末期の工業化度及び生産水準等を用いて，社会主義的遺制の成長抑制効果をより厳密に検証している。

　以上の通り，中東欧諸国と比べて，旧ソ連諸国は，社会主義計画経済の負の遺産が，経済成長のより深刻な足枷になったと考えられている。そこで，表4.1(c)では，社会主義の遺制と成長経路の関係を検証すべく，中東欧諸国とバルト諸国を含む旧ソ連諸国の比較を行った。すると，旧ソ連諸国の経済危機時の生産低下率は，中東欧諸国のそれよりも，統計的に有意に平均9.4％大きいことが判明しており，この意味で，社会主義的遺制の経済成長抑制効果が示唆されている。

4.3.4　インフレーション

　中東欧・旧ソ連諸国が，移行初期を通じて激しいインフレーションに見舞われたことは周知の事実である。実際，EBRD によると，ロシアは，1992年に1500％を超す消費者物価の高騰に襲われた。また，ウクライナやアルメニアでは，それぞれ1993年及び1994年に5000％に迫るインフレ率を記録した。年間500％を超える物価上昇は，多くの中東欧諸国で観察された（上垣・岩﨑，2016）。Kornai（1994）は，

152

第4講　転換不況と経済復興：Jカーブ型成長経路発生のメカニズム

インフレ制御の重要性を特に強調し，社会主義時代と同様の政策を継続すれば，予算制約がハード化されないことによってインフレが悪化し，それが投資を抑制することで，経済成長をも阻害すると指摘した。Wyplosz（2000）や Radulescu and Barlow（2002）も，高率のインフレと良好なマクロ経済構造は相容れないものであると述べている。また，de Melo et al.（1997）は，価格操作を継続するよりも，価格自由化を推進するほうが物価は低下する，という興味深い実証結果を示しつつ，自由化とインフレ抑制は並行して進み得るのであり，それによって，経済成長も促進され得るのだとの主張を展開している。

　体制移行期における物価高騰と経済状況悪化の関係を検証する研究は多く，その殆ど全ては，対前年度比消費者物価指数又はその自然対数値を独立変数に用いている。その一つである Brenton et al.（1997）は，インフレ抑制に成功した国では，危機時の生産低下も小規模に抑えることが出来たと報告している。また，Fischer et al.（1996ab）は，インフレ沈静化に素早く取り組んだ国では，速やかな生産回復が観察されると述べている。更に，Loungani and Sheets（1997）は，中央銀行の独立性を強化することに逸早く成功した国では，インフレ率を低く押さえ込むことにも成功し，ひいては，それがマクロ経済水準の向上に帰結したとする分析結果を示した。また，Gillman and Harris（2010）は，インフレ率が，経済成長に対して，非常に強力かつ安定的に否定的な影響を及ぼすこと，しかしインフレ率が低下した場合は，その限界的影響力も低落するという事実関係を実証している。

　表4.1(d)の分析結果は，移行当初5年間の物価上昇率が上位の国家グループは，下位国家グループよりも，統計的に有意に経済危機の継続期間がより長く，なおかつ危機時の生産低下もより深刻であったことを示しており，社会主義崩壊直後に惹起したハイパーインフレーションの経済成長抑制効果に関する上記先行研究の議論を裏付けている。

4.3.5　地域紛争

　社会主義末期からその崩壊後にかけて，中東欧・旧ソ連諸国の様々で，地域紛争が生じた。我々の記憶に最も深く刻まれているのは，旧ユーゴスラビアにおける一連の武力闘争であろう。同地域では，独立を目指したクロアチアと，それを阻もうとするユーゴスラビア連邦との間で起こったクロアチア紛争，ボスニア・ヘルツェゴビナ独立に際する深刻な民族対立を背景としたボスニア内戦，セルビアの民族主義的抑圧に対するアルバニア人の武力抵抗として勃発したコソボ紛争が，1990年代を通じて次々と巻き起こった。

　旧ソ連地域でも紛争が頻発した。ソ連ゴルバチョフ政権期の1988年に始まったナ

153

第II部　体制転換の社会的衝撃

ゴルノ・カラバフを巡るアルメニアとアゼルバイジャンの軍事衝突は，1994年によ
うやく終結したが，この間，両国は大いに疲弊した。タジキスタンでは，部族間の
内戦が1992年から1997年にかけて続き，100万人を超す難民を生んだ。モルドバで
も，1992年に内戦が生じ，それ以降一部の地域が中央政府から独立した状態に陥っ
ている。ジョージアも，1991年の内戦後に半独立状態の地域を抱えることになり，
かつロシアとも武力的な衝突を経験した。また，2014年に惹起したウクライナ内戦
は，ロシアのクリミヤ併合に結果し，今日世界が注視する最も重大な国際問題の1
つへと発展している。

　かかる地域紛争がもたらした当事国への経済的打撃は，強調の必要がないほど甚
大であった。前節では，経済危機時に最も生産活動の縮小が進み，かつその後の経
済復興も遅滞気味の国家グループとして，旧ソ連諸国のウクライナ，ジョージア，
タジキスタン及びモルドバ，そして旧ユーゴスラビアのセルビア，モンテネグロ及
びボスニア・ヘルツェゴビナの7カ国が，1つのクラスターを形成すると報告した
が，この国家グループに，上記に言及した紛争経験国が特に集中しているのは，決
して偶然ではないのである。

　地域紛争の経済成長への影響を計測すべく，移行経済研究者は，地域紛争の発生
をダミー変数で表現し，多くの場合，統計的に有意な推定結果を得ている[4]。先行
研究の殆どは，この地域紛争ダミーをコントロール変数として扱っている。しかし，
地域紛争それ自身を実証分析の主眼点の一つとした研究も，数例ながら存在する。
例えば，Moers（1999）は，中東欧・旧ソ連21カ国における1990年代前半の経済成
長率に対して，地域紛争は，制度改革以上に強い影響を及ぼしたと指摘した。また，
民族構成の違いが，社会主義崩壊後のマクロ経済パフォーマンスに深く関係してい
ると考える Hodgson（2006）は，1990年代の民族紛争と経済的落ち込みとの強い
結びつきを示唆する実証結果を示している。

　我々の単変量比較分析も，Moers（1999）や Hodgson（2006）の主張を支持して
いる。実際，表4.1(e)によると，1990年代に地域紛争に見舞われた国々の危機時生
産低下率は，その他の移行諸国よりも，片側検定で有意に24.6％大きく，紛争の破
壊的効果が強く表されているのである。

4.3.6　メタ分析の必要性

　以上に取り上げた5つの要因が，中東欧・旧ソ連諸国の経済成長に及ぼすインパ

4）紛争発生年と国を1で指定するダミー変数を用いた研究が圧倒的に多数派だが，紛争を経験し
　た国に対して，推定期間を通じて常に1を与えるダミー変数を用いる場合も数例見られる。

154

第4講　転換不況と経済復興：Ｊカーブ型成長経路発生のメカニズム

クトの方向性については，研究者の間で，概ね意見が一致しているといってよい。即ち，経済システムの構造変化や体制移行政策の進展は，これらの国々における経済危機の抑制や経済成長（回復）に対して，肯定的ないし少なくとも阻害的ではない影響を与える一方，初期条件としての社会主義の遺制や高いインフレ率，並びに地域紛争は，極めて否定的な効果をもたらす，というものである。表4.1に報告した国家グループ属性別単変量比較分析の諸結果も，このような見解を，経済危機の継続期間と危機時の生産低下率に即して支持していることは，上述の通りである。

　しかしながら，先行研究をどれほど注意深く検討・比較しても，中東欧・旧ソ連移行経済の成長経路が，１カ国の例外もなくＪカーブ型の軌跡を歩んだ理由については，明快な回答を得ることはできない。何故なら，それぞれの要因が経済成長に及ぼす影響度の相対的な相違を明示的に議論・検証した研究は，管見の限り皆無だからである。これら５つの要因の経済的インパクト，即ち「効果サイズ」とその統計的有意性を，計量的に比較・考量することによって初めて，移行経済の危機と復興の過程が，何故Ｕ型やＶ字型の軌跡を描かず，Ｊ字型の経路を辿ったのか，という疑問に答えることができるのである。

　先行研究の実証結果を用いたメタ分析による効果サイズと統計的有意性の比較は，このような目的を達成する極めて有効な手段である。また，メタ分析は，単独の実証研究とは決定的に異なり，反証例の存在を明示的に加味してもなお有力説の見解は有効たり得るのか否か，更には，移行経済研究全体として，真の効果サイズの特定に到達しているのか否かという，実証研究上極めて重大な問題にも真正面から取り組むことができる。本講義で我々が，既存研究の実証成果を用いた大規模なメタ分析を試みる所以はここにある。

4.4　メタ分析対象文献の探索・選択方法及び抽出推定結果の概要

　本節では，前節に述べた問題意識と研究目的を踏まえつつ，メタ分析対象文献の探索・選択手続き及び抽出推定結果の概要を述べる。

　中東欧・旧ソ連諸国の移行期におけるマクロ経済成長決定要因を実証的に分析した研究業績を見出す第一段階として，筆者らは，電子化された学術文献情報データベースである EconLit 及び Web of Science を利用して，1989年から2016年の期間に発表された文献の探索を行った[5]。これら電子データベースの利用に際しては，*growth, decline, output, performance, gross domestic product, GDP* のいずれか

---

5 ）最終文献探索作業は，2017年１月に実施した。

155

第Ⅱ部　体制転換の社会的衝撃

一つと，*transition economies*, *Central Europe*, *Eastern Europe*, *former Soviet Union* 又は中東欧・旧ソ連諸国の国名の何れか一つの組み合わせを，その検索語に用いた。この結果，3500点近くの膨大な文献がヒットしたため，我々は，論文タイトルや要旨等に基づいて，これら機械検索該当文献の研究内容を予測しつつ，更なる絞り込みを行い，この結果として，最終的に250点超の文献を，電子版またはハードコピーで収集した。

　次に我々は，上記収集文献の研究成果を逐一吟味しつつ，メタ分析に利用可能な推定結果を含有している研究業績の特定を行った。その結果我々は，Åslund et al.（1996）から Cojocaru et al.（2016）に至る合計123点の文献を選択した[6]。これらメタ分析対象文献は，1996年から2016年までの約20年間に亘って途切れなく発表されているが，最も発表数が多いのは，2004年及び2009年の10点であり，これに，2005年及び2006年の9点，2001年及び2003年の8点が続く。年代別構成は，1990年代が20点（16.3%），2000年代が73点（59.3%），そして2010年代が30点（24.4%）である。

　上記先行研究123点は，その全てが7カ国以上を扱う国家横断研究（平均22.3，中央値25）であり，単一国研究は一切含まれていない。この内の120点は，中東欧EU加盟国を研究対象とするものだが，中東欧EU非加盟国やバルト諸国を除く旧ソ連諸国を取り上げた研究も，各々104文献及び109文献と決して少なくない。また，中東欧・旧ソ連諸国以外の旧社会主義諸国やその他新興市場諸国を研究対象に含む研究は，18文献を数える。研究対象期間は，123文献全体で，1979年から2011年の33年間をカバーし，1文献当たりの平均研究対象期間は，9.9年（中央値9年）である。実証分析において従属変数として用いられる経済成長変数の基準指標として最も利用されているのはGDPであり，その採用数は81文献に達する。国民一人当たりGDP及び労働者一人当たりGDPを用いた文献は，それぞれ40文献及び5文献である。他方，独立変数となる成長決定要因変数として，構造変化，体制移行政策，社会主義の遺制，インフレーション及び地域紛争を取り上げた文献は，各々34点，96点，38点，68点及び36点である[7]。

6）メタ対象文献の詳細や抽出推定結果の内訳は，日本評論社ウエブサイト（https://www.nippyo.co.jp/shop/downloads）にある本書第4講付録1及び2を参照のこと。

7）以上5要因に匹敵する頻度を以て，先行研究が独立変数に採用したものには，国内投資及び財政支出があるが，統計的に有意に推定された実証結果の数は，前者5要因に大きく劣る。これらに次いで採用頻度が高いのは，教育水準及び外国直接投資（FDI）であるが，移行経済の有望成長要因と見された後者のFDIについては，Iwasaki and Tokunaga（2014）が，その経済成長への影響をメタ分析で検証している。

図4.3 抽出推定結果の成長決定要因変数タイプ別内訳

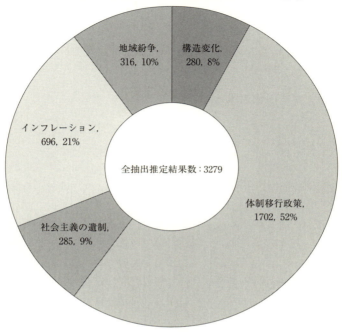

注) 図中の数値は, 抽出推定結果数及び構成比。
出所) 筆者作成。

　筆者らは, 以上のような属性を持つ123の先行研究から, 合計3279の推定結果（1文献平均26.7, 中央値16）を抽出した。**図4.3**には, その成長決定要因変数タイプ別内訳が示されている。この通り, 研究者の問題関心の高さを反映して, 全抽出推定結果の52％に当たる1702推定結果が, 体制移行政策の成長促進効果を検証したものである。これに, インフレーション効果の検証結果である696の推定結果が続き, 残る構造変化, 社会主義の遺制及び地域紛争の効果に関する推定結果は, 抽出推定結果全体の8％から10％を占めている。

4.5　メタ分析

　本節では, 前節にその概要を述べた3279抽出推定結果を用いたメタ分析を行う。以下4.5.1項では, 抽出推定結果の分布を把握した後, 伝統的メタ統合の手法を用いて, 構造変化他5成長決定要因変数の効果サイズと統計的有意性の相互比較を行

第Ⅱ部　体制転換の社会的衝撃

う。4.5.2項では，推定結果に影響を及ぼし得る他の研究条件を同時に制御した上でも，メタ統合の分析結果が支持されるのか否かを，メタ回帰分析によって検証する。そして4.5.3項で，移行経済研究分野の重大関心事である構造変化及び体制移行政策の成長効果に焦点を絞ったメタ分析を試みる。メタ分析の方法論的詳細は，本書序論を参照されたい。

4.5.1　全抽出推定結果のメタ統合

　表4.2には，偏相関係数と t 値の記述統計量及び Shapiro-Wilk 正規性検定の結果が，成長決定要因変数タイプ別に報告されており，続く**図4.4**には，それぞれのカーネル密度推定値が採画されている。これらの資料から，いずれの変数タイプも，抽出推定結果の分布が正規分布に近い形状ではないという点は共通するものの，構造変化及び体制移行政策の成長効果に関する抽出推定結果は，正の方向により多く分布し，逆に，社会主義の遺制，インフレーション及び地域紛争の効果を推定した実証結果は，負の方向に偏る傾向が顕著に見て取れる。即ち，多くの先行研究において，前者2要因は，経済成長促進的な効果を発揮する一方，後者3要因は，マイナス成長を引き起こす方向に作用することを含意する分析結果がもたらされていることが，ここに強く示唆されているのである。

　以上の点を，抽出推定結果のメタ統合によってより厳密に検証した結果が，**表4.3**に報告されている。同表において，偏相関係数は，伝統的な固定効果モデルと変量効果モデルの両方で統合されている。他方，t 値については，筆者らが独自に判定した研究水準の10段階評価で加重された結合 t 値 $\overline{T_w}$ と重みのない結合 t 値 $\overline{T_u}$ の2指標を算出した。また，t 値の中央値及び有意水準5％を基準とするフェイルセーフ数（fsN）も，これら結合 t 値の信頼性を評価するための補足的統計量として併せて報告されている。

　同表(a)の通り，均質性の検定は，全5変数タイプについて，帰無仮説を1％水準で有意に棄却している。従って，ここでは，固定効果モデルの統合値 $\overline{R_f}$ ではなく，変量効果モデルの統合値 $\overline{R_r}$ を参照値として採用する。それによると，構造変化と体制移行政策の統合効果サイズはいずれも正の値を取り，なおかつ推定値は統計的に有意である。他方，社会主義の遺制，インフレーション及び地域紛争の統合効果サイズは負であり，統計的有意性も極めて高い。また，同表(b)に示された結合 t 値は，メタ分析対象文献間の研究水準の差異を加味しても，抽出推定結果の総合的な統計的有意性は，全ての変数タイプについて，十分高水準であることを表しており，それは，フェイルセーフ数の十分な大きさにも裏付けられている。

　経済学研究における偏相関係数の評価に関する Doucouliagos（2011）の見解[8]に

158

第４講　転換不況と経済復興：Ｊカーブ型成長経路発生のメカニズム

表4.2　抽出推定結果の偏相関係数及び t 値の記述統計量及び正規性検定

(a) 偏相関係数

成長決定要因変数タイプ	抽出数 (K)	平　均	中央値	標準偏差	最大値	最小値	尖　度	歪　度	Shapiro-Wilk 検定 (W) 注)
構造変化	280	0.087	0.099	0.213	0.681	-0.873	5.582	-0.859	0.944 ***
体制移行政策	1702	0.104	0.113	0.281	0.891	-0.878	2.935	-0.058	0.998 **
社会主義の遺制	285	-0.095	-0.123	0.291	0.827	-0.853	3.801	0.580	0.973 ***
インフレーション	696	-0.291	-0.295	0.258	0.695	-0.911	3.060	-0.120	0.988 ***
地域紛争	316	-0.209	-0.254	0.344	0.914	-0.878	2.637	0.580	0.947 ***

(b) t 値

成長決定要因変数タイプ	抽出数 (K)	平　均	中央値	標準偏差	最大値	最小値	尖　度	歪　度	Shapiro-Wilk 検定 (W) 注)
構造変化	280	1.041	1.190	1.967	6.420	-8.597	5.601	-0.703	0.957 ***
体制移行政策	1702	0.996	1.090	3.063	16.730	-8.000	5.024	0.574	0.966 ***
社会主義の遺制	285	-1.029	-1.550	2.896	6.620	-7.300	3.013	0.508	0.974 ***
インフレーション	696	-3.744	-3.000	3.654	4.635	-16.400	4.043	-0.996	0.935 ***
地域紛争	316	-2.378	-2.500	3.012	10.800	-15.570	4.308	-0.052	0.968 ***

注）帰無仮説：データは正規分布に従う。***：１％水準で有意，**：５％水準で有意。
出所）筆者算定。

よれば，統合効果サイズの絶対値が0.09前後である構造変化，体制移行政策及び社会主義の遺制という３つの要因が経済成長に及ぼす効果は「低位」（small）と見なされる。一方，地域紛争及びインフレーション効果は「中位」（medium）であるとの評価を下すことができる[9]。地域紛争やインフレーションが，構造変化や体制移行政策を凌駕する効果サイズを以て経済成長を阻害する上，やはり成長抑制要因である社会主義の遺制も，構造変化や体制移行政策に比肩する効果サイズであるこ

8）相関係数の評価基準として広く引用される Cohen（1988）は，係数値0.3を "small effect" と "medium effect" とを分かつ閾値として，同様に係数値0.5を "medium effect" と "large effect" を区別する閾値に定めている。このいわゆる Cohen 基準は，０次相関係数（zero-order correlation），即ち，制御変数のない偏相関係数を念頭に設定されたものであり，従って，同基準は，通常多数の制御変数を用いる経済学分野の実証結果を評価する上ではいささか厳しすぎる。そこで，Doucouliagos（2011）は，Cohen（1988）に代わる新しい一般基準として，0.070，0.173，0.327を，small，medium，large effect それぞれの下限閾値に提案している。

9）なお，殆ど全ての中東欧・旧ソ連諸国が，経済危機下にあるか又は社会主義末期の生産水準を回復していない1990年代を推定期間とする推定結果に対象を限定したメタ統合を行ったところ，構造変化の変量効果モデルによる統合効果サイズは0.012へと縮小し，統計的にも非有意となる一方，社会主義の遺制及びインフレーションの統合効果サイズは，各々−0.206及び−0.413と著しく拡大し，残る体制移行政策と地域紛争のそれは，0.170及び−0.281と，大きくは変わらなかった。この結果は，初期の研究では，構造変化の時間差効果や社会主義の遺制及びインフレーションの時間減衰効果が，十分には捕捉されていない可能性を示唆している（分析結果の詳細は，本書第４講付録３を参照）。

第Ⅱ部 体制転換の社会的衝撃

図4.4 抽出推定結果の成長決定要因変数タイプ別偏相関係数及び t 値のカーネル密度推定

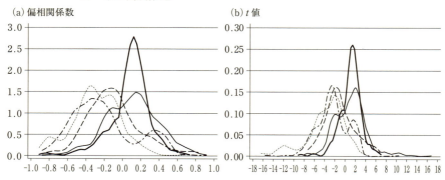

― 構造変化　― 体制移行政策　-- 社会主義の遺制　…… インフレーション　--- 地域紛争

注）縦軸は推定密度，横軸は変数値。
出所）筆者作成。

表4.3 抽出推定結果の成長決定要因変数タイプ別メタ統合

成長決定要因変数タイプ	抽出推定結果数(K)	(a)偏相関係数の統合			(b) t 値の結合[3]			
		固定効果($\bar{R}_f$)(漸近z値)[1]	変量効果($\bar{R}_r$)(漸近z値)[1]	均質性の検定(Q_e)[2]	$\bar{T}_u$(p値)	$\bar{T}_w$(p値)	T_m	フェイルセーフ数(fsN)[4]
構造変化	280	0.097 *** (19.66)	0.090 *** (9.12)	996.107 ***	17.417 *** (0.00)	3.543 *** (0.00)	1.190	31109
体制移行政策	1702	0.077 *** (39.99)	0.096 *** (15.33)	16000.000 ***	41.071 *** (0.00)	6.769 *** (0.00)	1.090	1059248
社会主義の遺制	285	−0.080 *** (−17.06)	−0.091 *** (−6.44)	2391.953 ***	−17.367 *** (0.00)	−2.903 *** (0.00)	−1.550	31482
インフレーション	696	−0.315 *** (−107.61)	−0.295 *** (−29.95)	7455.361 ***	−98.773 *** (0.00)	−20.229 *** (0.00)	−3.000	2508612
地域紛争	316	−0.267 *** (−50.77)	−0.232 *** (−16.04)	2067.309 ***	−42.267 *** (0.00)	−6.527 *** (0.00)	−2.500	208308

注1）帰無仮説：統合効果サイズが0。
2）帰無仮説：効果サイズが均質。
3）$\bar{T}_u$：無条件結合，$\bar{T}_w$：研究水準で加重した結合，T_m：中央値。
4）効果の有無を判定する有意水準（ここでは5％水準）に，研究全体の結合確率水準を導くために追加されるべき平均効果サイズ0の研究数を意味する。
5）***：1％水準で有意。
出所）筆者推定。

とを示すメタ統合の分析結果は，中東欧・旧ソ連諸国が，社会主義体制崩壊直後の数年間に，何故破壊的な生産低下に見舞われたのかという点に対する明確な回答を提示している。更に，構造変化や体制移行政策の成長促進効果が，多くの経済学者が想定していたほど強力ではないという分析結果は，経済危機後の復興過程がV字型とはならなかった有力な根拠となり得る。この意味で，成長決定要因変数5タイ

プのメタ統合による比較分析は，移行経済諸国における J カーブ型成長経路の創発メカニズムに，明快な定量的説明を与えるものだといえよう。

4.5.2　メタ回帰分析

伝統的手法に基づく推定結果のメタ統合は，研究間の異質性を十分分析的に操作し得る方法であるとは云い難い。そこで，本項では，前項のメタ統合結果が，より厳密な意味で他の研究条件を制御した上でも再現され得るのか否かを，メタ回帰分析の方法を以て検証する。ここで推定するメタ回帰モデルの従属変数は，偏相関係数又は t 値であり，一方のメタ独立変数には，成長決定要因の種差を捉える一連のダミー変数や，やはり4.4節で言及した研究対象国構成，研究対象期間，経済成長変数の基礎指標に加えて，データ形式，推定量，経済成長変数の尺度，成長決定要因変数の属性，自由度及び研究水準の差異を捕える変数を採用した。これらメタ独立変数の名称，定義及び記述統計量は，**表4.4**の通りである。

表4.5には，全抽出推定結果を用いたメタ回帰分析の諸結果が一覧されている。同表(a)は，偏相関係数を左辺に導入したメタ回帰モデルの推定結果であり，同表(b)は，従属変数に t 値を用いた場合のそれである。以下では，偏相関係数及び t 値を従属変数とした推定結果毎に，8 モデル中5 モデル又はそれ以上において，統計的に有意かつ符号関係が同一なメタ独立変数を，統計的に比較的頑健な推定結果と見なして結果解釈を進める。

同表の通り，構造変化をデフォルト・カテゴリーとした場合，従属変数の差異に係らず，体制移行政策の推定結果を指定するメタ独立変数は悉く非有意であるとのは対照的に，社会主義の遺制，インフレーション及び地域紛争のそれらは，頑健に有意に負に推定されている。この結果を換言すれば，次の解釈が得られる。即ち，構造変化と体制移行政策の成長効果を検証した推定結果には，偏相関係数と t 値の双方において，統計的に有意な差は見られない。一方，構造変化や体制移行政策と残る 3 成長決定要因の偏相関係数と t 値には，統計的に有意な較差が存在し，なおかつ後者 3 要因の値は，前者 2 要因よりも大幅に低い。事実，統計的に有意な回帰係数の平均値を参照するなら，構造変化や体制移行政策との比較において，社会主義の遺制，インフレーション及び地域紛争の偏相関係数は，それぞれ0.1234，0.3504及び0.2917低く，同様に t 値は，それぞれ1.2901，4.5346及び3.2500低いのである。成長決定要因変数タイプのメタ独立変数に見られるこのような関係性は，表4.3に報告したメタ統合結果と極めて整合的である。従って，J カーブ型成長経路の創発に関する前項の議論は，研究条件の様々な違いを超えて，移行経済研究に普遍的な分析含意であるといえよう。

第Ⅱ部　体制転換の社会的衝撃

表4.4　メタ回帰分析に用いる独立変数の変数名，定義及び記述統計量

変数名	定義	記述統計量		
		平均	中央値	標準偏差
体制移行政策	体制移行政策変数の推定結果（＝1），その他（＝0）	0.519	1	0.500
社会主義の遺制	社会主義遺制変数の推定結果（＝1），その他（＝0）	0.087	0	0.282
インフレーション	インフレーション変数の推定結果（＝1），その他（＝0）	0.212	0	0.409
地域紛争	地域紛争変数の推定結果（＝1），その他（＝0）	0.096	0	0.295
貿易開放度[1)]	貿易開放度を構造変化変数の基礎指標とする推定結果（＝1），その他（＝0）	0.354	0	0.479
銀行融資浸透度[1)]	銀行融資浸透度を構造変化変数の基礎指標とする推定結果（＝1），その他（＝0）	0.143	0	0.351
金融深化度[1)]	金融深化度を構造変化変数の基礎指標とする推定結果（＝1），その他（＝0）	0.266	0	0.442
金融部門発展度[1)]	金融部門発展度を構造変化変数の基礎指標とする推定結果（＝1），その他（＝0）	0.152	0	0.359
総合経済改革[2)]	総合経済改革指標を体制移行政策変数の基礎指標とする推定結果（＝1），その他（＝0）	0.266	0	0.442
自由化[2)]	自由化指標を体制移行政策変数の基礎指標とする推定結果（＝1），その他（＝0）	0.152	0	0.359
価格・競争政策[2)]	価格・競争政策指標を体制移行政策変数の基礎指標とする推定結果（＝1），その他（＝0）	0.067	0	0.250
企業改革[2)]	企業改革指標を体制移行政策変数の基礎指標とする推定結果（＝1），その他（＝0）	0.028	0	0.166
私有化政策[2)]	私有化政策指標を体制移行政策変数の基礎指標とする推定結果（＝1），その他（＝0）	0.068	0	0.251
金融改革[2)]	金融改革指標を体制移行政策変数の基礎指標とする推定結果（＝1），その他（＝0）	0.036	0	0.186
貿易改革[2)]	貿易改革指標を体制移行政策変数の基礎指標とする推定結果（＝1），その他（＝0）	0.039	0	0.193
制度的クオリティ[2)]	制度的クオリティ指標を体制移行政策変数の基礎指標とする推定結果（＝1），その他（＝0）	0.014	0	0.118
所有権改革[2)]	所有権改革指標を体制移行政策変数の基礎指標とする推定結果（＝1），その他（＝0）	0.009	0	0.097
行政改革[2)]	行政改革指標を体制移行政策変数の基礎指標とする推定結果（＝1），その他（＝0）	0.018	0	0.132
政治改革・政治的安定度[2)]	政治改革・政治的安定度指標を体制移行政策変数の基礎指標とする推定結果（＝1），その他（＝0）	0.018	0	0.134
民主化[2)]	民主化指標を体制移行政策変数の基礎指標とする推定結果（＝1），その他（＝0）	0.088	0	0.283
法の支配・司法改革[2)]	法の支配・司法改革指標を体制移行政策変数の基礎指標とする推定結果（＝1），その他（＝0）	0.055	0	0.227
市民権・市民社会[2)]	市民権・市民社会指標を体制移行政策変数の基礎指標とする推定結果（＝1），その他（＝0）	0.023	0	0.150
その他体制移行政策[2)]	総合構造改革及び上記改革分野以外の指標を体制移行政策変数の基礎指標とする推定結果（＝1），その他（＝0）	0.022	0	0.148
改革速度	改革速度／変化率を尺度とする体制移行政策変数の推定結果（＝1），その他（＝0）	0.159	0	0.366
中東欧非EU加盟国比率	研究対象国に含まれる中東欧非EU加盟国[3)]の比率	0.119	0.12	0.081
旧ソ連諸国比率	研究対象国に含まれるバルト諸国を除いた旧ソ連国の比率	0.435	0.48	0.194
非中東欧・旧ソ連諸国比率	研究対象国に含まれる非中東欧・旧ソ連諸国の比率	0.011	0	0.029
推定期間初年度	推定に用いたデータの初年度	1991.534	1990	3.210
推定期間年数	推定に用いたデータの年数	10.756	10	4.391
横断面データ	横断面データを用いた研究（＝1），その他（＝0）	0.177	0	0.382
GLS	一般最小二乗法推定量を利用した推定結果（＝1），その他（＝1）	0.049	0	0.215
FE	パネル固定効果推定量を利用した推定結果（＝1），その他（＝0）	0.402	0	0.490
RE	パネル変量効果推定量を利用した推定結果（＝1），その他（＝0）	0.026	0	0.158
SUR	SUR推定量を利用した推定結果（＝1），その他（＝1）	0.000	0	0.017
GMM	一般化積率法推定量を利用した推定結果（＝1），その他（＝0）	0.110	0	0.313
その他推定量	OLS及び上記以外の推定量を利用した推定結果（＝1），その他（＝0）	0.002	0	0.039

IV/2SLS/3SLS	操作変数法，二段階／三段階最小二乗法を利用した推定結果（＝1），その他（＝0）	0.131	0	0.338
国民一人当たりGDP	国民一人当たりGDPが経済成長変数の基礎指標である推定結果（＝1），その他（＝0）	0.306	0	0.461
労働者一人当たりGDP	労働者一人当たりGDPが経済成長変数の基礎指標である推定結果（＝1），その他（＝0）	0.018	0	0.132
成長水準	成長水準を尺度とする経済成長変数を用いた推定結果（＝1），その他（＝0）	0.031	0	0.174
ラグ変数	ラグ付成長要因変数の推定結果（＝1），その他（＝0）	0.169	0	0.374
交差項同時推定	交差項を伴う推定結果（＝1），その他（＝0）	0.036	0	0.187
√自由度	推定モデルの自由度の平方根	10.935	11.662	4.617
研究水準	研究水準の10段階評価[4]	4.992	5	2.918

注1）記述統計量は，構造変化変数推定結果のみを利用して算出した値。
　2）記述統計量は，体制移行政策変数推定結果のみを利用して算出した値。
　3）アルバニア，ボスニア・ヘルツェゴビナ，クロアチア，マケドニア，セルビア，コソボ及びモンテネグロの7カ国を指す。
　4）詳細は，本書序論を参照。
出所）筆者算定。

　なお，成長決定要因変数タイプ以外のメタ独立変数の推定結果によれば，推定期間初年度，推定量の選択及び成長決定要因変数の属性の違いが，偏相関係数と t 値のいずれに関しても，研究対象国構成の差異は t 値について，抽出推定結果の異質性を生み出す頑健な要因であることが分かる。この点も大変興味深い分析結果である。

4.5.3　構造変化及び体制移行政策のメタ分析

　本講義が取り上げる5つの成長決定要因の中でも，構造変化と体制移行政策は，国際機関や移行経済研究者から最も大きな関心が払われてきた。そこで，本節の最後に，これら2つの要因に焦点を当てたメタ分析を行う。

　4.3節でも述べた通り，市場経済への体制転換に伴う国民経済の構造変化を測定すべく，メタ分析対象文献が採用した指標は，民間部門GDPシェア，貿易開放度，銀行融資浸透度，金融深化度及び金融部門発展度の5種類である。一方，体制移行政策と経済成長の因果関係を究明するためにこれら先行研究が用いた指標は，研究者の専門と問題意識の多様性を反映してより多彩であり，構造改革や経済改革の総合的な進展度を表現する合成指標に，自由化や価格・競争政策等の分野別経済政策，制度・所有権改革，行政・政治改革，民主化，法の支配・司法改革，市民権・市民社会等に係る指標を加えて，合計16種類にも及ぶ。

　更に，4.3.2項で述べた通り，体制移行政策効果の実証的な検証に際しては，改革理念としての急進主義と漸進主義の優劣を巡る活発な論争を背景に，多くの研究者が，体制移行政策の到達度ばかりではなく，その進行速度（変化度）の影響に対

表4.5 全抽出推定結果を用いたメタ回帰分析

(a) 従属変数：偏相関係数

メタ独立変数（デフォルト・カテゴリ）/モデル	Cluster-robust OLS [1]	Cluster-robust WLS [研究水準] [2]	Cluster-robust WLS [N] [3]	Cluster-robust WLS [df] [4]	Cluster-robust WLS [1/SE] [5]	Multi-level mixed effects RML [6]	Cluster-robust random-effects panel GLS [7][2)]	Cluster-robust fixed-effects panel LSDV [8][3)]
成長決定要因変数タイプ（構造変化）								
体制移行政策	0.0105 ***	0.0016	-0.0203	-0.0194	0.0047	0.0335	0.0333	0.0239
社会主義の遺制	-0.1433 ***	-0.1443 ***	-0.1198 ***	-0.1199 ***	-0.1255 ***	-0.1117 ***	-0.1113 ***	-0.1111 ***
インフレーション	-0.3664 ***	-0.3522 ***	-0.3328 ***	-0.3345 ***	-0.3747 ***	-0.3457 ***	-0.3457 ***	-0.3510 ***
地域紛争	-0.3004 ***	-0.3087 ***	-0.3018 ***	-0.3024 ***	-0.3097 ***	-0.2682 ***	-0.2681 ***	-0.2744 ***
研究対象国構成（中東欧EU諸国比率）								
中東欧非EU加盟国比率	-0.0647	0.1363 *	0.0467	0.0513	-0.0114	-0.1753 ***	-0.1744 ***	-0.1600 ***
旧ソ連諸国比率	-0.0763	-0.0268	-0.0968 *	-0.1065 *	-0.0996 *	-0.0552	-0.0546	-0.0582
非中東欧・旧ソ連諸国比率	-0.4829 ***	-0.5147 ***	-0.0317	-0.0264	-0.2710	-0.4661 ***	-0.4829 ***	-0.7500 ***
推定期間								
推定期間初年度	0.0166 ***	0.0178 ***	0.0098 ***	0.0093 ***	0.0139 ***	0.0349 ***	0.0357 ***	0.0508 ***
推定年数	0.0023	0.0032	0.0034	0.0027	0.0037	0.0147 ***	0.0153 ***	0.0297
データ形式（パネルデータ）								
横断面データ	0.0420 ***	0.0628 ***	0.0630 ***	0.0690 ***	0.0533	-0.0062	-0.0092	-0.1352
推定量（OLS）								
GLS	-0.1053 ***	-0.1287 ***	-0.0887 **	-0.0872 **	-0.1012	-0.0666	-0.0650	-0.0324 *
FE	-0.0285	-0.0441 *	-0.0265	-0.0249	-0.0286	-0.0091	-0.0082	0.0142
RE	-0.0343 **	-0.1010 *	-0.0430 *	-0.0266	-0.0253	-0.0342 *	-0.0332 *	-0.0102
SUR	-0.2706 ***	-0.3226 ***	-0.3177 ***	-0.3135 ***	-0.2827 ***	-0.0305	-0.0213	0.0992
GMM	-0.0342 **	-0.0463 ***	-0.0117	0.0113	-0.0225	-0.0127	-0.0118	0.0114
その他推定量	-0.1132 ***	-0.1113 ***	-0.0937 ***	-0.0937 ***	-0.0954 ***	-0.0357	-0.0350	-0.0390 ***
IV/2SLS/3SLS	0.0717 ***	0.0781 ***	0.0734 ***	0.0742 ***	0.0768 ***	0.0232	0.0220	0.041
経済成長変数基礎指標（GDP）								
国民一人当たりGDP	0.0343 **	0.0301 **	0.0321 **	0.0356 **	0.0345	-0.0188	-0.0201	0.1407 ***
労働者一人当たりGDP	-0.0623 *	-0.0564 *	-0.0164	-0.0194	-0.0594	-0.0903	-0.0945	-0.0124 ***
経済成長変数尺度（成長率）								
経済成長水準	-0.0251	0.0182	-0.0082	0.0151	-0.0032	-0.0932	-0.0953	-0.1848 ***
成長決定要因変数属性								
ラグ変数（非ラグ変数）	0.1139 **	0.1020 *	0.0844 ***	0.0843 ***	0.0967 **	0.1613 ***	0.1617 ***	0.1646 ***
交差項同時推定（交差項無し）	-0.1048 *	-0.0906	-0.0893 *	-0.0909 *	-0.1005 *	-0.0242	-0.0237	-0.0214
自由度・研究水準								
√自由度	-0.0008 *	-0.0003	-0.0009	–	-0.0009	0.0069	0.0070	0.0077
研究水準	0.0086 *	–	0.0035	0.0039	0.0062	0.0075	0.0077	dropped
切片	-33.0555 ***	-35.4172 ***	-19.4525 ***	-18.3827 ***	-27.6109 ***	-69.6136	-71.2976	-101.5778 ***
K	3279	3279	3279	3279	3279	3279	3279	3279
R^2	0.328	0.315	0.346	0.355	0.362	–	0.252	0.137

第4講　転換不況と経済復興：Ｊカーブ型成長経路発生のメカニズム

(b) 従属変数：t値

推定量[1] メタ独立変数（アフィルト・カテゴリ）・モデル	Cluster-robust OLS [9]	Cluster-robust WLS [研究水準] [10]	Cluster-robust WLS [N] [11]	Cluster-robust WLS [df] [12]	Cluster-robust WLS [1/SE] [13]	Multi-level mixed effects RML [14]	Cluster-robust random-effects panel GLS [15][4]	Cluster-robust fixed-effects panel LSDV [16][5]
成長決定要因政策タイプ（構造変化）								
体制移行政策	0.1679	0.0658	-0.2190	-0.2334	0.1502	0.5978	0.6049	0.6108
社会主義の遺制	-1.2831 ***	-1.3238 ***	-1.5540 ***	-1.5826 ***	-1.3688 ***	-0.9670 ***	-0.9516 ***	-0.8454 ***
インフレーション	-4.4848 ***	-4.3779 ***	-4.8242 ***	-4.8957 ***	-5.1052 ***	-4.2021 ***	-4.1976 ***	-4.1893 ***
地域紛争	-3.0447 ***	-3.0993 ***	-4.1402 ***	-4.2383 ***	-3.6988 ***	-2.6281 ***	-2.6114 ***	-2.5394 ***
研究対象国構成（中東欧EU諸国比率）								
中東欧非EU加盟国国比率	-0.4909	1.2194	0.3116	-0.0873	-0.2465	-1.2600 ***	-1.2521 ***	-0.9512 ***
旧ソ連諸国比率	-1.5191 *	-1.1009 *	-1.5311	-1.8398 *	-1.8189 *	-0.9968 *	-0.9479 *	-0.5196
非中東欧・旧ソ連諸国比率	-0.0396	-1.4241	2.6031	2.3465	0.8076	1.3817	1.2651	-1.7133
推定期間								
推定期間初年度	0.1266 ***	0.1189 ***	0.1013 ***	0.1036 ***	0.1262 ***	0.1666 ***	0.1735 ***	0.2940 ***
推定年数	0.0542	0.0426	0.0630	0.0418	0.0730 *	0.0794	0.0832	0.1728
データ形式（パネルデータ）	0.1861	0.4201	0.1531	0.4297	0.2161	0.2049	0.1816	-0.7550
推定量（OLS）								
GLS	-1.2178 ***	-1.4180 ***	-1.1382 ***	-1.1570 ***	-1.2340 ***	-0.7776 ***	-0.7315 ***	-0.3236 ***
FE	-0.1931	-0.2113	-0.2985	-0.3166	-0.2621	-0.0083	-0.0026	0.0906
RE	-0.1740	-0.7506	-0.3919	-0.3748	-0.1634	-0.3821 *	-0.3824 *	-0.3318 *
SUR	-0.2935	-0.7266	0.2895	0.4913	0.1519	0.2136	0.2661	0.8561
GMM	0.0049	0.0160	0.0218	-0.0098	0.0067	0.0925	0.0949	0.1651
その他推定量	-1.4001 ***	-1.4118 ***	-1.2484 ***	-1.2901 ***	-1.1753 ***	-1.0418 ***	-1.0140 ***	-0.8646 ***
IV/2SLS/3SLS	0.6220 ***	0.5991 ***	1.0521 ***	1.0953 ***	0.9217 ***	0.2481	0.2206	-0.0328
経済成長変数基礎指標（GDP）								
国民一人当たりGDP	0.4274 ***	0.4477 ***	0.6085 ***	0.6449 ***	0.5643 ***	0.2224 ***	0.1972 ***	0.7854 ***
労働者一人当たりGDP	0.1767	0.3641	0.3338	0.3171	0.2255	0.1016	0.0443	-1.1830
経済成長変数尺度（成長率）								
成長率水準	-0.0491	0.2152	0.0574	0.1357	-0.0918	-0.2468	-0.2680	-0.5929
成長決定要因変数属性								
ラグ変数（非ラグ変数）	1.4378 ***	1.1483 ***	1.2390 ***	1.2389 ***	1.3645 ***	2.0060 ***	2.0800 ***	2.2327 ***
交差項同時推定（交差項無し）	-1.3960 **	-1.2543 **	-1.4950 ***	-1.4975 ***	-1.5517 ***	-0.7148	-0.6734	-0.4439
√自由度	-0.0336	-0.0173	-0.0446	0.0400	-0.0375	0.0279	0.0300	0.0477
研究水準	0.0592		0.0410		0.0483	0.0326	0.0337	dropped
切片	-251.4594 ***	-236.1619 ***	-200.6579 ***	-205.4785 ***	-250.5097 ***	-332.3560 ***	-346.0784 ***	-587.5625 ***
K	3279	3279	3279	3279	3279	3279	3279	3279
R^2	0.345	0.327	0.344	0.348	0.368	-	0.321	0.258

注1）OLS：最小二乗法。WLS：加重最小二乗法（括弧内は推定に用いた分析的重み）。RML：制限付き最尤法。GLS：一般最小二乗法。LSDV：最小二乗ダミー推定法。
2）Breusch-Pagan 検定：$\chi^2 = 651.50$, $p = 0.000$
3）Hausman 検定：$\chi^2 = 102.40$, $p = 0.000$
4）Breusch-Pagan 検定：$\chi^2 = 615.09$, $p = 0.000$
5）Hausman 検定：$\chi^2 = 58.77$, $p = 0.000$
6）回帰係数の統計的検定は、White の修正法による分散不均一性の下でも一致性のある標準誤差に基づいて行った。*** : 1%水準で有意。** : 5%水準で有意。* : 10%水準で有意。OLS、WLS 及びパネル変数効果・固定効果推定に際しては、研究毎に出別結果をクラスター化したクラスター法を採用している。
出所）筆者推定。メタ独立変数の定義及び記述統計量は、表4.4を参照。

第Ⅱ部　体制転換の社会的衝撃

しても，大きな関心を注いだ[10]。このため筆者らは，体制移行政策変数の推定結果をコーディングするに当たっては，改革対象領域に加えて，変数尺度としての改革到達度と改革速度の区分も併せて記録した。

表4.6には，構造変化変数と体制移行政策変数の抽出推定結果を，上述した変数タイプ小分類別にメタ統合した結果が披露されている。また，体制移行政策変数については，改革到達度と改革速度という尺度の差異で抽出推定結果を区分した場合の統合結果も報告している。同表(a)の通り，均質性の検定は，全ケースで帰無仮説を強く棄却しているので，再びここでも，変量効果モデルの推定結果を，偏相関係数の統合値として採用する。

表4.6から，先行研究が利用したありとあらゆる変数が，構造変化や体制移行政策の成長促進効果を効果的に捕捉し得たわけではないことが分かる。実際，構造変化変数の場合，銀行融資浸透度と金融深化度の統合効果サイズは，正であるものの，統計的に有意ではない。更に，研究水準で重み付けした結合 t 値は，これら2つの変数タイプに加えて，金融部門発展度までもが有意な水準に達していない。体制移行政策変数に目を転じると，16変数タイプ中5タイプの統合効果サイズが有意ではない上，民主化のそれは，有意に負ですらある。研究水準の差異に配慮した結合 t 値に至っては，16変数タイプ中11タイプが非有意である。また，改革到達度を尺度とする抽出推定結果の統合効果サイズと加重結合 t 値は，双方共に有意に正であるが，改革速度のそれは，いずれも非有意である。

表4.7及び表4.8に報告したメタ回帰分析の諸結果も，メタ統合から得られた上述の事実発見を強く裏付けている。即ち，構造変化変数の場合，他の研究条件が一定であれば，金融部門に係る3つの変数タイプの偏相関係数は，民間部門 GDP シェアよりも，平均的に有意に低く，また t 値に関しては，銀行融資浸透度と金融深化度が，やはり民間部門 GDP シェアのそれを有意に下回る。他方，体制移行政策変数に関しては，総合経済改革，自由化，金融改革，貿易改革，法の支配・司法改革，並びに市民権・市民社会から成る6政策領域の偏相関係数及び t 値の双方が，総合構造改革に関する推定結果よりも，平均的に有意に高く，更に，政治改革・政治的安定度は偏相関係数が，企業改革，行政改革，その他体制移行政策の3政策領域は t 値が，それぞれ総合構造改革のそれを有意に上回っている。こうした結果とは対照的に，民主化の効果を検証した推定結果の t 値は，総合構造改革のそれを有意に

10）改革速度と経済成長の関係に特別の注意を払った研究には，4.3.2項で言及した Heybey and Murrell（1999）の他に，Bernardes（2003），Staehr（2005）及び Godoy and Stiglitz（2006）等がある。なお，多くの先行研究は，改革到達度の異時点間階差を，改革速度の代理変数に用いている。一例として，de Macedo and Martins（2008）や Segura-Ubiergo et al.（2010）を参照。

166

表4.6 構造変化変数と体制移行政策変数の抽出推定結果を用いた変数タイプ小分類別メタ統合

変数タイプ	抽出推定結果数 (K)	(a) 偏相関係数の統合			(b) t値の結合[3]			
		固定効果 $(\bar{R}_f)$ (漸近z値)[1]	変量効果 $(\bar{R}_v)$ (漸近z値)[1]	均質性の検定 (Q_r)[2]	$\bar{T}_u$ (p値)	$\bar{T}_w$ (p値)	T_m	フェイルセーフ数 (fsN)[4]
構造変化変数								
民間部門 GDP シェア	71	0.078*** (8.00)	0.078*** (4.18)	209.465***	7.294*** (0.00)	1.363* (0.09)	1.000	1325
貿易開放度	99	0.164*** (18.39)	0.159*** (12.42)	182.413***	16.794*** (0.00)	3.713*** (0.00)	1.645	10220
銀行融資浸透度	40	0.052*** (3.71)	0.035 (1.12)	168.848***	2.629*** (0.00)	0.551 (0.29)	0.224	62
金融深化度	56	0.050*** (4.76)	0.028 (1.06)	315.364***	3.317*** (0.00)	0.700 (0.24)	0.796	172
金融部門発展度	14	0.098*** (6.20)	0.093*** (3.80)	29.343***	5.727*** (0.00)	0.920 (0.18)	1.911	156
体制移行政策変数								
総合構造改革	167	-0.029*** (-5.46)	-0.018 (-1.14)	1353.359***	-4.226*** (0.00)	-0.914 (0.18)	-1.100	935
総合経済改革	453	0.129*** (37.49)	0.141*** (11.31)	5723.992***	37.321*** (0.00)	6.330*** (0.00)	2.050	232712
自由化	258	0.180*** (31.65)	0.207*** (12.65)	1826.879***	30.379*** (0.00)	4.293*** (0.00)	2.110	87733
価格・競争政策	114	-0.019** (-2.36)	-0.006 (-0.28)	795.697***	-1.363 (0.91)	-0.250 (0.60)	-0.115	-36
企業改革	48	0.030*** (2.79)	0.024 (0.93)	229.783***	2.225*** (0.01)	0.540 (0.29)	0.290	40
私有化政策	115	0.025*** (3.41)	-0.003 (-0.13)	1278.319***	1.046 (0.15)	0.196 (0.42)	-1.500	-69
金融改革	61	0.131*** (13.34)	0.129*** (4.89)	370.647***	11.885*** (0.00)	1.889** (0.03)	1.376	3123
貿易改革	66	0.200*** (19.47)	0.167*** (5.18)	608.229***	16.609*** (0.00)	3.030*** (0.00)	2.245	6663
制度的クオリティ	24	0.111*** (4.98)	0.222*** (3.60)	146.350***	6.961*** (0.00)	0.830 (0.00)	1.700	406
所有権改革	16	0.017 (0.80)	0.091* (1.85)	53.658***	2.668*** (0.00)	0.407 (0.34)	0.875	26
行政改革	30	0.093*** (4.81)	0.084*** (3.21)	49.737***	4.015*** (0.00)	0.912 (0.18)	0.220	149
政治改革・政治的安定度	31	0.051*** (2.72)	0.130*** (3.13)	127.441***	5.170*** (0.00)	0.832 (0.20)	1.310	275
民主化	149	-0.054*** (-8.12)	-0.061*** (-4.06)	550.591***	-7.219*** (0.00)	-0.939 (0.17)	-0.365	2720
法の支配・司法改革	93	0.215*** (17.45)	0.243*** (8.56)	406.891***	16.721*** (0.00)	2.808*** (0.00)	1.880	9516
市民権・市民社会	39	-0.003 (-0.21)	0.089*** (2.64)	226.349***	3.670*** (0.00)	0.597 (0.28)	0.462	155
その他体制移行政策	38	0.117*** (9.25)	0.043 (1.07)	362.510***	5.722*** (0.00)	1.240 (0.11)	-0.082	422
改革到達度	1431	0.103*** (48.11)	0.118*** (17.12)	13000.000***	47.107*** (0.00)	7.808*** (0.00)	1.325	1172038
改革速度	271	-0.033*** (-7.48)	-0.018 (-1.43)	2017.457***	-5.320*** (0.00)	-0.852 (0.20)	-0.380	2564

注1）帰無仮説：統合効果サイズが０。
2）帰無仮説：効果サイズが均質。
3）$\bar{T}_u$：無条件結合，$\bar{T}_w$：研究水準で加重した結合，T_m：中央値。
4）効果の有無を判定する有意水準（ここでは５％水準）に，研究全体の結合確率水準を導くために追加されるべき平均効果サイズ０の研究数を意味する。
5）***：１％水準で有意，**：５％水準で有意，*：10％水準で有意。
出所）筆者推定。

表4.7　構造変化変数の抽出推定結果を用いたメタ回帰分析

(a) 従属変数：偏相関係数

推定量[1] / メタ独立変数タイプ（デフォルト・カテゴリー）/モデル	Cluster-robust OLS [1]	Cluster-robust WLS [研究水準] [2]	Cluster-robust WLS [N] [3]	Cluster-robust WLS [df] [4]	Cluster-robust WLS [1/SE] [5]	Multi-level mixed-effects RML [6]	Cluster-robust random-effects panel GLS [7][2]	Cluster-robust fixed-effects panel LSDV [8][3]
構造変化変数タイプ（民間部門GDPシェア）								
貿易開放度	-0.0411	-0.0281	0.0573	0.0643 .	0.0166 .	-0.0342 ***	-0.0335	-0.1310 ***
銀行融資浸透速度	-0.1444 **	-0.1366 ***	-0.0523 *	-0.0595 *	-0.0889 *	-0.1028 ***	-0.0994 ***	0.0355 .
金融深化度	-0.0698 ***	-0.0583 .	-0.0354 *	-0.0359 *	-0.0549 ***	-0.0636 ***	-0.0633 ***	-0.0515 .
金融部門発展度	-0.1113 ***	-0.0917 .	-0.0292	-0.0282	-0.0626 .	-0.0704 .	-0.0679 .	0.0135
研究対象国構成（中東欧即国比率）								
中東欧非EU加盟国比率	-0.0498	-0.0180	-0.0570	-0.0873 *	-0.0468 .	-0.0926 ***	-0.0960 .	-0.2283 ***
旧ソ連諸国即国比率	-0.1469	-0.1408 *	-0.1254 *	-0.1025 *	-0.1691 *	-0.1868 ***	-0.1894 ***	-0.2883 ***
非中東欧・旧ソ連諸国即国比率	0.5439 ***	0.7311 ***	0.3032 *	0.4971 **	0.3535 **	0.5237 ***	0.5173 ***	0.7143 ***
推定時期								
推定期間初年度	0.0027	0.0022	0.0023	0.0027	0.0028 .	0.0008	0.0007	0.0049
推定年数	0.0060	0.0088	0.0044	0.0072	0.0047	0.0040	0.0040	0.0214
データ形式（パネルデータ）								
横断面データ	0.1825	0.2241	0.2674	0.2533	0.2499	0.0484	0.0417	dropped
推定法（OLS）								
GLS	0.1423 .	0.1686 ***	0.1020 *	0.1201 *	0.1120 *	0.1240 ***	0.1226 ***	0.1781 ***
FE	0.0808 .	0.0479 *	0.0361 *	0.0471 *	0.0487 *	0.0509 *	0.0496 .	0.0302
RE	0.1510 ***	0.1265 ***	0.0689 *	0.0961 *	0.0976 *	0.1000 *	0.0972 *	0.0393 .
SUR	dropped	dropped	dropped	dropped	dropped	dropped	dropped	dropped
GMM	0.0668	0.0260	0.0266	0.0419 .	0.0348	0.0389	0.0378	0.0282
その他推定量	dropped	dropped	dropped	dropped	dropped	dropped	dropped	dropped
IV/2SLS/3SLS	0.0092	-0.0336	-0.0511	-0.0546	-0.0271	0.0199	0.0199	-0.0500
経済成長変数基礎指標（GDP）								
国民一人当たりGDP	0.0780	0.0540 .	0.0342 .	0.0129	0.0527 .	0.0858	0.0864	0.1531 .
労働者一人当たりGDP	-0.1362 *	-0.1367 *	-0.1316 *	-0.1304 *	-0.1453 **	-0.0833	-0.0811	dropped
経済成長変数尺度（成長率）								
成長水準	0.0566	0.0679	0.0175	0.0052	0.0394	0.0775	0.0784	dropped
成長決定変因変数属性								
ラグ変数（非ラグ変数）	0.0358	0.0272	0.0652	0.0715	0.0560	0.0645	0.0655	0.0740
交差項同時推定（交差項無し）	0.0106	-0.0228	0.0346	0.0083	0.0417	0.0396	0.0425	0.0389
自由度・研究水準								
√自由度	0.0007	-0.0028	0.0065	-0.0055	0.0059	-0.0020	-0.0022	-0.0210 ***
研究水準	0.0004	-	-0.0072	-	-0.0046	0.0038	0.0039	dropped
切片	-5.2755	-4.2728	-4.6825	-5.4379	-5.6263	-1.4595	-1.3032	-9.5543
K	280	280	280	280	280	280	280	280
R²	0.210	0.273	0.222	0.211	0.215	-	0.172	0.032

(b) 従属変数：t値

推定法[1]	Cluster-robust OLS [9]	Cluster-robust WLS [研究水準] [10]	Cluster-robust WLS [N] [11]	Cluster-robust WLS [df] [12]	Cluster-robust WLS [1/SE] [13]	Multi-level-mixed effects RML [14][3]	Cluster-robust random-effects panel GLS [15][4]	Cluster-robust fixed-effects panel 1 LSDV [16][5]
メタ独立変数（デフォルト・カテゴリ）／モデル								
構造変化変数タイプ（民間部門GDPシェア）								
貿易開放度	0.1145	0.0856	1.0139 *	1.1628 *	0.5928 ***	0.1673	0.1768	-0.9485
銀行融資浸透度	-1.0577 **	-1.1265 **	-0.4260 *	-0.6239 *	-0.7046 ***	-0.8819 ***	-0.8517 ***	0.5601 ***
金融深化度	-0.6688 ***	-0.6196 *	-0.4651 *	-0.4930 *	-0.5826 ***	-0.6359 ***	-0.6331 ***	-0.5095 ***
金融部門発展度	-0.7291 *	-0.6921 *	-0.1359	-0.1242	-0.3906 *	-0.5886 *	-0.5670 *	0.2741
研究対象国構成（中東欧旧諸国同比率）								
中東欧非EU加盟国比率	-0.1861	-0.2658	-0.9677	-1.3285 *	-0.4340	-0.2059	-0.2204	-1.1408 ***
旧ソ連諸国同比率	-1.2571 *	-1.2219 *	-1.3934 **	-0.5527	-1.5909 **	-1.2838 *	-1.2953 **	-1.9248 ***
非中東欧・旧ソ連諸国同比率	6.0199 *	7.7356 ***	3.8802	9.3922 ***	4.6689	5.9978 ***	5.9760 ***	9.7674
推定期間								
推定期間初年度	0.0262	0.0205	0.0249	0.0345 *	0.0286	0.0242	0.0241	0.1032
推定年数	0.0504	0.0477	0.0363	0.1175	0.0399	0.0366	0.0353	0.2127
データ形式（パネルデータ）								
横断面データ	1.3517	1.4905 *	2.4583 *	1.8705	2.0179 *	0.7748	0.7155	dropped
推定量（OLS）								
GLS	1.3506	1.9039 ***	1.1557	1.8452 ***	1.1780	1.0301	0.9889 ***	1.0128 ***
FE	0.3805 ***	0.1423	0.1749	0.6260 ***	0.2199	0.1947	0.1774	0.0411
RE	1.4863 ***	1.2013 ***	0.9280	1.8021 ***	1.1840	1.0088 ***	0.9542 ***	-0.0219
SUR	dropped	dropped	dropped	dropped	dropped	dropped	dropped	dropped
GMM	0.2864	-0.0170	0.1415	0.6906 **	0.1381	0.1235	0.1110	0.0946
その他推定量	dropped	dropped	dropped	dropped	dropped	dropped	dropped	dropped
IV/2SLS/3SLS	-0.3058	-0.8023	-0.5839	-0.7448	-0.4403	-0.1589	-0.1407	-0.3529
経済成長変数基礎指標（GDP）								
国民一人当たりGDP	0.5317 *	0.5952 *	0.3070	-0.2297	0.4111	0.5436 *	0.5462 *	1.9684 ***
労働者一人当たりGDP	-1.7074 **	-1.4959 **	-1.5594 **	-1.5424	-1.7353 **	-1.4940 **	-1.4730 **	dropped
経済成長変数尺度（成長率）								
成長水準	0.5078	0.5539	0.0371	-0.2625	0.3112	0.6893	0.7110	dropped
成長決定変数属性								
ラグ変数（非ラグ変数）	0.6372	0.4410	0.9940	1.1644 *	0.8487	0.8226	0.8417	1.0583
交差項同時推定（交差項無し）	0.4752	0.2472	0.5538	-0.1400	0.6577	0.5260	0.5440	-0.0481
√自由度	0.1120 **	0.0980 ***	0.1882 ***	-	0.1605 ***	0.1029 **	0.1021 **	-0.0629
研究水準	-0.0381	-	-0.1071 *	-0.0679	-0.0789	-0.0333	-0.0337	dropped
切片	-52.8405	-41.2869	-50.7880	-69.2502	-57.8626	-48.5769	-48.3153	-206.4832
K	280	280	280	280	280	280	280	280
R^2	0.275	0.305	0.297	0.246	0.289	-	0.265	0.060

注1) OLS：最小二乗法。WLS：加重最小二乗法（括弧内は推定に用いた分析的重み）。RML：制限付き最尤法。GLS：一般最小二乗法。LSDV：最小二乗ダミー推定法。
2) Breusch-Pagan 検定：$\chi^2=0.34, \rho=0.280$
3) Breusch-Pagan 検定：$\chi^2=32.45, \rho=0.019$
4) Hausman 検定：$\chi^2=1248.70, \rho=0.000$
5) Hausman 検定：$\chi^2=37.21, \rho=0.005$
6) 回帰係数の統計検定では、White の修正法による分散不均一性の下でも一致性のある標準誤差に基づいて行った。*** ：1％水準で有意。** ：5％水準で有意。* ：10％水準で有意。OLS、WLS 及びパネル変量効果・固定効果推定に際しては、研究毎に抽出推定結果をクラスター化したクラスター法を採用した。
出所）筆者推定。メタ独立変数の定義及び記述統計量は、表4.4を参照。

表4.8　体制移行政策変数の抽出推定結果を用いたメタ回帰分析

(a) 従属変数：偏相関係数

推定量[1] メタ独立変数（デフォルト・カテゴリ）/モデル	Cluster-robust OLS [1]	Cluster-robust WLS [研究水準] [2]	Cluster-robust WLS[N] [3]	Cluster-robust WLS[df] [4]	Cluster-robust WLS[1/SE] [5]	Multi-level mixed effects RML [6]	Cluster-robust random-effects panel GLS [7][2]	Cluster-robust fixed-effects panel LSDV [8][3]
体制移行政策変数タイプ（総合構造改革）								
総合経済改革	0.1890 ***	0.2235 ***	0.1850 ***	0.1814 ***	0.1952 ***	0.0451	0.0264	-0.0413
自由化	0.1719 ***	0.2605 ***	0.1526 ***	0.1425 ***	0.1623 ***	0.0519 ***	0.0328	-0.0514
価格・競争政策	0.0329	0.0613	0.0164	0.0263	0.0411	-0.0061	-0.0808	-0.1375
企業改革	0.0551	0.0437	0.0659	0.0628	0.0726	-0.0597	-0.0227	-0.0802
私有化政策	0.0471	0.0252	0.0654	0.0673	0.0699	0.0693	-0.0760	-0.1321
金融改革	0.1639 ***	0.2842 ***	0.1520 ***	0.1519 ***	0.1641 ***	0.1059	0.0524	-0.0043
貿易改革	0.1830 ***	0.2047 ***	0.1971 ***	0.1921 ***	0.2106 ***	0.1360	0.0904	0.0371
制度のクオリティ	0.2175 ***	0.3424 ***	0.1218 ***	0.1019 ***	0.1591 ***	0.0855	0.1316	0.1243
所有権改革	0.1148	0.1435	0.0072	0.0029	0.0560	0.0707	0.0691	0.0053
行政改革	0.0766	0.0927	0.1245 ***	0.1131 ***	0.1039 ***	0.0583 ***	-0.0899	-0.1591
政治改革・政治的安定	0.2077 ***	0.2655 ***	0.1408 ***	0.1197 ***	0.1686 ***	0.2488 ***	0.0405	-0.0242
民主化	-0.0998	0.0032	-0.0528	-0.0579	-0.0711	0.1140	-0.2663 **	-0.3423 ***
法の支配・司法改革	0.2170 ***	0.2786 ***	0.1916 ***	0.1878 ***	0.2192 ***	0.0643	0.0963	0.0246
市民権・市民社会	0.1297 *	0.1892	0.1010	0.1042	0.1220	-0.0379	0.0514	-0.0045
その他の体制移行政策	0.0969	0.2162	0.1303 ***	0.1351 ***	0.1347 ***		-0.0557	-0.1116
体制移行政策尺度（改革到達速度）								
改革速度	-0.1475 ***	-0.1283 ***	-0.1494 ***	-0.1535 ***	-0.1584 ***	-0.0384	-0.0346	-0.0303
研究対象国構成（中東欧EU諸国比率）								
中東欧非EU加盟国比率	-0.4220 ***	-0.4113 ***	-0.4257 ***	-0.3813 ***	-0.4033 ***	-0.3147 ***	-0.2854 ***	-0.1755 ***
旧ソ連諸国比率	-0.0927	-0.0507	-0.0581	-0.0495	-0.0821	-0.0998 *	-0.0939	-0.0757
非中東欧・旧ソ連諸国比率	-0.4005	-0.6192	-0.0058	-0.0158	-0.2199	-0.5864	-0.6389	-0.7403 *
推定期間								
推定期間初年度	0.0081 *	0.0034	0.0064	0.0057	0.0077 *	0.0131	0.0154	0.0274 *
推定年数	-0.0082 *	-0.0103 *	-0.0050	-0.0038	-0.0074 *	-0.0043	-0.0029	0.0082
データ形式（パネルデータ）								
横断面データ	0.0973	0.1194 *	0.1090 *	0.0908 *	0.0893	0.1082	0.1016	0.0012
推定量（OLS）								
GLS	-0.2035 ***	-0.1995 ***	-0.1810 ***	-0.1771 ***	-0.2279 ***	-0.0912 *	-0.0723	-0.0083
FE	-0.0070	0.0113	-0.0210	-0.0193	-0.0245	0.0151	0.0201	0.0478 **
RE	-0.0696 *	-0.0631	-0.0962 *	-0.0733 *	-0.0785	-0.0253	-0.0191	0.0096
GMM	-0.0472 *	-0.0025	-0.0420	-0.0461	-0.0633	-0.0136	-0.0078	0.0211
その他推定量	-0.2385 ***	-0.2564 ***	-0.2032 ***	-0.1973 ***	-0.2420 ***	-0.0198	-0.0078	0.0055
IV/2SLS/3SLS	-0.0254	-0.0239	-0.0034	-0.0040	-0.0158	0.0023	0.0017	-0.0017
経済成長変数基礎指標（GDP）								
国民一人当たりGDP	-0.0179	-0.0098	0.0113	0.0164	-0.0064	-0.0253	-0.0238	0.2187 ***
労働者一人当たりGDP	-0.0049	-0.0360	0.0461	0.0635	0.0206	-0.0312	-0.0361	dropped

経済成長変数尺度（成長率）	Cluster-robust OLS [9]	Cluster-robust WLS [研究水準] [10]	Cluster-robust WLS [N] [11]	Cluster-robust WLS [d̄f] [12]	Cluster-robust WLS [1/SE] [13]	Multi-level mixed effects RML [14]	Cluster-robust random-effects panel GLS [15][4]	Cluster-robust fixed-effects panel LSDV [16][5]
成長水準	0.0106	0.0510	0.0974	0.1415	0.0743	-0.1492	-0.1740	dropped
成長決定要因変数属性								
ラグ変数（非ラグ変数）	0.0319	0.0449	0.0645 *	0.0695 *	0.0506 *	0.1548 ***	0.1621 ***	0.1765 ***
交差項同時推定（交差項無し）	-0.0863 *	-0.0721	-0.1109 ***	-0.1235 **	-0.1210 **	-0.0059	-0.0025	0.0037
自由度・研究水準								
√自由度	0.0033	0.0060	0.0031	–	0.0026	0.0077	0.0080	0.0086
研究水準	0.0101 **	–	0.0088 *	0.0103 **	0.0113 **	0.0042	0.0046	dropped
切片	-16.1042	-6.6432	-12.7020	-11.1995	-15.2686 *	-26.0344	-30.6407	-54.6456 *
K	1702	1702	1702	1702	1702	1702	1702	1702
R²	0.226	0.251	0.239	0.247	0.238	–	0.080	0.0003

(b) 従属変数：t値

推定量[1) メタ独立変数（デフォルト・カテゴリ）/モデル	Cluster-robust OLS [9]	Cluster-robust WLS [研究水準] [10]	Cluster-robust WLS [N] [11]	Cluster-robust WLS [d̄f] [12]	Cluster-robust WLS [1/SE] [13]	Multi-level mixed effects RML [14]	Cluster-robust random-effects panel GLS [15][4]	Cluster-robust fixed-effects panel LSDV [16][5]
体制移行政策変数尺度（総合構造改革）								
総合経済改革	2.5411 ***	2.8988 ***	2.7730 ***	2.6766 ***	2.8576 ***	0.6284	0.5691	-0.1787
自由化	2.0723 ***	2.8215 ***	2.2832 ***	2.1523 ***	2.1962 ***	0.9886	0.9459	0.2572
価格・競争政策	0.8220	1.3799	0.5901	0.4861	0.8971	-0.5724	-0.6272	-1.3010
企業改革	1.1171 *	1.0751 *	1.0416 *	1.3460	1.2327 ***	0.0083	-0.0435	-0.6839
私有化政策	1.3168 ***	0.9108	1.4127 *	2.2916 ***	1.6061 *	-0.3837	-0.4415	-1.1370
金融改革	2.1275 ***	3.0899 ***	2.3973 ***	2.7696 ***	2.477 ***	1.0170 *	0.9661 *	0.3514
貿易改革	2.8208 ***	3.1224 ***	2.9542 ***	1.2771	3.3316 ***	1.5133 ***	1.4634 **	0.8405
制度的クオリティ	1.9584 ***	2.9520 ***	1.2771	0.9061	1.6254	1.6831	1.7234	2.3872
所有権改革	1.1968	1.3636	-0.2701	-0.4576	0.4688	0.4175	0.3727	-0.2500
行政改革	1.4252 *	1.5640 ***	1.8585 ***	1.4475	1.6781	0.0725	0.0252	-0.6026
政治改革・政治的安定度	1.8138 ***	1.2130 ***	1.7822 **	1.3662	1.8255 **	0.6947	0.6521	0.0713
民主化	-0.3760	0.4647	-1.0997	-1.2164	-0.7249	-1.5849 *	-1.6244 **	-2.2600 ***
法の支配・司法改革	2.4150 ***	2.8828 ***	2.5892 ***	2.3678 ***	2.8311 ***	1.1698	1.1254	0.4825
市民権・市民社会	1.3050 **	1.6566 **	0.9165	0.9477	1.2645 **	0.8237	0.8010	0.3600
その他体制移行政策	1.9264 *	3.3700 **	2.5068 **	2.4121 **	2.6002 **	0.2039	0.1422	-0.5453
体制移行政策変数尺度（改革到達度）								
改革速度	-2.0038 ***	-1.8713 ***	-2.4132 ***	-2.4692 ***	-2.3879 ***	-0.5784	-0.5600	-0.4422
研究対象国構成（中東欧EU加盟国比率）								
中東欧非EU加盟国比率	-2.0175 ***	-1.7490 ***	-3.5088 ***	-2.3166 ***	-2.4893 ***	-1.9204 ***	-1.8806 ***	-1.2230 ***
旧ソ連諸国比率	-0.4438	0.1709	-0.2347	0.1357	-0.4555	-1.1810	-1.1910	-1.2478
非中東欧・旧ソ連諸国比率	-0.8278 ***	-3.7102 ***	0.4156	-0.5175	-0.3868	-3.9733	-4.0496	-4.3383
推定期間								
推定期間初期年度	0.0678 ***	0.0291	0.0663 *	0.0566	0.0761	0.1295	0.1374	0.2660
推定年数	-0.0807 **	-0.0952 *	-0.0620	-0.0202	-0.0932 *	-0.0369	-0.0335	0.0506

データ形式（パネルデータ）

	(1)	(2)	(3)	(4)	(5)	(6)	(7)	(8)
横断面データ（OLS）	0.0353	0.3056	0.3853	-0.2623	-0.0336	0.4042	0.4056	0.1255
推定量（OLS）								
GLS	-2.6919 ***	-2.6737 ***	-2.6443 ***	-2.5636 ***	-3.2603 ***	-1.3403 ***	-1.2639 ***	-0.4226
FE	-0.3424	-0.2026	-0.2045	-0.1725	-0.3994	0.2185	0.2305	0.4176 **
RE	-1.0043	-1.1644	-1.2744 *	-1.1539 *	-1.2245	-0.4246	-0.4079	-0.2078
GMM	-0.7092	-0.3116 ***	-0.6377	-0.6916	-0.9685 ***	-0.1629	-0.1457	0.0894
その他推定量	-2.8551 ***	-2.9174 ***	-2.9242 ***	-2.8286 ***	-3.2181 ***	-0.3376	-0.2800	0.1208
IV/2SLS/3SLS	-0.1077	-0.1171	-0.0052	-0.0358	-0.1046	-0.0776	-0.0857	-0.1784
経済成長変数基礎指標（GDP）								
国民一人当たり GDP	-0.2061	-0.0040	0.2656	0.4170	-0.0729	-0.1989	-0.2052	1.2169 ***
労働者一人当たり GDP	0.7132	0.1686	0.8978	1.3073	0.7013	0.3382	0.3137	dropped
経済成長変数尺度（成長率）								
成長水準	1.1330	1.8432	2.1204 *	2.4572 *	1.6974	-0.9638	-1.0579	dropped
成長決定要因変数属性								
ラグ変数（非ラグ変数）	0.7346 ***	0.7779 ***	0.9535 ***	1.0251 ***	0.8092 ***	2.3887 ***	2.4229 ***	2.7104 ***
交差項同時推定（交差項無し）	-1.6618 ***	-1.5255 **	-2.0137 ***	-2.1377 ***	-2.1209 ***	-0.5343 *	-0.5126	-0.3589
自由度・研究水準								
√自由度	0.0873 ***	0.1182 ***	0.0949 ***	–	0.0967 ***	0.0931 *	0.0930 *	0.0918 *
研究水準	0.1107 **	–	0.1543 **	0.1666 ***	0.1588 **	0.0709	0.0725	dropped
切片	-135.1758	-58.6573	-133.0673	-113.1618	-151.8193	-257.6336	-273.2752	-530.2576
K	1702	1702	1702	1702	1702	1702	1702	1702
R^2	0.193	0.213	0.238	0.240	0.221	–	0.069	0.019

注 1) OLS：最小二乗法。WLS：加重最小二乗法（括弧内は推定に用いた分析的な重み）。RML：制限付き最尤法。GLS：一般最小二乗法。LSDV：最小二乗ダミー推定法。
  2) Breusch-Pagan 検定：$\chi^2 = 104.94, \rho = 0.000$
  3) Hausman 検定：$\chi^2 = 88.44, \rho = 0.000$
  4) Breusch-Pagan 検定：$\chi^2 = 132.90, \rho = 0.000$
  5) Hausman 検定：$\chi^2 = 51.71, \rho = 0.015$
  6) 回帰係数の統計的検定に際しては、White の修正に基づいて行った。***：1％水準で有意。**：5％水準で有意。*：10％水準で有意。OLS、WLS 及びパネル変量効果・固定効果推定に際しては、研究毎に抽出推定結果をクラスター化しクラスター法を採用している。
出所）筆者推定。メタ独立変数の定義及び記述統計量は、表4.4を参照。

第4講　転換不況と経済復興：Jカーブ型成長経路発生のメカニズム

下回っている。また，改革到達度を体制移行政策変数の尺度とした推定結果と比して，改革速度のそれは，偏相関係数も t 値も，共に有意に低いという結果も得られた[11]。

　以上の通り，構造変化や体制移行政策の成長促進効果を検出すべく，先行研究が採用した変数群の少なからぬ部分が，期待した推定結果を示さなかったという事実は，これら2要因の経済成長に及ぼす効果は軽微に止まるという，全抽出推定結果を用いた前述のメタ分析結果と密接に関係していると考えられる。特定分野の構造変化や政策領域及び改革速度から，中東欧・旧ソ連諸国の経済成長と有意に正の相関関係を見出せなかったのは何故なのかという点は，今後更に追究されるべき論点である。

4.6　公表バイアスの検証

　本節では，公表バイアスの検証を行う。本書序論で解説した方法論に準拠して，漏斗プロットやガルブレイズ・プロットと共に，この目的のために特別に開発されたメタ回帰モデルの推定を以て，公表バイアスの有無及び程度を解析する。

　図4.5には，Babecky and Havranek（2014）に倣い，偏相関係数と自由度を用いた漏斗プロットが，成長決定要因変数タイプ別に描かれている。上述の観点から同図を眺めると，いずれの変数タイプについても，その抽出推定結果は，概ね三角形型に分布しており，公表バイアスⅠ型の存在を強く示唆するものではない。そこで，真の効果を中心として，抽出推定結果がその左右に均衡的に分布しているのか否かという観点から分析を行ってみた。ここでは，真の効果がゼロの近傍にあると想定する場合と，最高精度の推定結果10％の平均値が真の効果の近似値であるとした場合の2ケースで試験した[12]。その検証結果は，表4.9(a)の通りである。推定精度上位10％の平均値が真の効果であると仮定した場合，構造変化変数については，真の効果を下回る偏相関係数と上回る偏相関係数の数が等しいという帰無仮説が受容されたが，これ以外の場合は，帰無仮説が全て棄却された。従って，抽出推定結果数の左右均衡性という視点では，いずれの変数タイプについても，公表バイアスⅠ型

---

11) 但し，表4.8の通り，体制移行政策変数タイプの種差や改革速度の効果を検証した推定結果を特定するメタ独立変数の多くは，研究間の異質性を，多段混合効果制限付最尤法推定量や変量／固定効果パネル推定量で制御すると，回帰係数の統計的有意性が大幅に低下する。従って，推定結果の解釈には，一定の留意が必要だと思われる。

12) 推定精度最上位10％の平均値を，真の効果の近似値と見なす分析手法は，Stanley（2005）のそれに倣うものである。

173

第Ⅱ部　体制転換の社会的衝撃

図4.5　抽出推定結果の成長決定要因変数タイプ別漏斗プロット

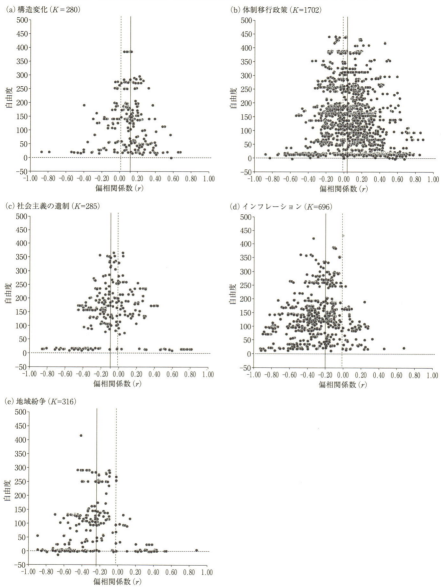

注）実線は，推定値精度最上位10％の平均値を指す。その値は，構造変化変数，体制移行政策変数，社会主義の遺制変数，インフレーション変数及び地域紛争変数毎に，各々0.120，0.052，-0.078，-0.187及び-0.223である。
出所）筆者作成。

表4.9　成長決定要因変数タイプ分類に基づく公表バイアスの検証

成長決定要因変数タイプ	(a) 効果サイズに関する検定（漏斗対称性検定）						(b) 統計的有意性に関する検証					
	真の効果サイズをゼロに仮定した場合			真の効果サイズを推定精度上位10%の平均値(x)に仮定した場合			真の効果サイズをゼロに仮定した場合			真の効果サイズを推定精度上位10%の平均値(x)に仮定した場合		
	該当抽出推定結果数		適合度検定 (z)[1]	該当抽出推定結果数		適合度検定 (z)[2]	該当抽出推定結果数		適合度検定 (z)[3]	該当抽出推定結果数		適合度検定 (z)[4]
	$PCC_k<0$	$PCC_k>0$		$PCC_k<x$	$PCC_k>x$		$\lvert t_k\rvert<1.96$	$\lvert t_k\rvert>1.96$		$\lvert (PCC_k-x)/SE_k\rvert<1.96$	$\lvert (PCC_k-x)/SE_k\rvert>1.96$	
構造変化	72	208	8.1276 *** (0.000)	151	129	-1.3148 (0.189)	182	98	23.0332 *** (0.000)	211	69	15.0812 *** (0.000)
体制移行政策	611	1091	11.6349 *** (0.000)	705	997	7.0779 *** (0.000)	766	936	94.6350 *** (0.000)	816	886	89.0742 *** (0.000)
社会主義の遺制	197	88	-6.4566 *** (0.000)	167	118	-2.9025 *** (0.004)	123	162	40.1567 *** (0.000)	148	137	33.3620 *** (0.000)
インフレーション	619	77	-20.5445 *** (0.000)	436	260	-6.6713 *** (0.000)	230	466	74.9941 *** (0.000)	196	500	54.8195 *** (0.000)
地域紛争	241	75	-9.3382 *** (0.000)	175	141	-1.9126 * (0.056)	103	213	50.8999 *** (0.000)	158	158	36.7036 *** (0.000)

注1）帰無仮説：偏相関係数の正負比率が50。
　2）帰無仮説：x を下回る偏相関係数と上回る偏相関係数の数が等しい。
　3）帰無仮説：t 値が両側棄却限界値±1.96を超える抽出推定結果の全体に占める比率が5％。
　4）帰無仮説：$\lvert$（第k推定結果−真の効果）$/SE_k\rvert$ が閾値1.96を上回る推定結果の比率が5％。
　5）括弧内は、p 値。***：1％水準で有意、*：10％水準で有意。
出所）筆者推定。

第Ⅱ部　体制転換の社会的衝撃

の恐れがあると判定される。

　図4.6は，t値と自由度を用いたガルブレイズ・プロットである。同図には，有意水準5％の両側棄却限界値である±1.96が実線で示されているが，全ての変数タイプについて，この範囲内に収まる推定結果が，抽出推定結果全体の95％を占めるとは到底見られない。即ち，真の効果がゼロの近傍にあると想定した場合，公表バイアスⅡ型の可能性は，いずれの変数タイプにおいても極めて高いと判断されるのである。この点をより厳密に試験した結果が，表4.9(b)に報告されているが，これによれば，真の効果サイズをゼロに仮定した場合，適合度検定は，全変数タイプについて，1％の有意水準で帰無仮説を棄却している。同様にして，推定精度上位10％の平均値を真の効果サイズに仮定した場合も，統計量$|($第k推定結果－真の効果$)/SE_k|$が閾値1.96を越えない推定結果の全体に占める比率が5％であるという帰無仮説も，再び全5ケースで強く棄却されている。この通り，ガルブレイズ・プロット及び表4.9(b)の分析結果からは，成長決定要因変数タイプの種差に係らず，この研究領域に公表バイアスⅡ型が生起している可能性は極めて高いとの判断が得られる。

　続く**表4.10**には，Stanley and Doucouliagos（2012）が提唱するFAT-PET-PEESE手続きに，公表バイアスⅡ型検定を加えたメタ回帰分析の諸結果が示されている。いま，各変数タイプ各々について，3モデル中2モデル以上で帰無仮説が棄却されるか否かを，判定基準に採用するなら，同表(a)の通り，漏斗非対称性検定（FAT）は，体制移行政策と地域紛争の2ケースについて帰無仮説を棄却する。一方，同表(b)の公表バイアスⅡ型検定は，インフレーションを除く4変数タイプについて，帰無仮説を棄却した。次に，再び表4.10(a)に目を向けて，精度＝効果検定（PET）の結果に注目すると，社会主義の遺制効果に関する推定結果以外の4ケースで帰無仮説が揃って棄却され，抽出推定結果の中に，公表バイアスを超えて正真正銘の証拠が存在する可能性が示された。事実，同表(c)の通り，標準誤差を用いた精度＝効果推定法（PEESE）は，4変数タイプについて帰無仮説を強く棄却しており，なおかつ標準誤差の逆数（$1/SE$）の係数値から，経済成長に与える構造変化と体制移行政策の効果は有意に正である一方，インフレーションと地域紛争のそれは有意に負であり，なおかつ前者2要因の効果サイズと後者2要因の効果サイズの絶対値の大小関係は，前節に報告したメタ分析の諸結果と大変整合的であることが確認される。この意味で，本講義で披露したメタ分析の諸結果は，公表バイアスの存在を考慮しても，なお信頼に値するものであるといえるのである。

第4講 転換不況と経済復興：Jカーブ型成長経路発生のメカニズム

図4.6 抽出推定結果の成長決定要因変数タイプ別ガルブレイズ・プロット

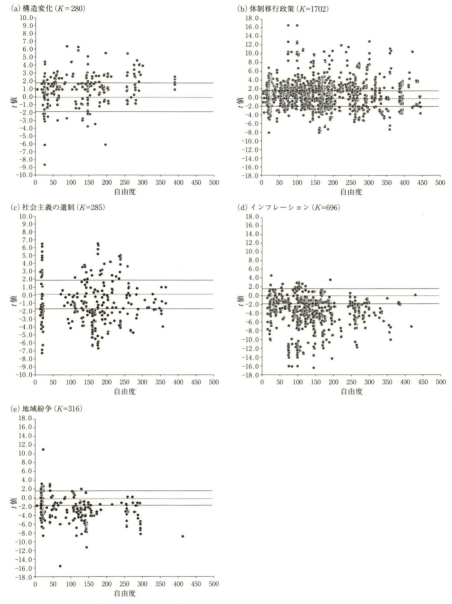

注）実線は，有意水準5％の両側棄却限界値である±1.96を示している。
出所）筆者作成。

表4.10 公表バイアス及び真の効果の有無に関するメタ回帰分析：成長決定要因変数タイプ分類に基づく検証と比較

(a)FAT（公表バイアスⅠ型）-PET検定（推定式：$t = \beta_0 + \beta_1(1/SE) + v$）

成長決定要因変数タイプ	構造変化			体制移行政策			社会主義の遺制			インフレーション			地域紛争		
推定量＼モデル	OLS	Cluster-robust OLS	Cluster-robust random-effects panel GLS	OLS	Cluster-robust OLS	Cluster-robust fixed-effects panel LSDV	OLS	Cluster-robust OLS	Cluster-robust random-effects panel GLS	OLS	Cluster-robust OLS	Cluster-robust fixed-effects panel LSDV	OLS	Cluster-robust OLS	Cluster-robust fixed-effects panel LSDV
	[1]	[2]	[3] 2)	[4]	[5]	[6] 3)	[7]	[8]	[9] 4)	[10]	[11]	[12] 5)	[13]	[14]	[15] 6)
切片 (FAT：$H_0: \beta_0=0$)	-0.3906	-0.3906	-0.0274	0.6756***	0.6756*	-1.9127*	-0.6924	-0.6924	-1.3763*	1.5013***	1.5013*	2.3147	1.1050***	1.1050*	1.7645
1/SE (PET：$H_0: \beta_1=0$)	0.1265***	0.1265***	0.1079*	0.0277***	0.0277*	0.2520***	-0.0280	-0.0280	0.0357	-0.4260***	-0.4260***	-0.4920***	-0.3605***	-0.3605***	-0.4288***
K	280	280	280	1702	1702	1702	285	285	285	696	696	696	316	316	316
R^2	0.0823	0.0823	0.0823	0.0020	0.0020	0.0020	0.0016	0.0016	0.0016	0.2122	0.2122	0.2122	0.3041	0.3041	0.3041

(b)公表バイアスⅡ型検定（推定式：$|t| = \beta_0 + \beta_1(1/SE) + v$）

成長決定要因変数タイプ	構造変化			体制移行政策			社会主義の遺制			インフレーション			地域紛争		
推定量＼モデル	OLS	Cluster-robust OLS	Cluster-robust random-effects panel LSDV	OLS	Cluster-robust OLS	Cluster-robust fixed-effects panel LSDV	OLS	Cluster-robust OLS	Cluster-robust fixed-effects panel LSDV	OLS	Cluster-robust OLS	Cluster-robust fixed-effects panel LSDV	OLS	Cluster-robust OLS	Cluster-robust fixed-effects panel LSDV
	[16]	[17]	[18] 7)	[19]	[20]	[21] 8)	[22]	[23]	[24] 9)	[25]	[26]	[27] 10)	[28]	[29]	[30] 11)
切片 ($H_0: \beta_0=0$)	1.2553***	1.2553***	-1.3351*	1.0773***	1.0773***	-0.2100	2.1427***	2.1427***	-2.6592	-0.7104***	-0.7104	-1.6168	1.0240***	1.0240***	-1.2122
1/SE	0.0493***	0.0493***	0.2783***	0.1215***	0.1215***	0.2330***	0.0330***	0.0330***	0.3830***	0.3839***	0.3839***	0.4575***	0.2239***	0.2239***	0.4554***
K	280	280	280	1702	1702	1702	285	285	285	696	696	696	316	316	316
R^2	0.0291	0.0291	0.0291	0.0839	0.0839	0.0839	0.0062	0.0062	0.0062	0.2048	0.2048	0.2048	0.2317	0.2317	0.2317

(c)PEESE法（推定式：$t = \beta_0 SE + \beta_1(1/SE) + v$）

成長決定要因変数タイプ	構造変化			体制移行政策			社会主義の遺制			インフレーション			地域紛争		
推定量＼モデル	OLS	Cluster-robust OLS	Random-effects panel ML	OLS	Cluster-robust OLS	Random-effects panel ML	OLS	Cluster-robust OLS	Random-effects panel ML	OLS	Cluster-robust OLS	Random-effects panel ML	OLS	Cluster-robust OLS	Random-effects panel ML
	[31]	[32]	[33]	[34]	[35]	[36]	[37]	[38]	[39]	[40]	[41]	[42]	[43]	[44]	[45]
SE	-1.2131	-1.2131	0.3044	2.6947***	2.6947*	-3.6531***	-2.3802	-2.3802	-6.0703**	5.5720***	5.5720*	7.3092***	4.7254***	4.7254*	4.8548***
1/SE ($H_0: \beta_1=0$)	0.1049***	0.1049***	0.1046***	0.0602***	0.0602*	0.1631***	-0.0648	-0.0648	-0.0259	-0.3487***	-0.3487*	-0.3683***	-0.3084***	-0.3084*	-0.3290***
K	280	280	280	1702	1702	1702	285	285	285	696	696	696	316	316	316
R^2	0.2820	0.2820	0.2820	0.0976	0.0976	0.0976	0.1124	0.1124	-	0.6132	0.6132	-	0.5736	0.5736	-

注1) OLS：最小二乗法、GLS：一般最小二乗法、ML：最尤法、LSDV：最小二乗ダミー変数法、ML：最尤法。
2) Breusch-Pagan検定：$\chi^2 = 51.89$, $p = 0.000$; Hausman検定：$\chi^2 = 0.60$, $p = 0.439$
3) Breusch-Pagan検定：$\chi^2 = 1621.37$, $p = 0.000$; Hausman検定：$\chi^2 = 12.33$, $p = 0.000$
4) Breusch-Pagan検定：$\chi^2 = 318.12$, $p = 0.000$; Hausman検定：$\chi^2 = 1.50$, $p = 0.220$
5) Breusch-Pagan検定：$\chi^2 = 2028.26$, $p = 0.000$; Hausman検定：$\chi^2 = 3.06$, $p = 0.080$
6) Breusch-Pagan検定：$\chi^2 = 170.82$, $p = 0.000$; Hausman検定：$\chi^2 = 3.56$, $p = 0.059$
7) Breusch-Pagan検定：$\chi^2 = 75.76$, $p = 0.000$; Hausman検定：$\chi^2 = 12.69$, $p = 0.000$
8) Breusch-Pagan検定：$\chi^2 = 2223.53$, $p = 0.000$; Hausman検定：$\chi^2 = 8.98$, $p = 0.003$
9) Breusch-Pagan検定：$\chi^2 = 130.66$, $p = 0.000$; Hausman検定：$\chi^2 = 30.31$, $p = 0.000$
10) Breusch-Pagan検定：$\chi^2 = 2511.63$, $p = 0.000$; Hausman検定：$\chi^2 = 6.29$, $p = 0.012$
11) Breusch-Pagan検定：$\chi^2 = 290.13$, $p = 0.000$; Hausman検定：$\chi^2 = 4.10$, $p = 0.043$
12) 回帰係数の統計的有意性は、White の修正法による分散不均一性の下でも一致性のある標準誤差に基づき行った。

*** : 1％水準で有意。
** : 5％水準で有意。
* : 10％水準で有意。
[33] [36] [42] [39] [45] は標準誤差を、それ以外のモデルは、分散不均一性に基づく検証に基づき行った。

出所）筆者推定。

第4講　転換不況と経済復興：Ｊカーブ型成長経路発生のメカニズム

4.7　おわりに

　中東欧・旧ソ連諸国は，社会主義体制崩壊直後に発生した未曾有の経済危機である「転換不況」を経て，国民経済の復興を遂げたか，または遂げつつある。これらの国々が辿った過去四半世紀の経済的軌跡は，歴史的にも極めて興味深いものがあり，そのため，多くの研究者が，移行経済諸国における成長決定要因の特定に大きな問題関心を払った。その結果，極めて多数の実証成果が生み出されている。本講義では，これら先行研究が報告する実証分析の諸結果を，かつてなく大規模に利用したメタ分析を行うことにより，中東欧・旧ソ連諸国において，Ｊカーブ型成長経路が創発したメカニズムの解明を試みた。

　先行研究123点から抽出した3279推定結果を用いたメタ分析は，Ｊカーブ型成長経路の発生と深く結びついていると考えられる5つの要因について，以下の事実を見出した。即ち，市場経済に向けた国民経済システムの構造変化及び体制移行政策は，国際機関や研究者の期待に反して，軽微な経済成長促進効果をもたらしたに過ぎなかった。これら2つの要因とは対照的に，体制転換初頭に発生したハイパーインフレーションや地域紛争は，移行経済諸国において大きな生産低下を惹起した可能性が極めて高い。更に，社会主義の遺制も，構造改革や体制移行政策と同程度の効果サイズを以て，経済危機を助長したと考えられる。これらの分析結果は，危機後の経済復興が，Ｖ字型ではなく，より緩やかな成長テンポによって特徴付けられるという事実，並びに経済危機時の生産低下率と復興期の回復速度に，国家間で顕著な差異が生じた事実に対して，明快な説明を与えるものである。即ち，構造変化をはじめとする5要因の相互作用が，中東欧・旧ソ連諸国をして，等しくＪカーブ型成長経路を生じせしめたものの，歴史的初期条件，政治情勢及び改革努力に現れた国家間格差が，その形状に大きな差異をもたらしたと理解できる。

　また，本講義では，移行経済論の重大関心事である構造変化と体制移行政策の実証結果に範囲を絞ったメタ分析も行った。その結果は，これら2要因の経済的に意味があり統計的に有意な成長促進効果の検出は，我々の想像以上に困難が伴うことを強く示唆するものであった。即ち，再び表4.6によれば，統合偏相関係数が有意に正であり，なおかつ結合 t 値も有意な水準にある変数は，構造変化変数に関しては5種類中2種類，体制移行政策変数については16種類中5種類に過ぎないのである。この様に，経済構造や政策の限られた領域のみでしか成長促進効果を効果的に捕捉できないという事実は，体制移行政策の到達度が経済成長と有意に正に相関する一方，政策速度はなんら有意に相関していないという分析結果の解釈とともに，

179

第Ⅱ部　体制転換の社会的衝撃

表4.11　公表バイアス及び真の効果の有無に関するメタ回帰分析結果要約

成長決定要因変数タイプ	抽出推定結果数 (K)	検定結果[1]			
		公表バイアスⅠ型漏斗非対称性検定 (FAT:H_0:β_0=0)	公表バイアスⅡ型検定 (H_0:β_0=0)	精度＝効果検定 (PET:H_0:β_1=0)	標準偏差を用いた精度＝効果推定法 (PEESE:H_0:β_1=0)[2]
構造変化	280	帰無仮説受容	帰無仮説棄却	帰無仮説棄却	帰無仮説棄却 (0.1046/0.1049)
体制移行政策	1702	帰無仮説棄却	帰無仮説棄却	帰無仮説棄却	帰無仮説棄却 (0.0602/0.1631)
社会主義の遺制	285	帰無仮説受容	帰無仮説棄却	帰無仮説受容	帰無仮説受容
インフレーション	696	帰無仮説受容	帰無仮説受容	帰無仮説棄却	帰無仮説棄却 (-0.3683/-0.3487)
地域紛争	316	帰無仮説棄却	帰無仮説棄却	帰無仮説棄却	帰無仮説棄却 (-0.3290/-0.3084)

注1）3検定結果中2ケース以上で帰無仮説が棄却された場合は，帰無仮説棄却と判定し，逆に，2ケース以上で帰無仮説が受容された場合は，帰無仮説受容と判定している。
　2）括弧内の数値は，公表バイアス修正効果サイズのPEESE法推定値であり，2種類の推定値が報告されている場合は，その最小値と最大値を意味する。
出所）筆者推定。

今後大いに議論されるべき点であろう。

　更に本講義では，公表バイアスと真の効果の有無を検証すべく，漏斗プロットやガルブレイズ・プロットによる視覚的検証と共に，この目的の為に特別に開発されたメタ回帰分析を試みた。**表4.11**には，その結果が要約されている。同表の通り，この研究領域においては，統計的に有意な実証結果の公表頻度が，標準的な統計理論に従えば不自然に高いという意味での公表バイアスⅡ型の可能性は極めて強いものの，特定の理論的予想を支持する推定結果が恣意的に優先されるという意味での公表バイアスⅠ型の影響はさほど深刻ではなく，更に，社会主義の遺制を除く4変数タイプについて，正真正銘の実証的証拠が抽出推定結果の中に存在し，なおかつ，それらの統合効果サイズは，有意にゼロではないことが明らかとなった。即ち，先行研究は，その総体として，体制転換期における中東欧・旧ソ連経済の成長経路を決定付けた最重要因子の真の効果の特定に大きな成功を収めているのである。1990年代後半から今日に至る移行経済研究者の弛まぬ研究努力に敬意を表して，本講義を締めくくりたい。

謝辞

　本稿は，科学研究費補助金基盤研究（A）（課題番号：23243032, 26245034）及び

180

平成28年度京都大学経済研究所共同利用・共同研究拠点プロジェクト研究の成果であり，岩﨑・雲（2016）の大幅増補版である。2016年5月25日に開催された一橋大学経済研究所定例研究会では，討論者である栖原学日本大学教授及びその他参加者より貴重な示唆を得た。また，2016年9月16日に米国ヘンドリックス大学で開催された MAER-NET Colloquium や2017年2月23〜25日に京都大学経済研究所が主宰した国際コンファレンス「移行経済学のフロンティア」での発表機会に際しては，トム・スタンレー（Tom Stanley）ヘンドリックス大学名誉教授，トマス・ハブラネク（Tomáš Havránek）カレル大学准教授，ロバート・ジョンストン（Robert J. Johnston）クラーク大学教授及びマーティン・パルダム（Martin Paldam）オーフス大学名誉教授からも，数々の有益な指摘や助言を受けた。ここに記して謝意を表したい。

参考文献

岩﨑一郎・雲和広（2016）「危機と復興の移行経済—マクロ経済成長決定要因のメタ分析」『経済研究所』第67巻第4号，326-338頁.

岩﨑一郎・鈴木拓（2010）『比較経済分析—市場経済化と国家の役割』ミネルヴァ書房.

上垣彰・岩﨑一郎（2016）「移行経済における中央銀行の独立性—インフレーション抑制効果のメタ分析」『スラヴ研究』第63号，1-44頁.

Akimov, Alexandr, Albert Wijeweera and Brian Dollery (2009) Financial development and economic growth: Evidence from transition economies, Applied Financial Economics, 19 (10-12), pp. 999-1008.

Apolte, Thomas (2011) Democracy and prosperity in two decades of transition, Economics of Transition, 19(4), pp. 693-722.

Åslund, Andres, Peter Boone, Simon Johnson, Stanley Fischer and Barry W. Ickes (1996) How to stabilize: Lessons from post-communist countries, Brookings Papers on Economic Activity, 1996 (1), pp. 217-313.

Babecký, Jan and Nauro F. Campos (2011) Does reform work? An econometric survey of the reform–growth puzzle, Journal of Comparative Economics, 39(2), pp. 140-158.

Babecky, Jan and Tomas Havranek (2014) Structural reforms and growth in transition: A meta-analysis, Economics of Transition, 22(1), pp. 13-42.

Beck, Thorsten and Luc Laeven (2006) Institution building and growth in transition economies, Journal of Economic Growth, 11(2), pp. 157-186.

Bennett, John, Saul Estrin and Giovanni Urga (2007) Methods of privatization and economic growth in transition economies, Economics of Transition, 15(4), pp. 661-683.

Bennett, John, Saul Estrin, James Maw and Giovanni Urga (2004) Privatization methods and economic growth in transition economies, Discussion Paper No. 4291, Centre for Economic Policy Research: London.

Bernardes, Luis G. (2003) Reference-dependent preferences and the speed of economic liberalization, Journal of Socio-Economics, 32(5), pp. 521-548

Blanchard, Olivier and Michael Kremer (1997) Disorganization, Quarterly Journal of Economics, 112(4), pp. 1091-1126.

Brada, C. Josef and Arthur E. King (1992) Is there a J-curve for the economic transition from socialism to capitalism? Economics of Planning, 25(1), pp. 37-53.

Brenton, Paul, Daniel Gros and Guy Vandille (1997) Output decline and recovery in the transition economies: Causes and social consequences, Economics of Transition, 5(1), pp. 113-130.

Campos, Nauro and Abrizio Coricelli (2002) Growth in transition: What we know, what we don't, and what we should, Journal of Economic Literature, 40(3), pp.793-836.

Campos, Nauro F. and Yuko Kinoshita (2002) Foreign direct investment as technology transferred: Some panel evidence from the transition economies, Manchester School, 70(3), pp. 398-419.

Capolupo, Rosa and Giuseppe Celi (2005) Openness and growth in Central-Eastern European countries, Economia Internazionale, 58(2), pp. 141-165.

Cernat, Lucian and Radu Vranceanu (2002) Globalisation and development: New evidence from Central and Eastern Europe, Comparative Economic Studies, 44(4), pp. 119-136.

Cerović, Božidar and Aleksandra Nojković (2009) Transition and growth: What was taught and what happened, Economic Annals, 54(183), pp. 7-31.

Cohen, Jacob (1988) Statistical Power Analysis in the Behavioral Sciences, Second edition, Lawrence Erlbaum Associates: Hillsdale.

Cojocaru, Laura, Evangelos M. Falaris, Saul D. Hoffman and Jeffrey B. Miller (2016) Financial system development and economic growth in transition economies: New empirical evidence from the CEE and CIS countries, Emerging Markets Finance and Trade, 52(1), pp. 223-236.

da Rocha, Bruno T. (2015) Let the markets begin: The interplay between free prices and privatisation in early transition, Journal of Comparative Economics, 43(2), pp. 350-370.

de Macedo, Jorge Braga and Joaquim Oliveira Martins (2008) Growth, reform indicators and policy complementarities, Economics of Transition, 16(2), pp. 141-164.

de Melo, Martha, Cevdet Denizer and Alan Gelb (1997) From plan to market: Patterns of transition, In: Blejer, Mario and Marko Škreb (eds.), Macro Economic Stabilization in Transition Economies, Cambridge University Press: Cambridge and New York, pp. 17-72.

de Melo, Martha, Cevdet Denizer, Alan Gelb and Stoyan Tenev (2001) Circumstance and choice: The role of initial conditions and policies in transition economies, World Bank Economic Review, 15(1), pp. 1-31.

Denizer, Cevdet (1997) Stabilization, adjustment, and growth prospects in transition economies, Policy Research Working Paper No. 1855, World Bank: Washington, D.C.

Djalilov, Khurshid and Jenifer Piesse (2011) Financial development and growth in transition countries: A study of Central Asia, Emerging Markets Finance and Trade, 47(6), pp. 4-23.

Djankov, Simeon and Peter Murrell (2002) Enterprise restructuring in transition: A quantitative survey, Journal of Economic Literature, 40(3), pp. 739-792.

Doucouliagos, Hristos (2011) How large is large? Preliminary and relative guidelines for interpreting partical correlations in economics, School Working Paper No. SWP 2011/5, School of Accounting, Economics and Finance, Faculty of Business and Law, Deakin University: Melbourne.

Dudian, Monica and Raluca Andreea Popa (2013) Financial development and economic growth in Central and Eastern Europe, Theoretical and Applied Economics, 20(8), pp. 59-68.

第4講　転換不況と経済復興：Ｊカーブ型成長経路発生のメカニズム

EBRD (European Bank for Reconstruction and Development) (1999) Transition Report 1999: Ten Years of Transition, EBRD: London.

Eicher, Theo S. and Till Schreiber (2010) Structural policies and growth: Time series evidence from a natural experiment, Journal of Development Economics, 91(1), pp. 169-179.

Falcetti, Elisabetta, Martin Raiser and Peter Sanfey (2002) Defying the odds: Initial conditions, reforms, and growth in the first decade of transition, Journal of Comparative Economics, 30(2), pp. 229-250.

Fidrmuc, Jan (2001) Democracy in transition economies: Grease or sand in the wheels of growth? EIB Papers, 6(2), pp. 25-40.

Fidrmuc, Jan (2003) Economic reform, democracy and growth during post-communist transition, European Journal of Political Economy, 19(3), pp. 583-604.

Fischer, Stanley and Ratna Sahay (2001) The transition economies after ten years, In: Orlowski, Lucjan T. (ed.), Transition and Growth in Post-communist Countries: The Ten-year Experience, Edward Elger: Cheltenham and Northampton, pp. 3-47.

Fischer, Stanley, Ratna Sahay and Carlos A. Végh (1996a) Economies in transition: The beginnings of growth, American Economic Review, 86(2), pp. 229-233.

Fischer, Stanley, Ratna Sahay and Carlos A. Végh (1996b) Stabilization and growth in transition economies: The early experience, Journal of Economic Perspectives, 10(2), pp. 45-66.

Gaffeo, Edoardo and Petya Garalova (2014) On the finance-growth nexus: Additional evidence from Central and Eastern Europe countries, Economic Change and Restructuring, 47(2), pp. 89-115.

Gillman, Max and Mark N. Harris (2010) The effect of inflation on growth: Evidence from a panel of transition countries, Economics of Transition, 18(4), pp. 697-714.

Godoy, Sergio and Joseph E. Stiglitz (2006) Growth, initial conditions, law and speed of privatization in transition countries: 11 years later, Working Paper No. 11992, National Bureau of Economic Research: Cambridge.

Grogan, Louise and Luc Moers (2001) Growth empirics with institutional measures for transition countries, Economic Systems, 25(4), pp. 323-344.

Halushka, Andrij (1997) Financial system and growth in transition economies, Ukrainian Economic Review, (4/5), pp. 108-122.

Havrylyshyn, Oleh (2001) Recovery and growth in transition: A decade of evidence, IMF Staff Papers, 48 (Special Issue), pp. 53-87.

Havrylyshyn, Oleh and Thomas Wolf (2001) Growth in transition countries 1990-98: The main lessons, In: Havrylyshyn, Oleh and Saleh M. Nsouli (eds.), A Decade of Transition: Achievements and Challenges, IMF: Washington, D.C., pp. 83-128.

Heckelman, Jac C. (2010) The connection between democratic freedoms and growth in transition economies, Applied Economics Quarterly, 56(2), pp. 121-146.

Heybey, Berta and Peter Murrell (1999) The relationship between economic growth and the speed of liberalization during transition, Journal of Policy Reform, 3(2), pp. 121-137.

Hodgson, Geoffrey M. (2006) Institutions, recessions and recovery in the transitional economies, Journal of Economic Issues, 40(4), pp. 875-894.

Iwasaki, Ichiro (2004) Evolution of the government–business relationship and economic performance in the former Soviet states: Order state, rescue state, punish state, Economics of Planning, 36(3), pp. 223-257.

183

第Ⅱ部　体制転換の社会的衝撃

Iwasaki, Ichiro and Masahiro Tokunaga (2014) Macroeconomic impacts of FDI in transition economies: A meta-analysis, World Development, 61, pp. 53–69.

Josifidis, Kosta, Radmila Dragutinović Mitrović and Olgica Ivančev (2012) Heterogeneity of growth in the West Balkans and emerging Europe: A dynamic panel data model approach, Panoeconomicus, 59(2), pp. 157–183.

Kolodko, Grzegorz (2001) Globalization and catching-up: From recession to growth in transition economies, Communist and Post-Communist Studies, 34(3), pp. 279–322.

Kornai, János (1994) Transformational recession: The main causes, Journal of Comparative Economics, 19(1), pp. 39–63.

Loungani, Prakash and Nathan Sheets (1997) Central bank independence, inflation, and growth in transition economies, Journal of Money, Credit, and Banking, 29(3), pp. 381–399.

Mankiw, Gregory, David Romer and David Weil (1992) A contribution to the empirics of economic growth, Quarterly Journal of Economics, 107(2), pp. 407–438.

Mitrović, Radmila Dragutinović and Olgica Ivančev (2010) Driving forces of economic growth in the second decade of transition, Economic Annals, 55(185), pp. 7–32.

Moers, Luc (1999) How important are institutions for growth in transition countries? Discussion Paper No. 99–0004/2, Tinbergen Institute: Amsterdam.

Nath, Hiranya K. (2009) Trade, foreign direct investment, and growth: Evidence from transition economies, Comparative Economic Studies, 51(1), pp. 20–50.

Neyapti, Bilin and Nergiz Dincer (2005) Measuring the quality of bank regulation and supervision with an application to transition economies, Economic Inquiry, 43(1), pp. 79–99.

Peev, Evgeni and Dennis C. Mueller (2012) Democracy, economic freedom and growth in transition economies, Kyklos, 65(3), pp. 371–407.

Polanec, Sašo (2004) Convergence at last? Evidence from transition countries, Eastern European Economics, 42(4), pp. 55–80.

Popov, Vladimir (2007) Shock therapy versus gradualism reconsidered: Lessons from transition economies after 15 years of reforms, Comparative Economic Studies, 49(1), pp. 1–31.

Próchniak, Mariusz (2011) Determinants of economic growth in Central and Eastern Europe: The global crisis perspective, Post-Communist Economies, 23(4), pp. 449–468.

Radulescu, Roxana and David Barlow (2002) The relationship between policies and growth in transition countries, Economics of Transition, 10(3), pp. 719–745.

Redek, Tjaša and Andrej Sušjan (2005) The impact of institutions on economic growth: The case of transition economies, Journal of Economic Issues, 39(4), pp. 995–1027.

Roland, Gérald and Thierry Verdier (1999) Transition and the output fall, Economic of Transition, 7(1), pp. 1–28.

Rosati, Dariusz (1994) Output decline during transition from plan to market: A reconsideration, Economics of Transition, 2(4), pp. 419–441.

Segura-Ubiergo, Alex, Alejandro Simone, Sanjeev Gupta and Qiang Cui (2010) New evidence on fiscal adjustment and growth in transition economies, Comparative Economic Studies, 52(1), pp. 18–37.

Selowsky, Marcelo and Ricardo Martin (1997) Policy performance and output growth in the transition economies, American Economic Review, 87(2), pp. 349–353.

Staehr, Karsten (2005) Reforms and economic growth in transition economies: Complementarity,

184

第4講　転換不況と経済復興：Jカーブ型成長経路発生のメカニズム

sequencing and speed, European Journal of Comparative Economics, 2(2), pp. 177-202.

Stanley, T. D. (2005) Beyond publication bias, Journal of Economic Surveys, 19(3), pp. 309-345.

Stanley, T. D. and Hristos Doucouliagos (2012) Meta-regression Analysis in Economics and Business, Routledge: London and New York.

Stuart, Robert C. and Christina M. Panayotopoulos (1999) Decline and recovery in transition economies: The impact of initial conditions, Post-Soviet Geography and Economics, 40(4), pp. 267-280.

Sukiassyan, Grigor (2007) Inequality and growth: What does the transition economy data say? Journal of Comparative Economics, 35(1), pp. 35-56.

Wolf, Holger (1999) Transition strategies: Choices and outcomes, Princeton Studies in International Finance No. 85, Department of Economics, Princeton University: Princeton, NJ.

Wyplosz, Charles (2000) Ten years of transformation: Macroeconomic lessons, Discussion Paper No. 2254, Centre for Economic Policy Research: London.

第5講 | **体制転換と貧困**
困窮化決定要因の推移

雲 和広

5.1　はじめに

　社会主義諸国における経済格差の小ささや貧困率の低さは広く認識されてきた（McAuley, 1979; 武田，2011）。データの公開がほぼ行われていなかったことから詳細な検討を行うことは不可能であったが，所得再配分や国家が設定していた賃金率，篤い社会保障が社会主義諸国における貧困水準を低いものに抑えていたことは共通に認識されているものと言って良いであろう（McAuley, 1979）。体制転換の開始と共に，知られている通りこの様相に変化が生じた。著名な Milanovic（1997）は，種々の家計調査データに基づいて，貧困水準を下回る所得しか無い層の総数を推計している。それによれば，ソ連構成諸国・南／東欧に位置する18カ国では，体制転換前の1987〜1988年に比して，体制転換開始後の1993年〜1995年には貧困層の数が10倍以上に拡大したとされる（1400万人から１億4700万人に）。但しこれは貧困線を１日１人当たり所得1993年購買力平価４米ドルとしており，かなり多めに見積もった数字であるとは言える。しかしながら，そのことは全体の傾向を変えるものではないであろう。またその中でも，ロシアにおける貧困層の数的増大は目をひくものであった。と言うのも，**図5.1**の通り，1987〜1988年には１億4600万（1987年）の総人口に対して220万人（対総人口比1.5％）に過ぎなかったロシアの貧困者数は，体制転換の開始ののち6600万人即ち総人口１億4850万（1993年）の44％，或いは総数で30倍に拡大したのである（Milanovic, 1997）。

　社会主義体制下にあっても貧困が全く存在しなかったわけではない。むしろデータへのアクセス可能性が無かったことにより検討そのものが不可能であったに過ぎないという状況も指摘しておかなければならない（武田，2011）。しかし同時に，体制転換によってかつて社会主義圏とされていた地域において貧困が拡大し，かつそれはより広範に見られる現象になった，ということは言えるであろう。

図5.1 中東欧・旧ソ連移行諸国における貧困層人数

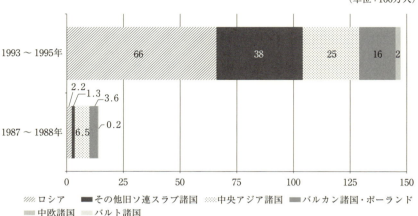

出所）Milanovic（1997）．

　ここで興味を引くのは、「貧困」は、経済移行の問題としてどれほどのインパクトを持ったのか、そしてそれは移行経済としてどれほどの独自性を有する問題であるのか、ということである。貧困そのものは広範に見られる現象であり、それが果たして「移行経済」の問題であるのか否か、は検討を要する主題であると言える。そこで、本講義では、過去20有余年にわたる移行経済における貧困の研究を精査し、移行経済の貧困について、どのような要因が検討されてきたのか、そしてそれはどのように他諸国のそれと異なっているのか或いは同様なのか、はた移行経済諸国の間で相異が見られるのか或いは見られないのか、といった動向を追うことにより、体制転換開始ののち20年超に渡って進められてきた移行諸国における貧困研究の現状と到達点を鑑みてみたい。

5.2　移行経済における貧困

　冒頭で言及したような、Milanovic（1997）の指摘する移行経済諸国における貧困層の拡大は、先行研究において「突然の貧困」と称された（Ruminska-Zimny, 1997; 武田, 2011）。これは篤い社会保障が構築されていた社会主義諸国において急速に拡大した貧困を捉えての表現であった。実際に、社会主義時代と体制転換開始後とで貧困者比率を見るとその大きな変化を看取することが出来る。とはいえ冒頭で述べた通り、社会主義時代のデータはほぼ存在しない。利用が可能なのは様々

第5講 体制転換と貧困：困窮化決定要因の推移

図5.2 ロシアの貧困者比率及び所得格差（1980～2011年）

出所）Braithwaite (1995) 及び Rosstat, Sotsial'noe polozhenie Iurovenzhisni naseleniya Rossii (1998, 2000, 2004, 2010, 2011, 2013) に基づき筆者作成。

な推計系列であるが，それは例えば**図5.2**の通りである。図5.2には，ソ連崩壊前の1980年から2010年までのロシアにおける貧困者比率（poverty headcount，「最低生活水準維持費用」を下回る所得しか得ていない人口の割合）と一人あたり所得のジニ係数とを示す。

ここで，1991年に11.4％であったロシアの貧困者比率は1991年末に始まった体制転換ののち，1993年には31.5％に達した。同様に所得格差を示すジニ係数も，1991年の0.265から1993年には0.398へと跳ね上がったのである。このことが，Ruminska-Zimny（1997）らの言う移行経済諸国における「突然の貧困」の発生を如実に示していると言えよう。

他方この貧困率の推移は，1990年代における劇的な拡大と2000年代の縮小という，時期により対照的な動態を示していることが容易に看取される。これには経済状況と緊密な関係があることを指摘出来る。**図5.3**に再度ロシアの貧困者比率と，そして一人あたり国内総生産との推移を示す。1990年代初頭，体制転換に伴う経済的縮小が見られた際には貧困者比率が急拡大する。持続的な経済成長が見られるようになった1999年以降，今度は趨勢的に貧困者比率が低下していっている。図5.3の貧

189

第Ⅱ部　体制転換の社会的衝撃

図5.3　ロシアの貧困者比率と国民一人当たり国内総生産の推移（1980～2010年）

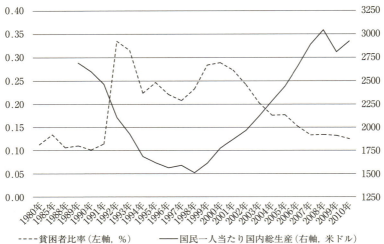

----　貧困者比率（左軸，%）　　―――　国民一人当たり国内総生産（右軸，米ドル）

出所）Rosstat, Sotsial'noe polozhenie Iurovenzhisni naseleniya Rossii（1998, 2000, 2004, 2010, 2011, 2013）及び World Bank, World Development Indicators（2005, 2012）（CD-ROM 版）に基づき筆者作成。

困者比率と一人あたり国内総生産との相関係数は－0.76という値になり，一人あたり国内総生産の拡大に伴って貧困者比率が低くなるという構図が描かれる。

　この様相はロシアのみに限るものでないことは言うまでもない。年金・医療等の社会保障制度，雇用の確保等といった諸制度は欧州の社会主義諸国において同様に整えられていた（McAuley, 1979; 大津，1988; Braithwaite et al., 2000）。従ってこれらの国において進められた市場経済への移行は，貧困を顕在化させたという側面では似通った現象を示したと言えるであろう。ただしその実態は，全ての地域において等しく同様であった訳ではないこともまた指摘せねばならない（武田，2011）。

　表5.1に，ソ連を構成していた諸国，並びに中東欧の移行経済諸国，そして中国及びベトナムの貧困者比率を示す。この表5.1を見ると，いくつかの事実を確認することが出来る。上段にソ連を構成していた諸国を，そして下段には中東欧・アジアの移行経済諸国のうち数字を採取することが出来たもの全てを記載しているが，貧困者比率は全体として明らかに下段のほうが低い。上段の平均値は30.1%，下段のそれは19.2%であり，中国・ベトナムを除いた場合下段の平均値は18.9%である。かつまた1990年代と2000年代とを比較すると，傾向的に貧困者比率は低下している。上段は1990年代の平均値46.7%・2000年代の平均値が27.4%であり，下段の平均は1990年代21.6%・2000年代18.6%なのである。見ての通り，2000年代における貧困

第５講　体制転換と貧困：困窮化決定要因の推移

表5.1　旧ソ連，中東欧及びアジア移行諸国の貧困者比率（1993〜2010年）

(a) 旧ソ連諸国　　　　　　　　　　　　　　　　　　　　　　　　　　　　　　　　　　（％）

	アルメニア	アゼルバイジャン	ジョージア	カザフスタン	タジクスタン	トルクメニスタン	キルギス	ベラルーシ	モルドバ	ウクライナ	ロシア
1993年											
1994年											30.9
1995年		68.1									
1996年				34.6			38.6				
1997年							32.1				
1998年							33.0				31.4
1999年	55.5				96.0		46.7				
2000年							41.9			31.5	
2001年	48.3	49.6		46.7			28.9				
2002年			52.1	44.5			30.5		28.1		19.6
2003年			54.5	37.5	72.4		27.1	29.0	19.3		17.4
2004年				33.9			17.8	26.5	14.7		14.1
2005年				31.6			12.7	29.0	8.4		11.9
2006年				18.2		61.0	11.1	30.2	6.8		11.1
2007年			23.4	12.7	53.5	54.6	7.7	25.8	4.6		
2008年	27.6	15.8	22.7	12.1			31.7	6.1	26.4	2.9	
2009年	34.1		24.7	8.2	46.7		31.7	5.4	26.3		
2010年	35.8						33.7		21.9		

(b) 中東欧及びアジア移行諸国　　　　　　　　　　　　　　　　　　　　　　　　　　　（％）

	ハンガリー	ポーランド	クロアチア	ラトビア	ルーマニア	セルビア	マケドニア	ボスニア	コソボ	アルバニア	中国	ベトナム
1993年	14.5	23.8										58.1
1994年					21.5							
1995年					25.4							
1996年		14.6									6.0	
1997年	17.3											
1998年											4.6	37.4
1999年		14.3										
2000年		14.8			35.9							
2001年		15.6			30.6							
2002年		16.6	11.2	7.5	28.9	14.0	19.1			25.4		28.9
2003年					25.1		19.2		37.7			
2004年		19.0	11.1	5.9	18.8	14.6	18.5	17.7	43.7		2.8	19.5
2005年		18.0			15.1		20.4		34.8	18.5		
2006年		15.1			13.8	9.0	19.0		45.1			16.0
2007年		14.6			6.6		14.0					
2008年		10.6			6.1				12.4			14.5
2009年					6.9				34.5			
2010年					9.2							

注）貧困者比率とは，国レベル貧困線を下回る人口の全人口に占める比率を意味する。
出所）World Bank, World Development Indicators（2005, 2012）（CD-ROM 版）に基づき筆者作成。

第Ⅱ部　体制転換の社会的衝撃

者比率の低下はとりわけソ連を構成していた諸国において顕著である。それは実際，Razumov and Yagodkina（2007）や Bobkov（2007）らが指摘している状況であった。

　社会主義政権の崩壊は，当該地域に体制転換ショックを引き起こし，貧困に陥る人口層が急速に拡大した。1990年代にはそれはとりわけ顕著であり，かつ状況はかつてソ連を構成していた諸国において一層深刻であった。しかしながらその様相は2000年代に入ってから変化し，各国内の貧困者比率は明確な低下傾向を示したということをここでは指摘出来るであろう。

　移行経済の貧困はどのように素描されたであろうか。社会主義政権時代あるいはソ連時代において貧困に陥るリスクが高いと見なされていたのは，農村に立地する家計あるいは子供が居る家計であった（McAuley, 1979; Braithwaite, 1995）。この認識は一般的な貧困研究から得られてきた知見と共通するものであろう。

　ここで1989〜1991年における体制転換の開始から「突然の貧困」（Ruminska-Zimny, 1997; 武田，2011）が生じると共に，1990年代においては都市地域でも貧困の広範化が関知されたのである（Gerry et al., 2008）。そののち，世界的な傾向を見るとラテンアメリカを中心とする開発途上国では都市における貧困の進展が看取されているが（Ravallion et al., 2007），欧州移行経済諸国ではそうした傾向を見せることはなく，都市部においてはむしろ貧困層の低減が進んでいると言える。また貧困者比率の対農村地域比で見た相対的な大きさも，移行経済諸国では2000年よりのち縮小を続けていると言って良いのである。以上から，1990年代は貧困者比率の拡大・高い水準での安定的推移を見せた時期であり，2000年代はその趨勢的な縮小傾向を示すようになった時期である，と捉えることが出来るであろう。

　これらをどう解釈するべきか，ということは本講義の直接的課題から離れるものであるが，1990年代の貧困拡大と2000年代の貧困縮小フェーズは，全般的な所得水準の拡大がそのまま貧困層の縮小に結びつく，という明確な関係を示していることによるものと考えられよう。他方ソ連構成諸国と中東欧諸国との相違は，前者の所得水準が後者よりも低かったということではなく[1]，むしろ農業部門の雇用制度や体制転換の衝撃の大きさといった構造的条件によるものと想定され得る。社会主義の遺制が強く働いたソ連構成諸国における転換不況は中東欧のそれよりも深く長く続いた（岩崎・鈴木，2010）。また1990年代の不況期，都市では雇用水準の低下から現金所得の獲得可能性が減少したのに対して，農村地域では現物所得の獲得可能

1）表5.1の貧困線は各国別に設定されており，国家間の所得水準の差が直接貧困水準に影響を与えるものではない。

第5講　体制転換と貧困：困窮化決定要因の推移

性は失われなかった（山村，1997; World Bank, 2004）。こうした制度的・歴史的遺制そして体制転換進展度の相違が，貧困動態の相違に帰結したと考えることが出来るであろう。

5.3　サーベイ対象文献の範囲確定：文献検索作業手順

　本講義が行うメタ分析とその基盤となる文献サーベイを行う過程では，最初に主観を出来るだけ廃した文献の抽出を行うことが必要となる。そこで，代表的な電子学術文献情報データベースである EconLit を利用し，1989年1月から2015年12月までの27年間に渡る期間に刊行された研究を対象として文献の特定を行った[2]。

　当初 *poverty* を検索語として用い，更に対象地域を特定した実証研究の抽出のため，*transition economies, Eastern Europe, Central Europe* を，AND/OR 条件の組み合わせを用いてキーワード検索を行うことを試みたところ，国の規模やデータの利用可能性等から予想され得ることではあったが，ロシアに非常に偏った検索結果が得られるという問題に直面した。また重大な問題として，個別国を対象とした研究の脱漏が広範に見られた。そこで本講義では，キーワード検索（Econlit Subject 検索）で「*poverty* AND 個別国名」による検索を行い，全1,894点（但し重複あり）の論文・学術的著作を見出した。このことにより，中東欧の移行経済諸国についてある程度の広がりをもって文献の収集を行い得た（**図5.4**）。

　なおここで，1ページだけのニュースや，既刊論文に関するコメントと筆者とによる往復書簡（correspondence），書評などは検討対象から排除した。また書籍所収論文並びに国際機関や大学等研究機関によるディスカッションペーパーの類も検討から除外するものとした。これによってサーベイ対象論文が減少し，かつ重要性の高い論文が抜け落ちてしまう危険があるかも知れない。しかしながら，そもそも書籍所収論文はそれに先だって学術雑誌に掲載されておりその修正版が収録されていることが多いこと，また学術雑誌は査読過程などの存在によって一定の水準を維持していることが想定される一方，書籍所収論文や各研究機関が刊行するディスカッションペーパー等ではそれが担保されない可能性があることも鑑みた。更に書籍所収論文で定量的検討を行っているものの点数は，少なくとも当該地域を対象とするものにおいては限定されていることからもこうした選択を行った次第である。

2）EconLit のデータベースは刊行されることで書誌情報が即座に反映されるということはない。情報が十分データベースに反映されるまでの時間差と本講義による分析の再現可能性とを考慮し，データベースが十分更新されたであろうと推測される，本講義執筆の丁度1年前までに刊行された文献を検討の対象とする。

193

図5.4 キーワード"*poverty*"と中東欧・旧ソ連各国名で AND 検索を行った際のヒット論文数国別分布

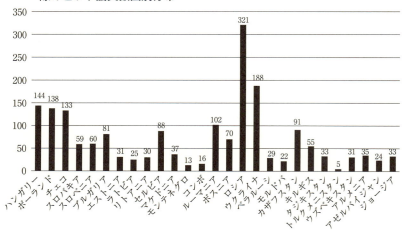

注）合計1,894点（重複あり。重複を除くと1,714点）。図書を含む。
出所）EconLit の検索結果に基づき筆者作成。

　また文献は英語に限り，日本語・ロシア語そのほかの言語による研究は取り上げない。その意味で本講義は体系的レビューの伝統的接近法に従う（Borenstein et al., 2009）。これもまた，研究成果の一定の質を担保するという視点に依るものである。

　旧ソ連諸国では国によっては半分以上が世界銀行を中心とする国際機関のディスカッションペーパーや書籍であった等そもそも検討対象とはなり得なかったが，学術雑誌所収物のみを抽出した1,025編より可能な限り収集した（**図5.5**，**図5.6**）[3]。データベースから抽出した研究数は図5.5の通りであるが，実際に入手し得たのは1,025編中の647点であった。但し南東欧諸国で刊行されたものの圧倒的多数，すなわち数100編の論文は現地語で書かれており，ここでの検討対象とはなり得なかったことも付記しておく必要がある。

　図5.5からは1989年の経済体制移行開始ののち，趨勢的に移行経済諸国における貧困研究の量的拡大があったことが示唆される。だが発行媒体（雑誌）数の増大という要因も考慮する必要があるかも知れない。*poverty* をキーワードとして他に一切の制限を設けず（地域の指定など行わず）検索を行った結果を示す図5.6と比較

3）なお後述するが，メタ分析対象文献の抽出では恣意的な取捨選択は行わず，採取出来る分析結果の全てを集めた。

第 5 講 体制転換と貧困：困窮化決定要因の推移

図5.5 移行経済諸国を対象とした貧困研究の学術雑誌所収論文数の推移（1989年1月～2015年12月）

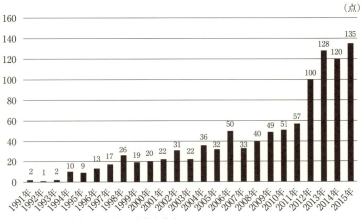

出所）EconLit 検索結果に基づき筆者作成。

図5.6 貧困研究全般の学術雑誌所収論文数・移行経済を対象とした貧困研究及び貧困研究一般のうち移行経済貧困研究の比率（1989年1月～2015年12月）

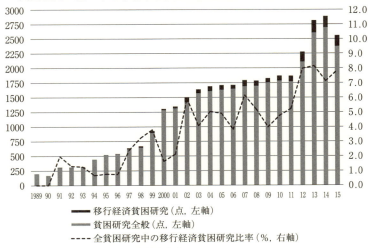

出所）EconLit 検索結果に基づき筆者作成。

195

図5.7 移行経済研究全般・移行経済貧困研究の学術誌所収論文数及び後者の前者に対する比率（1989年1月～2015年12月）

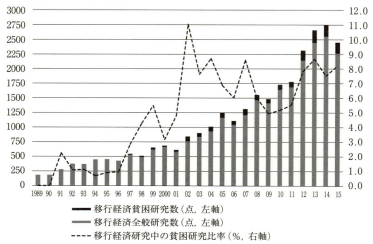

出所）EconLit 検索結果に基づき筆者作成。

すれば，貧困研究全体が2000年代に入ってから急激に拡大していることを看取出来る。その意味では，移行経済の貧困研究は全体的な貧困研究の流れに沿うものであったと言うことが出来る。但しそうであったとしても，全体として研究の蓄積が趨勢的に進んでいること自体は否定し得ない。また同時に図5.6に示した通り，地域を特定しない全貧困研究に対する移行経済諸国貧困研究の比率は，1990年代中盤（1996年）までの2％未満からそれ以降2010年代には8％前後に拡大しており，単に発行媒体の増大のみが移行経済貧困研究の増加に寄与したというわけではないことを指摘出来る。

移行経済研究という領域における貧困研究の位置づけを見ると（**図5.7**），移行経済研究自体もその量的な拡大が見られるが，それに留まらず，移行経済研究全般の中での貧困問題を対象とした研究自体の比率が移行初期に比較して1990年代末以降，高まっていることを看取出来る。ここで当該領域において「貧困」が，研究課題として関心を集めていることが示されていると言って良い。

さて収集し得た論文タイトル・論文要旨を全て読み，明らかにテーマと違うものは排除していった。ここで対象とする文献は，欧州の移行経済諸国を取り扱ったものに限定する。それはつまり，アジアの移行国即ち中国並びにベトナムを検討対象には含めない，ということである。これには明確な理由がある。第一に，中国及びベトナムは，東欧・ソ連のかつての社会主義諸国が全て経験した市場経済移行に伴

第5講　体制転換と貧困：困窮化決定要因の推移

表5.2　移行経済諸国の１人当たり GDP の推移（1989年＝100）

	1989 年	1990 年	1995 年	2000 年	2005 年	2010 年
アルバニア	100.00	89.50	82.36	109.85	139.65	175.29
ブルガリア	100.00	92.53	84.07	87.48	120.57	141.23
中国	100.00	102.30	171.85	247.90	382.37	633.46
エストニア	100.00	92.88	71.60	100.71	151.48	151.60
ジョージア	100.00	85.23	24.43	34.75	50.14	63.21
ハンガリー	100.00	97.51	86.88	101.62	126.16	126.03
キルギス	100.00	104.48	51.01	62.37	71.27	83.14
ラトビア	100.00	92.19	56.38	77.78	118.92	118.08
モルドバ	100.00	97.21	39.19	35.15	50.09	59.17
モンゴル	100.00	94.87	78.63	86.06	111.52	141.07
ルーマニア	100.00	94.24	86.55	82.06	112.34	131.06
ロシア	100.00	96.62	60.08	65.91	90.71	108.54
スロバキア	100.00	96.90	82.61	97.16	123.49	153.94
タジキスタン	100.00	96.91	33.82	31.70	49.10	63.50
トルクメニスタン	100.00	98.07	53.54	60.75	124.56	194.13
ウクライナ	100.00	93.44	45.18	42.84	64.71	69.87
ウズベキスタン	100.00	99.23	72.45	80.90	99.17	138.09
ベトナム	100.00	103.13	140.25	182.00	246.33	327.65

出所）World Bank, World Development Indicators 2012（CD-ROM 版）に基づき筆者作成。

う移行ショック・転換不況を経験していない，という事実がある。**表5.2**に1989年を100とした移行経済諸国における国民１人当たり GDP の推移をあげるが，1989年以降，1989年当時の国民１人当たり GDP 水準を下回ることを経験していないのはこの両国のみなのである。そこで発生している貧困も，貧困の発生要因そのものが欧州移行経済諸国における「突然の貧困」と同一の特徴を有するものであることを想定するのは困難である。また更に，*China* AND *poverty* でキーワード検索を行うと3,295件の文献が検出されるということがある。これは先に示した，欧州における全ての移行経済諸国を地域として指定しキーワード検索を行った際の文献数1,714点をも大幅に上回る数であり，バランスを欠いている。即ち「中国の貧困研究による知見」が，「移行経済諸国全体の貧困研究による知見」の検討を行うに当たって過剰に影響を与える（over-representative になる）恐れがある。以上から，欧州移行経済諸国に加えて中国・ベトナムを対象とした研究を同時に扱うことは適切ではないと判断した。

　広く収集した文献から，貧困の決定要因の時系列的・地域的相違に関するメタ分析に利用可能な分析結果を提示している論文は，収集出来た全647編の学術雑誌掲載論文のうち，15編であった。それは**表5.3**に一覧を付した通りであるが，つまり

表5.3　推定結果抽出対象先行研究のうち貧困確率／貧困度を被説明変数とする論文

発表年	筆者	対象地域	検討年	分析手法	抽出モデル数	被説明変数	説明変数	有意性	サンプル数
2010	Brück, Danzer, Muravyev and Weisshaar	ウクライナ	1996年	プロビット	4	貧困確率	家計規模 失業者 都市居住	+ + +	22990
2009	Mills amd Mykerezi	ロシア	1994～98年 2000～03年	トービット	6	貧困度	子供数 都市居住 高等教育	+ − −	1288
				トービット		貧困度	子供数 都市居住 高等教育	+ − −	2146
				トービット		貧困度	子供数 都市居住 高等教育	+ − −	2156
2008	Szulc	ポーランド	2000年	プロビット	3	貧困確率	子供数 都市居住 高等教育	+ − −	35952
2008	Dimova and Wolff	ブルガリア	1995, 1997, 2001年	プロビット	3	貧困確率	子供数 都市居住 高等教育	+ no −	2319–2633
2008	Rhoe, Babu and Reidhead	カザフスタン	1996年	ロジット	2	貧困確率	子供数 都市居住 高等教育	+ − −	1996
2008	Gerry, Nivorozhkin and Rigg	ロシア	2004年	ロジット	7	貧困確率	農村居住 子供数 家計規模 高等教育	+ + + −	53970
2007	Robinson and Guenther	タジキスタン	2003年	ロジット	6	貧困確率	従属人口	+	665–992
2007	Kristic and Sanfey	ボスニア・ヘルツェゴビナ	2001～04年	プロビット	1	貧困確率	家計規模 都市居住 高等教育	+ − −	915
2006	Bhaumik, Gang and Yun	コソボ	2000年	プロビット	2	貧困確率	都市居住 高等教育 子供数	no − +	416–2101
2006	Alexandrova, Hamilton and Kuznetsova	ロシア	2002年	プロビット	1	貧困確率	都市居住 高等教育 子供数	− − +	3905
2006	Szulc	ポーランド	1993, 1999年	プロビット	12	貧困確率	都市居住 高等教育 子供数	− − +	32000
2005	Kolev	ブルガリア	2001年	プロビット	4	貧困確率 貧困確率	子あり 子あり	+ +	2411 1225
2004	Bezemer and Lerman	アルメニア	1998年	ロジスティック回帰	1	貧困確率	家計規模	+	1458
2004	Gustafsson and Nivorozhkina	ロシア	1989, 2000年	ロジット	3	貧困確率	高等教育 従属者比率	− +	1187
						貧困確率	高等教育 従属者比率	− +	1131
1999	Commander, Tolstopiatenko and Yemtsov	ロシア	1992～93年	プロビット	2	常に貧困	従属者比率 高等教育	+ −	4700
				プロビット		常に非貧困	従属者比率 高等教育	− +	4700

出所）筆者作成。

第5講　体制転換と貧困：困窮化決定要因の推移

表5.4　実証研究結果の報告形式：1965年の米国雑誌論文 vs.
1992〜2006年のロシア語雑誌論文

	1965 年米国	1992 〜 2006 年 ロシア
何らかのパラメータ推計	100%	75%
標準誤差の報告	53%	8%
回帰分析	48%	12%

出所：Lokshin（2009, Table 3）.

全体のうち実際に分析結果を採取出来たのは全収集文献数の3％にも満たない数
（2.32％）に留まった。収集した学術雑誌掲載論文647編の全てが実証研究であると
いうことはなく，或いは政策の動向を概説したものであったり，或いはそもそも貧
困研究ではないものも数多い[4]。分析結果を抽出可能であるような研究の数が限ら
れることには理由がある。それについて言及しておく。

　移行経済における貧困研究全体を見渡した体系的レビューは存在しない。しかし
ながらロシアに限定した論説ではあるものの，貧困研究に関する体系的レビューを
行ったものとして Lokshin（2009）に言及しなければならない。Lokshin（2009）
はロシア語によって執筆された文献のみに限定する，という一風変わった接近法を
取り，250編に及ぶ1992〜2006年に刊行された論文に見るロシア本国における貧困
の分析手法について検討を加えている。そして，1965年当時に米国の経済学系トッ
プジャーナル9誌に掲載された実証研究全145点では，その48％が何らかの回帰分
析を行うと共に標準誤差を提示することで統計的検定を行っていたのに対し，1992
年から2006年の間にロシア語雑誌に掲載された250点の経済学系実証研究では，そ
のうちわずか12％のみが回帰分析を行ったに過ぎず，かつ標準誤差の提示と検定と
を行った論文は全体の8％に留まっていたという（**表5.4**）。

　回帰分析を行っているか・標準誤差の報告を行っているか，といった外形的基準
で見て，ロシアの貧困研究は一般的な貧困研究の水準に至っているとは言い難い，
というのが Lokshin（2009）の結論である。抽出対象を英語文献に限定するのは，
結局のところ最終的な研究成果はより広範な読者を得られる英語文献として現出し
がちである，ということからメタ分析において一般的な手法であると言えるが

4）キーワード検索であり，JEL コードを下に検索が実行されている。I300/I320/I390, P360, P460,
が該当し，従って *welfare, consumer economics* 等も対象となり，教育や年金・医療関係の分析
を主題とした論文がこの647編には数多く含まれているのである。

199

第Ⅱ部　体制転換の社会的衝撃

(Borenstein et al., 2009)，Lokshin（2009）の見解は本講義が英語文献に特化して
レビューを行うことの妥当性を後押しするものであるとも言えよう。そしてまた本
講義で，実証研究に留まらず移行経済を対象とした研究から「貧困」をキーワード
として抽出したもののうち，メタ分析に利用可能な内容を含むのは2.3%未満に留
まっていた，ということが十分あり得るものであることも理解されるであろう[5]。

5.4　移行諸国における貧困研究のメタ分析

　「移行要因」によって移行経済諸国における貧困の動態を捉えることは難しい。
経済政策や経路依存性の検討，といったマクロレベルの主題であれば，民営化の進
展度や欧州復興開発銀行による移行進展度指標等のような変数を説明変数として捉
えることも出来よう。しかしながら，個人あるいは家計レベルの現象である貧困を
捕捉するにあたっては，こうした要因で体制移行の進度を測るといった接近法はと
り得ない。と言うのも，例えば住居の民営化（民有化）といった現象は，ロシアで
あれば全国的に，ほぼ同時期に実施されたのである。それは当時人々が暮らしてい
たアパートメントそのものをそのまま，ほとんど無料で所有権の移転のみ行う，と
いう形に近かった（道上，2013）。全ての主体にとって同時的に生じる要素は，追
って生じる個人レベルで相違する現象の説明要因たり得ない。他方個々の研究を追
うと，そこで用いられている変数は広く（途上国を対象とするものを含む）貧困研
究において利用されている変数が中心となっている。即ち，稼得者の教育水準や，
最も所得が多い稼得者の性・家計が農村に立地しているか都市に立地しているか・
子供が何人居るか・年金生活者が何人居るか，そして稼得者の働く産業分野，さら
には民族等である。ロシア長期モニタリング調査（Russia Longitudinal Monitoring
Survey: RLMS）等の家計調査では勤務先企業の所有構造（国有・私有・外国所有
等）を見ることも出来るが，そうした属性を説明変数として導入した論文は見出せ
なかった。

5）更に一例を追記しておく。キーワードとして「*poverty* AND *Russia*」を指定し1989年1月～
　2015年12月の期間で検索を行って抽出された論文のうち，ロシア語論文が20%・学術誌 Prob-
　lems of Economic Transition 掲載論文が17%，そして Discussion Paper の類が10%に上る。ロシ
　ア語論文と Discussion Paper は対象とならないが，残る英文学術誌所収論文のうち25%が Prob-
　lems of Economic Transition 誌掲載論文である。この雑誌 Problems of Economic Transition は通
　常理解されるような学術誌ではなく，ロシア語雑誌から英語訳で転載されたもので構成され，
　「ロシア国内ロシア経済研究事情」の紹介的役割を有するものである。ロシア本国における貧困
　研究の状況は Lokshin（2009）が示した通りであり，従って必然的に，Problems of Economic
　Transition に分析的な論文が掲載されることも非常に稀なものとなる。

第5講　体制転換と貧困：困窮化決定要因の推移

　移行経済における貧困研究で我々の関心を惹くのはむしろ観測された現象，すなわち状況が体制移行の進展に伴ってどのように変化したか，あるいは特定の地域によって異なる状況が現れたのか否か，という点にある。それは先に本講義5.2節で見た移行経済諸国における貧困水準の観察に基づく。第一に，1990年代の貧困問題と2000年代に入ってからの貧困問題とは様相が異なる可能性がある，という認識である（表5.1）。そして更に，かつてのソ連に所属していた地域と，それ以外つまり中東欧諸国とでは貧困の様相が異なっている可能性がある，ということである（表5.1）。これは既述の通り，1990年代と比べて2000年代においては全般的な所得水準の拡大がそのまま貧困層の縮小に結びついたという事を示しているであろうこと，また農業部門の構造や体制転換の衝撃の大きさといった制度的条件がソ連構成諸国と中東欧諸国との間で大きく異なっていたことによって説明されるものと考えられるが，その相違の絶対的な大きさの把握可能性を鑑みてみたい。そのことは畢竟，対貧困政策の策定において1990年代と2000年代以降とで相異なるものを考える必要があったことを含意し得る。あるいはソ連構成共和国と中東欧諸国との間で制度的相違を勘案した上での政策策定の必要性を示し得ると考えられる。このことを見るため，メタ分析の手法によって先行研究の知見を統合し，変化の様相を頑健に確認出来るか否かを検討する。

　以上より，先行研究を分類するべき方向性が定まる。全研究の統合結果と併せて，ソ連構成共和国であったか中東欧か・1990年代を対象としているのか2000年代の研究か，という相違に着目しそれぞれを個別に統合した結果を示す[6]。また，被説明変数については一定の貧困線を設定してその貧困線を下回った場合に貧困に陥ったと見なす質的変数を被説明変数とするものに着目し統合する。ここで行うメタ分析は，偏相関係数の統合あるいはt値の結合である。偏相関係数の統合は固定効果モデルと変量効果モデルとで行い，均質性の検定によって参照すべき統合値を決定する（Borenstein et al., 2009）。t値については，学術雑誌のランキングやインパクト・ファクター等により重みを決定し，それによって加重した結合t値と重み付けを行わない結合t値とを提示する。また，ローゼンタールのフェイルセーフ数（Mullen, 1989）を有意水準 5 ％で求めることにより，ここで算出する結合t値の信頼性を確認する[7]。結果は**表5.5**の通りである。

　全ての分析について，均質性の仮定に関わる帰無仮説は棄却されているため変量

---

6 ）表5.3の「推定期間」で判る通り，全ての研究において分析対象期間は1990年代か2000年代以降かに分割することが出来，双方の期間に跨がっているものは存在しない。

7 ）研究水準の評価方法は本書序論に従う。また一連の手法は本書序論にある通りであり，ここでは繰り返さない。

201

第Ⅱ部　体制転換の社会的衝撃

表5.5　被説明変数が貧困確率・貧困度である研究による推定結果のメタ統合

	抽出推定結果数 (K)	(a) 偏相関係数の統合			(b) t 値の結合[3]			
		固定効果 $(\bar{R}_f)$（漸近 z 値）[1]	変量効果 $(\bar{R}_r)$（漸近 z 値）[1]	均質性の検定 (Q_r)[2]	$\bar{T}_u$（p 値）	$\bar{T}_w$（p 値）	T_m	フェイルセーフ数 (fsN)[4]
全研究								
家計規模変数	56	0.11***(105.70)	0.067**(2.46)	809.57***	30.17***(0.00)	4.63***(0.00)	1.98	19455
教育水準変数	46	-0.05***(49.31)	-0.069***(8.38)	2152.08***	-42.48***(0.00)	-6.21***(0.00)	-3.37	30623
農村居住変数	43	0.044***(44.63)	0.025**(3.15)	1924.09***	28.33***(0.00)	4.17***(0.00)	1.98	17702
旧ソ連諸国 vs 中東欧諸国								
旧ソ連諸国								
家計規模変数	31	0.073***(42.54)	0.069***(14.49)	131.53***	58.18***(0.00)	8.98***(0.00)	2.85	9621
教育水準変数	25	-0.063***(35.97)	-0.078***(12.88)	183.19***	-29.6***(0.00)	-4.36***(0.00)	-4.03	8070
農村居住変数	22	0.063***(40.56)	0.035***(3.08)	790.30***	23.60***(0.00)	3.53***(0.00)	1.75	4505
中東欧諸国								
家計規模変数	25	0.020***(14.47)	0.03***(6.14)	202.07***	15.44**(0.00)	2.36**(0.03)	1.98	2177
教育水準変数	21	-0.050***(34.15)	-0.059***(3.94)	1898.29***	-30.57***(0.00)	-4.43***(0.00)	-1.98	7158
農村居住変数	21	0.03***(23.31)	0.015(1.43)	909.20***	5.94***(0.00)	0.86(0.40)	1.98	252
1990年代 vs. 2000年代								
1990年代								
家計規模変数	26	0.017***(10.72)	0.036***(6.82)	211.96***	14.69***(0.00)	2.05*(0.05)	1.98	2204
教育水準変数	26	-0.018***(11.45)	-0.051***(7.38)	297.92***	-16.9***(0.00)	-2.36**(0.03)	-1.98	2705
農村居住変数	24	0.011**(6.34)	0.01(0.013)	57.93***	5.79***(0.00)	0.8(0.43)	1.98	695
2000年代								
家計規模変数	30	0.06***(42.60)	0.064***(11.98)	217.94***	59.56***(0.00)	10.16***(0.00)	2.85	9398
教育水準変数	20	-0.088***(56.64)	-0.093***(7.55)	934.11***	-45.11***(0.00)	-7.06***(0.00)	-5.64	15021
農村居住変数	19	0.076***(53.62)	0.043***(3.77)	1044.69***	36.1***(0.00)	5.79***(0.00)	4.28	9133

注1）帰無仮説：統合効果サイズが0。
　　2）帰無仮説：効果サイズが均質。
　　3）$\bar{T}_u$：無条件結合，$\bar{T}_w$：研究水準で加重した結合，T_m：中央値。
　　4）効果の有無を判定する有意水準（ここでは5％水準）に，研究全体の結合確率水準を導くために追加されるべき平均効果サイズ0の研究数を意味する。
　　5）***：1％水準で有意，**：5％水準で有意，*：10％水準で有意。
出所）筆者推定。

第５講　体制転換と貧困：困窮化決定要因の推移

効果モデルの結果を見る。全研究を統合した場合，稼得者の教育水準の上昇は貧困に陥る確率を引き下げ，家計規模が大きくなるほど貧困確率が高くなり，農村に立地している家計のほうが貧困に陥る確率が高くなる，という至って一般的な結果が得られている。ここで抽出した分析結果は全てミクロデータによりものであり，移行経済に限らずこれまでに広く得られてきた認識を確認するに留まるものである。

しかしながら注目したいのは，1990年代／2000年代で個別に統合した場合と，ソ連／中東欧で個別に統合した場合の，それぞれの相違である。1990年代，農村に居住していることは，都市に立地している場合に比べてその家計の貧困確率を高める要因では無かったのである。それが2000年代に入り，農村立地は家計の貧困確率を高めるようになった。

またソ連を構成していた国々と中東欧諸国とに分けて統合した場合も差異を看取することが出来る。上記のことは中東欧の場合においてこそ該当していたということになる。即ち，中東欧では農村立地は貧困確率を高めない，という訳である。ここで注意しておきたいのは，この結果はサンプルの極端な偏りによるものではないことである。1990年代の農村居住変数が貧困確率に与えた影響を検討した際，24の分析結果を統合しているが，このうち10の分析はかつてソ連を構成していた国を対象としている。

いずれについても，結合 t 値に関しても同様のことが言える。掲載された学術雑誌の第三者評価を加味せず重み無しで統合した場合には全ての変数が全ての組み合わせで有意となるが，重み付きで統合した t 値は一律に重み無しの結合 t 値よりも小さくなり，上記の２ケースでは有意でなくなっている。フェイルセーフ数は全ての場合においてかなり大きく，結合 t 値の推定結果の信頼性の高さが示されていると言える。

以上の結果が語るのは次のことである。即ち，1990年代には都市においても農村においても等しく貧困に陥る可能性があったということであり，それは移行諸国を襲った転換不況の下で見られた様相であった。都市地域に比較して農村地域の家計が貧困に陥る確率は，相対的には中東欧よりもソ連を構成していた諸国において高い状況にあった。しかしながらそうした状況は2000年代に入って変化を見せ，Gerry et al.（2008）の言う「貧困の農村化」という状況が生じた。それはある意味，体制転換に伴う経済的混乱が収束していく過程を示していると言えるものであるかも知れない。

203

第Ⅱ部　体制転換の社会的衝撃

5.5　公開バイアスの検出と真の効果の有無

更にメタ分析において留意する必要があるのは，これまでの諸講義でも見てきた通り，公表バイアスに関わる検討である（Mullen, 1989）。本講義では漏斗プロットおよび公表バイアスの検討，そして真の効果を確認するために用いられるメタ回帰モデルの推計によって分析を行う。**図5.8**から**図5.10**は，各要因が貧困確率に与える影響に関する推計結果の漏斗プロットを示している。これをもって左右対称あるいは三角形を描いているか否かは判別し難い。そこで公表バイアスの存在・不在を検証するため，公表バイアスの有無および真の効果の有無に関わるメタ回帰モデルの推定を行う。ここでの手法は本書序論で詳述されている，Stanley and Doucouliagos（2012）を踏襲するものである。

すなわち，特定の符号関係（正負）を想定することによって生じうる公表バイアス（公表バイアスⅠ型）についてのFAT検定とそれに引き続く精度＝効果検定（precition-effect test: PET），さらに有意な結果であるほうが公表される頻度が高いということにより生じうる公表バイアス（公表バイアスⅡ型）の検定を行うと共に，標準誤差を用いた精度＝効果推定（precision-effect estimate with standard error: PEESE）によって，公表バイアスの存在の確認並びに真の効果の存在について検証する。

以上の推定において，結果の頑健性を確認するために最小二乗法のほかCluster-robust OLS推定並びにアンバランスド・パネル推定も実行する。ここでは3変数（家族数・教育水準・農村居住）に関わる漏斗プロットを図5.8から図5.10で描き，かつその全てについて公表バイアス・真の効果に関するメタ回帰モデルの推計を**表5.6**から**表5.8**で行った。

この結果によれば，貧困確率が被説明変数である時，即ち，表5.6から表5.8では，表5.8の場合（農村居住が貧困確率に影響を与えるか否か）を除き，各表(a)並びに(b)に示される通り，切片 β_0 がゼロであるとする帰無仮説は棄却されており，公表バイアスの存在が示される。だが真の効果について見ると，表5.6〜5.8の各表(a)の全てで，標準誤差の逆数の係数である β_1 がゼロであるという帰無仮説が棄却されており，かつ各表(c)に示されているように，標準誤差の逆数の係数 β_1 は少なくとも3モデル中の2モデルで有意に推定されている。従って，家計が貧困に陥る確率に対して，家計規模および農村居住が正に・教育水準が負に，真の効果を与えている可能性が高いと言える。

以上のように，貧困を直接的に把握しようとする貧困「確率」（所得が一定の貧

第5講 体制転換と貧困：困窮化決定要因の推移

図5.8 家計規模／従属人口比が貧困確率に与える影響の推定結果の漏斗プロット

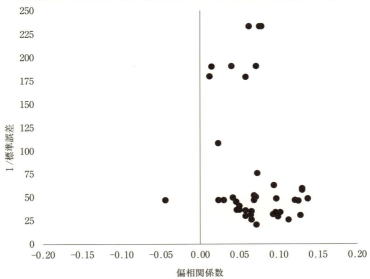

出所）筆者作成。

図5.9 教育水準が貧困確率に与える影響の推定結果の漏斗プロット

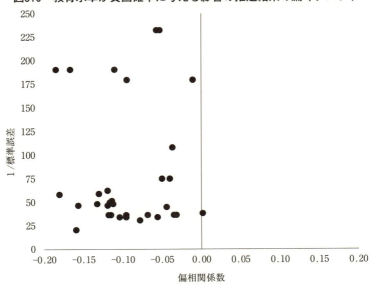

出所）筆者作成。

図5.10 農村居住が貧困確率に与える影響の推定結果の漏斗プロット

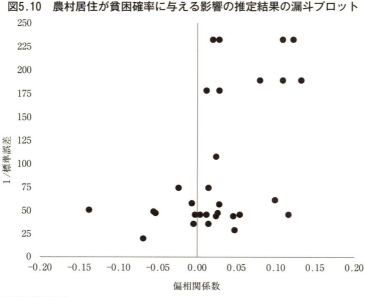

出所）筆者作成。

困線を下回っているか否かに関わる二値変数）が被説明変数である本講義の検討対象の場合，3要因全てについて，真の効果を検出することが出来た。公表バイアスを免れていないという問題はあるが，本講義で採り上げた，そして数多くの移行経済における貧困研究で検討されてきた家計規模・教育水準・農村居住という要因が，各家計の貧困確率に与えている効果が確かに存在したということを強く示唆していると言って良いであろう。

5.6 おわりに

第5講では，移行開始後20有余年間のマクロ指標や研究動向との関連を鑑みつつ，かつてのソ連構成諸国そして中東欧における貧困研究による知見の統合を試みた。社会主義の遺制が強く働いたソ連構成諸国における体制転換不況と中東欧との相違，そして都市・農村間の体制転換進展度の相違等が各地域間や期間における貧困動態の相違に帰結した可能性を鑑み，家計の貧困状況を決定づける要因に関わる実証分析結果を，基本的なメタ分析の接近法により統合を行うことを通じて検証した。

社会主義体制の崩壊に伴って，欧州の移行経済諸国では貧困層の拡大が見られ，

表5.6 家計規模の貧困確率に対する効果研究の公表バイアス及び真の効果の有無に関わるメタ回帰分析 （図5.9に対応）

(a) FAT（公表バイアスⅠ型）-PET検定（推定式：$t = \beta_0 + \beta_1(1/SE) + v$）

推定量[1)	OLS	Cluster-robust OLS	Random-effects panel GLS
モデル	[1]	[2]	[3][2)
切片（FAT：H_0：$\beta_0=0$）	2.43 ** (0.29)	2.43 ** (0.47)	2.74 ** (0.52)
$1/SE$（PET：H_0：$\beta_1=0$）	0.0460 ** (0.009)	0.0460 ** (0.015)	0.0430 ** (0.019)
K	56	56	56
R^2	0.50	0.50	0.50

(b) 公表バイアスⅡ型検定（推定式：$|t| = \beta_0 + \beta_1(1/SE) + v$）

推定量[1)	OLS	Cluster-robust OLS	Random-effects panel GLS
モデル	[4]	[5]	[6][3)
切片（H_0：$\beta_0=0$）	2.44 ** (0.29)	2.44 ** (0.46)	2.69 ** (0.49)
$1/SE$	0.0470 ** (0.0087)	0.0470 ** (0.013)	0.0450 ** (0.016)
K	56	56	56
R^2	0.56	0.56	0.56

(c) PEESE法（推定式：$t = \beta_0 SE + \beta_1(1/SE) + v$）

推定量[1)	OLS	Cluster-robust OLS	Random-effects panel ML
モデル	[7]	[8]	[9]
SE	0.17 ** (0.038)	0.17 ** (0.041)	0.103 (0.18)
$1/SE$（H_0：$\beta_1=0$）	0.0610 ** (0.008)	0.0610 ** (0.012)	0.0500 ** (0.011)
K	56	56	56
R^2	0.63	0.63	–

注1） OLS：最小二乗法，GLS：一般最小二乗法，ML：最尤法。
  2） Breusch-Pagan検定：$\chi^2 = 11.13$, $p = 0.000$; Hausman検定：$\chi^2 = 2.13$, $p = 0.140$.
  3） Breusch-Pagan検定：$\chi^2 = 9.28$, $p = 0.001$; Hausman検定：$\chi^2 = 1.20$, $p = 0.270$.
  4） 括弧内は，標準誤差。***：1％水準で有意，**：5％水準で有意，*：10％水準で有意。
出所） 筆者推定。

第Ⅱ部　体制転換の社会的衝撃

表5.7　教育水準の貧困確率に対する効果研究の公表バイアス及び真の効果の有無に関わるメタ回帰分析（図5.10に対応）

(a)FAT（公表バイアスⅠ型）-PET検定（推定式：$t = \beta_0 + \beta_1(1/SE) + v$）

推定量[1)]	OLS	Cluster-robust OLS	Random-effects panel GLS
モデル	[1]	[2]	[3][2)]
切片（FAT：H_0：β_0=0）	-2.62 ** (0.44)	-2.62 * (0.72)	-6.84 * (2.97)
$1/SE$（PET：H_0：β_1=0）	-0.0460 ** (0.011)	-0.0460 * (0.019)	0.0057 ** (0.0097)
K	46	46	46
R^2	0.37	0.37	0.37

(b)公表バイアスⅡ型検定（推定式：$|t| = \beta_0 + \beta_1(1/SE) + v$）

推定量[1)]	OLS	Cluster-robust OLS	Random-effects panel GLS
モデル	[4]	[5]	[6][3)]
切片（H_0：β_0=0）	2.62 ** (0.44)	2.62 ** (0.72)	6.84 * (2.97)
$1/SE$	0.0460 ** (0.011)	0.0460 * (0.019)	-0.0057 (0.0097)
K	46	46	46
R^2	0.37	0.37	0.37

(c)PEESE法（推定式：$t = \beta_0 SE + \beta_1(1/SE) + v$）

推定量[1)]	OLS	Cluster-robust OLS	Random-effects panel ML
モデル	[7]	[8]	[9]
SE	-4.82 ** (1.12)	-4.82 ** (0.89)	1.330 (2.82)
$1/SE$（H_0：β_1=0）	-0.0590 ** (0.011)	-0.0590 ** (0.018)	0.0190 (0.012)
K	46	46	46
R^2	0.61	0.61	—

注1）OLS：最小二乗法，GLS：一般最小二乗法，ML：最尤法。
　2）Breusch-Pagan検定：χ^2=8.78, p=0.001; Hausman検定：χ^2=1.20, p=0.270.
　3）Breusch-Pagan検定：χ^2=8.79, p=0.002; Hausman検定：χ^2=1.20, p=0.27.
　4）括弧内は，標準誤差。***：1％水準で有意，**：5％水準で有意，*：10％水準で有意。
出所）筆者推定。

第5講　体制転換と貧困：困窮化決定要因の推移

表5.8　農村居住の貧困確率に対する効果研究の公表バイアス及び真の効果の有無に関わるメタ回帰分析（図5.11に対応）

(a) FAT（公表バイアス I 型）-PET 検定（推定式：$t = \beta_0 + \beta_1(1/SE) + v$）

推定量[1]	OLS	Cluster-robust OLS	Random-effects panel GLS
モデル	［1］	［2］	［3］[2]
切片（FAT：H_0：$\beta_0=0$）	-0.73 (0.60)	-0.73 (1.23)	-0.90 (1.2)
$1/SE$（PET：H_0：$\beta_1=0$）	0.0930 ** (0.016)	0.9300 ** (0.021)	0.0940 ** (0.024)
K	43	43	43
R^2	0.59	0.59	0.59

(b) 公表バイアス II 型検定（推定式：$|t| = \beta_0 + \beta_1(1/SE) + v$）

推定量[1]	OLS	Cluster-robust OLS	Random-effects panel GLS
モデル	［4］	［5］	［6］[3]
切片（H_0：$\beta_0=0$）	0.41 (0.46)	0.41 (0.85)	0.40 (0.87)
$1/SE$	0.0870 ** (0.016)	0.0870 ** (0.02)	0.0870 ** (0.021)
K	43	43	43
R^2	0.58	0.58	0.58

(c) PEESE 法（推定式：$t = \beta_0 SE + \beta_1(1/SE) + v$）

推定量[1]	OLS	Cluster-robust OLS	Random-effects panel ML
モデル	［7］	［8］	［9］
SE	2.35 (1.7)	2.35 (3.12)	2.000 (6.86)
$1/SE$（H_0：$\beta_1=0$）	0.0870 ** (0.015)	0.0870 ** (0.019)	0.0880 ** (0.011)
K	43	43	43
R^2	0.68	0.68	–

注1）OLS：最小二乗法，GLS：一般最小二乗法，ML：最尤法。
　2）Breusch-Pagan 検定：$\chi^2 = 4.48$, $p = 0.017$; Hausman 検定：$\chi^2 = 0.50$, $p = 0.480$.
　3）Breusch-Pagan 検定：$\chi^2 = 3.28$, $p = 0.035$; Hausman 検定：$\chi^2 = 0.09$, $p = 0.760$.
　4）括弧内は，標準誤差。***：1％水準で有意，**：5％水準で有意，*：10％水準で有意。
出所）筆者推定。

209

第Ⅱ部　体制転換の社会的衝撃

その研究は，体制転換の開始からほどなく始まった。しかしながらその様相は旧ソ連と中東欧とで異なり，また1990年代の貧困の拡大・安定フェーズと2000年代の貧困沈静化のフェーズがあるものと見られた。移行要因そのものを説明変数としている先行研究は残念ながら見いだせなかったが，伝統的な貧困研究に導入される家計規模・教育水準・農村居住という要素の与える影響が，年次によって或いは地域によって相異なるものと見られた。

　その結果は概ね仮説を支持するものであった。1990年代には都市に立地していようと農村に立地していようと貧困に陥る確率に差は無かった。それが2000年代に入り，農村居住は有意に貧困に陥る確率を引き上げるようになったのである。他方旧ソ連と中東欧との間でも，貧困状況に影響を与える要因には相異が見られた。制度的・歴史的遺制そして体制転換進展度の相違が，貧困動態の相違に帰結した可能性が示唆されていると言え，今後の移行経済における貧困研究が検討を進めるべき方向性の一端を指し示すものであると考えられよう。

　しかしながら同時に，公表バイアスの存在が広い範囲で検出されたという問題に触れなくてはならない。このことは，移行経済諸国における貧困研究の進展が未だ十分なものであるとは言えないことを示唆するものであるかも知れない。だが同時に，家計属性要因が貧困確率に与える真の効果が存在することも示されている。ここで見た先行研究による分析結果の趨勢，すなわち一般的な家計分析で導入される貧困水準決定要因の適用可能性の拡大は，着実な「移行」の進展を示唆するものであると捉えることも出来よう。

謝辞

　本稿は，科学研究費補助金基盤研究（A）「比較移行経済論の確立：市場経済化20年史のメタ分析」（課題番号：23243032，代表者・岩﨑一郎）および科学研究費補助金基盤研究（A）「ロシアにおける人口動態の研究：ミクロ計量分析による総合的把握」（課題番号：26245034，代表者・雲和広）による研究成果の一部である。岩﨑一郎一橋大学教授には沢山の助言を戴いた。また武田友加九州大学准教授，並びに後藤玲子一橋大学教授，神林龍同教授，阿部修人同教授，森口千晶同教授らからも多くの有益なコメントを賜った。記して深謝申し上げる次第である。

参考文献

岩﨑一郎・鈴木拓（2010）『比較経済分析—市場経済化と国家の役割』ミネルヴァ書房.

岩﨑一郎・徳永昌弘（2013）「外国資本と体制転換—市場経済化20年史のメタ分析」『経済研究』第64巻第4号，353-378頁.

岩﨑一郎・徳永昌弘（2014）「外国直接投資と生産性波及効果―移行経済研究のメタ分析」『比較経済研究』第51巻第2号，1-29頁．

大津定美（1988）『現代ソ連の労働市場』日本評論社．

武田友加（2011）『現代ロシアの貧困研究』東京大学出版会．

道上真有（2013）『住宅貧乏都市モスクワ』東洋書店．

山村理人（1997）『ロシアの土地改革―1989～1996年』多賀出版．

Akhmedjonov, Alisher (2011) Do higher levels of education raise earnings in post-reform Russia? Eastern European Economics, 49(4), pp. 47-60.

Alexandrova, Anastassia, Ellen Hamilton and Polina Kuznetsova (2006) What can be learned from introducing settlement typology into urban poverty analysis: The case of the Tomsk region, Russia, Urban Studies, 43(7), pp. 1177-1189.

Bellaka, Christian, Markus Leibrechtb and Mario Liebensteinerc (2013) Short-term labour migration from the Republic of Armenia to the Russian Federation, Journal of Development Studies, 50(3), pp. 349-367

Bezemer, Dirk and Zvi Lerman (2004) Rural livelihoods in Armenia, Post-Communist Economies, 16(3), pp. 333-348.

Bhaumik, Sumon, Ira Gang and Myeong-Su Yun (2006) Ethnic conflict and economic disparity: Serbians and Albanians in Kosovo, Journal of Comparative Economics, 34(4), pp. 754-773.

Bhaumik, Sumon, Ira Gang and Myeong-Su Yun (2006) A note on poverty in Kosovo, Journal of International Development, 18(8), pp. 1177-1187.

Bisogno, Marcelo and Alberto Chong (2001) Foreign aid and poverty in Bosnia and Herzegovina: Targeting simulations and policy implications, European Economic Review, 45(4-6), pp. 1020-1030.

Bobkov, Vyacheslav (ed.) (2007) Kachestva i uroven zhizni naseleniya v novoi Rossii, Vserossiiskii tsentr urovnya zhisni: Moscow. (in Russian)

Borenstein, Michael, Larry Hedges, Julian Higgins and Hannah Rothstein (2009) Introduction to Meta-analysis, Wiley: Chichester.

Bradford, Mills and Elton Mykerezib (2009) Chronic and transient poverty in the Russian Federation, Post-Communist Economies, 21(3), pp. 283-306.

Braithwaite, Jeanine (1995) The old and new poor in Russia: Trends in poverty, ESP Discussion Paper Series No. 21227, World Bank: Washington D.C.

Braithwaite, Jeanine, Christiaan Grootaert and Branko Milanovic (2000) Poverty and Social Assistance in Transition Countries, Macmillan: London.

Brück, Tilman, Alexander Danzer, Alexander Muravyev and Natalia Weisshaar (2011) Poverty during transition: Household survey evidence from Ukraine, Journal of Comparative Economics, 38(2), pp. 123-145.

Commander, Simon, Andrei Tolstopiatenko and Ruslan Yemtsov (1999) Channels of redistribution: Inequality and poverty in the Russian transition, Economics of Transition, 7(2), pp. 411-447.

Dimova, Ralitza and François-Charles Wolff (2008) Are private transfers poverty and inequality reducing? Household level evidence from Bulgaria, Journal of Comparative Economics, 36(4), pp. 584-598.

Fialova, Kamila and Martina Mysikova (2009) Labour market participation: The impact of social benefits in the Czech Republic and selected European countries, Prague Economic Papers, (3),

第Ⅱ部　体制転換の社会的衝撃

pp. 235-250.

Gerry, Christopher, Eugene Nivorozhkin and John Rigg (2008) The great divide: 'Ruralisation' of poverty in Russia, Cambridge Journal of Economics, 32(4), pp. 593-607.

Gerry, Christopher and Carmen Li (2010) Consumption smoothing and vulnerability in Russia, Applied Economics, 42(16), pp. 1995-2007.

Giddings, Lisa (2003) Continued decline for ethnic minorities in the transition? Changes in ethnic earnings differentials in Bulgaria, 1986, 1993 and 1997, Economics of Transition, 11(4), pp. 621-648.

Gustafsson, Bjorn and Ludmila Nivorozhkina (2004) Changes in Russian poverty during transition as assessed from microdata from the city of Taganrog, Economics of Transition, 12(4), pp. 747-776.

Habibov, Nazim (2011) Public beliefs regarding the causes of poverty during transition: Evidence from the Caucasus, Central Asia, Russia, and Ukraine, International Journal of Sociology and Social Policy, 31(1/2), pp. 53-74.

Habibov, Nazim (2012) How and why determinants of hosehold welfare changed in Azerbaijan during the transition, Problems of Economic Transition, 54(11), pp. 3-52.

Hoti, Avdullah (2011) Returns for education in Kosovo: Estimates of wage and employment premia, South East European Journal of Economics and Business, 6(1), pp. 71-84.

Jha, Raghbendra and Tu Dang (2009) Vulnerability to poverty in select Central Asian countries, European Journal of Comparative Economics, 6(1), pp. 17-50.

Jha, Raghbendra, Tu Dang and Yusuf Tashrifov (2010) Economic vulnerability and poverty in Tajikistan, Economic Change and Restructuring, 43(2), pp. 95-112.

Kecmanovic, Milica (2012) Men's wage inequality in Serbia's transition, Economic Systems, 36(1), pp. 65-86.

Kolev, Alexandre (2005) Unemployment, job quality and poverty: A case study of Bulgaria, International Labour Review, 144(1), pp. 85-114.

Kristic, Gorana and Peter Sanfey (2007) Mobility, poverty and well-being among the informally employed in Bosnia and Herzegovina, Economic Systems, 31(3), pp. 311-335.

Lacroix, Guy and Natalia Radtchenko (2011) The changing intra-household resource allocation in Russia, Journal of Population Economics, 24(1), pp. 85-106.

Lokshin, Michael and Martin Ravallion (2004) Household income dynamics in two transition economies, Studies in Nonlinear Dynamics and Econometrics, 8(3), article 4.

Lokshin, Michael (2009) A survey of poverty research in Russia: Does it follow the scientific method? Economic Systems, 33(3), pp. 191-212.

McAuley, Alistair (1979) Economic Welfare in the Soviet Union: Poverty, Living Standards, and Equality, University of Wisconsin Press: Madison, Wisconsin.

Milanovic, Branco (1997) Income, Inequality, and Poverty during the Transition from Planned to Market Economy, World Bank: Washington D.C.

Milcher, Susanne and Katarina Zigova (2005) Evidence of returns to education: Among Roma in Central and Eastern Europe and their policy implications, Managing Global Transitions, 3(1), pp. 51-69.

Mills, Bradford and Elton Mykerezi (2009) Chronic and transient poverty in the Russian Federation, Post-Communist Economies, 21(3), pp. 283-306.

212

Mullen, Brian (1989) Advanced Basic Meta-analysis, Lawrence Erlbaum Associates: New Jersey.

Nivorozhkin, Eugene, Anton Nivorozhkin, Ludmila Nivorozhkina and Lilia Ovcharova (2010) The urban-rural divide in the perception of the poverty line: The case of Russia, Applied Economics Letters, 17(16), pp. 1543-1546.

Pastore, Francesco and Alina Verashchagina (2006) The distribution of wages in Belarus, Comparative Economic Studies, 48(2), pp. 351-376.

Ravallion, Martin, Shaohua Chen and Prem Sangraula (2007) New Evidence on the Urbanization of Global Poverty, World Bank Policy Research Working Paper No. 4199, World Bank: Washington D.C.

Razumov, Aleksandr and Mariya Yagodkina (2007) Bednost v sovremennoi Rossii, Formula prava: Moscow. (in Russian)

Rhoe, Valerie, Suresh Babu and William Reidhead (2008) An analysis of food security and poverty in Central Asia: Case study from Kazakhstan, Journal of International Development, 20(4), pp. 452-465.

Robinson, Sarah and Tanya Guenther (2007) Rural livelihoods in three mountainous regions of Tajikistan, Post-Communist Economies, 19(3), pp. 359-378.

Ruminska-Zimny, Ewa (1997) Human poverty in transition economies: Regional overview for HDR 1997, Human Development Report Office, United Nations Development Programme: New York.

Szulc, Adam (2006) Poverty in Poland during the 1990s: Are the results robust? Review of Income and Wealth, 52(3), pp. 423-448.

Szulc, Adam (2008) Checking the consistency of poverty in Poland: 1997-2003 evidence, Post-Communist Economies, 20(1), pp. 33-55.

Verme, Paolo (2011) The poverty reduction capacity of public and private transfers in transition, Journal of Development Studies, 47(6), pp. 870-893.

World Bank (2004) From Transition to Development: A Country Economic Memorandum for the Russian Federation, World Bank: Washington D.C.

第 6 講	混迷する社会と汚職
	倫理破綻の要因と影響を探る

鈴木 拓・溝端佐登史

6.1 はじめに

　人間社会の基礎的倫理を考察したジェイン・ジェイコブズ（Jacobs, 1992）は，市場の倫理と統治の倫理の二種類の道徳律を取り上げ，とくに後者には取引忌避が重要な要素になることを指摘して腐敗を戒めるとともに，両方の道徳律の混同から救いがたい腐敗の存在を見いだしている。言うまでもなく両方の道徳律（倫理）の関係は，市場と組織の対照を想起させるものである。その結果，民主主義社会では二つの道徳律の自覚的倫理選択が必須となるが，党・国家支配による社会主義経済システム下では統治者倫理が求められる。ジェイコブズは共産主義国家の倫理的破綻を強調するとともに，「旧マルクス主義社会は，その再編の過程で，企業と政治において何が正しく，何が正しくないかを明らかにすることが絶対に必要である」（Jacobs, 1992, p.446）とさえ断言する。まさに，移行経済にとって汚職とは社会主義体制の内部に醸成されたものであるだけでなく，移行後の社会に向かって価値観の転換を見据えて考察されるべき現象なのである。

　では，そもそも汚職とは何か。汚職にかかわる現象には，「詐欺行為，着服，窃盗，ネポティズム，クロニズム，贈与，心づけ，寄付，クライアンティズム（恩顧主義），コネ，ネットワーク，ロビイング，バーゲニング，マフィアの保護的組織犯罪，庇護，利害紛争，略奪国家」（Offe, 2004, p.77）といった概念に表現されるように，あまりにも多くの事柄を内包する多義的かつ広範囲の概念である。ゆえに，汎用性の高い概念規定を求めれば，Nye（1967）の次のような定義が浮かび上がる（Offe, 2004, p. 77）。すなわち，汚職は，「公的役割の公式の義務からの行動上の逸脱および，贈賄やネポティズムを含むが反対者の殺人のようなモラルレベルに攻撃的であるような行動を除く地位あるいは金銭上の利得取得」を指す。少なくとも，公的な職務にかかわって私的に利益が確保される過程が汚職にほかならず，レン

第Ⅱ部　体制転換の社会的衝撃

ト・シーキングを含めて制度上の法の枠組みと制約を逸脱し，国家権力を「私有化する」（Offe, 2004, p. 79）ケースにあたる。この定義の延長線上には「私的利得のための公職の乱用」（Treisman, 2007, p. 360）あるいは民間シンクタンク「トランスペアレンシー・インターナショナル」（Transparency International）[1]が採用する「私的利益のための委託された権力の乱用」という見方も存在しており，国際的に汎用性の高い腐敗認識指数（corruption perceptions index）は最後の定義に依拠して策定されている。汚職の結果失われた金額規模とそれが生じる部門に依存して，汚職は，喪失する金額規模と発生源から，大規模，軽微，政治的に分類することができる。汚職の対語にあたる透明性（transparency）がルール，計画，プロセス，行為にかかわる以上，汚職は制度研究の側面から位置づけることもできる。すなわち，汚職は政治的には民主主義および法の支配の障害になり，経済的には国富を減じ，公正な市場構造と競争をゆがめ，人々の信頼を喪失させることで社会構造を侵し，環境規制・法制度の欠如から環境を悪化させる（Transparency International, Rose-Ackerman and Palifka, 2016）。

　体制移行という特殊な過渡期研究を前提にすると，汚職はきわめて複雑な存在として浮かび上がる。一方で，汚職は官僚主義下の社会主義経済システムの遺産としてすでに存在したが，同時に市場の道徳律の腐敗として新たに形成される。すなわち，体制移行の汚職とは遺産であると同時に，移行の付随物として出現する。さらに，汚職が，政治的にも経済的にも損失をもたらすとしても，体制移行のような国家形成過程においてかつ官僚主義に過度に適合した社会主義経済システムの遺産の上に市場の制度が構築されるといった，「特殊な条件のもとでは汚職であっても経済成果を改善しうる」（Rose-Ackerman and Palifka, 2016, p. 32）。汚職が，過度に官僚的な制度を回避して取引コストを引き下げることを可能にするからである。これこそが，いわゆる汚職＝潤滑油（greasing wheels）仮説である。この潤滑油仮説の有効性に焦点をあてた汚職研究（計量エビデンス）の体系的レビューの先行研究として Campos et al.（2010）がある。彼らの41研究から抽出した460推定結果を用いたメタ回帰分析では，32％が潤滑油仮説を支持せず，62％が無関係で，6％が支持しており，既存研究全体として潤滑油仮説が支持されることはなかったが，同論文では政策指向の強い研究あるいは未公刊研究は不支持に傾きやすく，それを除けば曖昧な結果を引き出すことも同時に示唆されている。

1）トランスペアレンシー・インターナショナルは，世界の汚職問題解決を目的に，ベルリンに事務総局を置き，世界に100の支部を持つ大規模な国際 NGO である。ウエブサイトは，https://www.transparency.org/。

第6講　混迷する社会と汚職：倫理破綻の要因と影響を探る

　体制移行諸国における汚職の問題は，きわめて早い時期から研究対象として提起されており，大きくはマクロとミクロふたつの経路から注目されてきた。マクロ面では，1990年代のマクロ経済パフォーマンスが過少に集計されており，それには汚職を含めて非公式経済部分が正当に評価されなければならないという見方であり，市場経済化による転換ショックにおける実際の経済パフォーマンスは見かけよりも良いとする接近である（Lavigne, 1996）。ミクロ面ではより広範囲かつ複雑に研究が進展した[2]。何よりも体制移行の花形政策と呼ぶべき私有化・民営化において国家資産の払い下げに相当する現象が生ずることで，また体制移行が新しい国家の構築であった以上許認可権限を掌握していた官僚機構の再編成に不透明さが付きまとうことで，汚職が移行経済研究者の注目する研究課題になるのは研究史の自然な進化にほかならなかった。それゆえに，汚職は，体制移行研究が経済学だけでなく，政治学，社会学など学際的に進展することを証明するものでもあった。

　多くの汚職・腐敗が体制移行に付随して研究されたにもかかわらず，研究結果は収束ではなく，むしろ発散傾向に見える。成長との関係でも Campos et al.（2010）のメタ分析で事足りているわけではない。体制移行という特殊な条件を考慮してもなお彼らの結論が妥当するのかを見極める必要がある。そこで，本講義は，Campos et al.（2010）よりも多い331件の基本抽出文献を用いて，体制移行諸国の汚職に関する体系的レビューを試みる。すなわち，かつてなく大規模な体系的レビューを通じ，移行経済に即して，汚職の発生原因と影響を考察するのである。また，本講義では，執筆者，研究内容および発表媒体といった文献属性との相関関係を検証し，汚職研究の傾向を考察することによって，汚職に関する今後の議論を展望したい。本講義の構成は，以下の通りである。次節で，移行経済における汚職の水準を概観し，続く6.3節において，体系的レビューで考察するための理論的仮説を提起する。6.4節及び6.5節では，体系的レビューの対象となる331件の基本抽出文献の属性を考察し，原因と影響に関する仮説を順次検証する。最終6.6節では，分析結果の要約と本講義の結論を述べる。

6.2　移行経済における汚職の水準

　体制移行下での汚職研究は，移行と同時に開始されたにもかかわらず，汚職が移

2）Partos（2004）や Radin et al.（2011）などが現況調査文献を代表するが，直接警察官に汚職経験の有無や報酬額などを聞き取りした研究（Социальноэкономических проблем народнаселения РАН, 2003）もある。

217

第Ⅱ部　体制転換の社会的衝撃

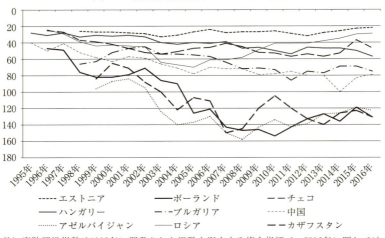

図6.1　腐敗認識指数ランキングの推移

注）腐敗認識指数は1995年に開発された汚職を測定する複合指標で，2016年に関しては176国・地域を0（もっとも腐敗認識度が高い）−100（最も低い）でスコア化している。ランキングはスコアが低い国ほど上位に位置する。詳細は本文脚注3）を参照のこと。
出所）筆者作成。

行研究にその地位を確保するのは2000年代以降である。そもそも事例に傾斜しがちな研究が実証研究に衣替えする大きな契機になったのは，移行経済研究と時を同じくして公表された国際 NGO のトランスペアレンシー・インターナショナルによる腐敗認識指数（Corruption Perceptions Index: CPI）[3]の表示であり，それは市場の成熟度・移行度を示す代理指標として分析に使われはじめたことと関連する。特定の個人ではなく国際機関での研究がリードしたこと，2000年代に研究が進展したこと，研究において上記指標を用いることで計量的な研究も増加したことが，汚職研究の特徴としてあげられる。

　腐敗認識指数のランキングは，集計国数の違いがあるために経年でその順位を比較することに困難があるにもかかわらず，また評価基準が必ずしも客観化されたものとはいいがたいにもかかわらず，その時系列推移は移行経済諸国の特質を，ある程度的確に表現している（**図6.1**）。EU 加盟を果たした中東欧・バルト諸国は同図の通り体制転換当初から相対的に上位に位置しており，とくにいち早く通貨を安定

3）1995年に開発された汚職を測定する複合指標で，2016年に関しては176国・地域を0（もっとも腐敗認識度が高い）−100（最も低い）でスコア化する。ビジネスマンや国家の専門家を対象として，直近の2年間の腐敗認識を捕捉する他の国際的な12機関の13報告書から算出する。世界平均は43で，トップはデンマークの90，最下位はソマリアの10である。

第6講　混迷する社会と汚職：倫理破綻の要因と影響を探る

化させ欧州の移行のモデルとして支援の対象となったエストニアこそが移行諸国のなかで最上位に位置し，なおかつ先進諸国の水準にある。次いで，一連の中東欧諸国がエストニアに続くが，その内ポーランドは上昇傾向を示す一方でハンガリーは低下傾向を示している。これに続いて，EU加盟南東欧諸国があり，さらに非加盟の南東欧が続く。最も低いレベルにあるのは旧ソ連圏であり，とくにロシア，中央アジア，コーカサス地域の低さが目立つ。概して言えばこれら旧ソ連諸国の汚職水準はアフリカ諸国に並ぶ低位置にあると言わざるをえない。中国は南東欧と旧ソ連の中間に位置している。

　もっとも，以上の事実関係は，汚職の抑制度という観点から優位な位置にある東欧諸国が世界的に低汚職国と位置付けられることを意味しているわけではない。法務総合研究所（2008）によると，2003/2004年の汚職の年被害者率（公務員の収賄に遭遇したと回答したものの比率）では，OECD平均（1.9％）に対し，主要なEU加盟国は1％以下の低い水準にあるのに対し，ポーランド（4.4％），ハンガリー（4.9％）とかなり高い。あるいは，ISSP（国際社会調査プログラム）（2016）の意識調査（行政機関における汚職）でも，EU原加盟国に比して中東欧の水準は低いと言わざるを得ず，そうであるがゆえに移行諸国全体として相対的に汚職水準は高いと考えられる[4]。

　ただし，このように世界的にみて相対的に汚職度の高い移行諸国の内にも，汚職の度合いにおいて著しい較差が存在している。この段差は，社会主義継続期間が短く，比較的移行開始が早くかつ欧州の制度移植を進めた中東欧において汚職度は低く，逆に社会主義継続期間が長く，移行期間も長くかつ独自の制度形成を進めた旧ソ連圏，とくにロシア，中央アジア，コーカサス地域で汚職度が高くなっている。また，この較差はそのまま市場移行度，経済成長度の段差とも言い換えられる。汚職・収賄は犯罪である以上それ自身を倫理的に肯定的にみなす研究はないが，移行諸国間における汚職・移行度・経済パフォーマンスの較差が存在することを前提にして，次節では本講義で検証されるべき理論的仮説を提示しよう。

6.3　汚職問題の理論的仮説

　仮説提示に先立ち，汚職を生み出す要因を実証的に導き出すことが難しいことも指摘しておかなければならない。汚職行動とその他経済社会的活動とのいわゆる

4）ISSP, 2016, Citizenship II のデータについては，https://dbk.gesis.org/dbksearch/sdesc2.asp?
　　no = 6670（2017年8月20日アクセス）を参照されたい。

219

第Ⅱ部　体制転換の社会的衝撃

「内生性」の問題が，極めて深刻だからである。例えば，経済成長と汚職の関係は，前者ゆえに汚職が少ないのか，汚職が少ないゆえに成長するのか，いずれの仮説もたてうる。言い換えると，「多くのありうる汚職規定要因は複雑に相互に絡み合っている。すぐに変化が生じる場合もあれば，汚職によりそれが引き起こされる場合もあれば，さらに逆の場合もある。ほかの犯罪行為と同じように，直接それを観察することも難しい。研究者は汚職の犠牲者の研究に依存するが，それが正確であると判断することは難しい。……（もっとも）近年大きな進歩があった」（Treisman, 2007, p. 393）のであり，それはデータの整備に基づいている[5]。

　もっとも体系的に汚職と経済諸現象の相関に関する仮説を検証したものとしてTreisman（2000, 2007）がある。彼は汚職と法政治制度・経済成長との相関から植民地の遺産と法制度，宗教的伝統，民族区分，資源とレント，経済発展，連邦構成，民主主義，貿易開放度などに依拠して12の仮説を提示し検証している。本講義もTreisman（2000, 2007）に倣って，体制移行下での汚職・レント・シーキング研究において，要因と結果・影響の間に相互関係があること，さらにそれぞれの内部にも，すなわち要因間・結果間に結びつきがあることを前提にしながら，大きくは発生要因，影響要因，文化・価値観の3つの側面から理論的仮説を提示しよう。

6.3.1　発生要因

　汚職は特定の社会経済制度・経済や福祉・属性や環境に基づいて生ずる。包括的な経済制度は包括的な政治制度の上に構築され，この包括的政治制度とは権力を社会に広く分散し，その恣意的な行使を抑制するものであり，私腹を肥やすために収奪的な経済制度を設けることができないという土台にほかならないが，これと対照的に汚職は権力の乱用である以上，収奪的制度が存在していることを示唆する（Acemoglu and Robinson, 2012）。この場合，汚職は，当該の環境のもとで，汚職行為に予期されるコスト（社会的・心理的・金銭的コスト）と予想される利得のバランスのうえに生ずるのであり，汚職を行うものにとり逮捕と罰が最大のコストになるのであれば上記バランスは当該国の法制度の効率性などに依存する（Treisman, 2000, 2007）。

5）例えば世界銀行では200カ国以上を対象にして350以上の変数で測定しており，ボイスと説明責任，政治的安定性と主要な暴力・恐怖の欠如，政府の効率性，規制の質，法の支配，汚職のコントロールの6つの側面で分析している（Kaufman, 2005）。このほか，世論調査国際比較に用いられる International Social Survey Programme や World Values Survey, International Crime Victimization Study, さらに Eurobarometer, New Russia Barometer などの一連の意識調査もまた汚職の実証研究を促進する契機になったと考えられる（Richards, 2017）。

仮説 H1.1 効率的な社会経済制度下では汚職は少ない。特に，公式・非公式制度の性質や整合性は決定的に重要である。汚職が公的制度の執行にかかわって生ずる私的利益である以上，当該の制度が非効率であるか慣習的で当事者間の裁量に依拠するような非公式の性格が強い場合には，汚職が生じやすい。効率的制度は市場の質を高め，公正さを確保することを可能にする（Yano, 2008)[6]。

仮説 H1.2 民主主義・政治的安定の[7]下では汚職は少ない（鈴木・岩﨑, 2009)。民主主義は安定した法制度，意見表明の経路と議論の場，さらにそのための情報開示を前提とし，「民主主義は汚職を減ずるに相当有効である」（Kolstad and Wiig, 2011, p. 19)。逆に選挙不正が多い国家は投票者からの信頼を喪失し，その統治能力は低迷する。このように，統治能力が劣る国家においては，不安定な政府の権限や資源を確保することを目的にして汚職は相対的に頻繁かつ根深く発生するのであり，この点では旧ソ連圏は中東欧よりも大きいリスクをもっている。EBRD（2016）は民主化と汚職の間の負の相関関係の存在を強調している。もっとも，民主主義が汚職を減ずることに直結すると即断することを懐疑的にみる見方も強く，民主化の初期段階では投票者からの支持を確保するために汚職はかえって増加しえ，またそうした初期段階では民主主義が必ずしも汚職をチェックする役割を果たしているわけではない（Rose-Ackerman, 1999)。

仮説 H1.3 経済的に発展している，または賃金が高いところでは，汚職は少ない。概して言えば，貧しさゆえに，公務員は汚職に簡単に走る。成長しているがゆえに汚職は少ないことはすでに実証されており，その意味で移行諸国では相対的に旧ソ連圏において汚職は多い。

仮説 H1.4 資源保有国では汚職は多い。資源保有国では，資源に付随するレントの大きさから，かつ資源開発利権へのアクセスの容易さから，汚職行為によって得られる利得が相当大きいからである。それゆえに，ロシア，カザフスタン，トルクメニスタンに代表される金属や化石燃料資源が豊富な旧ソ連圏で汚職が多く，かつ資源をめぐる企業のスキャンダルが存在する。

仮説 H1.5 私有化は汚職の可能性を高める。概して，私有化は公的資産，公的経済活動の私的企業家への解放の機会を提供するものであり，他の条件を一定とすれば，私有化が行われない場合と比して汚職の発生可能性を高める。とくに，体制

---

6) 所有権制度と契約制度は，私的経済主体の行動にとりとくに重要な制度である（Frye, 2017)。Treisman（2000）はコモンローの所有権保護の強さを強調するとともに，法文化，植民地（宗主国）の伝統や宗教にまで視野を広げている。

7) 政治システムの分類研究として，トップ執行者選出，議員選出，複数制政党に基づき，民主主義と独裁を分類した Alvarez et al.（1996）がある。

第Ⅱ部　体制転換の社会的衝撃

移行諸国では私有化の方法が独自に追及されたが，様々な私有化手法の中でもとりわけ透明性が低い経営者・従業員バイアウト（management-employee buyouts）や自然発生的私有化（spontaneous privatization）あるいは大衆私有化（voucher privatization）政策が選択・実行された場合，「緩慢な政策進行，市場での譲渡と高度に差別化された手法，透明性の欠如」（Rose-Ackerman and Palifka, 2016, p. 160），より具体的には資産の値付け，譲渡方法，譲渡先の選択，内部申し込みによる当事者の優先的条件の付与，が外部から監査されにくいために，汚職が発生する可能性は大きい。概して言えば，国有資産の大盤振舞いを許した大衆私有化優先諸国（ロシア，チェコ，カザフスタンなど）は，国有資産の市場原理に基づく譲渡を優先した諸国（ポーランド，ハンガリー，エストニアなど）よりも汚職が大きい。

　仮説 H1.6　自由化は汚職の可能性を低める。例えば保護関税，貿易許認可などの上からの制限がある場合，そのような制限がない場合に比して取引コストは上昇し，かつそれをカバーする汚職への支払いが発生しうるが，自由化によりそうした取引コストは減じられ，汚職は低下する（Sarwar, 2013）。もっとも，この仮説も自明というわけではなく，ほかの改革との関係において自由化が汚職を引き起こす効果を持ちうる。Tavares（2007）は，1980－90年代の政治的・経済的自由化の経験を実証分析して，民主化が汚職を減じても自由化が潜在的に汚職を増大させうること，民主化を経験して5年以上経ってから自由化した場合でも汚職は増大することを明らかにしている。これらの研究に基づく限り，移行経済において自由化の効果は双方向ありうる。

6.3.2　影響要因

　汚職は社会経済制度・経済や福祉に影響を与えるのみならず，その結果「政府が選出され，モニターされ，交代するプロセス（政治的側面），効果的に資源を管理し健全な政策を実施する政府の能力（経済的側面），市民と国家の制度への尊敬（制度的側面）を含む，政府が公共財のために行使する伝統あるいは制度」（Kaufman, 2005）としてのガバナンスの水準をも規定する。ゆえに，影響要因として汚職を見ると，移行経済において次のような仮説を提示することができる。

　仮説 H2.1　汚職は経済成長を阻害する。概して汚職が経済成長に負に働くことは，公的権力の濫用，私的利得優先の結果として，あるいはその過程での制度の歪み（レント取得のための独占価格化）などから明らかである。しかし，同時に，国家・社会関係において公的制度への信頼性が存在しない場合，不誠実な国家に対し，経済を維持し，生き残るための行動として汚職が選択される可能性がある。この場合，汚職は何もしなければ不誠実な国家によって喪失した経済的利得を特定の層に

より私的利得として確保されたことになり，経済成長の維持要因になりうる。すなわち，体制移行という特殊条件下に不誠実な国家が存在する場合に，潤滑油仮説が働くのか否かは十分に検討に値する。言い換えれば，体制移行の混乱の中で，汚職は単なる成長阻害だけに影響する要因であったのか，それとも生き残り行動による成長への貢献はあったのかという理論的仮説が成り立つ。

仮説 H2.2　汚職は非公式部門を拡大する。汚職が公的な取引コストの引き下げを求める目的で行われる行為であるとすると，汚職によって，公的な経済活動以外の活動（非公式経済）が制度化され，その規模を拡大させることになるであろう。同様の論理から，汚職行為の縮小は非公式部門の低下と正の相関関係にある。

仮説 H2.3　汚職は経済格差の拡大や国民の福祉水準の低下をもたらす。汚職の結果，一部のオリガルヒ，政商と呼ばれる私的資本家に利得が集中し，そこから市民が排除された場合，汚職は特定社会集団への富の集中を促すと同時に，結果として国民全体の福祉水準を低下せしめる危険性をはらんでいる。概して旧ソ連で，オリガルヒの暗躍による富の偏在が拡大し，その一方で中東欧ではそれは小さい。EBRD（2010）は汚職の水準を指し示す非公式支払い額の大きさが旧ソ連圏で最も大きく，ついで南東欧であり，中東欧はもっとも低いがそれでも西欧よりも高いことを示している。もっとも，全体としてみれば西欧への収れん傾向もまた観察される（EBRD, 2016, p.28）。

仮説 H2.4　汚職はガバナンスを劣化させる。汚職が「私的利益のための委託された権力の乱用」である以上，政府の権力・制度の信頼性を損なう汚職はガバナンスの劣化に直結する。

仮説 H2.5　汚職は移行改革を阻害する。汚職が公正な市場経済の制度を歪める以上，汚職は市場経済化・自由化政策の実施を困難にし，結果として移行過程に困難を引き起こす。

6.3.3　文化・価値観

汚職は文化や習慣・価値観と結びつく。汚職は文化的現象にほかならず（Barr and Serra, 2010），不確実性回避価値観，人間の指向性の慣習，集団行動の慣習といった点で文化的観点からの汚職研究の有効性も強調される（Seleim and Bontis, 2009）。Treisman（2000, 2007）もまた法文化，法制度の形成される歴史的過程，さらには宗教に着目しており，文化・価値観が汚職に大きく影響している。とりわけ移行経済の観点では，以下の点が重要であろう。

仮説 H3.1　共産主義の浸透度は汚職と結びついている。汚職は少なくとも共産主義時代から存在しており，その期間の長さは汚職の存在を日常化，常識化，公式

化させやすい。従って旧ソ連圏は中東欧よりも汚職の水準は高い。

仮説 H3.2 宗教，文化は汚職と結びついている。宗教観・文化が個人の行動様式を規定する以上，汚職は宗教・文化に強く規定される (Seleim and Bontis, 2009)。概して，プロテスタントは権威への挑戦や個人の不同意に寛容であり，個人の責任を求めるが，他のキリスト教派は人間の弱さを重視する。とりわけ，貧困は怠惰と結びつけられ，生活において勤勉を重視する。他方に，正教会では国家と教会との結びつきが強く，温情主義的な価値観が強いと考えられる (Treisman, 2007)。その結果，主にドイツ（プロテスタント）の影響が強いバルト・中東欧に比して，ロシア（正教会圏）では汚職に寛容な意識が醸成されており，中央アジアなどもそれが観察される。また，中東欧・バルト諸国の一部は EU に新規加盟を果たしたわけであるが，EU 加盟の基準である法的・政治的な制度上の条件が改悪されたとしても，EU 原加盟国との間で，汚職に対する市民の態度が異なる場合には，自国の文化的要因が強く働くことを示唆する。もっとも，宗教の汚職への影響を否定する実証研究も多い（例えば，Shadabi , 2013; Ko and Moon, 2014)。

仮説 H3.3 社会・制度に対する国民の不信感と汚職は相互に関連する。旧ソ連圏では大統領のような最上位の政治家に対する信頼度は相対的に高いが，下位の公務員[8]，さらに社会・制度への信頼度は低く，そのことが汚職の増加と結びつく。EBRD (2010) は，Life in Transition Survey (LiTS) を用いた実証研究により，信頼水準と汚職水準が反比例の関係にあり，公共サービスへの汚職が公務員への人々の信頼に負に影響することを示している。

6.4　検証手法・文献探索方法及び基本抽出文献の概要

前節で提示した仮説を客観的に検証するため，本講義では予め定めた機械的なプロセスに従い文献の収集を行う。具体的には，社会科学全般を網羅する電子文献情報データベースである Web of Science を用いて1995年から2015年までの文献を検索し，その際，汚職研究の核心的キーワードである *corruption, rent seeking* のいずれかひとつと *transition economies, Central Europe, Eastern Europe, former Soviet Union* または中国ないし中東欧・旧ソ連諸国の国名何れかひとつの組み合わせを検索語に使用した文献を検索した。その結果386件の文献を収集したが，これら機械検索文献の内容を更に精査した結果，331件を基本抽出文献として採用した。文献のプロフィールを記述しておこう。

8）交通警察における汚職の頻度は大きい（EBRD, 2011)。

第6講　混迷する社会と汚職：倫理破綻の要因と影響を探る

図6.2　基本抽出文献刊行年別文献数

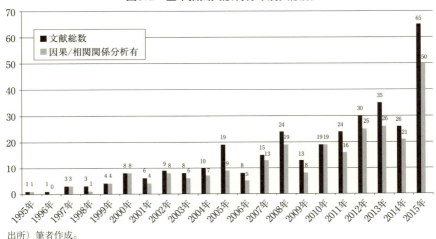

出所）筆者作成。

　図6.2の基本抽出文献刊行年別文献数を見ると，多少の変動はあるが指数関数的な増加傾向が観察される。その内単なる現状分析に止まらず何らかの因果／相関関係の分析に及んだ研究も同様の増加傾向を示している。

　研究内容，執筆者および発表媒体の属性という観点から見た基本抽出文献の概要は**図6.3**になる。基本抽出文献331件の延べ執筆者数は603人であり，そのうち212人が北米，73人がイギリス，105人が大陸西欧諸国に所在する研究機関の所属であるのに対し，中東欧は100人，旧ソ連圏は42人，その他移行国は37人と，旧社会主義国以外の研究者が3分の2を占めている。市場移行政策の実施が阻害される現実に対する研究者の感応度は，非当事国の方が強いと言える。他方，基本抽出文献は，5年刻みで集計すると，90年代に発表された文献は少なく，年次を追うごとに飛躍的に増加している。このことは，多分に有効な指標として先述のトランスペアレンシー・インターナショナルが客観指標として利用可能となったことを背景にしているが，そのほか社会調査件数の拡大，実際の大規模な汚職の顕在化などもまたそれに影響している。また，経済学分野の雑誌論文をはじめ，社会学，法政治学，地域研究など様々な専門分野をテーマとする雑誌を舞台に議論を展開しており，決して汚職問題は純粋な経済学の問題ではないことは明らかである。しかしながら紙幅の都合で図には示してはいないが，発表年別・発表媒体専門分野別の刊行数をみると，2014年までは経済学のみならず社会学・地域研究・法政治学なども主な議論の場であったが，2015年には経済学と社会学の分野での業績数が突出している。即ち，汚職問題はまさに急速に社会学のみならず経済学の分野においても研究者の関心を引

225

第Ⅱ部　体制転換の社会的衝撃

図6.3　基本抽出文献の属性別構成

(a) 執筆者・発表媒体属性

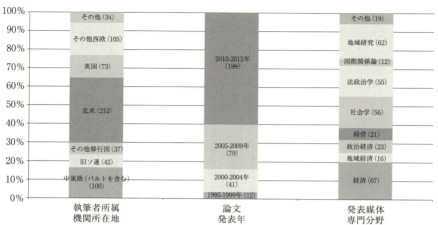

(b) 研究属性

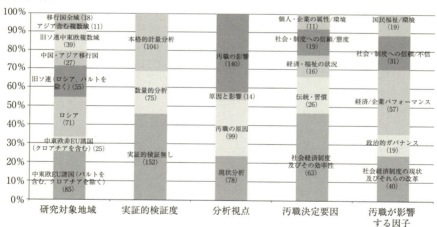

注）括弧内は該当文献数。
出所）筆者作成。

き付けているのである。

　基本抽出文献の大多数は，研究対象地域や国を絞る傾向が強く，複数の地域にまたがる研究は2割程度であり，特定の国に対象を絞る研究は6割程度だが，たとえ複数国を対象としていても同一地域の比較を行う傾向が強い。このことは，特定のエリアスタディが汚職を研究対象に包摂する可能性が著しく高く，比較研究の素材

第6講　混迷する社会と汚職：倫理破綻の要因と影響を探る

には必ずしもなりえていないことを示唆しており，研究上特定国の文化的な背景が重視されることをも示唆する。

　本格的な計量分析ないし数量的な裏付けを行った文献は全体の5割強あるが，回帰分析における指標の取り方や，汚職指標との関連を検証する対象，因果関係の方向は極めて多様であり，研究の動向はつかみづらい。

　文献レビューによると，当該分野における研究スタイルは，汚職の現況を調査するものと，その原因や影響を検証する分析的な論考に大別される。このうち，8割弱の研究が汚職と何らかの因子の因果関係に着目しており，本講義における仮説の検証の基となる。他方，現況調査の例にあげることができるのは，Partos（2004），Radin et al.（2011），Votápková and Žák（2013），Yeager（2012），Yessenova（2012），Belas et al.（2015ab），Jancsics（2015），Linhartová and Volejniková（2015）などである。本講義の趣旨に鑑み，これらの文献を詳しく紹介することはしないが，いずれも示唆に富んだ研究成果であり更なる汚職研究の重要な情報源となる調査であるといえよう。

　汚職との関連が指摘される諸因子は大別して汚職の決定要因と汚職の影響を受ける因子があり，汚職の決定要因としては，前節でも述べたように，社会経済制度・経済や福祉・属性や環境のほか，伝統や文化あるいは社会への信頼などがある。このうち，社会経済制度及びその効率性としては，外国為替，自由化，私有化およびその方式，官僚機構の大きさ，地方分権，体制移行改革，政治的自由，財産権，法の支配など，経済社会を規定する制度的諸要因が分類され，汚職の決定要因を論じた文献の半数近くがこの分野に注目をしている。移行国研究者の間では，まさしく「制度」こそが汚職の原因として最も関連が深いと目されているのである。このような背景を基に，この分野での論点は非常に多く，本講義前節で上げた仮説のうち，H1.1，H1.2，H1.5，H1.6の4つの仮説がこの分野にかかわるものである。

　一方，伝統や習慣には，過去の慣習，歴史的遺制，倫理，汚職に対する容認度，人的コネクション，西欧文化の浸透度など，公的な制度ではない様々な慣行や文化，社会風土などが含まれる。これらは総じて「非公式な制度」と称される諸因子に類する項目を多く含んでおり，先にあげた社会経済制度的要因の次に汚職の原因として注目されている。なお，前節で提示した仮説のうち，H3.1，H3.2の2つがこの分野での議論に関連するものである。

　経済・福祉の状況には，成長期待，直接投資，技術進歩，輸入比率，経済成長率，投資収益，企業利益・雇用水準・社会保障の水準など，経済活動の成果やその結果としての国民生活の水準に関する指標が含まれる。こうした経済的要因は先の2要因に比べると相対的に注目度は低く，全体の1割強に止まっている。なお，関連す

227

第Ⅱ部　体制転換の社会的衝撃

る本講義での仮説のうち，関連するのはH1.3のみである。

　その一方で，社会や制度に対する信頼もまた，当該テーマにおいて汚職の原因
（そして後述するように汚職がもたらす結果）として時に指摘される要因である。
また，個人や企業レベルのミクロ的分析を行う際にはそれらの主体を取り巻く環境
や彼ら自身の属性，例えば天然資源の賦存量をはじめ，企業規模，経営者の年齢，
個人の職業や民族なども原因として時に指摘されている。本講義の仮説のうちでは，
H3.3，H1.4がそれぞれの項目に関連する。

　他方，汚職が影響を与える因子については，社会経済制度及びそれらの改革，政
治的ガバナンス，経済／企業パフォーマンス，社会・制度への信頼／不信，国民福
祉及び自然環境に大別することができる。このうち，社会経済制度及びそれらの改
革は汚職の原因の一つである社会経済制度と一部重複する諸要因であり，企業の参
入障壁，市場化改革，民主化，国家機構といった諸要因のほか非貨幣経済システム
もこのカテゴリーに分類される。すなわち，内生性という観点から本講義冒頭でも
議論した通り，社会経済制度的諸要因が汚職に影響を与える一方で，汚職もまたこ
うした社会経済制度的側面に影響をもたらすのであり，双方向の影響が示唆される。
とりわけ，汚職が影響する因子としてこの中では移行改革や非公式経済が注目され
ており，本講義でも仮説H2.2及びH2.5をもってこれらの傾向に注意を払うこと
とする。

　政治的ガバナンスは，上記の経済社会制度及びそれらの改革の状況によって引き
起こされる社会的な混乱や紛争，あるいは制度の効率的な機能度などが該当し，具
体的には民族紛争の過激化，国家の統合，透明性・公正性，組織犯罪・暴動などが
これに該当する。なお，対応する本講義での仮説はH2.4である。

　経済／企業パフォーマンスは汚職の影響が及ぶ分野として最も注目されており，
企業利益，起業率，FDI，経済成長，銀行融資，投資収益，特許件数，貿易量，所
得水準など，ミクロ・マクロ両面における様々な経済的成果に関する諸要因がその
具体例である。こうした経済成果に対する汚職の悪影響は古くから指摘されており，
本講義でも論点の一つとして取り上げる（仮説H2.1）

　また，前述のように社会・制度への信頼／態度は汚職がもたらす結果としても注
目されており，ここでも汚職との双方向的な影響が看取される。残る国民福祉及び
自然環境は前出の経済／企業パフォーマンスや社会経済制度及びそれらの改革の結
果として現れる諸要因が主で，国民の福祉，幸福度，健康寿命，福祉政策，不平等，
医療の効率性，環境破壊などが該当する。これら諸要因への研究者からの注目に鑑
み，本講義でも仮説H2.3，H3.3の検討をもって当該分野における結論の要約を行
う。

第6講　混迷する社会と汚職：倫理破綻の要因と影響を探る

　以上，本節ではシステマチックに収集された文献のプロフィールを概観し，基本抽出文献で取り上げられている汚職関連因子が我々の提示する仮説の対象とする分野と一致していることが確認された。そこで次節では，基本抽出文献331件から得られた結論のうち，前節で提起した仮説にかかわるものすべてを集計することによって，第6.3節に提起した一連の仮説を検証する。

6.5　検証結果

　表6.1は，前掲の仮説に関連する先行研究の結果を，原因と影響別に集計したものである。本節では第6.3節で提示した順に，仮説の検証結果と主な文献を紹介する。

　H1.1　効率的な社会経済制度下では汚職は少ない

　社会経済制度設計の質や整合性等の諸要因が汚職水準を規定することに関し，特に移行国研究者の間で異論はない。例えば Ahrend（2005）は，ロシアの脱資源依存は難しいが，単純・厳格かつ公正な法によって汚職の防止を行うことで経済成長を遂げ，資源の呪いを脱却することは可能であると指摘している。また Desai and Goldberg（2001）は，ロシアでは財産権の欠如が企業における横領の原動力となっていると論じており，加えて Gherghina and Chiru（2013）は，ルーマニアでは法の瑕疵に付け込んで国家の資金を流用することがままあり，その対策法案が通過するとまた別の抜け道を探して資金流用が起こるといういたちごっこが続いているとしている。

　他方，実証分析によってもいくつかの制度的な要因が決定要因となっていることが確認されている。Duvanova（2014）は，1999年から2005年における26の旧共産国のパネルデータを用いた固定効果モデルに基づく実証分析を行った結果，所有形態，官僚の介入や法の支配の欠如が形式主義や汚職の温床になっていると結論づけている。また，Goel et al.（2015）は，反汚職法，企業内倫理規定，官僚の圧力，（および経営者の性別）などの要因が，企業の賄賂の支払い確率を規定することを検出している。なお，本仮説に対する賛否は23対0で，制度と汚職の関係を否定するものは皆無である。

　H1.2　民主主義・政治的安定の下では汚職は少ない

　明確にこの仮説を否定する文献は一つとして存在せず，概ね民主化の汚職抑制効果に対する強い支持が表明されている。例えば Grzymała-Busse（2003）は，中東欧では政党間の競争がない場合には法規制が緩く，政党による国家の資金流用がしやすくなると指摘しており民主主義の有効性を示唆している。他にも，Maloney

229

表6.1 移行国の汚職研究における諸論点に対する賛否の集計結果

汚職の原因	H1.1 効率的な社会経済制度下では汚職は少ない		H1.2 民主主義・政治的安定性下では汚職は少ない		H1.3 経済的発展・高賃金では汚職は少ないところ、汚職は少ない			H1.4 資源保有が高いところでは、汚職は多い		H1.5 私有化は汚職の可能性を高める			H1.6 自由主義文化の浸透度は汚職の可能性を低める		H3.1 共産主義文化は汚職と結びついている		H3.2 宗教、文化は汚職と結びついている		H3.3 社会制度に対する国民の不信感と汚職とは相互に関連する			計
	肯定	否定	肯定	否定	肯定	中立的	否定	肯定	否定	肯定	中立的	否定	肯定	否定	肯定	否定	肯定	否定	肯定	中立的	否定	
(a) 執筆者所属機関所在地																						
中東欧(バルトを含む)	4	0	0	0	2	0	0	2	0	0	1	0	1	0	5	0	5	0	5	0	0	19
旧ソ連	3	2	2	0	0	0	1	0	0	0	0	0	0	0	2	0	2	0	0	0	0	10
その他移行国	12	0	0	0	2	0	1	0	0	1	1	0	0	0	0	0	0	0	0	0	0	16
北米	18	5	5	0	4	1	3	1	0	3	3	1	2	2	9	0	7	0	2	0	1	55
英国	2	1	1	0	0	1	0	0	0	0	0	0	1	1	7	0	2	0	1	0	0	21
その他西欧	5	2	2	0	2	0	5	2	2	3	4	3	4	2	2	0	2	0	4	2	4	30
その他	1	1	1	0	2	0	2	0	0	0	4	0	0	0	2	0	0	0	3	0	0	17
全執筆者数	45	11	11	0	14	2	12	4	2	8	13	3	7	7	29	0	29	0	12	2	0	168
(b) 研究対象地域																						
中東欧EU諸国(バルトを含む、クロアチアを除く)	3	2	0	0	1	1	0	0	0	1	0	0	1	1	4	0	4	0	4	1	0	20
中東欧非EU諸国(クロアチアを含む)	2	0	0	0	1	2	1	1	0	0	1	0	0	0	3	0	1	0	1	0	0	10
ロシア	6	3	3	0	1	0	1	1	0	2	2	0	2	2	4	0	0	0	0	0	0	22
旧ソ連(ロシア、バルトを除く)	6	0	0	0	1	0	0	1	0	0	0	0	0	0	1	0	7	0	1	1	0	13
中国・アジア移行国	0	0	0	0	2	2	1	0	0	0	1	0	0	0	3	0	0	0	0	0	0	12
旧ソ連中東欧複数地域	1	0	0	0	0	0	0	0	0	1	0	0	0	0	1	0	0	0	0	0	0	9
アジア含む複数地域	2	0	0	0	3	1	3	1	1	0	1	0	0	0	3	0	0	0	0	0	0	4
移行国全域																						11
(c) 論文発表年																						
1995～1999年	1	0	0	0	0	1	0	0	0	0	1	0	1	0	5	0	0	0	3	2	0	5
2000～2004年	5	2	2	0	1	0	1	2	1	0	0	0	0	2	2	0	4	0	8	0	0	20
2005～2009年	4	1	1	0	3	0	3	0	0	2	2	0	0	0	7	0	7	0	0	0	3	21
2010～2015年	13	5	5	0	4	2	2	0	1	1	0	2	3	3	10	0	10	0	1	7	0	55
(d) 実証的検証度																						
本格的な計量分析	4	0	0	0	5	3	3	1	1	3	3	1	2	1	3	0	3	0	2	0	0	29
数量的分析	3	0	4	0	1	0	2	1	0	2	2	1	2	1	8	0	8	0	2	0	0	22
実証的検証無し	16	0	4	0	2	1	2	0	2	2	1	2	1	3	10	0	10	0	3	0	3	50
計	23	0	8	0	8	2	3	2	0	3	7	2	4	5	21	0	21	0	1	7	0	101

表6.1　続き

汚職の影響	H2.1 汚職は経済成長を阻害する			H2.2 汚職は非公式部門を拡大する			H2.3 汚職は経済格差の拡大や国民の福祉水準の低下をもたらす			H2.4 汚職はガバナンスを劣化させる			H2.5 汚職は移行改革を阻害する			H3.3 社会・制度に対する国民の不信感と汚職は相互に関連する			計
	肯定	否定	中立的	肯定	否定	中立的	肯定	否定	中立的	肯定	否定	中立的	肯定	否定	中立的	肯定	否定	中立的	
(a) 執筆者所属機関所在地																			
中東欧（バルトを含む）	11	0	0	0	0	0	3	0	0	1	0	0	0	0	0	9	0	0	23
旧ソ連	6	2	0	0	0	0	1	0	1	0	1	0	0	0	0	4	0	0	17
その他移行国	5	0	1	0	0	0	9	0	0	8	0	0	0	0	0	6	0	0	16
北米	24	4	1	4	0	0	9	0	0	4	0	3	2	0	1	18	1	1	76
英国	18	0	1	1	2	0	5	0	1	1	0	0	0	0	0	1	0	1	34
その他西欧	21	0	0	0	1	0	6	0	0	6	0	0	1	0	0	5	0	2	35
その他	1	0	0	0	0	0	0	0	0	1	0	0	0	0	0	0	0	0	11
全執筆者数	86	6	1	5	2	1	33	0	2	21	2	3	2	0	1	44	1	4	212
(b) 研究対象地域																			
中東欧EU諸国（バルトを含む、クロアチアを除く）	7	0	0	1	0	0	6	0	1	1	0	0	0	0	0	9	0	1	25
中東欧非EU諸国（クロアチア、バルトを含む）	0	0	0	0	0	0	2	0	0	2	0	1	0	0	0	1	0	1	6
ロシア	12	2	1	0	1	1	2	0	0	1	1	0	1	0	1	7	1	1	30
旧ソ連（ロシア、バルトを除く）	6	0	0	1	0	0	2	0	0	1	1	1	0	0	0	4	0	0	19
中国・アジア移行国	4	0	0	0	1	0	1	0	0	1	1	0	1	0	0	2	0	0	9
旧ソ連中東欧複数地域	10	0	0	0	0	0	3	0	0	3	0	0	0	0	0	3	0	0	16
アジア含む複数地域	0	0	0	0	0	0	0	0	0	0	0	0	0	0	0	1	0	0	4
移行国全域	2	0	0	0	0	0	0	0	0	1	0	0	0	0	0	0	0	0	4
(c) 論文発表年																			
1995～1999年	2	0	0	0	1	0	0	0	0	1	0	0	0	0	0	2	0	0	6
2000～2004年	5	0	0	1	0	0	3	0	1	2	0	0	0	0	0	4	0	0	10
2005～2009年	6	1	0	1	0	1	2	0	0	2	1	1	1	0	0	4	0	1	19
2010～2015年	28	2	1	0	1	0	13	0	0	7	1	1	0	0	1	21	1	2	78
(d) 実証的検証度																			
本格的計量分析	20	3	1	0	2	0	7	0	1	7	1	1	1	0	0	10	0	2	46
数量的分析	7	0	0	1	0	0	3	0	0	2	0	0	2	0	0	4	0	0	22
実証的検証無し	14	0	1	1	0	1	6	0	0	9	1	0	0	0	1	13	0	0	45
計	41	3	1	2	2	1	16	0	1	12	2	2	2	0	1	27	1	2	113

出所）筆者作成。

and Kelly（2000）は，ロシア含む途上国における犯罪抑止のための初等中等教育での取り組みの実例紹介にあたり，市民社会の育成が汚職対策として有効と評価しており，民主主義的な社会の構築の重要性が窺える。

　他方，2点の先行研究は政治体制の汚職抑制効果が有効となる必要条件なるものを提示していることから，この種の議論に対して一定の留保が必要かもしれない。例えば Jetter et al.（2015）は，一人当たり GDP が2,000ドル以上の国では民主化は汚職を抑制するが，それ以下の国では汚職を助長しかねないと指摘しており，闇雲な民主化の落とし穴を指摘している。逆に汚職抑制効果の有効条件を提示している今一つの先行研究である Zaloznaya（2015）は，ベラルーシを例にとり，甘い独裁政治であれば汚職を助長しかねないが，厳しい独裁政治であればかえって不誠実な官僚は切り捨てられると指摘し，否定的な視点から語られることの多い非民主主義的な政治体制が時として汚職を抑制する可能性を示している。

　ただ全体的にみて民主化の汚職抑制効果が（無条件ではなくとも）存在することは多くの研究者が認める所と言えよう。

H1.3　経済的に発展している，または賃金が高いところでは，汚職は少ない

　本仮説の結果に対する解釈は決して単純ではない。単純に国民所得の水準で豊かさを図った場合には仮説は支持されるが，豊かになる過程におけるレント・シーキングの機会の存在は時として汚職を招く可能性も指摘されている。例として Dininio and Orttung（2005）は，ロシアの汚職度の地域格差は，官僚機構の大きさとともに経済水準との強い負の相関を検出しており，Iwasaki and Suzuki（2007）は，企業収奪や国家捕獲の発生確率や程度の決定要因を検証する中で，政府・企業間関係の分権度，企業経営への国家介入度と並んで経済危機が汚職の蔓延を招くことを指摘している。

　こうした生活の安定度や豊かさと汚職の負の相関を示す論考に対し，一部では経済成長が汚職の温床と見る向きもある。その代表例は Safavian et al.（2001）であり，彼らはロシアの零細企業において，企業成長率が高いほど汚職のターゲットになっていることを検出している。また Wei（2015）は，中国における急速な都市開発と過熱が汚職の蔓延を促進する危険性を警告している。全体的には肯定派が多いが，ミクロ的，短期的に見れば豊かさの実現と汚職の抑制の関係は別の様相を呈することもあり，また更には両者の非線形な関係も考慮すべきかもしれない。

H1.4　資源保有国では汚職は多い

　天然資源の存在そのものが汚職の決定要因として主題になることは他の仮説に比して相対的に少ないが，否定する論考は皆無である。例えば Ahrend（2005）は，ロシアにおける汚職の一因として前出のように制度的要因を指摘するとともに天然

第6講　混迷する社会と汚職：倫理破綻の要因と影響を探る

資源に言及している。また，Gylfason（2000）は，移行国において天然資源の賦存量は汚職を引き起こし，それが直接及び間接的に低成長を招くことを単相関係数に基づいて指摘している。

H1.5　私有化は汚職の可能性を高める

本仮説に関しては否定派が多数ではあるものの見解は研究者間で割れるのみならず，中間派の意見も存在している。年代別にみると90年代は肯定的であるが，近年になると私有化の汚職抑制効果を支持する声が強まっている。このうち肯定派のBraguinsky（1999）は，ロシアにおける民間経営に内在する不確実性が経営を極端に近視眼的にさせる結果レント・シーキングを誘発すると指摘しており，ロシアにおける私有化の汚職誘発リスクを示唆している。また，Harris and Lockwood（1997）は，ロシア・中国・ベトナム・ウクライナでは一連の体制移行は機能的な市場経済の構築無しに旧体制が崩壊したところで停止してしまい，とりわけ私有化の遅滞がレントシーキング国家を生み出す結果となったと総括している。これらに対し，否定派のHolmes（2008）は，プーチン時代に汚職が一時的に収まった後に再び増加したと考えられる原因の一つとして，再国有化を指摘しており，Benevolenskaya（2010）は，ロシアにおいて国有資産の運用を民間に任せることによって，主に情報公開などによって汚職のインセンティブを削ぐことができると分析している。

こうした主張とは別に，私有化方式や所有形態によって私有化の効果が異なるとする向きもある。例えば，Bornstein（1999）は，チェコ・ハンガリー・ポーランドでは金銭オークションが最も汚職を誘発しにくく，交渉による売却やMEBOsは最も誘発しやすいとしており，Christev and FitzRoy（2002）は，ポーランドではアウトサイダー企業は最も生産性と賃金の向上が大きくなる一方で，インサイダー企業では外部からの圧力が小さいため，生産性向上幅の小ささに比して賃金の上昇率が高くなる形でのレント・シーキングが起こりやすいと主張している。

また，前出のIwasaki and Suzuki（2007）や，政府関連のステークホルダーと汚職の正の相関を検出したHoltbrügge et al.（2007）のような実証的な研究ほど仮説を否定（汚職抑制効果を支持）しており，私有化の進捗と汚職の蔓延は客観的・長期的にみるほど負の相関になるのみならず，条件や環境にも留意が必要であることが窺える。

H1.6　自由化は汚職の可能性を低める

この点に関しては，全体的に見て肯定派と否定派が拮抗している。ただし旧ソ連や中国研究は自由化が汚職を誘発するとの見方が強く，中東欧や複数地域を対象とした分析では自由化が汚職を抑制するとの結論が出る傾向があり，地域によって結

第Ⅱ部　体制転換の社会的衝撃

論が分かれるという特徴が見られる。例を挙げるならば，Gokcekus et al.（2015）が，移行諸国において経済開放度が汚職を規定することを検出している他，Neshkova and Kostadinova（2012）は，中東欧6カ国における移行改革は汚職を抑制し，かつFDIを誘致する効果が確認されると結論づけている。その一方，Popov（2012）は，移行24カ国において，小さな政府への移行が制度を崩壊させ，汚職など様々な悪影響をもたらしたと腐敗認識指数（CPI）を引用しつつ言及し，Kneen（2000）は，ロシアではソビエト時代の汚職の習慣が，制度や法の支配無き急激な市場化によって拡散したと総括している。

　こうした地域における差は即ち自由化の進んだ地域とそうでない地域との差異でもあり，両者の非線形な関係を示唆するものと解釈可能である。

H2.1　汚職は経済成長を阻害する

　本仮説については肯定派が圧倒的多数で，汚職が経済にとって有害であることは少なくとも，中東欧・旧ソ連経済研究者の間では，一種のコンセンサスとなっている。例えばEarle（2000）は，移行国における汚職対策の提言にあたり，汚職の拡大が投資コストを押し上げることで経済発展を阻害し，更にそのことによって改革への支持を失われ，ついには改革が遅れることでさらに経済が悪化するという悪循環を強く危惧している。また，Ledyaeva et al.（2012, 2013）は，ロシアの地域において，資金流入による経済効果が強く見込まれるFDIが，汚職水準によって強く規定されていることを検出している。

　他方，少数の否定派においても，マクロ的にみて汚職が国家の経済成長を押し上げるという見解は皆無である。ただし，旧ソ連諸国のミクロ的な分析では経済取引を活性化するという意見は存在しており，いわゆる“潤滑油仮説”が支持される例外的なケースとなっている。ロシアにおける広域企業集団によって国家捕獲された地域は流通取引の障壁を取り除くため，そのような隣接地域が多いほど当該地域における起業パフォーマンスが向上することを確認したGuriev et al.（2010）は，その一例である。

　また，社会構造次第で汚職の経済成長に与える影響の大きさが異なるという分析結果もあり，Larsson（2006）は，ロシアと中国における汚職の影響の大きさの違いの理由を分析するに当たり，それぞれブレジネフ時代と毛沢東時代の社会構造に言及している。即ち，低技術・労働集約的産業が中心であった中国では，貿易や投資の相手国も同様に汚職のはびこる途上国が中心であったことから汚職が取引相手を敬遠させる要因とはならず，また分権化が進んでいたがゆえに一部の官僚に賄賂を渡した程度では国家の政策を動かすには至らなかったため，汚職は経済成長の阻害要因にはならなかったとしている。他方で，中央集権，工業化が既に進んでいた

234

ロシアでは汚職が深刻な阻害要因となったと指摘している。

全体的に見れば仮説は支持されているといえ，逆に汚職が成長を促すという見方は極めて少数派である。

H2.2　汚職は非公式部門を拡大する

仮説 H1.6と同様，肯定派と否定派が拮抗している。否定派は，汚職が非公式経済を抑制するという意見は皆無だが，汚職は主要因ではなく，さしたる影響力はないという見解が中心である。例えば Johnson et al.（2000）が，東欧３カ国において，官僚の汚職が非公式活動に大きな影響を与えていることを検出し，Williams（2015）が，中東欧10カ国における非公式な賃金の支払いに対し汚職の蔓延度が影響していることを指摘しているのに対し，Nesvetailova（2004）は，ロシアにおける非貨幣経済は汚職などのこれまで指摘されてきた要素が原因ではなく，自由化された金融市場への反応として生じたものであると主張している。

本講義における調査ではこのテーマに関わる文献がさほど集まらなかったため明確な結論を出すことはできないが，汚職の正の効果を主張する文献が皆無であったことから，少なくとも汚職を正当化する理由にならないことは確かである。

H2.3　汚職は経済格差の拡大や国民の福祉水準の低下をもたらす

この議論に関わる全ての論考が肯定派で否定派は皆無である。Škrbec and Dobovšek（2013）は，公務員や政治家・司法当局者及び NGO 関係者などへのインタビューの結果，スロベニアの地方自治政府に対する「国家捕獲」は法の支配を歪め，行政への信頼や経済成果のみならず，不平等・環境破壊といった様々な悪影響をももたらしていると各方面で認識されていることを解明しており，健康の悪化要因をロジットモデルで検証した Bobak et al.（2007）もまた汚職と不健康の正の相関を検出している。また，Minagawa（2013）は，2008-2009年の移行23カ国において，汚職が蔓延する国ほど健康寿命が短いことを回帰モデルによって検出している。

このように本仮説の正当性はもはや明白といえ，仮説 H2.1で見た通り汚職が経済へ悪影響を及ぼすことはもはや常識である以上，その結果国民生活が悪化することも当然の帰結と言えよう。

H2.4　汚職はガバナンスを劣化させる

この点に関しては肯定派が圧倒的多数である。例えば，Hagan and Radoeva（1997）は，移行前のチェコ社会上層部の汚職が移行期の社会不信やそれに由来する犯罪の温床となったと結論づけ，Kolossov and Toal（2007）は，様々な立場の人々に対するアンケートを通じて，ロシアにおける紛争が起こる一因として汚職が広く認識されていることを実証している。

第Ⅱ部　体制転換の社会的衝撃

他方，否定派としては Darden（2008）が挙げられる。同論文で著者は，ウクライナのように賄賂が一種の非公式な制度になっている状況では，自由な政治の発展を阻害される一方で徴税や社会秩序の安定，政治的反発の抑制に貢献していると結論づけている。

全体としては汚職がガバナンスを阻害することは広く周知されており，汚職が深く浸透した極めて特異なケースの場合のみ，異なる効果を発揮すると考えられよう。

H2.5　汚職は移行改革を阻害する

本仮説については当然視されているためか，正面からこのテーマに向き合った論考は今回はあまり多くはなかったが，否定派は皆無である。そのプロセスについては様々な見方ができようが，例えば Chen（2008）は，中国およびベトナムを例に挙げ，レント・シーキングが横行する移行改革は，政府のさらなる改革がレントの消滅をもたらす点に到達した時点で先に進まなくなると指摘している。また，Earle（2000）は，前出の通り，汚職と経済の悪化の負の循環の中で汚職の拡大が投資の抑制を通じて経済発展を阻害し，改革への支持を失わせていると言及している。何れにしても，汚職が体制転換の重大な障害であることに異論はないのが現状である。

H3.1　共産主義の浸透度は汚職と結びついている

この論点についても，旧時代の遺制が汚職の温床となっているという仮説に対し，強い反対意見は基本抽出文献の中には見当たらない。とりわけこのテーマに関する研究は旧ソ連圏に多く，例えば Allina-Pisano（2010）は，ウクライナでの政治権力による官僚機構の捕獲についての分析のなかで，ソビエト時代の遺産を原因の一つとして指摘しており，また Obydenkova and Libman（2015）は，ロシアにおいて，かつて共産党員の比率の高かった地域の方が汚職の発生率が高いことを検出している。

H3.2　宗教，文化は汚職と結びついている

本仮説に対する否定的な意見を見出すことはできず，逆に肯定する意見が圧倒的多数である。旧ソ連圏については Brovkin（2003）が，ロシアのソビエト時代からの歴史を振り返りつつ汚職の歴史を追う中で，汚職は倫理規範や文化的習慣に根差していると指摘しており，加えて Denisova-Schmidt and Huber（2010）が，ウクライナの東部の方が汚職がより蔓延している理由として，汚職と戦ったことのない歴史の上に立つ同国の商習慣に言及している。他方で中東欧諸国についても同様の指摘が多く，Dimitrova-Grajzl（2007）は，中東欧における汚職の深刻度の差異は，オスマン帝国後期以降の政治腐敗の遺産に強く影響を受けていることを検出している。

236

第6講　混迷する社会と汚職：倫理破綻の要因と影響を探る

　ただし，改革が進んだ国ではこうした歴史的遺制の影響力は薄れているという指摘もある。ポーランドにおける汚職や所得の地域格差は時間とともに歴史的経路や文化の影響から離れつつあるとしている，Grosfeld and Zhuravskaya（2015）は，その典型例である。

　以上，汚職の背後に宗教・文化的な背景があることは多くの研究者が認めるところであり，目下の論点は当面のその影響力の強弱ということになるかもしれない。

　H3.3　社会・制度に対する国民の不信感と汚職は相互に関連する

　社会への不信が汚職を生み，汚職が不信感を生み出すという見解に否定的な意見を表明した文献は後述の1点のみで，圧倒的多数が汚職と社会や制度への不信感の関連を指摘している。汚職の原因としてかかる不信感を指摘した文献としてはAteljevic and Budak（2010）や Giordano（2010）などがあり，それぞれクロアチア，セルビア社会を分析する中で社会的な相互信頼の欠如が汚職の原因になっていることを指摘している。また，汚職が影響する社会領域として信頼を挙げたものとしては，中東欧における腐敗の浄化政策の進展及び汚職の認知度の低下が政府や制度への信頼を回復させることを検出した Horne（2012, 2014）や，ロシアにおけるポストペレストロイカ期の汚職が行政に対する不信感の原因となっていると指摘した Heusala（2013）などがある。

　他方で，このような相互関連を否定したものに Hendley（2010）がある。本論文は，ロシアの住宅修繕プロジェクト（home repair project）における訴訟に対する消極性は汚職による司法への不信よりもむしろ，法そのものが訴訟の障害になっているという市民の認識であると指摘している。ただし，Arnold et al.（2012）は，EU27か国における EU への信頼度の決定要因を探る中で，汚職のはびこる国の国民ほど EU を信頼していることを検出しており，皮肉なことに汚職による自国への不信感の裏返しとして国際機関への信頼が高まるケースを指摘している。

　このように国民の社会への信頼と汚職は表裏一体で，個人・団体間の相互信頼という社会資本がいかに重要であるかがこれらの議論によって示されているのである。

6.6　おわりに

　移行国における汚職問題の論点は多様であり，それは汚職問題と移行期社会における制度・経済・文化といった様々な側面における改善の遅滞あるいは歪な変容との複雑な相互関連を反映したものである。本講義ではこうした状況に鑑み，331件の基本抽出文献に基づいて移行国における汚職研究が対象としてきた主要論点について仮説をたて，文献の支持度合いにより当該仮説を検証してきた。**表6.2**は，そ

237

第Ⅱ部　体制転換の社会的衝撃

表6.2　仮説の検証結果

	仮説の検証結果
H1.1　効率的社会経済制度下では汚職は少ない。	◯
H1.2　民主主義・政治的安定性下では汚職は少ない。	◯
H1.3　経済的に発展している，または賃金が高いところでは，汚職は少ない。	◯
H1.4　資源保有国では汚職は多い。	◯
H1.5　私有化は汚職の可能性を高める。	×
H1.6　自由化は汚職の可能性を低める。	△
H2.1　汚職は経済成長を阻害する。	◯
H2.2　汚職は非公式部門を拡大する。	△
H2.3　汚職は経済格差の拡大や国民の福祉水準の低下をもたらす。	◯
H2.4　汚職はガバナンスを劣化させる。	◯
H2.5　汚職は移行改革を阻害する。	◯
H3.1　共産主義の浸透度は汚職と結びついている。	◯
H3.2　宗教，文化は汚職と結びついている。	◯
H3.3　社会・制度に対する国民の不信感と汚職は相互に関連する。	◯

注）◯は検証結果による仮説の支持，△は部分的支持，×は不支持を表す。
出所）筆者作成。

の結果を簡略にまとめたものである。

　このうち，仮説 H1.6（自由化は汚職の可能性を低める）と仮説 H2.2（汚職は非公式部門を拡大する）は，研究者の見解が分かれるところであるが，前者については自由化と汚職の非線形な関係が考えられ，自由化先進地域である中東欧を含む分析で肯定的な結果が出る一方，自由化の進捗が遅れている旧ソ連やアジア地域を対象とした分析では否定的であることはこの非線形な関係を裏付ける証左と言えるかもしれない。また，後者については非公式経済の決定要因の複雑さによって研究者間での見解が分かれていると考えるのが妥当であり，今後のさらなる検証結果が待たれる。他方，仮説 H1.5（私有化は汚職の可能性を高める）は1990年代には肯定派が多かったものの，21世紀に入ってからはむしろ汚職の抑制要因としてみる傾向が強く，移行諸国が改革による混乱を乗り越え，汚職の抑制に成功してきたことを象徴しているといえよう。

　このように結果の解釈についてはいくつかの留意が必要ではあるが，概して言えば，汚職は「私的利得のための公職の乱用」である以上倫理的・社会的に肯定的に評価されることは考えにくく，かつ汚職を推奨する政策を提起することは政治制度にかかわりなく考えられない以上，本講義の体系的レビューが指し示すように，汚職を社会経済的に否定的にみる見方が支配的であることに異論はないだろう。移行経済は確実に「普通の社会」（Shleifer and Tresiman, 2005）になっているのである。

　しかし，翻って移行経済という市場が十分に機能しない状況を前提にした場合，

かつ民主的な政治制度が必ずしも定着しない場合，さらには社会主義の前史のなかにあった国家に対する依存心・恐怖の心理的遺制が存在し，国家機構そのものの担い手である公務員の職務執行水準が低い場合には，汚職が次善の策として経済的に容認されうるのかといういわゆる潤滑油仮説の支持度合いの検証が本講義の最大の中心論点でもあったが，基本抽出文献は総じてこの仮説を支持してはいない。効率的で透明な社会経済制度の存在が汚職を減じ，低汚職が制度の質を高める相互関係の存在すら導き出されたのである。

では，汚職になんら有用性を認めない理論的仮説の検証とレビューであっても，そこから次のような注目すべき点が示唆される。第1に，制度が重要としても，市場化に際し，自由化と私有化は汚職にとり両義的な影響力を持っている。すなわち，自由化も私有化も政府の介入領域を縮小させることで反汚職効果をもっているが，他方でいずれもが市場での競争を強め，市場化に伴う汚職拡大効果を持っている。金持ちは世論が自身に有利になるように知識・情報をコントロールしようとし，そのためにロビイストに金を支払い，寄付をし，制度を変えようとする。まさに，「市場経済は知識の堕落者になる」（Crouch, 2016）。そうであれば，政策間の整合性，政治システムと経済制度の相関が汚職研究に不可欠になる。

第2に，汚職には移行前の汚職，移行過程の汚職，そして移行後の汚職の三層が存在しており，文化・歴史・価値観・制度に依拠して汚職の大きさに対する移行諸国間の段差は消えていない。その結果，潤滑油仮説は移行経済全体としては否定されても，ロシアにおいてわずかであってもそれを支持する研究も確認できる。旧ソ連圏と中東欧・バルトとの段差は，引き継いだ遺産（負債）の大きさとともに，形成された制度の歪みの大きさにも立脚して存続している。

第3に，本書第3講で述べた通り，体制移行プロセスが経路依存的であるとすれば，文化・価値観の規定的な要因の強さは無視できない。しかし，同時に，透明性・公正さの観点から質の高い制度（市場，政府）は汚職を減ずる効果を持ち，民主主義自体が反汚職の制度上もっとも重要視されている（Roland, 2014）。変化に時間を要する制度の改革と時間を要しない制度の構築の相関が汚職研究に重要である（Roland, 2012）。

近年の習近平政権による汚職追放政策が象徴的であるように，汚職はもはやほとんどすべての移行経済諸国において，国民の不満をもっとも象徴する社会現象として位置づけられている。それゆえに，反汚職措置を為政者は無視できず，それは強制力で国民の不満を抑え，謂れのない格差の発生を認めるということはできないどころか，「私的利得のための公職の乱用」は国家の正当性そのものの存立を脅かす存在として位置づけられる。汚職が特殊な時間，特殊な地域において潤滑油の役割

第Ⅱ部　体制転換の社会的衝撃

を果たすことはありうるとしても，市場移行という壮大な実験場に必要なものは潤滑油ではなく，為政者も国民も満足する制度の安定性・透明性そしてそれを促す国民の共感とであろう。

謝辞

　本研究は科学研究費補助金基盤研究（A）（課題番号：23243032）及び平成28年度京都大学経済研究所共同利用・共同研究拠点プロジェクト研究「先端メタ分析理論の移行経済研究への応用」（研究代表者：上垣彰・西南学院大学教授），平成30年度一橋大学経済研究所共同利用・共同研究拠点プロジェクト研究「新興市場経済のメタ分析—企業統治・汚職・人的資本研究を中心に」（研究代表者：溝端佐登史・京都大学教授）の一成果である。執筆に際しては，岩﨑一郎・一橋大学経済研究所教授，ならびに本講義の先行発表版である鈴木・溝端（2018）に対して『比較経済研究』匿名審査員より貴重な示唆や助言を得た。また，文献調査とその収集に際しては，一橋大学経済研究所の吉田恵理子研究支援推進員および同資料室から多大な助力を得た。記して感謝申し上げたい。

参考文献

鈴木拓・岩﨑一郎（2009）「移行諸国の汚職水準とその決定要因」『比較経済研究』第46巻第1号，97-114頁.

鈴木拓・溝端佐登史（2018）「移行経済諸国の倫理破綻と汚職行動」『比較経済研究』第55巻第1号，23-43頁.

法務総合研究所（2008）「国際犯罪被害実態調査（2004／2005年）の概要」『研究部報告 39：第2回犯罪被害実態（暗数）調査（第2報告）国際比較（先進諸国を中心に）』，7-62頁.（Available at: http://www.moj.go.jp/content/000049668.pdf）

Социальноэкономических проблем народнаселения РАН（2003）Экономическая деятельность работников милиции, часть 1,2, M.

Acemoglu, Daron and James Robinson（2012）Why Nations Fail: The Origins of Power, Prosperity, and Poverty, Profile Books: London.

Ahrend, Rudiger（2005）Can Russia break the "resource curse"? Eurasian Geography and Economics, 46(8), pp. 584–609.

Allina-Pisano, Jessica（2010）Social contracts and authoritarian projects in post-Soviet space: The use of administrative resource, Communist and Post-Communist Studies, 43(4), pp. 373–382.

Alvarez, Mike, José Antonio Cheibub, Fernando Limongi and Adam Przeworski（1996）Classifying political regimes, Studies in Comparative International Development, 31(2), pp. 3–36.

Arnold, Christine, Eliyahu V. Sapir and Galina Zapryanova（2012）Trust in the institutions of the European Union: A cross-country examination, European Integration online Papers - EIoP, 16 (Special Mini-Issue 2), Article 8.

Ateljevic, Jovo and Jelena Budak（2010）Corruption and public procurement: Example from

第6講 混迷する社会と汚職：倫理破綻の要因と影響を探る

Croatia, Journal of Balkan and near Eastern Studies, 12(4), pp. 375-397.

Barr, Abigail and Danila Serra (2010) Corruption and culture: An experimental analysis, Journal of Public Economics, 94, pp. 862-869.

Belas, Jaroslav, Valer Demjan, Jozef Habanik, Maria Hudakova and Juraj Sipko (2015a) The business environment of small and medium-sized enterprises in selected regions of the Czech Republic and Slovakia, E + M Ekonomie A Management, 18(1), pp. 95-110.

Belas, Jaroslav, Yuriy Bilan, Valer Demjan and Juraj Sipko (2015b) Entrepreneurship in SME segment: Case study from the Czech Republic and Slovakia, Amfiteatru Economic, 17(38), pp. 308-326.

Benevolenskaya, Zlata E. (2010) Trust management as a legal form of managing state property in Russia, Review of Central and East European Law, 35(1), pp. 59-76.

Bobak, Martin, Mike Murphy, Richard Rose and Michael Marmot (2007) Societal characteristics and health in the former communist countries of Central and Eastern Europe and the former Soviet Union: A multilevel analysis, Journal of Epidemiology and Community Health, 61(11), pp. 990-996.

Bornstein, Morris (1999) Framework issues in the privatisation strategies of the Czech Republic, Hungary and Poland, Post-Communist Economies, 11(1), pp. 47-77.

Braguinsky, Serguey (1999) Enforcement of property rights during the Russian transition: Problems and some approaches to a new liberal solution, Journal of Legal Studies, 28(2), pp. 515-544.

Brovkin, Vladimir N. (2003) Corruption in the 20th century Russia, Crime, Law and Social Change, 40(2/3), pp. 195-230.

Campos, Nauro F., Ralitza Dimova and Ahmad Saleh (2010) Whither corruption? A quantitative survey of the literature on corruption and growth, Discussion Paper No. 5334, IZA Institute of Labor Economics: Bonn.

Chen, Qiangbing (2008) Rent seeking and economic liberalization: Why are China and Vietnam different from Eastern Europe? Journal of the Asia Pacific Economy, 13(2), pp. 168-179.

Christev, Atanas and Felix FitzRoy (2002) Employment and wage adjustment: Insider-outsider control in a Polish privatization panel study, Journal of Comparative Economics, 30(2), pp. 251-275.

Crouch, Colin (2016) The Knowledge Corrupters: Hidden Consequences of the Financial Takeover of Public Life, Polity Press: Cambridge, UK.

Darden, Keith (2008) The integrity of corrupt states: Graft as an informal state institution, Politics & Society, 36(1), pp. 35-59.

Denisova-Schmidt, Elena and Martin Huber (2010) Regional differences in perceived corruption among Ukrainian firms, Eurasian Geography and Economics, 55(1), pp. 10-36.

Desai, Raj M. and Itzhak Goldberg (2001) The politics of Russian enterprise reform: Insiders, local governments, and the obstacles to restructuring, World Bank Research Observer, 16(2), pp. 219-240.

Dimitrova-Grajzl, Valentina (2007) The great divide revisited: Ottoman and Habsburg legacies on transition, Kyklos, 60(4), pp. 539-558.

Dininio, Phyllis and Robert Orttung (2005) Explaining patterns of corruption in the Russian regions, World Politics, 57(4), pp. 500-529.

241

第Ⅱ部　体制転換の社会的衝撃

Duvanova, Dinissa (2014) Economic regulations, red tape, and bureaucratic corruption in post-communist economies, World Development, 59, pp. 298-312.

Earle, Beverley (2000) Bribery and corruption in Eastern Europe, the Baltic States, and the Commonwealth of Independent States: What is to be done? Cornell International Law Journal, 33(3), pp. 483-513.

EBRD (European Bank for Reconstruction and Development) (2010) Life in Transition II, EBRD: London.

EBRD (2011) Transition Report 2011: Crisis in Transition – The People's Perspective, EBRD: London.

EBRD (2016) Life in Transition III, EBRD: London.

Frye, Timothy (2017) Property Rights and Property Wrongs: How Power, Institutions, and Norms Shape Economic Conflict in Russia, Cambridge University Press: Cambridge, UK.

Gherghina, Sergiu and Mihail Chiru (2013) Taking the short route: Political parties, funding regulations, and state resources in Romania, East European Politics and Societies, 27(1), pp. 108-128.

Giordano, Christian (2010) Multiple modernities in Bulgaria: Social strategies of capitalist entrepreneurs in the agrarian sector, Eastern European Countryside, 16, pp. 5-24.

Goel, Rajeev K., Jelena Budak and Edo Rajh (2015) Private sector bribery and effectiveness of anti-corruption policies, Applied Economics Letters, 22(10), pp. 759-766.

Gokcekus, Omer, Eva Muchova and Zuzana Brincikova (2015) Level and quality of openness and corruption in the ECA countries, Applied Economics Letters, 22(16), pp. 1340-1344.

Grosfeld, Irena and Ekaterina Zhuravskaya (2015) Cultural vs. economic legacies of empires: Evidence from the partition of Poland, Journal of Comparative Economics, 43(1), pp. 55-75.

Grzymała-Busse, Anna (2003) Political competition and the politicization of the state in East Central Europe, Comparative Political Studies, 36(10), pp. 1123-1147.

Guriev, Sergei, Evgeny Yakovlev and Ekaterina Zhuravskaya (2010) Interest group politics in a federation, Journal of Public Economics, 94(9/10), pp. 730-748.

Gylfason, Thorvaldur (2000) Resources, agriculture, and economic growth in economies in transition, Kyklos, 53(4), pp. 545-579.

Hagan, John and Detelina Radoeva (1997) Both too much and too little: From elite to street crime in the transformation of the Czech Republic, Crime, Law and Social Change, 28(3/4), pp. 195-211.

Harris, Nigel and David Lockwood (1997) The war-making state and privatisation, Journal of Development Studies, 33(5), pp. 597-634.

Hendley, Kathryn (2010) Mobilizing law in contemporary Russia: The evolution of disputes over home repair projects, American Journal of Comparative Law, 58(3), pp. 631-678.

Heusala, Anna-Liisa (2013) Changes of administrative accountability in Russian transitions, Review of Central and East European Law, 38(3/4), pp. 267-293.

Holmes, Leslie (2008) Corruption and organised crime in Putin's Russia, Europe-Asia Studies, 60 (6), pp. 1011-1031.

Horne, Cynthia M. (2012) Assessing the impact of lustration on trust in public institutions and national government in Central and Eastern Europe, Comparative Political Studies, 45(4), pp. 412-446.

Horne, Cynthia M. (2014) Lustration, transitional justice, and social trust in post-communist

242

countries: Repairing or wresting the ties that bind? Europe-Asia Studies, 66(2), pp. 225-254.

Holtbrügge, Dirk, Nicola Berg and Jonas F. Puck (2007) To bribe or to convince? Political stakeholders and political activities in German multinational corporations, International Business Review, 16(1), pp. 47-67.

ISSP Research Group (2016) International social survey programme: Citizenship II - ISSP 2014. (Available at: https://dbk.gesis.org/dbksearch/sdesc2.asp?ll=10&notabs=&af=&nf=&search=&search 2=&db=e&no=6670)

Iwasaki, Ichiro and Taku Suzuki (2007) Transition strategy, corporate exploitation, and state capture: An empirical analysis of the former Soviet states, Communist and Post-Communist Studies, 40(4), pp. 393-422.

Jacobs, Jane (1992) Systems of Survival: A Dialogue of the Moral Foundations of Commerce and Politics, Random House: New York. (香西泰訳『市場の倫理―統治の倫理』(ちくま学芸文庫) 筑摩書房、2016年)

Jancsics, David (2015) "A friend gave me a phone number": Brokerage in low-level corruption, International Journal of Law Crime and Justice, 43(1), pp. 68-87.

Jetter, Michael, Alejandra Montoya Agudelo and Andres Ramirez Hassan (2015) The effect of democracy on corruption: Income is key, World Development, 74, pp. 286-304.

Johnson, Simon, Daniel Kaufmann, John McMillan and Christopher Woodruff (2000) Why do firms hide? Bribes and unofficial activity after communism, Journal of Public Economics, 76(3), pp. 495-520.

Kaufman, Daniel (2005) Back to basics: 10 myths about governance and corruption, Finance and Development, 42(3). (Available at: http://www.imf.org/external/pubs/ft/fandd/2005/09/basics.htm)

Kneen, Peter (2000) Political corruption in Russia and the Soviet legacy, Crime, Law and Social Change, 34(4), pp. 349-367.

Ko, Kilkon and Seong-Gin Moon (2014) The relationship between religion and corruption: Are the proposed causal links empirically valid? International Review of Public Administration, 19(1), pp. 44-62.

Kolossov, Vladimir and Gerard Toal (2007) An empire's fraying edge? The North Caucasus instability in contemporary Russian geopolitical culture, Eurasian Geography and Economics, 48(2), pp. 202-225.

Kolstad, Ivar and Arne Wiig (2011) Does democracy reduce corruption? Working Paper No. WP2011-4, Chr. Michelsen Institute: Bergen.

Larsson, Tomas (2006) Reform, corruption, and growth: Why corruption is more devastating in Russia than in China, Communist and Post-Communist Studies, 39(2), pp. 265-281.

Lavigne, Marie (1995) The Economics of Transition: From Socialist Economy to Market Economy, Macmillan Press: London.

Ledyaeva, Svetlana, Päivi Karhunen and Riitta Kosonen (2012) The global economic crisis and foreign investment in Russia from the EU: Empirical evidence from firm-level data, Eurasian Geography and Economics, 53(6), pp. 772-789.

Ledyaeva, Svetlana, Päivi Karhunen and Riitta Kosonen (2013) Birds of a feather: Evidence on commonality of corruption and democracy in the origin and location of foreign investment in Russian regions, European Journal of Political Economy, 32, pp. 1-25.

第Ⅱ部　体制転換の社会的衝撃

Linhartová, Veronika and Jolana Volejníková（2015）Quantifying corruption at a subnational level, E + M Ekonomie A Management, 18(2), pp. 25-39.

Maloney, Wendy Hall and Robert J. Kelly. (2000) Notes on school-based crime fighting: International lessons in moral education, Journal of Social Distress and the Homeless, 9(2), pp. 71-90.

Minagawa, Yuka（2013）Inequalities in healthy life expectancy in Eastern Europe, Population and Development Review, 39(4), pp. 649-671.

Neshkova, Milena I. and Tatiana Kostadinova（2012）The Effectiveness of administrative reform in new democracies, Public Administration Review, 72(3), pp. 324-333.

Nesvetailova, Anastasia（2004）Coping in the global financial system: The political economy of nonpayment in Russia, Review of International Political Economy, 11(5), pp. 995-1021.

Nye, Joseph S.（1967）Corruption and political development: A cost-benefit analysis, American Political Science Review, 61(2), pp. 417-27.

Obydenkova, Anastassia and Alexander Libman（2015）Understanding the survival of post-communist corruption in contemporary Russia: The influence of historical legacies, Post-Soviet Affairs, 31(4), pp. 304-338.

Offe, Claus（2004）Political corruption: Conceptual and practical issues, In: Kornai, Janos and Susan Rose-Ackerman（eds.）, Building a Trustworthy State in Post-socialist Transition, Palgrave Macmillan: New York, pp. 77-99.

Partos, Gabriel（2004）Serbia : Apathy rules, The World Today, 60(1), pp. 18-19.

Popov, Vladimir（2012）Russia: Austerity and deficit reduction in historical and comparative perspective, Cambridge Journal of Economics, 36(1), pp. 313-334.

Radin, Dagmar, Aleksandar Džakula and Vanesa Benković（2011）Health care issues in Croatian elections 2005-2009: Series of public opinion surveys, Croatian Medical Journal, 52 (5), pp. 585-592.

Richards, Lindsay（2017）Using survey methods to research corruption, In: Schwickerath, Anna. K., Aiysha Varraich and Laura-Lee Smith（eds.）, How to Research Corruption? Conference Proceedings, Interdisciplinary Corruption Research Network, pp. 4-12.（Available at: https://www.icrnetwork.org/what-we-do/icr-forums/icr-forum-amsterdam-2016/）

Roland Gérard（2012）The long-run weight of communism or the weight of long-run history? In: Roland, Gérald（eds.）, Economies in Transition: The Long-run View, Palgrave Macmillan: London, pp. 153-171.

Roland Gérard（2014）Transition in historical perspective, In: Åslund, Anders and Simeon Djankov（eds.）, The Great Rebirth: Lessons from the Victory of Capitalism over Communism, Peterson Institute for International Economics: Washington D.C., pp.251-271.

Rose-Ackerman, Susan（1999）Political corruption and democracy, Connecticut Journal of International Law, 14(2), pp. 363-378.

Rose-Ackerman, Susan and Bonnie J. Palifka（2016）Corruption and Government: Causes, Consequences, and Reform, Second edition, Cambridge University Press: Cambridge, UK.

Safavian, Mehnaz S., Douglas H. Graham and Claudio Gonzalez-Vega（2001）Corruption and microenterprises in Russia, World Development, 29(7), pp. 1215-1224.

Sarwar, Saima（2013）An empirical investigation between trade liberalization and corruption: A panel data approach, Journal of Economics and Sustainable Development, 4(3), pp. 179-189.

244

Seleim, Ahmed and Nick Bontis（2009）The relationship between culture and corruption: A cross-national study, Journal of Intellectual Capital, 10(1), pp. 165-184.

Shadabi, Leila（2013）The impact of religion on corruption, Journal of Business Inquiry, 12, pp. 102-117.

Shleifer, Andrei and Daniel Treisman（2005）A normal country: Russia after communism, Journal of Economic Perspective, 19(1), pp.151-174.

Škrbec, Jure and Bojan Dobovšek（2013）Corruption capture of local self-governments in Slovenia, Lex Localis-Journal of Local Self-Government, 11(3), pp. 615-630.

Tavares, Samia Costa（2007）Do rapid political and trade liberalizations increase corruption? European Journal of Political Economy, 23(4), pp. 1053-1076.

Treisman, Daniel（2000）The causes of corruption: A cross-national study, Journal of Public Economics, 76, pp. 399-457.

Treisman, Daniel（2007）The causes of corruption: A cross-national study, In: Berglof, Erik and Gérard Roland（eds.）, The Economics of Transition: The Fifth Nobel Symposium in Economics, Palgrave Macmillan: New York, pp.251-271.

Votápková, Jana and Milan Žák（2013）Institutional efficiency of selected EU & OECD countries using DEA-like approach, Prague Economic Papers, 22(2), pp. 206-223.

Wei, Yehua Dennis（2015）Zone fever, project fever: Development policy, economic transition, and urban expansion in China, Geographical Review, 105(2), pp. 156-177.

Williams, Colin C.（2015）Evaluating cross-national variations in envelope wage payments in East-Central Europe, Economic and Industrial Democracy, 36(2), pp. 283-303.

Yano, Makoto（2008）Competitive fairness and the concept of a fair price under Delaware law on M&A, International Journal of Economic Theory, 4(2), pp.175-190

Yeager, Matthew G.（2012）The CIA made me do it: Understanding the political economy of corruption in Kazakhstan, Crime, Law and Social Change, 57(4), pp. 441-457.

Yessenova, Saulesh（2012）The Tengiz oil enclave: Labor, business, and the state, PoLAR - Political and Legal Anthropology Review, 35(1), pp. 94-114.

Zaloznaya, Marina（2015）Does authoritarianism breed corruption? Reconsidering the relationship between authoritarian governance and corrupt exchanges in bureaucracies, Law and Social Inquiry, 40(2), pp. 345-376.

第III部

企業システムの大転換

第 7 講	**私有化政策と企業再建**
	ポスト私有化期の所有構造と経営成果

溝端佐登史・岩﨑一郎

7.1　はじめに

　「私有化こそ体制転換そのものである」（Brada, 1996, p. 67）。この言説は，無論
誇張に過ぎないが，私有化の実行無くして，中東欧・旧ソ連諸国の市場経済化が達
成されることはあり得ないという意味で，真実の一面を捉えていることに疑念を差
し挟む者はいないであろう。何故なら，国家的所有は，国家計画と共に，社会主義
経済システムの根幹に位置したが，体制転換とは，これらの要素を，資本主義経済
システムのそれ，即ち，私的所有と市場原理に置き換えるプロセスに他ならないか
らである。生産手段の包括的国有化が，社会主義経済への転換点であったとすれば，
その再私有化は，資本主義経済への跳躍点だと見なすことができる。しかし，中東
欧・旧ソ連諸国で観察されたその「跳躍」は，各国の歴史的諸条件や，これらの
国々を取り巻く国際情勢及び諸外国政府や多国籍企業の思惑にも強く影響されて，
国の数だけ多様性を見せた。

　私有化政策が，旧社会主義企業のパフォーマンスを改善するのかという点が，
1989年を起点とする過去約四半世紀の移行経済研究における最大の問題関心であり，
かつ争点であったといっても，決して過言ではなかろう。理論的には，社会主義経
済の停滞と終焉の根本的原因が，国有企業の機能不全に求められるとすれば，その
私有化が，経営成果の改善と親和的でないはずはなかった。実際，**図7.1**の通り，
欧州復興開発銀行（EBRD）の評価によれば，国民経済レベルで見ると，私有化政
策の達成度と企業改革の進捗度の間に，緊密な正の相関関係を見て取ることができ
る。即ち，同図に描かれた近似線によれば，小規模及び大規模私有化指標の平均値
が限界的に1単位向上すると，企業改革指標も，1％水準の統計的有意性を以て，
1.108ポイント増進するのである。

　しかしながら，中東欧・旧ソ連諸国を対象とする一連の先行研究が提出した応用

第Ⅲ部　企業システムの大転換

図7.1　中東欧・旧ソ連諸国における私有化政策と企業改革の相関関係[1]

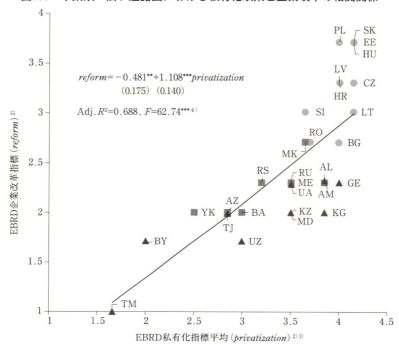

注1）国名略称は次の通り。AL：アルバニア，AM：アルメニア，AZ：アゼルバイジャン，BA：ボスニア・ヘルツェゴビナ，BG：ブルガリア，BY：ベラルーシ，CZ：チェコ，EE：エストニア，GE：ジョージア，HR：クロアチア，HU：ハンガリー，KG：キルギスタン，KZ：カザフスタン，LT：リトアニア，LV：ラトビア，MD：モルドバ，ME：モンテネグロ，MK：マケドニア，PL：ポーランド，RO：ルーマニア，RS：セルビア，RU：ロシア，SI：スロベニア，SK：スロバキア，TJ：タジキスタン，TM：トルクメニスタン，UA：ウクライナ，UZ：ウズベキスタン，YK：コソボ。●は中東欧 EU 加盟国，■は中東欧非 EU 加盟国，▲はバルト諸国を除く旧ソ連諸国を，それぞれ示している。

2）両軸共に，最低点は1（中央計画経済体制から殆ど変化無し），最高点は4.33（先進工業諸国並みの水準）の値を取る。チェコは2007年の，その他の国々は2013年の評価値を用いた。

3）小規模私有化指標と大規模私有化指標の平均値。

4）近似式における回帰係数直下の括弧内数値は標準誤差。＊＊＊：1％水準で有意。＊＊：5％水準で有意。

出所）欧州復興開発銀行（EBRD: http://www.ebrd.com/pages/homepage.shtml）の公開データに基づき筆者作成。

ミクロ経済学的な実証結果が，上記の理論的な予想と予定調和であるとはとても云い難い。実際，Iwasaki（2007）によるロシア企業研究の体系的レビューによれば，国有企業との比較において，民間企業や私有化企業の生産性及び財務指標面での相対的優位性を見出した研究が数多く発表された一方（Kapelyushnikov, 2000; Linz, 2002），私有化後の所有構造と経営成果の間に統計的に有意な相関を検出し得なかった研究や（Jones, 1998; Judge et al., 2003），また更には，私有化企業よりも，国家的管理の下に残存した企業の方が，むしろパフォーマンスが良好であるという驚くべき分析結果を見出した研究も相当の数に達したからである（Bevan et el., 2001; Brown and Earle, 2004）[1]。

　国有企業と民間企業の単純な比較からは，私有化政策の企業再建効果について確たる実証的証拠を得られない現実に直面した研究者達は，先に述べた「跳躍」過程の多様性に目を向けた。この多様性を生み出した要因は数多くあるが，なによりもまず彼らが注目したのは，私有化後に登場した新たな企業所有主体の多種性である。後述の通り，インサイダーと外部投資家の差異，インサイダーである企業経営者と被雇用者の違い，外部投資家の種別や国籍の相違性が，経営成果に異なるインパクトを及ぼす可能性は，企業金融論の分野で活発な議論を醸成している一大研究テーマであり，移行経済研究分野においても，この分析視角の重要性が，殆どの中東欧・旧ソ連諸国において企業私有化の初発段階が終了しつつあった1990年代半ばまでには，強く認識されるようになった。

　以上の結果，国家を含む異なる企業所有主体間の比較分析を目的とした実証研究が，この頃から相次いで発表された。Earle et al.（1996）や Claessens（1997）は，この分野の草分け的な研究成果であり，また近年でも，Cieślik et al.（2015），Shepotylo and Vakhitov（2015）及び Vintilă and Gherghina（2015）等の論考が生まれている。この通り，実証研究の成果が漸次蓄積されるにつれて，いかなる所有主体が，企業経営のより良い改善者であるのかという点に関する学術的知見も大いに増進した。しかし，実証的証拠の数が積み上がれば積み上がるほど，それらの全体像に不透明さが増していくこともまた事実である。Djankov and Murrell（2002）及び Estrin et al.（2009）は，このような個別実証研究によるアプローチの限界を克服しようとした先駆的な体系的レビューであるが，筆者らは，これら2論文が網羅していない先行研究をも数多く包含したかつてなく大規模な文献データベースを構築すると共に，方法論的により徹底かつ洗練されたメタ分析を試みることにより，

1）加藤（2013）は，中国企業の研究を通じて，「国有イコール非効率」という図式は，必ずしも成立しないという主張を行っている。

第Ⅲ部　企業システムの大転換

ポスト私有化期の所有構造と経営成果の相関関係について，過去四半世紀に亘る移行経済研究が，全体として如何なる結論に到達しているのかを明らかにする。これが，本講義の最重要目的である。

多くの移行経済研究者が注目を払ったいま一つの多様性は，私有化政策それ自体の有り方に顕在化した国家間の相違性である。中東欧・旧ソ連諸国は，大別すれば，(1)バウチャー方式，(2)従業員による自社買収（Management and Employee Buy-outs: MEBO），(3)戦略投資家への直接売却及び(4)オークション方式から成る4種類の私有化方式を組み合わせる形で企業私有化を実行したが，**表7.1**の通り，私有化方式の優先度も，その配合の有り様も，国家間で大いに違いを見せた。また，同表の2010年民間部門対 GDP 比が示唆する様に，私有化政策の進行速度にも，これらの国々の間で著しい差が生じた。以上の点に加えて，研究者は，各国政府の政策遂行能力やコミットメントの信頼性，並びに国有資産譲渡先に対する政策的中立性という面に表れた差異にも関心を払い，この観点から，中東欧と旧ソ連圏の地域間格差を活発に論じてきたという経緯がある（Myant and Drahokoupil, 2010; Åslund, 2013）[2]。

以上に述べた一連の論争点の決着には，広範な国家間比較が欠かせない。従って，特定の国や地域のみを対象とする実証研究では，一定の結論を導き出すことができないのは自明である。先に触れた Djankov and Murrell（2002）及び Estrin et al.（2009）は，私有化政策の成果に現れた中東欧地域と旧ソ連地域の格差に着目した体系的レビューを試みているが，本講義では，私有化政策の方式や実施速度の差異が，先行研究の実証結果に及ぼした影響の可能性についても検証を行い，長年議論され続けてきたこれらの争点についても，メタ分析的な視点から一定の結論を提示する。これが，本講義第2の研究課題である[3]。

本講義は，次の順序で進行する。まず次節では，移行諸国におけるポスト私有期の所有構造と経営成果の関係に関する理論的な考察を通じて，本講義で行うメタ分析が検証すべき仮説を提示する。7.3節では，メタ分析対象文献の探索と選択及び抽出推定結果の概要を解説する。7.4節では，推定抽出結果のメタ統合を試み，7.5

---

2 ）企業法制の有り方や資本市場の整備度及び EU 加盟プロセスの効果等も，企業私有化プロセスの多様性を生み出した重要な要因であるが，これらの諸要因は，企業所有主体や私有化政策の差異に払われた移行経済研究者の学術的関心度には，遠く及ぶものではない。

3 ）以上に述べた第2の研究課題をメタ分析によって効果的に達成するために，本講義では，分析対象を中東欧・旧ソ連諸国に限定し，中国やその他移行経済諸国はあえて除外している。なお，本講義の続編である岩﨑・溝端（2018）では，ポスト私有化期の所有集中と経営成果の関係に関するメタ分析を行っている。本講義と併せて参照してほしい。

252

第 7 講　私有化政策と企業再建：ポスト私有化期の所有構造と経営成果

表7.1　中東欧・旧ソ連諸国の企業私有化方式及び2010年時点の民間部門対 GDP 比

国名	企業私有化方式 （Ⅰ:最優先方式，Ⅱ:第二優先方式）				2010年民間部門対 GDP 比（％）
	バウチャー方式	従業員による自社買収（MEBO）	直接売却	オークション方式	
アルバニア	Ⅱ	Ⅰ			75
アルメニア		Ⅱ	Ⅰ		75
アゼルバイジャン	Ⅱ			Ⅰ	75
ベラルーシ	Ⅱ	Ⅰ			30
ボスニア・ヘルツェゴビナ	Ⅰ		Ⅱ		60
ブルガリア	Ⅱ		Ⅰ		75
クロアチア	Ⅱ	Ⅰ			70
チェコ	Ⅰ		Ⅱ		80
エストニア	Ⅱ		Ⅰ		80
マケドニア		Ⅰ	Ⅱ		70
ジョージア	Ⅰ		Ⅱ		75
ハンガリー		Ⅱ	Ⅰ		80
カザフスタン	Ⅱ		Ⅰ		65
キルギス	Ⅰ	Ⅱ			75
ラトビア	Ⅱ		Ⅰ		70
リトアニア	Ⅰ		Ⅱ		75
モルドバ	Ⅰ		Ⅱ		65
モンテネグロ	Ⅰ		Ⅱ		65
ポーランド		Ⅱ	Ⅰ		75
ルーマニア		Ⅰ	Ⅱ		70
ロシア	Ⅰ		Ⅱ		65
セルビア			Ⅱ	Ⅰ	60
スロバキア	Ⅱ		Ⅰ		80
スロベニア	Ⅱ	Ⅰ			70
タジキスタン		Ⅱ	Ⅰ		55
トルクメニスタン		Ⅰ	Ⅱ		25
ウクライナ	Ⅰ	Ⅱ			60
ウズベキスタン		Ⅰ	Ⅱ		45

出所）EBRD（2004）及び EBRD 公開データ（http://www.ebrd.com）に基づき筆者作成。

節では，研究間の異質性と実証結果の相関関係に関するメタ回帰モデルの推定を行う。続く7.6節では，移行国や私有化政策の特異性に配慮した拡張モデルを推定する。7.7節では，公表バイアスの有無及びその影響程度を検証する。そして，最終7.8節で，分析結果の概要と筆者らの結論を述べる。

第Ⅲ部　企業システムの大転換

7.2　ポスト私有化期の所有構造と経営成果：理論的考察と仮説

　本節では，中東欧・旧ソ連諸国におけるポスト私有化期の所有構造が経営成果に及ぼす効果に関する理論的な考察を通じて，メタ分析が検証すべき仮説を提起する。この際，上述した2つの研究課題に対応すべく，以下7.2.1項では，異なる企業所有主体間の優劣関係に関する一般的な議論を中心に紹介し，続く7.2.2項では，移行経済に特有な諸要因にも踏み込んだ考察を行う。

7.2.1　所有主体と経営成果

　計画経済から市場経済への体制転換には，国家から民間主体への所有権の大規模な移転が避けられない。従って，その後に生み出された所有構造と経営成果との相関関係が，移行経済研究の焦点の一つに位置付けられたのは，ごく自然な成り行きであった（IMF, 2014）。このいわゆる「私有化論争」の根幹には，比較経済体制論と企業金融論の永年の研究成果にも裏打ちされた一つの信念，即ち，国有企業の経営・生産活動との対比における，私有企業の圧倒的な効率性の高さという確信が根ざしていた（Roland, 2008）[4]。そこで，移行経済研究者も，研究初期は，中東欧・旧ソ連諸国における私有化企業のパフォーマンスは，国家的所有に残存した企業のそれを遥かに凌駕するという命題の確証に力を注ぐことになる。何故なら，「投資，雇用，生産に関するあらゆる主要な意思決定が，民間企業に任される経済の方が，そうした決定に政府が大きな役割を果たす混合経済より高い業績をあげる」（Quiggin, 2010, p. 189）という命題は，同地域における社会主義の崩壊と資本主義への移行を前提とすれば，彼らにとって自明だったからである。実際，概して経済学では，国有企業が高い効率性を実現できないことは，公共選択論や所有権理論の視点から再三主張されてきた。

　但し，この命題は，社会主義崩壊以前に行われた先進国・開発途上国研究を含め，経済学において必ずしも完全に立証されていたわけではなかった。実際，「私有企業と公有企業を比較する多くの実証研究は，同じ或いは極めて類似の技術，規制による制約，金融能力を前提として，私有企業は，同じ財或いは極めて近い代替財を生産する公有企業よりも，効率的であることを裏付けている。（中略）しかしなが

4）経済システムの再生産構造を考察したコルナイ・ヤーノシュは，その因果の連鎖を分析することにより，国家的所有が不足を，私的所有が余剰を導き出すと主張し，体制転換における所有権転換の有効性を強調している（Kornai, 1980, 1992, 2008, 2014）。

第7講　私有化政策と企業再建：ポスト私有化期の所有構造と経営成果

ら，その逆を示す反証も存在するし，更に，ある指標では公有企業が効率的であるものの，別の指標では私有企業が効率的であるというような，曖昧な結論を導く実証研究すら存在する」（Bös, 1991, p. 7）という状況だったのである。また，所有権の公的・私的の区別に係りなく，いずれの場合においても，職業経営者による業務執行代行という意味での「所有と経営の分離」が共通して観察されること，更に，所有権の帰属先は無論重要であるが，この点に勝るとも劣らぬ程度に，企業経営者や一般従業員のインセンティブ構造に多大な影響を与える組織構造の在り方も肝要であること等から，国家的所有に対する私的所有の優位性という命題が，移行経済に即しても予定調和である保証はどこにもなかった（Stiglitz, 1994）。事実，冒頭でも述べた通り，国有企業との対比における民間企業の相対的に良好な経営成果を見出した研究が数多く発表された一方，両者の間に統計的に有意な差を見出せなかった研究や，国有企業の相対的な優越性を実証した研究も相次いで報告されたのである。国家に対する民間所有主体の相対的優位性が有力説であることに揺るぎはないとしても，比較分析の視角として，「国家対民間」という二分法に一定の限界があることは，1990年代中期までには既に明らかとなっていた。そこで，1990年代後半からは，多くの移行経済研究者が，ポスト私有化期に出現した企業所有者のより細かな違いに注意を払うようになる。

　中東欧・旧ソ連諸国全域に適応可能な企業所有主体の区分には，(1)国家，(2)企業経営者や被雇用者（労働者集団）を指すインサイダー，(3)国内民間投資家及び(4)外国投資家の4分類がある。この内，ポスト私有化期の行動が最も注目された所有主体は，第2のインサイダーであった。その大きな理由は，MEBOやインサイダー優遇的な大衆私有化が，多くの移行国で試みられたからである。特に，従業員所有は，ポーランドに代表される市場社会主義・労働者自主管理の考え方の延長線上に位置していたから，研究者の関心も高かった。

　そのインサイダーによる企業所有も歴とした私的所有であり，従って，所有権の明確化により，彼らの利潤に対するインセンティブを大いに強めるのは疑いがない。しかし，その経営成果に及ぼす影響は，必ずしも肯定的なものばかりではないとも考えられている。例えば，インサイダーは，身内でもある労働者の大量解雇を伴う企業再建策には消極的となる傾向が強く，このため企業業績をジリ貧に追い込む可能性が低くない。また，経営者が，従業員の意向に迎合して，短期的・機会主義的な視野から，投資活動よりも賃金上昇を選好する恐れもある。但し，この「インサイダー非効率仮説」には反証も存在する。米国の従業員持株制度（ESOP），独国の共同決定制度，日本の企業内労働市場という諸経験のいずれもが，従業員所有やインサイダーの経営参加が，業績の悪化に直結しないことを強く示唆しているから

255

第Ⅲ部　企業システムの大転換

である（Frydman and Rapaczynski, 1994）。即ち，これら先進諸国では，インサイダー自身の昇進やその他の利益と企業業績の改善という要素が互いに結びつくことによって成立する「インセンティブ両立性」の経営改善効果が顕在化しているのである。従って，もし移行諸国においても，インセンティブ両立性の肯定的効果が，先述した経営再建に対する消極性や短期的・機会主義的視野に基づく経営判断の不適当性に起因する否定的効果を上回るなら，インサイダーは，少なくとも国家よりはより望ましい企業所有主体となり得るであろう。

　なお，インサイダー所有の企業パフォーマンス効果を考察する際には，経営者と一般従業員（労働集団）が共謀する場合を例外として，両者は厳に区別されなければならない。社会主義時代の経営責任者（いわゆる"red executive"）は，体制移行期における新たな経営環境に必ずしも十分適合しているわけではないが，少なくとも普通の労働者よりも，人望や経営手腕に長けているのは明らかである。また，経営成果の改善によって経営者にもたらされる金銭的・物的利得や社会的評判が，一般従業員のそれより限界的に大きいであろうことも容易に想像できる。つまり，他の条件を一定とすれば，企業再建に対する経営者のモチベーションは，被雇用者よりも遥かに高いのである。このため，私有化企業の所有主体として，インサイダー経営者がインサイダー被雇用者に優越するという理論的仮説は，広く受容されている（Earle and Estrin, 1996）[5]。但し，インサイダー被雇用者が保有する所有権の規模によって，彼らの経営に対するモチベーションは異なってくる。概して，所有権の過半数以上を制する支配的所有者である場合は，少数保有の場合よりも経営への関心は高い。

　以上のような経営成果に対するインサイダー所有効果の両義性とは対照的に，アウトサイダーすなわち外部投資家の所有効果には，より明確かつ積極的な意義が付与されている。その基本的な論拠として，Frydman et al.（2006）は，「外部投資家によって私有化された企業が，生産活動のリストラクチャリングで優れた結果を得るのは，従業員所有者，或いは位階的な国家官僚の如く，自らの決定やリスクを正当化することなく，進んでリスクと意思決定を行う自由を受け入れようとする機能故である」（p. 218）と指摘している。この言説にも現れている通り，経済学者の間では，政策的関心はもちろん，インサイダーを拘束する内部保身的な利害関心からも自由な外部投資家が，国家やインサイダーよりも，投資先企業に対して，より

5）Earle and Estrin（1996）は，経営者が被雇用者に優越しないケースとして，被雇用者が経営者よりもレイオフの社会的コストをより内部化する場合，経営者が頻繁に交代し，従って長期的視野に立った企業経営が実現されない場合，少数の経営者の手中に所有権が集中することで，株の流通が著しく抑制される場合等が考えられると付言している。

第7講　私有化政策と企業再建：ポスト私有化期の所有構造と経営成果

強い経営改善努力を傾注する必然性は高いと広く信じられている。

とはいえ，外部投資家もまた，相互に性質が非常に異なる多様な経済主体を内包しているために，それが誰であるのかによって，経営成果への影響度は大きく異なるとも考えられている（Frydman et al., 2007）。とりわけ，移行経済研究の文脈では，個人投資家（自然人）と機関投資家（法人）[6]の差異及び国籍の相違性という2つの局面に高い関心が払われた。この内，個人投資家と機関投資家の違いについては，概して前者は少数株主に止まる一方，後者は大株主となる傾向が強いこと，また，機関投資家は，個人投資家よりも利潤動機が強く働いており，従って，企業経営者に対する業績改善圧力もより高いことから，個人投資家よりも，経営再建者としてより積極的かつ効果的に行動するであろうとの予想が成り立つと論じられている（Vittas and Michelitsch, 1996; Stark and Bruszt, 1998）。

但し，機関投資家の中核を担う金融機関については，留保的な意見も少なくない。即ち，中東欧・旧ソ連諸国において，商業銀行を中核とする金融機関は，私有化企業の株主又は債権者となることで，当該企業の予算制約をハード化し，従って，その経営再建を強く促す存在になるであろうと期待された。しかしながら，これらの国々では，二層制銀行システムの下での健全な商業銀行集団それ自体の形成が極めて困難であった上（本書第9講），政府の直接的・間接的な庇護の下で，国有銀行と旧国有大企業との温情主義的な関係が温存されるケースも少なくないことから，移行諸国の金融機関は，金融仲介機能，経営モニター機能，資産管理に必要なスキルとインセンティブを獲得することに成功しておらず，その結果，私有化企業の優れた再建者になるどころか，企業との癒着的な相互依存関係に頼る金融集団を形成する存在になってしまったと指摘されている（Frydman and Rapaczynski, 1994; Dittus and Prowse, 1996）。もっとも，ロシア金融・産業グループに関する一連の実証研究は，企業再建者としての商業銀行の役割におしなべて高い評価を与えていることから（Brown et al., 1999; Perotti and Gelfer, 2001; Dolgopyatova et al., 2009），

6）機関投資家は，大きくは二つに区分される（Stark and Bruszt, 1998）。ひとつは，病院，教育機関，財団などの非営利機関である。非営利機関の場合，資金運用は組織存続に必要であるため，その投資戦略は用心深く，なおかつ利潤（配当とキャピタルゲイン）とそれをもたらす企業経営者の選定に対する関心が強い傾向がある。もうひとつは，銀行，保険会社，企業等の営利企業であるが，日本やドイツ企業の株式相互持ち合いの経験が示す通り，これら営利企業は，企業経営者に有利に作用する所有主体となり得る。なお，ハンガリーでは，法人間の株式持合いにより，機関投資家の利潤動機は，必ずしも強く働かなかったと指摘されている（Stark and Bruszt, 1998）。また，チェコでも，バウチャー私有化により，投資私有化基金を中心とする機関投資家が，多くの国有企業の所有権を取得したが，資金的・技術的制約から，必ずしも十分な経営改善効果を発揮しなかったと伝えられている（Coffee, 1996）。

257

第Ⅲ部　企業システムの大転換

金融機関に係る以上の問題の深刻さは，国や時代によって相当異なる可能性が高く，従って，ポスト私有化期の企業再建者としての個人投資家に対する機関投資家の相対的優位性に関する一般論が，根底から覆されるものではないと見られている。

　外部投資家の国籍の違い，即ち，国内投資家と外国投資家の相違性については，移行経済研究者の間に一定のコンセンサスが成立している。事実，国内投資家との比較における外国投資家の目覚ましい経営再建効果を期待する声は，体制転換当初から非常に強かった。何故なら，外国投資家は，多額の資本と共に，先進的な生産技術や経営ノウハウ及びその他のコード化されない知識を持ち込むことで，投資先企業の生産性や効率性を飛躍的に向上させる高い潜在力を有している上（岩﨑・德永, 2014），直接投資を通じて多国籍企業の国際分業体制に組み込まれる過程で，国内企業が，社会主義時代とは比べ物にならないほどの強固な経営基盤を獲得する可能性もあるからである（Dunning, 1986; Blomstrom and Wolff, 1994; Kogut, 1996）[7]。これらは，明らかに旧社会主義諸国の国内投資家が成せる業ではなく，従って，どのような移行国においても，外国投資家の国内投資家に対する優越は，普遍的に観察されるであろうとの予想が，多くの研究者によってなされた[8]。

　以上の議論を要約すれば，ポスト私有化期の企業パフォーマンス効果という観点からの，(1)国家に対する私的所有主体の優越，(2)インサイダーに対する外部投資家の優越，(3)国内投資家に対する外国投資家の優越という3つの理論的仮説については，移行経済研究者の間に一般的ともいえる合意が存在しているといえる。また，これら3つの仮説と較べれば支持の度合いはやや劣るものの，(4)企業被雇用者に対する経営者の優越及び(5)国内個人投資家に対する国内機関投資家の優越の2点も，多くの研究者が共有する理論的予測であるといえよう。従って，これら5つの理論的仮説が，中東欧・旧ソ連諸国を対象とした先行研究全体として実証されているのか否かを検証することが，本講義で試みるメタ分析の主要な目的となる。

7）この観点から，Blomstrom and Wolff（1994）は，メキシコ企業の改善事例を，Dunning（1986）は，日本企業が進出先である英国の企業にもたらした効果を，それぞれ検討している。

8）もっとも，外国投資家は，進出国の事情に必ずしも精通していないため，当該国での技術導入にかなりの時間を費やす恐れもある他，国内投資家による海外資本や技術へのアクセスが十分可能であれば，外国投資家が，国内投資家との対比において，抜きん出た企業パフォーマンス効果を発揮するわけではないという見方も，少数派ながら存在する（Frydman et al., 2007）。更に，外国資本は，大量失業と国家主権の侵害をもたらすという潜在的な脅威に加えて，熾烈な市場競争を介して国内企業を排除するクラウディング・アウト効果を孕む以上，「東欧諸国にとって私有化計画は，外国資本と専門知識が参入する明確な道筋を提供するとともに，自国の利害の観点から外資を受け入れ可能なものとする環境」（Frydman and Rapaczynski, 1994, p. 16）作りが欠かせないとの指摘もなされた。

258

7.2.2 移行経済の特殊要因

　中東欧・旧ソ連諸国における企業私有化は，先進諸国の経験と比して，その実施範囲の広さと深さが格段に異なるものであった。即ち，これらの国々における私有化政策は，単に国家から民間部門への所有権の移転を指すだけではなく，私的所有権制度が社会に再導入される過程に相当し，企業レベルでは，指令経済システムの払拭と経済合理性や利潤関心に基づく意思決定原理の徹底を含意した（Frydman and Rapaczynski, 1994; Shleifer and Vishny, 1994）。更にそれは，法制度，ルール，慣習を含めた制度体系の広域的な再構築過程をも伴うものであった（Dewatripont and Roland, 1996）。つまり，移行国における企業私有化は，経済構造に根本的な転換をもたらす極めて複雑な社会的プロセスだったのである。

　いきおい私有化政策の目的も多義的となった。民間所有者層の形成や市場経済に適応した企業経営者の育成という政策本来の目的の他に，構造改革の原資となる財政収入の確保やマクロ経済の安定化も，その実施目的に織り込まれた。更に，私有化政策は，改革派が大衆の政治的支持を獲得する手段としても，その逆に，旧共産党系反改革派が権力を奪還する口実としても，大いに利用された（Åslund, 2013）。かかる政策的意図の多義性故に，中東欧・旧ソ連各国政府が採用した私有化方式は大いなる多様性を示し，政策進行速度にも，これらの国々の間で著しい差が生じた。また，そもそも，私有化政策が実行される上での素地，即ち，欧州連合（EU）圏への近接性や市民社会の成熟性等の前提条件が，移行諸国間，とりわけ中東欧地域と旧ソ連地域では決定的に異なった。これらの諸要因が，企業所有主体のインセンティブ構造や努力水準に一定の影響を及ぼす可能性は大いにある。従って，移行経済の文脈において，ポスト私有化期の所有構造と経営成果の関係を考察する上では，これらの点への分析的配慮が，極めて重要となり得る。そこで，本項では，初めに，移行諸国の地域特殊要因を，続いて私有化方式や政策進行速度の相違性が如何なるものであるかを論じ，最後に，メタ分析の為の追加的な理論仮説を提示する。

　さて，第一の論点である移行諸国の地域特殊要因との関係では，多くの研究者が，中東欧地域と旧ソ連地域の差異に目を向けた。何故なら，体制転換の有り方がEU東方拡大プロセスに強く影響された中東欧・バルト諸国と，それに関与せず独自の市場経済化路線を歩んだ旧ソ連諸国の間では，私有化政策の実施過程や成果も大きく異なるに違いないと予想されたからであり，図7.1及び表7.1に示されたEBRDによる第三者評価も，それを端的に示していた。実際，中東欧・バルト諸国は，西欧圏に近いという意味での有利な地政学的条件を活かすと共に，EU側の要請に対応した法体系やその他諸制度の構築を積極的に進めることで，企業私有化を含む市

第Ⅲ部　企業システムの大転換

場経済化政策の安定的な基盤を作り上げると共に，欧米多国籍企業を筆頭とする外国投資家の企業私有化プロセスへの誘引にも大きな道を開いた。制度設計の公明正大性と政策意思決定プロセスの透明性の著しい向上も，外部投資家とインサイダーの間の情報非対称性の緩和に有効に作用したと見られる。また，市民社会の成熟度が一定の水準に達しているこれらの国々では，外部投資家，企業経営者，被雇用者の区別に依らず，企業再建者としての能力が大いに尊重された。いみじくもDjankov（2014）が，「東欧諸国の外国投資家や労働者は，旧ソ連諸国のそれよりも良き企業所有者となった」（p. 191）と述べているが，この事実は，これら諸要因の相乗的な効果の賜物であろう。

　これに対して，バルト諸国を除く旧ソ連圏では，中東欧諸国にとってのEUに該当する外的圧力が不在ないし脆弱な政治環境の下で，所有権を含めた諸制度の完成度は低く，なおかつ頻繁なルール変更が日常茶飯事であるという意味で，実に不安定であった。また，これらの国々では，私有化政策の制度設計や実施過程における不透明性が極めて高く，政治家や官僚の機会主義的・レント・シーキング的行動及び実業家による「国家捕獲」（state capture）の影響力も甚大であったために，国有資産譲渡先の選定が，公正かつ十全に実現された可能性は低かった（Frye, 2002; Iwasaki and Suzuki, 2007, 2012）。これらの諸要因は，外国投資家を含む戦略投資家の不足や社会全体に蔓延する汚職問題等と相俟って，ロシアや他の旧ソ連諸国における私有化企業の経営再建効果を大いに阻害したと考えられている（Johnson et al., 2000; Radygin, 2014）。Djankov and Murrell（2002）やEstrin et al.（2009）が，その体系的レビューの中で，なによりも中東欧諸国と旧ソ連諸国の比較を重視したのは，この観点から大いに頷ける。

　第二の論点である私有化方式について，企業再建者の選択という観点から特に考慮されるべきは，国有資産が無償で譲渡されたのか，有償の譲渡であったのかという点及び資産譲渡先の選抜過程において，その資力や経営能力がどの程度重視されたのかという点の2点である。再び表7.1の通り，中東欧・旧ソ連諸国の大多数が採用した企業私有化の最優先方式は，（1）バウチャー方式，（2）MEBO及び（3）戦略投資家への直接売却であるが，**表7.2**が示す通り，これら3方式は，上記2つの観点から極めて対照的な政策手法であり，この違いが，ポスト私有化期の所有構造及び新たな所有主体のインセンティブ構造と努力水準に及ぼした影響は極めて大きかったと考えられる。その論拠は，次の通りである。

　バウチャー方式は，中東欧・旧ソ連28カ国中9カ国において，私有化政策の最優先方式に採用された。次節で述べる通り，とりわけチェコ及びロシアの大衆私有化政策は，様々な研究者の関心を惹き，数多くの実証研究を生み出した。これらの

表7.2 国有資産譲渡の無償／有償性や資産譲渡先の資力や経営能力による選抜の有無という観点から見た私有化方式の特徴

	バウチャー方式	従業員による自社買収（MEBO）	戦略投資家への直接売却
国有資産譲渡の無償／有償性	無償	有償	有償
資産譲渡先の資力や経営能力による選抜の有無	無し	無し	有り

出所）筆者作成。

国々で，バウチャー方式の採用が強く促された背景には，国内資本の絶対的な不足への政策的対応の必要性と改革派のポピュリズム的政治判断があった。但し，バウチャー方式といっても，その発行規模や配布・利用方法は，各国で異なる（Miller, 2013）。例えば，チェコでは，バウチャー（私有化クーポン）は，投資私有化基金に集中されたが，同基金は，政府の直接的影響下にある銀行によって所有・経営されたため，究極的所有者は依然として国家のままであり，従って，公的所有が事実上再生された（Stark and Bruszt, 1998）[9]。これに対して，額面1万ルーブルのバウチャー（私有化小切手）を，未成年を含む全国民へ「平等」に配布したロシアでは，外部投資家を生み出すという投資基金の役割は殆ど果たされないまま，大多数の国有企業がインサイダーに事実上無償で譲渡された（Boycko et al., 1995; Mizobata, 2005, 2008）。

　以上の通り，国によって実施手法に差異はあったものの，国有企業が，大衆又は特定の市民集団に，無償或いは極めて安価に譲渡され，この副作用として，有能かつ十分に動機付けられた所有者や経営者が，私有化企業の殆どで確保されなかったばかりではなく，政府になんら歳入ももたらさなかったというのが，バウチャー方式採用国に共通する政策的帰結であった。バウチャー方式は，国民の支持を受け易いという政治的利点がある一方，無償供与故に，新しい所有者の企業に対する関心や責任を希薄化させ，その結果，経営成果の改善を十分には促さないという欠点を，私有化後すぐにも顕在化させた。「大衆資本主義政策は，株のような資産の購入には手を出さないような低所得者にも株を売り払うため，簡単に失敗しうる」（Bös, 1991, p. 25）のであった。また，ロシアに特に顕著であったが，資力や経営手腕以外の理由（主に政治的・私利的目的）から国有資産の譲渡が実行されることにより，

9）その後，チェコでは，投資私有化基金から戦略投資家への有償による資産移譲が推進され，この結果，外資系銀行による企業所有が広範に観察された。また，表7.1には示されていないが，戦略投資家への直接売却と並行して，オークション方式での資産売却が活発に行われたのも同国の特徴である（Hanousek and Kočenda, 2011）。

第Ⅲ部　企業システムの大転換

企業再建者として最も望ましい経済主体が，私有化企業の所有と経営から排除されるという意味での「逆淘汰効果」の影響も，バウチャー方式採用国では広範かつ顕著に現れた。

MEBO は，社会主義時代の労働者自主管理原則や企業経営への労働者参加を重視する社会通念に強く突き動かされた 8 つの移行国で，企業私有化の最優先方式に採用された（Thompson and Valsan, 1999）。旧ユーゴスラビア圏でこの方式が特に尊重されたのは，それを象徴する事実である（Mencinger, 1996）。MEBO は，その名の通り，他の可能な代替肢を差し置いて，なによりもまずインサイダーに国有企業を譲渡する方針を徹底したという意味において，資力や経営手腕に基づく所有主体の選別を軽視した方式であることが大問題であるし，更に，7.2.1項で述べた理由により，私有化企業の大多数が，インサイダー所有の弊害を免れなかった。但し，MEBO は，原則として有償の資産譲渡である以上，バウチャー方式に関連して論じた無償譲渡に起因する企業再建活動への否定的な効果は回避され得る。また，資本市場や情報産業の未発達及び政府による企業情報開示規制の不十分性等の理由により，外部投資家と企業経営者の間の情報非対称性が極めて強い場合，インサイダー支配は，相対的に効果的な所有構造となり得るから，MEBO の採用が，私有化企業のパフォーマンスに及ぼす悪影響は，短期的には制限的であった可能性はある（Wright et al., 1989）。

戦略投資家への直接売却は，バウチャー方式採用国と同数の 9 カ国が，最優先方式として利用した。その中でも，エストニア，ハンガリー及びポーランドの 3 カ国では，入札有償売却が特に重視され，外国投資家への資産譲渡も積極的に推進された。また，ハンガリーの場合，大規模製造業企業や有力商業銀行の多くも，欧米企業を中心とする戦略投資家に気前よく売り払われた（Iwasaki et al., 2012）。直接売却の場合，買手が誰であろうが，取得した資産価値に企業経営から得られる収益の合計が買収費用を上回るべく，その所有者を投資先企業の建て直しへと駆り立てる。この直接売却こそ，投入資金の回収と更なる利潤確保を最重要目標とした所有者と経営者を生み出し，従って，マクロ経済的には，競争的な市場環境の創出に大きく貢献するであろう。また，国有資産の譲渡先を，長期的視野に立って企業経営の在り方を模索する戦略投資家に限定することから生まれる肯定的効果も，この方式の利点として強調に値する（溝端, 1999）[10]。

私有化方式の違いもさることながら，政策進行速度の面でも，中東欧・旧ソ連諸国の間には，著しい格差が生じた。再び表7.1によれば，移行28カ国の2010年時における民間部門の対 GDP 比の平均値（中央値）は，66.6%（70%）であるが，この値を大きく凌駕する国々が存在する一方，大幅に下回る国々も少なくない。とり

わけ，政府指導者が抜本的な構造改革に極めて慎重な一部の旧ソ連諸国では，企業私有化は現在も遅々として進んでいない[11]。

他の条件を一定とすれば，私有化政策の速度と企業再建効果は負に相関するという議論が，Radygin（2014）によって提起されている。実施速度を優先した企業私有化は，所有の過剰な分散をもたらすと共に，資本市場の形成を遅らせ，市場制度の構築それ自体にも障害となる。それは，所有権の安定性や市場の信頼性を大いに損なうから，私有化企業の経営活動にも否定的な影響を及ぼすと考えられるのである。Roland（2000）も，同様の観点から，性急な私有化は資産の簒奪を招きやすく，従って，不適切な所有構造の下で，企業パフォーマンス効果も乏しいものに止まるであろうと論じている。これらの主張は，拙速な体制転換の副作用に強い危惧を表明した Arrow（2000）の考えに共鳴するものである。

しかしながら，私有化政策の速度と企業再建効果の相関には，逆の結果も考えられる。私有化政策の進展に伴う民間部門の拡大は，競争的な経営環境の創出に繋がるから，私有化後に生じた所有構造の如何に係らず，市場の厳しい淘汰圧力に晒された所有者や経営者をして，自社企業の経営再建を鼓舞せしめる可能性も否定できない（Åslund, 2013）。従って，私有化進行速度の高い国ほど，民間所有主体による企業パフォーマンス効果が向上するという予想も成り立つ。また，激しい企業間競争故に，インサイダー，国内外部投資家，外国投資家という所有主体の属性的相

10）以上に議論した3つの優先的な私有化方法と表7.1のオークション方式の他に，中東欧・旧ソ連諸国では，担保型私有化（loan-for-share privatization），IPO による国有株式の市場放出，旧所有者への資産償還等の政策も実施された。例えば，ロシアの担保型私有化では，落札者は，政府への低利融資と引き換えに，普通株（担保期間内での株数に基づく発言権）を取得した。この場合，政治リスクを考慮しても，当該資産の取得価値は，極めて低いものであったと指摘されている（Gaidar and Chubais, 2011）。この担保型私有化は，ロシア政府と「オリガルヒ」（政商）と呼ばれる大物実業家とを強く結びつける金融・企業集団を形成する契機となったのは周知の事実である。また，チェコ，エストニア及びラトビアの3カ国では，資産償還が重視され，特に後者2カ国では，市民権の付与と強く関連付けられたために，この政策は政治的に利用された。償還方式は，社会主義システムの存在期間が長ければそれだけ旧所有者を特定することが困難になり，実施範囲が制限される。このような場合，「返還証券」と名付けられたバウチャーとセットで実行された例もある。もっとも，以上に挙げた私有化方式を採用した国は，特定的ないし極めて限定的であり，なおかつその殆どが最優先方式として実施されたものではないため，本講義のメタ分析による広域的な国家間比較で，その政策効果を分析することは困難である。

11）その傾向は，急進主義とも，漸進主義とも言い難い市場経済化路線を歩むベラルーシ，トルクメニスタン及びウズベキスタンにおいて特に顕著であるのは，表7.1の通りである。これら3カ国の移行戦略は，「再集権化戦略」（recentralization strategy）とでも呼びうるものであり，まがりなりにも市場経済を標榜して体制転換を進めるその他の移行諸国とは性質が大きく異なる。詳しくは，本書第2講を参照。

第Ⅲ部　企業システムの大転換

違から生じる企業再建努力水準の差異が，私有化政策が遅滞しており，従って，経営基盤が脆弱な企業が温存されがちな国々よりも，より縮小する可能性もある[12]。

　以上，本項の考察結果からは，移行経済の特殊要因とポスト私有化期の企業パフォーマンス効果の相関関係という観点から，(1)旧ソ連諸国に対する中東欧諸国の優越，(2)私有化政策としてのバウチャー方式の最劣等性，(3)MEBO に対する直接売却方式の優等性という３つの理論的仮説が導き出される。他方，私有化速度の影響は，理論的に予測困難であるが，他の市場経済化政策では，その速度と経済再建効果に正の相関関係がしばしば観察されるという事実と軌を一にして，(4)私有化政策の加速は，企業再建効果を伴うという仮説も同時に示唆しうる。そこで，7.3節以降では，本節に提起された一連の理論的仮説及び政策進行速度の実質的影響を，先行研究のメタ分析によって実証的に検証する。

7.3　文献調査の手続き及び抽出推定結果の概要

　本節では，メタ分析対象文献の探索・選択手続き及び抽出推定結果の概要を述べる。

　中東欧・旧ソ連諸国における私有化後の所有構造が，当該企業のパフォーマンスに及ぼした影響を実証的に検証した文献を見出す第一手段として，筆者らは，電子化された学術文献情報データベースである EconLit 及び Web of Science を利用して，1989年から2015年の26年間に発表された文献の探索を行った[13]。これら電子データベースの利用に際しては，*privatization, ownership, restructuring, firm performance* のいずれか一つと，*transition economies, Central Europe, Eastern Europe, former Soviet Union* 又は中東欧・旧ソ連諸国の国名の何れか一つの組み合わせを，その検索語に用いた。この結果，約800点の文献が見出されたが，更に我々は，これら機械検索ヒット文献の参考文献リストを参照しつつ，同じ期間に刊行された類似研究業績も可能な限り入手し，その結果として，最終的に1000点超の文献を電子版またはハードコピーで収集した。この段階では，極めて多数の非実証研究が含まれており，更なる取捨選択作業の必要が認識された。

　そこで，次に我々は，上記収集文献の研究内容を逐一吟味しつつ，本講義のメタ分析に利用可能な推定結果を含有している文献の絞り込みを行った。この結果，

---

12)　私有化政策進行速度の経営再建効果に関するかかる対立的議論は，移行戦略の有り方を巡る急進主義派と漸進主義派の論争に通底している。本書第２講を参照のこと。

13)　最終文献探索作業は，2016年１月に実施した。

264

第7講　私有化政策と企業再建：ポスト私有化期の所有構造と経営成果

Earle et al.（1996）から Vintilā and Gherghina（2015）に至る121点の文献が選出された[14]。筆者らは，これらの先行研究から，合計2894の推定結果（1文献平均23.9，中央値13）を抽出した[15]。抽出推定結果の研究対象国は29ヵ国に及び，中東欧・旧ソ連地域を殆ど網羅しているが，実証分析の俎上に挙がる頻度には，国家間に顕著な差も存在する。実際，121文献中，チェコとロシアを取り上げた文献は36点及び31点を数え，これに，ハンガリー（23点），ポーランド（22点），ルーマニア（21点），エストニア（20点），ウクライナ（18点），スロベニア（17点），ブルガリア（15点），スロバキア（11点）が続くが，残る19ヵ国を取り上げた文献は，全て10点以下に止まる。研究対象産業別では，製造業を含む鉱工業研究65点と特定の産業分野に分析対象を限定しない広範囲産業研究57点によって，これら先行研究はほぼ二分される一方，サービス業に焦点を絞った研究は，僅か6点に限られる。推定期間は，121文献全体で，1985年から2011年までの27年間をカバーし，抽出推定結果の平均推定年数（中央値）は，4.16年（4年）である。

　以上121点の先行研究が，回帰モデルの左辺，即ち，従属変数に用いた経営実績変数は，(1)総売上高や総生産額等の売上／産出指標，(2)ROA等の効率性指標，(3)労働生産性や全要素生産性等の生産性指標，(4)株価やトービンのQ等の企業価値指標，(5)その他経営実績指標の5タイプに大別され，全抽出推定結果に占める各タイプの比率は，各々26.6%（771推定結果），30.8%（同890），24.3%（同703），12.8%（同369）及び5.6%（同161）である[16]。

　他方，回帰モデルの右辺，即ち，独立変数に用いられた所有変数は，国家全般所有変数から企業被雇用者所有変数に至る全15タイプに分類される。以下では，この15変数タイプを，「所有変数タイプ小分類」と総称する。**図7.2**には，この分類基準に応じた抽出推定結果の内訳が示されている[17]。更に本講義では，前節の議論に

---

14) 第1段階で収集した1000点超の文献には，上記121点以上の実証研究が含まれていたが，これら非選択実証研究の大多数は，民間所有比率や私有化企業ダミーの推定を通じて，国家から民間部門への所有権移転の効果を検証するに止まるものであり，従って，多様な所有主体の相互比較を目的とする本講義のメタ分析には採用できなかった。

15) メタ対象文献の詳細や抽出推定結果の内訳は，日本評論社ウエブサイト（https://www.nippyo.co.jp/shop/downloads）にある本書第7講付録1及び2を参照のこと。

16) この通り，本講義のメタ分析は，人員整理を含む組織改革や設備投資といった企業再建活動に係る変数を従属変数とした推定結果は一切用いず，経営・生産活動の効率性や収益性を捕える狭義の経営成果に分析を集中している。

17) なお，国内外部投資家所有変数と分類した抽出推定結果の一部に，外国投資家所有の効果が混入している可能性は排除できないが，研究内容の文脈から見て，国内外部投資家の所有効果の検証を目的とすることが明らかな推定結果は，敢えてこのタイプに分類した。

265

第Ⅲ部　企業システムの大転換

図7.2　抽出推定結果の所有変数タイプ小分類別内訳

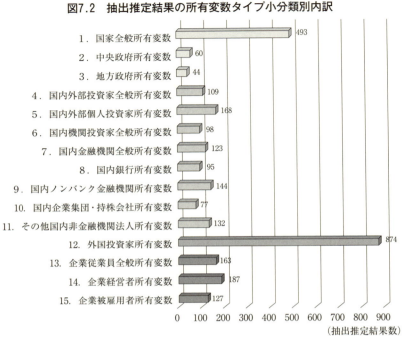

注）全抽出推定結果数は2894。
出所）筆者作成。

対応して，国家全般所有変数から地方政府所有変数の3タイプ，国内外部投資家全般所有変数からその他国内非金融機関法人所有変数までの8タイプ及び企業従業員全般所有変数から企業被雇用者所有変数までの3タイプを，各々全国家所有変数，全国内外部投資家所有変数及び全企業従業員所有変数と名付けるより広義の変数タイプにそれぞれを集約し，これら3つの変数タイプに外国投資家所有変数を加えた「所有変数タイプ大分類」も利用する。**図7.3**は，抽出推定結果の当該4大分類別構成である。以下，本講義のメタ分析は，主にこの大分類に依拠しつつ，属性が異なる所有主体間の効果サイズや統計的有意性及び公表バイアスの有無と程度に関する比較を行うが，仮説検証の必要性等に応じて，前述の15小分類も適宜用いる。

　上記抽出推定結果を用いたメタ分析の方法と手順は，本書序論を適宜参照してほしい。

図7.3 抽出推定結果の所有変数タイプ大分類別内訳

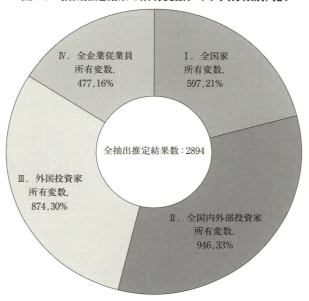

注）図中の数値は，抽出推定結果数及び構成比。
出所）筆者作成。

7.4 抽出推定結果のメタ統合

図7.4は，前節にその概要を報告した2894抽出推定結果の偏相関係数（r）及びt値の所有変数タイプ大分類別度数分布である。同図(a)の通り，いずれの所有変数タイプも，0.0を偏相関係数の最頻値とする点は一致しているが，正負方向への広がりには一定の差が見られる。実際，所有構造の肯定的な企業パフォーマンス効果を示唆する正の推定値の比率は，全国家所有変数が51.1％（305推定結果）であるのに対して，全国内外部投資家所有変数は66.3％（同627），外国投資家所有変数は73.3％（同641），全企業従業員所有変数は71.5％（同341）であり，後者3タイプは，いずれも全国家所有変数を大きく上回っている。他方，同図(b)によると，抽出推定結果のt値は，外国投資家所有変数は2.0を，その他3タイプは0.0を最頻値として，全ての所有変数タイプが尖度の高い分布を示している。ここで見られる顕著な特徴は，統計的に有意かつ正の推定結果が全体に占める比率で見た外国投資家所有変数の抜群性である。事実，外国投資家所有変数の場合，t値が2.0以上の実

267

第Ⅲ部　企業システムの大転換

図7.4　抽出推定結果の所有変数タイプ大分類別偏相関係数及び t 値度数分布

(a)偏相関係数

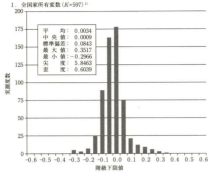

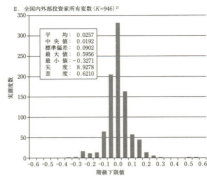

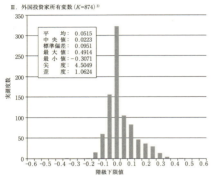

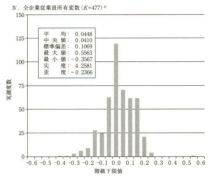

注1）Shapiro-Wilk の正規性検定：$W=0.943, z=7.510, p=0.000$
2）Shapiro-Wilk の正規性検定：$W=0.916, z=9.679, p=0.000$
3）Shapiro-Wilk の正規性検定：$W=0.914, z=9.520, p=0.000$
4）Shapiro-Wilk の正規性検定：$W=0.977, z=4.726, p=0.000$

証結果は，全874抽出推定結果の44.7%（391推定結果）を占めるのに対して，全国家所有変数は11.7%（同70），全国内外部投資家所有変数は19.7%（同186），全企業従業員所有変数は28.1%（同134）に止まり，外国投資家所有変数が他3タイプを大きく引き離している。この結果は，外資参入の企業再建効果は，国内企業所有者と比較して，実証的により検出され易い傾向があるという移行経済研究者の経験的直観にも合致している。

図7.5は，偏相関係数及び t 値を，推定期間平均年順に配列したものである。同図の通り，全国家所有変数，外国投資家所有変数及び全企業従業員所有変数の偏相関係数及び t 値は，時間軸に沿って下方トレンドを描いている。実際，その近似式

第7講 私有化政策と企業再建:ポスト私有化期の所有構造と経営成果

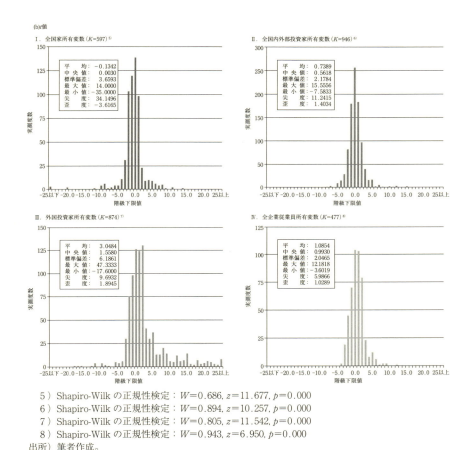

5) Shapiro-Wilk の正規性検定:$W=0.686, z=11.677, p=0.000$
6) Shapiro-Wilk の正規性検定:$W=0.894, z=10.257, p=0.000$
7) Shapiro-Wilk の正規性検定:$W=0.805, z=11.542, p=0.000$
8) Shapiro-Wilk の正規性検定:$W=0.943, z=6.950, p=0.000$
出所)筆者作成。

によれば,推定期間平均年が1年進行すると,偏相関係数は,全国家所有変数では0.0045,外国投資家所有変数では0.0048,全企業従業員所有変数では0.0069,それぞれ統計的に有意に低下し,同様に t 値も,各々0.203, 0.430及び0.106有意に低下する。これら3所有変数タイプとは対照的に,全国内外部投資家所有変数は,時系列的な上方トレンドを示しており,推定期間平均年が1年前進するごとに,偏相関係数は0.0028, t 値は0.0737有意に上昇する。これらの結果から,異なる所有者間の経営再建者としての優劣関係は,研究対象期間に応じて,相対的に変化し得るものであることが分かる。

抽出推定結果のメタ統合結果は,**表7.3**に一覧されている。ここでは,所有変数

269

第Ⅲ部　企業システムの大転換

図7.5　抽出推定結果の所有変数タイプ大分類別偏相関係数及び t 値推定期間平均年順配列

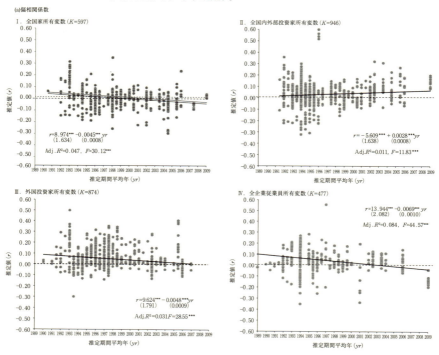

タイプ大分類に加えて，小分類に基づいた統合結果も報告した。同表 (a) の通り，偏相関係数の統合値は，両分類共に，全てのケースで均質性の検定が帰無仮説を棄却しているため，変量効果モデルの推定値 $\overline{R_r}$ を参照値として採用する。一方，同表 (b) の結合 t 値を見ると，無条件に結合した値 $\overline{T_u}$ と研究水準で加重した値 $\overline{T_w}$ では，18ケース中16ケースにおいて，後者が前者よりも大幅に低い。即ち，実証結果の統計的有意性は，研究水準又はその背後にある研究の諸条件に大きく左右されるといえる。そこで，**図7.6** では，変量効果モデルの偏相関係数統合値及び研究水準で加重された結合 t 値に注目して，異なる所有変数間の比較を行った。ここで留意すべきは，図中でも示している通り，メタ統合結果の一部は統計的に有意にゼロではないといえず，従って，これら非有意統合結果と有意なそれとの直接的な比較はできないという点にある。

　上記の点も踏まえて，表7.3及び図7.6の分析結果を要約すれば，次の4点を指摘

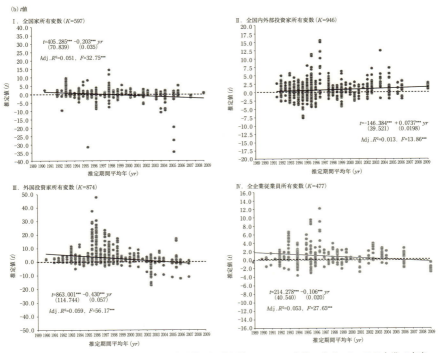

注) 近似式における回帰係数直下の括弧内数値は標準誤差。***：1％水準で有意，**：5％水準で有意。
出所) 筆者作成。

することができる。即ち，第1に，総じて民間部門は，国家との比較において，ポスト私有化期の経営成果の向上により大きな寄与をもたらす存在である。但し，効果サイズの面では国内金融機関全般所有変数の，統計的有意性の面では国内金融機関全般所有変数に加えて，国内銀行所有変数や企業被雇用者所有変数を用いた抽出推定結果が，この全体的傾向に反する実証結果を示している。第2に，国内外部投資家の経営再建者としての実証的評価は，理論的予想に反して，インサイダーのそれに総じて劣っている。第3に，外国投資家の企業パフォーマンス効果は，統計的有意性では国家や他の民間主体を圧倒しているものの，効果サイズの面ではインサイダーと殆ど差が無い。第4に，企業経営者と被雇用者の間には，効果サイズと統計的有意性の両面において，前者が後者に優るという関係が明確に看取され，理論的予想が支持されている。

　以上の通り，本節に報告した分析結果は，企業所有主体としての国家に対する民

表7.3 抽出推定結果の所有変数タイプ別メタ統合

所有変数タイプ[1]	抽出推定結果数 (K)	(a) 相関係数の統合			(b) t値の統合			
		固定効果 ($\bar{R}_c$)(漸近z値)[5]	変量効果 ($\bar{R}_v$)(漸近z値)[2]	均質性の検定 (Q_c)[3]	$\bar{r}_c$ (p値)	$\bar{r}_v$ (p値)	$\bar{T}_m$[4]	フェイルセーフ数 (f_sN)[6]
I. 全国家所有変数	597	-0.018 *** (-29.60)	0.004 (1.55)	7115.438 ***	-3.280 *** (0.00)	-0.687 (0.25)	0.003	1777
1. 国家所有全般所有変数	493	-0.003 *** (-3.53)	0.005 * (1.64)	4731.900 ***	0.794 (0.21)	0.152 (0.44)	0.067	-378
2. 中央政府所有変数	60	-0.038 *** (-25.67)	0.003 (0.48)	508.632 ***	-4.617 *** (0.00)	-4.617 *** (0.00)	-0.043	413
3. 地方政府所有変数	44	-0.067 *** (-41.86)	-0.006 (-0.78)	327.686 ***	-9.347 *** (0.00)	-9.347 *** (0.00)	-0.141	1377
II. 全国内外部投資家所有変数	946	0.026 *** (34.66)	0.021 *** (11.57)	3799.439 ***	22.726 *** (0.00)	4.660 *** (0.00)	0.562	179610
4. 国内外投資家全般所有変数	109	0.032 *** (8.78)	0.041 *** (6.72)	213.126 ***	9.948 *** (0.00)	2.413 *** (0.01)	0.858	3877
5. 国内外部個人投資家所有変数	168	0.026 *** (19.78)	0.027 *** (7.18)	789.334 ***	13.859 *** (0.00)	2.573 *** (0.01)	0.635	11757
6. 国内機関投資家全般所有変数	98	0.043 *** (28.61)	0.036 *** (6.66)	635.112 ***	17.152 *** (0.00)	3.452 *** (0.00)	1.087	10556
7. 国内金融機関全般所有変数	123	-0.021 *** (-6.10)	-0.022 ** (-2.53)	696.014 ***	-5.793 *** (0.00)	-0.955 (0.17)	-0.260	1403
8. 国内銀行所有変数	95	0.011 *** (2.93)	0.011 * (1.73)	247.594 ***	3.047 *** (0.00)	0.628 (0.27)	-0.030	231
9. 国内ノンバンク金融機関所有変数	144	0.014 *** (8.29)	0.015 *** (4.40)	357.946 ***	7.444 *** (0.00)	2.153 ** (0.02)	0.453	2805
10. 国内企業集団・持株会社所有変数	77	0.042 *** (10.18)	0.037 *** (5.52)	183.738 ***	8.818 *** (0.00)	1.762 ** (0.04)	0.910	2136
11. その他国内非金融機関法人所有変数	132	0.027 *** (9.51)	0.030 *** (6.89)	282.481 ***	9.883 *** (0.00)	2.096 ** (0.02)	0.710	4632
III 12. 外国投資家所有変数	874	0.024 *** (90.00)	0.047 *** (25.00)	33000.000 ***	90.120 *** (0.00)	14.478 *** (0.00)	1.558	2622279
IV. 全企業従業員所有変数	477	0.035 *** (30.07)	0.043 *** (14.85)	1651.600 ***	23.706 *** (0.00)	5.323 *** (0.00)	0.993	98580
13. 企業従業員全般所有変数	163	0.037 *** (28.58)	0.050 *** (13.77)	734.615 ***	24.197 *** (0.00)	4.734 *** (0.00)	1.700	35105
14. 企業経営者各所有変数	187	0.046 *** (12.76)	0.055 *** (8.39)	537.153 ***	13.714 *** (0.00)	3.168 *** (0.00)	0.999	12810
15. 企業被雇用者所有変数	127	0.007 * (1.91)	0.009 (1.26)	300.608 ***	1.888 ** (0.03)	0.517 (0.30)	0.174	40

注1) 先頭文字がローマ数字の場合は所有変数タイプ大次分類、アラビア数字は小分類。$\bar{T}_m$：中央値。
2) 帰無仮説：統合的効果サイズが0。
3) 帰無仮説：効果サイズが均質。
4) $\bar{T}_m$：効果水準で加重で結合。$\bar{T}_m$：中央値。
5) $\bar{T}_m$：研究水準（ここでは5%水準）に有意。
6) f_sN：研究全体の結合確率水準を導くために追加されるべき平均効果サイズ0の研究数を意味する。
***：1%水準で有意。**：5%水準で有意。*：10%水準で有意。
出所）筆者推定。

第7講　私有化政策と企業再建：ポスト私有化期の所有構造と経営成果

図7.6　抽出推定結果の所有変数タイプ別メタ統合結果

(a) 偏相関係数メタ統合値（変量効果推定）

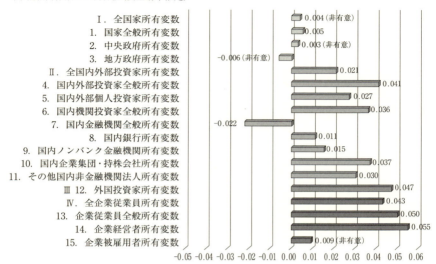

(b) 研究水準で加重した結合 t 値

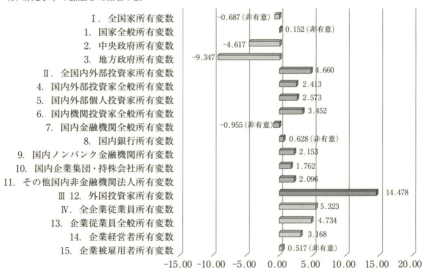

注）先頭文字がローマ数字の場合は所有変数タイプ大分類，アラビア数字は小分類であることを各々意味する。
出所）表7.3に基づき筆者作成。

第Ⅲ部　企業システムの大転換

間部門の優位性やインサイダー間の優劣に関する理論的仮説に対しては，明確な支持を表しているものの，民間所有主体間の相対的優劣関係については，必ずしも理論的な予想を裏付けるものではない。図7.5の時系列配列や表7.3(b)のt値結合結果が示唆する通り，今回我々が抽出した推定結果は，研究の諸条件や水準に強い影響を受けている可能性が高い。そこで次節では，メタ回帰分析の手法を用いて，より厳密な仮説検証を試みる。

7.5　研究間異質性のメタ回帰分析：ベースライン推定

　本節では，前節の分析結果が他の研究条件を同時に制御した上でも再現され得るのか否かを，メタ回帰分析によって検証する。推定するメタ回帰モデルの従属変数は，偏相関係数又はt値であり，一方のメタ独立変数には，所有変数タイプ分類を反映した諸変数や7.3節で言及した研究対象国構成，研究対象産業，推定期間，経営実績変数タイプに加えて，所有変数のその他の形式や構造[18]，実証分析に用いられたデータの形式や情報源，推定量，推定式のタイプ，企業私有化選択バイアス問題に対する分析的対処の有無，推定結果に強く影響すると考えられる各種制御変数の有無，自由度及び研究水準の差異を捉える変数を採用した。これらメタ独立変数の名称，定義及び記述統計量は，**表7.4**の通りである。

　はじめに，所有変数タイプ4大分類を用いた推定を行った。その結果が，**表7.5**である。同表の通り，推定結果は，推定量の違いに大変感受的である。そこで，以下では，7モデル中4モデル以上で，統計的に有意かつ符号関係が同一なメタ独立変数を，統計的に比較的頑健な推定結果と見なして結果解釈を進める。

　偏相関係数を従属変数とした表7.5(a)の推定結果によれば，全国家所有変数よりも，統計的に有意により大きい正の効果サイズを報告している抽出推定結果は，外国投資家所有変数に限られることが分かる。事実，外国投資家所有変数の抽出推定結果を1で指定するメタ独立変数は，全7モデルにおいて1％水準で有意に正という極めて頑健な推定値を示している。換言すれば，他の研究条件を一定とすれば，外国投資家所有変数の偏相関係数は，全国家所有変数よりも，0.0406から0.0730の範囲で，平均的に高いのである。これとは対照的に，全国内外部投資家所有変数や全企業従業員所有変数の抽出推定結果を1で捉えるメタ独立変数の係数値は，殆ど全てのモデルで正であるものの，大多数が非有意である。

　ここで，表7.5(b)のt値を従属変数とした推定結果に目を転じると，外国投資家

---

18)　なお，所有変数交差項の推定結果そのものは，抽出推定結果に一切含まれていない。

表7.4　メタ回帰分析に用いる独立変数の変数名、定義及び記述統計量

変数名	定義	記述統計量 平均	記述統計量 中央値	記述統計量 標準偏差
全国内外部投資家所有変数	国内外部投資家所有変数の推定結果 (=1)、その他 (=0)	0.327	0	0.469
外国投資家所有変数	外国投資家所有変数の推定結果 (=1)、その他 (=0)	0.302	0	0.459
全国従業員所有変数	企業従業員所有変数の推定結果 (=1)、その他 (=0)	0.165	0	0.371
中央政府所有変数	中央政府所有変数の推定結果 (=1)、その他 (=0)	0.021	0	0.143
地方政府所有変数	地方政府所有変数の推定結果 (=1)、その他 (=0)	0.015	0	0.122
国内外部投資家全般所有変数	国内外部投資家全般所有変数の推定結果 (=1)、その他 (=0)	0.038	0	0.190
国内外部個人投資家所有変数	国内外部個人投資家所有変数の推定結果 (=1)、その他 (=0)	0.058	0	0.234
国内機関投資家全般所有変数	国内機関投資家全般所有変数の推定結果 (=1)、その他 (=0)	0.034	0	0.181
国内金融機関全般所有変数	国内金融機関全般所有変数の推定結果 (=1)、その他 (=0)	0.043	0	0.202
国内銀行所有変数	国内銀行所有変数の推定結果 (=1)、その他 (=0)	0.033	0	0.178
国内ノンバンク金融機関所有変数	国内ノンバンク金融機関所有変数の推定結果 (=1)、その他 (=0)	0.050	0	0.217
国内企業集団・持株会社所有変数	国内企業集団・持株会社所有変数の推定結果 (=1)、その他 (=0)	0.027	0	0.161
その他国内非金融機関所有変数	その他国内金融機関所有変数の推定結果 (=1)、その他 (=0)	0.046	0	0.209
企業従業員全般所有変数	企業従業員全般所有変数の推定結果 (=1)、その他 (=0)	0.056	0	0.231
企業経営者所有変数	企業経営者所有変数の推定結果 (=1)、その他 (=0)	0.065	0	0.246
企業数雇用者所有変数	企業数雇用者所有変数の推定結果 (=1)、その他 (=0)	0.044	0	0.205
ダミー型所有変数	ダミー型所有変数の推定結果 (=1)、その他 (=0)	0.541	1	0.498
ラグ変数	ラグ付所有変数の推定結果 (=1)、その他 (=0)	0.101	0	0.301
交差項同時推定	交差項を伴う推定結果 (=1)、その他 (=0)	0.085	0	0.278
効率性指標	経営効率性を経営実績指標に採用した研究 (=1)、その他 (=0)	0.308	0	0.462
生産性指標	生産性を経営実績指標に採用した研究 (=1)、その他 (=0)	0.243	0	0.429
企業価値指標	企業価値を経営実績指標に採用した研究 (=1)、その他 (=0)	0.128	0	0.334
その他経営実績指標	売上・産出指標及び上記以外の指標を経営実績指標に採用した研究 (=1)、その他 (=0)	0.056	0	0.229
鉱工業	鉱工業を研究対象産業とする研究 (=1)、その他 (=0)	0.388	0	0.487
サービス業	サービス業を研究対象産業とする研究 (=1)、その他 (=0)1	0.021	0	0.144
推定期間初年度	推定に用いたデータの初年度	1995.892	1995	3.897
推定期間年数	推定に用いたデータの年数	4.166	4	2.932

変数名	定義	記述統計量		
		平均	中央値	標準偏差
横断面データ	横断面データを用いた研究 (=1)、その他 (=0)	0.452	0	0.498
商用データベース	商用データベースをデータ情報源とする研究 (=1)、その他 (=0)	0.357	0	0.479
独自企業調査	独自の現地調査結果を利用したデータ情報源とする研究 (=1)、その他 (=0)	0.276	0	0.447
FE	パネル固定効果推定量を利用した推定結果 (=1)、その他 (=0)	0.180	0	0.385
RE	パネル変量効果推定量を利用した推定結果 (=1)、その他 (=0)	0.072	0	0.258
Robust	頑健回帰推定法を利用した推定結果 (=1)、その他 (=0)	0.058	0	0.235
GMM	一般化積率法推定量を利用した推定結果 (=1)、その他 (=0)	0.023	0	0.150
その他推定量	OLS及び上記以外の推定量を利用した推定結果 (=1)、その他 (=0)	0.050	0	0.219
IV/2SLS/3SLS	操作変数法。二段階/三段階最小二乗法を利用した推定結果 (=1)、その他 (=0)	0.127	0	0.333
差分モデル	差分モデルの推定結果 (=1)、その他 (=0)	0.155	0	0.362
トランスログ・モデル	トランスログ・モデルの推定結果 (=1)、その他 (=0)	0.168	0	0.374
選択バイアス対処	企業私有化の選択バイアス問題に対処した推定結果 (=1)、その他 (=0)	0.071	0	0.257
市場競争度	分析対象企業所属産業の市場競争度を制御した推定結果 (=1)、その他 (=0)	0.119	0	0.324
所在地固定効果	分析対象企業所在地の固定効果を制御した推定結果 (=1)、その他 (=0)	0.295	0	0.456
産業固定効果	分析対象企業所属産業の固定効果を制御した推定結果 (=1)、その他 (=0)	0.627	1	0.484
時間固定効果	時間固定効果を制御した推定結果 (=1)、その他 (=0)	0.481	0	0.500
ロシア	ロシアの企業データが全観測値に占める比率	0.208	0	0.398
ポーランド	ポーランドの企業データが全観測値に占める比率	0.069	0	0.234
ハンガリー	ハンガリーの企業データが全観測値に占める比率	0.067	0	0.230
ウクライナ	ウクライナの企業データが全観測値に占める比率	0.068	0	0.247
その他中東欧・旧ソ連諸国	チェコ及び上記以外の中東欧・旧ソ連諸国の企業データが全観測値に占める比率	0.220	0	0.402
中東欧標本集団比率	中東欧諸国の企業データが全観測値に占める比率	0.705	1.000	0.450
EU加盟国標本集団比率	中欧EU加盟諸国の企業データが全観測値に占める比率	0.698	1.000	0.454
バウチャー私有化諸国標本集団比率	バウチャー私有化を優先的に実施した国々の企業データが全観測値に占める比率 [1]	0.662	1.000	0.455
MEBO優先諸国標本集団比率	MEBOを優先的に実施した国々の企業データが全観測値に占める比率 [1]	0.119	0.000	0.308
直接売却優先諸国標本集団比率	戦略的投資家への直接売却を優先的に実施した国々の企業データが全観測値に占める比率 [1]	0.218	0.000	0.388
民間部門対GDP比低位諸国標本集団比率	2010年民間部門対GDP比率が中央値70%未満である国々の企業データが全観測値に占める比率 [1]	0.300	0.000	0.452
√自由度	推定モデルの自由度の平方根	50.226	26.842	63.555
研究水準	研究水準の10段階評価 [2]	4.272	4	3.034

注1) 該当国の内訳は、表7.1を参照。
　　2) 詳細は、本書序論を参照。
出所) 筆者算定。

表7.5　所有変数タイプ大分類を用いたメタ回帰分析：ベースライン推定

(a) 従属変数：偏相関係数

推定量[1] メタ独立変数（デフォルト・カテゴリ）/モデル	Cluster-robust OLS [1]	Cluster-robust WLS [研究水準] [2]	Cluster-robust WLS [N] [3]	Cluster-robust WLS [1/SE] [4]	Multi-level mixed-effects RML [5]	Cluster-robust random-effects panel GLS [6][2]	Cluster-robust fixed-effects panel LSDV [7][3]
所有変数タイプ（デフォルト＝全国国家所有変数）							
全国内外部投資家所有変数	0.0187 *	0.0161	0.0174	-0.0056	0.0100	0.0101	0.0088
外国投資家所有変数	0.0596 ***	0.0648 ***	0.0406 ***	0.0730 ***	0.0459 ***	0.0461 ***	0.0427 ***
全企業従業員所有変数	0.0204	0.0141	0.0242 **	0.0141	0.0073	0.0074	0.0057
その他所有変数の形式・構造							
ダミー型所有変数（所有比率）	-0.0130	-0.0226 *	-0.0160 **	-0.0180	-0.0030	-0.0033	0.0023
ラグ変数（非ラグ変数）	0.0260	0.0269	-0.0064	0.0079	-0.0066	-0.0061	-0.0131 ***
交差項同時推定（交差項無し）	-0.0023	-0.0065	-0.0195 **	-0.0074	-0.0152	-0.0151	-0.0144
経営実績変数タイプ（売上／産出指標）							
効率性指標	0.0053	-0.0025	-0.0058	0.0343 *	-0.0092	-0.0091	-0.0106
生産性指標	-0.0114	-0.0076	-0.0297 **	0.0352	-0.0204	-0.0203	-0.0211
企業価値指標	0.0382 **	0.0623 ***	0.0141	0.1555 ***	-0.0224	-0.0214	-0.0336
その他経営実績指標	0.0234	0.0302	-0.0024	0.0877 **	-0.0040	-0.0030	-0.0206
研究対象産業（広範囲）							
鉱工業	0.0136	0.0257 *	-0.0001	-0.0158	-0.0059	-0.0057	-0.0191
サービス業	-0.0072	0.0097	0.0084	-0.0059	0.0040	0.0040	-0.0059
推定期間							
推定期間初年度	-0.0039 ***	-0.0030 **	-0.0029 **	-0.0031	-0.0016	-0.0017	0.0005
推定年数	-0.0042 *	-0.0041 **	-0.0028 **	0.0020	-0.0010	-0.0011	0.0032
データ形式（パネルデータ）							
横断面データ	0.0285	0.0287	0.0042	0.0615 *	0.0109	0.0104	0.0285 ***
データ情報源（政府統計データ）							
商用データベース	0.0230	0.0130	-0.0123	-0.0246	0.0091	0.0098	-0.0358 ***
独自企業調査	0.0005	-0.0123	-0.0289	0.0277	-0.0017	-0.0015	dropped
推定量（OLS）							
FE	0.0229 **	0.0336 ***	-0.0002	0.0215	-0.0019	-0.0018	-0.0009
RE	0.0224 *	0.0315 ***	0.0090	0.0112	0.0150 *	0.0149 *	0.0168 *
Robust	-0.0127	-0.0267 *	-0.0216	-0.0844 ***	0.0071 *	0.0070 *	0.0079
GMM	-0.0224	-0.0196	-0.0183	-0.0643 **	-0.0113	-0.0118	-0.0040
その他推定量	0.0256	0.0152	-0.0150 *	0.1236 ***	0.0069	0.0070	0.0069
IV/2SLS/3SLS	-0.0120	-0.0072	0.0091	-0.0110	-0.0219 **	-0.0219 **	-0.0225 **

推定式タイプ（非差分・非トランスログ・モデル）							
差分モデル	-0.0064	-0.0064	0.0070	0.0346	-0.0553 **	-0.0540 **	-0.0865 **
トランスログ・モデル	-0.0026	-0.0002	-0.0035	0.0409 *	0.0006	0.0007	-0.0065
企業私有化選択バイアス問題							
選択バイアス対処	-0.0008	-0.0065	0.0096	-0.0461	0.0128	0.0126	0.0095
制御変数							
市場競争度	-0.0007	0.0087	-0.0008	-0.0124	0.0056	0.0060	-0.0079
所在地固定効果	0.0083	0.0099	0.0151	-0.0227	0.0001	0.0004	-0.0049
産業固定効果	0.0181	0.0269 *	0.0234 ***	0.0257	0.0178	0.0175	0.0236
時間固定効果	0.0001	-0.0033	-0.0023	0.0170	-0.0160	-0.0159	-0.0236 **
研究対象国別標本集団比率（チェコ）							
ロシア	0.0075	0.0085	0.0108	-0.0378	-0.0046	-0.0044	-0.0023
ポーランド	0.0056	0.0017	0.0307 *	0.0346	0.0241	0.0231	0.0439
ハンガリー	0.0167	-0.0028	-0.0014	0.0109	0.0216	0.0219	0.0081
ウクライナ	0.0274	0.0287	-0.0084	0.0447 *	0.0197	0.0206	-0.0063
その他中東欧・旧ソ連諸国	0.0151	0.0112	0.0029	-0.0048	0.0125	0.0125	0.0125
自由度・研究水準							
√自由度	-0.0001	-0.0001 **	-0.0001	-0.0002	-0.0002 ***	-0.0002 ***	-0.0002 **
研究水準	-0.0013	–	-0.0012	-0.0049 **	0.0017	0.0017	dropped
切片	7.7500 ***	6.0188 **	5.9949 ***	6.1382	3.1985	3.3363	-0.9048
K	2894	2894	2894	2894	2894	2894	2894
R^2	0.154	0.229	0.364	0.529	–	0.049	0.012

(b) 従属変数：t値

メタ独立変数タイプ（デフォルト・カテゴリ）/モデル	Cluster-robust OLS [8]	Cluster-robust WLS [研究水準] [9]	Cluster-robust WLS [V] [10]	Cluster-robust WLS [1/SE] [11]	Multi-level mixed-effects RML [12]	Cluster-robust random-effects panel GLS [13][4]	Cluster-robust fixed-effects panel LSDV [14][5]
所有変数タイプ（全国家所有変数）							
全国内外部投資家所有変数	0.7370 *	0.5100	3.3549 *	0.6633	0.4266	0.4335	0.3964
外国投資家所有変数	2.7076 ***	2.2623 ***	7.8449 ***	4.1089 ***	1.5008 ***	1.5294 ***	1.3910 ***
全企業従業員所有変数	0.6971	0.4122	3.6765 **	0.6887	0.6344	0.6368	0.6275
その他所有変数の形式・構造							
所有ダミー変数（所有変数）	−0.7162	−0.2935	−4.3007 ***	−0.9045	−0.5982	−0.6156	−0.5134
ラグ変数（非ラグ変数）	0.6150	0.6813	−0.3927	−0.8980	−0.3448 **	−0.3243 **	−0.4071 ***
交差項同時推定（交差項無し）	0.1743	0.1695	−6.3883 ***	0.0260	−1.7996 *	−1.7513 *	−2.0074 *
経営実績変数タイプ（売上/産出指標）							
効率性指標	−0.3797	−0.2873	−2.3972 *	0.1356	−0.3781	−0.3838	−0.3537
生産性指標	−0.5390	−0.4674	−6.6233 ***	−0.1231	−0.4277	−0.4328	−0.4101
企業価値指標	0.9711	1.1774	−5.2279 ***	4.2780 ***	−0.8732 **	−0.8578 *	−0.9237
その他経営実績指標	−0.2276	0.1551	−1.2889	2.5699	−0.3101	−0.2722	−0.4151
研究対象産業（広範囲）							
鉱工業	0.0190	1.1417 *	−5.5161 ***	−1.9021 *	−0.5920	−0.5432	−1.4062
サービス業	−2.8602	−1.2178	−2.3693	−3.5724	−1.1892	−1.1147	−2.2170 **
推定期間							
推定期間初年度	−0.1813 **	−0.1929 ***	−0.2204	−0.4037 *	−0.1964	−0.1964 *	−0.1905
推定年数	−0.1106	−0.2300 *	−0.4318 *	−0.0283	−0.1277	−0.1278	−0.0628
データ形式（パネルデータ）							
横断面データ	0.5236	0.5979	−6.1465 *	0.6833	0.6044	0.5797	0.7544
データ情報源（政府統計データ）							
商用データベース	−0.4609	−0.6958	−8.9647 ***	−3.6659 ***	−0.8434	−0.8639	−0.7836
独自企業調査	−0.5335	−1.8566 *	−6.3031 *	0.6950	−1.0309	−1.0346	dropped
推定量（OLS）							
FE	0.8154	0.9854 *	−3.2907	2.5346 **	−0.9682	−0.9341	−1.0773
RE	1.5846 **	2.5419 **	0.6319	2.4264	1.3254 *	1.3266 *	1.3177 *
Robust	−0.1547	0.3998	−3.2753	−3.0400 **	0.1697 *	0.1689 *	0.1775 *
GMM	−2.0299 **	−1.5349	−5.0272 *	−3.9123 **	−1.7765	−1.7576	−1.8722
その他推定量	0.3274	0.8027	−7.8662 ***	3.4005 *	−1.3309	−1.3569	−1.1938
IV/2SLS/3SLS	−0.0463	0.3626	3.8150 ***	0.6552	−0.2160	−0.2123	−0.2273

第Ⅲ部　企業システムの大転換

推定式タイプ（非差分・非トランスログ・モデル）							
差分モデル	0.0512	-0.7736	0.9768	0.9313	-1.9892	-1.9283	-2.3950
トランスログ・モデル	0.4030	0.2681	0.9594	2.2487	0.0498	0.1421	-0.4770
企業私有化選択バイアス問題							
選択バイアス対処	-0.7540	-0.6751	2.5709	-3.9125 **	0.3218	0.3256	0.2369
制御変数							
市場競争度	-0.2186	0.2052	-2.3155	-1.9755	-1.1516 *	-1.1191	-1.2321 *
所在地固定効果	0.2210	-0.0459	-0.1574	-0.4430	0.0078	-0.0485	0.3891
産業固定効果	1.4270 **	1.4888 **	4.8539 ***	2.5885 **	0.6050	0.6810	0.1376
時間固定効果	0.2344	0.2417	-1.2020	0.6769	0.0260	0.0904	-0.5722
研究対象国別標本集団比率（チェコ）							
ロシア	0.9441	1.7882	6.2227 **	-0.7303	0.6829	0.7602	-0.1395
ポーランド	1.3689	0.9148	6.2682 **	3.5384	2.9005 **	2.7353 **	4.2817 **
ハンガリー	1.8178	0.9609 ***	-0.2073	3.0367	2.6147 *	2.5345 *	3.5396 **
ウクライナ	0.4974	0.0838	-1.4166	-0.3649	0.1825	0.1944	0.5003
その他中東欧・旧ソ連諸国	1.3532	0.8091	1.6270	0.7880	2.3616	2.2209	3.6953
自由度・研究水準							
√自由度	0.0084	0.0041	-0.0113	-0.0051	0.0064	0.0059	0.0098
研究水準	-0.0005	–	-0.0049	-0.2780 *	0.0738	0.0755	dropped
切片	360.4910 **	384.3074 ***	451.7466	806.4356 ***	392.8722	392.6808 *	381.4948
K	2894	2894	2894	2894	2894	2894	2894
R^2	0.216	0.291	0.590	0.393	–	0.095	0.040

注1）OLS：最小二乗法，WLS：加重最小二乗法（括弧内は推定に用いた分析的重み），RML：制限付き最尤法，GLS：一般最小二乗法，LSDV：最小二乗ダミー推定法。
2）Breusch-Pagan 検定：$\chi^2=1120.40, \rho=0.000$
3）Hausman 検定：$\chi^2=68.48, \rho=0.000$
4）Breusch-Pagan 検定：$\chi^2=1277.86, \rho=0.000$
5）Hausman 検定：$\chi^2=155.95, \rho=0.000$
6）回帰係数の統計有意性は，White の修正標準誤差による分散不均一性の下でも一致性のある標準誤差に基づいて行った。＊＊＊：1％水準で有意，＊＊：5％水準で有意，＊：10％水準で有意。
7）OLS，WLS 及びパネル変量効果・固定効果推定は，研究毎に抽出推定結果をクラスター化したクラスター法を採用している。
出所）筆者推定。メタ独立変数の定義及び記述統計量は，表 A.4 を参照。

第7講　私有化政策と企業再建：ポスト私有化期の所有構造と経営成果

所有変数のメタ独立変数は，再び7モデル全てにおいて1％水準で有意に正である。つまり，外国投資家の経営成果に与える効果の統計的確からしさは，国家所有のそれよりも1.3910から7.8449の範囲で平均的に高いと判断される。これに対して，全国内外部投資家所有変数及び全企業従業員所有変数のメタ回帰係数は，全7モデルで正だが，統計的に有意な推定結果を示しているのは，いずれも2モデルに過ぎず，従って，国家と国内民間所有主体の所有効果の統計的有意性に顕著な差があるとは云い難い。

　以上の分析結果を踏まえつつ，次に，所有変数タイプ15小分類を用いた推定を行った。その結果が，**表7.6**である。紙幅の都合から，他研究条件のメタ独立変数及び切片の推定結果は省略したが，それらの構成は，表7.5のそれと完全に一致している。

　表7.6(a)の通り，偏相関係数を従属変数とするメタ回帰分析では，外国投資家所有変数に加えて，国内外部投資家全般所有変数及びその他国内非金融機関法人所有変数の抽出推定結果を1で特定するメタ独立変数が，5モデルまたはそれ以上で有意に正に推定された。他方，t値を従属変数とした同表(b)の推定結果においては，外国投資家所有変数に，その他国内非金融機関法人所有変数及び企業従業員全般所有変数を加えた3所有変数タイプが，5モデル又はそれ以上で，やはり有意に正の係数値を示した。

　上記の結果から，表7.5の所有変数タイプ大分類を用いた分析結果において，全国内外部投資家所有変数のメタ回帰係数が悉く非有意である理由として，国内外部個人投資家から国内企業集団・持株会社に至る6所有者タイプの経営成果へのインパクトを検証した研究が，全体として，経済的に意味があり，なおかつ統計的に有意な所有効果の検出に失敗していることが指摘できる。他方，全企業従業員所有変数と全国家所有変数の推定結果に統計的に有意な差が認められない原因は，図7.6にも示されている様に，被雇用者の所有効果が極めて矮小であるためだと推察される。

　なお，再び表7.5の通り，所有変数タイプ以外の研究条件や研究水準を反映したメタ独立変数の中で，比較的頑健に推定されたものは極めて限定的である。即ち，効果サイズという観点から研究間異質性を体系的に説明し得る要因は，(1)推定量の選択及び(2)自由度の2要因であり，一方，統計的有意性の面から研究間の差異を決定付けているのは，(1)交差項の有無，(2)推定期間初年度，(3)推定量の選択，(4)産業固定効果の制御，(5)研究対象国の差異という5つの要因に過ぎず，経営実績変数や研究対象産業の違い，実証データの形式や情報源，推定式のタイプ，選択バイアスへの対処の有無，研究水準という一連の研究条件は，先行研究が報告する

281

表7.6 所有変数タイプ小分類を用いたメタ回帰分析：ベースライン推定

(a) 従属変数：偏相関係数

推定量[1] / メタ独立変数（デフォルト・カテゴリ）/モデル	Cluster-robust OLS [1]	Cluster-robust WLS [研究水準] [2]	Cluster-robust WLS [N] [3]	Cluster-robust WLS [1/SE] [4]	Multi-level mixed effects RML [5]	Cluster-robust random-effects panel GLS [6][2]	Cluster-robust fixed-effects panel LSDV [7][3]
所有変数タイプ（国家所有全般所有変数）							
中央政府所有変数	0.0084	0.0151	-0.0264	0.0029	0.0317 *	0.0317 *	0.0318 *
地方政府所有変数	0.0010	0.0118	-0.0472 **	0.0282	0.0054	0.0055	0.0029
国内外部投資家全般所有変数	0.0390 *	0.0557 *	-0.0040	-0.0091	0.0413 **	0.0414 **	0.0388 **
国内外部個人投資家所有変数	0.0177	0.0216	0.0183 *	-0.0067	0.0120	0.0120	0.0114
国内機関投資家全般所有変数	0.0211	0.0165	0.0268 *	-0.0012	0.0065	0.0065	0.0052
国内金融機関全般所有変数	-0.0208	-0.0339	-0.0237	-0.0910 ***	-0.0077	-0.0078	-0.0075
国内銀行所有変数	0.0154	0.0299	-0.0076	0.0371 **	0.0022	0.0023	0.0004
国内ノンバンク金融機関所有変数	0.0201	0.0145	0.0009	-0.0022	0.0078	0.0079	0.0057
国内企業集団・持株会社所有変数	0.0409	0.0514 *	0.0166	-0.0022	0.0044	0.0048	-0.0014
その他国内非金融機関法人所有変数	0.0378 ***	0.0323 *	0.0144	0.0231 *	0.0326 **	0.0326 **	0.0320 *
外国投資家所有変数	0.0605 ***	0.0659 ***	0.0346 ***	0.0726 ***	0.0477 ***	0.0479 ***	0.0441 ***
企業従業員全般所有変数	0.0282 *	0.0211	0.0223 *	0.0043	0.0168	0.0169	0.0150
企業経営者所有変数	0.0427	0.0262	0.0448 *	0.0290 *	0.0339	0.0340	0.0330
企業被雇用者所有変数	-0.0188	-0.0134	-0.0152	-0.0185	-0.0286	-0.0286	-0.0297
K	2894	2894	2894	2894	2894	2894	2894
R^2	0.177	0.253	0.379	0.545	–	0.060	0.019

(b) 従属変数：t 値

メタ独立変数タイプ（デフォルト：国家所有全般所有変数） 推定量[1]	Cluster-robust OLS [8]	Cluster-robust WLS [研究水準] [9]	Cluster-robust WLS [N] [10]	Cluster-robust WLS [1/SE] [11]	Multi-level mixed effects RML [12]	Cluster-robust random-effects panel GLS [13][4]	Cluster-robust fixed-effects panel LSDV [14][5]
所有変数タイプ（国家所有全般所有変数）							
中央政府所有変数	-1.0083	-1.6244	-12.0835 ***	-4.6959	1.5350 **	1.4635 **	1.7026 **
地方政府所有変数	-1.4657	-1.7309	-22.7647 ***	-10.7130	-0.0706	-0.1255	0.0608
国内外部投資家全般所有変数	0.1977	0.1368	-5.2403 **	-2.9302	1.0507 ***	1.0431 ***	1.0646 ***
国内外部個人投資家全般所有変数	0.8849 *	0.6514	2.2489	0.5010	0.6885	0.6867	0.6917
国内機関投資家全般所有変数	0.8698	0.9711	3.9893	0.6347	0.8009	0.8021	0.7943
国内金融機関全般所有変数	0.3081	-0.1534	1.9979	-1.1509	-0.0291	-0.0252	-0.0439
国内銀行所有変数	-0.1210	0.0954	-2.9715	1.4162 **	0.0141	0.0088	0.0193
国内ノンバンク金融機関所有変数	-0.0552	-0.2552	0.0180	-0.6149	0.2292	0.2264	0.2276
国内企業集団・持株会社所有変数	0.8224	1.2466	-2.8489	-1.5055	0.3650	0.3727	0.3347
その他国内非金融機関法人所有変数	0.9476 **	0.6415	-1.6690	1.7363 **	1.0796 **	1.0724 **	1.0903 **
外国投資家全般所有変数	2.5057 ***	2.1458 ***	5.1475 ***	3.6867 ***	1.5764 ***	1.6086 ***	1.4906 ***
企業従業員全般所有変数	0.9464 *	1.0049 *	2.2903	-0.2122	0.9635 **	0.9649 **	0.9561 **
企業経営者所有変数	0.6779	0.3475	2.6387	1.0620	1.0769 **	1.0603 **	1.1289 **
企業被雇用者所有変数	-0.4188	-1.1535	-1.2742	-2.0662 *	0.0609	0.0528	0.0810
K	2894	2894	2894	2894	2894	2894	2894
R^2	0.224	0.300	0.633	0.414	-	0.098	0.041

注1) OLS：最小二乗法。WLS：加重最小二乗法（括弧内は推定に用いた分析的的重み）。RML：制限付き最尤法。GLS：一般最小二乗法。LSDV：最小二乗ダミー推定法。
2) Breusch-Pagan 検定：χ^2=1127.38, p=0.000
3) Hausman 検定：χ^2=77.97, p=0.002
4) Breusch-Pagan 検定：χ^2=1231.14, p=0.000
5) Hausman 検定：χ^2=178.46, p=0.000
6) 回帰係数の統計的検定は、White の修正法による分散不均一性の下でも一致性のある標準誤差に基づいて行った。*** : 1%水準で有意。** : 5%水準で有意。* : 10%水準で有意。OLS、WLS及びパネル変量効果・固定効果推定に際しては、研究毎に抽出推定結果をクラスター化したクラスター法を採用している。
出所）筆者推定。メタ独立変数の定義及び記述統計量は、表7.4を参照。

第Ⅲ部　企業システムの大転換

実証成果に体系的かつ著しい差異をもたらす要因ではないといえる。

　以上の通り，表7.5及び表7.6に報告したベースライン推定の諸結果は，国家や国内民間主体との比較における企業再建者としての外国投資家の抜群性を示唆するに止まるものであり，前節の分析結果と同様に，7.2節に提起した所有者タイプ間の差異に関する一連の仮説全体を総体的に裏付けるものではない。かかる分析結果に帰した大きな理由の一つは，特定の国や地域又は私有化政策の特異性を検証すべく設計された所有変数，とりわけ国内外部投資家所有変数の多くが，期待された実証結果をもたらしておらず，この結果として，既存研究全体が，一種の昏迷状態に陥っていることを暗に示している。そこで，続く7.6節では，移行国や私有化政策の特異性に配慮した拡張モデルの推定を試み，これらの要因と実証結果の相関関係を検証することで，この混沌状態の中から一定の規則性を見出す。

7.6　移行経済の特異性に関するメタ回帰分析

　7.2.2項での議論及び表7.1に基づき，本節では，移行国及び私有化政策の特異性として，(1)旧ソ連諸国との比較における中東欧諸国の特異性，(2)バウチャー私有化優先諸国の特異性，(3)MEBO 優先諸国の特異性，(4)直接売却優先諸国の特異性，並びに(5)企業私有化進行速度の差異に注目を払ったメタ回帰分析を行う。具体的には，これら5つの分析視角に応じて研究対象国を区分し，問題となる移行国グループが標本集団全体に占める比率と所有変数タイプ別メタ独立変数との交差項を推定することにより，当該国家集団の特異性を識別するのである。以下では，所有変数タイプ大分類を用いた拡張モデルの推定結果を中心に議論を進めるが，小分類に基づく推定結果にも適宜言及する[19]。

7.6.1　中東欧諸国の特異性

　表7.7は，中東欧諸国標本集団比率及び同変数と所有変数タイプ別メタ独立変数との交差項を右辺に導入した拡張モデルの推定結果である。紙幅の制約から報告は割愛したが，ここでも，表7.5と同様に，他の研究条件を捉えるメタ独立変数が同時推定されている[20]。同表(a)の通り，中東欧諸国標本集団比率自身は，7モデル中5モデルで有意に正である一方，外国投資家所有変数との交差項は，6モデルで

---

19) 所有変数小分類を用いた推定結果は，日本評論社ウエブサイト（https://www.nippyo.co.jp/shop/downloads）にある本書第7講付録3から付録7で報告している。
20) 但し，研究対象国別標本集団比率は除かれている。

表7.7 中東欧諸国の特異性に関するメタ回帰分析

(a) 偏相関係数

推定量¹⁾ メタ独立変数（デフォルト・カテゴリ）/モデル	Cluster-robust OLS [1]	Cluster-robust WLS [研究水準] [2]	Cluster-robust WLS [N] [3]	Cluster-robust WLS [1/SE] [4]	Multi-level mixed effects RML [5]	Cluster-robust random-effects panel GLS [6]²⁾	Cluster-robust fixed-effects panel LSDV [7]³⁾
所有変数タイプ（全国家所有変数）							
全国内外部投資家所有変数	0.0480 ***	0.0487 **	0.0337	0.0071	0.0182	0.0185 ***	0.0152
外国投資家所有変数	0.1143 ***	0.1367 **	0.0898 **	0.1209 **	0.0865 **	0.0868 ***	0.0851 **
全企業従業員所有変数	0.0479	0.0127	0.0227	0.0300	0.0231	0.0233	0.0208
交差項							
全国内外部投資家所有変数 × 中東欧諸国標本集団比率	-0.0454 **	-0.0455 *	-0.0253	-0.0158	-0.0113	-0.0116	-0.0084
外国投資家所有変数 × 中東欧諸国標本集団比率	-0.0737 ***	-0.0886 ***	-0.0603 **	-0.0565 *	-0.0544 *	-0.0546 *	-0.0565 *
全企業従業員所有変数 × 中東欧諸国標本集団比率	-0.0416 *	0.0082	-0.0015	-0.0259	-0.0268	-0.0269	-0.0259
中東欧諸国標本集団比率	0.0340 **	0.0281 *	0.0444 **	0.0309	0.0399 **	0.0391 **	0.0662
K	2894	2894	2894	2894	2894	2894	2894
R^2	0.163	0.248	0.373	0.519	–	0.048	0.008

(b) t値

推定量¹⁾ メタ独立変数（デフォルト・カテゴリ）/モデル	Cluster-robust OLS [8]	Cluster-robust WLS [研究水準] [9]	Cluster-robust WLS [N] [10]	Cluster-robust WLS [1/SE] [11]	Multi-level mixed effects RML [12]	Cluster-robust random-effects panel GLS [13]⁴⁾	Cluster-robust fixed-effects panel LSDV [14]⁵⁾
所有変数タイプ（全国家所有変数）							
全国内外部投資家所有変数	1.5947 **	1.4006 **	5.9944	1.5255	0.5396 *	0.5688 *	0.4531
外国投資家所有変数	5.6981 ***	5.6708 ***	21.2447 ***	6.8343 ***	2.1282 ***	2.2072 ***	1.9391 ***
全企業従業員所有変数	1.5219 *	0.9194 *	6.6822	1.5556	0.8122 *	0.8350 *	0.7406
交差項							
全国内外部投資家所有変数 × 中東欧諸国標本集団比率	-1.4603 *	-1.3355 *	-4.9372	-1.3505	-0.1590	-0.1894	-0.0749
外国投資家所有変数 × 中東欧諸国標本集団比率	-3.7021 ***	-4.2192 ***	-16.5619 ***	-3.2993 ***	-0.8187	-0.8744	-0.7204
全企業従業員所有変数 × 中東欧諸国標本集団比率	-1.0029 *	-0.3403	-3.2844 ***	-1.3911 *	-0.2741	-0.3003	-0.1893
中東欧諸国標本集団比率	1.4257 **	1.0500 *	9.6088 ***	3.1031 **	1.3799	1.2871	2.0263
K	2894	2894	2894	2894	2894	2894	2894
R^2	0.221	0.302	0.601	0.387	–	0.078	0.028

注1) OLS：最小二乗法．WLS：加重最小二乗法（括弧内は推定に用いた分析的重み）．RML：制限付き最尤法．GLS：一般最小二乗法．LSDV：最小二乗ダミー推定法．
2) Breusch-Pagan 検定：χ^2=896.85, ρ=0.000
3) Hausman 検定：χ^2=65, ρ=0.000
4) Breusch-Pagan 検定：χ^2=1243.91, ρ=0.000
5) Hausman 検定：χ^2=149.01, ρ=0.000
6) 回帰係数の統計的検定は、White の修正法による分散不均一性の下でも一致性のある標準誤差に基づいて行った。***：1％水準で有意．**：5％水準で有意．*：10％水準で有意．
OLS、WLS 及びパネル変量効果・固定効果推定に際しては、研究別に抽出推定結果をクラスター化したクラスター法を採用している。
出所）著者推定．メタ独立変数の定義及び記述統計量は、表7.4を参照．

第III部　企業システムの大転換

有意に負に推定された。この結果を換言すれば，中東欧諸国を対象とした実証研究は，旧ソ連諸国のそれと比較して，全般的により大きい効果サイズを報告しているものの，外国投資家所有の効果サイズは，旧ソ連諸国よりも統計的に有意に小さく，従って，中東欧諸国における外国投資家の国家や国内民間主体に対する相対的優位性は，旧ソ連諸国ほどには顕著ではない可能性が示唆されている[21]。

　他方，表7.7(b)によれば，中東欧諸国の特異性を交差項で制御すると，所有変数タイプのメタ独立変数が，いずれも比較的頑健に有意に正に推定された。即ち，中東欧諸国研究は，その統計的有意性という観点から，国家所有との対比における国内民間主体及び外国投資家による企業所有のパフォーマンス効果に関する理論的仮説を支持する結果が，旧ソ連諸国研究ほどには得られていないことが，この結果に表れている[22]。

　なお，所有変数タイプ小分類を用いた拡張モデルの推定結果によれば，中東欧諸国研究と旧ソ連諸国研究の間では，特に国内ノンバンク金融機関及び企業経営者の推定結果に，効果サイズと統計的有意性の両面で顕著な差が見られ，なおかつ，旧ソ連諸国研究の方が，これら2所有者タイプの企業パフォーマンス効果に対して，より肯定的な実証的評価を与えていることが確認される。また，統計的有意性の観点では，国内企業集団・持株会社の所有効果についても同様の傾向が看取される。

7.6.2　バウチャー私有化優先諸国の特異性

　表7.8は，バウチャー私有化優先諸国の特異性を識別した推定結果である。同表には，本講義で披露するメタ分析結果の中でも，特に注目に値する事実発見が表れている。即ち，バウチャー私有化優先諸国の実証結果に特有な影響を交差項で分離すると，所有変数タイプ別メタ独立変数自身には，偏相関係数と t 値の何れを従属変数とした場合でも，7モデル中5モデル又はそれ以上で，その全てに対して有意に正の係数値が与えられているのである。その上，表7.5のベースライン推定と比して，全国内外部投資家所有変数の係数値が大幅に向上し，有意に推定された全てのモデルにおいて，全企業従業員所有変数のそれを凌駕し，また6モデルでは，外国投資家所有変数の係数値をも上回っている。一方，全国内外部投資家所有変数の

21）この結果は，ロシアにおける外資系企業と国内企業の効率性格差は，チェコのそれよりもより顕著であることを示したSabirianova et al.（2012）の実証結果と見事に符合している。同論文の筆者らは，チェコとの比較におけるロシアの政治的・制度的脆弱性がその主因であると論じている。傾聴に値する見解であろう。

22）なお，中東欧諸国標本集団比率をEU加盟諸国標本集団比率に代えた場合の推定結果は，表7.7とほぼ同一であった。

第7講　私有化政策と企業再建：ポスト私有化期の所有構造と経営成果

表7.8　バウチャー私有化優先諸国の特性に関するメタ回帰分析

(a) 偏相関係数[1]

推定量[1]	Cluster-ro bust OLS [1]	Cluster-ro bust WLS [研究水準] [2]	Cluster-ro bust WLS [N] [3]	Cluster-ro bust WLS [1/SE] [4]	Multi-level mixed effects RML [5]	Cluster-ro bust ran dom-effects panel GLS [6][2]	Cluster-ro bust fixed-effects panel LSDV [7][3]
メタ独立変数タイプ（デフォルト・カテゴリ）・モデル							
所有変数タイプ（全国家所有変数）							
全国内外部投資家所有変数	0.0529 ***	0.0511 ***	0.0228 *	0.0205	0.0527 ***	0.0528 ***	0.0509 ***
外国投資家所有変数	0.0564 ***	0.0660 ***	0.0261 *	0.0844 ***	0.0283 *	0.0294 ***	0.0172 *
全企業従業員所有変数	0.0194 *	0.0439 **	0.0212 *	0.0078 *	0.0173 *	0.0175 *	0.0150
交差項							
全国内外部投資家所有変数 × バウチャー私有化優先諸国際本集団比率	-0.0440 **	-0.0456 *	-0.0128	-0.0308	-0.0521 ***	-0.0522 ***	-0.0507 ***
外国投資家所有変数 × バウチャー私有化優先諸国際本集団比率	0.0090	0.0048	0.0431 *	-0.0072	0.0350	0.0338	0.0482 **
全企業従業員所有変数 × バウチャー私有化優先諸国際本集団比率	0.0056	-0.0510 *	0.0013	0.0120	-0.0126	-0.0127	-0.0110
バウチャー私有化諸国際本集団比率	-0.0008	0.0157	-0.0329 *	0.0031	-0.0263	-0.0244 *	-0.0576 ***
K	2894	2894	2894	2894	2894	2894	2894
R^2	0.159	0.235	0.377	0.517	–	0.047	0.011

(b) t値

推定量[1]	Cluster-ro bust OLS [8]	Cluster-ro bust WLS [研究水準] [9]	Cluster-ro bust WLS [N] [10]	Cluster-ro bust WLS [1/SE] [11]	Multi-level mixed effects RML [12]	Cluster-ro bust ran dom-effects panel GLS [13][4]	Cluster-ro bust fixed-effects panel LSDV [14][5]
メタ独立変数タイプ（デフォルト・カテゴリ）・モデル							
所有変数タイプ（全国家所有変数）							
全国内外部投資家所有変数	2.1523 ***	1.8615 ***	3.4696 ***	2.4447 ***	2.0389 ***	2.0446 ***	2.0043 ***
外国投資家所有変数	2.8218 ***	2.2100 ***	3.8810 ***	6.1283 ***	1.6552 *	1.6990 ***	1.4715 ***
全企業従業員所有変数	1.0585 *	1.3551 **	2.3830 **	1.3920 **	1.5045 **	1.4987 **	1.5069 ***
交差項							
全国内外部投資家所有変数 × バウチャー私有化優先諸国際本集団比率	-1.9097 *	-1.8192 *	-0.5576	-3.2252	-2.0283 ***	-2.0275 ***	-2.0128 **
外国投資家所有変数 × バウチャー私有化優先諸国際本集団比率	-0.0096	0.1505	10.6914 ***	-2.5233	-0.0219	-0.0403	0.1078
全企業従業員所有変数 × バウチャー私有化優先諸国際本集団比率	-0.5166	-1.4793 *	1.0759	-0.8256 *	-1.2179	-1.2074	-1.2308
バウチャー私有化諸国際本集団比率	-0.6493	0.0677	-8.0049 ***	-0.0667	-1.5370	-1.3988	-2.2777 ***
K	2894	2894	2894	2894	2894	2894	2894
R^2	0.219	0.286	0.594	0.390	–	0.098	0.039

注1）OLS：最小二乗法．WLS：加重最小二乗法（括弧内は推定に用いた分析的重み），RML：制限付き最尤法，GLS：一般最小二乗法，LSDV：最小二乗ダミー推定法．
2）Breusch-Pagan 検定：$\chi^2=1098.35, p=0.000$
3）Hausman 検定：$\chi^2=91.10, p=0.000$
4）Breusch-Pagan 検定：$\chi^2=1324.70, p=0.000$
5）Hausman 検定：$\chi^2=47.72, p=0.159$
6）偏相関係数の修正正法と，White の修正法による分散不均一性の下でも一致性のある名標準誤差に基づいて行った．***：1％水準で有意，**：5％水準で有意，*：10％水準で有意．
OLS，WLS 及びパネル変量効果・固定効果推定に際しては，研究毎に抽出推定結果をクラスター化したクラスター法を採用している。
筆者推定。メタ独立変数の定義及び記述統計量は，表7.4を参照。

出所）筆者推定。

第Ⅲ部　企業システムの大転換

交差項は，表7.8(a)及び(b)のいずれにおいても，7モデル中5モデルで，各々有意に負に推定されている。

　以上の推定結果には，バウチャー型無償私有化を優先的政策手法として採用しなかった国々に関する研究との比較において，バウチャー私有化優先国の研究には，異なる企業所有者間の相対的優劣関係に関する理論的仮説を支持しない実証結果が非常に多く含まれている可能性が強く示唆されている。また，両研究間で，これほどにも非対称的な実証結果が生み出された背景として，バウチャー私有化優先諸国における国内外部投資家所有企業のとりわけ期待外れな経営実績を指摘することができる。この意味で，無差別かつ無償の資産譲渡は，彼らの企業再建努力を十分に引き出せなかった可能性が高いといえよう。

　以上に加え，所有変数タイプ小分類を用いた推定結果は，バウチャー私有化優先国研究における国内機関投資家全般所有変数や国内金融機関全般所有変数の推定結果は，他移行国研究のそれよりも，効果サイズと統計的有意性の両面で著しく劣ることを明らかにしている。この分析結果も，バウチャー型無償私有化を断行した移行諸国において，国内民間主体が，目覚ましい企業パフォーマンス効果を発揮し得なかった要因を把握する上で，大変意味深い事実発見である。

7.6.3　MEBO優先諸国の特異性

　表7.9は，MEBOを優先した移行諸国の特異性に配慮した推定結果である。同表において，一連の交差項は，従属変数の違いに依らず，頑健に有意な係数値を一切示していない。この結果を換言すれば，企業私有化の最優先方式として，経営者や一般従業員による自社買収を政策的に勧奨した事実は，他の私有化方式に重点を置いた移行諸国との比較において，政策効果の実証結果に顕著な違いをもたらさないといえる。但し，同表(b)において，MEBO優先諸国標本集団比率それ自身は，7モデル中4モデルで有意に正に推定されていることから，MEBO優先国研究が報告する推定結果の統計的有意性は，他移行国研究よりも，総じて平均的に高いとはいえる。

　なお，所有変数タイプ小分類を用いた分析結果によると，国内金融機関全般所有変数及び国内銀行所有変数の交差項は，効果サイズと統計的有意性の両方について，国内機関投資家の交差項は，統計的有意性に関する分析結果において，頑健に正の係数値を示している。ここには，MEBO優先諸国の金融機関を中心とする国内機関投資家は，その他の移行諸国においてよりも，自ら出資する私有化企業の経営再建活動に対して，より良い影響を及ぼしている可能性が暗示されている。それとは逆に，企業被雇用者所有変数の交差項には，効果サイズと統計的有意性の双方で，

表7.9 MEBO優先諸国の特異性に関するメタ回帰分析

(a) 偏相関係数

推定量[1]	Cluster-robust OLS	Cluster-robust WLS [研究水準]	Cluster-robust WLS [N]	Cluster-robust WLS [1/SE]	Multi-level mixed effects RML	Cluster-robust random-effects panel GLS	Cluster-robust fixed-effects panel LSDV
	[1]	[2]	[3]	[4]	[5]	[6][2]	[7][3]
メタ独立変数タイプ（デフォルト・カテゴリ）/モデル							
所有変数タイプ（全国家所有変数）							
全国内外部投資家所有変数	0.0156	0.0133	0.0061	-0.0061	0.0080	0.0073	0.0081
外国投資家所有変数	0.0655 ***	0.0694 ***	0.0430 ***	0.0804 ***	0.0578 ***	0.0577 ***	0.0579 ***
全企業従業員所有比率	0.0264	0.0090	0.0210	0.0189	0.0114	0.0104	0.0115
交差項							
全国内外部投資家所有変数 × MEBO優先諸国際本集団比率	0.0242	0.0248	0.0200	0.0152	0.0367 ***	0.0361 ***	0.0367 ***
外国投資家所有変数 × MEBO優先諸国際本集団比率	-0.0462	-0.0397	-0.0166	-0.0032	-0.0835 ***	-0.1070 ***	-0.0819 ***
全企業従業員所有変数 × MEBO優先諸国際本集団比率	-0.0382	0.0120	0.0020	-0.0167	-0.0295 ***	-0.0310 ***	-0.0293 ***
MEBO優先諸国際本集団比率	0.0313	0.0220	0.0041	0.0022	0.0864 ***	0.1347 ***	0.0833 ***
K	2894	2894	2894	2894	2894	2894	2894
R^2	0.159	0.231	0.363	0.515	–	0.044	0.007

(b) t値

推定量[1]	Cluster-robust OLS	Cluster-robust WLS [研究水準]	Cluster-robust WLS [N]	Cluster-robust WLS [1/SE]	Multi-level mixed effects RML	Cluster-robust random-effects panel GLS	Cluster-robust fixed-effects panel LSDV
	[8]	[9]	[10]	[11]	[12]	[13][4]	[14][5]
メタ独立変数タイプ（デフォルト・カテゴリ）/モデル							
所有変数タイプ（全国家所有変数）							
全国内外部投資家所有変数	0.4687	0.2616	0.8801	0.6199	0.3273	0.3367	0.3008
外国投資家所有変数	3.1397 ***	2.4301 ***	8.0491 ***	4.7872 ***	1.7929 ***	1.8296 ***	1.7132 ***
全企業従業員所有比率	0.6463	0.2414	1.3559	0.6518	0.5883	0.5970	0.5611
交差項							
全国内外部投資家所有変数 × MEBO優先諸国際本集団比率	1.5012	1.8745	3.8744	0.8927	1.3825	1.3706	1.4114
外国投資家所有変数 × MEBO優先諸国際本集団比率	-2.1237	-1.6721	-4.3168	-0.4557	-1.8739 *	-1.8051	-2.1461 *
全企業従業員所有変数 × MEBO優先諸国際本集団比率	-0.3624	0.7337	2.9605	0.6802	0.1769	0.1331	0.2999
MEBO優先諸国際本集団比率	2.1539 ***	1.2591	0.5309	0.6406	4.1625 ***	3.9137 ***	5.0217 ***
K	2894	2894	2894	2894	2894	2894	2894
R^2	0.223	0.289	0.578	0.381	–	0.096	0.022

注1) OLS：最小二乗法，WLS：加重最小二乗法（括弧内は推定に用いたメタ分析的重み），RML：制限付き最尤法，GLS：一般最小二乗法，LSDV：最小二乗ダミー推定法。
2) Breusch-Pagan検定：χ^2=1103.65, p=0.000
3) Hausman検定：χ^2=94.95, p=0.000
4) Breusch-Pagan検定：χ^2=1348.50, p=0.000
5) Hausman検定：χ^2=439.83, p=0.000
6) 回帰係数の統計的検定は，White の修正による分散不均一性の下でも一致性のある標準誤差に基づいて行った。 *** ：1％水準で有意。 ** ：5％水準で有意。 * ：10％水準で有意。
出所）OLS，WLS及びパネル変量効果・固定効果推定に際しては，研究毎に抽出推定結果をクラスター化したクラスター法を採用している。
メタ独立変数の定義及び変数の定義や記述統計量は，表7.4を参照。

第Ⅲ部　企業システムの大転換

頑健に負の推定値が与えられており，従業員企業所有の有害性が際立っている。
MEBO方式の特性を理解する上で，興味深い分析結果である。

7.6.4　直接売却優先諸国の特異性

　戦略投資家への直接売却は，とりわけ国内外部投資家の企業パフォーマンス効果
を引き出す上で極めて有効であった可能性が，**表7.10**に示されている。何故なら，
同表（a）及び（b）の双方において，全国内外部投資家所有変数と直接売却優先諸国
標本集団比率の交差項が，7モデル中5モデルで有意に正に推定されているからで
ある。その一方，外国投資家所有変数の交差項は，1つのモデルを除いて全て非有
意であるから，直接売却優先諸国における外国投資家と国内外部投資家の経営成果
に及ぼす所有効果の差は，他の移行諸国よりも大幅に小さいことが併せて判明する。
ハンガリーやポーランド等で実施された公的審査を通じた国家資産譲渡先の厳しい
選別は，外国投資家に比肩する国内投資家の発見に一定の寄与をもたらしたのかも
しれない。

　また，所有変数タイプ小分類を用いたメタ回帰分析では，偏相関係数を従属変数
とした推定結果において，国内外部個人投資家所有変数，国内機関投資家全般所有
変数，国内ノンバンク金融機関所有変数，企業従業員全般所有変数及び企業被雇用
者所有変数の交差項が，t値を左辺に導入した拡張モデルの推定結果では，国内金
融機関全般所有変数，国内ノンバンク金融機関所有変数，企業従業員全般所有変数
及び企業被雇用者所有変数の交差項が，各々4モデル又はそれ以上で有意に正に推
定された。これらの分析結果は，直接売却優先諸国における，国内機関投資家やイ
ンサイダーのより活発な企業再建活動を強く示唆しており，上述の議論とも整合的
である。

7.6.5　私有化政策進行速度の差異

　政策進行速度の差異が，先行研究の実証結果に及ぼす影響を検証するため，筆者
らは，表7.1に報告されている2010年民間部門対GDP比率の中央値70％を基準に
移行諸国を二分し，その低位諸国標本集団比率を以て，拡張モデルの推定を行った。
表7.11が，その結果である。同表（a）において，民間部門対GDP比低位諸国標本
集団比率は，7モデル中6モデルで有意に負に，一方，同変数と外国投資家所有変
数を指定するメタ独立変数の交差項は，6モデルで有意に正に推定されている。即
ち，企業私有化の進行が遅滞気味の国々を取り上げた実証研究が報告する効果サイ
ズは，私有化先行国研究よりも0.0258から0.0705の範囲で平均的に低いことが確認
されると同時に，外国投資家と国家や国内民間主体との所有効果格差は一段と大き

表7.10　直接売却優先諸国の特質性に関するメタ回帰分析

(a) 偏相関係数

推定量[1]	Cluster-robust OLS	Cluster-robust WLS [研究水準]	Cluster-robust WLS [N]	Cluster-robust WLS [1/SE]	Multi-level mixed effects RML	Cluster-robust random-effects panel GLS	Cluster-robust fixed-effects panel LSDV
	[1]	[2]	[3]	[4]	[5]	[6][2]	[7][3]
メタ独立変数タイプ（全国家所有変数）/モデル							
所有関係変数							
全国内外部投資家所有変数	0.0111	0.0072	0.0224 *	-0.0073	0.0027	0.0028	0.0018
外国投資家所有変数	0.0553 ***	0.0616 ***	0.0533 ***	0.0769 ***	0.0467 ***	0.0468 ***	0.0455 ***
全企業従業員所有変数	0.0175	0.0021	0.0296 **	0.0145	-0.0004	-0.0002	-0.0023
交差項							
全国内外部投資家所有変数 × 直接売却優先諸国本集団比率	0.0521 **	0.0526 ***	0.0008	0.0482	0.0581 ***	0.0579 ***	0.0585 ***
外国投資家所有変数 × 直接売却優先諸国本集団比率	0.0246	0.0231	-0.0263	0.0136	0.0103	0.0111	0.0021
全企業従業員所有変数 × 直接売却優先諸国本集団比率	0.0278	0.0568 *	-0.0009	-0.0084	0.0476	0.0473	0.0493
直接売却優先諸国国際本集団比率	-0.0261	-0.0381 **	0.0243	-0.0092	-0.0193	-0.0198	-0.0150
K	2894	2894	2894	2894	2894	2894	2894
R²	0.154	0.231	0.363	0.516	–	0.045	0.009

(b) t値

推定量[1]	Cluster-robust OLS	Cluster-robust WLS [研究水準]	Cluster-robust WLS [N]	Cluster-robust WLS [1/SE]	Multi-level mixed effects RML	Cluster-robust random-effects panel GLS	Cluster-robust fixed-effects panel LSDV
	[8]	[9]	[10]	[11]	[12]	[13][4]	[14][5]
メタ独立変数タイプ（全国家所有変数）/モデル							
所有関係変数							
全国内外部投資家所有変数	0.4198	0.1795	4.9810 ***	0.3448	0.1175	0.1242	0.0897
外国投資家所有変数	2.4751 ***	2.0010 ***	10.5036 ***	3.5933 ***	1.3678 ***	1.3998 ***	1.2377 ***
全企業従業員所有変数	0.7271	0.3138	6.1062 ***	0.8981	0.3306	0.3360	0.3115
交差項							
全国内外部投資家所有変数 × 直接売却優先諸国本集団比率	1.8244 **	1.5999 *	-2.1961 *	3.5369 **	2.3381 **	2.3502 **	2.3778 **
外国投資家所有変数 × 直接売却優先諸国本集団比率	1.4413	0.9601	-6.4464 *	3.6916 *	1.0623	1.0606	1.0597
全企業従業員所有変数 × 直接売却優先諸国本集団比率	0.8524	1.2875	-5.1380 *	-0.9933	1.9606 *	1.9499 *	1.9813 *
直接売却優先諸国国際本集団比率	-0.9745	-1.1446	6.4581 **	-1.1174	-1.7406	-1.6865	-2.0098
K	2894	2894	2894	2894	2894	2894	2894
R²	0.209	0.280	0.577	0.391	–	0.071	0.011

注1）OLS：最小二乗法。WLS：加重最小二乗法（括弧内は推定に用いた分析的重み）。RML：制限付き最尤法。GLS：一般最小二乗法。LSDV：最小二乗ダミー変数推定法。
2）Breusch-Pagan検定：$\chi^2=1090.06, p=0.000$
3）Hausman検定：$\chi^2=76.09, p=0.000$
4）Breusch-Pagan検定：$\chi^2=1373.35, p=0.000$
5）Hausman検定：$\chi^2=47.34, p=0.051$
6）回帰係数の統計的検定は、Whiteの修正による分散不均一性の下でも一貫性のある標準誤差に基づいて行った。***：1％水準で有意。**：5％水準で有意。*：10％水準で有意。
出所）筆者推定。メタ独立変数の定義及び記述統計量は、表7.4を参照。

表7.11 企業私有化進行速度の差異に関するメタ回帰分析

(a) 偏相関係数

推定量[1] メタ独立変数タイプ（デフォルト・カテゴリ）/モデル	Cluster-robust OLS [1]	Cluster-robust WLS [研究水準] [2]	Cluster-robust WLS [N] [3]	Cluster-robust WLS [1/SE] [4]	Multi-level mixed effects RML [5]	Cluster-robust random-effects panel GLS [6][2]	Cluster-robust fixed-effects panel LSDV [7][3]
所有変数タイプ（全国家所有変数）							
全国内外部投資家所有変数	0.0014	0.0017	0.0083	-0.0087	0.0049	0.0049	0.0048
外国投資家所有変数	0.0410 ***	0.0482 ***	0.0297 **	0.0644 ***	0.0311 ***	0.0313 ***	0.0275 ***
全企業従業員所有変数	0.0071	0.0215	0.0210 **	0.0047	-0.0047	-0.0045	-0.0063
交差項							
全国内外部投資家所有変数 × 民間部門対GDP比低位諸国標本集団比率	0.0490 **	0.0494 *	0.0281	0.0159	0.0180	0.0183	0.0157
外国投資家所有変数 × 民間部門対GDP比低位諸国標本集団比率	0.0727 ***	0.0876 ***	0.0598 ***	0.0568 ***	0.0578 ***	0.0579 ***	0.0608 ***
全企業従業員所有変数 × 民間部門対GDP比低位諸国標本集団比率	0.0405	-0.0104	0.0024	0.0234	0.0307	0.0307	0.0306
民間部門対GDP比低位諸国標本集団比率	-0.0308	-0.0258 *	-0.0433 *	-0.0310	-0.0414 *	-0.0403 *	-0.0705 *
K	2894	2894	2894	2894	2894	2894	2894
R²	0.163	0.249	0.372	0.519	–	0.049	0.009

(b) t値

推定量[1] メタ独立変数タイプ（デフォルト・カテゴリ）/モデル	Cluster-robust OLS [8]	Cluster-robust WLS [研究水準] [9]	Cluster-robust WLS [N] [10]	Cluster-robust WLS [1/SE] [11]	Multi-level mixed effects RML [12]	Cluster-robust random-effects panel GLS [13][4]	Cluster-robust fixed-effects panel LSDV [14][5]
所有変数タイプ（全国家所有変数）							
全国内外部投資家所有変数	0.1343	0.0687	1.0421	0.1819	0.3593	0.3582	0.3567
外国投資家所有変数	2.0256 ***	1.5061 ***	4.6994 ***	3.5412 ***	1.3013 ***	1.3256 ***	1.2077 ***
全企業従業員所有変数	0.5564	0.6494	2.3723	0.1885	0.5232	0.5203	0.5350
交差項							
全国内外部投資家所有変数 × 民間部門対GDP比低位諸国標本集団比率	1.4589 *	1.3111 *	5.0914 *	1.3621	0.2288	0.2575	0.1517
外国投資家所有変数 × 民間部門対GDP比低位諸国標本集団比率	3.6388 ***	4.0240 ***	16.6145 ***	3.3199 ***	0.8445 ***	0.8981 ***	0.7610 ***
全企業従業員所有変数 × 民間部門対GDP比低位諸国標本集団比率	0.9118	0.1307	3.3611	1.3154	0.3227	0.3465	0.2475
民間部門対GDP比低位諸国標本集団比率	-1.2734	-0.7717	-9.5625 *	-3.0870	-1.3523	-1.2504	-2.0658
K	2894	2894	2894	2894	2894	2894	2894
R²	0.221	0.302	0.602	0.387	–	0.077	0.028

注1) OLS：最小二乗法。WLS：加重最小二乗（括弧内は推定に用いた分析的比重）。RML：制限付き最尤法。GLS：一般最小二乗法。LSDV：最小二乗ダミー変数法。
2) Breusch-Pagan 検定：χ^2=883.91, p=0.000
3) Hausman 検定：χ^2=79.94, p=0.000
4) Breusch-Pagan 検定：χ^2=1247.71, p=0.000
5) Hausman 検定：χ^2=153.35, p=0.000
6) 回帰係数の統計的検定は、White の修正法による分散不均一性の下でも一致性のある標準誤差に基づいて行った。***：1％水準で有意。**：5％水準で有意。*：10％水準で有意。WLS及びパネル定数項推定法・固定効果推定には、メタ独立変数の定義及び、研究毎に抽出推定結果をクラスター化したクラスター法を採用。表7.4を参照。
出所：筆者推定。メタ独立変数の定義及び記述統計量は、表7.4を参照。

いことが分かるのである。7.2.2項で論じた通り，企業私有化の進行速度が相対的に高い国々では，民間部門の拡大に伴う企業間競争の激化や，経営基盤が脆弱な国内企業の市場淘汰が，企業所有者としての外国投資家の相対的な優位性を引き下げる結果に繋がっているのかもしれない[23]。

　なお，所有変数タイプ小分類を用いた分析結果によれば，偏相関係数を従属変数とするメタ回帰モデルにおいて，民間部門対 GDP 比低位諸国標本集団と，国内金融機関全般所有変数，国内ノンバンク金融機関所有変数及び企業経営者所有変数との交差項が，t 値を左辺に置くメタ回帰モデルでは，国内ノンバンク金融機関所有変数，国内企業集団・持株会社所有変数及び企業経営者所有変数との交差項が，7モデル中 4 モデル又はそれ以上で有意に正に推定された。これらの分析結果には，私有化遅滞諸国における国内機関投資家や企業経営者の相対的優勢が反映されていると見られ，大変意味深長である[24]。

　以上の通り，本節に報告した拡張メタ回帰モデルの推定結果は，所在地域，私有化方式及び政策進行速度に現れた中東欧・旧ソ連諸国間の差異は，ポスト私有化期の所有構造と経営成果の関係に強く作用することを強く示唆した。しかし同時に，その様相は，7.2.2項で我々が予測した以上に複雑であることも明らかとなった。即ち，以上に述べた 3 つの移行経済特殊要因は，経営成果の改善度という観点から，国家間に顕著な較差を生み出すばかりではなく，外国投資家・国内外部投資家・企業経営者間及び性格を異にする国内外部投資家間の相対的優劣関係にも大きく影響するのである。この意味で，本節に報告した一連の事実発見は，中東欧・旧ソ連諸国で行われた壮大な政策体験に関する新たな解釈の可能性を切り開くものであると云えよう。

---

23) 上述の通り，本項では，2010年民間部門対 GDP 比率を参照することにより，いわば「事後的」に観察された政策進行速度に基づいて移行諸国のグループ分けを行ったが，私有化政策の「初速」，即ち，1995年民間部門対 GDP 比率を基準にグループ分けを行った場合も，また，私有化政策着手年でグループ分けを行った場合も（Bennett et al., 2007），政策進行速度低位諸国構成に殆ど変化が生じないため，メタ回帰分析の推定結果も，表7.11とほぼ全く同様であった。

24) 複数の移行国を包含する実証データを用いた推定結果に対応するために，本節では標本集団比率を採用したが，メタ分析対象文献の大多数は特定国研究であるから，多くの場合，同変数の値は 1 である。なお，複数国研究を一切除外し，標本集団比率の代わりに該当国家集団ダミー変数を用いた場合でも，そこから得られる結論は，本節の分析結果と大差なかった。また更に，全ての交差項を同時に推定した分析結果も，表7.7から表7.11に報告した推定結果と整合的であった。頑健性点検方法に関するロバート・ジョンストン教授の助言に感謝する。

第Ⅲ部　企業システムの大転換

7.7　公表バイアスの検証

　メタ分析の最終段階として，本節では，この研究分野における公表バイアスの有無及びその影響度を検証する。

　図7.7には，抽出推定結果の偏相関係数と標準誤差の逆数を用いた漏斗プロットが，所有変数タイプ4大分類別に描かれている。同図の通り，ゼロを基準としても，また図中に実線で示された最高精度の推定結果10％の平均値を真の効果の近似値に仮定しても，いずれの所有変数タイプも，統計理論の予想に従い，抽出推定結果が左右対称かつ三角形型に分布しているとは断定し難いものがある[25]。とりわけ，非対称性の程度は，外国投資家所有変数の場合に顕著である。

　そこで，いま真の効果がゼロの近傍にあると仮定しよう。すると，偏相関係数の正負比率は，全国家所有変数が306対291，全国内外部投資家所有変数が627対319，外国投資家所有変数が641対233，全企業従業員所有変数が341対136であり，従って，両者の比率が等しいという帰無仮説は，全国家所有変数以外の3変数タイプについて有意水準1％で棄却される。更に，仮に真の値が推定精度最上位10％の平均値に近いとするなら，各変数タイプの偏相関係数分布は，この値を境として，それぞれ左右244対353，519対427，402対472及び188対289となり，全4変数タイプについて，左右同比率という帰無仮説が有意水準1％で棄却される。従って，これらの統計的検定結果からは，変数タイプの差異に係らず，公表バイアスⅠ型の可能性は総じて高いとの示唆が得られる。

　図7.8は，t値と標準誤差の逆数を用いて描いたガルブレイズ・プロットである。同図は，全ての所有変数タイプについて，公表バイアスⅡ型の存在を強く示唆している。事実，t値が，有意水準5％の両側棄却限界値である±1.96の範囲内に収まる抽出推定結果の比率は，全国家所有変数の場合が75.7％，全国内外部投資家所有変数では73.4％，外国投資家所有変数では48.0％，全企業従業員所有変数では66.0％であり，従って，全抽出推定結果に占める比率が95％であるとする帰無仮説は，全ての変数タイプについて強く棄却される。また更に，推定精度最上位10％の平均値が真の効果であると仮定した場合も，統計量$|($第k推定結果－真の効果$)/SE_k|$が閾値1.96を越えない推定結果の比率は，上記と同様に70.5％，75.2％，48.9％及び73.6％であり，帰無仮説は再び強く棄却される。この通り，所有変数タ

---

25) 推定精度最上位10％の平均値を，真の効果の近似値と見なす分析手法は，Stanley（2005）のそれに倣うものである。

図7.7 抽出推定結果の所有変数タイプ大分類別漏斗プロット

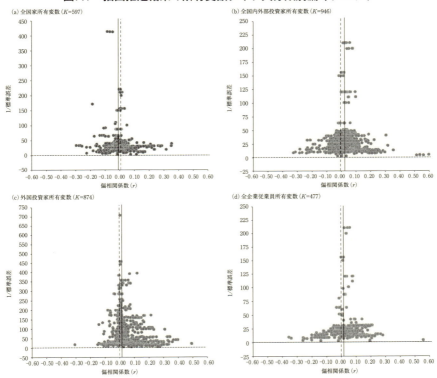

注) 実線は，推定値精度最上位10％の平均値を指す。その値は，全国家所有変数，全国内外部投資家所有変数，外国投資家所有変数及び全企業従業員所有変数毎に，各々－0.012, 0.027, 0.017及び0.019である。
出所) 筆者作成。

イプの違いに係らず，この研究分野に公表バイアスⅡ型が生じている可能性は極めて高い。

　Stanley and Doucouliagos（2012）が提唱するFAT-PET-PEESE手続きに，公表バイアスⅡ型検定を加えたメタ回帰分析の結果は，**表7.12**の通りである。いま3モデル中2モデル以上で帰無仮説が棄却されるか否かを判定基準に採用すれば，同表(a)の通り，漏斗非対称性検定（FAT）は，漏斗プロットで顕著な左右非対称性を示した外国投資家所有変数について，帰無仮説を強く棄却しており，公表バイアスⅠ型の疑いは濃厚である。一方，残り3タイプの所有変数は，帰無仮説が受容されており，公表バイアスⅠ型の影響は軽微であると判断される。他方，同表(b)の公表バイアスⅡ型検定は，全ての変数タイプについて，帰無仮説を棄却しており，ガ

図7.8　抽出推定結果の所有変数タイプ大分類別ガルブレイズ・プロット

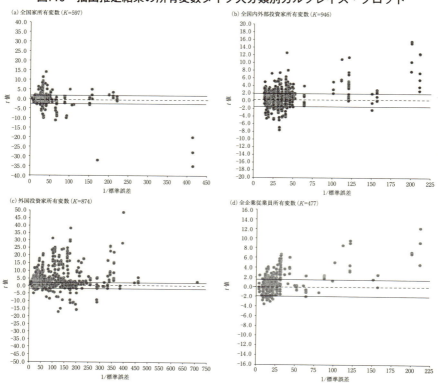

注）実線は，有意水準5％の両側棄却限界値である±1.96を示している。
出所）筆者作成。

ルブレイズ・プロットから得られる視角的印象を裏付けている。

　ここで，再び表7.12(a)に目を転じて，精度＝効果検定（PET）の結果に注目すると，全国家所有変数以外のケースについて，帰無仮説が棄却されている。従って，これら3種類の所有変数タイプについては，抽出推定結果の中に，公表バイアスを超えて正真正銘の証拠が存在する可能性が高い。実際，同表(c)の通り，標準誤差を用いた精度＝効果推定法（PEESE）は，3変数タイプについて帰無仮説を強く棄却しており，なおかつ標準誤差の逆数（$1/SE$）の係数値から，これら所有効果の真の値は，有意に正であると判定される。

　表7.13には，上述の所有変数タイプ大分類に関する公表バイアス検証結果の要約に加えて，小分類に基づいたそれも一覧されている。同表の通り，公表バイアスⅠ型は，所有変数タイプ大分類を含む全18ケース中5ケースにおいて，一方の公表バ

表7.12　公表バイアス及び真の効果の有無に関するメタ回帰分析：所有変数タイプ大分類に基づく検証と比較

(a) FAT（公表バイアスⅠ型）-PET検定（推定式：$t = \beta_0 + \beta_1(1/SE) + v$）

所有変数タイプ[1]	I. 全国家所有変数			II. 全国内外部投資家所有変数			III. 外国投資家所有変数			IV. 全企業従業員所有変数		
モデル	OLS	Cluster-robust OLS	Cluster-robust fixed-effects panel LSDV	OLS	Cluster-robust OLS	Cluster-robust fixed-effects panel LSDV	OLS	Cluster-robust OLS	Cluster-robust random-effects panel GLS	OLS	Cluster-robust OLS	Cluster-robust random-effects panel GLS
推定量	[1]	[2]	[3][2]	[4]	[5]	[6][3]	[7]	[8]	[9][4]	[10]	[11]	[12][5]
切片 (FAT:H_0:β_0=0)	1.0997 ***	1.0997 ***	−0.2404	−0.2177	−0.2177	0.9822	1.7987 ***	1.7987 ***	2.2801 ***	0.2914 ***	0.2914 ***	0.3130 ***
1/SE (PET:H_0:β_1=1)	−0.0289 ***	−0.0289 ***	0.0025	0.0298 ***	0.0298 ***	−0.0076	0.0142 ***	0.0142 ***	0.0085	0.0296 ***	0.0296 ***	0.0269 ***
K	597	597	597	946	946	946	874	874	874	477	477	477
R^2	0.162	0.162	0.162	0.157	0.157	0.157	0.043	0.043	0.043	0.183	0.183	0.183

(b) 公表バイアスⅡ型検定（推定式：$|t| = \beta_0 + \beta_1(1/SE) + v$）

所有変数タイプ[1]	I. 全国家所有変数			II. 全国内外部投資家所有変数			III. 外国投資家所有変数			IV. 全企業従業員所有変数		
モデル	OLS	Cluster-robust OLS	Cluster-robust fixed-effects panel LSDV	OLS	Cluster-robust OLS	Cluster-robust random-effects panel GLS	OLS	Cluster-robust OLS	Cluster-robust random-effects panel GLS	OLS	Cluster-robust OLS	Cluster-robust random-effects panel GLS
推定量	[13]	[14]	[15][6]	[16]	[17]	[18][7]	[19]	[20]	[21][8]	[22]	[23]	[24][9]
切片 (H_0:β_0=0)	0.8153 ***	0.8153 ***	1.3811 ***	0.7554 ***	0.7554 ***	0.9493 ***	2.5518 ***	2.5518 ***	2.4931 ***	1.0974 ***	1.0974 ***	1.0854 ***
1/SE	0.0266 ***	0.0266 ***	0.0133 *	0.0249 ***	0.0249 ***	0.0227 ***	0.0176 ***	0.0176 ***	0.0129 ***	0.0236 ***	0.0236 ***	0.0242 ***
K	597	597	597	946	946	946	874	874	874	477	477	477
R^2	0.191	0.191	0.191	0.182	0.182	0.182	0.082	0.082	0.082	0.206	0.206	0.206

(c) PEESE法（推定式：$t = \beta_0 SE + \beta_1(1/SE) + v$）

所有変数タイプ	I. 全国家所有変数			II. 全国内外部投資家所有変数			III. 外国投資家所有変数			IV. 全企業従業員所有変数		
推定量[1]	OLS	Cluster-robust OLS	Random-effects panel ML	OLS	Cluster-robust OLS	Random-effects panel ML	OLS	Cluster-robust OLS	Random-effects panel ML	OLS	Cluster-robust OLS	Random-effects panel ML
モデル	[25]	[26]	[27]	[28]	[29]	[30]	[31]	[32]	[33]	[34]	[35]	[36]
SE	10.20091 ***	10.20091 ***	-7.9188 ***	-0.1554	-0.1554	-0.2518	20.8845 ***	20.8845 ***	10.2603 **	2.4375 ***	2.4375 ***	0.5854
$1/SE$ (H$_0$: β_1=0)	-0.0205 ***	-0.0205 ***	-0.0269 ***	0.0261 ***	0.0261 ***	0.0224 ***	0.0228 ***	0.0228 ***	0.0124 ***	0.0330 ***	0.0330 ***	0.0302 ***
K	597	597	597	946	946	946	874	874	874	477	477	477
R^2	0.126	0.126	-	0.240	0.240	-	0.207	0.207	-	0.358	0.358	-

注1) OLS：最小二乗法。GLS：一般最小二乗法。LSDV：最小二乗ダミー推定法。ML：最尤法。
2) Breusch-Pagan 検定：χ_c^2=402.59, p=0.000; Hausman 検定：p=0.000
3) Breusch-Pagan 検定：χ_c^2=285.06, p=0.000; Hausman 検定：χ^2=5.89, p=0.015
4) Breusch-Pagan 検定：χ_c^2=4754.29, p=0.000; Hausman 検定：χ^2=0.75, p=0.387
5) Breusch-Pagan 検定：χ_c^2=835.36, p=0.000; Hausman 検定：χ^2=0.39, p=0.535
6) Breusch-Pagan 検定：χ_c^2=464.07, p=0.000; Hausman 検定：χ^2=13.04, p=0.001
7) Breusch-Pagan 検定：χ_c^2=542.97, p=0.000; Hausman 検定：χ^2=0.27, p=0.606
8) Breusch-Pagan 検定：χ_c^2=1609.92, p=0.000; Hausman 検定：χ^2=0.02, p=0.889
9) Breusch-Pagan 検定：χ_c^2=421.53, p=0.000; Hausman 検定：χ^2=0.21, p=0.645
10) 回帰係数の統計的検定は、モデル [27] [30] [33] [36] は、White の修正法による分散不均一性の下でも一致性のある頑健標準誤差に基づき行った。***：1％水準で有意。**：5％水準で有意。*：10％水準で有意。
出所）筆者推定。

第７講　私有化政策と企業再建：ポスト私有化期の所有構造と経営成果

表7.13　公表バイアス及び真の効果の有無に関するメタ回帰分析結果要約

所有変数タイプ[1]	抽出推定結果数(K)	検定結果[2]			
		公表バイアスⅠ型漏斗非対称性検定（FAT:H_0:β_0=0)	公表バイアスⅡ型検定(H_0:β_0=0)	精度＝効果検定（PET:H_0:β_1=0)	標準偏差を用いた精度＝効果推定法（PEESE:H_0:β_1=0)[3]
Ⅰ．全国家所有変数	597	帰無仮説受容	帰無仮説棄却	帰無仮説受容	帰無仮説棄却(-0.0267/-0.0205)
1．国家所有全般所有変数	493	帰無仮説受容	帰無仮説棄却	帰無仮説受容	帰無仮説受容
2．中央政府所有変数	60	帰無仮説棄却	帰無仮説受容	帰無仮説棄却	帰無仮説棄却(-0.0459/-0.0384)
3．地方政府所有変数	44	帰無仮説棄却	帰無仮説棄却	帰無仮説棄却	帰無仮説棄却(-0.0748/-0.0743)
Ⅱ．全国内外部投資家所有変数	946	帰無仮説受容	帰無仮説棄却	帰無仮説棄却	帰無仮説棄却(0.0224/0.0261)
4．国内外部投資家全般所有変数	109	帰無仮説棄却	帰無仮説棄却	帰無仮説受容	帰無仮説棄却(0.0137/0.0193)
5．国内外部個人投資家所有変数	168	帰無仮説受容	帰無仮説棄却	帰無仮説棄却	帰無仮説棄却(0.0251/0.0265)
6．国内機関投資家全般所有変数	98	帰無仮説受容	帰無仮説受容	帰無仮説棄却	帰無仮説棄却(0.0375/0.0426)
7．国内金融機関全般所有変数	123	帰無仮説受容	帰無仮説棄却	帰無仮説受容	帰無仮説受容
8．国内銀行所有変数	95	帰無仮説受容	帰無仮説棄却	帰無仮説受容	帰無仮説受容
9．国内ノンバンク金融機関所有変数	144	帰無仮説受容	帰無仮説棄却	帰無仮説棄却	帰無仮説棄却(0.0112)
10．国内企業集団・持株会社所有変数	77	帰無仮説受容	帰無仮説受容	帰無仮説棄却	帰無仮説棄却(0.0537/0.0689)
11．その他国内非金融機関法人所有変数	132	帰無仮説棄却	帰無仮説棄却	帰無仮説受容	帰無仮説棄却(0.0222)
Ⅲ 12．外国投資家所有変数	874	帰無仮説棄却	帰無仮説棄却	帰無仮説棄却	帰無仮説棄却(0.0124/0.0228)
Ⅳ．全企業従業員所有変数	477	帰無仮説受容	帰無仮説棄却	帰無仮説棄却	帰無仮説棄却(0.0302/0.0330)
13．企業従業員全般所有変数	163	帰無仮説受容	帰無仮説棄却	帰無仮説棄却	帰無仮説棄却(0.0340/0.0363)
14．企業経営者所有変数	187	帰無仮説受容	帰無仮説棄却	帰無仮説受容	帰無仮説棄却(0.0284/0.0261)
15．企業被雇用者所有変数	127	帰無仮説受容	帰無仮説棄却	帰無仮説受容	帰無仮説受容

注１）　先頭文字がローマ数字の場合は所有変数タイプ大分類，アラビア数字は小分類であることを各々意味する。
　　２）　３検定結果中２ケース以上で帰無仮説が棄却された場合は，帰無仮説棄却と判定し，逆に，２ケース以上で帰無仮説が受容された場合は，帰無仮説受容と判定している。
　　３）　括弧内の数値は，公表バイアス修正効果サイズのPEESE法推定値であり，２種類の推定値が報告されている場合は，その最小値と最大値を意味する。
出所）　筆者推定。

299

第Ⅲ部　企業システムの大転換

イアスⅡ型は，18ケース中15ケースでその存在が確認された。同時に PET 及び
PEESE の結果によれば，18ケース中10ケースで，公表バイアス修正効果サイズが
得られた。

7.8　おわりに

　中東欧・旧ソ連諸国における国有企業の私有化は，世界経済史上かつてないほど
の壮大な社会実験であり，その制度設計，実施過程及び成果に関する経済学的な調
査と分析は，移行経済研究における最重要課題と見なされた。この結果，過去四半
世紀を経て，企業私有化研究は，移行経済研究領域において，恐らく最大の文献数
を誇るまでに拡大し，その一連の研究成果は，中東欧・旧ソ連経済の理解に止まら
ず，企業金融論や組織経済学の観点からも，非常に貴重かつ豊かな知見を提供して
いる。

　このような学問的潮流の下で，ポスト私有化期の所有構造と経営成果の関係を精
査した実証研究も数多く生み出された。それは，中東欧・旧ソ連地域における私有
化政策の進捗状況を反映して，2000年代前半に大きな波を迎えたが，その後現在に
至るまで毎年着実に発表され続けている。かかる実証研究の蓄積は，私有化企業の
再建者として最も望ましい所有者は一体誰であるのか，という研究者の問題関心を
着実に満たしてきた。しかし，その一方，これら先行研究の実証成果は，異なる所
有者タイプ間の相対的優劣関係に関する標準的な理論的仮説に対して，賛否両論が
入り乱れており，文献数の多さとも相俟って，その全体像の把握が極めて困難なも
のとなっている。この問題を克服すべく，本講義では，1996〜2015年間に発表され
た関連文献121点から抽出した合計2894の推定結果を用いて，ポスト私有化期の所
有構造が経営成果に及ぼす効果に関するメタ分析を行った。これら抽出推定結果は，
全体として，中東欧・旧ソ連諸国を殆ど全て網羅し，なおかつ推定期間も1985〜
2011年の27年間をカバーするものであり，従って，中東欧・旧ソ連移行経済研究の
包括的評価という目的には申し分ないものである。

　7.4節で行った抽出推定結果のメタ統合は，企業所有主体としての民間部門の国
家に対する優位性や，企業経営者との比較における被雇用者の非効率性に関する理
論的仮説に対しては，これを裏付ける分析結果を示したが，外国投資家を含む民間
所有主体間の相互関係については，筆者らの予想を必ずしも全面的に支持するもの
ではなかった。続く7.5節の研究間異質性に配慮したメタ回帰分析は，他の所有主
体との対比における外国投資家の突出した効果サイズと統計的有意性の高さを強く
示唆したものの，7.4節の分析結果と同様に，所有者タイプ間の差異に関する一連

の仮説を包括的に立証するには至らなかった。これらの諸結果は，先行研究が報告する所有変数の多く，とりわけ中東欧・旧ソ連各国の私有化政策の複雑性を反映して，ひと際多様性に富む国内外部投資家に係る所有変数が，期待された推定結果を示せなかったことにより，既存文献全体として，一種の昏迷状態に陥っていることを暗に物語っている。

　この研究領域にかかる混沌をもたらした要因を探るべく，続く7.6節では，移行経済の特異性を明示的に制御した拡張メタ回帰モデルの推定を試みた。この結果から得られた特筆すべき第1の事実発見は，中東欧諸国研究と旧ソ連諸国研究では，国家及び国内民間主体との比較における外国投資家所有変数の効果サイズと統計的有意性が，後者に有利な形で大きく異なるという点であり，従って，旧ソ連諸国で活動する外国投資家は，中東欧諸国のそれよりも，国内所有主体との比較において，相対的により優れた企業所有者として振る舞っている可能性が高いことが判明した。第2に，バウチャー私有化優先諸国の異質性が除去されたメタ独立変数は，7.2節で提起した理論的仮説を，高い統計的有意性を以て鮮やかに支持しているが故に，翻って，バウチャー私有化を介して，無差別かつ無償で国家資産を分け与えた国々では，これを享受した市民から目覚ましい企業再建努力を引き出すことができなかった可能性が高いとの推察が得られた。第3に，戦略投資家への直接売却を企業私有化の中核的方式に採用した国々では，国内外部投資家の企業パフォーマンス効果が，効果サイズと統計的有意性の両面で，他の国々よりも明らかに高いことから，資産譲渡先の厳格な峻別と有償譲渡の組み合わせは，外国投資家に比肩するほど有能な企業再建者の国内発掘に対して大変効果的であったことが明らかにされた。そして第4に，企業私有化の進行速度が相対的に高い国々では，企業パフォーマンス効果に見る国内所有と外国所有の格差が，効果サイズの面で，企業私有化遅滞国家のそれよりも格段に小さいことから，私有化政策の長足の進行は，市場競争の深化や企業淘汰の激化を通じて，所有主体間の質的格差を解消する方向に作用している様が見て取れた。

　以上の意味で，拡張メタ回帰モデルの推定結果は，移行経済研究の実証成果に見られる不透明性を振り払い，ポスト私有化期所有構造の企業パフォーマンス効果に関する明確かつ重要な理論的含意を得るための有効な切り口は，所在地域，私有化方式及び政策進行速度に顕在化した国家間の相違性に関する包括的な比較経済分析であることを，我々に強く指し示している[26]。

　なお，7.7節で行った公表バイアスの検証結果によれば，この研究領域全体を通じて，公表バイアスⅡ型の恐れは強いものの，公表バイアスⅠ型の危険性は比較的軽微であり，この結果，18所有変数タイプ中10タイプについて，今回抽出した推定

301

第Ⅲ部　企業システムの大転換

結果の中に，正真正銘の実証結果が含まれている可能性が高いことが判明した。一方，残る8所有変数タイプについては，それらの真の企業パフォーマンス効果を解明するために，更に多くの実証成果を積み上げる必要がある。

　以上に要約されたメタ分析結果を踏まえて，本講義の最後に，中東欧・旧ソ連諸国を対象とした企業私有化研究から得られる重要な教訓として，次の2点を特に強調する。

　第1に，一般に，これら移行諸国において，民間部門は，国家との比較において，より望ましい企業所有主体であり，従って，私有化政策は，いかなる国の国内企業の経営再建にとっても不可欠な要素であった。まさに，「私有化は体制転換そのもの」なのである（Brada, 1996, p. 67）。但し，本講義で試みたメタ分析は，バウチャー私有化優先諸国を分析対象とした実証成果に見られる混沌を示すことによって，Kornai（1990）の「国有資産は，単に親切心から誰も彼もに分け与えることで，浪費されてはならない。（中略）いまや要点は，資産を引き渡すことそのものではなく，むしろ真のよりよい所有者の手にそれを委ねることである」（pp. 81-82）という主張や，Stiglitz（1994）の「私的所有はそれほど重要ではなく，（中略）いかに所有権を譲渡するのかが遥かに重要であった」（p. 176）という述懐を，強く裏付ける結果を示した。

　上述の通り，私有化政策の企業再建効果は，私有化政策の方式や速度及び実施国固有の特殊要因によって大きく左右される。とりわけバウチャーを用いた大衆私有化は，この観点から大いに問題含みであった。何故なら，この方式を採用した国々では，私有化後の所有者が誰であれ，その企業再建努力が大いに削がれた可能性が極めて高いからである。このことは，バウチャー型大衆私有化が，一般市民からの支持の獲得及びワシントン・コンセンサスの遂行という政治的目的を優先して実施され，私有化企業の経営再建という経済的目的が二義的なものに位置付けられたという事実の明らかな副作用であった。

　この苦い体験とは対照的に，戦略投資家への直接売却は，経営成果の事後的な改善という観点から，大変効果的な方策であったのはほぼ間違いない。この場合，国有企業の譲渡先が，外国投資家であるか，国内投資家であるかに関係なく，買収価格を上回る利益取得の動機が，新しい所有主体に対して，極めて有効に機能したと見られる。再び表7.1によると，直接売却方式は，中東欧・旧ソ連諸国28カ国中21

26）　7.4節及び7.5節におけるメタ分析結果の混沌を生み出したその他の要因として，所有変数の定義や加工方法等を含む，メタ分析対象文献の個別特殊的な研究条件の存在は排除できない。しかし，7.6節の分析結果から判断して，その影響度はあったとしても恐らく軽微であると考えられる。この点に関するエブゼン・コチェンダ教授の指摘に感謝する。

カ国で実施されたが，2000年代には，ロシアを含むバウチャー私有化優先諸国でも
この方式が重視されたのは，以上の観点から大変興味深い事実である。

　第2に，中東欧・旧ソ連諸国を対象とした企業私有化論争の最大の争点は，何と
いってもインサイダーと国内外部投資家の対抗にあったが，我々のメタ分析結果に
よれば，過去四半世紀に発表された一連の実証研究は，必ずしもこの争点に一定の
決着をもたらしてはいないようである。多くの移行諸国において，インサイダー優
遇的な私有化政策が設計され，実行されたことは，一説によれば，総勢15万を超す
大・中規模企業や数十万社の小規模企業から成る国有企業の全てについて，その引
き受け手を探し出さねばならなかったという当時の状況を鑑みれば，ある意味自然
な政治選択であった（Åslund, 2013）。

　7.2節でも論じた通り，インサイダー所有は，当該企業の従業員を温存し，なお
かつ投資よりも賃金支給を優先する傾向が強い故に，企業再建効果を欠く恐れを孕
んでいる。従って，インサイダー優遇的な私有化政策の大規模な実施は，国民経済
全体にも大きな負の影響をもたらしかねない。その一方，外部投資家による企業所
有は，間違いなく効果的であるのかと言えば，Frydman et al.（2007）の指摘によ
ると，エージェントである経営者が，プリンシパルたる外部投資家の投機目的に呼
応する形で，短期的な利潤の最大化にのみ腐心すれば，長期的な視野に立った企業
経営が疎かになり，この結果として，当初期待された経営再建効果が十分実現され
ない危険もある。また，外部投資家と企業経営者の間の情報非対称性が極めて深刻
なケースでは，経営者による企業所有は，所有と経営の分離から生じるエージェン
シー問題の解消効果とも相俟って，外部投資家所有よりも，より望ましい経営再建
効果を発揮する可能性は排除できない。もっとも，インサイダーと外部投資家の峻
別は，理論上はともかく，実際上はなかなか困難な問題である。例えば，企業グル
ープの中心に立つ企業や銀行は，その傘下企業にとって，形式的には外部投資家で
あっても，実際にはインサイダーに近い存在として振る舞うと考えられているので
ある（Frydman and Rapaczynski, 1994; Aoki et al., 2007; Miyajima, 2007）[27]。イン
サイダー所有と外部投資家所有の比較分析手法は，今後更に洗練されるべき理論
的・実証的課題であろう。

27）ロシア企業グループの所有関係が，意思決定の内部化傾向を強く伴っているのは，その好例で
　ある（Pappe and Galukhina, 2009）。また，ポスト私有化期の所有再編成を通じた中東欧企業の
　「再結合」（recombination）現象も，外形標準的にはインサイダー所有ではなくても，所有者と
　被所有者の間に利害関係の共有が成立することを示唆している（Stark and Bruszt, 1998）。

謝辞

本稿は，科学研究費補助金基盤研究（A）「比較移行経済論の確立：市場経済化20年史のメタ分析」（課題番号：23243032）及び平成27〜28年度京都大学経済研究所共同利用・共同研究拠点プロジェクト研究の研究成果であり，溝端・岩﨑（2016）の増補版である。本研究に当たっては，池本修一日本大学教授，神林龍一橋大学教授，樋渡雅人北海道大学准教授，ロバート・ジョンストン（Robert Johnston）クラーク大学教授，エブゼン・コチェンダ（Evžen Kočenda）カレル大学教授，トム・スタンレー（Tom D. Stanley）ヘンドリックス大学名誉教授，並びに2016年6月1日に開催された一橋大学経済研究所定例研究会及び2017年2月23〜25日に実施された京都国際コンファレンス「移行経済学のフロンティア」の参加者より，貴重な示唆や助言を得た。記して感謝申し上げる。

参考文献

岩﨑一郎・徳永昌弘（2014）「外国直接投資と生産性波及効果—移行経済研究のメタ分析」『比較経済研究』第51巻第2号，1-29頁.

岩﨑一郎・溝端佐登史（2018）「移行諸国企業の所有集中と経営成果—メタ分析」『比較経済研究』第55巻第1号，1-22頁.

加藤弘之（2013）『「曖昧な制度」としての中国型資本主義』NTT出版.

溝端佐登史（1999）「東欧におけるシステム転換と市場経済移行の構図」小山洋司編『東欧経済』世界思想社，85-112頁.

溝端佐登史・岩﨑一郎（2016）「ポスト私有化期の所有構造と企業パフォーマンス」『経済研究』第67巻第4号，354-380頁.

Aoki, Masahiko, Gregory Jackson and Hideaki Miyajima (2007) Corporate Governance in Japan: Institutional Change and Organizational Diversity, Oxford University Press: Oxford.

Arrow, Kenneth J. (2000) Economic transition: Speed and scope, Journal of Institutional and Theoretical Economics, 156(1), pp. 9-18.

Åslund, Anders (2013) How Capitalism Was Built: The Transformation of Central and Eastern Europe, Russia, and Central Asia, Second edition, Cambridge University Press: New York.

Bennett, John, Saul Estrin and Giovanni Urga (2007) Methods of privatization and economic growth in transition economies, Economics of Transition, 15(4), pp. 661-683.

Bevan, Alan A., Saul Estrin, Boris Kuznetsov, Mark E. Schaffer, Manuela Angelucci, Julian Fennema and Giovanni Mangiarotti (2001) The determinants of privatised enterprise performance in Russia, Working Paper No. 452, William Davidson Institute, University of Michigan: Ann Arbor.

Blomstrom, Magnus and Edward Wolff (1994) Multinational corporations and productivity convergence in Mexico, In: Baumol, William, Richard Nelson and Edward Wolff (eds.), Convergence of Productivity: Cross-national Studies and Historical Evidence, Oxford University Press: New York, pp. 243-259.

Bös, Dieter (1991) Privatization: A Theoretical Treatment, Clarendon Press: Oxford.

Boycko, Maxim, Andrei Shleifer and Robert Vishny (1995) Privatizing Russia, The MIT Press:

第7講　私有化政策と企業再建：ポスト私有化期の所有構造と経営成果

Cambridge, Mass.

Brada, Josef C. (1996) Privatization is transition - or is it? Journal of Economic Perspectives, 10(2), pp. 67-86.

Brown, David J. and John S. Earle (2004) Dose privatization raise productivity? Evidence from comprehensive panel data on manufacturing firms in Hungary, Romania, Russia and Ukraine, Discussion Paper No. 4791, Center for Economic Policy Research (CEPR): London.

Brown, David, Sergei Guriev and Natalya Volchkova (1999) Financial-industrial groups in Russia: Virtue or vice, Russian Economic Trends, 8(3), pp. 6-12.

Cieślik, Andrzej, Anna Michałek, Jan Jakub Michałek and Jerzy Mycielski (2015) Determinants of export performance: Comparison of Central European and Baltic firms, Czech Journal of Economics and Finance, 65(3), pp. 211-229.

Claessens, Stijn (1997) Corporate governance and equity prices: Evidence from the Czech and Slovak Republics, Journal of Finance, 52(4), pp. 1641-1658.

Coffee Jr., John (1996) Institutional investors in transitional economies: Lessons from the Czech experience, In: Frydman, Roman, Cheryl Gray and Andrzej Rapaczynski (eds.), Corporate Governance in Central Europe and Russia, Volume 1, CEU Press: Budapest and London, pp. 111-186.

Dewatripont, Mathias and Gérard Roland (1996) Transition as a process of large-scale institutional change, Economics of Transition, 4(1), pp. 1-30.

Dittus, Peter and Stephen Prowse (1996) Corporate control in Central Europe and Russia: Should banks own shares? In: Frydman, Roman, Cheryl Gray and Andrzej Rapaczynski (eds.), Corporate Governance in Central Europe and Russia, Volume 1, CEU Press: Budapest and London, pp. 20-67.

Djankov, Simeon (2014) The microeconomics of post-communist transformation, In: Åslund, Andres and Simeon Djankov (eds.), The Great Rebirth: Lessons from the Victory of Capitalism over Communism, Peterson Institute for International Economics: Washington, D. C., pp. 187-204.

Djankov, Simeon and Peter Murrell (2002) Enterprise restructuring in transition: A quantitative survey, Journal of Economic Literature, 40(3), pp. 739-792.

Dolgopyatova, Tatiana, Ichiro Iwasaki and Andrei A. Yakovlev (eds.), (2009) Organization and Development of Russian Business: A Firm-level Analysis, Palgrave Macmillan: Basingstoke.

Dunning, John (1986) Japanese Participation in British Industry, Croom Helm: London and Dover, N. H.

Earle, John S. and Saul Estrin (1996) Employment ownership in transition, In: Frydman, Roman, Cheryl Gray and Andrzej Rapaczynski (eds.), Corporate Governance in Central Europe and Russia, Volume 2, CEU Press: Budapest and London, pp. 1-61.

Earle, John S., Saul Estrin and Larisa L. Leshchenko (1996) Ownership structures, patterns of control, and enterprise behabior in Russia, In: Commander, Simon, Qimiao Fan and Mark E. Schaffer (eds.), Enterprise Restructuring and Economic Policy in Russia, World Bank: Washington, D.C., pp. 205-252.

EBRD (European Bank for Reconstruction and Development) (2004) Transition Report 2004: Infrastructure, EBRD: London.

Estrin, Saul, Jan Hanousek, Evžen Kočenda and Jan Svejnar (2009) The effects of privatization and

305

ownership in transition economies, Journal of Economic Literature, 47(3), pp. 699-728.

Frydman Roman, Cheryl Gray, Marek Hessel and Andrzej Rapaczynski (2007) When does privatization work? The impact of private ownership on corporate performance in the transition economies, In: Berglöf, Erik and Gérard Roland (eds.), The Economics of Transition: The Fifth Nobel Symposium in Economics, Palgrave Macmillan: Basingstoke and New York, pp. 37-69.

Frydman, Roman, Marek Hessel and Andrzej Rapaczynski (2006) Why ownership matters: Entrepreneurship and the restructuring of enterprises in Central Europe, In: Fox, Merritt B. and Michael A. Heller (eds.), Corporate Governance Lessons from Transition Economy Reforms, Princeton University Press: Princeton and Oxford, pp. 194-227.

Frydman, Roman and Andrzej Rapaczynski (1994) Privatization in Eastern Europe: Is the State Withering Away? CEU Press: London.

Frye, Timothy (2002) Capture or exchange? Business lobbying in Russia, Europe-Asia Studies, 54(7), pp. 1017-1036.

Gaidar, E. A. and A. Chubais (2011) Развилки новейшей истории России, Уроки: М.

Hanousek, Jan and Evžen Kočenda (2011) Learning by investing: Evidence from a naturally occurring auction, Economics of Transition, 19(1), pp. 125-149.

IMF (International Monetary Fund) (2014) 25 Years of Transition: Post-communist Europe and the IMF, Regional Economic Issues, Special report, IMF: Washington, D.C.

Iwasaki, Ichiro (2007) Enterprise reform and corporate governance in Russia: A quantitative survey, Journal of Economic Surveys, 21(5), pp. 849-902.

Iwasaki, Ichiro, Csaba Makó, Miklos Szanyi, Péter Csizmadia and Miklos Illéssy (2012) Economic Transformation and Industrial Restructuring: The Hungarian Experience, Maruzen Publishing: Tokyo.

Iwasaki, Ichiro and Taku Suzuki (2007) Transition strategy, corporate exploitation, and state capture: An empirical analysis of the former Soviet States, Communist and Post-Communist Studies, 40(4), pp. 393-422.

Iwasaki, Ichiro and Taku Suzuki (2012) The determinants of corruption in transition economies, Economics Letters, 114(1), pp. 54-60.

Johnson, Simon, Daniel Kaufmann, John McMillan and Christopher Woodruff (2000) Why do firms hide? Bribes and unofficial activity after communism, Journal of Public Economics, 76(3), pp. 495-520.

Jones, Derek, Mark Klinedinst and Charles Rock (1998) Productive efficiency during transition: Evidence from Bulgarian panel data, Journal of Comparative Economics, 26(3), pp. 446-464.

Judge, William, Irina Naoumova and Nadejda Koutzevol (2003) Corporate governance and firm performance in Russia: An empirical study, Journal of World Business, 38(4), pp. 385-396.

Kapelyushnikov, R. (2000) The largest and dominant shareholders in the Russian industry: Evidence of the Russian economic barometer monitoring, Russian Economic Barometer, 9(1), pp. 9-46.

Kogut, Bruce (1996) Direct investment, experimentation, and corporate governance in transition economies, In: Frydman, Roman, Cheryl Gray and Andrzej Rapaczynski (eds.), Corporate Governance in Central Europe and Russia, Volume 1, CEU Press: Budapest and London, pp. 293-332.

Kornai, János (1980) Economics of Shortage, North-Holland: Amsterdam.

Kornai, János (1990) Road to a Free Economy: Shifting from a Socialist System: The Example of Hungary, Norton: New York.（佐藤経明訳『資本主義への大転換―市場経済へのハンガリーの道』日本経済新聞社, 1992年）

Kornai, János (1992) The Socialist System: The Political Economy of Communism, Princeton University Press and Oxford University Press: Princeton and Oxford.

Kornai, János (2008) From Socialism to Capitalism, Central European University Press: Budapest and New York.

Kornai, János (2014) Dynamism, Rivalry, and the Surplus Economy, Oxford University Press: Oxford.（溝端佐登史他訳『資本主義の本質について』NTT 出版, 2016年）

Linz, Susan J. (2002) Ownership and employment in Russian industry: 1992-1995, International Journal of Manpower, 23(1), pp. 32-62.

Mencinger, Joze (1996) Privatization experiences in Slovenia, Annals of Public and Cooperative Economics, 67(3), pp. 415-428.

Miller, James (2013) Privatization, In: Hare, Paul and Gerard Turley (eds.), Handbook of the Economics and Political Economy of Transition, Routledge: London, pp. 131-137.

Miyajima, Hideaki (2007) The comparative features and economic role of mergers and acquisitions in Japan, Discussion Paper No. 07-E-056, Research Institute of Economy, Trade and Industry (RIETI): Tokyo.

Mizobata, Satoshi (2005) Evolution of Russian corporate governance, Journal of Comparative Economic Studies, 1, pp. 25-58.

Mizobata, Satoshi (2008) Diverging and harmonizing corporate governance in Russia, In: Pickles, John (ed.), State and Society in Post-socialist Economies, Palgrave Macmillan: Basingstoke and New York, pp. 111-139.

Myant, Martin and Jan Drahokoupil (2010) Transition Economies: Political Economy in Russia, Eastern Europe, and Central Asia, J. Wiley: Hoboken, NJ.

Pappe, Ya. and Ya. Galukhina (2009) Российский крупный бизнес, ГУ ВШЭ: М.

Perotti, Enrico C. and Stanislav Gelfer (2001) Red barons or robber barons? Governance and investment in Russian financial-industrial groups, European Economic Review, 45(9), pp. 1601-1617.

Quiggin, John (2010) Zombie Economics: How Dead Ideas Still Walk Among Us, Princeton University Press: Princeton.（山形浩生訳『ゾンビ経済学―死に損ないの 5 つの経済思想』筑摩書房, 2012年）

Radygin, A. (ed.) (2014) Приватизация в современном мире, в 2 т., Дело: М.

Roland, Gérard (2000) Transition and Economics: Politics, Markets, and Firms, MIT Press: Cambridge, Mass.

Roland, Gérard (ed.) (2008) Privatization: Successes and Failures, Columbia University Press: New York.

Sabirianova, Klara Peter, Jan Svejnar and Katherine Terrell (2012) Foreign investment, corporate ownership, and development: Are firms in emerging markets catching up to the world standard? Review of Economics and Statistics, 94(4), pp. 981-999.

Shepotylo, Oleksandr and Volodymyr Vakhitov (2015) Services liberalization and productivity of manufacturing firms: Evidence from Ukraine, Economics of Transition, 23(1), pp. 1-44.

第Ⅲ部　企業システムの大転換

Shleifer, Andrei and Robert Vishny (1994) Politicians and firms, Quarterly Journal of Economics, 109 (4), pp. 995-1025.

Stanley, T. D. (2005) Beyond publication bias, Journal of Economic Surveys, 19 (3), pp. 309-345.

Stanley, T. D. and Hristos Doucouliagos (2012) Meta-regression Analysis in Economics and Business, Routledge: London and New York.

Stark, David and László Bruszt (1998) Postsocialist Pathways: Transforming Politics and Property in East Central Europe, Cambridge University Press: Cambridge and New York.

Stiglitz, Joseph E. (1994) Whither Socialism? The MIT Press: Cambridge, Mass.

Thompson, G. Rodney and Calin Valsan (1999) Early privatization in Romania: The period of management and employee buyouts, 1991 to 1995, Eastern European Economics, 37 (6), pp. 35-53.

Vintilă, Georgeta and Ştefan Cristian Gherghina (2015) Does ownership structure influence firm value? An empirical research towards the Bucharest stock exchange listed companies, International Journal of Economics and Financial Issues, 5 (2), pp. 501-514.

Vittas, Dimitri and Roland Michelitsch (1996) The potential role of pension funds: Lessons from OECD and developing countries, In: Frydman, Roman, Cheryl Gray and Andrzej Rapaczynski (eds.), Corporate Governance in Central Europe and Russia, Volume 1, CEU Press: Budapest and London, pp. 242-292.

Wright, M., R. S. Thompson and K. Robbie (1989) Privatisation via management and employee buyouts: Analysis and U.K. experience, Annals of Public and Cooperative Economics, 60 (4), pp. 399-429.

第8講 | 社会主義的遺制と人事労務管理

堀江典生・雲 和広

8.1 移行経済における人事労務管理

　社会主義体制を経験した中東欧諸国の人事労務管理研究は，新たな研究開拓の場であった。社会主義経済から資本主義経済への移行の文脈を重視して，中東欧諸国を欧州移行経済（European Transitional Economies: ETEs）と名付けたのは，Zupan and Kase（2005）であった。本講義は，欧州移行諸国に関する人事労務管理研究が，遺制としての社会主義的人事労務管理をどのように捉えようとしてきたかを探る。

　旧社会主義諸国は，社会主義的企業が色濃く宿していた国家管理の強い中央集権的な企業構造と企業文化を持っていた。そうした社会主義的企業は，市場経済化に伴い，その企業構造と企業文化を市場に適合した性格へと変貌させるという生き残り策を講じなければならなかった。企業構造と企業文化の変貌は，市場経済化に伴う外部環境の変化，それに伴う企業の内部環境の変化と捉えることができる。

　社会主義的企業の内部環境では，西側先進諸国において当然と見なされるような人的資源管理（Human Resource Management: HRM）施策は存在しなかった。社会主義的企業の人事労務管理は，共産党一党独裁のもとでの国家の労働者管理の末端と位置づけられ，社会主義的企業の人事労務管理部門に相当する部署が企業業績に関係する人事労務管理施策をもって主体的に企業戦略に参加するようなメカニズムはなかったといえる。

　社会主義的企業における西側先進諸国規準の人的資源管理施策の欠如は，HRMの機能や施策を社会主義的企業に導入する新たな試みを市場経済化の過程で課することになった。このことは，HRMを社会主義体制になかった新たな制度として捉えるならば，「制度の真空」に新たな市場経済に付随する制度をミクロレベルの組織に移植するという試みであった。ただし，市場経済化は，「制度の真空」から出

第Ⅲ部　企業システムの大転換

発したのではなく，既存の制度，いわば社会主義的企業が従来もっていた人事労務管理機能など制度の遺産のうえに構築され，それをいかに西側流 HRM 機能に適応もしくは移行（transform）するかが大きな課題であったといえる[1]。

　一方，旧社会主義国の市場経済化およびその後の経済成長のなかで，海外からの直接投資が増え，多くの多国籍企業が欧州移行諸国に参入した。そうした多国籍企業の子会社においては，旧社会主義企業の合併買収による子会社化，もしくはグリーンフィールド投資による子会社新規設立によって，旧社会主義的制度や文化からの自由度は大きく異なるものの，本社の HRM 制度・手法を子会社に移植する試みは，重要な挑戦であった。

　旧社会主義諸国企業の外部環境と内部環境の変化を市場経済化および資本主義経済への移行と捉えるなかで移行諸国の人事労務管理の研究を行うものがある一方で，移行諸国における企業の外部環境・内部環境の変化を，市場経済化や移行と結びつけずに研究することも可能だろう。第一に，ユニヴァーサリスト・パラダイムによる HRM 研究ならば，現地に施行した米国流人的資源管理施策とパフォーマンスとの関係を検証することが第一義であり（Brewster, 2006），移行諸国のコンテクストは重要ではないとする研究姿勢もありうる（笠原, 2012, 2014）。第二に，旧社会主義諸国であった中東欧諸国の多くが EU に加盟し，中東欧の研究文脈は移行諸国の枠組みから EU のそれへと移行している。第三に，旧社会主義諸国の市場経済化や移行の進度は様々であり，移行諸国内部でさえも人的資源管理のあり方は様々であるために，移行諸国の人的資源管理や，移行諸国間もしくは移行諸国を一部含む国際人的資源管理研究においては国別の違いそのものが重要な視点となり，移行問題自体は重要な比較検討の要素でない場合もありうる[2]。

　そうしたなか，社会主義的遺制として移行経済諸国に以前から存在した社会主義的人事労務管理は，移行25年を経過したなかで，移行研究においてどのように位置づけられているのだろうか。社会主義的人事労務管理という遺制は，移行の進展のなかで，さらには，欧州移行諸国の大半が EU に加盟するなかで，すでに払拭された問題なのだろうか。それとも，いまだに欧州移行経済における人事労務管理研究

1）　このことは，市場経済への移行において「制度の真空」はなく，「ポスト社会主義の経路は，以前の経済・政治秩序がなお行動の期待と型を形成するという密度の濃い複雑な制度の遺産に著しく依存する」（Nielsen et al., 1995, p. 4）とする経路依存性の議論と共通する問題設定である。
2）　米国流 HRM 研究のコンセプトに対抗した欧州型 HRM 研究におけるコンテクスチュアル・アプローチは，CRANET（Cranfield Network on Comparative Human Resource Management）によって欧州移行諸国においても研究が進められてきたが，それらがすべて移行問題を取り扱っているわけではない。たとえば，Poor et al.（2011）や Gurkov et al.（2012）は，基本抽出文献から排除した文献で，移行要因を研究に含めているわけではない。

第8講　社会主義的遺制と人事労務管理

を他の地域の人事労務管理研究と差別化する特色として，現在でも重要な考察対象でありつつけているのだろうか。本講義の問題関心の原点はそこにある。

　これまで2010年に Baltic Journal of Management 誌，2011年に Human Resource Management Journal 誌で中東欧諸国や新興諸国を対象とした HRM 研究の特集が組まれ（Brewster et al., 2010; Cooke et al., 2011），欧州移行諸国は HRM 研究の研究開拓地域であることが広く認識されるようになった。しかし，移行問題，特に制度変化における経路依存性が当該諸国・地域においてどれほど研究において重要であるかについては，この研究開拓地域において十分に検証されてこなかった[3]。Brewster et al.（2010）は，中東欧移行諸国は何から移行しようとしているのかは明確であるにもかかわらず，何に移行しようとしているのかは明確ではない，と論じる。しかし，彼らが当然としている移行の出発点は，社会主義経済という漠然とした旧体制のフレームワークであり，HRM 論の俎上において，具体的に何を棄却し，何を戦略的資源とし，どのような HRM を追求しようとしているのか，必ずしも明確なわけではない。それゆえ，欧州移行諸国が経験した移行を文脈に据えた人事労務管理の独自の体系的なサーベイ研究が必要なのである。中東欧移行諸国における人事労務管理の研究傾向を，移行問題に焦点をあてて分析するサーベイ研究は，これまでほぼ皆無であった。欧州移行諸国における人事労務管理研究の枠組みで，移行がどのように語られてきたかを体系的に分析し，社会主義的人事労務管理という遺制研究を，そのなかに位置づけることで，そうした研究の空白を埋めるとともに，移行経済論の経路依存性研究の一端としての貢献を行うことを本講義は目的としている。

8.2　文献調査方法と基本抽出文献の研究属性

8.2.1　文献調査方法

　本講義では，Web of Science，EconLit を利用して1989年から2015年までに出版された文献のなかで，*human resource management*（*HRM*）もしくは *personnel management* を第1キーワードとして，第2キーワードに *transition, transition*

3）他に，Horwitz（2011）が中東欧諸国における多国籍企業の HRM のコンテクストを重視したサーベイを行っている。また，Napier and Vu（1998）は，途上国と移行国の国際 HRM をレビューしており，Puffer and McCarthy（2011）や McCarthy and Puffer（2013）らは，HRM に限定せずロシアのビジネス・経営研究についての大局の視座を提示している。また，Michailova et al.（2009）は，移行コンテクストに関連するサーベイを提示している。

311

第Ⅲ部　企業システムの大転換

economies, post-socialist, post-communist, 中東欧諸国21カ国の国名（アルバニア，ボスニア・ヘルツェゴビナ，クロアチア，チェコ，ハンガリー，ポーランド，ルーマニア，セルビア，スロバキア，スロベニア，ブルガリア，コソボ，マケドニア，モンテネグロ，モルドバ，エストニア，ラトビア，リトアニア，ロシア，ウクライナ，ベラルーシ）のいずれかを加えて AND 検索し，英語論文でないもの，人事労務管理に関する論文でないもの，中東欧諸国を含まない論文，国際比較においては比較対象国の3分の1以下が中東欧諸国である論文を除き，抽出した論文を文献調査の対象としている。また，レビューや研究コンセプトのみを提示し，各国の人事労務管理の分析を，記述的であれ，実証的であれ行っていない論文も排除している。また，分析対象は学術誌に掲載された英語論文であり，書籍として出版されたものは含めていない。この結果，リストアップされた文献は309編となった[4]。

　リストアップした論文の中から，社会主義経済・管理手法から資本主義経済・管理手法への移行に関わる要素をなんらかの形で論文に明示している論文を，移行問題を含む論文として抽出した。こうして抽出した論文を基本抽出文献と呼ぶ。抽出は，次のように行った。それぞれの論文を導入部，分析部，結論部の3つの構成に分け，それぞれの箇所で移行に関する言及を取り上げ，3つの構成のうちひとつでも移行に関わる要素を言及しているものを選び出した。このようにひとつの論文を3構成に分けて移行に関わる言及を取り上げた理由は，第一に，導入部での移行に関する言及は，それがたとえ分析や結論において移行問題を正面から取り上げなくとも，移行経済国を対象とした研究であることを論文の著者が意識していることを表し，分析部や結論部において仮説に移行問題を反映させて検証するか，論述し分析されている場合には，移行要因が重要な説明要因か説明対象になっていることを示しているからである。移行に関わる要素は，具体的には，社会主義時代から継承する文化・価値，制度，経営施策に関する言及，社会主義時代に欠如していた文

4）中東欧諸国のみを対象とし，中国やベトナムなどの社会主義国を含めなかったことは，本研究の限界でもあるが，含めるべきでない理由もある。第一に，西側人的資源管理の移植もしくは西側流人事労務管理への移行という場合に，できるだけ欧米の人事労務管理研究の文脈を基準にするためである。中国などの人的資源管理では，欧米流人的資源管理だけでなく，日本的人的資源管理などがトピックに挙がりやすい。一方，今回抽出した論文において，日本の多国籍企業の子会社を分析の一部に入れている論文はあるものの，日本の多国籍企業の本社人事労務管理手法の移植をメインとして捉えて分析している研究はなかった。また，中国を検索語に入れた途端，膨大な論文が抽出され，中東欧諸国全体に対する中国一国を対象とした論文数のバランスが著しく欠けるためである。このことは，巨大な市場をもち，世界経済を牽引する中国経済・ビジネスへの関心の高さを反映するものであり，それに比べての中東欧諸国における人的資源管理研究の不足を嘆く理由となっている。

312

第8講　社会主義的遺制と人事労務管理

化・価値，制度，経営施策などに関する言及，市場経済化に関わる主要トピックへの言及（国営企業民営化，移行期経済社会環境変化など）を表す。西側文化への適用と論じながらも，移行要因に関わらないものもある。例えば，Ardichvili et al. (1998) は，西側人材開発施策へのロシアへの移植について，ロシアの起業家たちの強い集団主義的傾向を指摘し，それを鑑みた施策の必要性を論じているが，ここでの集団主義を社会主義時代に形成されたものとしてではなく，ロシア固有の文化として扱っており，この場合，基本抽出文献には含めていない。逆に，後に論じるように，同じ集団主義的性格に関しても，基本抽出文献に取り上げられた論文では，その性格を社会主義的刻印の強い集団主義的価値体系として提示している。このように抽出した結果，97編を基本抽出文献として特定した[5]。

8.2.2　基本抽出文献の研究属性

　市場経済化は，計画経済のもとでの企業の人事労務管理を市場経済に適合した人事労務管理へと移行させる必要があった。社会主義企業の人事労務管理は，単に市場経済に適合した人事労務管理へと移行するだけでなく，西側諸国で広く生じた伝統的人事労務管理（personnel management）から人的資源管理（human resource management: HRM）への移行もまた要求されるという意味で，二重の移行を課題としていた。

　伝統的人事労務管理や特に企業の戦略性を持たせた現代的人的資源管理とは何かを本講義で狭く定義する必要はない[6]。HRM の定義でさえ，伝統的人事労務管理を含む広義の HRM から現代的な戦略的 HRM などの狭義の HRM まで論者によって使い分けられている。中東欧諸国にとって，市場経済化以降に西側世界からもたらされた HRM は，社会主義体制下で行われていた管理手法とは全く異なるものであった。旧ソ連時代の社会主義的人事労務管理の基本的な役割は，従業員登録，年金，兵役管理，労働時間管理，国家統計業務，採用・異動・表彰・解雇・職業訓練など人事関係に関わる書類上の管理業務が中心であった（堀江, 2011; Kazlauskaitė and Buciuniene, 2010; Pieper, 1992）[7]。

5）紙面の制約上，本講義参照文献欄には本講で引用された文献のみを記載しており，本研究の分析対象となる基本抽出文献の文献一覧については，日本評論社ウエブサイトにある本書第8講付録1を参照されたい。

6）本講義では，人事労務管理という場合，伝統的な personnel management と HRM 双方を含む大枠の制度として捉える。特に HRM 勃興以前の personnel management を指摘する場合には，それを伝統的人事労務管理と呼び，社会主義時代の personnel management は，社会主義人事労務管理と名付ける。

313

第Ⅲ部　企業システムの大転換

　我々が文献調査を行った範囲で，英語文献では Pieper（1992）が旧社会主義圏の管理を社会主義的 HRM として論じたのが，HRM という言葉が欧州移行経済諸国の文脈で論じられた論文としては最初のものであった。とはいえ，Pieper のいう社会主義 HRM は，西側 HRM とコンセプトが全く違うと論じており，社会主義体制下の人事労務管理を理解するための基礎文献と言える。1993年には Bangert and Poor（1993）がハンガリーへの多国籍企業の進出が HRM に与えた影響を論じている。市場経済化が始まってまもなくのロシアでハイパフォーマンス・ワーク・プラクティスの積極的な導入を提唱する Luthans et al.（2000）などアメリカの HRM 研究者たちは，アメリカで実施した一連の経営者行動の調査をロシアの経営者行動研究に適用し，ロシアの工場経営者が伝統的な経営手法とコミュニケーション活動を重視する一方で，HRM への関心は比較的低く，ロシア企業はより成果主義的な報酬システムに転換していくべきことを論じている（Luthans et al., 1993）。おおよそ，1993年が中東欧移行諸国を対象とした本格的な HRM 研究の開始年であったと言える。

　図8.1を見てもわかるように，移行問題に関わる抽出論文は，移行初期からコンスタントに論じられている。しかし，2000年以降の基本抽出が90年代と比較すれば，格段に多いことを考えれば，2001年以降の傾向から，着実に，そして，よりコンスタントに移行文脈をベースとした人的資源管理関連論文が発表されていることが看取される，と言える。

　このことは，欧州移行諸国の人事労務管理を研究する者の属性にも大きく影響を与えるかもしれない。社会主義体制下，HRM を専門とする教育は社会主義諸国においては行われていなかった。移行初期において中東欧諸国の多くの企業で HRM スタッフが HRM の専門教育を受けて登場することはなかったと言える。それゆえ，西側諸国の高等教育機関で HRM の専門教育を受けた者以外が，自国で HRM 教育を受けて自国企業の HRM 確立に貢献することができるようになるには，相当のタイムラグが必要であった。一方，多国籍企業の現地駐在員が本社の HRM 施策を現地に移植し，普及させる伝道師的役割を果たすことは，これまでも戦略的 HRM（SHRM）研究においてはよく見られる研究であった。それは，企業現場において，人事労務管理担当者が欧州移行経済諸国では重要な役割を与えられてこなかったことに加えて，現代的 HRM の専門知識・技能・人材が決定的に不足していたからである。こうした企業の HRM 担当者と同じように，研究についても旧社会主義体制

7）社会主義企業の人事管理の特徴は，これら以外に，Gurkov（2013），Gurkov and Settles（2013），Lucas et al.（2004），Weinstein and Obloj（2002）などに特徴的に論じられている。

第8講　社会主義的遺制と人事労務管理

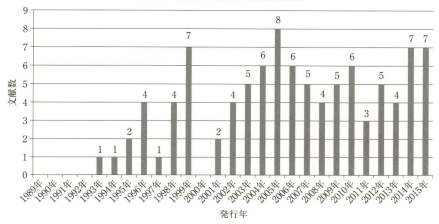

図8.1　発行年別基本抽出文献数

出所）筆者作成。

下においてはHRMに関する研究者プールは皆無に等しく，社会主義的人事労務管理を専門としてきた研究者が新たにHRMに取り組むか，留学等によって西側でHRM教育を受けて研究者になった者，あるいは西側諸国ベースでHRM研究を行ってきた中東欧諸国以外の出自をもつ研究者が，当該地域のHRM研究に取り組むことになったのである。

　基本抽出論文の共著者を含めた著者の所属機関所在地（延べ数）は，中東欧移行諸国にある機関の研究者が全体の39.5％を占め，西側諸国所在の研究者が約6割を占める。旧ソ連諸国では，ロシアを除けば基本抽出文献に関わった著者は皆無であった。新規EU加盟国のなかではスロベニアの大学に所属する研究者（16名）とポーランドの研究者（10名）とリトアニア（10名）が目立っている。非EU加盟国は，セルビアの研究者のみであった。第一著者だけに注目すれば（表8.1），やはり米国に所属機関をもつものが最も多く，英国に所属機関をもつ者を加えると約半数となる。それでも，3割程度が欧州移行経済諸国に所属機関をもつ者で占められている。

　欧州移行諸国は，2004年にポーランド，チェコ，スロバキア，ハンガリーなどの中欧諸国とバルト三国，そして東南欧諸国のうちスロベニア[8]がEUに加盟し，2007年以降に東南欧諸国のうちブルガリア，ルーマニア，クロアチアが加盟し，残

8）欧州復興開発銀行の定義では，スロベニアは中欧諸国に分類され，東南欧には含められていないが，本研究では独自の自主管理の伝統を旧社会主義時代に持っていた旧ユーゴスラビア諸国を東南欧諸国と位置づけるため，スロベニアも東南欧に含めている。

315

第Ⅲ部　企業システムの大転換

表8.1　第一著者所属機関所在地

地域	米国	英国	欧州移行諸国	その他
文献数	22	20	37	18
割合	22.68%	20.61%	38.14%	18.55%

出所）筆者作成。

表8.2　研究対象地域

地域	国	文献数	対象地域別 文献数小計	構成比 （％）
旧ソ連	ロシア	31	38	30.2
	ベラルーシ	2		
	ウクライナ	4		
	モルドバ	1		
中欧	ポーランド	18	44	34.9
	ハンガリー	5		
	チェコ	13		
	東ドイツ	1		
	スロバキア	7		
東南欧	ルーマニア	8	31	24.6
	ブルガリア	5		
	スロベニア	12		
	セルビア	3		
	ボスニア・ヘルツェゴビナ	1		
	旧ユーゴスラビア	2		
バルト	エストニア	5	12	9.5
	リトアニア	6		
	ラトビア	1		
欧州移行経済全般		1	1	0.1
合計		126	126	100

出所）筆者作成。

りの東南欧諸国であるアルバニア，ボスニア・ヘルツェゴビナ，セルビア，コソボ，マケドニア，モンテネグロは，EU 非加盟国である。こうした EU 加盟時期および EU 加盟・非加盟の違いが，HRM 研究における移行問題の扱いに大きく影響を与えるかもしれない。ただ，**表8.2**でわかるように，EU 加盟国の中欧諸国を研究対象にした基本抽出文献が大きな比重を占め，また，本講義で東南欧に含めたスロベニアを対象とした論文が12編あり，東南欧諸国のなかで EU 加盟が遅かった諸国といまだ非加盟国である諸国を対象とした研究は多いとはいえない。スロベニアを対

第8講　社会主義的遺制と人事労務管理

表8.3　研究対象産業

産業区分	延べ論文数	構成比 (%)
鉱業	3	2.9
製造業	34	33
伝統的三次産業	21	20.4
現代的三次産業	24	23.3
その他（産業特定なし）	21	20.4

出所）筆者作成。

象とした研究の多さは，うち9編がスロベニアのリュブリャナ大学経済学部所属の研究者が含まれることによるものであり，そのうち4編はZupanが執筆者のひとりとなっている論文である。特定の研究機関と執筆者の積極的な研究成果の公表が研究対象地域の分布に大きな影響を与えている。

　さて，社会主義的遺制は，旧ソ連時代において支配的であった産業において，根強く継承されているであろうことは，容易に想像がつく。社会主義計画経済のもとでは，機械製作，電子工学，防衛，通信設備のような基幹工業がソ連において全連邦省の直接監督を受けていたことから考えると，製造業（本講義では分析の便宜のため，製造業と建設業をこの区分に入れている），鉱業（本講義では分析の便宜のため，電気，ガス，水道や熱供給もこの区分に入れている）は，ソ連時代の伝統的産業と言える。また，サービス産業においても伝統的なサービス産業と現代的サービス産業に分けられよう。社会主義時代にも，小売・卸売，運輸，宿泊・飲食業はあったし，公務や教育も含め，伝統的三次産業として位置づけられる。一方，情報通信業や金融・保険業，不動産などは，市場経済化以降に発展したサービス産業として位置づけられ，専門・科学・技術サービス・管理・支援サービス業や保健衛生・社会事業も合わせて，本講義では現代的第三次産業とした。製造業と伝統的三次産業を研究対象とする論文は過半数を超え（**表8.3**），移行経済，特に社会主義的遺制への注目を特色とする論文においては，社会主義時代において支配的であった産業を研究対象にする傾向があるのではないかと推察できる。

8.3　欧州移行諸国における人事労務管理研究における社会主義的遺制

8.3.1　移行問題の焦点

　我々の関心は，社会主義的遺制が欧州移行経済諸国の人事労務管理研究において，

317

第Ⅲ部　企業システムの大転換

これまでも，そして，これからも移行経済を特色づける重要な要素であるかどうか，ということである。移行を研究の視座に置く論文ならば，社会主義時代の何を問題とし，何をもって移行たらしめているかが，重要である。その場合，人事労務管理においては，社会主義時代に機能していた制度や経営者・管理者・従業員行動に埋め込まれた文化を出発点として，それがどのように市場経済に適した制度に変化したか，欧米流の制度に取って代わったか，彼らの行動がどのように市場経済に適した価値観や態度に変化したか，が移行の焦点となる。本講義では，それぞれの論文が人事労務管理を分析するにあたり，移行において焦点となる旧体制の残滓もしくは移行に必要とされている要件の欠如をコーディング対象とした。つまり，移行を阻害する要因，移行が停滞している状態，社会主義時代の遺制の分析，過去の制度の進化，移行の前提条件の欠如，移行に必要とされる能力の欠如など，欧州移行経済における人事労務管理研究において移行を説明する様々な要因をコード化した。それを集約し，基本抽出文献を特色付ける作業を行った。基本的には，論文の全体的な主旨に合致するものがほとんどである。ただし，中には人事労務管理が論文の研究対象の一部分であり，全体とは異なる移行の説明を行っているものがある。それらについては，人事労務管理分野の分析の論述のなかに，移行問題の焦点を求めた。

　こうした視点から基本抽出文献を 3 つに分類・集約した。第一分類は，社会主義的労務管理から西側人的資源管理への移行もしくは計画経済的経営手法から西側経営手法への移行（HRM 施策，経営手法の制度移植を含む）などの管理施策・手法・制度の移行，労使関係，従業員参加，従業員・経営者の教育・学習といった広く人事労務管理に直接関わる問題群である。これを「人事労務管理施策問題群」と名付ける。ここでは，主に社会主義的人事労務管理の遺制が研究対象となっている。第二分類は，「文化的遺制問題群」とし，社会主義起因の国民文化や企業文化，それに根ざした従業員・経営者の価値観や態度を遺制として研究対象にしているものを含めている。第三分類は，上記二分類に分類できないものを「その他の問題群」としてまとめた。各分類に分けられた基本抽出文献については，日本評論社ウェブサイトにある本書第 8 講付録 2 を参照されたい。

　全体としては，3 つの大分類にバランスよく散らばっている（**表8.4**）。興味深いのは，ポーランド，チェコ，スロバキア，ハンガリーなどの中欧諸国とバルト三国，そして東南欧諸国のうちスロベニアが EU に加盟した2004年を境にどの分類でも同じく論文数が増えていることである。これは，欧州移行経済諸国全体の移行の進展にもかかわらず残存する旧体制の遺制を，それぞれの国の独自のモデルや経路依存性で説明しようとしているからであると推察できる。例えば，Skuza et al.（2013）

318

第8講　社会主義的遺制と人事労務管理

表8.4　移行の決定要因の分布

移行モード		問題群領域		
		人事労務管理施策問題群	文化的遺制問題群	その他の問題群
主な欧州移行諸国のEU加盟以前（2003年以前）	文献数	10	11	10
	割合	23.26%	34.37%	45.50%
主な欧州移行諸国のEU加盟以後（2004年以後）	文献数	33	21	12
	割合	76.74%	65.63%	54.50%
全体文献数		43	32	22

出所）筆者作成。

は，EU加盟国のポーランドを対象とし，しかも，社会主義に埋め込まれた経営施策，HRM機能の未発達，国内企業に色濃い共産主義の遺産や性格，個人的なコネに依存する社会主義時代の体質などポーランドの旧社会主義的遺制を非常に意識した論文である。Zientara and Kuczynski（2009）もまたポーランドの地方行政機関を対象とし，社会主義時代の人事労務管理施策がそのまま継承され，現代的なHRM施策が未発達であり，社会主義的官僚主義がいまだに現代ポーランド行政に根付いている姿を描いている。Gurkov and Settles（2013）およびGurkov and Kosov（2014）も，ロシアのHRM施策の旧ソ連的性格を描き出し，しかも，それらが安定的であることを検証することでロシアのHRMの経路依存的性格を説明している。

8.3.2　移行の決定要因の構図

（a）人事労務管理施策問題群

　具体的にそれぞれの大分類の中身を検討していこう。人事労務管理施策問題群は，人事労務管理諸施策の移行を対象としたもの，労使関係や従業員参加などの変化や強化を移行として捉えているもの，新たな経営や人事労務管理への適応や諸施策の受容能力・学習を移行として捉えているものに分かれている。経営近代化の過程のなかで，社会主義的人事労務管理にはなかった西側HRM施策の導入，社会主義的人事労務管理から現代的HRMへの移行は，この問題群の共通した中心課題である。

　ただし，その論調はいくつかの傾向に分かれる。旧態依然とした社会主義時代の労務管理手法の残存を論じる論文と，欧州移行国にそもそもHRM施策やHRM専門管理者が欠如・不在であったことを前提として西側HRM施策の導入の程度，機能の程度，発展の程度を考察する論文である。前者は，欧州移行経済諸国の人事労

務管理の経路依存性が現在の HRM のあり方に強く影響を与えていることを重視する。ただし，社会主義時代に施策が存在しなかったことも含め，我々は社会主義的遺制と考えたい。この人事労務管理施策問題群に代表される社会主義的遺制こそ，我々が最も注目する社会主義的遺制である。

人事労務管理諸施策の移行を論じている論文は32編あったが，そのうち，ロシアを対象としたものが12編で，ウクライナ１編，リトアニア２編を含めて旧ソ連諸国を対象とした論文は全体の約５割弱を占めている。ハンガリー，ポーランド，チェコ，スロバキアなど中欧諸国を対象としたものが８編，東南欧諸国を対象としたものが９編である。東南欧諸国を対象とした９編のうち，３編は Zupan が執筆者のひとりとなっている論文であり，スロベニアを対象としている。

欧州移行諸国が社会主義時代に行っていた人事労務管理が現在でも根強く残存しているとする指摘は多くある。しかも，社会主義的人事労務管理の特徴は，欧州移行経済でほぼ共通している。Lupina-Wegener（2013）と Kazlauskaitė and Buciuniene（2010）は，それぞれポーランドとリトアニアを対象国としているが，両国の社会主義時代の人事労務管理を東ドイツの社会主義人事労務管理の諸特徴を描いた Pieper（1992）に準拠して描いている。Pieper（1992），Lucas et al.（2004），Kazlauskaitė and Buciuniene（2010），Maroudas（2001）らが描く社会主義人事労務管理の諸特徴をまとめると次のようになる。社会主義的人事労務管理は，管理（management）ではなく行政（administration）であり，人事労務管理は政治的社会的役割を第一義的としていた。このことは，人事計画や報酬制度は中央政府により行われ，企業レベルでの采配の余地は小さかったことを表す。また，社会主義的人事労務管理を企業レベルで担当した部署は，カードル課（cadre department）に象徴され，その構成員は共産党員とされていたがゆえに共産党による監督手段であったことを表している。自由な労働市場は存在せず，全部雇用の原則のもと，従業員の評価やモチベーションを考慮する機能は，企業の人事労務管理にとって重要な要素ではなかった。それゆえ，企業レベルでの人事採用・選考も存在しなかった。

移行の出発点は，こうした社会主義的人事労務管理であり，移行経済における社会主義的人事労務管理の残存が，この分類で特定された論文の中心的な問題関心となっている。基本抽出文献でも，Milikic et al.（2008）は，現代セルビア企業の HRM 施策においても社会主義時代の労務管理手法に相当する管理施策ばかりが実施される傾向があるとし，旧態依然とした HRM 体質を指摘している。Cyr and Schneider（1996），Gurkov and Settle（2013），Fey et al.（1999），Kazlauskaitė and Buciuniene（2010），Lucas et al.（2004），Zupan and Kase（2005），Zupan and Ograjensek（2004）なども，欧州移行諸国に残存する社会主義的人事労務管理を

指摘している。Clarke（2004）は，旧態依然とした人事労務管理，現場の管理（shop floor management），報酬制度，規律など現代ロシア企業，特に製造業労働現場においてソビエト的伝統が継承維持されている実態を明らかにしている。Trappman（2007）も，伝統的なロシアの鉄鋼企業において，人事労務管理が現場労働に及んでいないことについて言及しているが，こうした労働現場レベルでの観察は，特に社会主義工業化の象徴であった製造業などにおいて顕著に見られる。

　一方，移行経済における社会主義的人事労務管理の残存よりも，西側的 HRM 施策の欠如に着目した研究も，移行経済における人事労務管理研究では重要な領域である。例えば，Bjorkman et al.（2007）は，過去の遺制の残存への着目ではなく，資本主義的なビジネススタイルの歴史的欠如を問題とし，職業訓練，業績評価システム，業績ベースの報酬システム，業績ベースの昇進システムなど HRM の施策が欠如しているがゆえに，ロシアの外資系企業はそれらの施策を重視するという仮説を立てている。西側 HRM 施策の導入の程度，機能の程度，発展の程度を考察する論文については，Fey や Bjorkman らが積極的な貢献を行ってきた。彼らは，ロシアにおいて西側人事労務管理施策が企業業績に与える影響について，従業員のモチベーション，トレーニング，ジョブ・セキュリティなどいくつかの要因を用いて検証し，西側人事労務管理の適応性を分析している（Fey et al., 2000, 2003, 2009; Bjorkman et al., 2000, 2007）。こうした研究もまた，旧社会主義国における HRM 施策の歴史的欠如を分析の出発点としていると言える。

　HRM 施策と企業パフォーマンスの関係に関する分析については，基本抽出文献は少ない。基本抽出文献では，Judge et al.（2009），Zupan and Kase（2005），Zupan and Ograjensek（2004）らが，HRM 施策と企業パフォーマンスの関係に関する分析を行っている。基本抽出文献以外では，Fey et al.（2000, 2009），Fey et al.（2000），Kazlauskaitė et al.（2009），Buciuniene and Kazlauskaite（2012）など散見されるが，移行要因には触れておらず，基本抽出文献から除外されている。また，Welsh et al.（1993）は，もともとの検索には引っかからなかったのだが，初期の重要な文献である。彼らは，人事労務管理の 3 分析要素として，パフォーマンスに応じた外生的報酬，行動管理（評価や認知といった監督者による社会的報酬），参加（監督者を除いた参加者による職務充実や職務再設計）をとりあげ，それらがどのようにワーク・パフォーマンスを引き上げたかの調査を行った。この調査では，外生的報酬や行動管理においてはパフォーマンスが上がったことは証明できたが，参加については逆効果であったとしている。

第Ⅲ部　企業システムの大転換

（b）文化的遺制問題群

　文化的遺制問題群では，経営者・管理者・従業員の態度や価値観，そして，国民文化，企業文化，経営文化など企業をとりまく文化的側面を取り上げる。

　従業員・管理者の態度・価値観に分類した論文は，12編あるが，そのうち従業員の態度・価値観を対象としたものは6編，経営者・管理者を対象としたものが6編であった。従業員の態度・価値観については，社会主義体制の遺制として，西側諸国の従業員行動とは異なる性格が移行の出発点となる。社会主義を経験した諸国と伝統的な資本主義諸国との仕事に対する態度・価値観の比較分析（Alas and Rees, 2006），新たなHRM施策が仕事満足度や組織コミットメントに与える影響（Zientara and Kuczynski, 2009），組織エンパワーメントが従業員態度に与える影響（Kazlauskaitė et al., 2009）などがそうした研究に当てはまる。Dixon et al.（2014）のように，多国籍企業の親会社から移行国へのHRM施策移転が移行国特有の企業文化のなかで管理職者の能力に与える影響を考察した研究もまた，これに含まれよう。他方，従業員の個人特性（personality traits）や心理的契約（psychological contracts）と従業員のパフォーマンスの関係を探る研究（Linz and Semykina, 2009; Kase and Zupan, 2007）も，パフォーマンスの向上を遮る社会主義諸国特有の従業員態度を前提にしているという意味で，欧州移行経済には西側で想定される従業員態度・価値観が欠如していることを移行の出発点としている。

　経営者・管理者の価値観としては，経営者の市場志向，西側HRM導入に対する経営者の態度など，新たな市場環境や新たな施策への態度を論じる研究がある一方で，社会主義時代の集団主義的価値観の残存，伝統的集団主義的価値観から欧米経営者価値観への収斂を経営者・管理者の態度から分析する研究がある。前者は，例えば，人事労務管理においてどの程度HRM施策に優先度を与えているかを論じるConstantin et al.（2006）のように，HRMそのものがなかった旧社会主義時代の人事労務管理を移行の出発点として，移行経済期における西側流HRMの導入に対し，企業の規模や事業内容によって経営者の態度がどのように異なるのかを分析している。他方，後者では，伝統的な集団主義的価値観に移行の出発点を求め，それが個人主義（Stan and Evans, 1999）や起業家精神に富む新たな経営者像（Puffer et al., 1997）や米国流経営者像（Alexashin and Blenkinsopp, 2005）へどのように収斂するかを論じている。もちろん，一方的な収斂・非収斂を論じているわけではなく，Stan and Evans（1999）のように，中東欧諸国の集団主義的価値から個人主義的価値への経営者の変化を社会主義から資本主義への移行および民営化に結びつけながらも，集団主義的価値と個人主義的価値は相補的であり，それがハイブリッド型価値体系を生み出す可能性を積極的に評価するなど，払拭すべき価値観ではなく，伝

統的価値観を肯定的に論じている。文化的要因面での収斂論は，文化的違いはあっても経営者の態度と行動には違いが生み出されないことを主張し，分岐論は各国間に経済的社会的近似性があっても経営者個人は文化に根ざした異なる価値観をもつことを主張する。Stan and Evans（1999）の研究は，異なる文化が遭遇した場合に生まれるハイブリッド型の新しい価値を論じる第三の研究軸であると言える[9]。

　経営者の価値，経営価値，組織文化，国民文化の源泉は，「特定の時期の特定の社会が広く共有する心情や価値」（Ralston et al., 1993, p. 250）にあり，それゆえに経営者の意志決定や行動に影響を与えるという意味では，経営者・管理者・従業員の態度や価値観と国民文化や企業文化は，切っても切り離せない関係にある。ただし，企業外部環境群で特定した文化的側面は，社会主義的刻印の強い集団主義的価値体系（Fey and Denison, 2003; Giacobbe-Miller et al., 2003; Puffer et al., 1997; Stan and Evans, 1999など），社会主義的管理由来の権力格差を反映する恩顧主義（Letiche, 1996），権威主義的・官僚主義的性格（Dalton and Druker, 2012; Kustin, 2006），共産主義的平等主義（Dalton and Druker, 2012; Crow, 1998; Giacobbe-Miller et al., 2003; Woldu and Budhwar, 2011），社会主義に埋め込まれた思考・イデオロギー（Fey and Denison, 2003），homo sovieticus ともいうべきソビエト的文化・メンタリティ，ソビエト的パーソナリティ（Szalkowski, 1996; Szalkowski and Jankowicz, 1999），移行期由来の低信頼（Pucetaite et al., 2010）など，社会主義体制において育まれた国民文化や組織文化である。

　文化的に特殊な行動様式をもつ国においては，その国民文化・組織文化はその国特有の人事労務管理モデルを理解するうえで重要な要因である（Brewster and Bennett, 2010）。ホフステードは，権力格差（power distance），集団主義対個人主義（collectivism vs. individualism），女らしさ対男らしさ（femininity vs. masculinity），不確実性の回避（uncertainty avoidance）といった国民文化の次元により文化的価値観の同定を行った。しかし，ホフステードの研究では，中東欧諸国を対象とした調査が行われていなかったために，市場経済化以降，中東欧諸国へのホフステード調査の援用が積極的に行われるようになった（Hofstede, 1993; Alexashin and Blenkinsopp, 2005; Kustin, 2006など）。ホフステードを引用文献に含めている論文は，基本抽出文献中21編，全体の21.6％を占める。

　ホフステード自身の調査では，国民文化の違いを同定することを目的としており，

9）ETEs を対象とし，移行問題を分析に含めている論文のなかには，収斂／分岐論争を射程に入れている論文が少なからずある。Alexashin and Blenkinsopp（2005），Horwitz（2011），Poor and Milovecz（2011），Svetlik et al.（2007）など。ただ，何に収斂するのか，何によって分岐するのか，議論は様々である。

第Ⅲ部　企業システムの大転換

それがどのように歴史的に形成されてきたかは問題ではない。ホフステードの関心であった米国流経営管理理論の適用に対し国民文化の違いが制約条件となるかどうか（Hofstede, 1993）は，近代的な経営管理理論の移植，現代HRM施策の移植を目論む移行諸国にとっても共通した論点である。Caper（2011）は，ルーマニアにおける多国籍企業の地元従業員に着目し，彼らがルーマニアの国民文化を多かれ少なかれ反映する多様な文化的性格を示し，必ずしもルーマニア従業員間でその文化的性格が共有されない状況を描いている。この研究の文化的コンテクストのなかに，ルーマニアの社会主義の経験は描かれていない。集団主義的文化要因を強く社会主義の経験に結びつける研究がある一方で，社会主義的経験と集団主義を結びつけない研究も多い。抽出論文のなかにも，移行問題を背景としながらも，文化要因を社会主義の経験と結びつけてない論文もある（Costigan et al., 2005）。そうした論文は，他にもCostigan et al.（2006）やCostigan et al.（2011）などが機械的検索ではリストアップされたものの，移行要因への言及は全くなかった。

　国民文化，組織文化を社会主義的経験と結びつけるのは，少なくとも中東欧諸国の現状を移行経済と見なし，社会主義時代の刻印をもつ文化的要素をいまだ払拭できていない遺制としてとらえたり，欧米世界と区別する重要な歴史的刻印としてとらえたりしているが故である。ルーマニアを対象とした2012年のDalton and Druker（2012）の論文やボスニア・ヘルツェゴビナを対象とした同年のHirt and Ortlieb（2012）など，近年でも中東欧南部では，歴史的遺制としてのその国に埋め込まれた文化的要素が，いまだに移行の重要な論点になっている。

（c）その他の問題群

　その他の問題群は，これまでの社会主義的人事労務管理施策や文化的遺制以外の問題群をまとめている。経済の諸制度の変化，民営化や買収や直接投資の影響による所有構造の変化，そして未熟な労働市場や経営者・管理者層の労働市場の発展，経営スタイル，経営者あるいは管理者への信頼やリーダーシップ論，そして，経営者・管理者の交代などが論点として含まれる。

　外的制度変化，所有構造，労働市場など企業組織外部の制度変化に関する論文は，8編ある。Tung and Havlovic（1996）に代表されるように，移行初期の段階から移行期の社会経済環境がHRM施策に与える影響を分析する研究はあるが，移行の決定要因としてこれらを研究対象とした抽出論文は，少なかった。移行による政治・法制・社会環境など外的環境の急速な変化を移行期の特徴とした論文としてはJarvalt and Randma-Liiv（2010），Karhunen（2008）及びWeinstein and Objoj（2002）を挙げることができる。また，Jarvalt and Randma-Liiv（2010）は，移行

要因を急速に変化する環境に由来する不安定性に求めている。

　民営化は，移行経済の文脈でよく取り上げられているものの，所有構造の違いを移行の決定要因としているものは意外に少なかった。Ivanova（2007）は，新たな民営企業と従来型の生産を維持する国営企業との間の所有の違いというビジネス環境の相違が中間管理職の意志決定に与える影響を論じている。Russel（2002）も民営化と所有構造に着目するが，ロシアでは所有構造の違いが従業員の意志決定になんら影響を及ぼさなかったと論じている。Wright et al.（2002）は，中東欧諸国研究事例のメタ分析から，バウチャー買い占めなどによる内部経営者・従業員主導の民営化が，従業員重視の HRM 戦略に帰結することを検証している。

　経営者・管理者労働市場の未発達を論じるものとして，Jones et al.（1995）が挙げられるが，ここに分類しなかった論文のなかにもこのことを指摘するものはある（Eriksson, 2005; Muravyev, 2001, 2003; Ryan, 2006）。これらに共通するのは，社会主義時代の経営者・管理者の役割が現在求められる役割とは異なり，彼らが市場経済に適合したスキルを持たず，移行期において労働市場に十分な経営者・管理者のストックがないことを移行の障害としている点である。

　経営スタイル論やリーダーシップ論なども，この問題群に含めた。社会主義時代の経営者（red executives）は，社会主義時代の経営スタイルを象徴し，その行動様式は本質的に資本主義諸国の経営者行動とは異なる。そのため，移行経済においては，社会主義時代からの経営者がどのようなリーダーシップを発揮しているのか（Linz, 1996; Fidrmuc and Fidrmuc, 2006），市場経済に適合したリーダーシップをどのように発揮しているのか（Barton and Barton, 2011）を，企業パフォーマンスや国営企業，民営企業，および外資系企業といった所有形態で明らかにしようとする研究や，そのリーダーシップを社会主義的行動様式がいかに阻害しているかを明らかにしようとする研究（Solomakhin and Ekaterinoslavsky, 1994）など，社会主義時代の経営スタイルから移行期経営スタイルへの移行が問題関心となっている。

　また，経営者・管理者の交代について論じているものも 7 編あった。そのうち，旧ソ連諸国のロシア，ウクライナに関する論文 3 編は，すべて Muravyev が関わる研究で，ロシアについては，経営者交代の頻度に所有構造が大きく影響するという認識のもとに旧国営企業の民営化による企業のインサイダー所有が経営者交代を抑制する傾向（Muravyev, 2003）や移行の進展により経営者がこれまでになかった交代の脅威にさらされている事実（Muravyev, 2001）を明らかにしている。ウクライナについてはコーポレート・ガバナンスの効率性の指標として経営者交代を論じているが，その基底にあるのは，旧ソ連においては社会主義時代の経営者は市場経済に適合した能力も技能も欠如しており，その交代がコーポレート・ガバナン

325

スの問題を解決するために不可欠であるという認識である。旧ソ連以外では，チェコ，スロバキア，スロベニアを対象に，経営者交代と企業パフォーマンスの関係が論じられている（Claessens and Djankov, 1999; Eriksson, 2005; Knezevic and Pahor, 2004）。Claessens and Djankov（1999）は，チェコの民営化が一斉同時の民営化であったために，国営企業時代の経営者がそのまま民営化後の企業の経営者となり，経営者の交代がなく，また，市場経済に適応できるスキルをもつ経営者も労働市場にも見当たらなかった移行初期のチェコを分析して，新しい経営者の出現の必要性を論じている。Eriksson（2005）は，経営者層の労働市場が発達していない問題を経営者の交代，報酬制度と結びつけて分析している。Knezevic and Pahor（2004）はスロベニア企業の強いインサイダー所有に着目し，インサイダー企業の場合は取締役会の交代は少なく，所有者の変更が企業業績に重要なインパクトを与えると論じている。これらは，移行諸国の市場の機能として，経営者交代が企業パフォーマンスという市場経済の指標に連動するか否かを問うているという点に，市場経済の発展という移行の基準を持っている。

8.3.3 問題群と文献属性の相関関係に関する仮説

これまで，基本抽出文献を3つに分類し，それぞれの分類を概観してきた。こうした基本抽出文献が対象とする問題群に対して，論文属性はどのように関係するだろうか。問題群ごとに概観したように，同じ社会主義的遺制でも人事労務管理施策問題群と文化的遺制問題群とでは，その研究対象も性格も大きく異なる。前者は，非常に具体的でフォーマルな制度を取り扱った研究であるが，後者はインフォーマルな制度を扱っている。単純化して，前者が問題としている遺制を制度的遺制，後者が問題としている遺制を文化的遺制と名付けよう。当然，両者の論拠は異なると想定できるし，その研究土壌にも違いが見られるはずである。ここで想定する研究土壌の違いは，米国流 HRM 研究の土壌と欧州比較 HRM 研究の土壌の違いである。Brewster（2006, 2007）は，米国流 HRM 施策を最善の策とするユニヴァーサリスト・パラダイムに対比させ，欧州的比較 HRM 研究をコンテクスチュアル・パラダイムと位置づけている[10]。米国流 HRM をベンチマークとして，欧州移行経済諸国の人事労務管理との距離を測ろうとする研究は，資本主義の多様性，人事労務管理の多様性を示唆することを意図するのではなく，米国流 HRM への収斂を追求する。

---

10) なんらかの計量的手法を適用している研究とエビデンス重視の記述的研究との研究スタイルの違いが問題群との関係で何らかの影響を与えているかもしれないと想定し，分析を試みたが，有意な結果は得られなかった。堀江・雲（2014）の補遺を参照されたい。

第8講　社会主義的遺制と人事労務管理

そうならば，社会主義的遺制という地域の固有性を研究対象にする場合，制度的遺制にしても，文化的遺制にしても Brewster を引用し，コンテクスチュアル・パラダイムを意識する研究者は多くなると想定できる。また，文化的遺制については Hosfstede の文化的多様性論があげられるだろう。しかし，グローバル・スタンダード（米国的価値観）への収斂を前提とした議論と，欧州移行経済諸国のなかでも様々な価値観が併存し多様性をもつという議論とは，同じ文化的多様性を論じながらも，収斂論と分岐論の違いを解消してはいないし，両者とも資本主義の多様性，人事労務管理の多様性を示唆することを意図するものとして同一視するわけにはいかない。それゆえ，前者を代表するものとして米国流 HRM 研究の土壌をもつ研究者の所属機関所在地を米国と英国と想定することは，乱暴ではあるにしても，その所在地属性を検討対象に入れた分析が必要になることを鑑みれば許容されうるのではないかと思われる。制度的遺制研究と文化的遺制研究との間の資本主義の多様性，人事労務管理の多様性への着目の質的違いも含め，制度的遺制研究と文化的遺制研究は，資本主義の多様性，人事労務管理の多様性に相対的に着目する度合いが強いかどうかを検証してみたい。この検証は，それゆえ，Brewster あるいは Hofstede の引用，第一筆者所属機関所在地といったコードで確かめる。

　また，前述のように人事労務管理諸施策の移行を論じている論文では，ロシアを対象としている論文が最も多かった。社会主義的人事労務管理手法が，ソ連型計画経済管理手法の波及であるとするならば，当然，そのソビエト的伝統は旧ソ連地域において色濃く残っているだろう。また，社会主義的人事労務管理は，社会主義時代から引き継いだ伝統的産業において色濃く表れると推察できる。逆にいえば，市場経済化以降に勃興した産業にある企業では，準拠する既存の人事労務管理施策を持たず，社会主義的人事労務管理の影響は小さいと想定できる[11]。これは，基本抽出文献の研究対象国と問題群との関係，研究対象産業と問題群の関係から検証できるだろう。

　また，文化的遺制は，ソビエト的伝統以上に，旧社会主義国に普及した社会主義的イデオロギーに深く結びつくもので，社会主義を経験した国で共通に見られる現象であると想定するならば，研究対象地域如何に関わりなく，欧州移行経済諸国で広く観察できる遺制であると考えられる。それゆえ，文化的遺制という観点は，旧ソ連諸国に限らず，欧州移行経済諸国全般に関わる問題であり，それへの着目度合いは研究対象産業に左右されないとの仮説が立てられよう。

11）研究対象企業が多国籍企業を含む外国資本であるかも，なんらかの影響を与えていると想定できるが，有意な結果は現れなかった。堀江・雲（2014）の補遺を参照されたい。

327

第Ⅲ部　企業システムの大転換

　ただし，旧ソ連から距離的に離れ，EU加盟が早かった中欧地域では，EU経済に組み込まれたことによる経営・管理のEUへの収斂から，社会主義的遺制への着目は低下するとも言えるのではないだろうか。論文発表時に研究対象がEU加盟をしているか否かと，論文が対象とする問題群との関係から検証できるだろう。

　以上の仮説をまとめると，以下のとおりになる。

H_1：社会主義的遺制研究は，資本主義の多様性，人事労務管理の多様性に相対的により着目し，それらによって移行経済諸国の人事労務管理制度を説明しようとする。

H_2：欧州移行経済を文脈とする人事労務管理研究においては，旧ソ連を対象とする研究はそうでないものよりも強く制度的遺制に着目する。

H_3：欧州移行経済を文脈とする人事労務管理研究においては，社会主義時代から引き継いだ伝統的産業に関する研究はより強く制度的遺制に着目する。

H_4：欧州移行経済を文脈とする人事労務管理研究においては，文化的遺制は旧ソ連諸国に限らず欧州移行経済諸国全般の問題であり，研究対象産業に左右されることなく着目される。

H_5：研究対象国のEU加盟は，社会主義的遺制研究を減退させる。

　これらの仮説を検証するため，文献属性に基づいた定量分析を行う。8.2節や8.3節で描いてきた対象論文の特性を抽出し，それらが各論文の結論たる制度成立の説明要因とどのような関係を有しているのか，を検討するものである。各論文の有している属性を抽出したものをとりまとめると，それは**表8.5**のようになる。

　各論文は既述のように，3通りのテーマ的帰結に分類される。制度的遺制に着目するか・文化的遺制を重視するか，または，そのほかの要因を考察するのか，という3分類である。次節では，論文の属性が説明要因を確定させる上でどのような関係を有しているか，ということを検証する。

8.4　文献属性と移行要因評価の相関関係

　基本抽出文献は3通りのテーマ的帰結，つまりは，制度的遺制，文化的遺制，その他の遺制，に分類されている。それぞれの分類と論文属性との関係の検証を，制度的遺制に関してはモデル1，文化的遺制についてはモデル2，その他の要因につ

第8講　社会主義的遺制と人事労務管理

表8.5　回帰分析に用いた変数の記述統計量

変数グループ及び変数名	記述統計量		
	平均	最小値	最大値
研究タイプ			
制度的遺制	0.44	0	1
文化的遺制	0.33	0	1
その他	0.23	0	1
第一著者の立地（デフォルトカテゴリ：英米以外の欧州）			
英国または米国	0.43	0	1
移行諸国	0.38	0	1
対象地域（デフォルトカテゴリ：バルト）			
旧ソ連	0.48	0	1
中欧	0.31	0	1
南東欧	0.25	0	1
対象産業分野（デフォルトカテゴリ：産業を対象としない［規範的等］）			
鉱業・電気・ガス・熱供給・水道	0.03	0	1
製造業・建設業	0.31	0	1
伝統的三次産業（卸・小売・宿泊飲食・公務）	0.11	0	1
現代的三次産業（IT・金融・不動産・科学技術・教育・保険衛生）	0.23	0	1
引用文献（デフォルトカテゴリ：引用なし）			
Brewster	0.24	0	1
Hofstede	0.22	0	1
刊行時EU未加盟国を対象に含む	0.64	0	1

注）観測数は97である。
出所）筆者算定。

いてはモデル３として，それぞれの分類と論文属性との関係の検証結果を**表8.6**で示している。分析は被説明変数が二値であるためロジット分析に依る。但し説明変数が全てダミー変数であることを考慮し，最小二乗法（OLS）推定も行った。ロジット分析で有意な係数を得た変数がOLS推定において有意でなくなることはほとんどなく，定性的に結果は同様であり，概ね結果の頑健性を確認出来たと言える。以下，ロジット分析の結果に従って解釈を行う。

　さて，３つの問題群のうち，「その他の問題群」については，製造業ではこれをもって説明することは無く，中欧を対象とする研究でもあまり論じられないとする否定的なもの以外，有意な結果は見られず，かつ，推定式全体として有意ではなかった（Prob＞Chi2＝0.20）ことを，最初に断っておきたい。我々が注目する３つの問題群のうち，制度遺制と文化遺制に関する問題群については，興味深い検証結

329

第Ⅲ部　企業システムの大転換

表8.6　検証結果

(a) 分析1：ロジット分析

説明変数（論文属性）	制度的遣制によって説明を行う論文			文化的遣制によって説明を行う論文			その他要因によって説明を行う論文		
	係数	標準誤差	有意水準	係数	標準誤差	有意水準	係数	標準誤差	有意水準
第一著者の立地（デフォルトカテゴリ：英米以外の欧州）									
英国または米国	-1.11	0.70		1.23	0.84		0.0064	0.7600	
移行諸国	-0.99	0.71		1.72	0.91	*	-0.39	0.79	
対象地域（デフォルトカテゴリ：バルト）									
旧ソ連	-0.74	0.68		1.04	0.81		-0.63	0.92	
中欧	-0.76	0.72		2.34	0.88	***	-1.76	0.99	*
南東欧	-0.49	0.76		1.32	0.86		-1.11	1.04	
対象産業分野（デフォルトカテゴリ：産業を対象としない）									
鉱業・電気・ガス・熱供給・水道	-2.65	1.56	*	3.19	1.59	***	0	(omitted)	
製造業・建設業	1.90	0.61	***	-0.98	0.68		-1.34	0.73	*
伝統的三次産業	-0.86	0.94		1.23	0.97		-0.43	1.17	
現代的三次産業	-0.43	0.51		0.75	0.57		-0.34	0.73	
引用文献（デフォルトカテゴリ：引用なし）									
Brewster	2.10	0.73	***	-1.27	0.81		-1.46	0.87	*
Hofstede	-2.09	0.90	***	2.79	0.73	***	-0.51	0.78	
刊行時EU未加盟国を対象に含む	-0.26	0.62		0.78	0.70		-0.39	0.71	
定数項	1.13	0.95		-4.62	1.34	***	0.97	1.16	
標本数	97			97			94		
Pseudo R^2	0.23			0.31			0.14		
LM検定[1]	-51.39	***		-42.67	***		-43.79	**	

(b) 分析2：最小二乗法（OLS）

説明変数（論文属性）	制度的遣制によって説明を行う論文			文化的遣制によって説明を行う論文			その他要因によって説明を行う論文		
	係数	標準誤差	有意水準	係数	標準誤差	有意水準	係数	標準誤差	有意水準
第一著者の立地（デフォルトカテゴリ：英米以外の欧州）									
英国または米国	-0.18	0.13		0.19	0.12		0.01	0.12	
移行諸国	-0.17	0.14		0.26	0.13	*	-0.09	0.13	
対象地域（デフォルトカテゴリ：バルト）									
旧ソ連	-0.09	0.13		0.14	0.12		-0.05	0.12	
中欧	-0.12	0.14		0.34	0.12	***	-0.21	0.12	*
南東欧	-0.07	0.15		0.19	0.13		-0.12	0.14	
対象産業分野（デフォルトカテゴリ：産業を対象としない）									
鉱業・電気・ガス・熱供給・水道	-0.50	0.29	*	0.59	0.26	**	-0.09	0.27	
製造業・建設業	0.34	0.11	***	-0.16	0.10		-0.19	0.10	*
伝統的三次産業	-0.16	0.17		0.20	0.15		-0.04	0.16	
現代的三次産業	-0.10	0.10		0.13	0.09		-0.03	0.09	
引用文献（デフォルトカテゴリ：引用なし）									
Brewster	0.36	0.12	***	-0.19	0.11	*	-0.17	0.11	
Hofstede	-0.44	0.13	***	0.49	0.11	***	-0.06	0.11	
刊行時EU未加盟国を対象に含む	-0.38	0.12		0.10	0.10		-0.07	0.11	
定数項	0.67	0.19	***	-0.22	0.16		-0.55	0.17	**
標本数	97			97			97		
自由度修正済決定係数（Adj. R^2）	0.15			0.26			0.013		
F検定[1]	2.44	***		3.81	***		1.11		

注1）帰無仮説：全ての係数がゼロ。
　2）***：1％水準で統計的に有意，**：5％水準で有意，*：10％水準で有意。
出所）筆者推定。

果がでた。

　Brewster を引用する論文は，社会主義的人事労務管理の遺制へ着目する頻度が相対的に高く，Hofstede を引用するものは低い。そして，Hofstede を引用する論文は，文化的遺制問題群への着目度合いが相対的に強く，社会主義的人事労務管理の遺制への着目する頻度はそれを引用しないものと比較して低かった。ここで重要なのは，Brewster を引用する論文は社会主義的人事労務管理に着目する度合いが有意に大きいと同時に，文化的遺制との相関性は見られないことである。

　米国流 HRM 研究の土壌をもつ研究者所属機関所在地を米国と英国と想定し，米国と英国に籍を置く第一筆者の論文ならば，グローバル・スタンダード（米国的価値観）への収斂を前提とした議論を好み，それ以外の諸国に籍を置く第一筆者ならば，欧州移行経済諸国の HRM の制度的・文化的多様性を強調する論文となりうるだろうと想定したが，第一筆者の勤務地が論文のテーマ的帰結に影響を与えているという点は，統計的には確認できなかった。ただし，別途行った2013年までの基本抽出文献だけによる検証では，第一筆者が米国および英国や欧州移行経済諸国を勤務地としている論文は，社会主義的人事労務管理の遺制への着目度合いは相対的に低く，第一筆者が米国および英国や欧州移行経済諸国を勤務地としている論文は，文化的遺制問題群への着目度が相対的に強いという結果を得ていることを注記したい。2年分の文献を追加して分析するだけでその傾向が失われたというのは，米国流人事労務管理施策や価値観への収斂や分岐かという議論の立て方が，時の経過に従い米国および英国や欧州移行経済諸国に籍を置く研究者の特徴では無くなってきていることを示しているのかもしれない。このことから，仮説 H_1 は部分的に否定され，どの国に籍を置く研究者でも制度的遺制研究は Brewster の議論への着目を中心に，文化的遺制研究は Hofstede 議論への着目を中心にし，資本主義の多様性・人事労務管理の多様性を論じるものの，研究の進展に従ってグローバル・スタンダードとの距離感が移行国の HRM を語るがゆえでの研究の分水嶺ではなくなってきていると言えるのではないだろうか。

　人事労務管理施策問題群は，他に比較して社会主義時代からの伝統的産業に分類することが許容されるであろう製造業において説明される頻度の高いことが，明確に検証できた。ただし，その他のサービス業や公共インフラ等の伝統産業では，それほど有意な結果は得られなかった。伝統的産業の制度が制度的遺制によって説明されることが多いとする仮説 H_3 は，製造業においては支持されたと言える。また，研究対象国の相違が人事労務管理施策問題群をどのように解釈するか，という関係については有意な検証結果はでなかった。すなわち，旧ソ連地域の人事労務管理が制度的遺制によって説明されるとする仮説 H_2 は棄却された。H_2 が支持されなかっ

第Ⅲ部　企業システムの大転換

たことは逆に，社会主義的人事労務管理遺制は，どの欧州移行経済国でも研究対象
となりえるものであった，と解釈することも出来る。

　文化的遺制問題群では，中欧諸国を対象とする研究で注目されるという結果がで
た。ただ，EU 未加盟国を対象に含む研究では，有意ではなく，文化的遺制で説明
する傾向が強いとは言えない。興味深いことに，ここでも別途行った2013年までの
基本抽出文献だけによる検証では有意になったことを指摘しておく価値があるかも
知れない。このことは，時間的経過に伴う文化の収斂によって，文化的遺制への着
目度が低下していることを示唆するとも考えられる。ただし，EU 加盟国に限れば，
文化的遺制は広く欧州移行経済諸国においても重要な課題であり続けている。また，
本研究で社会主義時代からの伝統産業と位置づけた鉱業を研究対象とした研究では，
文化的遺制が他の産業に比べ頻繁に議論される傾向が見いだされたが，おおむね文
化的遺制は研究対象産業に左右されることなく着目されると言うことができ，仮説
H₄は支持される結果となった。

　先述の通り，研究対象国の EU 加盟の拡大そして EU 合意の形成，さらには欧米
諸国の国際ビジネスの EU 未加盟国における展開などによって文化的収斂が進展し
ていくことが見込まれるのであれば，今後も文化的遺制が欧州移行諸国の人事労務
管理研究に関して共通の社会主義的遺制として論じられることが趨勢的に減少して
いく可能性があろう。その点，文化的遺制に関しては，研究対象国の EU 加盟が社
会主義的遺制研究を減退させるとする仮説H₅が支持されると見てよいであろう。
ただし，制度的遺制研究において研究対象国が EU に加盟しているか否かが有意で
なかったことは，現在でも研究の潮流全般として社会主義的人事労務管理施策の遺
制が論じられ続けていることを意味し，欧米の人事労務管理と分岐する欧州移行経
済諸国の人事労務管理の共通の特色として制度的遺制は重要な研究対象であること
を示しているものと思われる。

8.5　おわりに

　欧州移行経済諸国の人事労務管理における社会主義的遺制を考察することは，欧
州人事労務管理研究の文脈を強く意識して各地域・各国の人事労務管理の違いに着
目することであり，各地域・各国のコンテクストを重視することを意味する。製造
業は社会主義体制の重要な産業部門であり，社会主義的遺制が色濃く残る産業部門
としてのイメージが強い。そうした産業部門である製造業を中心とした伝統的産業
を検討した研究では，旧社会主義的遺制を強く意識した研究となる。

　社会主義的人事労務管理の制度的遺制において，製造業に着目する研究が，その

332

第8講 社会主義的遺制と人事労務管理

頻度において相対的に強いことは，本講義の検証で示すことができた。一方，旧ソ連を研究対象とする論文において社会主義的遺制への着目することの強さが特に示されたわけではない。その意味で，旧ソ連地域の人事労務管理が制度的遺制によって説明されるとする仮説 H_2 は該当しないと判断されるわけだが，このことは逆に，社会主義的遺制が，そのモデルのプロトタイプを有する国・地域だけでなく，欧州移行経済諸国全体にとっていまだに重要であることを意味するものであるとも言いうるであろう。

欧州移行経済諸国が25年の移行を経ても，そして多くの国々が EU に加盟してもなお，いまだに社会主義時代に形成され継承した文化・価値観や人事労務管理施策は欧州移行諸国にとって研究すべき課題として論じ続けられている。社会主義的人事労務管理の遺制の影響は，欧州移行経済諸国共通の特色として，その他欧州諸国の人事労務管理とは区別され，欧州人事労務管理の多様性を浮き彫りにし，その独特な性格の研究は今後も論じられていくであろう。

ただし，市場経済化以降に勃興した現代的産業においては，社会主義的遺制への関心が低いこと，同じ国を対象としつつも，社会主義的遺制の影響の評価は，制度的遺制と文化的遺制によって異なり，EU 経済との質的な統合が進むにつれ，社会主義的な文化的遺制を根拠にした分岐論は影を潜める可能性があることなど，社会主義的遺制に焦点をあてることのできる対象が限定されていくことも予想される。特に，いまだに EU に加盟できていない東南欧諸国において，社会主義的な文化的遺制を根拠にした研究が減退しつつあることを示せた点は，興味深い。それでも，欧州移行経済諸国の人事労務管理研究では，この地域における経営や人事労務管理施策に見られる社会主義時代の制度的遺制が重要な移行の出発点であり，それが欧州移行経済諸国の人事労務管理研究を特色のあるものにしているということが，本講義の最も重要な示唆である。

謝辞

本研究は，科学研究費補助金基盤研究（A）「比較移行経済論の確立：市場経済化20年史のメタ分析」（課題番号：23243032）及び同基盤研究（A）「ロシアにおける人口動態の研究：ミクロ計量分析による総合的把握」（課題番号：26245034），平成27年度および28年度京都大学経済研究所共同利用共同研究拠点プロジェクト研究の成果であり，2013年までの文献調査を元にした堀江・雲（2015）を2015年までの文献調査に広げて増補し，改訂したものである。ヴァシリー・アニキン（Vasiliy A. Anikin）高等経済院モスクワ校准教授や上記プロジェクトのメンバーからの貴重なコメントや御教示に記して感謝する。

333

第Ⅲ部　企業システムの大転換

参考文献

笠原民子（2012）「グローバル人的資源管理の検討課題―国際人的資源管理の発展系譜をふまえて」
　　『四国大学紀要』第38号，113-137頁.

笠原民子（2014）『日本企業のグローバル人的資源管理』白桃書房.

堀江典生（2011）「ロシア企業の職務再設計―維持される旧ソ連型職務分析」『ロシア・東欧研究』
　　第40号，65-78頁.

堀江典生・雲和広（2015）「欧州移行経済における社会主義的遺制と人事労務管理―体系的レビュ
　　ー」『経済研究』第66巻第1号，55-71頁.

堀江典生・雲和広（2014）「欧州移行経済における社会主義的遺制と人事労務管理―体系的レビュ
　　ーの試み」（Discussion Paper Series A No.618），一橋大学経済研究所.

Alas, Ruth and Christopher Rees（2006）Work-related attitudes, values and radical change in Post-Socialist contexts: A comparative study, Journal of Business Ethics, 68(2), pp. 181-189.

Alexashin, Yuri and John Blenkinsopp（2005）Changes in Russian managerial values: A test of the convergence hypothesis? International Journal of Human Resource Management, 16(3), pp. 427-444.

Ardichvili, Alexander, Richard Cardozo and Alexander Gasparishvili（1998）Leadership styles and management practices of Russian entrepreneurs: Implications for transferability of western HRD interventions, Human Resource Development Quarterly, 9(2), pp. 145-155.

Bangert, David and Jozsef Poor（1993）Foreign involvement in the Hungarian economy: Its impact on human resource management, International Journal of Human Resource Management, 4(4), pp. 817-840.

Barton, Harry and Lisa Barton（2011）Trust and psychological empowerment in the Russian work context, Human Resource Management Review, 21(3), pp. 201-208.

Bjorkman, Ingmar, Carl Fey and Hyeon Jeong Park（2007）Institutional theory and MNC subsidiary HRM practices: Evidence from a three-country study, Journal of International Business Studies, 38(3), pp. 430-446.

Bjorkman, Ingmar and Mats Ehrnrooth（2000）HRM in western subsidiaries in Russia and Poland, Journal of East-West Business, 5(3), pp. 63-79.

Brewster, Chris（2006）Comparing HRM policies and practices across geographical borders, In: Stahl, G. and I. Bjorkman（eds.）, Handbook of Research in International Human Resource Management, Edward Elgar Publishing: Cheltenham, pp. 68-90.

Brewster, Chris（2007）A European perspective on HRM, European Journal of International Management, 1(3), pp. 239-259.

Brewster, Chris and CliveViegas Bennett（2010）Perceptions of business cultures in Eastern Europe and their implications for international HRM, International Journal of Human Resource Management, 21(14), pp. 2568-2588.

Brewster, Chris, Michael Morley and Ilona Buciuniene（2010）The reality of human resource management in Central and Eastern Europe: A special issue to mark the 20th anniversary of Cranet（the Cranfield network on comparative human resource management）, Baltic Journal of Management, 5(2), pp. 145-155.

Buciuniene, Ilona, and Rūta Kazlauskaitė（2012）The linkage between HRM, CSR and performance outcomes, Baltic Journal of Management, 7(1), pp. 5-24.

Caprar, Dan（2011）Foreign locals: A cautionary tale on the culture of MNC local employees,

Journal of International Business Studies, 42(5), pp. 608-628.

Claessens, Stijn and Simeon Djankov (1999) Enterprise performance and management turnover in the Czech Republic, European Economic Review, 43(4/6), pp. 1115-1124.

Clarke, Simon (2004) A very Soviet form of capitalism? The management of holding companies in Russia, Post-Communist Economies, 16(4), pp. 405-422.

Constantin, Ticu, Daniela Pop and Ana Stoica-Constantin (2006) Romanian managers and human resource management, Journal of Organizational Change Management, 19(6), pp. 760-765.

Cooke, Fang, Geoffrey Wood, Alexandros Psychogios and Leslie Szamosi (2011) HRM in emergent market economies: Evidence and implications from Europe, Human Resource Management Journal, 21(4), pp. 368-378.

Costigan, Robert, Richard Insinga, Jason Berman, Selim Ilter, Grazyna Kranas and Vladimir Kureshov (2005) An examination of the relationship of a western performance-management process to key workplace behaviours in transition economies, Canadian Journal of Administrative Sciences, 22(3), pp. 255-267.

Costigan, Robert, Richard Insinga, Jason Berman, Selim Ilter, Grazyna Kranas and Vladimir Kureshov (2006) A cross-cultural study of supervisory trust, International Journal of Manpower, 27(8), pp. 764-787.

Costigan, Robert, Richard Insinga, Jason Berman, Selim Ilter, Grazyna Kranas and Vladimir Kureshov (2011) Revisiting the relationship of supervisor trust and CEO trust to turnover intentions: A three-country comparative study, Journal of World Business, 46(1), pp. 74-83.

Crow, Mary (1998) Personnel in transition: The case of Polish women personnel managers, Personnel Review, 27(3), pp. 243-261.

Cyr, Dianne and Susan Schneider (1996) Implications for learning: Human resource management in east-west joint ventures, Organization Studies, 17(2), pp. 207-26.

Dalton, Kevin and Janet Druker (2012) Transferring HR concepts and practices within multinational corporations in Romania: The management experience, European Management Journal, 30(6), pp. 588-602.

Dixon, Sarah, Marc Day and Chris Brewster (2014) Changing HRM systems in two Russian oil companies: Western hegemony or Russian spetsifika? International Journal of Human Resource Management, 25(22), pp. 3134-3156.

Eriksson, Tor (2005) Managerial pay and executive turnover in the Czech and Slovak Republics, Economics of Transition, 13(4), pp. 659-677.

Fey, Carl and Daniel Denison (2003) Organizational culture and effectiveness: Can American theory be applied in Russia? Organization Science, 14(6), pp. 686-706.

Fey, Carl, Ingmar Bjorkman, Antonina Pavlovskata (2000) The effect of human resource management practices on firm performance in Russia, International Journal of Human Resource Management, 11(1), pp.1-18.

Fey, Carl, Pontus Engstrom and Ingmar Bjorkman (1999) Doing business in Russia: Effective human resource management practices for foreign firms in Russia, Organizational Dynamics, 28 (2), pp. 69-80.

Fey, Carl, Sergey Morgulis-Yakushev, Hyeon Joeng Park and Ingmar Bjorkman (2009) Opening the black box of the relationship between HRM practices and firm performance: A comparison of MNE subsidiaries in the USA, Finland, and Russia, Journal of International Business Studies,

第Ⅲ部 企業システムの大転換

40(4), pp. 690-712.

Fidrmuc, Jana and Jan Fidrmuc (2006) Can you teach old dogs new tricks? On complementarity of human capital and incentives, Journal of International Money and Finance, 25(3), pp. 445-458.

Giacobbe-Miller, Jane, Douglas Miller, Wei-Bin Zhang and Vladimir Victorov (2003) Country and organizational-level adaptation to foreign workplace ideologies: A comparative study of distributive justice values in China, Russia and the United States, Journal of International Business Studies, 34(4), pp. 389-406.

Gurkov, Igor (2013) HRM in Russian industrial companies: An overview of past studies and new observations, Journal of Comparative Economic Studies, 8, pp. 21-33.

Gurkov, Igor and Alexander Settles (2013) A dominant archetype of the HRM system in Russian industrial companies in post-recession times, International Journal of Human Resource Management, 24(19), pp. 3630-3643.

Gurkov, Igor and Vladimir Kossov (2014) Combining contemporary and soviet-era management practices to achieve excellence at Knauf CIS, Global Business and Organizational Excellence, 33 (6), pp. 21-34.

Gurkov, Igor, Olga Zelenova and Zakir Saidov (2012) Mutation of HRM practices in Russia: An application of CRANET methodology, International Journal of Human Resource Management, 23(7), pp. 1289-1302.

Hirt, Christian and Renate Ortlieb (2012) Cultural standards of Bosnia and Herzegovina: Empirical findings and implications for strategic human resource management, Journal for East European Management Studies, 17(2), pp. 205-225.

Hofstede, Geert (1993) Cultural constraints in management theories, Academy of Management Exective, 7(1), pp. 81-94.

Horwitz, Frank (2011) Future HRM challenges for multinational firms in Eastern and Central Europe, Human Resource Management Journal, 21(4), pp. 432-443.

Ivanova, Yuliya (2007) The motivation of managerial choices in the state-controlled economy of Belarus, Journal of East-West Business, 13(4), pp. 5-36.

Jarvalt, Jane and Tiina Randma-Liiv (2010) Public sector HRM: The case of no central human resource strategy, Baltic Journal of Management, 5(2), pp. 242-256.

Jones, Derek, Takao Kato and Svetlana Avramov (1995) Managerial labour markets in transitional economies: Evidence from Bulgaria, International Journal of Manpower, 16(10), pp. 14-24.

Judge, William, Irina Naoumova and Thomas Douglas (2009) Organizational capacity for change and firm performance in a transition economy, International Journal of Human Resource Management, 20(8), pp. 1737-1752.

Karhunen, Päivi (2008) Managing international business operations in a changing institutional context: The case of the St. Petersburg hotel industry, Journal of International Management, 14 (1), pp. 28-45.

Kase, Robert and Nada Zupan (2007) Psychological contracts and employee outcomes in transition to market economy: A comparison of two Slovenian companies, Problems and Perspectives in Management, 5(4), pp. 16-27.

Kazlauskaitė, Rūta and Ilona Buciuniene (2010) HR function developments in Lithuania, Baltic Journal of Management, 5(2), pp. 218-241.

Kazlauskaitė, Rūta, Ilona Buciuniene, Linas Turauskas and Laura Salciuviene (2009) A comparative study of employee empowerment in Danish and Lithuanian hotels, Transformations in Business and Economics, 8(17), pp. 66-85.

Knezevic, Ljubica and Marko Pahor（2004）The influence of management turnover on enterprise performance and corporate governance: The case of Slovenia, Economic and Business Review for Central and South - Eastern Europe, 6(4), pp. 297-324.

Kustin, Richard（2006）A study of Hofstede's culture value survey in a post-Soviet country: Perspectives from Belarus, Journal of Transnational Management, 11(4), pp. 3-17.

Letiche, Hugo（1998）Transition and human resources in Slovakia, Personnel Review, 27(3), pp. 213-226.

Linz, Susan（1996）Red executives in Russia's transition economy, Post-Soviet Geography and Economics, 37(10), pp. 633-651.

Linz, Susan and Anastasia Semykina（2009）Personality traits as performance enhancers? A comparative analysis of workers in Russia, Armenia and Kazakhstan, Journal of Economic Psychology, 30(1), pp. 71-91.

Lucas, Rosemary, Milena Marinova, Jana Kucerova and Milota Vetrokova（2004）HRM practice in emerging economies: A long way to go in the Slovak hotel industry? International Journal of Human Resource Management, 15(7), pp. 1262-1279.

Lupina-Wegener, Anna（2013）Human resource integration in subsidiary mergers and acquisitions: Evidence from Poland, Journal of Organizational Change Management, 26(2), pp. 286-304.

Luthans, Fred, Dianne Welsh and Stuart Rosenkrantz（1993）What do Russian managers really do? An observational study with comparisons to U.S. managers, Journal of international Business Studies, 24(4), pp. 741-761.

Luthans, Fred, Kyle Luthans, Richard Hodgetts and Brett Luthans（2000）Can high performance work practices help in the former Soviet Union? Business Horizens, 43(5), pp. 53-60.

Maroudas, Leonidas（2001）Organizational changes and human resource management in post-Soviet industrial enterprises（1990-1995）, East-West Journal of Economics and Business, 4(1), pp. 51-70.

Martin, Fernando, Pedro Romero and Gonzalo Sanchez（2005）Strategic human resource management: Integrating the universalistic, contingent, configurational and contextual perspectives, International Journal of Human Resource Management, 16(5), pp. 633-659.

McCarthy, Daniel and Sheila Puffer（2013）Business and management in Russia: A review of the post-Soviet literature and future research directions, European Journal of International Management, 7(1), pp. 74-111.

Michailova, Snejina, Noreen Heraty and Michael Morley（2009）Studying human resource management in the international context: The case of Central and Eastern Europe, In: Morley, Michel, Noreen Heraty and Snejina Michailova（eds.）, Managing Human Resource Management in Central and Eastern Europe, Routledge: London, pp. 1-24.

Milikic, Biljana, Nebojša Janicijevic and Mirjana Petkovic（2008）HRM in transition economies: The case of Serbia, South East European Journal of Economics and Business, 3(2), pp. 75-88.

Muravyev, Alexander（2001）Turnover of top executives in Russian companies, Russian Economic Trends, 10(1), pp. 20-24.

Muravyev, Alexander（2003）Turnover of senior managers in Russian privatised firms, Comparative Economic Studies, 45(2), pp. 148-172.

第Ⅲ部　企業システムの大転換

Napier, Nancy and Van Tuan Vu (2001) International human resource management in developing and transitional economy countries: A breed apart? Human Resource Management Review, 8 (1), pp. 39-77.

Nielsen, Klaus, Bob Jessop and Jerzy Hausner (1995) Institutional change in post-socialism, In: Hausner, Bob Jessop and Klaus Nielsen (eds.), Strategic Choice and Path-dependency in Post-socialism: Institutional Dynamics in the Transformation Process, Edward Elgar: Aldershot, pp. 3-44.

Pieper, Rüdiger (1992) Socialist HRM: An analysis of HRM theory and practice in the former socialist countries in Eastern Europe, The International Executive, 36(6), pp. 499-516.

Poor, Jozsef and Agnes Milovecz (2011) Management consulting in human resource management: Central and Eastern European perspectives in light of empirical experiences, Journal of Service Science and Management, 4(3), pp. 300-314.

Poor, Jozsef, Zsuzsa Karoliny, Ruth Alas and Elizabeta Vatchkova (2011) Comparative international human resource management (CIHRM) in the light of the Cranet regional research survey in transitional economies, Employee Relations, 33(4), pp. 428-443.

Pucetaite, Raminta, Anna-Maija Lamsa and Aurelija Novelskaite (2010) Organizations which have the strongest potential for high-level oganizational trust in a low-trust societal context, Transformations in Business and Economics, 9(2B), pp. 318-334.

Puffer, S Sheila, Daniel McCarthy and Alexander Naumov (1997) Russian managers' beliefs about work: Beyond the stereotypes, Journal of World Business, 32(3), pp. 258-276.

Puffer, Sheila and Daniel McCarthy (2011) Two decades of Russian business and management research: An institutional theory perspective, Academy of Management Perspectives, 25(2), pp. 21-36.

Ralston, David, David Gustafson, Fanny Cheung and Robert Terpstra (1993) Differences in managerial values: A study of U.S., Hong Kong and PRC managers, Journal of International Business Studies, 24(2), pp. 249-275.

Russell, Raymond (2002) The influence of ownership and organizational conditions on employee participation in Russian enterprises, Economic and Industrial Democracy, 23(4), pp. 555-584.

Ryan, Leo (2006) Current ethical issues in Polish HRM, Journal of Business Ethics, 66(2/3), pp. 273-290.

Skuza, Agnieszka, Hugh Scullion and Anthony McDonnell (2013) An analysis of the talent management challenges in a post-communist country: The case of Poland, International Journal of Human Resource Management, 24(3), pp. 453-470.

Solomakhin, Dmitry and Yury Ekaterinoslavsky (1994) Managers for the Russian market-economy: Their selection, training and employment from the perspective of business culture, International Journal of Technology Management, 9(8), pp. 851-855.

Sparrow, Paul and Jean-Marie Hiltrop (1997) Redefining the field of European human resource management: A battle between national mindsets and forces of business transition? Human Resource Management, 36(2), pp. 201-219.

Stan, Simona and Kenneth Evans (1999) Small business retailing in privatizing economies: The influence of managers' individualistic and collectivist values, Journal of East-West Business, 5 (1-2), pp. 123-143.

Svetlik, Ivan, Tonu Kaarelson, Ruth Alas and Andrej Kohont (2007) The development of the personnel function in transition countries: Slovenian and Estonian experience, Trames-Journal of the Humanities and Social Sciences, 11(1), pp. 35-53.

Szalkowski, Adam (1996) Human resource management in the process of transformation of the Polish economy, International Journal of Social Economics, 23(9), pp. 51-60.

Szalkowski, Adam and Devi Jankowicz (1999) The ethical problems of personnel management in a transition economy, International Journal of Social Economics, 26(12), pp. 1418-1427.

Trappman, Vera (2007) Human resource management at a steel giant in Russia, In: Domsch, Michel and Tatjana Lidokhover (eds.), Human Resource Management in Russia. Ashgate: Aldershot, pp. 133-149.

Tung, Rosalie and Stephen Havlovic (1996) Human resource management in transitional economies: The case of Poland and the Czech Republic, International Journal of Human Resource Management, 7(1), pp. 1-19.

Weinstein, Marc and Krzysztof Obloj (2002) Strategic and environmental determinants of HRM innovations in post-socialist Poland, International Journal of Human Resource Management, 13(4), pp. 642-659.

Welsh, Dianne, Fred Luthans and Steven Sommer (1993) Managing Russian factory workers: The impact of U.S.-based behavioral and participative techniques, Academy of Management Journal, 36(1), pp. 58-79.

Woldu, Habte and Pawan Budhwar (2011) Cultural value orientations of the former communist countries: A gender-based analysis, International Journal of Human Resource Management, 22(7), pp. 1365-1386.

Wright, Mike, Trevor Buck and Igor Filatotchev (2002) Post-privatization effects of management and employee buy-outs, Annals of Public and Cooperative Economics, 73(3), pp. 303-352.

Zientara, Piotr and Grzegorz Kuczynski (2009) Human resources practices and work-related attitudes in Polish public administration, Eastern European Economics, 47(5), pp. 42-60.

Zupan, Nada and Robert Kase (2005) Strategic human resource management in European transition economies: Building a conceptual model on the case of Slovenia, International Journal of Human Resource Management, 16(6), pp. 882-906.

Zupan, Nada and Irena Ograjensek (2004) The link between human resource management and company performance, Journal of East-West Business, 10(1), pp. 105-119.

第9講	モノバンクから二層モデルへ
	中央銀行独立性のインフレーション抑制効果論争

上垣　彰・岩﨑一郎

9.1　はじめに

　1989年のベルリンの壁崩壊を契機に，社会主義諸国の市場経済に向けた体制転換過程が本格的に始まった。その端緒段階において，銀行部門の改革は，さほど政策担当者や研究者らの注意を惹かなかった[1]。というのも，社会主義経済システムにおける銀行部門は，計画当局や財政当局と比較して，より受け身の役割しか果たしていなかったからである。しかし，ほどなくして，中東欧・旧ソ連諸国の構造改革に係った人々は，中央銀行改革や「二層制銀行システム」（two-tier banking system）の構築が，経済自由化や企業私有化に勝るとも劣らないほど重要でかつ困難な課題であることを思い知るようになった。現代資本主義諸国において，「通貨の番人」たる中央銀行の役割は，社会主義諸国のそれとは比べものにならないほど重要であり，また，家計部門から産業界に資金を融通する商業銀行集団は，市場経済のダイナミックな発展にとって無くてはならない存在であるにも係らず，中東欧・旧ソ連諸国は，ほぼ無の状態から先進諸国並みの体制を整えなければならなかったからである。欧州復興開発銀行（EBRD）の評価によれば，体制転換が開始されて四半世紀以上の年月が経過した2016年の段階においても，**表9.1**の通り，これらの国々の銀行部門のいずれもが，先進工業諸国の標準を満たす水準に到達していないばかりか，依然として多くの国々が，中位又は低位の発展段階に止まっている。この事実は，市場経済に適応した銀行システムの構築が，極めて困難な政策課題であることの証左である。

　このように苦難に満ちた移行経済諸国の銀行改革は，次第に多くの研究者の目を

1）本書第2講で述べた通り，いわゆる「ワシントン・コンセンサス」も，金利自由化をその一項目に掲げるに止まり，銀行改革にはほとんど言及が無かった。

第Ⅲ部　企業システムの大転換

表9.1　中東欧・旧ソ連諸国における銀行部門の発展水準（2016年）

国名[1]	EBRD 銀行部門 移行指標[2]
エストニア	4 −
スロバキア	4 −
ポーランド	4 −
クロアチア	3 +
ラトビア	3 +
リトアニア	3 +
スロベニア	3
ハンガリー	3
ブルガリア	3
ルーマニア	3
アルバニア	3 −
ウクライナ	3 −
ジョージア	3 −
セルビア	3 −
ボスニア・ヘルツェゴビナ	3 −
マケドニア	3 −
モンテネグロ	3 −
ロシア	3 −
アルメニア	2 +
カザフスタン	2 +
コソボ	2 +
アゼルバイジャン	2
キルギス	2
タジキスタン	2
ベラルーシ	2
モルドバ	2
ウズベキスタン	1
トルクメニスタン	1

注１）チェコは調査対象外。
　２）最低値１から最高値４＋を範囲とする。指標１は，中
　　央計画経済体制時代の銀行部門と殆ど差がないことを，
　　逆に，指標４＋は，先進諸国の基準を満たしているこ
　　とを意味する。
出所）EBRD（2016, p. 95）に基づき筆者作成。

引き付け，この結果，過去27年間を通じて多数の研究成果が生み出されたが，その少なからぬ部分は，いわゆる「中央銀行の独立性問題」に注がれた。なぜなら，計画経済から市場経済への移行とは，社会主義時代には表裏一体であった政治と経済の徹底した分離を意味し，この観点から，中央銀行の政府からの独立は，市場経済化の進捗度を把握する絶好の試金石となったからである。このため，多くの研究者

が，中東欧・旧ソ連各国中央銀行の独立性を，様々な方法で測定しようと試みると共に，Kydland and Prescott（1977）や Barro and Gordon（1983）の問題提起に呼応する形で，中央銀行独立性とインフレーションの相関関係に関する実証的な検証を試みた。Loungani and Sheets（1997）は，その草分け的な研究業績であるが，その後も Piplica（2015）に至るまで，着々と実証結果が発表されてきた。

　しかしながら，第1に，後に詳しく述べる通り，中央銀行独立性のインフレーション抑制効果を分析したこれら一連の移行経済研究は，恐らくは，研究対象国や実証手法を含む様々な研究条件の違いに影響されて，当該研究領域全体として，決して一定の結論に達していない。また，第2に，同分野の代表的研究業績である Cukierman et al.（2002）は，「平均的にいって，移行経済諸国に新たに作られた中央銀行の法的独立性の総体的指標は，1980年代の先進諸国の中央銀行の独立性のそれよりも遥かに高い」（p. 243）との指摘を行ったが，その後に発表された研究は，彼らが発見したこの事実に明確な応答を提示していない。

　そこで，本講義では，移行経済諸国の中央銀行独立性に係る上記2つの重要問題に対して，移行経済研究と，先進諸国や開発途上諸国を研究対象とした比較対象研究のメタ分析による相互比較を通じて，一定の結論を提示する。数多くの先行研究が存在する研究領域においては，これら先行研究が報告する実証結果を統合・比較するメタ分析は，単独の実証研究よりも，より説得的かつ示唆的な分析結果を得られる場合が多く，なおかつ研究領域全体として，真の効果サイズの特定に到達しているのか否かという，実証研究上極めて重大な問題にも真正面から取り組むことができる。我々が，この研究課題のためにメタ分析を試みる所以はここにある。なお，この研究分野には，Klomp and de Haan（2010）という先行研究があり，その分析対象には，数点の移行経済研究が含まれているが，上述の問題点，すなわち非移行国との比較の上での移行国の位置付け及び Cukierman et al.（2002）の発見に関して直接的な回答をもたらすものではない。また，Klomp and de Haan 論文は，2010年という発表時期から当然のことながら，2010年代に発表された数多くの移行経済研究を射程に入れていない。本講義で行うメタ分析は，移行経済研究に焦点を当てた世界初の試みであると同時に，その他世界の国々を対象とした比較研究を行っているという点でも，他に類を見ないものである。

　本講義の構成は，次の通りである。9.2節では，中央銀行の独立性の確立・強化という視点から見た中東欧・旧ソ連諸国における中央銀行改革及び銀行改革全般の俯瞰図を提示する。9.3節では，中央銀行の独立性とインフレーションとの関係に関する理論的問題状況を概説した後，中東欧・旧ソ連諸国を分析対象とした実証研究をレビューする。9.4節では，メタ分析対象文献の調査手続き及び抽出推定結果

343

第Ⅲ部　企業システムの大転換

の概要を解説し，続く9.5節で，移行経済研究と先進・開発途上国研究のメタ分析による比較を行う。そして，最終9.6節で，分析結果の要約と筆者らの結論を述べる。

9.2　中東欧・旧ソ連諸国の中央銀行改革：二層制と独立性

　本節では，中東欧・旧ソ連諸国における中央銀行改革の意義及びこれまでの経緯と成果を検討する。以下では，まず9.2.1項で，これらの国々における銀行システムの二層制の創出について述べる。続く9.2.2項では，体制転換期における二層制創出に基礎をおいた中央銀行改革が，中央銀行の独立性確立の過程である事を論じる。そして9.2.3項では，中央銀行の独立性と銀行システム全般の改革との関係を見る。9.2.4項では，前項を承けて，移行国における中央銀行の独立性確立過程の多様性を示す。

9.2.1　移行経済諸国における二層制銀行システムの創出

　社会主義計画経済体制下の銀行制度の基本構造は，一層制（one-tier banking system 又は「モノバンク・システム mono-bank system」とも呼ばれた）として特徴付けられる。社会主義下の中央銀行は，発券銀行であるとともに，国営企業に短期の運転資金を提供する商業銀行業務も行っていたからである。しかし，このような中央銀行の独占的地位は，同行の当該国経済における主導的な立場を保証するものではない。むしろそこでは，貨幣は受身の役割しか果たさず，従って，中央銀行も実際の経済活動に影響を及ぼすような貨幣政策を実施する術を持たなかった点が重要である。実際，社会主義国家の中央銀行は，公開市場操作や商業手形割引といった伝統的な中央銀行業務を一切遂行しなかったのである（Gregory and Stuart, 1986）。

　従って，銀行システムという視点から見た，社会主義計画経済から資本主義市場経済への移行は，このような一層制を解体して，二層制を作り出すこと，すなわち，中央銀行を第一層，複数の商業銀行を第二層とするシステムの創出を意味する。二層制銀行システムの構築は，形式上あるいは制度上は，移行のごく初期，場合によっては，社会主義政権の崩壊以前から既に着手されている場合が多い。実際，Kokorev and Remizov（1996）によれば，ソ連の銀行制度が，一層制から二層制へと移行したのは，商業銀行が登場し，これに対応する法定準備制度が整えられた1989年4月のことである。一方，ハンガリー，ポーランド及び（分裂前の）チェコスロバキアにおいて，二層制銀行システムが成立するのは，それぞれ1987年，1989

第9講　モノバンクから二層モデルへ：中央銀行独立性のインフレーション抑制効果論争

年，1990年であった（Barisitz, 2008）。これら3カ国の中でも，ハンガリーの銀行改革は，注目すべき先進性を示した。事実，ハンガリー社会主義労働者党中央委員会は，1984年12月に，早くも「中央銀行業務と商業銀行業務は，ハンガリー国立銀行の中で分離されるべきであり，二層銀行制の成立を準備すべきである」と宣言しており，その公言通り，2年後の1987年1月1日には，二層制が成立しているのである（Monetary Policy Department of the National Bank of Hungary, 2000; Varhegyi, 1994）。ブルガリアやルーマニアでも，二層制銀行システムが，それぞれ1989年及び1990年に成立し，同措置と同時に，あるいは，その後直ちに民間銀行の設立も認められた（Barisitz, 2008）。

　二層制銀行システムが構築されるにつれて，貨幣は，一層制時代の受身の役割を脱皮して，経済社会で積極的に機能するようになる。もちろん，二層制下で新しく創設された商業銀行は，新時代の貨幣流通の動向に細心の注意を払いながら利潤極大化行動をとる。他方，中央銀行にも新しい役割が付与されるようになる。すなわち，中央銀行は，企業，商業銀行，家計及び政府という一連の経済主体の活動に直接関与せず，利子率や流通貨幣量及び場合によっては為替相場を操作して，これら経済主体の行動に間接的な影響を及ぼす役割を得たのである。ただし，間接的といっても，その影響力が弱いわけではない。商品市場，貨幣市場及び資本市場が十全に機能している社会では，利子率，流通貨幣量及び為替相場のわずかな変動も，国民経済全体に甚大な影響を及ぼす可能性があるからである。

9.2.2　旧社会主義諸国における中央銀行の独立性

　社会主義時代，他の経済単位の活動に従属していた中東欧・旧ソ連諸国の中央銀行は，上述のように，市場経済化の過程で，間接的だが強い影響力を得ていく。これは，中央銀行がいわば「独立性」を獲得していく過程であったというのが我々の主張である。なぜなら，間接的な経済政策上の用具を得て，仮に政府や実業界の意向とは必ずしも沿わない場合でも，それを行使するという意味での政策意思決定上の独立性が，二層制下の中央銀行に付与されるというのが，移行期における中央銀行改革の基本的な姿であったからである。実際，前述の通り，計画経済体制下の中央銀行は，他の政治的諸組織及び経済的諸単位に従属する受け身の役割しか果たしていなかったのであるから，中央銀行改革という視点から市場経済への体制転換の進捗度を測定する上で，本講義のテーマである中央銀行の独立性は，極めて重要な指標であるといえよう。

　ここで重要なことは，欧州連合（EU）の諸協定に，欧州中央銀行（ECB）及び傘下の各国中央銀行の独立性に関する規定が盛り込まれていることである。「EU

345

第Ⅲ部　企業システムの大転換

の機能発揮に関する」条約（Treaty on the Functioning of the European Union）は，その130条において，次の様に規定している。

　　ECBも，各国の中央銀行も，更に，それら政策執行機関のどのメンバーも，EUの諸規定と欧州中央銀行システム（ESCB）及びECBの定款によって，彼等に与えられた権力を行使し，課題と義務を実行するに当たって，EUの諸機関組織・部局からも，どの加盟国の政府からも，また，その他のいかなる組織からも，命令を求めてはならないし，また受けてはならない（Foundation for EU Democracy, 2008）[2]。

　このことは，EUに加盟しようとする中東欧諸国政府も，中央銀行の独立性強化を，政策上の重要課題として強く意識せざるを得ないことを意味した[3]。また，ユーロの導入に当たっては，周知の通り，財政収支に関するマーストリヒト基準をクリアーせねばならないが，このことも，中央銀行の独立性と深く関係した。なぜなら，これらの国々で財政赤字の増大を可能にした大きな原因は，中央銀行が政府の要求に応じて，直接・間接に財政赤字をファイナンスしたことにあるからである。ユーロを導入しようとすれば，加盟国の中央銀行は政府から十分に独立している必要がある。更に，国際通貨基金（IMF）や世界銀行から融資を受けようとする中東欧諸国は，これら国際金融機関が突きつけるいわゆる「コンディショナリティー」を受け入れる必要があるが，その重要な要素の一つは通貨価値の安定と維持であり，そのために，中央銀行は政府や産業界の意向に反して，金融引き締め策を講じねばならない場合が生じる。ここでも，中央銀行の独立性が大きく問われることになる。この通り，政府やその他経済的アクターから政策的に独立した中央銀行の実現は，二層制銀行システムの確立に不可欠な要素であるというばかりではなく，国家の経済政策の全体的方向性を規定する上でも，極めて重要な問題なのである[4]。

9.2.3　中央銀行独立性の確保・強化と銀行システム改革の進展：　　　４つのタイプ

　上記のように移行経済諸国の中央銀行改革は，二層制の確立に基礎付けられた中

2）なお，この条文が規定しているのは，欧州中央銀行と各国中央銀行が，共に「独立性」を確保せねばならないということだが，これを藤井（2002）は，「二重の独立性」と呼んでいる。

3）EUにおける中央銀行の独立性に関する厳密な法律学的考察は，Smaghi（2008）を参照のこと。

4）どのような具体像が，中央銀行独立性の理想形であるのかという点に関して，ドイツ連邦銀行が，その「雛形」としての役割を果たした意義は大きかった（松澤, 2006）。

346

央銀行の独立性の確保・強化の過程として捉えることができる。しかし，マクロ経済の安定と経済成長の促進という移行経済諸国政権の政策課題が，どのような制度の下で実現できるのかという問題意識から言えば，銀行システム全般の改革にも注意を向ける必要がある。すなわち，中央銀行改革をそのうちに含むが，それよりも広い諸側面の改革，すなわち，利子率の自由化，融資先指定信用及び利子率上限規制の撤廃，銀行支払い能力強化及びプルーデンシャル監督・規制の枠組みの確立，金融市場における民間銀行のプレゼンスの増大，民間銀行の民間企業への融資の増大，十分に機能する銀行間競争，相当程度の金融深化等が，移行経済諸国の経済政策上の課題と密接に関連するのである[5]。

　中央銀行独立性の確立・強化と銀行システム全般の改革は，本来，同時的に進行すべきものと考えられるが，移行各国の歴史を振り返ると，両者は必ずしも手に手をとって進行してきたわけではない。その様相は，**図9.1**に示唆されている。同図において，横軸はEBRDが独自に作成・公表している「銀行改革指標」（index for banking reform and interest rate liberalization）である。この指標は，上記で列挙した「広い諸側面の改革」としての銀行システム全般の改革の進展度を，殆ど全ての中東欧・旧ソ連諸国に関して，5段階指数（1～4＋）で点数化したものである[6]。他方，縦軸は，中央銀行独立性の程度を示しており，Cukierman et al. (1992) 及び Cukierman (1992, Chapter 19) が考案した LVAU 指標および LVAW 指標を基に，Dincer and Eichegreen (2014) が独自開発した CBIW 指標を採用している[7]。この指標は，例えば，通貨・金融政策に係る意思決定や銀行内人事に関して，問題となる中央銀行が，どの程度の独立性を実際に発揮したのかを事後的に捕捉したものではなく，どちらかといえば，法令や規定に基づいた外形標準的・形式的な指標である。しかし，この形式性に留意すれば，これらの指標を用いて意義のある分析は十分に可能である。

5）これらは，直ぐ後に言及するEBRDの「銀行改革指標」の基準となっている改革である。

6）数字の大きい方が，改革が進んでいると見なされる。なお，同指標は，「3＋」や「4－」のように，正負の符号が添付される場合がある。この際は，EBRDの方式に従い，基準点に0.25を付加ないし除去した数値を用いる（例：3＋＝3.25，4－＝3.75）。指標の内容は，EBRDウエッブサイト（http://www.ebrd.com/what-we-do/economic-research-and-data/data.html）を参照。ただし，銀行改革指標の公表は，2010年度で終了し，2011年以降は，表9.1に用いた産業部門別移行指標（sector-level transition indicator）に変更されている。

7）Cukierman (1992) および Cukierman et al. (2002) の LVAW（あるいは LVAU）指標を基本にしながら，それに，中央銀行総裁の再指名制限，総裁人事に影響を与える理事会の（再）指名に関する規定，理事会への政府代表の参加及び為替政策形成における政府の加入の諸要素を加味したもの。詳しくは，Dincer and Eichengreen (2014, p. 219, pp. 245-249) を参照のこと。

第Ⅲ部　企業システムの大転換

図9.1　中東欧・旧ソ連諸国における銀行改革と中央銀行独立性の相関関係

(a) 1998～2002年

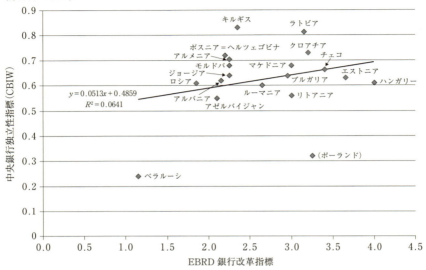

(b) 2006～2010年

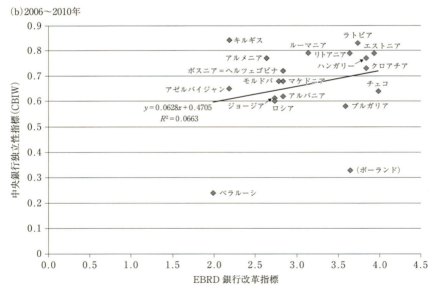

注）縦軸は，Dincer and Eichengreen（2014）が開発した中央銀行独立性指標（CBIW）の期間平均値，横軸は，EBRD銀行改革指標の期間平均値である。
出所）Dincer and Eichengreen（2014）及びEBRD, Transition Report 各年版に基づき筆者作成。

第9講　モノバンクから二層モデルへ：中央銀行独立性のインフレーション抑制効果論争

　図9.1(a)及び(b)[8]が示唆するのは，中東欧・旧ソ連諸国における銀行改革の推進度と中央銀行独立性との間には，緩やかな正の相関関係が存在していることである。すなわち，これら旧社会主義移行経済諸国では，銀行システム改革が進展している国では，中央銀行の独立性も強化されていた事実が見て取れるのである。しかしながら，同時に，同図は，世紀転換前後の時期はおろか，2000年代後半期においても，銀行システム改革及び中央銀行独立性のいずれの観点においても，中東欧・旧ソ連諸国の間に著しい差異が現れていることも物語っている。特に，図中に描かれた傾向線から離れた位置にある国家の存在には注目すべきである。

　図9.1の中で，2004年7月の第1次EU東方拡大の対象国であったチェコ，エストニア（1998〜2002年），ハンガリー，ラトビア，リトアニア（2006〜10年），2013年7月にEU加盟を果たしたクロアチア（2006〜10年）の6カ国が両指標で高位にあり，EU加盟の展望がほとんどないロシア，アゼルバイジャン，アルバニア，ジョージアの4カ国が両時期とも両指標で低位にあるのは，理解しやすい。すなわち，EU側から要求される種々の加入条件達成のため，前者のチェコからクロアチアに至る国々では，銀行改革一般および中央銀行改革をいやが上にも前進させる必要があったのに対して，EUからの政策圧力が弱い後者のロシア，アゼルバイジャン，アルバニア，ジョージアでは，EUが要求するような改革の必要性が相対的に小さかったという事情が，図9.1(a)及び(b)双方に表れているのである[9]。なお，1998〜2002年には中央上方に位置し，2006〜10年に右上方に移動したクロアチアに関しては，戦犯引き渡し問題の影響で，EU加盟がブルガリアやルーマニアにも遅

8）図9.1には，両期間に関する「EBRD銀行改革指標」および「独立性指標」（CBIW）のデータが系統的に取れる19の移行諸国のみが登場している。ただし，ベラルーシに関しては，1998〜2000年の「独立性指標」のデータがないので，2001〜02年のデータのみを利用した。ラトビアに関しては，1998年「独立性指標」のデータがないので1999〜2002年のデータのみ利用した。チェコに関しては，2008年以降「銀行改革指標」が公表されていないが，同国の指標は2003年時点で既に「4」に到達していたので，2006〜10年の平均も「4」とした。3国とも，前後年のデータの傾向から判断する限り，この措置が，各国の実際から大きく乖離しているとは思われない。

9）もちろん，何が中央銀行独立性の高さを決定するか，また何が銀行改革の進展度を決定するかは，EU加盟条件以外の多様な要因を考慮する必要がある。例えば，中央銀行独立性に関して，世界各国100の中央銀行のデータをクロスセクション・モデル（1998〜2010年データの平均値で分析）および固定効果パネル・モデルで分析したDincer and Eichengreen（2014）は，IMFの金融指導を受けている国ほど，また後進的な金融市場を持っている国ほど，独立性の高い中央銀行を持っている，より公開性の高い国，IMFのプログラムに参加している国ほど独立性は向上している，また，イギリス法の伝統を持つ国ほど独立性は低下している，という興味深い結論を導いている。

349

第Ⅲ部　企業システムの大転換

れて2013年7月にずれ込んだこと，従って，その加盟へ向けた国内諸制度すり合わせの最終努力は，2002年以降に加速化したことに留意する必要がある（加盟申請は2003年2月）[10]。

　これに対して，ロシア，アゼルバイジャン，アルバニア，ジョージア4カ国の状況は大きく異なる（図9.1(b)では判別しづらいが，ロシアとジョージアはほぼ同位置にある）。両期間を通じてこれらの国々では中央銀行独立指標も銀行改革全般の進展度の指標も低い。ここでは，EU加盟は政策目標とはならず，制度構築と法整備という側面で，外からの圧力が効果を発揮しにくいという側面があった。また，ロシアでは中央銀行独立指標を高めるような制度的・法的整備は進まない一方で，国際金融機関や外国人アドヴァイザーの忠告は聞き入れたくないという意味での「独立心」は旺盛な指導層（ソ連時代からの生き残りが多い）が存在したというねじれた関係も見出される（Johnson, 1994; Åslund, 1995）。いずれにせよ，2010年に至るまで，ロシアをはじめとする国々では，中央銀行独立性の強化も，銀行改革の達成も低位にとどまっていた。

　このようなエストニア等の改革先進国とロシア等の改革遅滞国とを両端としてみる視点からいうと，キルギスの位置付けは注目に値する。なぜなら同国は，1998〜2002年においても，2006〜10年の期間においても，中央銀行独立性指標は，移行国中最高水準であるにも関わらず，銀行改革指標は，19カ国の中で中位ないし低位に甘んじているのである。特に2006〜10年には，同国の中央銀行独立性指標は19カ国中最高，他方，銀行改革指標は，ベラルーシに次いで最低水準という特殊なあり方を示している。

　また，上述の通り，2006〜10年において両指標が高位にあるハンガリーの位置付けにも注意が必要である。図9.1(a)では明瞭に判読し難いが，ここでハンガリーの銀行改革指標は，19カ国中最高であるにもかかわらず，中央銀行独立性指標は，中位以下（指標数値の単純平均以下）となっている。さらに，両図には表れていない2010年以降のハンガリーの改革進展状況もまた特殊である。実際同国では，2010年代の政治情勢の激しい変動が，中央銀行制度に大きな影響を与え，この結果，ハンガリー国立銀行の独立性が，その他国内改革の進展にもかかわらず大いに損なわれるという興味深い例を示している。

　以上，図9.1の解読を通じて，銀行システム改革全般の状況を背景において，各国の中央銀行独立性確立・強化のあり方を4つのタイプに分類できることが分かる。

---

10) 月村（2011）参照。なお，EU標準への準拠を目的とした銀行改革は，2002年7月に施行された（Barisitz, 2008）。

350

即ち，(1)銀行改革全般が進展しているなかで，中央銀行独立性も確保されているタイプ，(2)両指標が低位に止まっているタイプ，(3)銀行改革は進展していないが，中央銀行の独立性だけは高いタイプ，(4)銀行改革は進捗しているにもかかわらず，中央銀行独立性は大きく阻害されているタイプの4タイプである。以下では，その典型例であるエストニア，ロシア，キルギス，ハンガリーの4カ国における中央銀行独立性確立・強化の経過をやや詳しく説明することによって，その多様性の具体相に迫りたい[11]。

9.2.4 中央銀行独立性の確立・強化の多様性：エストニア，ロシア，キルギス，ハンガリーの事例

　エストニアは，15の旧ソ連共和国の中で最初に独自の中央銀行を設立した国である。即ち，ソ連がなお存在する1990年1月1日に，エストニア中央銀行（Eesti Pank）は設立されたのである（Johnson, 2016）。同国がソ連から独立した後，エストニア中央銀行は新たな国民通貨を発行することから，中央銀行改革を始めねばならなかった。新規発行されたエストニア・クローンは，1992年6月にドイツ・マルクにペッグされ，その上で「カレンシー・ボード制」が導入された（de Haan et al., 2001）。エストニアの改革は，当初から先進ヨーロッパへの制度的接近の傾向が強かったのである（Barisitz, 1998）。エストニアの「カレンシー・ボード制」は，発行紙幣のみならず，商業銀行の中央銀行預金の部分まで，外貨準備で保証される必要のある大変厳密なものであり，財政赤字を補填する目的で政府が中央銀行から融資を受ける可能性を最初から遮断していた（Äimä, 1998）。もちろん，カレンシー・ボード制は，当該中央銀行の自主的な金融政策を放棄して，それを外国通貨の動向に委ねるという意味において，中央銀行の独立性を強化する措置と呼べるか否かは，議論の余地を残す問題ではある[12]。しかし，少なくとも，カレンシー・ボ

---

11) 図9.1(a)及び(b)の両方で特殊な位置にあるポーランドについて一言しておこう。このような位置にポーランドがあるのは，Dincer and Eichengreen（2014）の作成した独立性指標計算方式が，同国にあまりに低い得点を与えている（1.00が満点のところ全期間と通じて0.32ないし0.37）からであるが，彼らの評価には大きな疑問がある。というのも，ポーランドに関して他の研究を参照すると，同国は，Cukierman et al（2002）のLVAW指標では，1996年近傍で19カ国中最高，Grillini et al.（1991）が考案したGMT指標を2000年前後に関してBogoev et al.（2012b）が計算したデータでは，クロアチア，エストニア，リトアニアと同水準でチェコ等に次ぐ位置を占めているからである。ポーランドの改革状況に関する我々自身の理解も，むしろ後者に近い。従って，同図に基づいて，ポーランドの状況を云々することは控えておきたい。なお，ポーランドを図から除外すると，両図において傾向線はもっと右上に傾斜が強くなり，また決定係数も高まる。

351

第Ⅲ部　企業システムの大転換

ード制の導入によって，通貨発行量に関して，エストニア中央銀行の「政府からの
独立性」が，強固に確立したことは確かなことであった。

　エストニアでは，1993年5月に中央銀行法が採択されたが，その第3条で，中央
銀行の政府からの独立性が明確に規定された。同法には，中央銀行は，政府の経済
政策を支援せねばならないとの記載があり，それは，中央銀行の独立性を掘り崩し
かねない規定のように見えるが，同時に，そこには，中央銀行と政府との間で生じ
うる対立とその解決法が明記されており，中央銀行の独立性を保証する根拠は明確
だった[13]。その後，1999年にユーロが発行されると，クローンは，マルクに代わ
ってユーロにペッグされるようになり，結局，2011年1月，エストニアは17番目の
ユーロ導入国となった。この間，中央銀行による銀行監督制，銀行間決済システム
の整備，中央銀行と財務省との関係の明確化などは，すべてEU標準に寄り添った
形で進められた[14]。

　これに対して，ロシアの中央銀行独立性問題は，次の様に推移した。すなわち，
1993年末に制定されたロシア憲法は，その75条で，中央銀行の目的（ルーブルの安
定性の保護・確保）を規定し，「他の国家権力機関とは独立に」同行の政策目的を
遂行すると謳うことで，その独立性に言及していた。しかし，憲法上の「独立性」
が，当時，果たして実質的な意義を持っていたかどうかは，甚だ疑問である。とい
うのも，1995年のロシア中央銀行法が発効するまでの間，連邦政府，地方政府及び
その他政府機関に対する中央銀行による直接的な信用供与が実際上許されていたか
らである。1995年法によって初めて，ロシア中央銀行の独立性が明確に規定され
（第5条），また，赤字補填のための信用供与と国家有価証券の中央銀行による発行
時購入が禁じられたのである（第22条）。

　1995年のロシア中央銀行による財政赤字の直接的補填の禁止は，短期ルーブル建
て国債による財政赤字補填や，「コリドール」と呼ばれるターゲットゾーン為替シ
ステムの導入等の他の一連の方策と共に，IMF及びロシア政府の外国人アドヴァ
イザーが強く慫慂したものである（上垣，2005）。しかし，その後，同国では，
1998年金融危機を契機としたルーブル相場の下落による輸入代替の進行，国際エネ

12）de Haan et al.（2001）は，カレンシー・ボード制と変動相場制下の独立した中央銀行とを，移
　行経済諸国でインフレーションを抑制する2つのオルタナティヴな手段として描いている。

13）2006年の改正では，「エストニア銀行（中央銀行）は，共和国政府に経済政策の諸問題に関し
　て助言を与える。共和国政府は，エストニア銀行の意見を聴取することなしに，いかなる重要な
　経済政策決定も行わない」（第4条）とされており，中央銀行の主導性がより強調されている
　（Äimä, 1998）。

14）エストニア中央銀行の改革過程に関しては，同行ウエッブサイト公開資料（http://www.eesti
　pank.ee/）も適宜参照した。

ルギー価格急騰による経常収支の大幅黒字化及び財政赤字の解消，並びに，対外債務の早期返済という一連の事態が進行して，国内外の重大な経済問題が一気に軽減・解消したため，2000年代初めには，外国政府や国際金融機関の意向に沿う必要のない政策環境が出来上がっていった。

　2002年，ロシアの中央銀行法は，大幅改定されて新しい法律として発布された（以下，2002年ロシア中央銀行法）。同法が準備されていた1990年代末，IMF側の意向は，依然大きな影響力を有し，それが，法改正に関する政府及び議会の議論を強く方向付けた。当時のIMF側の要求は，中央銀行の運営の透明化，特に，ロシア中央銀行とFIMACO社（Financial Management Company）[15]のようなロシアの在外銀行（Roszagranbanki）との特殊な関係の解消にあった。しかし，他方で，ロシア政府や議会の内部にも，法改定に関する種々の対立的な議論が存在し，従って，IMFの意向のみが，そのまま新法に反映されたわけではない（白鳥, 2002）。事実，2002年ロシア中央銀行法の注目すべき特徴は，中央銀行の金融政策を決定する「理事会」（Sovet directorov）と共に（第16～18条），「国家金融会議」（Natsional'nyi finansovyi sovet）が併設され，12名を定員とする後者の構成員として，中央銀行総裁に加えて，上院，下院，大統領及び連邦政府によって各々任命される2名，3名，3名，3名の代表計11名が，外部委員として参画する点にある（第12条）。この国家金融会議は，通貨・信用政策の基本的方向性を審議するほか，中央銀行の組織上の問題をも検討する権限が付与されている（第13条）[16]。2002年ロシア中央銀行法が定めるこのような二重構造の意思決定システムが，大統領や連邦政府からのロシア中央銀行の組織的・政策的な独立を求めるIMFの望む形でないことは容易に想像できよう。国家金融会議の存在は，2002年ロシア中央銀行法が，それ以前の不透明な銀行運営を是正する側面を持ちながら，しかし同時に，中央銀行の独立性を制限する方向性を持ったものであることを示している。中央銀行を一定の支配下に置こうとするプーチン政権の意図は，ソ連時代にゴスバンク総裁を務めた経歴を持ち，2002年中央銀行法の成立直前にも中央銀行総裁であった同国の代表的銀行家であるビクトル・ゲラシチェンコ（Viktor Gerashchenko）が，中央銀行の独立性を確保する観点から，国家金融会議の設置に強く反対して政府と対立し，この結

---

15) 1990年にイギリス海峡に位置し有名なタックス・ヘイブンの一つであるジャージー島（英国王室領）に設立され，ロシア中央銀行の資産運用に当たっていたと言われている（Bohlen, 1999）。

16) 1995年中央銀行法にも，同様の会議（国家銀行会議：Natsional'nyi bankovskii sovet）の設置がうたわれていたが（第20～21条），その権限範囲は，2002年法が国家金融会議に付与するそれよりも狭いものであった。なお，条文の詳細については，白鳥（2002）を参考にするとともに，法令情報サイト「Garant」掲載の法令原文（http://base.garant.ru/12127405/）を適宜参照した。

353

第Ⅲ部　企業システムの大転換

果，辞任にまで追い込まれてしまった出来事にも暗示されている[17]。ゲラシチェンコのあとを襲ったセルゲイ・イグナチエフ（Sergei Ignatyev）の下で第1副総裁となったアンドレイ・コズロフ（Andrei Kozlov）は，国際標準の達成を目指して，銀行制度改革と中央銀行独立性確立のための努力を重ねたのだが，彼の努力は悲劇的な結末を迎えることとなる。2006年，彼は殺し屋に暗殺されてしまうからである（Johnson, 2014）。ロシア中央銀行は活力に満ちた改革の先導者を失ってしまったといえよう[18]。以上の通り，ロシアでは，銀行改革全般と中央銀行の独立性の強化とが，国際的圧力の下に，不可逆的に進行するという関係は見いだせず，その結果，両者の指標は低位のまま推移した。

　キルギスは，1991年8月のソ連における保守派クーデタ失敗の後，すぐさま独立を宣言し，ソ連崩壊後の1992年1月にIMF加入を申請，5月には早くも加入が認められた。これらは，1990年以来キルギスの大統領であったアスカル・アカーエフ（Askar Akayev）による急進改革路線が，その基盤にあった[19]。その後，キルギスにおける制度設計に対するIMFの関与は，多大なものとなった。特に，1992年12月に議会を通過した中央銀行法は，IMFの助言に従い，キルギス中央銀行（National Bank of Kyrgyz Republic）の独立性を強調するものだった（Johnson, 2014）。翌1993年，キルギスは，ルーブル圏から離脱し，独自通貨「ソム」を発行した。このことによって，キルギス中央銀行は，前記中央銀行法の規定を行使して，独自の金融政策を実施する権限を得る（Johnson, 2014）。1997年に採択された「キルギス共和国の金融・銀行セクターの改革に関する法」（本法の制定にも，IMF等の強力な指導・助言があった）は，中央銀行の独立性をより一層高めるものであった。この法令によって，中央銀行は，政府に融資することを禁止され，総裁任期は，7年に延長され，中央銀行は，金融政策策定に関する唯一責任機関となり，さらに，価格安定の強化が，中央銀行の主要な目的となったのである（Johnson, 2014）。このようにして，キルギスの中央銀行独立性は，国際機関の強いイニシアチブの下で，1990年代末までに，少なくとも外形標準的には，非常に強固なものとなったのであ

17）この出来事にもかかわらず，ゲラシチェンコが，親西欧的「改革派」であると誤解してはならない（白鳥, 2002; Moscow Times, 2002; Johnson, 2004, 2014）。

18）コズロフが，株式市場改革・預金保険改革を含む金融制度全般の改革に積極的に取り組んでいたことについては種々のマスコミ報道がある。なお，コズロフは，マネー・ローンダリング等の金融犯罪への関与が疑われる銀行に対して免許停止を含む厳しい措置を実施していた。これによって閉鎖に追い込まれた銀行幹部がこの暗殺事件の首謀者とされている（BBC News, 2006; Kommersant, 2008; RIA Novosti, 2008, 2010）。

19）アカーエフは，2005年のいわゆる「チューリップ革命」によって失脚するまで，実に15年間も大統領の地位にあった。

第9講 モノバンクから二層モデルへ：中央銀行独立性のインフレーション抑制効果論争

る。

　これとは対照的に，銀行改革全般の進展は，実に遅々たるものであった。2005年までの資料を利用して，キルギスの研究者が書いた論文には，次の様に記されている。「民間部門への貸付はなお限定されたものである。（…）多くの銀行は120〜200％の担保と50〜100％の利子を要求している。個人の銀行預金も非常に少ない。（…）キルギス共和国の銀行は，金融仲介の役割を果たしているとはとても言い難い。というのも，キルギス共和国はほとんど現金社会だからだ。（…）GDPに対する預金の比率（つまり一種の金融深化度：筆者注）は，8％と非常に低い」（Sagbansua, 2006, pp. 43-46）。2016年2月に発表されたIMFの報告書も「GDPに対する信用総額のレベルは，コーカサス，中央アジア，中東欧と比較して低い。（…）（マイクロファイナンスが大きな役割を担う一方で）その他の金融機関は限られた役割しか果たしていない。（…）国債市場を含む資本市場は非常に浅いものである。（…）預金の大半（約55％）は，要求払い預金であって，1年を超える満期を持つ預金は12％にすぎない」（IMF, 2016, pp. 15-16）と，同国の現状に厳しい評価を下している[20]。

　以上のような状況が，図9.1(a)及び(b)におけるキルギスの特殊な位置付けをもたらしたと考えてよいだろう。

　ハンガリーでも，中央銀行の独立性強化は，無論重要な政策課題であった。しかし，この課題は簡単に実現したわけではない。実際，1991年に，ハンガリー中央銀行法が発布された段階では，中央銀行が，財政赤字を直接補填することは完全には否定されたわけではなく，その意味で，中央銀行の独立性は不完全だった。財政赤字の直接的ファイナンスが原則禁止されることになったのは，1990年代前半期に累積した財政・国際収支危機に対処するための緊縮政策であるいわゆる「ボクロシュ・パッケージ」が1995年3月に導入された後の，1996年であった。ただし，この時期に法令に明記されるような形式上の中央銀行独立性が確立したわけではなく，EU基準に準拠した中央銀行定款が制定されたのは2001年のことだった。図9.1(a)は1998〜2002年の独立性指標（CBIW）の期間平均値を示しているので，ハンガリーは比較的好位置にプロットされているのだが，Dincer and Eichengreen（2014）によると，ハンガリーの指標は，1998年に0.47，1999年に0.47，2000年に0.52と推移したのち，2001年に至って突然0.77へと急上昇している（その後2010年まで0.77のまま）。即ち，1990年代後半から2000年までの期間を通じて，ハンガリー中央銀

20）なお，IMFは，預金額の対GDP比については，Sagbansua（2006）より高い20％弱という推定値を示している。

355

第Ⅲ部　企業システムの大転換

行の独立性は，かなり低迷していたのである。2001年になってはじめてハンガリー
の中央銀行独立性が高まるような形で中央銀行改革が実現することになるのだが，
この動きを強く後押ししたのは，EU 加盟条件を受け入れることで加盟交渉を促進
し，更に，国内産業界の金融緩和要求を拒否してでも IMF の意向に沿うことによ
って，スタンドバイ・クレジット等の IMF 資金を導入しようとする政府与党の思
惑であった[21]。さらに重要なことは，図9.1(b) にも表れていない2010年以降の状
況である。2010年，政権に返り咲いたオルバン・ビクトル（Orbán Viktor）は，中
央銀行の独立性を侵害するような条項を含む法律を制定した。同条項は，欧州中央
銀行及び EU の圧力で一旦撤回させられたが，かかる外圧にもかかわらず，その後
もオルバン政権は，中央銀行の独立性を侵害するような政治的圧力を行使し続ける
と共に[22]，国内の銀行を事実上国営化するような EU の意に沿わない政策を追求し
ている。2013年3月，オルバン政権は，新しい中央銀行総裁にマトルチ・ジョルジ
（Matolcsy György）を指名するのだが，英経済誌『エコノミスト』は，マトルチ
新総裁下のハンガリー中央銀行を「オルバンの兵隊」と揶揄した上で，同人事は外
国投資家と EU にとっては「憂鬱のもと」となると報じた（Meagher, 2003; 松澤,
2006; Civelekoğlu, 2013; The Economist, 2013; Djankov, 2015）。

　他方，銀行制度改革全般に関しては，先述の通り，ハンガリーでは，すでに体制
転換前から二層制の創設を中心とした本格的な銀行制度改革が始まっており，その
実績を西側先進諸国も高く評価していたという点が重要である。即ち，同国には，
体制転換の出発時点からいわば「改革へのモメンタム」が存在していたのである。
このモメンタムは，2008年のリーマン危機後も持続し，この結果，EBRD の銀行
改革指標は，中東欧諸国の中でも最高点が維持された。ハンガリー銀行改革の領域
において最も重要な措置は，銀行部門の主要部分を外国の戦略投資家に売り払うと
いう当時としては極めて大胆な政策に他ならない。この動きは，中東欧諸国の中で
最も早く，なおかつ1997年には既に終結を迎えている（Barisitz, 2008）。いわば，
国内銀行部門への外国資本の大規模な参入が，ハンガリー銀行制度改革の原動力と
なったのである。

　以上のように，ハンガリーでは，中央銀行独立性の法的な確立は中東欧の中でも

21）2004年12月の法令により，首相による中央銀行の政策決定評議会への委員指名権が著しく強化
　　されるようになり，明らかに中央銀行の独立性は低下したはずなのだが，このことは Dincer
　　and Eichengreen（2014）の CBIW 値には反映されていない（松澤, 2006; Civelekoğlu, 2013）。
22）事実，2011年1月31日付の『フィナンシャル・タイムズ』紙に寄稿したシモル・アンドラーシ
　　ュ（Simor András）ハンガリー中央銀行総裁は，そこで，オルバン政権は不当な政治圧力を介
　　して中央銀行の独立性を著しく侵害していると述べ，政府の対応を厳しく非難している。

第9講　モノバンクから二層モデルへ：中央銀行独立性のインフレーション抑制効果論争

比較的遅く，近年になっても独立を脅かすような動きが生じている一方で，銀行改革全般の進展は常に移行国中の先頭を走ってきたという特殊な状況が見られるのである[23]。

以上の通り，銀行システム改革と中央銀行独立性とが高度に進展しているエストニアのような国家と，逆に両指標とも低位のまま推移しているロシア等との関係に見られる一般的傾向の下に，キルギスやハンガリーという無視できない例外も存在するという意味での多様性こそが，中東欧・旧ソ連地域における中央銀行独立性問題の全体的構図に他ならない。このような一般性と多様性がなぜ生じたかは，国際機関の各国制度設計への影響力や，各国の歴史的経路依存性等の観点から，比較経済論の重要な研究課題となろうが，我々の問題関心はそこにはない。むしろ本講義において問いたいのは，このような中央銀行独立性の有様とマクロ経済パフォーマンスとの関係である。そこで，筆者らは，インフレーションの問題に着目した。何故ならそれが，中東欧・旧ソ連諸国の政策担当者にとって，金融政策領域における最も挑戦的かつ喫緊の課題であったからである。

9.3　中央銀行独立性のインフレーション抑制効果：理論と実証

移行経済諸国のインフレーションの状況には二面性がある。すなわち，体制転換に伴って，各国に共通して極めて高いインフレーションが発現したという面と，詳細にみると，インフレーションの進行のあり方に，国家間でかなりの多様性があるという面である。後者については，まず，ピーク時のインフレーション率に大きな幅がある上に，ピーク年にも若干のずれがある。さらにこの多様性に関しては，2000年代になって全般的にインフレーションが収束に向かう時期になっても，一部の国では，なお，対前年度比で10％前後の高いインフレーション率を示していることも興味深い。

体制転換後，中東欧・旧ソ連各国で，共通にインフレーションが発現したことの背景には，社会主義体制下における深刻な不足経済と，住民・経済単位に存在する危険な過剰通貨の滞留，すなわち「貨幣オーバーハング」があったことは明らかである（Rautava, 1993）。他方，インフレーション進行の多様性は，価格自由化政策のあり方，体制転換後も残存した国有企業に対する通貨発行を原資とする補助金規模の大きさ，旧体制経済の独占構造，中央銀行の為替政策等が，各国で様々であったことに起因する[24]。

23）ただし，上述の理由から，2000年のオルバン政権成立以後は，銀行改革指標も低下している。

357

第Ⅲ部　企業システムの大転換

　我々の問題意識は，移行経済諸国の価格水準変動過程に観察されたこのような多様性の背後に，より根源的な要因があるのではないかというものだ。ここで，筆者らは，通貨発行を原資とした補助金の供給と中央銀行の為替政策とには共通の側面がある点を特に強調したい。それは，中央銀行が，産業界及び政府からの圧力の下で，国内通貨価値の安定という自らの使命を，他の政策目標のために犠牲にしているという側面である。すなわち，もし，強力な政治力を持つ中央銀行総裁が登場するか，あるいは中央銀行の制度改革が進み中央銀行そのものが権威ある政策主体として確立するかして，国内通貨価値の安定を第一義においた政策を貫徹していたら，事態は大きく異なったことが想像できるのである。ここに，「中央銀行の独立性とインフレーションとの関係」という問題が立ち現れる。

　ところで，この問題に関しては，先進工業国及び開発途上国に関して，理論的・実証的な研究の蓄積がある。その中でも，本講義のテーマとの関係で，筆者らが特に注目するのは，裁量的金融政策が「時間的非整合性」と呼ばれる問題を生み出すと主張した Kydland and Prescott（1977）と Barro and Gordon（1983）である。問題の発端は，前者の Kydland and Prescott（1977）に求められる。彼等の主張は，「（政策当局が）インフレーションを，π^*（コア・インフレーション率：筆者注）に設定すると公約し，期待インフレが定まった後で，そのインフレーション率を設定するという政策」（Romer, 2001, p. 482）を実施することに「動学的整合性」（dynamic consistency）（時間的整合性と同じもの）がないというものだ。彼らによれば，一般の人々は政策当局のそのような行動を初めから予想して行動するから，その結果として政策は掘り崩される。即ち，産出量は増加せずに，インフレーションが生じるだけに終わるのである（Romer, 2001）。この「動学的非整合性」（時間的非整合性）に対処する方法として提唱された政策手段の内，我々の問題意識にとって重要なのが，Rogoff（1985）が提起した「委任」（delegation）という戦略である。この「委任」のアイディアは基本的に単純で，産出量とインフレーションのどちらを重視するかに関して，「一般の人々とは異なった考え方を持った主体」，即ち，「インフレーションを強く嫌う人物に金融政策を委任する」というものである（Romer, 2001; Bogoev et al., 2012a）。

24）中央銀行の為替政策がインフレーションを生み出すメカニズムを，ロシアを例に説明しておこう。ロシアでは，オランダ病を阻止するために，中央銀行がドル買い・ルーブル売りの為替介入を行い，ルーブル安を維持しようとすることがあった。1998年の通貨危機を経験したロシアでは，不胎化政策を実行し得ず，そのため，この為替介入は，国内通貨流通量の増大をもたらし，結果としてインフレーションを惹起した。2000年代の同国のインフレーションは，このようなメカニズムによって生じたのである（田畑, 2012）。

358

第9講　モノバンクから二層モデルへ：中央銀行独立性のインフレーション抑制効果論争

　このようにして，Kydland and Prescott（1977），Barro and Gordon（1983）及び
それらに対抗する理論的流れの中に，「中央銀行の独立性とインフレーションとの
関係」という問題が位置付けられることになった。かかる問題提起を受けて，その
後，独自の「独立性」指標を構築した上で，その水準とインフレーション率とが負
の相関関係を持つという仮説を実証的に検証した一連の研究が発表された（Alesi-
na, 1988; Grillini et al., 1991; Cukierman et al., 1992; Alesina and Summers, 1993;
Acemoglu et al., 2008）。ここでは，筆者らによるメタ分析との関係で重要な
Cukierman et al.（1992）に絞り，その主張点を紹介しておこう。

　Cukierman et al.（1992）は，中央銀行独立性のインフレーション抑制効果を実
証的に検証した先駆的研究の一つである。彼らは，独自の詳細な「独立性」指標
（一般にツキエルマン・インデックスと呼ばれる）を構築した上で，1950年から
1989年を観察期間とする世界72カ国（工業国21，開発途上国51）のパネルデータを
用いて，「独立性」とインフレーションとの関係を考察した。その結論は，工業国
家では，法的な独立性とインフレーションとは負の関係があるが，開発途上国では，
そのような関係が必ずしも実証的に示されていない。むしろ，開発途上国では，中
央銀行総裁の実際の交代率が，独立性の良い代理指標である。従って，法的独立指
標と総裁交代率とを組み合わせた独立性指標が，国ごとのインフレーション率の違
いを非常によく説明する，というものである。

　このような先進諸国や開発途上諸国における中央銀行独立性のインフレーション
抑制効果に関する実証研究の大きな流れを受けて，旧社会主義移行経済諸国につい
ても，1997年以降から類似の研究が次々と発表されるようになった。冒頭でも触れ
た通り Loungani and Sheets（1997）は，中東欧・旧ソ連諸国12カ国を研究対象と
した移行経済研究分野の先駆的研究であるが，後続研究の多くに見られるパネルデ
ータ分析ではなく，定款に表われている中央銀行独立性の1989年から1992年にかけ
ての上昇や総裁任期と，1993年のインフレーション率との関係を検証したクロスセ
クション分析である。同論文の筆者らは，この2つの変数の間の統計的に有意な相
関関係は，財政政策の効果，経済改革の進展全般及び中央銀行総裁の平均任期をコ
ントロールした上でも成り立つと報告している[25]。

　Maliszewski（2000）は，中東欧・旧ソ連20カ国を包括する1990〜1998年のパネ
ルデータを用いた研究である。本論文の特徴は，中央銀行の法的独立性を，「政治
的独立性」と「経済的独立性」という2つの視点から捉えると共に，同2指標の統

---

25) なお，同論文には，インフレーションを説明変数，GDP 成長や投資を被説明変数とする実証
　結果も合わせて報告されている。

359

合指標も開発し，これら3指標個々に，そのインフレーション抑制効果を検証している点にある。この結果，同論文の筆者は，中央銀行法の変化（すなわち，法律に規定された独立性の上昇）は，年インフレーション率を説明する非常に重要な要因であるが，中央銀行の独立性がインフレーションを引き下げる効果を発揮するのは，初期の価格自由化のショックが制御されて，経済自由化のレベルが高まった後になってからであるという実証結果を導いている。

　Cukierman et al.（2002）は，先述の Cukierman et al.（1992）において彼らが独自開発した中央銀行独立性指標を，移行経済26カ国の実証分析に応用した試みである。その結論は，「中央銀行の独立性は，自由化の初期段階においては，インフレーションと関連がない。しかし，十分に高く持続的な自由化が達成され，価格統制や戦争といった変数をコントロールするなら，法的独立性とインフレーションとは有意に負に相関している。（中略）自由化の過程が，一旦十分なモメンタムを得たなら，法的独立性は，インフレーションを効果的に抑制する」（p. 237）というものである。

　冒頭でも言及した通り，Cukierman et al.（2002）は，本講義で試みる筆者らのメタ分析の観点から，非常に興味深い事実を発見している。それは，移行経済諸国の中央銀行の法的な独立性は，1980年代の先進諸国のそれよりも遥かに高いというものである。これを，「ツキエルマン命題」と名付けよう。この事実関係は，Wagner（1999）でもすでに指摘されており，また，Bouyon（2009）や Bogoev et al.（2012b）においても再度強調されている。Cukierman et al.（2002）は，ここから2つの問題が提起されると述べている。そのひとつは，「法的な中央銀行独立性の，先進経済諸国と移行経済諸国とにおける違いは，「実際の」中央銀行独立性の違いを反映しているのか」（p. 245）という問題であり，いまひとつは，「なぜ移行経済諸国の政策当局は，争うように，大きな独立性を自分たちの中央銀行に付与したのか」（op cit.）という問題である。

　本講義の問題関心からすると，前者の問題が特に重要である。というのも，法的基準によって測定された移行経済諸国の中央銀行独立性が，過大評価傾向にあるとするなら，独立性が高いほどインフレーションの抑制効果が高いという因果関係が，移行経済研究では，実証的に検証されにくくなるかもしれないという危惧が生じるからである[26]。

　この Cukierman et al.（2002）に続いて発表された Eijffinger and Stadhouders（2003）は，旧ソ連・中東欧18カ国及び先進・開発途上44カ国のクロスセクションデータを用いた実証研究である。同論文において筆者らは，「制度の質指標」（Institutional Quality Indicators: IQIs）なる独自指数を，法の支配の代理変数に採用し，

その上で，法的な中央銀行独立性，法の支配及びインフレーションという３つの要素の間の相関関係を実証的に検証し，「個々のIQIs指標はそれぞれ，インフレーション率と有意に負の関係がある」（p. 20）との結果を得ている。この結果を踏まえて，筆者らは，「自由化の初期の段階では，法的な中央銀行独立性は，インフレーションと関連していない。しかし，経済自由化が十分高い水準に達したら，他の条件を等しいとするなら，法的な中央銀行独立性とインフレーションは有意に負の関係がある」（op cit.）と結論している。彼らの重要な主張点は，「法的な中央銀行独立性の効果は，法的編制が実践にどの程度転換しているかによって決まる」，「法的な独立の実践上の独立への転換は，まず第１に法の支配によって決定される」（op. cit.）というものであり，ここには，Cukierman et al.（2002）と同様な問題意識が表出している。

Hammermann and Flanagan（2007）は，中央銀行の独立性とインフレーションとの関係を直接考察の対象としたものではない。むしろ彼らは，ロシア，ウクライナ，ベラルーシ，モルドバ（これら諸国を，同論文の著者らは「西CIS」と呼んでいる）のインフレーションが，他の移行経済諸国のそれと比較して高いまま（約10％）持続している理由を，これらの国々の中央銀行の政策インセンティヴに帰着させようと試みている。その結果，著者らは，移行経済19カ国を対象としたパネルデータ分析の結果に基づいて，ロシア，ウクライナ，ベラルーシ及びモルドバの中央銀行には，自国の対内的・対外的自由化の遅れを埋め合わせ，そして恐らくは，それを利用するために，高いインフレーションを選択する十分な理由があったとの主張を展開している。ただし，彼らも，政治圧力がインフレーションの発現と関連しており，その意味で，西CISでも，中央銀行の法的独立性を強化する試みが，インフレーションを抑制する効果があることを認めている。

Dumiter（2011）は，中央銀行独立性に関する総合的指標を独自に構成した上で，同指標と当該国のマクロ・パフォーマンス（インフレーション率を含む）との関係を，計量分析によって明らかにしようとした論考である。同論文の筆者は，移行経済諸国のみならず，先進諸国や開発途上諸国のデータも吟味しながら，もし中程度から高水準の独立性のレベルが達成されており，かつインフレーション・ターゲッティングが採用されている国ではどこでも，中央銀行の独立性が高まれば高まるほ

26）後者の問題に関して，Cukierman et al.（2002）では，移行経済諸国においては，「形式的な中央銀行の独立性が大きいほど，国際金融市場へのアクセスが容易になるという事情が作用している」（p. 245）との指摘がなされている。また，9.2.1項及び9.2.2項で指摘したように，EU加盟やユーロ導入のために，中央銀行の形式的な独立性の概観を整えたいという中東欧政策担当者の思惑にも考慮する必要がある。

第Ⅲ部　企業システムの大転換

ど，マクロ・パフォーマンスが改善されるような安定的な経路に経済が向かうこと
を示唆する実証結果を得ている。ただし，移行経済諸国，先進諸国及び開発途上諸
国という異なる国家グループの間に，どのような意味のある違いが見出されるかに
ついては，明示的には論じられていない。

　Maslowska（2011）も，我々の問題意識と密接に結びついたものだが，同論文の
実証分析の目的にはややずれがある。即ち，この論文は，中央銀行の独立性の尺度
を比較することによって，中央銀行の独立性とインフレーション率との強い負の関
係を導き出すのに，どの尺度がもっとも適切なものであるかを点検しようとしたも
のだからである。この目的を達成するために，同論文は，5種類もの中央銀行独立
性指標を採用している。この論文の最も興味深い主張点は，Cukierman（1992）の
「どの独立性の尺度を用いるかは，インフレーションの結果の差異に影響を及ぼさ
ない，むしろ，結果に影響を与えているのは，各国の制度上の差異である」（p.
156）という主張を否定して，独立性の尺度の取り方によって，実証結果は異なる
と指摘している点である。

　Bogoev et al.（2012a），Bogoev et al.（2012b）及び Petrevski et al.（2012）は，
全く同じ3名の研究者グループが，同じ年に発表し，かつ同じ研究テーマを扱いな
がら，結論は相互に大きく異なるという意味で，大変異色の実証研究群である。彼
等の論文は，先行研究と比較して，より厳密な計量経済学的手続きを採用している
ことにその特徴があるが，Bogoev et al.（2012a）の結論と，Bogoev et al.（2012b）
及び Petrevski et al.（2012）の結論との間には，我々が行うメタ分析の観点から注
目すべき乖離がある。すなわち，Bogoev et al.（2012a）では，「幾つかマクロ経済
変数と制度変数とをコントロールした場合，中央銀行独立性は，インフレーション
に対して，統計的に有意かつ経済的には強い負の影響を与えることが発見された」
（p. 93）と報告されているのに対して，Bogoev et al.（2012b）では，「移行経済に
おける反インフレーションの用具としての中央銀行独立性の役割はおそらく過大評
価されてきた」（p. 54）と述べられ，更に，Petrevski et al.（2012）では，「我々の
実証モデルから導き出される結果は，移行経済における中央銀行独立性とインフレ
ーションとの間の有意で負の関係を実証的に支持する根拠を与えない」（p. 646）
と論じられているからである。

　同じ研究者による移行経済諸国を対象とした研究でありながら，ここまで異なる
実証結果が得られた背景には，各論文が用いた推定モデル，推定期間及び分析対象
国に，一定の差異が存在することと密接に関係していると思われる。事実，
Bogoev et al.（2012a）では，Static なパネルデータ分析が試みられているのに対し
て，Petrevski et al.（2012）では，GMM 推定量を用いた動学的パネルデータモデ

362

ルの推定が行われている。また，Bogoev et al.（2012a）と Petrevski et al.（2012）は，共に中東欧17カ国をカバーする1990〜2009年のパネルデータを採用しているという意味で，分析対象国と推定期間に差はないが，他方，Bogoev et al.（2012b）は，1990〜2010年を観察期間とする中欧・南東欧・中央アジア28カ国のパネルデータを用いている点で，Bogoev et al.（2012a）及び Petrevski et al.（2012）とはアプローチが大きく異なる。本講義のメタ分析において，以上に指摘した研究条件の違いは十分に考慮されなければならないだろう。

　Bodea（2014）は，1991〜2007年における移行23カ国の四半期データを用いた研究である。本論文は，中央銀行独立性が，移行経済における物価安定に寄与しているかどうか調べ，またその具体的なメカニズムは何かを究明したものである。本論文の貢献は，中央銀行独立性の政策効果に関して，制度上のメカニズムを通じた直接的な「規律効果」と国民の期待等を通じた間接的な「信頼性効果」とを区別している，という点にある。著者は，中央銀行独立性は，民主的政治制度の基礎がある場合は，通貨供給を低くする「規律効果」を持つと結論付けている。他方，著者は，通貨供給の成長率をコントロールすると，中央銀行独立性は，インフレーションを低くする「信頼性効果」を持つとも指摘している。なお，著者は，中央銀行独立性のみならず，固定為替レートも同様の政策効果を持つことを示している。

　Piplica（2015）は，中東欧 EU 加盟11カ国の1994年から2012年のデータを用いた本書執筆時点における最新の実証研究である。本論文の特徴は，Grillini et al.（1991）及び Cukierman（1992）を参照しつつ，TGMT と名付けられた新たな中央銀行独立性指標を構築し，それによって独自の計量分析を行なっている点である。新指標の開発に際して著者が新たに付け加えた要素は，(1)銀行総裁や理事の任免権・任期に関する事項，(2)政府の経済政策との関係に関する事項，(3)予算策定への関与に関する事項，(4)議会との関係に関する事項，(5)事業報告に関する事項，(6)為替相場政策に関する事項，(7)金融政策の用具に関する事項等である。この TGMT 指標を用いた回帰分析から，筆者は，中央銀行独立性とインフレーションとの関係に関して，次の様な興味深い結論を導いている。即ち，「移行の初期段階でさえ，中央銀行の法的独立性（LCBI）は，インフレーションに対して有意に負の効果を持つ」，他方「後半期においては，全ての国で高いレベルの LCBI と低いインフレーション率との関係がはっきりと観察されたが，この期においては，LCBI の上昇がインフレーション率の低下を導くわけではない」（Piplica, 2015, p. 167）というものである。

　さて，以上の移行経済諸国を対象とした文献の概観から何がいえるだろうか。まず，第1に，移行経済研究全体として，中央銀行独立性のインフレーション抑制効

果に関する実証結果は様々であり，文献の記述レビュー（narrative review）を通じてでは，その全体像は把握し難い。第2に，Eijffinger and Stadhouders（2003），Dumiter（2011）及びMaslowska（2011）の3文献は，先進諸国や開発途上諸国のデータを用いた分析も行い，移行経済諸国との比較を試みているが，これらの文献において，必ずしも両者間の差異は明らかになっていない。第3に，中央銀行独立性の指標をどのような要素によって構成するか，あるいは，その代理変数として何を用いるのかが，各論者の最も重要な考慮点となっている。特に，1980年代先進諸国との比較における，移行経済諸国の中央銀行独立性の法律的観点から見た過大評価の可能性に関するCukierman et al.（2002）の指摘をどう評価するかによって，分析の結論も異なってくる。メタ分析を行おうとする筆者らの立場からいえば，このことは，法的独立性を用いた場合と，それ以外の独立性指標を用いた場合とで，中央銀行のインフレーション抑制効果の実証結果に顕著な違いが生じるのか否かを検証する必要性を意味している。

　以上の考察結果から，本講義のメタ分析が取り組むべき研究課題が明らかになる。それは，中央銀行独立性指標の違いを明示的に分析に取り入れつつ（即ち，上述の「ツキエルマン命題」に注意しつつ），先進国・開発途上諸国との対比の上で，移行経済諸国の特質を明らかにすることである。本講義では，こうした課題に対応するため，移行経済研究と非移行経済研究のメタ分析による比較を行う。なお，以下で計量分析を進めるにあたって，注意しておくべき点がある。第1に，ここでは，「中央銀行の独立性」と「インフレーションの抑制効果」との関連を考察しているが，我々は「中央銀行の独立性」が唯一の「インフレーション抑制要因」であると判断しているからそうしているわけではない。他にも種々の「インフレーション抑制要因」はあるかもしれないが，そのような種々の要因を考慮した上でも，中央銀行の独立性とインフレーションとの間に有意な関連があるかどうか，これが問題の焦点である。第2に，本講義で問題にしているのは，何らかの指標で表現された「中央銀行独立性」の度合いと，統計に表れたディス・インフレーションの結果との関係である。前者が後者に帰結するメカニズムに関しては，実証的には，本講義ではブラックボックスに入ったままである。これについては他の研究に委ねざるをえない。

9.4　文献調査の手続き及び抽出推定結果の概要

　上記の課題を達成するための第一段階として，本節では，(1)中央銀行独立性のインフレーション抑制効果に関する研究の探索・選択手続き，(2)抽出推定結果の

第9講　モノバンクから二層モデルへ：中央銀行独立性のインフレーション抑制効果論争

概要及び(3)本研究が採用するメタ分析方法を順次解説する。

　中東欧・旧ソ連諸国における中央銀行独立性のインフレーション抑制効果に関する実証研究，並びに，これら移行経済研究の比較対象となり得る先進国・開発途上国研究（以下，比較対象研究）を特定する初めの一手として，筆者らは，電子化学術文献情報データベースである EconLit，Web of Science 及び Google Scholar を利用して，1989年から2016年の27年間に発表された文献を探索した[27]。ここでは，*central bank, independence, inflation* をキーワードとする AND 検索を行った。この結果，850点超の文献が見出されたが，筆者らは，この中から，中央銀行独立性のインフレーション抑制効果を実証的に検証している文献144点を実際に入手した。

　次に筆者らは，上記144点の研究内容を逐一吟味しつつ，本講義で行うメタ分析に利用可能な推定結果を含有している文献の絞り込みを行った。その結果，移行経済研究としては，前節で紹介した Loungani and Sheets（1997）から Piplica（2015）までの12文献を，比較対象研究としては，16文献を，それぞれ選択した。後者の比較対象研究は，(1)研究対象国に中東欧・旧ソ連諸国が全く含まれていないか，または，これらの国々が含まれていたとしても，観察値に占めるその比率が10％未満のデータを利用しているもの，(2)Loungani and Sheets 論文が発表された1997年又はそれ以降に発表されたもの，(3)推定期間が1980年以降の実証結果を報告しているもの，という3つの条件を満たしており，移行経済研究の発表時期や研究対象期間との相似性が一定水準確保されている。なお，前節でも述べた通り，Eijffinger and Stadhouders（2003），Dumiter（2011）及び Maslowska（2011）は，中東欧・旧ソ連諸国に分析対象を限定した推定結果と，非移行経済諸国を対象とした推定結果の両方を報告しており，このため，これら3文献は，移行経済研究と比較対象研究双方の文献カテゴリーに加えた[28]。

　移行経済研究12文献は，のべ236カ国を研究対象とし，中東欧 EU 加盟国がその49.2％（のべ116カ国）を，中東欧非 EU 加盟国が14.0％（同33カ国），バルト諸国を除く旧ソ連諸国が33.9％（同80カ国）を占めている。また，Cukierman et al.（2002）をはじめとする5文献から抽出した推定結果は，データ全体に占める比率は大変小さいものの，モンゴルやその他新興市場諸国の観察値も用いたものである。

　筆者らは，上記移行経済研究から合計125（1文献平均10.4）の推定結果を抽出

---

27) 最終文献探索作業は，2017年4月に実施した。

28) メタ分析対象文献の詳細や抽出推定結果の内訳は，日本評論社ウェブサイト（https://www.nippyo.co.jp/shop/downloads）にある本書第9講付録を参照のこと。

365

第Ⅲ部　企業システムの大転換

した。その推定期間は全体として1989年から2012年までの24年間をカバーし，平均推定年数（中央値）は12.3年（10年）である。パネルデータを利用した研究が12文献中10文献と多数を占める一方，クロスセクションデータを用いた研究は4文献に限られる。移行経済研究が採用した中央銀行独立性変数は，総合指標から総裁任期までの6タイプに区分されるが，その抽出推定結果構成は，法律指標の63（50.4％）と総合指標の54（43.2％）が大部分を占め，総裁任期，政治指標，経済指標及び総裁交代率を用いた推定結果は，各々3，2，2，1に過ぎない。

一方の比較対象研究16文献は，のべ564国を研究対象とするものであり，先進国と開発途上国の構成比は，各々30.3％（のべ171カ国）及び69.7％（同393カ国）である。筆者らは，これら16文献から，合計212（1文献平均13.3）の推定結果を抽出した。同抽出推定結果の分析期間は，全体として1980～2014年の35年間を網羅し，平均推定年数（中央値）は，16.4年（13年）である。移行経済研究と同様に，パネルデータ分析が16文献中9文献と多数派であるが，クロスセクション分析も6文献と少なくない。残る1文献は，時系列データ分析を行っている。中央銀行独立性タイプ別抽出推定結果構成は，総裁交代率が102と全体の48.1％を占め，これに法律指標の71（33.5％），総合指標の17（8.0％），政治指標の14（6.6％），経済指標の8（3.8％）が続く。総裁任期を用いた推定結果は皆無である。この通り，移行経済研究と較べて，総裁交代率の利用頻度が格段に高い点が，比較対象研究の特筆すべき特徴である。

なお，推定結果の抽出に際しては，回帰係数の理論的予測値が正である総裁交代率と，負であるその他中央銀行独立性変数を総合してメタ分析に用いるため，各研究が報告する総裁交代率係数及び t 値の符号を逆転してコーディングを行った。次節のメタ分析及びその結果解釈は，この操作の下であることに留意されたい。また，メタ分析の方法と手順に関する詳細は，本書序論を適宜参照してほしい。

9.5　移行経済研究と先進・開発途上国研究のメタ比較分析

本節では，前節にその概要を報告した合計337の抽出推定結果を用いて，移行経済研究と比較対象研究のメタ分析による比較を行う。次の9.5.1項で，抽出推定結果のメタ統合を試みる。続く9.5.2項では，研究間の異質性に関するメタ回帰分析を行う。そして9.5.3項で，公表バイアスの有無及びその程度を検証する。

9.5.1　抽出推定結果のメタ統合

表9.2は，抽出推定結果の偏相関係数及び t 値の記述統計量である。また図9.2に

第9講　モノバンクから二層モデルへ：中央銀行独立性のインフレーション抑制効果論争

表9.2　抽出推定結果の偏相関係数及び t 値の記述統計量

(a)偏相関係数

	抽出数(K)	平　均	中央値	標準偏差	最大値	最小値	尖　度	歪　度
移行経済研究	125	-0.135	-0.086	0.280	0.477	-0.798	3.007	-0.455
比較対象研究	212	-0.189	-0.187	0.222	0.445	-0.817	3.983	-0.251

(b)t 値

	抽出数(K)	平　均	中央値	標準偏差	最大値	最小値	尖　度	歪　度
移行経済研究	125	-0.963	-0.500	2.424	5.833	-6.000	3.022	0.185
比較対象研究	212	-1.903	-2.127	2.284	4.510	-9.820	5.748	-0.886

注）総裁交代率は，抽出推定結果の符号を逆転した上で分析に用いている。
出所）筆者算定。

は，これら2変数の度数分布が示されている。表9.2(a)及び図9.2(a)の通り，移行経済研究の偏相関係数は，0.0を最頻値として負方向に偏った分布を示している。実際，125推定結果中77の偏相関係数が負であるから，移行経済諸国における中央銀行独立性インフレーション抑制効果の存在を示唆する実証結果は，抽出推定結果全体の61.6%を占めることになる。また，相関係数の解釈に関するCohen（1988）の基準に従えば，全125抽出推定結果の36.0%（45推定値）は，移行経済諸国における中央銀行の独立性と物価水準との間になんら実際的な関係（$|r|<1.0$）を見出しておらず，32.8%（41推定値）が中央銀行独立性の軽微な効果（$1.0 \leq |r| < 3.0$）を，残る31.2%（39推定値）が顕著な効果（$3.0 \leq |r|$）を報告している。

　他方，比較対象研究の偏相関係数は，分布範囲こそ移行経済研究のそれとほぼ同一であるが，負方向への偏りが，移行経済研究よりも明らかに強い。実際，その最頻値は -0.4 である上，全抽出推定結果の80.7%に当たる171の偏回帰係数が負である。更に，物価水準に対する中央銀行独立性の軽微又は顕著な効果を示す推定結果（$1.0 \leq |r|$）は，212推定結果中148（69.8%）を数え，この点でも，比較対象研究は，移行経済研究を上回っている。

　ここで，表9.2(b)及び図9.2(b)に目を転じると，移行経済研究から得られた推定結果の t 値は，0.5を最頻値としているものの，負方向に長く偏った分布を示しており，なおかつ -2.0 以下の推定結果が，全体の34.4%（43推定値）を占めている。一方，比較対象研究から抽出した推定結果の t 値は，最頻値が -3.0 であり，なおかつ212推定結果中110（51.9%）の t 値が，-2.0 以下の値を示している。従って，偏相関係数及び t 値の分布から判断すると，先進諸国や開発途上諸国を取り上げた研究は，全体として，移行経済諸国を対象とした研究よりも，効果サイズがより大きく，統計的にもより有意な中央銀行独立性のインフレーション抑制効果を

第Ⅲ部　企業システムの大転換

図9.2　中央銀行独立性のインフレーション抑制効果に関する推定結果の偏相関係数及び t 値の度数分布：移行経済研究対比較対象研究[1]

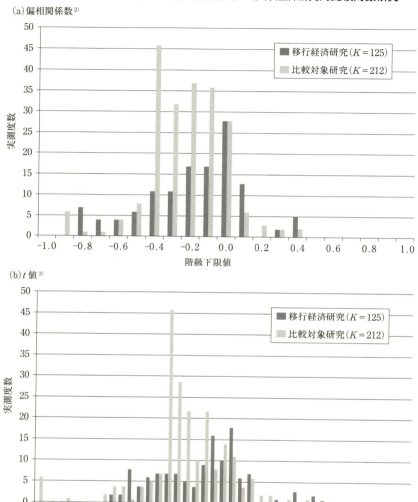

注1）総裁交代率は，抽出推定結果の符号を逆転した上で分析に用いている。
　2）Shapiro-Wilk の正規性検定：移行経済研究 $V=4.184, z=3.213, p=0.001$; 比較対象研究 $V=4.684, z=3.563, p=0.000$
　3）Shapiro-Wilk の正規性検定：移行経済研究 $V=3.018, z=2.480, p=0.007$; 比較対象研究 $V=13.328, z=5.976, p=0.000$
出所）筆者作成。

第9講　モノバンクから二層モデルへ：中央銀行独立性のインフレーション抑制効果論争

検出しているといえよう。

　以上の評価は，**表9.3**に報告した偏相関係数及びt値のメタ統合結果によっても裏付けられる。事実，同表(a)によれば，全抽出推定結果を用いた移行経済研究及び比較対象研究の偏相関係数統合値は，双方共に均質性の検定が帰無仮説を棄却しているため，変量効果モデルの推定値$\overline{R_r}$を参照値として採用すれば，前者の統合効果サイズが -0.109 であるのに対して，後者のそれは -0.184 と絶対値が0.075大きい。この結果を換言すると，移行経済研究と較べて，比較対象研究は，全体として68.8％程度大きい効果サイズを報告しているといえるのである。更に，同表(b)の通り，比較対象研究の結合t値は，無条件に結合した値$\overline{T_u}$でも，研究水準で加重した値$\overline{T_w}$でも，移行経済研究を大きく上回り，なおかつフェイルセーフ数も11.5倍大きい。つまり，比較対象研究が報告する実証結果は，統計的有意性の面でも，移行経済研究に大きく優っているのである。なお，両研究共に，無条件に結合したt値$\overline{T_u}$と比較して，研究水準で加重した結合t値$\overline{T_w}$は，その絶対値が大幅に低下する。即ち，研究対象地域の如何を問わず，研究水準と報告されるt値の間には，負の相関関係が存在する可能性が高いといえよう。

　上記に加えて，我々は，移行経済研究について，その研究対象国，推定期間，データ形式及び中央銀行独立性変数タイプの相違性に着目したメタ統合も行った。その結果から，第1に，観測値に占める中東欧 EU 加盟諸国の比率が50％以上の研究は，同比率が50％未満の研究よりも効果サイズの評価がより高いこと，第2に，推定期間に2000年代を含む研究やパネルデータを用いた研究は，推定期間が1990年代に限定された研究や横断面データを用いた研究と比較して，効果サイズが大きく低下すること，第3に，中央銀行独立性変数タイプの違いは，総裁交代率の -0.798 から法律指標の -0.056 の範囲で，統合効果サイズに大きな差異をもたらし，なおかつ中央銀行の独立性を測る指標として経済指標を用いた推定結果は，効果サイズがゼロであるという帰無仮説を棄却できないこと，そして第4に，t値は，無条件に結合した場合は，全12ケースで有意に負であるが，研究水準で加重した場合は，6ケースで結合t値の有意性が10％水準を下回ること，の4点が確認される。

　以上に報告した抽出推定結果のメタ統合結果は，中央銀行独立性のインフレーション抑制効果に関する移行経済研究の実証結果は，比較対象研究のそれよりも，効果サイズと統計的有意性の両面で劣ることを強く示唆した。この結果から，仮に政府や他の経済的アクターからの独立性が等しければ，移行経済国中央銀行の物価統制能力は，非移行経済国中央銀行よりも劣位にあるという解釈がなし得る。しかし，同時に，移行経済研究が用いた中央銀行独立性変数は，非移行経済研究採用変数よりも観察誤差（measurement error）が大きく，従って，中央銀行独立性と物価変

369

第Ⅲ部　企業システムの大転換

表9.3　中央銀行独立性のインフレーション抑制効果に関する推定結果のメタ統合：移行経済研究対比較対象研究[1]

	抽出推定結果数 (K)	(a)偏相関係数の統合			(b)t値の結合[4]			
		固定効果 $(\bar{R}_f)$ (漸近 z 値)[2]	変量効果 $(\bar{R}_r)$ (漸近 z 値)[2]	均質性の検定 (Q_r)[3]	$\bar{T}_u$ (p 値)	$\bar{T}_w$ (p 値)	T_m	ファイルセーフ数 (f_sN)[5]
（1）移行経済研究	125	-0.033 *** (-5.74)	-0.109 *** (-6.26)	809.700 ***	-10.768 *** (0.00)	-1.800 ** (0.04)	-0.500	5231
（1a）研究対象国による比較								
観測値に占める中東欧 EU 加盟諸国の比率が50%以上の研究	49	-0.110 *** (-7.72)	-0.138 *** (-4.05)	194.418 ***	-7.357 *** (0.00)	-1.615 * (0.05)	-0.500	931
観測値に占める中東欧 EU 加盟諸国の比率が50%未満の研究	76	-0.018 ** (-2.83)	-0.094 *** (-4.70)	580.575 ***	-7.902 *** (0.00)	-1.172 (0.12)	-0.500	1678
（1b）推定期間による比較								
推定期間が1990年代に限定された研究	62	-0.179 *** (-10.44)	-0.165 *** (-4.92)	199.579 ***	-9.020 *** (0.00)	-1.288 * (0.10)	-0.929	1802
推定期間に2000年代を含む研究	63	-0.014 ** (-2.35)	-0.067 *** (-3.35)	528.483 ***	-6.219 *** (0.00)	-1.305 * (0.10)	-0.270	837
（1c）データ形式による比較								
横断面データを用いた研究	45	-0.305 *** (-9.08)	-0.248 *** (-4.45)	115.347 ***	-7.535 *** (0.00)	-1.625 ** (0.05)	-0.857	899
パネルデータを用いた研究	80	-0.025 *** (-4.23)	-0.072 *** (-4.07)	626.923 **	-7.809 *** (0.00)	-1.180 (0.12)	-0.352	1723
（1d）中央銀行独立性変数タイプによる比較								
総合指標を用いた研究	54	-0.071 *** (-6.59)	-0.138 *** (-4.47)	384.329 ***	-9.320 *** (0.00)	-1.450 * (0.07)	-0.902	1679
政治指標を用いた研究	2	-0.395 *** (-3.06)	-0.395 *** (-3.06)	0.428	-3.069 *** (0.00)	-0.538 (0.30)	-2.170	5
経済指標を用いた研究	2	-0.476 *** (-4.01)	-0.436 (-1.64)	4.829 **	-3.781 *** (0.00)	-0.663 (0.25)	-2.674	9
法律指標を用いた研究	63	-0.013 (-1.88)	-0.056 ** (-2.73)	346.823 ***	-4.245 *** (0.00)	-0.779 (0.22)	-0.250	356
総裁交代率を用いた研究	1	-0.798 *** (-5.12)	-0.798 *** (-5.12)	0.000	-5.120 *** (0.00)	-5.120 *** (0.00)	-5.120	9
総裁任期を用いた研究	3	-0.392 ** (-2.31)	-0.376 ** (-2.02)	2.315	-1.964 ** (0.00)	-0.218 (0.41)	-0.500	1
（2）比較対象研究	212	-0.135 *** (-25.46)	-0.184 *** (-13.37)	1220.740 ***	-27.712 *** (0.00)	-4.627 *** (0.00)	-2.127	59951

注1）総裁交代率は，抽出推定結果の符号を逆転した上で分析に用いている。

2）帰無仮説：統合効果サイズが0。

3）帰無仮説：効果サイズが均質。

4）$\bar{T}_u$：無条件結合，$\bar{T}_w$：研究水準で加重した結合，T_m：中央値。

5）効果の有無を判定する有意水準（ここでは5％水準）に，研究全体の結合確率水準を導くために追加されるべき平均効果サイズ0の研究数を意味する。

6）***：1％水準で有意，**：5％水準で有意，*：10％水準で有意。

出所）筆者推定。

動の間の相関関係を，非移行経済研究ほど正確には捕捉できていないという解釈も可能である。再び表9.3の通り，法律指標を用いた移行経済研究が，他の指標を利用した研究よりも，特に効果サイズの面で，不満足な実証結果を報告しているという事実は，9.3節で言及したツキエルマン命題が含意する過大評価問題の可能性を暗示している。但し，本項の分析結果には，文献間の様々な研究条件の違いを十分には考慮していないという大きな問題がある。そこで，次項では，以上の分析結果が，他の研究条件を同時に制御した上でも再現され得るのか否かを，メタ回帰分析によって検証する。

9.5.2 研究間の異質性に関するメタ回帰分析

　本項において筆者らが推定するメタ回帰モデルの従属変数は，偏回帰係数又は t 値である。一方のメタ独立変数には，9.5.1項で言及した研究対象国構成，推定期間，データ形式，中央銀行独立性変数タイプに加えて，推定量，物価変数タイプ，中央銀行独立性変数のラグ構造，交差項同時推定の有無，自由度[29]及び研究水準の差異を捕える変数を採用した。**表9.4**には，これらメタ独立変数の名称，定義及び記述統計量が一覧されている。

　はじめに，移行経済研究間の異質性に関する分析を行った。その結果が**表9.5**である。Breusch-Pagan 検定は，文献個別効果の分散がゼロであるという帰無仮説を受容しており，従って，変量効果パネル推定法による推定結果は，最小二乗法（OLS）のそれと殆ど変わりがない。他方，加重最小二乗法（WLS）の推定結果は，分析的重みの違いに感受的ではあるが，それでもなお多くの変数が等しく統計的に有意に推定されている。この通り，表9.5の推定結果は，推定量の違いに対して，統計的に頑健である。

　7モデル中5モデル以上（固定効果推定では推定値が得られない場合は，6モデル中4モデル以上）で，統計的に有意かつ符号関係が同一なメタ独立変数から，移行経済研究間の実証結果に顕著な差異をもたらす要因に関して，次の6点が指摘し得る。

　第1に，研究対象国構成は，移行経済研究の実証結果に強く影響する。実際，表9.5(a)では，中東欧非EU加盟国比率と旧ソ連諸国比率が，同表(b)では，旧ソ連諸国比率が，多くのモデルで有意に正に推定されている。この分析結果を換言すると，他の条件を一定とすれば，中東欧EU加盟諸国の観測値をより多く含むデータ

---

29) 標本サイズは，推定結果の統計的有意性に大きく影響する。そこで，多くのメタ研究は，統計学的観点から，自由度の平方根をメタ回帰モデルのコントロール変数に用いている。

第Ⅲ部　企業システムの大転換

表9.4　中央銀行独立性のインフレーション抑制効果に関するメタ回帰分析に用いる独立変数の変数名、定義及び記述統計量[1]

変数名	定義	記述統計量[1]					
		移行経済研究			全研究		
		平均	中央値	標準偏差	平均	中央値	標準偏差
中東欧非EU加盟国比率	観測値に含まれる中東欧非EU加盟国の比率	0.1154	0.1000	0.0622	—	—	—
旧ソ連諸国比率	観測値に含まれる旧ソ連諸国の比率	0.3772	0.4286	0.1402	—	—	—
その他移行・新興市場諸国比率	観測値に含まれる非モンゴル及び非中東欧・旧ソ連諸国の比率	0.0160	0.0000	0.0250	—	—	—
移行経済研究	移行経済諸国に関する研究(=1)、その他(=0)	—	—	—	0.3709	0	0.4838
推定期間初年度	推定に用いたデータの初年度	1991.1920	1990	2.7787	1987.0390	1990	6.2570
推定年数	推定に用いたデータの年数	12.2560	10	6.0481	14.8783	13	7.8558
時系列データ	時系列データを用いた研究(=1)、その他(=1)	—	—	—	0.0119	0	0.1085
パネルデータ	パネルデータを用いた研究(=1)、その他(=0)	0.6400	1	0.4819	0.6053	1	0.4895
OLS	最小二乗推定量を利用した推定結果(=1)、その他(=0)	0.4400	0	0.4984	0.5104	1	0.5006
貨幣減価率	物価変数が貨幣減価率である研究(=1)、その他(=0)	0.7440	1	0.4382	0.6855	1	0.4650
対数変換値	物価変数が対数変換値である研究(=1)、その他(=0)	0.1280	0	0.3354	0.1958	0	0.3974
ランキング	物価変数がランキング値である研究(=1)、その他(=0)	0.0160	0	0.1260	0.0059	0	0.0769
政治指標	中央銀行独立性変数が政治指標である研究(=1)、その他(=0)	0.0160	0	0.1260	0.0475	0	0.2130
経済指標	中央銀行独立性変数が経済指標である研究(=1)、その他(=0)	0.0160	0	0.1260	0.0297	0	0.1699
法律指標	中央銀行独立性変数が法律指標である研究(=1)、その他(=0)	0.5040	1	0.5020	0.3976	0	0.4901
総裁交代率[1]	中央銀行独立性変数が総裁交代率である研究(=1)、その他(=0)	0.0080	0	0.0894	0.3056	0	0.4614
総裁任期	中央銀行独立性変数が総裁任期である研究(=1)、その他(=0)	0.0240	0	0.1537	0.0089	0	0.0941
ラグ変数	中央銀行独立性変数がラグ変数(=1)、その他(=0)	0.2320	0	0.4238	0.1009	0	0.3016
交差項同時推定	交差項の同時推定を伴う推定値(=1)、その他(=0)	0.0800	0	0.2724	0.0356	0	0.1856
√自由度	推定モデルの自由度の平方根	12.0655	9.5394	9.3550	11.4398	9.3808	7.4941
研究水準[2]	研究水準の10段階評価	4.8480	5	3.5197	4.7745	4	3.6174

注1）総裁交代率は、抽出推定結果の符号を逆転した上で分析に用いている。
　2）評価方法の詳細は、本書付録を参照。
出所）筆者算定。

第9講　モノバンクから二層モデルへ：中央銀行独立性のインフレーション抑制効果論争

表9.5　移行経済諸国における中央銀行独立性のインフレーション抑制効果に関するメタ回帰分析[1]

(a) 従属変数：偏相関係数

推定量[2]	Cluster-robust OLS	Cluster-robust WLS [研究水準]	Cluster-robust WLS [N]	Cluster-robust WLS [1/SE]	Multi-level mixed effects RML	Cluster-robust random-effects panel GLS	Cluster-robust fixed-effects panel LSDV
メタ独立変数(デフォルト・カテゴリ)/モデル	[1]	[2]	[3]	[4]	[5]	[6][3]	[7][4]
研究対象国構成(中東欧 EU 加盟国比率)							
中東欧非 EU 加盟国比率	1.4242 *	2.0499 *	0.5656	0.6783	1.4242 **	1.4242 **	10.6743 **
旧ソ連諸国比率	2.2703 ***	1.9181 **	2.0115 **	2.1847 **	2.2703 ***	2.2703 ***	dropped
その他移行・新興市場諸国比率	4.9907	-3.7185	11.9408 **	5.8754	4.9907	4.9907	dropped
推定期間							
推定期間初年度	0.0636 **	0.0755	0.0879 *	0.0829 **	0.0636 ***	0.0636 ***	0.1251 ***
推定年数	0.0515 ***	0.0061	0.0540 **	0.0418	0.0515 ***	0.0515 ***	-0.0719 **
データ形式(横断面データ)							
パネルデータ	-0.9371 ***	-0.1292	-1.5773 **	-1.0981 *	-0.9371 ***	-0.9371 ***	-0.7772 *
推定量(OLS 以外)							
OLS	-1.4334 ***	-0.3024 **	-2.0902 **	-1.4469 **	-1.4334 ***	-1.4334 ***	dropped
物価変数タイプ(無加工変数)							
貨幣減価率	0.9467 ***	0.1384	0.4877	0.5471	0.9467 ***	0.9467 ***	dropped
対数変換値	2.2067 ***	1.0081 **	2.0867 **	1.9816 **	2.2067 ***	2.2067 ***	0.1298 ***
ランキング	2.0197 ***	0.8461 **	1.9555 **	1.8377 **	2.0197 ***	2.0197 ***	dropped
中央銀行独立性変数タイプ(総合指標)							
政治指標	-0.0634	-0.0605 *	-0.0529	-0.0431 ***	-0.0634	-0.0634	-0.0005
経済指標	-0.0904	0.0533	-0.0605	0.1061 ***	-0.0904	-0.0904	-0.0275
法律指標	-0.0189	0.0175	0.0147	0.0324	-0.0189	-0.0189	0.0165
総裁交代率	-0.4294 ***	-0.3510 ***	-0.3826 ***	-0.1741 ***	-0.4294 ***	-0.4294 ***	-0.3804 ***
総裁任期	0.4046 ***	0.3457 ***	0.3329 **	0.4636 **	0.4046 ***	0.4046 ***	0.3466 **
ラグ変数(同時変数)	-1.0463 ***	-0.5589 **	-1.2712 **	-1.1546 **	-1.0463 ***	-1.0463 ***	dropped
交差項同時推定(交差項無し)	-0.0629	-0.0117	-0.0283 **	-0.5446	-0.0629	-0.0629	-0.0273 **
自由度・研究水準							
√自由度	-0.0982 ***	-0.0195	-0.1062 **	-0.0703 *	-0.0982 ***	-0.0982 ***	-0.1543
研究水準	0.0754 ***		0.1324 *	0.1091 *	0.0754 ***	0.0754 ***	dropped
切片	-125.2471 **	-150.6931	-173.2367 *	-164.0780 **	-125.2471 ***	-125.2471 **	-248.2229 ***
K	125	125	125	125	125	125	125
R^2	0.5365	0.4863	0.4021	0.2161	—	0.5365	0.0416

373

(b)従属変数：t 値

推定量[2]	Cluster-robust OLS	Cluster-robust WLS [研究水準]	Cluster-robust WLS [N]	Cluster-robust WLS [1/SE]	Multi-level mixed effects RML	Cluster-robust random-effects panel GLS	Cluster-robust fixed-effects panel LSDV
メタ独立変数(デフォルト・カテゴリ)/モデル	[8]	[9]	[10]	[11]	[12]	[13][5]	[14][6]
研究対象国構成(中東欧 EU 加盟国比率)							
中東欧非 EU 加盟国比率	4.7896	7.7983	-1.9838	-1.3688	6.0645	4.7896	17.0992
旧ソ連諸国比率	7.5241 **	4.8022	16.0649	21.2204 **	8.1955 ***	7.5241 ***	dropped
その他移行・新興市場諸国比率	65.0070 *	20.5790	149.2469 *	69.1624	59.2908 ***	65.0070 **	dropped
推定期間							
推定期間初年度	0.2388 *	0.2612	1.1055	1.0819	0.2490 **	0.2388 *	0.5033 ***
推定年数	0.1304	-0.0982	0.4255	0.4348	0.1622	0.1304	-0.5777 ***
データ形式(横断面データ)							
パネルデータ	-6.1964 **	-1.9906 ***	-18.0995	-12.7770	-5.7171 ***	-6.1964 **	-4.6634 **
推定量(OLS 以外)							
OLS	-7.3988 **	-1.6870 *	-21.1925	-14.5888	-7.1475 ***	-7.3988 **	dropped
物価変数タイプ(無加工変数)							
貨幣減価率	3.2719	0.6324	0.6839	4.1127	4.1892	3.2719	dropped
対数変換値	9.7662 **	3.4682	14.4993 *	16.6067 *	10.3827 ***	9.7662 ***	0.7140 **
ランキング	8.5236 **	2.4337	13.7394	15.4010	9.2010 **	8.5236 **	dropped
中央銀行独立性変数タイプ(総合指標)							
政治指標	-0.4471 *	-0.2224	-0.1998	-0.0374	-0.3772 *	-0.4471 *	0.1851
経済指標	-0.9506	0.3601	-0.5538	0.8113 ***	-0.8807	-0.9506	-0.3184
法律指標	0.0706	0.2623	0.2784	0.7405	0.1214	0.0706	0.3739 *
総裁交代率	-3.2621 ***	-2.8767 ***	-2.8572 ***	-1.8584 **	-3.2030 ***	-3.2621 ***	-2.8306 ***
総裁任期	2.0479 ***	1.6417 ***	1.5585	3.0388	1.9795 **	2.0479 ***	1.5801 **
ラグ変数(同時変数)	-4.6232 ***	-1.9592 *	-12.5512	-11.2156	-4.5438 ***	-4.6232 ***	dropped
交差項同時推定(交差項無し)	-1.2289 **	-0.8665 ***	-0.9100 ***	-10.3062	-1.1105 **	-1.2289 **	-0.8872 **
自由度・研究水準							
√自由度	-0.3641	0.0312	-0.8379	-0.5855	-0.4037 *	-0.3641	-1.0924 **
研究水準	0.3887 *		1.5918	1.2734	0.3766 **	0.3887 *	dropped
切片	-467.7399 *	-520.8265	-2187.8780	-2146.3340	-488.0272 **	-467.7399 *	-987.8587 ***
K	125	125	125	125	125	125	125
R^2	0.3409	0.1690	0.1451	0.2344	—	0.3409	0.0234

注 1)　総裁交代率は，抽出推定結果の符号を逆転した上で分析に用いている。
　　2)　OLS：最小二乗法，WLS：加重最小二乗法（括弧内は推定に用いた分析的重み），RML：制限付き最尤法，GLS：一般最小二乗法。
　　3)　Breusch-Pagan 検定：$\chi^2=0.00$, $p=1.000$
　　4)　Hausman 検定：$\chi^2=13.67$, $p=0.322$
　　5)　Breusch-Pagan 検定：$\chi^2=0.00$, $p=1.000$
　　6)　Hausman 検定：$\chi^2=2.20$, $p=0.999$
　　7)　回帰係数の統計検定は，White の修正法による分散不均一性の下でも一致性のある標準誤差に基づいて行った。***：1 ％水準で有意，**：5 ％水準で有意，*：10％水準で有意。OLS，WLS 及びパネル変量効果・固定効果推定に際しては，研究毎に抽出推定結果をクラスター化したクラスター法を採用している。
出所）　筆者推定。メタ独立変数の定義及び記述統計量は，表9.4を参照。

第9講　モノバンクから二層モデルへ：中央銀行独立性のインフレーション抑制効果論争

を採用した実証研究は，より強くかつ統計的にもより有意な中央銀行独立性インフレーション抑制効果を検出する傾向があるといえるのである。改革推進国と見なされている EU 加盟諸国では，他の中東欧・旧ソ連諸国との比較において，中央銀行の独立性と物価水準との間に，より緊密な結び付きが生成してきた可能性が指摘される。

　第2に，推定期間は，効果サイズの評価に顕著な違いを生み出す。即ち，推定期間初年度が現在に接近すればするほど，また，推定年数が長期化すればするほど，中央銀行独立性のインフレーション抑制効果サイズは縮小する傾向にある。1990年前半に観察されたハイパーインフレーション期に関するデータが全体に占める相対的比重の低下と，この結果は密接に関係していると思われる。

　第3に，先述のメタ統合結果とは異なり，他の研究条件を一定とすれば，パネルデータを採用した研究は，横断面データを用いた研究との対比において，効果サイズでも，統計的有意性の面でも，中央銀行独立性のインフレーション抑制効果を，より積極的に支持する推定結果を得ている。横断面データとの対比における，パネルデータの情報量の多さが功を奏したものと考えられる。同様の解釈が，最小二乗法推定量を用いた研究にも当てはまるが，その主たる理由は，移行経済各国の個別効果，分散不均一性及び従属変数と独立変数の内生性を考慮する他のより洗練された推定量の採用は，中央銀行独立性の効果をより厳格に評価する傾向があるためだと推察される。

　第4に，物価変数になんら加工を加えない研究と較べて，貨幣減価率等の加工物価変数を用いた研究は，中央銀行独立性のインフレーション抑制効果に対して，より厳しい評価を下す方向にある。物価変動を平滑化する変数加工は，移行初期に観察された激しい物価上昇と低い中央銀行独立性の間に生じるであろう強い相関関係の実証的評価を，ある程度割り引く効果があるのかもしれない。

　第5に，中央銀行独立性変数として総合指標を用いた研究よりも，総裁交代率を採用した研究の方が，効果サイズと統計的有意性の両面で，中央銀行独立性のインフレーション抑制効果をより強調する推定結果を得る一方，驚くべきことに，総裁交代率とコインの表裏の関係にある総裁任期で，中央銀行の独立性を測定した研究は，効果の存在により保守的な評価を与える可能性が高い。総裁任期は，仮にある中央銀行総裁が何期も務めたり，任期途中で辞任したりしても，法定年限という上限でデータ的に切断されるため，このようなことが起きるのかもしれない。また，9.2節で言及した法的独立性強化と銀行改革の進展とが必ずしも強く連動していないキルギスやハンガリーの如き国々の存在が，このような推定結果の背景にあるものと考えることもできる。他方，政治・経済・法律指標を採用した研究と総合指標

第Ⅲ部　企業システムの大転換

を用いた研究との間に，頑健に統計的に有意な差は見出せない。また，ラグ変数の利用を捕捉するメタ独立変数が，多くのモデルで，有意に負に推定されていることは，中央銀行独立性の時間差効果への配慮が，有効な実証戦略であることを表している。

そして第6に，研究水準の高度化に伴い，中央銀行独立性インフレーション抑制効果に対する実証的評価が厳格化する傾向がある。以上の通り，一連の研究条件及び研究水準の差異は，移行経済研究の実証結果に著しい違いを生み出している[30]。

次に，先述したツキエルマン命題との関係で，中東欧・旧ソ連諸国における中央銀行改革の実質性を評価すべく，先進・開発途上諸国との比較における，移行経済諸国の中央銀行独立性インフレーション抑制効果の相対的強度を分析する。この目的のために，我々は，移行経済研究と比較対象研究の抽出推定結果を全てプールした上で，推定期間から研究水準に至る研究条件を制御しつつ，偏相関係数及び t 値を，移行経済研究の抽出推定結果を1で特定するダミー変数に回帰してみた。

表9.6がその結果である。同表の通り，移行経済研究変数は，従属変数が偏相関係数の場合も，t 値の場合も，頑健に有意な推定値を示していない。即ち，一連の研究条件を一定とすれば，移行経済研究が報告する実証結果と比較対象研究のそれには，統計的に有意な差は見出されないのである[31]。また，法律指標を用いた抽出推定結果に限定しても，移行経済研究変数は，頑健な推定結果を示さなかった[32]。この通り，移行経済諸国における中央銀行独立性と物価水準の結びつきの程度は，その他の世界の国々とさほど遜色がないと言える。中央銀行独立性のインフレーション抑制効果という視点から見た中東欧・旧ソ連諸国の中央銀行改革に対して，ツキエルマン命題に端を発する我々の危惧は，2000年代における政策展開をも考慮すれば，恐らく杞憂であり[33]，これらの国々の中央銀行独立性とインフレーションとの関係は，非移行国と同様の社会経済的条件下で生じているのである。

---

30) なお，補足的な推定作業では，複数の文献に共通するその他研究条件の影響も検証したが，それらを捉えるメタ独立係数は，悉く非有意であった。

31) この結果は，t 値を従属変数とした Klomp and de Haan（2010）のメタ回帰モデルにおいて，移行経済研究を指定するダミー変数が非有意であるという推定結果（Table 4, p. 606）と符合している。

32) より正確には，偏相関係数を従属変数とするメタ回帰分析では，7モデル中5モデルで，t 値のそれでは，4モデルで，移行経済研究変数は，統計的に有意ではなかった。

33) Cukierman et al.（2002）も，移行経済諸国の中央銀行独立性の法的指標が，実際の独立性と食い違っていることを以て，直ちに，移行経済諸国の中央銀行の法的独立性の違いは，インフレーションとさほど関係がない，と結論付けてしまうのは，「極端にすぎる」（p. 255）としている。

376

第9講　モノバンクから二層モデルへ：中央銀行独立性のインフレーション抑制効果論争

表9.6　移行経済諸国における中央銀行独立性インフレーション抑制効果の相対的強度に関するメタ回帰分析[1]

(a)従属変数：偏相関係数

推定量 [2]	Cluster-robust OLS	Cluster-robust WLS [研究水準]	Cluster-robust WLS [N]	Cluster-robust WLS [1/SE]	Multi-level mixed effects RML	Cluster-robust random-effects panel GLS	Cluster-robust fixed-effects panel LSDV
メタ独立変数(デフォルト・カテゴリ)/モデル	[1]	[2]	[3]	[4]	[5]	[6][3]	[7][4]
研究タイプ(比較対象研究)							
移行経済研究	-0.0814	-0.1147 *	0.0092	-0.0053	-0.0959	-0.0861	-0.0896
推定期間							
推定期間初年度	0.0067	0.0101 **	0.0054	-0.0007	0.0096 *	0.0110	0.0300
推定年数	0.0008	0.0031	0.0019	-0.0021	0.0061 *	0.0086 **	0.0351 **
データ形式(横断面データ)							
時系列データ	-0.0750	-0.0320	-0.0790	0.0483	-0.1172	-0.1375	dropped
パネルデータ	0.0064	-0.0076	0.0533	0.0306	0.0725	0.0785	0.0070
推定量(OLS以外)							
OLS	0.0902	0.0707	0.1102	0.0459	0.0839	0.0789	0.0571
物価変数タイプ(無加工変数)							
貨幣減価率	0.1040	0.1615 *	-0.0004	0.1612	0.0694	0.0625	-0.1606 ***
対数変換値	0.0047	0.0029	-0.0059	0.1340	0.0011	0.0044	-0.1767 ***
ランキング	-0.0187	0.0625	-0.1350	0.0529	0.0993	0.1284	dropped
中央銀行独立性変数タイプ(総合指標)							
政治指標	0.0513	0.0450	0.1032 ***	0.0921	0.0638 *	0.0647 *	0.0507
経済指標	-0.0136	0.0807	-0.0040	0.0819 **	-0.0196	-0.0222	-0.0462
法律指標	0.0631	0.0837	0.0147	0.0789 ***	0.0512	0.0478	0.0256
総裁交代率	-0.1084 *	-0.0127	-0.1051 ***	-0.0683	-0.1731 ***	-0.1800 ***	-0.1908 ***
総裁任期	0.0876	0.1972 *	-0.0513	0.0241	0.2505 ***	0.2850 ***	0.3560 ***
ラグ変数(同時変数)	0.0928	0.1528 *	0.0434	-0.0241	0.0923 **	0.0822 **	0.0459 ***
交差項同時推定(交差項無し)	-0.0035	-0.0275	-0.0111	0.2072 **	0.0073	-0.0018	-0.0254 ***
自由度・研究水準							
√自由度	0.0140 **	0.0168 ***	0.0075 **	0.0099 ***	0.0116 **	0.0111 **	0.0090
研究水準	-0.0076		-0.0077	-0.0009	-0.0083	-0.0082	dropped
切片	-13.7700	-20.6736 **	-11.0272	0.8836	-19.5576 *	-22.3134	-60.2711
K	337	337	337	337	337	337	337
R^2	0.2620	0.2529	0.3274	0.1790	—	0.1901	0.0563

377

第Ⅲ部　企業システムの大転換

(b)従属変数：t値

推定量 2)	Cluster-robust OLS	Cluster-robust WLS [研究水準]	Cluster-robust WLS [N]	Cluster-robust WLS [1/SE]	Multi-level mixed effects RML	Cluster-robust random-effects panel GLS	Cluster-robust fixed-effects panel LSDV
メタ独立変数(デフォルト・カテゴリ)/モデル	[8]	[9]	[10]	[11]	[12]	[13]5)	[14]6)
研究タイプ(比較対象研究)							
移行経済研究	-0.2221	-0.1282	0.5150	0.1250	-0.4786	-0.4469	0.3620
推定期間							
推定期間初年度	0.0536	0.0406	0.0978 *	-0.0332	0.0520	0.0553	0.0037
推定年数	0.0049	0.0208	0.0328	-0.0200	0.0234	0.0338	0.0961
データ形式(横断面データ)							
時系列データ	-1.8843	-1.8401 *	-3.1202 ***	-1.7512	-2.5894 **	-2.7791 **	dropped
パネルデータ	-0.2937	-0.5802	-0.5102	-0.0333	0.4778	0.5366	0.2951
推定量(OLS以外)							
OLS	1.5965 **	1.3705 ***	1.6378 *	1.0109	1.2535 ***	1.1697 **	0.8854
物価変数タイプ(無加工変数)							
貨幣減価率	0.4405	0.8450	-0.5929	0.7927	-0.2098	-0.2918	-0.5497
対数変換値	-0.0715	0.4605	-0.3462	1.0943	-0.4181	-0.5062	-1.0251 ***
ランキング	0.1667	0.9712	-1.0853	1.0387	0.4108	0.3977	dropped
中央銀行独立性変数タイプ(総合指標)							
政治指標	0.5278	-0.0743	1.9717 ***	1.5477 *	1.0495 *	1.1052 *	1.1310 **
経済指標	-0.4641	0.0788	-0.0071	0.8054 *	-0.3106	-0.3051	-0.4057
法律指標	0.1515	0.4604	0.1529	1.0978 **	0.2527	0.2699	0.2737
総裁交代率	-1.3178 **	-0.5208	-1.3911 ***	-0.7171	-1.7550 ***	-1.7663 ***	-1.8061 ***
総裁任期	0.5556	0.9140	-0.7327	0.5418	1.3598 ***	1.4634 ***	1.6423 ***
ラグ変数(同時変数)	0.7414	1.1822	0.5733	0.0827	0.8763 **	0.8351 ***	0.6999 ***
交差項同時推定(交差項無し)	0.5465	0.3602	-0.2390	2.8654 **	0.5811	0.4158	-0.8745 ***
自由度・研究水準							
√自由度	0.1060 *	0.1215 **	0.0607	0.0337	0.0549	0.0443	-0.0092
研究水準	-0.0670		-0.0659	-0.0316	-0.0969	-0.0976	dropped
切片	-109.6210	-85.2958	-196.5300 *	62.6944	-105.4964	-111.9482	-10.1491
K	337	337	337	337	337	337	337
R^2	0.2216	0.1851	0.2005	0.1720	—	0.1488	0.0527

注1）総裁交代率は，抽出推定結果の符号を逆転した上で分析に用いている。
　2）OLS：最小二乗法，WLS：加重最小二乗法（括弧内は推定に用いた分析的重み），RML：制限付き最尤法，GLS：一般最小二乗法。
　3）Breusch-Pagan検定：$\chi^2=2.09$, $p=0.074$
　4）Hausman検定：$\chi^2=20.04$, $p=0.170$
　5）Breusch-Pagan検定：$\chi^2=5.54$, $p=0.009$
　6）Hausman検定：$\chi^2=12.89$, $p=0.611$
　7）回帰係数の統計検定は，Whiteの修正法による分散不均一性の下でも一致性のある標準誤差に基づいて行った。***：1％水準で有意，**：5％水準で有意，*：10％水準で有意。OLS，WLS及びパネル変量効果・固定効果推定に際しては，研究毎に抽出推定結果をクラスター化したクラスター法を採用している。
出所）筆者推定。メタ独立変数の定義及び記述統計量は，表9.4を参照。

第9講　モノバンクから二層モデルへ：中央銀行独立性のインフレーション抑制効果論争

9.5.3　公表バイアスの検証

　最後に，この研究領域における公表バイアスを検証する。

　図9.3は，偏相関係数と標準誤差の逆数を用いた漏斗プロットである。同図(a)に示された移行経済研究の漏斗プロットを見ると，ゼロを基準としても，また，最も精度が高い推定結果10%の平均値 -0.356 を，真の効果の近似値に仮定しても，抽出推定結果が，統計理論の予想に従い，左右対称かつ三角形型に分布しているとは言い難い[34]。仮に真の効果がゼロの近傍にあるなら，抽出推定結果の正負比率は48対77であり，従って，両者の比率は等しいという帰無仮説は，有意水準1%で棄却されるため（$z=-2.594, p=0.010$），公表バイアスⅠ型の存在が疑われる。また，真の値が推定精度最上位10%の平均値に近いとするなら，抽出推定結果の分布は，-0.356 を境に，左右24対101と右側に大きく偏るため，この仮定の下でも帰無仮説は1%水準で棄却され（$z=-6.887, p=0.000$），従って，公表バイアスⅠ型の可能性は，極めて高いと判断されることになる。

　他方，比較対象研究から抽出した推定結果の正負比率は，41対171であり，推定精度最上位10%の平均値である -0.153 を境とする左右比率は，119対93であるから，真の値がゼロの近傍にあるとすれば，公表バイアスⅠ型の恐れは濃厚であるが（$z=-8.928, p=0.000$），真の値が推定精度最上位10%の平均値だと仮定する場合は，帰無仮説は10%水準で棄却されるから，公表バイアスⅠ型の可能性はやや低まる（$z=-1.786, p=0.074$）。図9.3(b)の比較対象研究を対象とした漏斗プロットが，不明瞭ではあるものの，-0.153 を中心に，おおむね左右対称な三角形型の散布図を示していることが，その現れである。

　図9.4は，t 値と標準誤差の逆数で作図されるガルブレイズ・プロットである。同図は，移行経済研究と比較対象研究の何れの分野においても，公表バイアスⅡ型の存在を強く示唆している。実際，移行経済研究の抽出推定結果の中で，t 値が有意水準5%の両側棄却限界値である ± 1.96 の範囲内に収まる推定結果は，125推定結果中75であり，よって，全抽出推定結果に占めるその比率が95%であるという帰無仮説は容易に棄却される（$z=-17.955, p=0.000$）。比較対象研究も，212推定結果中93のみが ± 1.96 の範囲内にあるに過ぎず，従って，帰無仮説は，移行経済研究以上に強く棄却される（$z=-34.160, p=0.000$）。また更に，推定精度最上位10%の平均値を真の効果に仮定しても，統計量 $|($第 k 推定結果$-$真の効果$)/SE_k|$ が

34）推定精度最上位10%の平均値を，真の効果の近似値と見なす分析手法は，Stanley（2005）のそれに倣うものである。

図9.3 中央銀行独立性のインフレーション抑制効果に関する推定結果の漏斗プロット：移行経済研究対比較対象研究[1]

(a) 移行経済研究（$K=125$）

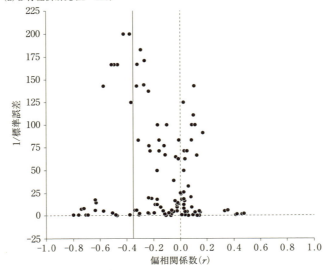

(b) 比較対象研究（$K=212$）

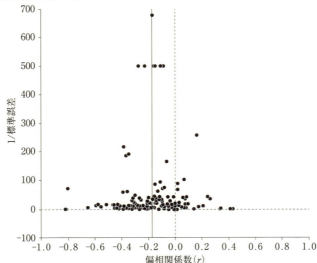

注1）総裁交代率は，抽出推定結果の符号を逆転した上で分析に用いている。
　2）図中の実線は，推定値精度最上位10%の平均値を指す（移行経済研究：−0.356, 比較対象研究：−0.153）。
出所）筆者作成。

図9.4 中央銀行独立性のインフレーション抑制効果に関する推定結果のガルブレイズ・プロット：移行経済研究対比較対象研究[1]

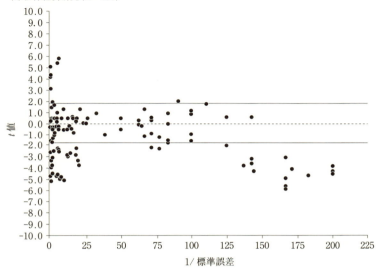

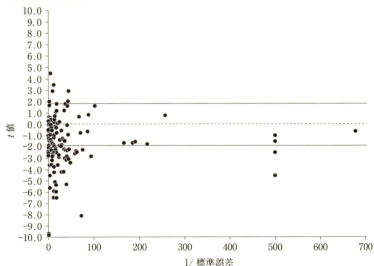

注1）総裁交代率は，抽出推定結果の符号を逆転した上で分析に用いている。
 2）図中の実線は，有意水準5％の両側棄却限界値である±1.96を示している。
出所）筆者作成。

第Ⅲ部　企業システムの大転換

閾値1.96を下回る推定結果が，全体に占める比率は95％であるという帰無仮説も，移行経済研究（$z = -39.295$, $p = 0.000$）と比較対象研究（$z = -49.286$, $p = 0.000$）のいずれにおいても再び強く棄却される。この通り，研究対象国の違いに依らず，この研究分野に公表バイアスⅡ型が生起している可能性は極めて高い。

　FAT-PET-PEESE 手続きに，公表バイアスⅡ型検定を加えたメタ回帰分析の結果は，**表9.7**の通りである。同表(a)によれば，漏斗プロットを用いた上述の分析結果とは裏腹に，移行経済研究の漏斗非対称性検定（FAT）は，全3モデルで帰無仮説を棄却できず，従って，公表バイアスⅠ型の発生は否定されている。逆に，比較対象研究の検定結果では，全3モデルで帰無仮説が有意水準1％で棄却されており，公表バイアスⅠ型の存在は極めて濃厚である。一方，同表(b)の推定結果によると，移行経済研究と比較対象研究の何れにおいても，帰無仮説が1％水準で棄却されており，両分野共に公表バイアスⅡ型の存在が強く疑われる。

　ここで，再び表9.7(a)に立ち戻り，精度＝効果検定（PET）の結果に注目すると，移行経済研究の検定結果は，全モデルで帰無仮説を棄却しており，抽出推定結果の中に，中央銀行独立性のインフレーション抑制効果に関する正真正銘の証拠が存在する可能性が示唆されている。これとは対照的に，比較対象研究の場合，帰無仮説は全3モデルで受容されており，従って，今回抽出した推定結果の中に，正真正銘の実証的証拠が存在するとは云えない。同表(c)の通り，標準誤差を用いた精度＝効果推定法（PEESE）は，移行経済研究の場合は全モデルで，比較対象研究についても3モデル中2モデルで帰無仮説が棄却されており，従って，研究対象国の違いを超えて，中央銀行独立性インフレーション抑制効果の真の値は，有意に負であることを指し示しているが，比較対象研究については，上述の精度＝効果検定（PET）の結果に従い，ここで得られた公表バイアス修正効果サイズは採用できないと判定される。

　以上の通り，極めて強い公表バイアスの存在に影響されて，比較対象研究から抽出した推定結果の中に，正真正銘の実証的証拠が見出されないことが判明した。従って，中央銀行独立性インフレーション抑制効果の効果サイズや統計的有意性をめぐる9.5.1項及び9.5.2項における移行経済研究と比較対象研究の比較結果には，一定の留保条件が付されているといえよう。

9.6　おわりに

　社会主義経済圏の崩壊から四半世紀以上の年月が経過した。この間，中東欧・旧ソ連諸国は，資本主義市場経済の確立を目指して，様々な改革措置を採用・実行し

第9講　モノバンクから二層モデルへ：中央銀行独立性のインフレーション抑制効果論争

表9.7　中央銀行独立性インフレーション抑制効果研究の公表バイアス及び真の効果の有無に関するメタ回帰分析[1]

(a) FAT (公表バイアス I 型)–PET 検定 (推定式：$t = \beta_0 + \beta_1(1/SE) + v$)

研究タイプ	移行経済研究			比較対象研究		
推定量[2]	OLS	Cluster-robust OLS	Cluster-robust random-effects panel GLS	OLS	Cluster-robust OLS	Cluster-robust random-effects panel GLS
モデル	[1]	[2]	[3][3]	[4]	[5]	[6][4]
切片 (FAT: H_0: $\beta_0=0$)	-0.3529	-0.3529	0.2824	-1.9209 ***	-1.9209 ***	-1.5735 ***
$1/SE$ (PET: H_0: $\beta_1=0$)	-0.0152 ***	-0.0152 ***	-0.0177 *	-0.0005	-0.0005	-0.0018
K	125	125	125	212	212	212
R^2	0.1215	0.1215	0.1215	0.0004	0.0004	0.0004

(b) 公表バイアス II 型検定 (推定式：$|t| = \beta_0 + \beta_1(1/SE) + v$)

研究タイプ	移行経済研究			比較対象研究		
推定量[2]	OLS	Cluster-robust OLS	Cluster-robust random-effects panel GLS	OLS	Cluster-robust OLS	Cluster-robust fixed-effects panel LSDV
モデル	[7]	[8]	[9][5]	[10]	[11]	[12][6]
切片 (H_0: $\beta_0=0$)	1.6731 ***	1.6731 ***	1.8981 ***	2.3527 ***	2.3527 ***	2.2996 ***
$1/SE$	0.0079 ***	0.0079 *	0.0149 *	-0.0010	-0.0010	0.0005
K	125	125	125	212	212	212
R^2	0.0675	0.0675	0.0675	0.0026	0.0026	0.0026

(c) PEESE 法 (推定式：$t = \beta_0 SE + \beta_1(1/SE) + v$)

研究タイプ	移行経済研究			比較対象研究		
推定量[2]	OLS	Cluster-robust OLS	Random-effects panel ML	OLS	Cluster-robust OLS	Random-effects panel ML
モデル	[13]	[14]	[15]	[16]	[17]	[18]
SE	-0.1862	-0.1862	2.0266 ***	-0.0441 ***	-0.0441 ***	0.0950 ***
$1/SE$ (H_0: $\beta_1=0$)	-0.0182 ***	-0.0182 ***	-0.0159 ***	-0.0060 ***	-0.0060 ***	-0.0021
K	125	125	125	212	212	212
R^2	0.2318	0.2318	—	0.0841	0.0841	—

注1) 総裁交代率は，抽出推定結果の符号を逆転した上で分析に用いている。
　2) OLS：最小二乗法，GLS：一般最小二乗法，ML：最尤法。
　3) Breusch-Pagan 検定：$\chi^2=10.80$, $p=0.001$; Hausman 検定：$\chi^2=0.04$, $p=0.844$。
　4) Breusch-Pagan 検定：$\chi^2=18.92$, $p=0.000$; Hausman 検定：$\chi^2=1.01$, $p=0.314$。
　5) Breusch-Pagan 検定：$\chi^2=84.81$, $p=0.000$; Hausman 検定：$\chi^2=1.18$, $p=0.277$。
　6) Breusch-Pagan 検定：$\chi^2=20.48$, $p=0.000$; Hausman 検定：$\chi^2=3.11$, $p=0.078$。
　7) 回帰係数の統計検定は，モデル [15] 及び [18] は標準誤差を，それ以外のモデルは，White の修正法による分散不均一性の下でも一致性のある標準誤差に基づき行った。***：1 ％水準で有意，**：5 ％水準で有意，*：10％水準で有意。
出所) 筆者推定。

383

てきた。冒頭でも述べた通り，中央銀行改革は，これら移行経済諸国が為すべき重大政策課題の一つであり，その一挙一動に，研究者も大きな注目を払ってきた。これまでに発表された文献の多さが，彼らの関心の強さを雄弁に物語っているといえよう。

9.2節で詳しく論じた通り，ベルリンの壁が瓦解して今日に至る間，いずれの移行経済国においても，中央銀行改革は一定の前進を遂げた。しかし，市場経済化に対する各国指導部の政策理念や内政及び経済情勢の違いを反映して，その進展度に見る国家間格差は著しいものとなっている。体制転換後の中東欧・旧ソ連諸国における物価高騰への対処は，各国政府の喫緊な政策課題であった。移行経済国でインフレーションが高まったこと，その発現の仕方が各国で区々であったことには，幾つか理由が考えられるが，本講義において我々は，中央銀行の独立性とインフレーションとの関係に特に注目した。1990年代初頭から，先進国・開発途上諸国を対象に，この関係に焦点を当てた実証研究が数多く発表されているが，9.3節で紹介した通り，その流れを受けた移行経済研究者も同様の分析を試み，一定数の実証研究を生み出した。筆者らは，これら先行研究が報告する推定結果を用いたメタ分析を行うことにより，移行経済研究全体として，中央銀行独立性のインフレーション抑制効果が，実際に検出されているのか否か，また，ツキエルマン命題を念頭に，移行経済研究の実証結果は，非移行経済諸国のそれとの対比で，遜色ないものであるのか否かの検証を，本講義の目標に掲げたのである。

9.4節でその概要を述べた移行経済研究12文献及び比較対象研究16文献から抽出した全337推定結果を用いた9.5節のメタ分析結果から，次のような事実発見を得ることができた。即ち，第1に，9.5.1項で報告した全抽出推定結果の偏相関係数統合値と t 値結合値は，両研究分野共に負かつ統計的に有意であり，研究全体として，いずれも中央銀行独立性のインフレーション抑制効果の検出に成功していることが確認された。但し，移行経済研究の効果サイズと統計的有意水準は，比較対象研究のそれに劣ることも判明した。第2に，研究対象国，推定期間，データ形式及び中央銀行独立性タイプの差異に注目した移行経済研究抽出推定結果のメタ統合は，かかる研究条件の違いが，実証成果に大きく影響する可能性を示した。

9.5.2項のメタ回帰分析も，移行経済研究の諸条件と推定結果との間の緊密な相関関係を再現した。即ち，第3に，研究間の様々な異質性を考慮したメタ回帰分析の推定結果は，推定量，物価変数タイプ，自由度及び研究水準は，中央銀行独立性変数タイプと共に，移行経済研究の実証結果を大きく左右する要因であることを示唆した。第4に，移行経済研究と比較対象研究の抽出推定結果をプールしたメタ回帰分析は，推定期間から研究水準に至る一連の研究条件を制御した上では，両研究

間に，統計的に頑健に有意な差は存在しないことを示した。法律指標の推定結果に限定した場合でも，同様の分析結果を得た。そして第5に，9.5.3項の公表バイアス検証結果によれば，移行経済研究は，公表バイアスII型の存在を超えて，抽出推定結果の中に正真正銘の実証的証拠が含まれている反面，比較対象研究は，公表バイアスの疑いがI型及びII型共に極めて濃厚であり，この問題のために，中央銀行独立性のインフレーション抑制効果に関する真の効果サイズを検出するには至っていないことが判明した。

　9.2節で論じた中東欧・旧ソ連諸国における中央銀行改革の経緯と上記に要約したメタ分析の諸結果との関係について，次のことが指摘できる。第1に，中央銀行改革及び金融システム改革全般の進展が遅れており，かつ，中央銀行の独立性の度合いが低いロシアと，中央銀行改革が大幅に進展し，中央銀行の独立性も高いエストニアとの対比，並びに，図9.1に描かれた銀行改革進展度と中央銀行独立性の右上がりの近似線は，移行経済諸国における中央銀行独立性のインフレーション抑制効果は，その他の世界の国々のそれと遜色がないという我々のメタ分析結果と整合的である。即ち，中東欧・旧ソ連諸国においても，先進諸国や開発途上国と同様に，中央銀行の改革，その独立性の強化及びインフレーションの抑制の3者が強い相関関係をもって進行してきたことが，ここに確認されたのである。このことは，想像されるほど自明のことではない。

　第2に，キルギスやハンガリーのような例外的国家が存在することが，「移行経済研究の効果サイズと統計的有意性は，全体として，比較対象研究のそれに大きく劣る」という9.5.1項のメタ統合結果を演出した可能性が高く，この状況が，ツキエルマンらによる問題提起の根源にあったではないかと推察される。なぜなら，ハンガリーの様に，中央銀行独立性が見かけ上低い国でも，インフレーションは効果的に抑制されており，その一方，キルギスの様に，中央銀行の独立性が見かけ上高い国でも，インフレーションは十分には抑制されなかったという関係が，移行経済諸国の間に生まれていたからである。この発見は，本講義の一つの貢献といえるだろう。しかし，上述の通り，9.5.2項のメタ回帰分析は，他の研究条件を考慮しない9.5.1項のメタ統合結果を支持していないことから，これら例外的国家の存在が，移行経済研究の実証結果全体に及ぼす影響は憂慮する程大きくはなく，ツキエルマン命題から導かれる危惧は，2000年代における中央銀行改革のその展開をも考慮すれば，杞憂であったと結論されることも強調しておく必要がある。

　上記の通り，本講義が行ったメタ分析は，中東欧・旧ソ連諸国が実行した中央銀行改革は，その進展に伴う中央銀行の独立化が，当該国の物価水準を抑制する方向に作用することを示唆する確かな実証結果が存在する可能性を強く支持した。しか

第III部　企業システムの大転換

しながら，ここで報告した分析結果は，移行経済諸国の中央銀行改革が実質を伴うものであることを裏打ちするものではあっても，これらの国々の中央銀行が，政策当局やその他通貨政策に利害関係を有する人々や組織からの独立性という観点から，望ましい水準に到達していることを認めるものでは決してない。中東欧・旧ソ連諸国の多くで，中央銀行は，いまも国家指導者や中央政府の強いコントロール下に置かれている。この事実関係と，各国マクロ経済実績との関係は，今後とも注意深く観察していくべき問題である。

謝辞

　本稿は，科学研究費補助金基盤研究（A）「比較移行経済論の確立：市場経済化20年史のメタ分析」（課題番号：23243032）及び同基盤研究（A）「ユーラシア地域大国（ロシア，中国，インド）の発展モデルの比較」（課題番号：15H01849），並びに平成28年度京都大学経済研究所共同利用共同研究拠点プロジェクト研究の成果であり，上垣・岩﨑（2016）及び Iwasaki and Uegaki（2017）の大幅改訂版である。本研究に当たっては，ジョセフ・ブラダ（Josef Brada）アリゾナ大学名誉教授，クリス・ドゥコウリアゴシュ（Hristos Doucouliagos）デーキン大学教授，トマス・ハブラネク（Tomáš Havránek）カレル大学准教授，エヴゼン・コチェンダ（Evžen Kočenda）カレル大学教授，トム・スタンレー（Tom Stanley）ヘンドリックス大学名誉教授，杉浦史和帝京大学教授，『スラブ研究』及び Eastern European Economics 誌匿名審査員の方々より，数多くの貴重な示唆やコメントを頂いた。ここに記して謝意を表する。

参考文献

上垣彰（2005）『経済グローバリゼーション下のロシア』日本評論社.

上垣彰・岩﨑一郎（2016）「移行経済における中央銀行の独立性―インフレーション抑制効果のメタ分析」『スラブ研究』第63号，1-44頁.

白鳥正明（2002）「新「ロシア連邦中央銀行（ロシア銀行）法」の制定」『ロシア・ユーラシア経済調査資料』第846号，2-8頁.

田畑伸一郎（2012）「2000年代のロシアの経済発展メカニズムについての再考」『経済研究』第63巻第2号，143-154頁.

月村太郎（2011）「クロアチアの「ヨーロッパ」入り」羽場久美子・溝端佐登史編著『ロシア・拡大EU』ミネルヴァ書房，194-202頁.

藤井良広（2002）『EUの知識』（新版第13版）日本経済新聞社.

松澤祐介（2006）「市場経済移行期の中央銀行：中欧3カ国の中央銀行の独立性を巡って」『比較経済研究』第43巻第2号，61-78頁.

Acemoglu, Daron, Simon Johnson, Pablo Querubin and James A. Robinson（2008）When does policy reform work? The case of central bank independence, Brookings Papers on Economic Activity,

第9講 モノバンクから二層モデルへ：中央銀行独立性のインフレーション抑制効果論争

1, pp. 351-417.

Äimä, Kustaa (1998) Central bank independence in the Baltic countries, Review of Economies in Transition, 4, pp. 5-34.

Alesina, Alberto (1988) Macroeconomics and politics, NBER Macroeconomics Annual, 3, pp. 13-52.

Alesina, Alberto and Lawrence Summers (1993) Central bank independence and macroeconomic performance: Some comparative evidence, Journal of Money, Credit, and Banking, 25(2), pp. 151-162.

Åslund, Anders (1995) How Russia Became a Market Economy, Brookings Institution: Washington, D.C.

Barisitz, Stephan (2008) Banking in Central and Eastern Europe 1980-2006, Routledge: London and New York.

Barro, Robert J. and David B. Gordon (1983) Rules, discretion and reputation in a model of monetary policy, Journal of Monetary Economics, 12, pp. 101-121.

BBC News (2006) Obituary: Andrei Kozlov, BBC News, 14 September 2006.

Bodea, Cristina (2014) Fixed exchange rates, independent central banks and price stability in post-communist countries: Conservatism and credibility, Economics & Politics, 26(2), pp. 185-211.

Bohlen, Celestine (1999) Secrecy by Kremlin financial czars raises eyebrows, New York Times, issue of July 30, 1999.

Bogoev, Jane, Goran Petrevski and Bruno S. Sergi (2012a) Investigating the link between central bank independence and inflation in Central and Eastern Europe, Eastern European Economics, 50(4), pp. 78-96.

Bogoev, Jane, Goran Petrevski and Bruno S. Sergi (2012b) Reducing inflation in ex-communist economies independent central banks versus financial sector development, Problems of Post-Communism, 59(4), pp. 38-55.

Bouyon, Sylvain (2009) Currency substitution and central bank independence in the Central and Eastern European economies, Journal of Economic Integration, 24(4), pp. 597-633.

Civelekoğlu, İlke (2013) It takes two to tango: The role of the European Union and domestic governments in the making of central bank reform in Hungary, International Relations/Uluslararasi Iliskiler, 9(36), pp. 129-148.

Cohen, Jacob (1988) Statistical Power Analysis in the Behavioral Sciences, Second edition, Lawrence Erlbaum Associates: Hillsdale.

Cukierman, Alex (1992) Central Bank Strategy, Credibility, and Independence: Theory and Evidence, The MIT Press: Cambridge, MA and London.

Cukierman, Alex, Geoffrey P. Miller and Bilin Neyapti (2002) Central bank reform, liberalization and inflation in transition economies: An international perspective, Journal of Monetary Economics, 49(2), pp. 237-264.

Cukierman, Alex, Steven B. Webb and Bilin Neyapti (1992) Measuring the independence of central banks and its effect on policy outcomes, World Bank Economic Review, 6(3), 353-398.

Dabla-Norris, Era, Daehaeng Kim, Mayra Zermeno, Andreas Billmeier and Vitali Kramarenko (2007) Modalities of moving to inflation targeting in Armenia and Georgia, Working Paper No. WP/07/133, International Monetary Fund (IMF): Washington D.C.

de Haan, Jacob, Helge Berger and Erik van Fraassen (2001) How to reduce inflation: An independent central bank or a currency board? The experience of the Baltic Countries,

387

Discussion Papers No.96/2001, LICOS Centre for Transition Economics, Katholieke Universiteit Leuven: Leuven, pp. 1-28.

Dincer, Nergiz and Barry Eichengreen (2014) Central bank transparency and independence: Updates and new measures, International Journal of Central Banking, 10(1), pp. 189-253.

Djankov, Simeon (2015) Hungary under Orbán: Can central planning revive its economy? Perterson Institute for International Economics: Policy Brief, July, p. 6.

Dumiter, Florin Cornel (2011) Estimating the impact of central bank independence upon macroeconomic performance using a panel data model, Romanian Journal of Economic Forecasting, 2011(4), pp. 106-128.

EBRD (European Bank for Reconstruction and Development), Transition Report, EBRD: London. (various issues)

EBRD (2016) Transition Report 2016-17: Transition for All: Equal Opportunities in an Unequal World, EBRD: London.

Eijffinger, Sylvester C. W. and Patrick Stadhouders (2003) Monetary policy and the rule of law, Discussion Paper No. 3698, Centre for Economic Policy Research (CEPR): London.

Foundation for EU Democracy (2008) Consolidated reader-friendly edition of the treaty on European Union (TEU) and the treaty on the functioning of the European Union (TFEU) as amended by the treaty of Lisbon (2007). (available at: http://www.eudemocrats.org)

Gregory, Paul R. and Robert Stuart (1986) Soviet Economic Structure and Performance, Third edition, Harper and Row: New York. (吉田靖彦訳『ソ連経済—構造と展望』(第3版) 教育社, 1987年)

Grillini, Vittorio, Danato Masciandaro and Guido Tabellini (1991) Political and monetary institutions and public financial policies in the industrial countries, Economic Policy, 6(13), pp. 342-392.

Hammermann, Felix and Mark Flanagan (2007) What explains persistent inflation differentials across transition economies? Working Paper No. 07/189, IMF: Washington, D.C.

IMF (International Monetary Fund) (2016) Kyrgyz Republic selected issues, Country Report No. 16/56, IMF: Washington, D.C.

Iwasaki, Ichiro and Akira Uegaki (2017) Central bank independence and inflation in transition economies: A comparative meta-analysis with developed and developing economies, Eastern European Economics, 55(3), pp. 197-235.

Johnson, Juliet Ellen (1994) The Russian banking system: Institutional responses to the market transition, Europe-Asia Studies, 46(6), pp. 971-995.

Johnson, Juliet Ellen (2004) Does central bank independence matter in Russia? PONARS Policy Memo, (349), pp. 1-5.

Johnson, Juliet (2016) Priests of Prosperity: How Central Bankers Transformed the Postcommunist World, Cornell University Press: Ithaca.

Klomp, Jeroen and Jakob de Haan (2010) Inflation and central bank independence: A meta-regression analysis, Journal of Economic Surveys, 24(4), pp. 593-621.

Kokorev, V. and A. Remizov (1996) Modernization of Russia's credit system under conditions of a liquidity crisis: Is it possible to devalue money without a rise of inflation? Problems of Economic Transition, 39(8), pp. 41-65.

Kommersant (2008) Присяжные признали вину Алексея Френкеля, Kommersant, 28 October

第9講 モノバンクから二層モデルへ：中央銀行独立性のインフレーション抑制効果論争

2008.

Kydland, Finn E. and Edward C. Prescott（1977）Rules rather than discretion: The inconsistency of optimal plans, Journal of Political Economy, 85, pp. 473-492.

Loungani, Prakashl and Nathan Sheets（1997）Central bank independence, inflation, and growth in transition economies, Journal of Money, Credit, and Banking, 29(3), pp. 381-399.

Maliszewski, Wociech S.（2000）Central bank independence in transition economies, Economics of Transition, 8(3), pp. 749-789.

Maslowska, Aleksandra A.（2011）Quest for the best: How to measure central bank independence and show its relationship with inflation, AUCO Czech Economic Review, 5(2), pp. 132-161.

Meagher, Patrick（2003）Changing hands: Governance and transformation in Hungary's financial sector, Review of Central and East European Law, 28(1), pp. 1-76.

Monetary Policy Department of the National Bank of Hungary（2000）Monetary Policy in Hungary (edited by Ilona Bozo), National Bank of Hungary: Budapest.

Moscow Times（2002）Gerashchenko exits central bank, The Moscow Times, 18 March 2002.

Petrevski, Goran, Jane Bogoev and Bruno S. Sergi（2012）The link between central bank independence and inflation in Central and Eastern Europe: Are the results sensitive to endogeneity issue omitted dynamics and subjectivity bias? Journal of Post Keynesian Economics, 34(4), pp. 611-652.

Piplica, Damir（2015）Legal central bank independence and inflation in various phases of transition, Economic Research-Ekonomska Istraživanja, 28(1), pp. 167-186.

Rautava, Jouko（1993）Monetary overhang, inflation and stabilization in the economies in transition, Review of Economies in Transition, No. 4, Bank of Finland, Institute for Economies in Transition (BOFIT): Helsinki.

RIA Novosti（2008）Алексей Ефимович Френкель. Биографическая справка, RIA Novosti, 28 October 2008.

RIA Novosti（2010）Обвиняемый в убийстве зампреда ЦБ Андрея Козлова осужден на девять лет, RIA Novosti, 19 March 2010.

Rogoff, Kenneth（1985）The optimal degree of commitment to an intermediate monetary target, Quarterly Journal of Economics, 100(4), pp. 1169-1189.

Romer, David（2001）Advanced Macroeconomics, Second edition, McGraw-Hill: New York, NY. （堀雅博・岩城博夫・南条隆訳『上級マクロ経済学』日本評論社, 1998年）.

Sagbansua, Lutfu（2006）Banking system in Kyrgyz Republic, IBSU Scientific Journal, 1(1), pp. 39-53.

Smaghi, Lorenzo Bini（2008）Central bank independence in the EU: From theory to practice, European Law Review, 14(4), pp. 446-460.

Stanley, T. D.（2005）Beyond publication bias, Journal of Economic Surveys, 19(3), pp. 309-345.

The Economist（2013）Hungary's central bank, Orban's soldiers, March 9, 2013.

Varhegyi, Eva（1994）The 'second' reform of the Hungarian banking system, In: Bonin, John P. and Istvan P. Szekely（eds.）, The Development and Reform of Financial Systems in Central and Eastern Europe, Edward Elgar: Aldershot, pp. 293-308.

Wagner, Helmut（1999）Central bank independence and the lessons for transition economies from developed and developing countries, Comparative Economic Studies, 41(4), pp. 1-22.

389

第IV部

経済開放と国際社会との共存

| 第10講 | コメコン体制の崩壊と移行国の貿易 |

上垣 彰・雲 和広

10.1 はじめに

　社会主義体制が存在した時期には，ソ連邦や中東欧諸国の一部にモンゴル，キューバ，ベトナムを加えた国々の国際貿易は，「貿易の国家独占」と経済相互援助会議（コメコン）[1]という二つの制度によって支えられていた。前者は，貿易品の選択，その量と相手国を計画的に国家機関が定め，また，実際の貿易手続きも国家機関の厳密な統制下に置くものであった。後者のもとでは，加盟国間の貿易における品目・量・価格は，コメコン参加国間で取り決められた事前の貿易協定によって定められ，特に中長期的には，各国の意識的な国際分業も討議の対象となった。さらに後者における国際決済は，最初は2国間決済により，後に，国際経済協力銀行（コメコン銀行）[2]における計算上の口座残高の交換によって実施された（上垣，2011）。本講義は，このような社会主義国の国際貿易システムを「コメコン体制」と名付け，その崩壊がロシア・中東欧諸国[3]の貿易にどのような変化をもたらしたかを，メタ分析の手法を用いて探ろうとするものである。

　「コメコン体制」は，上記のように経済計画の枠の中に貿易を閉じ込めようとするものであり，また，社会主義国およびその国際組織の何らかの価値観に基づいて，その基本的構造を先験的に定めようとするものであったので，同体制の崩壊は，各国経済がその硬直的なシステムから解放されることにより，「本来の経済力」が発揮されて，その貿易の量と構造を大きく変化させることが予想された。また，「コメコン体制」下では，国内経済と国際経済とが貿易国家独占及び特に商品ごとの為

1）社会主義諸国の多くを糾合した国際経済組織であり，その英語正式名称は Council of Mutual Economic Assistance: CMEA。
2）1963年に設立が決定され，1964年に活動を開始した。本拠はモスクワに置かれた。
3）中国（コメコン非加盟国）及びベトナム（コメコン加盟国）は考察の対象としない。

第Ⅳ部　経済開放と国際社会との共存

替相場設定によって制度的に切断されていたので，その崩壊は，各国国内経済がグローバル経済の影響を直接受けるようになることを意味する。このような事態の展開をうけて，各国の研究者は，体制転換後の旧社会主義諸国家の貿易と国内経済の構造変化との関係を実証的に研究することに力を注ぐようになった。本講義では，これら研究のうち，ロシア・中東欧諸国を対象とし，その貿易と国民経済の諸相との関係を，計量経済学的方法によって解明しようとした文献を対象に，複数の独立した分析結果を統計的に統合するメタ分析の手法を用いてそれらの実証結果を統括する。以下，10.2節で「コメコン体制」の崩壊と貿易構造の転換について概略を説明する。10.3節では，調査対象文献選択の方法を述べ，またそれら文献を分類する。10.4節では，文献をメタ分析の俎上に上げる際の具体的な手続きについて説明する。10.5節では，実際に本講義でメタ分析を施した「重力モデル」（gravity model）を使った文献がどのような主張をしているかを叙述的に描く。10.6節では，メタ分析の結果を提示する。そして10.7節で，本講義の結論を述べる。

10.2　「コメコン体制」の崩壊と貿易構造の転換

「コメコン体制」の崩壊は，実際，旧ソ連・中東欧諸国の貿易構造を大きく変化させた。まず，**表10.1**から明らかなように，1980年代に低迷していた中東欧の輸出，輸入は，体制転換後[4]，急速に増加した。他方，旧ソ連に関しては，体制転換後[5] その輸出は増加しているのに，輸入は低迷している。これは，旧ソ連諸国最大の国家であるロシア連邦において，体制転換と連邦解体の経済ショックが大きく，国家経済全体の需要が低迷していたのに対して，輸出競争力を持つ商品（石油・天然ガス）は大量に存在したという事情が反映している。

貿易相手国の構成にも，著しい変化が生じた。**表10.2**が示すように，中東欧に関しては，その対中東欧・CIS貿易及び対途上国貿易の比重が急速に低下している一方で，対先進国貿易の比重が急速に高まっている。他方，旧ソ連・ロシアに関しては，その対中東欧・CIS貿易の比重の低下と対先進国貿易の比重の上昇が起こっている点では中東欧と同じだが，対途上国貿易の比重は，中東欧のように低下していない。また，対先進国貿易の比重の上昇は，輸出・輸入の双方で，中東欧におけるように急激ではない。

旧ソ連・中東欧の貿易商品構造も，「コメコン体制」の崩壊とともに変化した。

4）中東欧の政治的体制転換は1989年末である。
5）旧ソ連の政治的体制転換は1991年末である。

第10講　コメコン体制の崩壊と移行国の貿易

表10.1　貿易量の増加（10億ドル）

	1980年	1985年	1990年	1995年
中東欧				
輸出	56.367	55.020	61.733	79.893
輸入	65.443	53.875	63.408	100.187
旧ソ連				
輸出	57.942	57.317	59.056	83.274
輸入	52.218	54.763	64.963	49.603

出所）UNECE（1996, pp. 188-189）.

表10.2　貿易相手地域別比重：中東欧・旧ソ連の貿易相手国，年ごとの変化，パーセント

		1980年	1990年	1995年	2000年	2001年	2002年
中東欧							
輸出	対中東欧・旧ソ連	48.5	38.1	28.6	20.7	21.0	20.8
	対先進国	35.7	49.5	62.6	73.0	72.9	72.6
	対途上国	15.8	12.4	8.8	6.3	6.1	6.6
輸入	対中東欧・旧ソ連	42.0	26.6	25.8	23.6	23.0	24.7
	対先進国	38.7	53.3	65.6	66.6	66.1	66.2
	対途上国	19.3	20.1	8.5	9.8	10.9	9.1
旧ソ連・ロシア							
輸出	対中東欧・旧ソ連	34.5	21.8	16.8	20.0	19.4	17.2
	対先進国	42.2	49.5	60.6	55.6	55.2	55.6
	対途上国	23.3	28.7	22.6	24.4	25.4	27.2
輸入	対中東欧・旧ソ連	31.5	24.7	15.5	10.9	10.1	10.1
	対先進国	46.4	52.9	69.5	69.3	67.6	65.4
	対途上国	22.1	22.4	15.0	19.8	22.3	24.5

出所）UNECE（2003, p. 236）.

　詳細なデータはここでは掲げないが，ソ連時代にはある程度の機械類も輸出していたロシアが2000年代に輸出商品の3分の2以上が石油・天然ガスであるようなモノカルチャー国家になってしまったこと，中東欧諸国に関しては，そのEU加盟プロセスの進展に伴い，EU内分業の各国の位置付けが確立して，貿易商品が変化していったことが重要である（上垣, 2011）。

　しかし，以上の貿易構造（量・相手国・商品）の変化のあり方は，細かくみると様々であり，上記だけから一般的傾向を安易に引き出すことは危険である。実際，これまでの多くの研究文献は，その貿易構造の変化の多様性が何によってもたらされたかを探り出そうとしているし，他方で，その多様性が各国の他の経済指標（例えばGDP）の動向にどのような影響を与えているかを研究してきた。本講義でも

395

第Ⅳ部　経済開放と国際社会との共存

表10.3　調査文献の検索法

調査回	調査時期	キーワード	調査対象 出版時期
第 1 回 調査	2011年 8 月	*COMECON* *COMECON* and *transition economies* *collapse of COMECON* *trade* and *transition economies* *international economic relationship* and *trasition economies* *economic integration* and *transition economies* *CMEA* and *transition economies* *division of labor* and *transition economies* *transferable Ruble* *transferable Ruble* and *transition economies* *COMECON bank* *COMECON bank* and *transition economies* *socialist integration* and *transition economies*	1989年 1 月〜 2010年12月
第 2 回 調査	2015年 11月	第1回調査に同じ	1989年 1 月〜 2014年12月
第 3 回 調査	2016年 6 月	*transition economies* and *GDP and trade* *transition economies* and *growth and trade* *socialist economies* and *GDP and trade* *socialist economies* and *growth and trade* *east(ern) europe* and *GDP and trade* *east(ern) europe* and *growth and trade*	1989年 1 月〜 2014年12月

出所）著者作成。

この変化の多様性に注意しながら，これまで発表された研究文献を精査していこう。

10.3　調査文献の概略

10.3.1　文献の抽出

　我々はまず，移行経済諸国の貿易と各国経済の関係を論じた英語文献をできる限り広範囲で収集する目的で，EconLit を利用して，**表10.3**のようなキーワードによって，文献検索を行った[6]。この機械検索によって総計579点の文献がヒットしたが，そのタイトルを筆者二人がそれぞれ吟味して，明らかに我々の目的に沿わないもの（経済学的分析でないもの，統計的分析を行っていないもの，貿易に言及して

---

6 ）検索対象フィールドは，「title」，「subject」，「指定なし」を適宜組み合わせた。

第10講　コメコン体制の崩壊と移行国の貿易

表10.4　計量分析文献の分類

	(A) 独立変数に貿易関連項目[1]が入っている計量分析		(B) 従属変数が貿易関連項目である計量分析	
		そのうち，従属変数が，GDP，成長率，生産性等であるもの		そのうち，重力モデルを使ったもの
1992〜2000年 （年平均）	2 0.22	1 0.11	10 1.11	6 0.67
2001〜2005年 （年平均）	5 0.56	2 0.22	8 1.60	5 1.00
2006〜2010年 （年平均）	20 2.22	10 1.11	14 2.80	5 1.00
2011〜2014年 （年平均）	11 1.22	7 0.78	10 2.50	3 0.75
1992〜2014年[2] （年平均）	38 1.65	20 0.87	42 1.83	19 0.83

注 1 ）「貿易関連項目」とは，輸出額，輸入額，輸出入総額，経常収支の総額，それらの人口一人
　　　当たりの額，または，それらの対 GDP 比。それぞれに関して，一国の対全世界額の場合と，
　　　地域別内訳あるいは，2 国間関係の数字の場合がある。
　　2 ）調査対象の論文数総計は，77である。3 論文が(A)，(B)両方向の分析を行っているからで
　　　ある（38＋42−3）。
出所）著者作成。

いないもの，移行研究でないもの等々）を除外して，120点の論文を考察の対象と
して残した。我々は，この120文献すべてに目を通して，体制転換後のロシア・中
東欧の地域における貿易と国内経済との関係の構造的変動がいかなるものであった
かという我々の問題意識に沿い，かつ何らかの計量分析を行っている文献を選び出
した。その数は77点である[7]。

10.3.2　分析対象文献の傾向

　最終的な抽出結果が**表10.4**に示されている。我々は，抽出文献を大きく二つに分
類した。すなわち，独立変数の中に輸出額などの「貿易関連項目」[8]を含む分析
（グループ A とする）と，従属変数が「貿易関連項目」である分析である（グルー
プ B とする）。サンプル数が大きくないので，必ずしも明確な傾向をここから読み
取るのは簡単ではないが，1990年代にはグループ A は少なく，ほとんどの論文が

---

7 ）表10.4の注 2 ）を参照せよ。
8 ）詳しくは表10.4の注 1 ）を見よ。

第Ⅳ部　経済開放と国際社会との共存

グループBであった。しかし年を下るにつれて，前者が増加し，2006年以降はむしろそれが研究の主流になっているようにみえる。しかし，グループBの分析がなくなったわけではない。また，今後の研究の動向を予測することも困難であるが，ここでは，表10.4の77点の論文は大きく2グループに分類できることを確認するだけで十分だろう。

　グループAは多種多様な分析を含む。その内では，我々の問題関心からいって，従属変数がGDP，経済成長，生産性であるものも，興味深いとは言える。というのも，「コメコン体制」が国内経済と国際経済との関係を意識的に切断していたとすれば，その崩壊は，両者の新しい関係の創出を意味し，たとえば，香港，シンガポール，大韓民国，台湾等でみられたような，輸出が主導する経済成長の可能性がロシア・中東欧にも切り開かれるかもしれないからである。表10.4にみられるように，グループAのうちの半数以上を占める20点が，GDP（総額および一人あたり），経済成長率，生産性等を従属変数にする分析である。しかしながら，これらの論文における独立変数としての「貿易関連項目」の扱いには濃淡があり，それは，他の独立変数と経済成長との関係を検証する際に挿入された，意義の小さいコントロール変数である場合も少なくない。結果として，20点中，我々の問題意識に直接つながるようなものは必ずしも多くはないことがわかった。

　他方グループBの論文は，どれも，ロシア・中東欧諸国家の体制転換後の貿易のあり方を，どのような要因が規定しているかを論じるものであり，すべて，我々の問題関心と深く関わっているといえる。本講義冒頭で述べた通り，「コメコン体制」は，貿易の量・品目・相手国を人為的に定めるシステムであったと捉えると，その崩壊は，貿易が各国の自然な経済諸力の結果として生じるような状況への転換を意味するからである。当然，研究者の関心はその「自然な経済諸力」とは何であるかを究明することに向かうはずである。さらにこれら論文の中で注目すべきなのは，後述する重力モデルを使っているものが半数近く（19点）存在することである。

10.4　メタ分析の方針

　上記二つの方向性を持つ論文群の中から，Aグループの論文を分析の対象とすべきか，それともBグループの論文を分析の対象とすべきだろうか。もちろんどちらの方向の研究も移行経済論として有意義であり，双方から興味深い結論が導き出せるはずである。しかし，本講義では以下に述べる理由からBグループの論文をメタ分析の対象とすることとした。

　グループBを取り上げる一つの理由は技術的なものである。上述のようにAグ

第10講 コメコン体制の崩壊と移行国の貿易

表10.5 国民一人当たりの商品輸出額（ドル）

	1995年	2000年	2005年	2010年	2015年[注]
ブルガリア	639.4	603.1	1535.3	3323.3	3871.8
チェコ	1529.6	1914.7	6308.4	10948.9	12433.5
ハンガリー	1093.9	2322.9	5806.5	8757.8	9071.3
ポーランド	648.9	933.3	2281.2	4058.6	4939.8

注）ブルガリアは2014年の数字。
出所）IMF, various issues.

ループの論文は，従属変数に種々雑多な項目を含む[9]。このような場合，その実証結果は，偏相関係数やt値の統合，メタ回帰分析，公表バイアスの検証といった本講義で行おうとするメタ分析に当たって，分析の差違に沿って分類を行った場合，カテゴリー毎で十分な観測数を確保出来ない可能性が高い。また，Aグループの論文が独立変数に「貿易関連項目」を含んでいるというものの，その「貿易関連項目」が我々の問題意識とずれているか[10]，あるいは，貿易に対する著者らの関心が低く別の主張を行うために「貿易関連項目」をコントロール変数として採用しただけか，のどちらかであるものが多いことも指摘せねばならない。

　もう一つの，そしてより積極的な理由は，Bグループの論文の方が，以下から明らかなように，「コメコン体制」の崩壊が個々の移行国の貿易構造にそれぞれどのような変化をもたらしたかという我々の問題意識に即応しているからである。**表10.5**は中東欧4カ国の国民一人当たりの商品輸出額（すなわちサービス輸出は含まない）の変遷を示している。これをみると，2004年及び2007年に既にEU加盟を果たした中東欧諸国家においても，貿易がそれぞれの国民経済に果たす役割が大きく異なることがわかる。もちろん，出発時点（ここでは1995年）でのあり方も異なるのだが，その後の伸びも異なる。例えば，チェコやハンガリーでは，約20年の間に一人当たりの商品輸出額は9倍以上になっているのに，ブルガリアでは6倍である。貿易パフォーマンスからみた国家間格差は，むしろ広がっており，いわば「コメコン体制」崩壊の効果が各国で異なるのである。なぜこのようなことが起こったのか，

9）採用されている従属変数を列挙すると，生産性，GDP水準，GDP成長率（経済成長率），エネルギー消費量やCO_2などの環境関連変数，各国にもたらされる需要ショック・供給ショックの構造，FDI流入，熟練労働者賃金の非熟練労働者賃金に対するプレミアム，所得の収斂度，対外資産・債務，地域格差，移民，雇用構造の変化，金利マージンの接近，国内企業の販売高，各国の収斂，EU加盟交渉条件，部門別雇用シェアなどである。

10）例えば，輸出商品の多様性と成長との関係を論じるものがある（Funke and Ruhwedel, 2005）。ただし，この問題は，理論的にはGrossman and Helpman（1992, Chapter 3）の内生的経済成長理論との関係で重要である。

399

第Ⅳ部　経済開放と国際社会との共存

このことを究明するためには，どのような要因によって貿易規模が決まるのか，という事を検討し得るグループ B の論文を調べる必要がある。

ただし，詳しく検討すると B グループの論文もその方法論は多様であり，B グループの論文ならすべてメタ分析で統合できるとは限らない。そこで本講義では，大胆に，B グループのうち，重力モデルを用いた論文及び重力モデルそのものは用いていないがそれに準じた方法による論文のみを分析の対象とすることとした。ここで，「重力モデルに準じた方法」とは，独立変数として当該貿易国間の「距離」は採用していないが，通常の重力モデルが採用する他の量的変数，例えば GDP や人口は独立変数に投入していることを指す[11]。そうすることによって，方法論的に首尾一貫した分析が行えるとともに，本講義の問題意識に沿った分析が行える。重力モデルは，ある 2 国間の貿易額が両国の経済力（たとえば両国の GDP の積）と距離（の二乗）によって決まってくるというニュートン力学的アイディアをもとに，他の要因も加味して，ある領域全体で 2 国間貿易の量を決定する諸要因とその重みを確定しようとするものであるが，これは，「コメコン体制」の崩壊にともなって「自然な経済諸力」が貿易を規定する状況がどの程度現れたのかを問うことであり，我々の問題意識に即応するからである。

他方，重力モデルを用いてはいるものの，本講義のメタ分析が採用しなかった論文がある。それは，使っているデータのほとんどが，非移行国のものであり，本講義の分析目的に沿わない論文である。また，グレンジャー因果推定や単位根検定など，t 値の統合や偏相関係数の統合というここで行うメタ分析に導入し得ない分析を実施しているものがあり，これも分析から除外した[12]。

このようにして最終的に我々は21の論文を選び出した[13]。その概要を表10.6に示す。これら21文献が報告する推定結果を，本講義のメタ分析の対象とする。しかし，まずこれら論文が具体的にどのような主張を行なっているのか，21点の中からいく

---

11) Toole and Lutz（2005），Aristovnik（2007），Kancs（2007），Mandel and Tomšik（2008），Stare and Jaklič（2008），Beckmann and Fidrmuc（2012）の 6 点である。

12) Awokuse（2007）は除外した論文の一つだが，これは，A と B の両方向の分析を行っている。輸出の拡大・外国市場への開放が経済成長の重要な決定因であるとする ELG（export-led growth）仮説，経済成長から輸出への因果関係を強調する GLE（growth-led export）仮説，経済成長がまず輸入によって促進されるとする ILG（import-led growth）仮説の 3 つがあることを説明した上で，東欧各国がどれに当てはまるかを検証するものだからだ。本講義の問題意識とも繋がる興味深い論文である。ただし，本文記載の通りグレンジャー因果推定や単位根検定など，本講義で展開するメタ分析に導入し得ない分析を行っている。

13) 表10.4の「重力モデルを使ったもの」19文献のうち15文献，「B」のうち「重力モデルを使ったもの」以外の論文23文献のうち 6 文献を採用した。

400

第10講　コメコン体制の崩壊と移行国の貿易

表10.6　メタ分析対象論文概要

筆著名	刊行年	対象地域	検討年	従属変数	構造変化	独立変数					抽出推定結果数
						構造改革	経済規模	人口	距離	所得	
Gros, Daniel; Gonciarz, Andrzej	1996年	中東欧25カ国	1992年	輸出規模			GDP	人口	距離		3
Mattas, Konstadinos; Esanu, Christina	1996年	ルーマニア	1981, 1993年	貿易規模			GDP	人口	距離		2
van Beers, Cees; Biessen, Guido	1996年	ハンガリー・ポーランド	1991, 1992年	貿易規模			GDP	人口	距離		6
Paas, Tiiu	2000年	エストニア	1997年	輸出/輸入規模			GDP		距離		2
Liargovas, Panagiotis; Chionis, Dionysios	2001年	中東欧13カ国	1991~1998年	貿易規模	経済自由化度	貿易開放度	GDP		距離		2
Arcangelis, Giuseppe De; Ferri, Giovanni; Galeotti, Marzio; Giovannetti, Giorgia	2005年	中東欧6カ国	1990~1999年	貿易規模			GDP		距離		6
Marques, Helena; Metcalf, Hugh	2005年	中東欧	1990~1999年	貿易規模		EU合意	GDP	人口	距離		64
Toole, James; Lutz, James	2005年	ECEE	1992, 1994, 1996, 1998, 2000年	輸入規模				人口		所得	5
Aristovnik, Aleksander	2007年	中東欧・旧ソ連26カ国	1992~2003年	経常収支		貿易開放度				所得	4
Carmignani, Fabrizio; Chowdhury, Abdur	2007年	中東欧20カ国	1990~2003年	貿易規模	金融深化度	貿易/資本開放度	GDP		距離	所得	5
Damijan, Joze P.; Rojec, Matija	2007年	中東欧14カ国	1994~2004年	輸出規模					距離		11
Egger, Peter; Pfaffermayr, Michael; Schmidt, Roland	2007年	中東欧	1989~2000年	貿易規模			GDP		距離		4
Kancs, d'Artis	2007年	南欧	1999~2004年	貿易規模			GDP				8
Mandel, Martin; Tomšík, Vladimir	2008年	中東欧5カ国	1993~2005年	貿易規模	インフレ率 サービイス部門割合	資本開放度	GDP				16
Stare, Metka; Jaklič, Andreja	2008年	中東欧10カ国	1993~2004年	輸出規模		移行指標	GDP				2
Ghatak, Subrata; Pop Silaghi, Monica Ioana Daly, Vince	2009年	中東欧6カ国	1996~2003年	輸出/輸入規模		貿易開放度	GDP		距離		12
Besedeš, Tibor	2011年	中東欧17カ国	1996~2006年	輸出規模			GDP		距離		23
Beckmann, Elisabeth; Fidrmuc, Jarko	2012年	旧ソ連・中東欧6カ国	1950~1990年	輸出規模			GDP		距離		12
Janda, Karel; Michalikova, Eva; Skuhrovec, Jiri	2013年	中東欧25カ国	1996~2008年	輸出規模		貿易保険	GDP	人口	距離		20
Athukorala, Prema-chandra; Waglé, Swarnim	2014年	ジョージア	2008~2011年	貿易規模	ロジスティクス・インデックス		GDP	人口	距離		3
Marti, Luisa; Puertas, Rosa; Garcia, Leandro	2014年	中東欧8カ国	2005~2010年	貿易規模	ロジスティクス・インデックス		GDP	人口	距離		6

出所）筆者作成。

第Ⅳ部　経済開放と国際社会との共存

つか抜粋してその内容を紹介する。

10.5　調査対象論文の主張

　まず，重力モデルを使った一連の研究を紹介しよう。

　Gros and Gonciarz（1996）は1990年代半ばに現れた初期の重力モデル応用例である[14]。著者らは，重力モデルを用いて，対外自由化によって中東欧の旧社会主義国の貿易はどう変化したかを検証している。彼らの結論は，中東欧で貿易が拡大するとの流布している予想は強調されすぎている，というものである。起こるべき拡大と方向の変化はすでに生じてしまっており，スポークどうしの貿易（周縁国間貿易）の重要性は強調されすぎだ，とする。

　Egger et al.（2007）も重力モデルを使った研究である。著者らは，西側対西側貿易，西側対東側貿易，東側対東側貿易を区別し，それぞれの重力モデルを推計し，西側対東側貿易と東側対東側貿易は異なる性格を示すという結論を導いている。より具体的には，貿易摩擦に対する貿易の反応度は西側対東側貿易において素早く調整されること（多国籍企業の存在がその理由である），東側対東側貿易ではその主要な経済決定因は要素賦存の違いであること，西側対東側貿易と東側対東側貿易は景気循環および市場規模の変化に中期的にはより敏感に反応することを指摘し，西側対東側貿易と東側対東側貿易，特に後者は西側対西側貿易よりも距離と貿易コストにより敏感である，とする。

　Ghatak et al.（2009）は，拡張重力モデル（augmented gravity model）を使って，中東欧からの英国への移民（フロー及びストック）の，当該国と英国との貿易額に対する効果を検討している。「距離」，「経済規模」，「共通言語」，「共通の国境」，「歴史的統合」，「自由貿易協定への参加」をコントロールして行われている。著者らは，拡張重力モデルにおいては「移民」の符号はマイナスに出る，固定効果パネル構造モデルを採用しても，「移民」の符号がプラスになるのは輸入だけという意外な事実を発見している。そこで著者らは，英国輸入モデルに英国民一人当たりのGDP，英国輸出モデルに中東欧諸国の国民一人あたりGDPを付加することによって次の結論を導いている。すなわち，ある国から英国に対して生じた移民の大きさは，当該国（移民出立国）からの輸出に対する効果の方が，当該国による輸入に対

14）Wang and Winters（1992）は，Hamilton and Winters（1992）とともに，体制転換前のデータの分析なので，本講義のメタ分析対象文献に入れていないが，体制転換後の最も早い時期に，東欧における貿易構造の研究に，重力モデルが有用であることを示した重要論文である。これがその後の研究の一潮流を作り出したといえる。

402

第 10 講　コメコン体制の崩壊と移行国の貿易

するそれより，大きくプラスに作用するという結論を導いている。

　Marti et al.（2014）は，ロジスティックスや運輸が，新興市場の貿易に与えるインパクトを，重力モデルを使って分析したものであり，世界銀行の Logistics Performance Index（LPI：150カ国を対象とした2007，2010及び2012年版）を利用して，同変数が輸出者と輸入者の双方に対して，有意に正の効果をもたらすことを示した。移行国ではロジスティックスや運輸システムが未整備で，それがその経済発展の可能性を削いでいるという議論が多いことを考慮すると，有意義な研究といえよう。

　次に貿易相手国間の距離を独立変数に含めていないので厳密にいうと重力モデルとは言えないものの，問題意識が本講義の趣旨に沿い，かつ報告された推計値が，重力モデルを採用した論文のそれと統合可能な論文を紹介する。

　Toole and Lutz（2005）は，移行諸国はそれぞれ，どの程度外国貿易に自国を開放していくか，という点においてジレンマを抱えているという問題意識の下に行われた研究である。旧中央計画経済国および22の西側諸国に関し，一人当たりの輸入額を「貿易開放度」と呼んでそれを従属変数とし，人口と富（一人当たりの GNP）を独立変数とする重回帰を行なっている。別途，西欧への地理的近さ[15]や政治的開放度も，回帰分析とは別に考慮している。貿易開放度は，政治的システムの開放度（それは地理的近さが影響している）の産物だと主張する。

　Aristovnik（2007）は，今期の経常収支を，1期前の経常収支，GDP 成長率，1人当たりの所得の対 EU15比，一般政府財政バランス，貿易開放度，対外債務，EU15の実質経済成長率という独立変数に，回帰するものである。同論文の著者は，結果はほぼ予想され，また，先行研究が示したものと同じであるとする。その上で，モデルから計算（シミュレーション）できる経常収支と現実の中東欧諸国の経常収支（ともに，2000-2003年平均）を比較し，ここから，「過大な経常収支赤字を出しているのは，アルバニア，ブルガリア，ラトビア，タジキスタン」であるとしている[16]。すなわち，モデルから推計される以上の貿易赤字をこれら諸国は生んでいる。従って，これら諸国にはそれぞれに，モデルでは捉えきれない赤字を生み出すような独自の要因があることを示唆しているのである。

　Kancs（2007）は，南東欧諸国の貿易自由化政策を論じたものである。南東欧では，輸出の平均単価の増加ではなく，まず輸出企業の数の増加及び輸出品の種類の

15）「地理的な近さ」をモデルの独立変数として利用しているわけでないので，本論文は重力モデル論文ではない。

16）独立変数を変更した別のモデルも推計している。

403

第Ⅳ部　経済開放と国際社会との共存

増加が2国間貿易を増加させているとする。その上で次のような政策上の結論を導き出す。すなわち，輸出総額を増やすのが政策目標なら，最も効果的な政策は，道路・鉄道インフラの改善＝単位あたりの輸送コストの削減（それを著者は「可変貿易コストの削減」という）である。他方，国際競争力を持った少数の企業の輸出市場の維持・拡大が主な政策目的なら，最も効果的な貿易政策は固定貿易コスト，すなわち非関税障壁や国境通過時の官僚主義的コストの削減である。著者によれば，どちらのシナリオであれ，ブルガリア，クロアチア，ルーマニアが，当該地域の貿易コストが削減され自由貿易地域が形成されれば，その最大の利得者になる，とのことである。

Stare（2008）は，1993-2004年の中東欧の規制改革のサービス輸出に対する効果とパターンを考察したものである。規制改革のサービス輸出に対する効果は十分大きいが，まだ，発展の余地はあると主張する。著者によれば，外需はサービス輸出にとっての第2の決定要因だという。このように，本論文は中東欧のサービス貿易をテーマとしたユニークな論文である。

10.6　メタ分析

10.6.1　抽出推計結果のメタ統合

表10.7は，上述のものを含む我々が抽出した21論文から，216の推定結果を選択し，それに基づいて筆者らが算出した偏相関係数[17]，並びにt値を統合したものを示している。ここでは，独立変数として，「GDP」，「人口」，「距離」という重力モデルで一般に採用されるものの他に，種々の移行要因変数を取り上げた。この移行要因変数に関しては，サービス部門の付加価値シェア・GDP中の民間部門シェア・FDI流入・金融深化度・貿易開放度の変数からなる「構造変化変数」，移行指数・EBRD自由化指数・政治リスク指数・経済リスク指数・資本自由化度の変数からなる「構造改革変数」，EU協定締結の有無・EU加盟候補であるかどうか・EU諸国との貿易額という変数からなる「EU要因変数」の3種に分類して，それぞれに関して偏相関係数とt値のメタ統合を行った[18]。偏相関係数の統合はメタ固定効果モデルとメタ変量効果モデルとで行い，均質性の検定によって参照すべき統

17）2変数の相関を見るときに，それ以外の変数があり，第3の変数あるいはそれ以上の変数が最初の2変数それぞれに相関を持っていると，当該2変数の相関を正しく導出出来ない。ここで対象としている2変数以外の変数の要因を取り除いた相関係数を求めることが必要になり，それを偏相関係数という。

404

表10.7　偏相関係数および t 値の統合

	抽出推定結果数 (K)	(a) 偏相関係数の統合			(b) t 値の結合[3]			
		固定効果 $(\bar{R}_f)$（漸近 z 値）[1]	変量効果 $(\bar{R}r)$（漸近 z 値）[1]	均質性の検定 (Qr)[2]	$\bar{T}_u$ （p 値）	$\bar{T}_w$ （p 値）	T_m	フェイルセーフ数 (fsN)[4]
1．GDP	117	−0.003*** (−5.53)	0.146*** (24.43)	5473.92***	37.50*** (0.00)	6.48*** (0.00)	2.69	60674
2．人口	102	0.188*** (40.66)	0.248*** (14.33)	1281.17***	43.52*** (0.00)	6.47*** (0.00)	4.28	71280
3．距離	124	0.014*** (24.14)	−0.183*** (29.47)	7517.06***	−40.39*** (0.00)	−6.78*** (0.00)	−3.66	74656
4．移行要因	115	0.001* (1.68)	0.023*** (7.76)	3040.02***	18.24*** (0.00)	3.44*** (0.00)	2.35	14016
4.1構造変化[6]	43	0.087*** (8.699)	0.223*** (6.42)	321.30***	12.03*** (0.00)	4.55*** (0.00)	2.601	2256
4.1.1金融深化度	10	0.178*** (7.37)	0.178*** (7.37)	5.02	7.56*** (0.00)	7.56*** (0.00)	2.61	201
4.1.2貿易開放度	12	0.010 (0.36)	0.186** (2.39)	79.53***	3.74*** (0.00)	3.74*** (0.00)	2.69	50
4.2構造改革[7]	72	0.001 (1.37)	0.017*** (5.89)	2643.97***	13.75*** (0.00)	2.15** (0.03)	1.96	4958
4.2.1経済リスク	19	0.010*** (20.87)	0.018*** (6.87)	417.20***	25.36*** (0.00)	3.62*** (0.00)	6.7	4495
4.2.2政治リスク	39	−0.009*** (19.11)	0.010** (2.45)	1304.36***	−5.33*** (0.00)	−0.76 (0.45)	1.62	371
5．EU要因[8]	86	0.228*** (39.25)	0.206*** (16.92)	337.49***	34.16*** (0.00)	5.36*** (0.00)	3.05	36988

注1）帰無仮説：統合効果サイズが 0 。
　　2）帰無仮説：効果サイズが均質。
　　3）$\bar{T}_u$：無条件結合，$\bar{T}_w$：研究水準で加重した結合，T_m：中央値。
　　4）効果の有無を判定する有意水準（ここでは 5 ％水準）に，研究全体の結合確率水準を導くために追加されるべき平均効果サイズ 0 の研究数を意味する。
　　5）***：1 ％水準で有意，**：5 ％水準で有意，*：10％水準で有意。
　　6）構造変化：サービス部門の付加価値シェア，GDP 中の民間部門シェア，FDI 流入，金融深化度，貿易開放度。
　　7）構造改革：移行指数，EBRD 自由化度指数，資本自由化度，政治リスク指数，経済リスク指数。
　　8）EU 要因：EU 協力協定の有無，EU 加盟候補であるか否か，EU 諸国との貿易額。
出所）筆者推定。

18）表10.7の通り，「構造変化変数」のうち「金融深化度」，「貿易開放度」について，及び「構造改革変数」のうち「経済リスク指数」，「政治リスク指数」について，別個に統合値を計算した。

第Ⅳ部　経済開放と国際社会との共存

合値を決定する（Borenstein et al., 2009）。t 値については，学術雑誌のランキング
やインパクト・ファクター等により重みを決定し，それによって加重した結合 t 値
と重み付けを行わない結合 t 値とを提示する。また，フェイルセーフ数（Mullen,
1989）を有意水準 5 ％で求めることにより，ここで算出する結合 t 値の信頼性を確
認する。

　表10.7のメタ統合の結果の意味するところは以下の通りである。まず，「金融深
化」変数を除く全ての分析において，均質性の仮定に関わる帰無仮説は棄却されて
いるため変量効果モデルの結果を見る。同表(a)の偏相関係数統合結果によれば，
GDP と人口に関しては，正で有意な統合効果サイズが得られた。また，貿易国間
距離に関しては，負で有意な統合値が得られた。これらは，過去の先進国や開発途
上国研究によって繰り返し実証されてきた「互いに貿易を行っている国の GDP
（の合計あるいはその積）及び人口（の合計あるいはその積）が大きければ大きい
ほど両国の貿易は大きくなる」という重力モデルの一般法則が，移行国でも十分な
統計的根拠を持って成り立っているということを示している。

　移行経済諸国に着目する本講義にとって関心の中心である「移行要因変数」すな
わち「構造変化変数」，「構造改革変数」，「EU 要因変数」について見てみると，
我々のメタ統合結果は，これら移行要因の貿易活動に対する著しく大きい効果サイ
ズの存在を明確に示している。つまり，移行が進行すればするほど，例えば「金融
深化度」が深まれば深まるほど，「経済リスク指数」が低下すればするほど，移行
国の貿易は増加するということが示される。

　結合 t 値に関しても同様のことが言える。掲載された学術雑誌の第三者評価を加
味せず無条件で統合した場合には全ての変数が全ての組み合わせで有意となるが，
重み付きで統合した t 値は一律に重み無しの結合 t 値よりも小さくなり，「政治リ
スク指数」ケースでは有意でなくなっている．フェイルセーフ数は多くの場合にお
いてかなり大きく，結合 t 値の推定結果の信頼性の高さが示されていると言える．
但し，「貿易開放度」そして「政治リスク指数」についてフェイルセーフ数を見れ
ば，それが他の変数に比べて小さな値に留まっている。このことは，未だ安定的な
結果を得られるほどの先行研究の蓄積を見ていないと意味しているのかも知れない。

　以上の結果を再度まとめよう。即ち，「GDP」「人口」「距離」という重力モデル
の基本的な変数は一貫して理論的予測と一致する明瞭な結果を示した。このこと自
体は新しい発見ではない。むしろ本講義で我々が着目するのは，「金融深化」「貿易
深化」あるいはそれらを統合した「構造変化」全般を捉えた指標が，移行経済諸国
の貿易規模を拡大する上で有意に正の影響を明らかに与えていた，という結果であ
る。また「経済リスク」そしてそれを含む「構造改革」指標，更に「EU 要因」も，

406

第10講　コメコン体制の崩壊と移行国の貿易

上記の重力モデル基本構成変数に優るとも劣らないほどの効果サイズをもって貿易規模の拡大に寄与していることが示された。かつてコメコン体制によって経済計画の枠の中に閉じ込められていた旧社会主義諸国の貿易であったが，経済構造の改革そしてその変化という移行プロセスそして欧州経済との統合過程そのものが，移行経済諸国の貿易規模の拡大に帰結するという予測された結果が生み出されたと想定し得よう。

10.6.2　公開バイアスの検出と真の効果の有無

　10.6.1項に報告したメタ統合結果の信頼性を精査するために，本項では，公表バイアス（Mullen, 1989）の検証を行う，そして真の効果を確認するために用いられるメタ回帰モデルの推計によって分析する。特定の符号関係（正負）を想定することによって生じうる公表バイアス（公表バイアスⅠ型）についてのFAT検定とそれに引き続く精度＝効果検定（precition-effect test: PET），さらに有意である結果であるほうが公表される頻度が高いということにより生じうる公表バイアス（公表バイアスⅡ型）の検定を行うと共に，標準誤差を用いた精度＝効果推定（precision-effect estimate with standard error: PEESE）によって，公表バイアスの存在の確認並びに真の効果の存在について検証する。ここでの手法は他章と同様に，基本的に本書序章およびStanley and Doucouliagos（2012）を踏襲するものである。

　公表バイアス検証のためのメタ回帰モデルの推定において，その統計的頑健性を確認するために最小二乗法のほかCluster-robust OLS推定並びにアンバランスドパネル推定も実行する。ここでは「構造変化変数」「構造改革変数」「GDP」「距離」「EU要因」に関わる漏斗プロットを描き，かつその全てについて公表バイアス・真の効果に関するメタ回帰モデルの推計を行った。

　その結果は，表10.8から表10.12および図10.1から図10.5に報告されている。表10.12を除く各表(a)並びに(b)に示される通り，(1)式及び(2)式の切片 β_0 がゼロであるとする帰無仮説は棄却されており，「EU要因」を除く全ての場合において公表バイアスの存在が示される。だが真の効果について見ると，少しく相違がある。即ち，「構造変化」そして「GDP」「距離」については表10.8，表10.10そして表10.11の(a)の全てで標準誤差の逆数の係数である β_1 がゼロであるという帰無仮説が棄却されており，従って，貿易規模に対して，「構造変化」および「GDP」・「距離」が正に真の効果を与えていることが示されると言って良い。他方「EU要因」については，表10.12のPEESEの結果では実際に効果が存在する可能性が示唆されているものの，表10.12の(a)において，標準誤差の逆数の係数については，変量効果パネルGLSでのみ帰無仮説が棄却され，そのほかの(a)の分析結果においては

407

第Ⅳ部　経済開放と国際社会との共存

表10.8　構造変化変数に関する公表バイアスおよび真の効果のメタ回帰分析

(a) FAT（公表バイアスⅠ型）-PET 検定（推定式：$t = \beta_0 + \beta_1(1/SE) + v$）

推定量[1]	OLS	Cluster-robust OLS	Random-effects Panel GLS
モデル	［1］	［2］	［3］[2]
切片（FAT：$H_0: \beta_0 = 0$）	2.81 ***	2.81 ***	2.81 ***
$1/SE$（PET：$H_0: \beta_1 = 0$）	-0.053 ***	-0.053 ***	-0.053 ***
K	43	43	43
R^2	0.29	0.29	0.29

(b) 公表バイアスⅡ型検定（推定式：$|t| = \beta_0 + \beta_1(1/SE) + v$）

推定量[1]	OLS	Cluster-robust OLS	Random-effects Panel GLS
モデル	［4］	［5］	［6］[3]
切片（$H_0: \beta_0 = 0$）	2.58 ***	2.58 ***	2.29 ***
$1/SE$	0.0067	0.0067	0.0076
K	43	43	43
R^2	0.014	0.014	0.014

(c) PEESE法（推定式：$t = \beta_0 SE + \beta_1(1/SE) + v$）

推定量[1]	OLS	Cluster-robust OLS	Random-effects Panel ML
モデル	［7］	［8］	［9］
SE	2.23 ***	2.26 **	1.39
$1/SE$（$H_0: \beta_1 = 0$）	-0.00058	-0.00058	-0.029
K	43	43	43
R^2	0.15	0.015	－

注1）OLS：最小二乗法，GLS：一般最小二乗法，ML：最尤法。
　　2）Breusch-Pegan 検定：$\chi^2 = 0.00$, $p = 1.00$; Hausman 検定：$\chi^2 = 0.08$, $p = 0.78$
　　3）Breusch-Pegan 検定：$\chi^2 = 8.46$, $p = 0.00$; Hausman 検定：$\chi^2 = 0.19$, $p = 0.67$
　　4）回帰係数の統計検定は，モデル［9］は標準誤差を，それ以外のモデルは，White の修正法による分散不均一性の下でも一致性のある標準誤差に基づき行った。***：1％水準で有意，**：5％水準で有意，*：10％水準で有意。
出所）筆者推定。

帰無仮説を棄却出来ていない。

　予期しなかった事であるが，「構造改革」（**表10.9**）については，メタ統合の結果は貿易規模の決定に対して真の効果を抽出していないことを示している，という結果となっていると言わねばならない。「構造改革」変数を収集出来る研究数が限られているという事実はあるが，それは「構造変化」も同様である。ここであり得る

第10講　コメコン体制の崩壊と移行国の貿易

表10.9　構造改革変数に関する公表バイアスおよび真の効果のメタ回帰分析

(a) FAT（公表バイアスⅠ型）-PET検定（推定式：$t= \beta_0+ \beta_1(1/SE)+v$）

推定量[1]	OLS	Cluster-robust OLS	Random-effects Panel GLS
モデル	［1］	［2］	［3］[2]
切片（FAT：H_0：$\beta_0=0$）	1.55 *	1.55 **	1.55 ***
$1/SE$（PET：H_0：$\beta_1=0$）	0.0022	0.0022	0.0022
K	72	72	72
R^2	0.0009	0.0009	0.0009

(b) 公表バイアスⅡ型検定（推定式：$|t|= \beta_0+ \beta_1(1/SE)+v$）

推定量[1]	OLS	Cluster-robust OLS	Random-effects Panel GLS
モデル	［4］	［5］	［6］[3]
切片（H_0：$\beta_0=0$）	4.06 ***	4.06 **	4.06 ***
$1/SE$	0.0033	0.0033	0.0033
K	72	72	72
R^2	0.0026	0.0026	0.0026

(c) PEESE法（推定式：$t= \beta_0 SE+ \beta_1(1/SE)+v$）

推定量[1]	OLS	Cluster-robust OLS	Random-effects Panel ML
モデル	［7］	［8］	［9］
SE	1.36 *	1.36	1.36
$1/SE$（H_0：$\beta_1=0$）	0.0064	0.0064	0.0064
K	72	72	72
R^2	0.014	0.0014	－

注1）OLS：最小二乗法，GLS：一般最小二乗法，ML：最尤法
　　2）Breusch-Pegan 検定：$\chi^2=0.00$, $p=1.00$; Hausman 検定：$\chi^2=0.02$, $p=0.90$
　　3）Breusch-Pegan 検定：$\chi^2=0.00$, $p=1.00$; Hausman 検定：$\chi^2=0.16$, $p=0.69$
　　4）回帰係数の統計検定は，モデル［9］は標準誤差を，それ以外のモデルは，
　　　　White の修正法による分散不均一性の下でも一致性のある標準誤差に基づき
　　　　行った。***：1％水準で有意，**：5％水準で有意，*：10%水準で有意。
出所）筆者推定。

解釈は，つまるところ「構造改革」の影響について，真の効果を得るには未だ先行研究の蓄積が十分ではない，という事になる。「EU 要因」を除く全ての変数について公表バイアスの存在が検出された事も合わせて考えると，実のところ移行経済研究者は貿易規模の拡大に対する「構造改革」の重要性を強調するような論文を公表しがちな傾向がある，という可能性を示唆しているのかも知れない。

第IV部　経済開放と国際社会との共存

表10.10　GDPに関する公表バイアスおよび真の効果のメタ回帰分析

(a) FAT（公表バイアスI型）-PET検定（推定式：$t = \beta_0 + \beta_1(1/SE) + v$）

推定量[1)	OLS	Cluster-robust OLS	Random-effects Panel GLS
モデル	[1]	[2]	[3][2)
切片（FAT:H_0: $\beta_0=0$）	4.08 ***	4.08 ***	4.66 ***
$1/SE$（PET:H_0: $\beta_1=0$）	-0.01 *	-0.01 *	-0.002
K	117	117	117
R^2	0.017	0.07	0.0003

(b) 公表バイアスII型検定（推定式：$|t| = \beta_0 + \beta_1(1/SE) + v$）

推定量[1)	OLS	Cluster-robust OLS	Random-effects Panel GLS
モデル	[4]	[5]	[6][3)
切片（H_0: $\beta_0=0$）	3.92 ***	3.92 ***	4.58 ***
$1/SE$	0.01 ***	0.01 *	0.02 *
K	117	117	117
R^2	0.09	0.09	0.23

(c) PEESE法（推定式：$t = \beta_0 SE + \beta_1(1/SE) + v$）

推定量[1)	OLS	Cluster-robust OLS	Random-effects Panel ML
モデル	[7]	[8]	[9]
SE	0.20	0.20	-0.06
$1/SE$（H_0: $\beta_1=0$）	-0.002	-0.002	-0.0006
K	117	117	117
R^2	0.005	0.005	–

注1）OLS：最小二乗法，GLS：一般最小二乗法，ML：最尤法.
　　2）Breusch-Pegan検定：$\chi^2=3.47$, $p=0.03$; Hausman検定：$\chi^2=0.78$, $p=0.38$
　　3）Breusch-Pegan検定：$\chi^2=6.48$, $p=0.005$; Hausman検定：$\chi^2=0.59$, $p=0.44$
　　4）回帰係数の統計検定は，モデル[9]は標準誤差を，それ以外のモデルは，Whiteの修正法による分散不均一性の下でも一致性のある標準誤差に基づき行った．***：1％水準で有意，**：5％水準で有意，*：10％水準で有意．
出所）筆者推定.

　しかしながら，公表バイアスを免れていないという問題はあるものの，先行研究が着目し，そして本講義が移行経済について注目する「構造変化」という要因が，貿易規模の拡大に対して確かに正の効果を与えていることを強く示唆しているということは言える．但し「EU要因」の結果も十分なものではなく，今後より研究が蓄積されてゆくことが望まれよう．

第 10 講　コメコン体制の崩壊と移行国の貿易

表10.11　距離に関する公表バイアスおよび真の効果のメタ回帰分析

(a) FAT（公表バイアス I 型）-PET 検定（推定式：$t = \beta_0 + \beta_1(1/SE) + v$）

推定量[1)]	OLS	Cluster-robust OLS	Random-effects Panel GLS
モデル	[1]	[2]	[3][2)]
切片（FAT：$H_0: \beta_0=0$）	-5.95 ***	-5.96 ***	-6.73 ***
$1/SE$（PET：$H_0: \beta_1=0$）	0.09 ***	0.09 ***	0.10 ***
K	124	124	124
R^2	0.54	0.54	0.50

(b) 公表バイアス II 型検定（推定式：$|t| = \beta_0 + \beta_1(1/SE) + v$）

推定量[1)]	OLS	Cluster-robust OLS	Fixed-effects Panel GLS
モデル	[4]	[5]	[6][3)]
切片（$H_0: \beta_0=0$）	4.79 ***	4.79 ***	3.58 ***
$1/SE$	0.06 ***	0.06 ***	0.10 ***
K	124	124	124
R^2	0.36	0.36	0.61

(c) PEESE 法（推定式：$t = \beta_0 SE + \beta_1(1/SE) + v$）

推定量[1)]	OLS	Cluster-robust OLS	Random-effects Panel ML
モデル	[7]	[8]	[9]
SE	-6.09 ***	-6.09 ***	2.21
$1/SE$（$H_0: \beta_1=0$）	0.06 ***	0.06 ***	0.10 ***
K	124	124	124
R^2	0.33	0.33	–

注1) OLS：最小二乗法，GLS：一般最小二乗法，ML：最尤法．
　2) Breusch-Pegan 検定：$\chi^2=16.37$, $p=0.00$; Hausman 検定：$\chi^2=0.64$, $p=0.42$
　3) Breusch-Pegan 検定：$\chi^2=31.26$, $p=0.00$; Hausman 検定：$\chi^2=14.21$, $p=0.0002$
　4) 回帰係数の統計検定は，モデル [9] は標準誤差を，それ以外のモデルは，
　　 White の修正法による分散不均一性の下でも一致性のある標準誤差に基づき
　　 行った．***：1％水準で有意，**：5％水準で有意，*：10％水準で有意．
出所) 筆者推定．

10.7　おわりに

　本講義では，「コメコン体制」崩壊後の移行国の貿易構造の変化について，従属

411

第Ⅳ部　経済開放と国際社会との共存

表10.12　EU要因に関する公表バイアスおよび真の効果のメタ回帰分析

(a) FAT（公表バイアスⅠ型）-PET検定（推定式：$t = \beta_0 + \beta_1(1/SE) + v$）

推定量[1]	OLS	Cluster-robust OLS	Random-effects Panel GLS
モデル	[1]	[2]	[3][2]
切片（FAT：$H_0: \beta_0 = 0$）	4.23 **	4.23	0.93
$1/SE$（PET：$H_0: \beta_1 = 0$）	-0.13	-0.13	0.602 **
K	86	86	86
R^2	0.0075	0.0075	0.075

(b) 公表バイアスⅡ型検定（推定式：$|t| = \beta_0 + \beta_1(1/SE) + v$）

推定量[1]	OLS	Cluster-robust OLS	Random-effects Panel GLS
モデル	[4]	[5]	[6][3]
切片（$H_0: \beta_0 = 0$）	4.44 **	4.44	1.52
$1/SE$	-0.17	-0.17	0.53 **
K	86	86	86
R^2	0.013	0.013	0.013

(c) PEESE法（推定式：$t = \beta_0 SE + \beta_1(1/SE) + v$）

推定量[1]	OLS	Cluster-robust OLS	Random-effects Panel ML
モデル	[7]	[8]	[9]
SE	8.3 **	8.3	0.84
$1/SE$（$H_0: \beta_1 = 0$）	0.32 **	0.32	0.67 **
K	86	86	86
R^2	0.64	0.64	－

注1）OLS：最小二乗法，GLS：一般最小二乗法，ML：最尤法．
　　2）Breusch-Pegan検定：$\chi^2 = 67.61$, $p = 0.00$; Hausman検定：$\chi^2 = 0.83$, $p = 0.36$
　　3）Breusch-Pegan検定：$\chi^2 = 76.90$, $p = 0.00$; Hausman検定：$\chi^2 = 0.97$, $p = 0.32$
　　4）回帰係数の統計検定は，モデル[9]は標準誤差を，それ以外のモデルは，Whiteの修正法による分散不均一性の下でも一致性のある標準誤差に基づき行った．***：1％水準で有意，**：5％水準で有意，*：10％水準で有意．
出所）筆者推定．

　変数を「貿易関連項目」とする計量分析を行っている21の論文から216の推定結果を抽出して，そのメタ統合と公表バイアスの検証を実施した。そこで得られた結論は以下の通りである。すなわち，重力モデルが想定するような貿易量を決定する要因，つまりGDPおよび距離が移行国においても有意に作用していることが明らかにされた。「構造変化変数」によって定義された移行要因は，貿易量を増やす方向

図10.1　構造変化要因が貿易規模に与える影響の推定結果の漏斗プロット

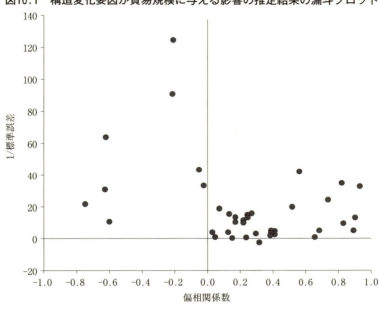

出所）筆者作成。

に作用している。すなわち，「移行」が進展するほど貿易規模は拡大する，ということが示された。

　他方，「構造改革変数」そして「EU 要因変数」については，真の効果を捉えることがここでは出来なかった。真の効果を得るには未だ先行研究の蓄積が十分ではない，という解釈もあり得ようし，また多くの論者が貿易規模の拡大に対する「構造改革」の重要性を強調するような論文を公表しがちな傾向がある，という事を示唆しているのかも知れない。

　とはいえ，「構造変化変数」について顕著な結果を得られたのは，当該分野における先駆者たちの重要な貢献であろう。「EU 要因変数」を除き公開バイアスの存在が強く示唆されていることは，依然として研究の蓄積が十二分なものに至っていないことを示している可能性があり，より一層の研究の進展を期待したい。

謝辞

　本稿は，科学研究費補助金基盤研究（A）「比較移行経済論の確立：市場経済化20年史のメタ分析」（課題番号：23243032）の研究成果であり，上垣・雲（2018）の改定版である。本改定に際して，比較経済体制学会会員諸氏から多数の有益なコメ

図10.2　構造改革要因が貿易規模に与える影響の推定結果の漏斗プロット

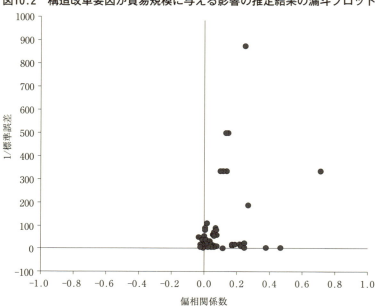

出所）筆者作成。

ントを得た。ここに記して謝意を表したい。

参考文献

上垣彰（2011）「国際経済関係」吉井昌彦・溝端佐登史編著『現代ロシア経済論』ミネルヴァ書房，193-213頁．

上垣彰・雲和広（2018）「コメコン体制の崩壊と移行国の貿易」『比較経済研究』第55巻第1号，45-60頁．

Arcangelis, Giuseppe, Giovanni Ferri, Marzio Galeotti and Giorgia Giovannetti（2005）EU trade links with developing neighbors: The case of SEECs, CEECs and the Mediterranean countries, Journal of Southern Europe and the Balkans, 7(1), pp. 75-96.

Aristovnik, Aleksander（2007）Are current account deficits in Eastern Europe and former Soviet Union too high? Transformations in Business and Economics, 6(1), pp. 32-52.

Athukorala, Prema-chandra and Swarnim Wagle（2014）Trade liberalization and export performance in transition: The case of Georgia, The World Economy, 37(12), pp. 1669-1691.

Awokuse, Titus（2007）Causality between exports, imports, and economic growth: Evidence from transition economies, Economics Letters, 94, pp. 389-395.

Beckmann, Elisabeth and Jarko Fidrmuc（2012）Oil price shock and structural changes in CMEA trade: Pouring oil on troubled waters? European Journal of Comparative Economics, 9(2), pp. 31-49.

図10.3 GDP が貿易規模に与える影響の推定結果の漏斗プロット

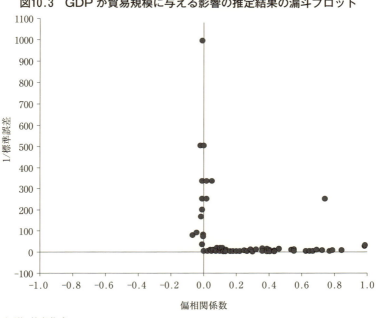

出所）筆者作成。

Besedeš, Tibor (2011) Export differentiation in transition economies, Economic Systems, 35(1), pp. 25-44.
Borenstein, Michael, Larry Hedges, Julian Higgins and Hannah Rothstein (2009) Introduction to Meta-Analysis, Wiley: Chichester.
Carmignani, Fabrizio and Abdur Chowdhury (2007) Does financial openness promote economic integration? ECE Discussion Papers Series No.4, United Nations Economic Commission for Europe (UNECE): Helsinki.
Damijan, Joze and Matija Rojec (2007) EU market access and export performance of transition countries, South East European Journal of Economics and Business, 2(2), pp. 31-42.
Egger, Peter, Michael Pfaffermayr and Roland Schmidt (2007) Trade in Western and Eastern Europe in the aftermath of COMECON: An assessment of behavioral change, Oxford Economic Papers, 59(1), pp. 102-126.
Funke, Michael and Ralf Ruhwedel (2005) Export variety and economic growth in East European transition economies, Economics of Transition, 13(1), pp. 25-50.
Ghatak, Subrata, Silaghib Pop, Monica Ioana and Vince Daly (2009) Trade and migration flows between some CEE countries and the UK, Journal of International Trade and Economic Development, 18(1), pp. 61-78.
Gros, Daniel and Andrzej Gonciarz (1996) A note on the trade potential of Central and Eastern Europe, European Journal of Political Economy, 12(4), pp. 709-721.

第Ⅳ部　経済開放と国際社会との共存

図10.4　距離が貿易規模に与える影響の推定結果の漏斗プロット

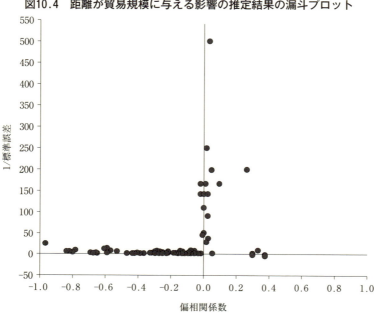

出所）筆者作成。

Grossman, Gene and Elhanan Helpman (1992) Innovation and Growth in the Global Economy, The MIT Press: Cambridge, Mass.

Hamilton, Carl, Alan Winters, Gordon Hughes and Alasdair Smith (1992) Opening up international trade with Eastern Europe, Economic Policy, 7(14), pp. 78-116.

International Monetary Fund (IMF), International Financial Statistics: Washington D.C. (various issues).

Janda, Karel, Eva Michalikova and Jiri Skuhrover (2013) Credit support for export: Robust evidence from the Czech Republic, The World Economy, 36(12), pp. 1588-1610.

Kancs, Artis (2007) Trade growth in a heterogeneous firm model: Evidence from South Eastern Europe, The World Economy, 30(7), pp. 1139-1169.

Liargovas, Panagiotis and Dionysios Chionis (2001) Economic integration between the European Union and the transition economies of Central European initiative countries, Post-Communist Economies, 13(1), pp. 57-70.

Mandel, Martin and Vladimir Tomšík (2008) External balance in a transition economy, Eastern European Economics, 46(4), pp. 5-26.

Marques, Helena and Hugh Metcalf (2005) What determines sectorial trade in the enlarged EU? Review of Development Economics, 9(2), pp. 197-231.

Marti, Luisa, Rosa Puertas and Leandro Garcia (2014) The importance of the logistics performance index in international trade, Applied Economics, 46(22/24), pp. 2982-2992.

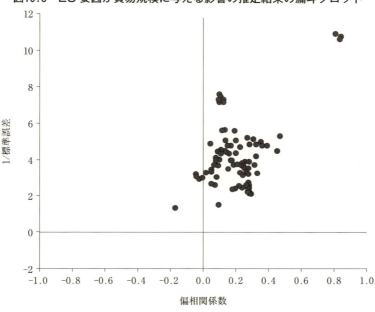

図10.5 EU 要因が貿易規模に与える影響の推定結果の漏斗プロット

出所）筆者作成。

Mattas, Konstadinos and Christina Esanu (1996) Alterations in export patterns through transforming, International Advances in Economic Research, 2(4), pp. 374-385.
Mullen, Brian (1989) Advanced Basic Meta-analysis, Lawrence Erlbaum Associates: New Jersey.
Paas, Tiiu (2000) The gravity approach for modeling international trade patterns for economies in transition, International Advances in Economic Research, 6(4), pp. 633-648.
Stanley, Tom and Hristos Doucouliagos (2012) Meta-regression Analysis in Economics and Business, Routledge: London.
Stare, Metka and Andreja Jaklič (2008) Transition, regulation and trade in services, Service Industries Journal, 28(3), pp. 277-290.
Toole, James and James Lutz (2005) Trade policies of the former centrally planned economies, Global Economy Journal, 5(3), pp. 1-22.
UNECE (United Nations Economic Commission for Europe) (1996) Economic Survey of Europe in 1995-1996, United Nations: New York.
UNECE (2003) Economic Survey of Europe in 2003 No.1, United Nations: New York.
van Beers, Cees and Guido Biessen (1996) Trade possibilities and structure of foreign trade: The case of Hungary and Poland, Comparative Economic Studies, 38(2/3), pp. 1-19.
Wang, Zhen and Alan Winters (1992) The trading potential of Eastern Europe, Journal of Economic Integration, 7(2), pp. 113-36.

第11講	**市場経済移行と外国直接投資（FDI）**
	FDI 決定要因の比較分析

徳永昌弘・岩﨑一郎

11.1　はじめに

　社会主義経済から資本主義経済への経済移行は，外国直接投資（FDI）の重要性をクローズアップさせた。それは，貯蓄不足に悩んでいた国々の資金源を増やすだけでなく，極めて非効率であったソ連型の指令経済を立て直すための推進力としても必要であった（Lavigne, 1999, Chapter 9）。それゆえ，移行経済論では，対内FDI（inward FDI）は経済成長と構造転換の両面から不可欠と見なされ，学術的に重視されてきた（Okafor and Webster, 2016）。この対内FDIが経済成長に寄与するかどうかは，研究者の間で意見が分かれているが，数多の先行研究が示すところでは，1989年11月のベルリンの壁崩壊を機に中東欧諸国と旧ソ連諸国で本格的に始まった資本主義経済の構築に向けた市場経済化の過程において，外国資本の流入と多国籍企業の進出は極めて重要な役割を果たした。

　しかし，旧社会主義圏に対する海外投資家や外国企業の根深い懐疑心と体制転換初期の深刻な経済危機が災いして，同地域への外国投資は，欧州連合（EU）と国境を接し，構造改革と経済開放に非常に積極的であったハンガリーを始めとする一部の国々を除けば，1990年代を通じて概して期待外れに終わった。さらに，この時期に投下された外国資本の大部分は国有資産の買収に費やされ，国家財政に吸収されたか，もしくはポートフォリオ投資に用いられたため，実体経済へのインパクトは総じて軽微であった。だが，外国投資をめぐる情勢は，世紀の変わり目を経て大きく変化した。2000年代に中東欧・旧ソ連諸国への資本流入を促した要因は数多く挙げられるが，とりわけ，旧体制への逆行はもはやあり得ないと確信させるまでの市場経済化の進展，1990年代の経済危機後の目覚ましい景気回復を背景とした新興市場経済諸国としての台頭，EU拡大に象徴される世界経済のグローバリゼーションの進展・深化が，海外投資家や多国籍企業にもたらした心理的作用は特筆すべき

第Ⅳ部　経済開放と国際社会との共存

ものであった。その結果，**表11.1**が示すように，中東欧・旧ソ連諸国に投じられた FDI は，1989〜2014年の四半世紀に累計１兆5,503億米ドルを記録したが，その約９割は新世紀初頭の10年間に集中しており，同時期における国境を越えた旺盛な資本移動を象徴する出来事となった。

　経済移行に関する先行研究は，中東欧・旧ソ連諸国の経済再建に果たす FDI の潜在力に早くから注目しており，遅くとも1990年代半ばには本格的な実証分析の成果を学術誌に発表し始めていた（Meyer, 1995a; Wang and Swain, 1995; Lansbury et al., 1996）。とはいえ，上述した外国投資実績の低迷に加えて，データの入手可能性を始めとする技術的制約が重なり，移行経済分野における FDI 研究は，1990年代を通じて質・量ともに決して十分ではなかった。しかしながら，こうした不足感は2000年代の活発な調査・研究活動によってほぼ払拭され，いまや外国投資をめぐる問題は，移行経済論における最重要の研究課題の一つになったと述べても過言ではないだろう。

　研究蓄積が一定の水準に達したと思われる現在，問われるべきことは，これらの既存研究が，全体としていかなる実証結果を示しているのか，それは真の効果を捉えるのに十分なのか，さらには研究成果の公表に作為的な偏り，いわゆる公表バイアスは存在しないのか，という点である。本講義の目的は，中東欧・旧ソ連諸国における経済移行と FDI の関係を定量的に検証した文献のメタ分析を通じて，これらの課題に一定の回答を提示することにある。一口に移行経済分野の FDI 研究と言っても，その内容は多様を極め，当然ながら理論的背景や研究手法も大きく異なる。その一方で，メタ分析を行うためには，分析結果の統合や相互比較が可能な形で研究成果を報告している一定数の先行研究が必要である。そこで，これまでの研究動向を踏まえて，様々な FDI 研究の中でも，特に実証分析の層が厚い移行経済諸国の対内 FDI の決定要因に焦点を当てたメタ分析を本講義では行う。計画経済から市場経済への移行がいかほどの FDI 誘引効果を有していたかが分析の焦点であるが，同時に他の伝統的な FDI 決定要因，特に FDI の重力モデル（gravity models）に用いられる諸変数の FDI 誘引効果との比較考量も想定している。このように，本研究は移行経済論に先駆的な貢献をもたらすだけでなく，対内 FDI の決定要因全般に関する議論にも大きく寄与するものである。

　管見の限りでは，移行経済研究に焦点を当てたメタ分析は十分でなく，FDI 決定要因研究についても同様に少ない。移行経済諸国に関するメタ分析ないし体系的レビューの論文数は，本書に収録された研究成果を除けば，11点に限られる。そのうち，Djankov and Murrell（2002）は先駆的な業績で，移行経済における企業再建の問題を定量的に論じた実証研究をレビューしている。彼らの問題関心を引き継

第 11 講　市場経済移行と外国直接投資（FDI）：FDI 決定要因の比較分析

表11.1　中東欧・旧ソ連諸国向け外国直接投資実績（1989〜2014年）[1]

国家グループ・国名[2]	累積投資額 （百万ドル）	国民一人 当たり 累積投資額 （ドル）	累積投資額 対 GDP 比 （％）[3]	28カ国総累 積投資額に 占める比率 （％）	参考値（2014 年）	
					総人口 （千人）	名目 GDP （百万ドル）
中東欧 EU 加盟国						
ポーランド	194,598	5,119	35.7	12.55	38,012	544,967
チェコ	107,571	10,220	52.4	6.94	10,525	205,270
ハンガリー	99,206	10,058	71.7	6.40	9,863	138,347
ルーマニア	77,833	3,910	39.1	5.02	19,904	199,044
ブルガリア	56,752	7,856	100.1	3.66	7,224	56,717
スロバキア	50,419	9,305	50.3	3.25	5,419	100,249
エストニア	20,268	15,418	76.5	1.31	1,315	26,485
リトアニア	15,012	5,120	31.0	0.97	2,932	48,354
ラトビア	13,974	7,009	44.7	0.90	1,994	31,287
スロベニア	10,126	4,911	20.5	0.65	2,062	49,491
中東欧非 EU 加盟国						
クロアチア	36,510	8,614	63.9	2.36	4,238	57,113
セルビア・モンテネ グロ[4]	31,325	4,041	64.6	2.02	7,751	48,454
アルバニア	9,803	3,387	74.2	0.63	2,894	13,212
ボスニア・ヘルツェ ゴビナ	7,743	2,028	41.8	0.50	3,818	18,521
マケドニア	4,304	2,074	38.0	0.28	2,076	11,324
旧ソ連諸国(バルト諸国を除く)						
ロシア	510,326	3,548	27.4	32.92	143,820	1,860,598
カザフスタン	126,587	7,322	58.1	8.17	17,289	217,872
ウクライナ	74,472	1,642	56.5	4.80	45,363	131,805
トルクメニスタン	26,203	4,937	54.7	1.69	5,307	47,932
アゼルバイジャン	19,872	2,084	26.4	1.28	9,535	75,198
ベラルーシ	19,326	2,041	25.4	1.25	9,470	76,139
ジョージア	12,424	3,334	75.2	0.80	3,727	16,530
ウズベキスタン	9,002	293	14.4	0.58	30,758	62,644
アルメニア	6,555	2,181	56.3	0.42	3,006	11,644
キルギス	3,915	671	52.9	0.25	5,836	7,404
モルドバ	3,906	1,098	49.1	0.25	3,556	7,962
タジキスタン	2,287	276	24.7	0.15	8,296	9,242
中東欧・旧ソ連諸国 28 カ国(全体)	1,550,318	3,819	38.1	100.00	405,990	4,073,805

注 1 ）コソボを除く。
　 2 ）国家グループ内の国名の掲載順序は，累積投資額順位に準じている。
　 3 ）2014年の名目 GDP を100とする。
　 4 ）セルビアとモンテネグロについては，データ上の制約があるため，2 カ国の合算値を示した。
出所）国連貿易開発会議の世界投資レポート（http://unctad.org/en/Pages/DIAE/World%20Investment%20Report/Annex-Tables.aspx）及び世界銀行の世界開発指標（http://databank.worldbank.org/data/views/variableSelection/selectvariables.aspx?source=world-development-indicators）の公表データに基づき，筆者作成。

421

いだ Estrin et al.（2009）は，体制移行期における私有化と所有権変化の効果に焦点を当てたものである。さらに，ロシア企業の内部構造に関する研究成果を網羅的に調査した Iwasaki（2007）は，企業統治構造が企業再建に及ぼす効果に関する証拠を提供している。次に，Hanousek et al.（2011）及び Iwasaki and Tokunaga（2014, 2016）は，FDI が移行経済諸国にもたらし得る様々な経済効果に関する多くの所見を整理した上で，その実証分析の結果をメタ分析している。残り5点の概要は，以下の通りである。Égert and Halpern（2006）及び Velickovskia and Pugh（2011）は，為替レート決定要因研究のメタ分析を行っている。Fidrmuc and Korhonen（2006）は景気循環に関する研究を取り上げ，メタ分析に供している。最後に，Babecký and Campos（2011）及び Babecky and Havranek（2014）は，メタ分析の手法を用いて，移行経済諸国の構造改革と経済成長の関係をレビューしている。他方で，FDI 決定要因全般に関する既存研究のメタ分析は，もっぱら課税が FDI に及ぼす影響を扱っている（de Mooij and Ederveen（2003, 2008）及び Feld and Heckemeyer（2011）を参照）。なお，本講義がメタ分析の対象として取り上げた文献のうち，Bellak and Leibrecht（2006, 2007a, 2007b, 2009）及び Overesch and Wamser（2010）は，これらの論文と全く同じ研究関心に基づいて，移行経済諸国における課税と FDI の関係を実証的に検証している。

　以上を踏まえて，本論文では，体制移行期における中東欧・旧ソ連諸国向け FDI の決定要因を実証的に検証した先行研究のより包括的なメタ分析を行う。本講義の構成は，次の通りである。11.2節では，FDI の決定要因について概説した上で，メタ分析対象文献の調査手順と選出された対象文献の概要を述べる。11.3節では，これらの文献から抽出した推定結果のメタ統合を行う。11.4節では，推定結果間の異質性を生み出した要因をメタ回帰分析の手法で解析し，続く11.5節では公表バイアスの問題を検証する。最後に11.6節で，分析結果の要約と筆者らの結論を述べた上で，政策上のインプリケーションについて論じる。

11.2　中東欧・旧ソ連諸国向け外国直接投資の決定要因： メタ分析対象文献の概要

11.2.1　外国直接投資の決定要因

　これまでに FDI の決定要因として提起された論点は多岐に渡るが，中東欧・旧ソ連諸国の場合，計画経済から市場経済への移行に関わる諸政策，とりわけ経済自由化，企業改革，競争政策，私有化の FDI に及ぼす影響が，主たる関心事の一つであった。その背景には，経済移行の進展が外国企業による事業投資の呼び水とな

第11講　市場経済移行と外国直接投資（FDI）：FDI決定要因の比較分析

り，資本形成や事業機会の拡大に寄与するだけでなく，著しい経済効果の享受にも
繋がると期待されていたことがある。しかし，本講義の冒頭で述べたように，1990
年代における中東欧・旧ソ連諸国向けFDIは総じて低調で，経済移行の開始から
数年後の時点でも，中東欧・旧ソ連諸国全体でタイとマレーシアの2カ国が同時期
に受け取ったFDIに相当する水準に過ぎなかった（IBRD, 1996, Chapter 9）。それ
でも，経済移行に関わる諸指標とFDIの受入実績の関係を検証する研究は1990年
代半ばから始まり，その全てが両者の間に正の相関関係を見出している（Lankes
and Venables, 1996; Lansbury et al., 1996; Selowsky and Martin, 1997; EBRD, 1998,
Chapter 4）。その後，2000年代に入ってからFDIが急増するとともに，本格的な
計量分析を可能とする統計データの整備が進むにつれて，多くの研究者がFDI決
定要因の実証分析に臨んだ。その結果の大半は，後述する通り，経済移行の進捗度
とFDIの受入実績の間に正の相関関係を見出している。

　中東欧・旧ソ連諸国に限らず，FDIの決定要因は多岐に渡る。特に，GDPや人
口数で表される市場規模がFDIの流入に有意に影響することは，多くの実証研究
の蓄積を通じて証明されたと言ってよい（Chakrabarti, 2001; Eicher et al., 2012）。
中東欧・旧ソ連諸国向けFDIの決定要因を論じた研究の成果をレビューしたLankes
and Venables（1996），Estrin et al.（1997, Chapter 2），Holland et al.（2000）によ
れば，市場規模が重要な説明変数であることについては，比較的早い段階で研究者
の間で合意を得ていた。しかしながら，より最近の研究の成果もカバーしたLefil-
leur（2008）の文献レビューによると，中東欧・旧ソ連諸国の国内市場規模はFDI
の流入に有意に影響しないと報告する研究が近年増えている[1]。それゆえ，経済移
行がFDIに及ぼす影響を検証した実証分析の結果を統合し，その効果の程度と変
化の方向性を明らかにしつつ，他の潜在的なFDI決定要因の効果と比較考量する
ことは，中東欧・旧ソ連地域の移行経済諸国に特有の事情がFDI実績に与えた影
響力を定量的に把握するという点で，非常に有意義であると言える。以下では，こ
の点に注意を払いながら，既存研究のメタ分析を行う。

---

1 ）Lefilleur（2008）による文献レビューは票数カウント法（vote-counting method）を採用して
おり，その結果，2000年以前に発表されたレビュー対象論文33点は，いずれも中東欧・旧ソ連諸
国の国内市場規模と対内FDIの受入実績の間に有意な正の相関関係を報告していたが，2000年
以降に発表されたレビュー対象論文25点のうち，両者の間に有意な正の相関関係を報告する論文
数は16点に限られ，残り9点は有意に影響しない，もしくは負に相関しているという結論であっ
たことが判明した。

第Ⅳ部　経済開放と国際社会との共存

11.2.2　メタ分析対象文献の選出

　ここでは，メタ分析対象文献の探索・選択方法と各文献に報告された推定結果の抽出方針を説明した上で，これらの文献の内容を概観する。中東欧・旧ソ連諸国向け FDI の経済効果（マクロ経済効果及び生産性波及効果）を論じた文献に焦点を当てたメタ分析である Hanousek et al.（2011）及び Iwasaki and Tokunaga（2014, 2016）とは異なり，本研究は同諸国向け FDI の決定要因に関する先行研究のメタ分析を行う。

　中東欧・旧ソ連諸国向け FDI の決定要因に関する研究業績を検索するために，まず筆者らは，電子化された学術文献情報データベースである EconLit 及び Web of Science を利用して，1989年から2015年までの27年間に発表された文献を探索した。電子データベース上での探索に際しては，*foreign direct investment, FDI* 又は *multinational enterprise* のいずれか一つと，*transition economies, Central Europe, Eastern Europe, former Soviet Union* 又は中東欧・旧ソ連諸国の国名いずれか一つの組み合わせを検索語に用いた[2]。この段階で発見された約550点の文献のうち，その約70％に当たる380点超を実際に入手した。さらに，これらの文献が引用している非重複文献のうち，やはり1989〜2015年の間に発表された類似の研究業績も可能な限り入手した。その結果，筆者らの手元には約470点の文献が集められた。

　次に，筆者らは約470点に上る論文の内容を吟味しつつ，メタ分析の対象となり得る推定結果を含有している文献の絞り込みを行った。その過程で，学術図書，学術図書所収論文，雑誌論文以外のいわゆる未刊行文献は全て排除した。Doucouliagos et al.（2012）によると，未刊行文献は最終的とはいえない推定結果を披露しているかもしれず，また基本的に査読審査を経ていないため，その研究内容が一定の水準に達していない恐れが高い。こうした懸念は，今次筆者らが入手した未刊行文献にも強く当てはまると判断されたことに加えて，次節からのメタ分析では，統計的有意水準の結合やメタ回帰分析の際に，学術雑誌ランキングといった外形的な指標に基づいて客観的に評価した研究水準を利用することが，未刊行文献を含めなかった最大の理由である。さらに，本研究テーマの場合，入手文献に占める未刊行文献の割合がさほど大きくないことと，その発表年が近年に著しく偏っておらず，仮に全てを排除しても最新の研究成果を大きく看過する危険性は小さいと判断されたことも，こうした手続きを取った理由である。

　過去に発表された同種のレビュー研究と比べて，本論文で用いられるメタ分析の

2）　最後の文献探索は2016年 3 月に行われた。

第 11 講　市場経済移行と外国直接投資（FDI）：FDI 決定要因の比較分析

手法はより厳密で，Stanley and Doucouliagos（2012）が推奨する方法論に準拠している[3]。特に，一つの文献から一つの推定結果のみを選ぶ抽出規則が招き得るメタ分析者による恣意的選択の問題と，一つの文献から全推定結果を拾い上げる抽出規則が犯しがちな特定研究を過剰にプレゼンスする問題の双方を軽減する措置として，本研究では折衷的な抽出規則を採用した。すなわち，推定結果の抽出は，文献1点につき一つに制限することはしない一方で，分析対象地域／国，データ形式，回帰モデルの推定式，推定期間，推定量の少なくとも一項目について，分析方法論上で注目すべき差異が認められれば，その限りにおいて複数の推定結果を抽出した。

11.2.3　メタ分析対象文献の概要

前項で述べた文献探索・選択方法に基づいて，FDI 決定要因に関するメタ分析の研究対象として，筆者らは合計69点の文献を選出した[4]。その際，刊行済みの研究成果ではあっても，以下の4つに分類される文献は選択しなかった。第1に，いかに優れた内容であっても，記述的な分析手法を用いた研究成果からは，本研究のメタ分析の対象となる推定結果は抽出できない。筆者らが入手した約470点の文献には，記述的な先行研究が多数含まれていたため，結果的にメタ分析対象文献の数を大きく減らすことになった。第2に，単回帰分析による推定結果のみを報告している数点の文献は排除し，重回帰分析に基づく推定結果を公表している文献に限定した。第3に，プロビットもしくはロジット推定を用いて，従属変数が二択である二項選択モデルを採用した研究が報告する説明変数の効果サイズは，線形回帰モデルの場合との比較が困難で，両者を統合することは技術的に困難であるため（Stanley and Doucouliagos, 2012, pp. 16-17），一部の文献は重回帰分析を行っていても，今回のメタ分析対象文献には含めなかった。第4に，投資受入国の一部地域や特定産業に研究対象を絞り込んだ文献は，国家レベルの FDI 決定要因を論じたものとは，研究目的や問題関心が大きく異なるだけでなく，その多くは二項選択モデルを採用しているため，やはりメタ分析の対象外とした。

公式の投資統計に基づいて，中東欧・旧ソ連諸国における FDI の動向を論じた研究は1990年代前半から見られるが（Alter and Wehrlé, 1993; Hany, 1995; Meyer, 1995b），計量分析の手法を駆使した本格的な実証研究は1990年代には数点に限られる。しかし，2000年代に入ると計量的な実証研究が続々と発表され，本講義の冒

3）　メタ分析方法の詳細は，本書序論を参照のこと。

4）　メタ分析対象文献の詳細や抽出推定結果の内訳は，日本評論社ウエブサイト（https://www.nippyo.co.jp/shop/downloads）にある本書第11講付録1及び2を参照のこと。

第IV部　経済開放と国際社会との共存

頭でも述べたように，移行経済研究における重点課題の一つに昇格した。その背景には，2000年代から中東欧・旧ソ連諸国向けFDIが急増したことに加えて（徳永，2012），移行先進国と呼ばれた国々のEU加盟の見通しが，多国籍企業による投資戦略の見直しを呼び起こし，汎欧州レベルで大規模な事業再編をもたらすであろうと予想されたことが挙げられる[5]。そのため，研究者の主たる関心も，2004年及び2007年にEU加盟を果たした中東欧10カ国に集中した。

　表11.1が示すように，累積投資額で見たFDI実績がEU新規加盟国の約8分の1に過ぎない中東欧非EU加盟国や，投資受入額は多くてもEU加盟が事実上見込めない旧ソ連諸国（バルト諸国を除く）は，とりわけ計量的な実証分析の対象から外されてきた。唯一の例外は，2013年7月にEU加盟を果たしたクロアチアである。同国のFDI決定要因を検証したDeichmann（2013）及びDerado（2013）は，特定国のEU加盟の展望が開けたことで，そのFDI研究の機運が高まる好例である。また，最近の研究は，南東欧・西バルカン地域の非EU加盟国のFDI決定要因に焦点を当てることで，分析対象国の偏りを解消しようと努めている（Hengel, 2011; Estrin and Uvalic, 2014; Dauti, 2015）。全体的に見ると，投資受入国の内訳を報告していないDöhrn（2000）及びJensen（2002）を除けば，研究対象国延べ833カ国のうち，中東欧EU加盟国，中東欧非EU加盟国，旧ソ連諸国（バルト諸国を除く）が占める割合は，それぞれ60.1%（延べ501カ国），14.2%（同118カ国），18.4%（同153カ国）となる。残りの7.3%（同61カ国）は，上記の国々以外である。それは，Wang and Swain（1997）やJiménez（2011）のように，欧州外の投資受入国が分離不可能な形でパネルデータに組み込まれているためである

　今回取り上げた合計69点の文献の推定期間は，全体として1989年から2011年までの23年間をカバーしており[6]，筆者らが抽出した実証結果の平均推定年数は10.6年（中央値10年，標準偏差4.2年）である。モデル形式については，37点の論文が特定期間のFDI総受入額を従属変数とする総投資モデルを採用しているのに対し，30点は特定国から投じられたFDIを従属変数とする二国間モデルに基づいている。残る2点，すなわちDemekas et al.（2007）及びIwasaki and Suganuma（2009）は，双方のモデルを併用している。総投資モデルを採用した場合，投資国を限定せず，全世界からの直接投資を従属変数とするケースが圧倒的に多く，一部の国々に投資国を限定した総投資モデルを推定した研究は数点に限られる。他方，二国間モ

5）　実際のところ，中東欧諸国のEU加盟を見越した日系企業の中東欧向け直接投資は2000年代前半に急増し，製造業の新規工場設立数では中東欧地域が西欧地域を凌駕した（安藤，2006）。

6）　推定期間に移行前の時期が含まれるケースは，ハンガリーと中国における計画経済時代の経済改革のFDI誘引効果を検証したWang and Swain（1997）のみである。

426

デルの多くが理論的に依拠する重力モデルは，投資国からの物理的距離を説明変数に含めなくてはならないため，投資国を具体的に特定する必要がある[7]。近年は二国間モデルを採用する傾向が強まっているが，それはFDI決定要因の研究自体の基本的なアプローチが重力モデルを重視しているためであろう。中東欧・旧ソ連諸国向けFDIの大半が，EU域内の先進国から投じられている実態を反映して，二国間モデルは西欧諸国を投資側の主要な分析対象としている。その一方で，主に米国，日本，スイスから構成されるEU域外の先進国や，旧社会主義国を含む新興国（チェコ，ハンガリー，ポーランド，ロシア，香港，シンガポール，韓国等）を投資国に含む研究も一部に見られる（Bandelj, 2002, 2008; Bevan and Estrin, 2004; Deichmann, 2010, 2013; Estrin and Uvalic, 2014）。

　データ形式については，全体の約4分の3の文献がパネルデータを利用している。後は横断面データを用いた研究が大半で，時系列データに依拠した論文は数点に限られる。データの入手制約やFDI流入額の乱高下を考慮して，2000年代前半までは横断面データを用いた研究は珍しくなかったが，近年はほとんどの文献がパネルデータを利用している。次に，実証分析に用いられる諸変数に目を向けると，回帰モデルの左辺に置かれるFDI変数（従属変数）は大きく7種類の指標に分類される[8]。年間FDI純流入額を採用した研究が最も多く，全69点の文献中の25点を数える。他には，年間FDI総流入額，年間FDI総流入累積額もしくはFDI残高（固定資本ストックを含む），国民一人当たり年間FDI流入額（総額もしくは純額）が広く用いられ，それぞれ10点前後の文献で採用されている。他の指標を用いた論文の数は，それぞれ3〜5点程度に限られる。FDI変数の指標の選択は，もっぱら技術的な理由によって決められるか，研究上の必要に応じてアプリオリに決定されているようである[9]。

　前者の技術的理由とは，以下の通りである。研究目的で通常利用される国連貿易開発会議（UNCTAD），経済協力開発機構（OECD），国際通貨基金（IMF），世界銀行グループの投資統計は[10]，各国の国際収支表に基づいて，直接投資の流出入を相殺したFDI純流入額のデータを提供しているが，ある国のFDI流出額（対外

7）二国間モデルであっても，地理的距離変数を推定に入れなければ，本来の意味での重力モデルとは呼べない。

8）一つの論文の中で複数のFDI変数が用いられるケースも見られる。

9）そもそも中東欧・旧ソ連諸国向けFDIの実績自体が，何を指標として用いるかで大きく様相を異にする。例えば，累積投資額で見るとロシアは最大の投資受入国であるが，国民一人当たり累積投資額では，最上位に来るエストニアの4分の1以下の水準に過ぎない（表11.1を参照）。同様に，国民一人当たり累積投資額で見ると，もっぱら中東欧EU加盟国が上位に名を連ねるが，累積投資額対GDP比では中東欧非EU加盟国が最大の投資受入先となる（岩﨑・德永, 2013a）。

427

第Ⅳ部　経済開放と国際社会との共存

FDI）が流入額（対内 FDI）を年ベースで上回ると，その年間 FDI 純流入額は負の値を取るため，なかんずく FDI 変数を対数変換したモデルを推定しようとする場合に大きな支障を来す。現に中東欧・旧ソ連諸国では，1990年代中葉と2008～09年に起きた２回の金融危機の時期を中心に，年間 FDI 純流入額が負になるという事態を経験している。とりわけ，累積投資額では最大の受入国でありながら，しばしば FDI 流出額が流入額を上回り，「資本逃避」（capital flight）と呼ばれる現象が今なお続いているロシアの取り扱いに苦慮することになる。さらに，多くの場合，FDI の流出入は年毎の変動が激しいため，GDP を始めとする他の経済指標との比率を計算しようとすると，データ中のノイズが増幅される恐れがある（Claessens et al., 2000）。こうした問題を回避するためには，Garibaldi et al.（2001）のように FDI 流入額のみを FDI 総流入額として計上するか，Botrić and Škuflić（2006）のように FDI 残高を利用せざるを得ない。FDI 変数の指標がアプリオリに選択されるという後者の問題については，メタ分析対象論文の中で必ずしも明記されているわけではないが，研究者の問題関心や研究目標に即した指標が優先的に選択されることは十分に予見される。一例を挙げると，多国籍企業による投資決定と立地選択の結果をともに反映した指標としては，直接投資の件数が概念的に最も優れており，通常用いられる二項選択モデル（投資するか否か）では，多国籍企業がしばしば複数の傘下企業を投資先で運営している実態が見逃されてしまうと Overesch and Wamser（2010）は主張している。

　他方で，回帰モデルの右辺に置かれる経済移行変数（説明変数）は，その内容に応じて６つのタイプに分類される。今次筆者らが検討した文献のほとんどは，経済移行の進捗度を示すために欧州復興開発銀行（EBRD）が考案した総合移行指標（general transition indicators）もしくは分野別移行指標（transition subindicators）を採用しており，これに各タイプは原則として対応している[11]。ただし，私有化関連指標には多様な変数が含まれており，EBRD による私有化移行指標以外にも，民間部門対 GDP 比や私有化収入等がよく用いられている。この私有化関連指標が経済移行変数として最も人気があり，FDI 決定要因として同変数を分析に含む文献42点のほぼ半数に当たる22点で採用されている。この点は，中東欧・旧ソ連諸国における企業私有化の手段の一つとして，入札による直接売却方式が提起され，1990年代のハンガリーに象徴されるように，それが対内 FDI を牽引した過去の経緯の表れと理解できる。続いて，11点の文献が総合移行指標を用いており，経済自

10）それぞれ，UNCTADstat，OECD StatExtracts，World Economic Outlook，World Development Indicators と呼ばれている。

428

第 11 講　市場経済移行と外国直接投資（FDI）：FDI 決定要因の比較分析

由化指標，企業改革指標，競争政策指標を採用している文献は，それぞれ 5 〜 6 点を数える。最後に，その他の指標に分類される経済移行変数の内容は多岐に渡り（貿易・為替体制，法制度効力，インフラ改革，銀行改革等），かつ18点もの文献がこのタイプを採用していることは，研究者による経済移行の捉え方が多様であるだけでなく，中東欧・旧ソ連諸国における経済移行の核心について，明確な合意が形成されていない状況も反映している[12]。また，文献別の平均精度の分布が示唆する通り，経済移行変数の推定値の信頼性は研究によって大きく異なり，上記のタイプ毎に特徴的な傾向を見出すこともできない[13]。

　当然ながら，メタ分析対象文献には経済移行変数以外の FDI 決定要因も説明変数として含まれており，それは研究を通じて解明すべき目標変数でもあれば，重回帰分析のために導入された制御変数でもある。それゆえ，上記の経済移行変数に加えて，筆者らは他の FDI 決定要因（説明変数）の推定値も全て抽出し，その一部を 9 つのタイプに分類した[14]。まず，投資受入国の経済力に関する変数（市場規模変数及び購買力変数）と労働費用に関する変数（労働費用水準変数及び労働費用格差変数）は，他の潜在的な FDI 決定要因（目標変数）の効果サイズを検証するために，しばしば制御変数としてモデルに導入される。次に，二国間モデルで推定する場合は，上述した理由により，物理的距離を表す変数（地理的距離変数）が多くの研究で取り入れられている。さらに，中東欧・旧ソ連諸国では FDI と貿易の

11）経済移行の過程や結果を数量化して計量分析に用いる研究手法に対しては，当初から根強い批判が見られる。現在でも懐疑的な見解を表明する研究者は少なくない。例えば，Myant and Dra-hokoupil（2012）によれば，EBRD の移行指標は私的所有を伸ばすという狭量な考えに依拠しており，経済移行諸国にとって真に必要な経済発展という大局的な視点が抜け落ちているため，数量化された移行指標の高得点が，効率的に機能する現代的な市場経済機構が確立されたことを必ずしも意味するわけではない。そもそも移行指標を開発した EBRD 自身や，その主席エコノミスト兼総裁特別顧問を務めたニコラス・スターンが率直に認めているように，適正に機能する市場経済にとって不可欠の要素が移行指標には十分に反映されていない（Stern, 1997）。すなわち，移行指標の高低は，ある時点での経済移行の進捗度は示すものの，各国政府の政策運営能力や経済改革の遂行力を完全に把握しているわけではない。また，経済移行の評価は，移行開始時の初期条件や国際金融機関が要求する施策・制度の有無にも大きく影響される。例えば，豊かな資源賦存を含めた良好な初期条件の存在が経済改革の意欲を削ぐ場合には，移行指標は「悲観的」（過小評価）になりがちである一方で，西欧流に洗練された施策・制度が存在さえすれば，その運用面の効果は不透明でも移行指標はしばしば「楽観的」（過大評価）となる（Zinnes et al., 2001）。

12）この点に Djankov and Murrell（2002）は警鐘を鳴らしており，経済発展に関する幅広い文脈の中に経済移行を位置づけ，その意味を真剣に考える努力を移行経済に関する実証研究は怠ってきたと批判している。

13）本講義注 4 を参照。

429

第Ⅳ部　経済開放と国際社会との共存

関係が補完的であるか，それとも代替的であるかを確認するために，貿易効果に関する変数（貿易効果変数）が約3分の1の文献で導入されている。一部の研究は，Doytch and Eren（2012）に代表されるように，既存の FDI が新たな FDI の呼び水になり得ることを踏まえて，外国企業の進出・立地状況を示す変数（集積効果変数）を用いている。ただし，しばしば集積効果変数と見なされるラグ付き従属変数（FDI 変数）は，別の目的でも使用されていることには注意を要する。すなわち，FDI の均衡過程を理論的に内包するダイナミックパネル推定を行うために，ラグ付き従属変数（FDI 変数）が登場するケースである[15]。最後の2つの潜在的なFDI 決定要因は，天然資源の多寡を示す変数（資源賦存変数）と EU 加盟の状況を表す変数（EU 加盟変数）で，前者は旧ソ連諸国，後者は中東欧諸国に特有の事情を回帰分析に反映させようと試みている。ロシア，カザフスタン，アゼルバイジャン，トルクメニスタンといった地下資源に恵まれた旧ソ連諸国は，資源追求型（resource-seeking）の FDI を惹きつけているように見えるが，原油・天然ガス等の輸出による資源収入のおかげで急成長した消費市場は，市場追求型（market-seeking）の FDI を繋ぎ止めているかもしれない。他方で，EU の東方拡大が新規加盟国向けの FDI を促進させたかどうかは，間違いなく移行経済分野の FDI 研究における最重要課題の一つであった[16]。以下の節では，本研究の焦点である経済移行変数を含めて，主要な FDI 決定要因の効果サイズと統計的有意性を計測するために，メタ分析対象文献に報告された上記の諸変数の推定値も利用する。

14）経済移行変数を含む10タイプの指標に分類できない説明変数は，今回のメタ分析の対象外とした。その中の一つが法人税に関連した変数である。国境を越えた資本移動に法人税率や優遇税制が及ぼす影響は，FDI 研究の主要な関心事で，そうした研究がメタ分析対象文献の中にも含まれている（Beyer, 2002; Edmiston et al., 2003; Bellak and Leibrecht, 2006, 2007a, 2007b, 2009）。しかしながら，FDI と課税に関する実証研究のメタ分析を行った Feld and Heckemeyer（2011）によると，税率が FDI に及ぼす影響度（弾力性）は，分析に用いられる法人税指標の選択に強く依存しており，一般的な法定税率に基づく準弾力性を用いた場合は，しばしば統計的に非有意な推定に終わるのに対し，二国間の実効平均税率に基づく準弾力性を用いた研究は，ほとんどのケースにおいて有意な結果を報告している。法人税の課税ベースの準弾力性に関する実証結果をメタ分析した de Mooij and Ederveen（2003, 2008）も，同様の議論を展開している。上記の Bellak and Leibrecht による一連の研究を見ると，同じ結果が中東欧諸国にも当てはまることが分かる。特定の変数を作成する際に，その統計的有意性が事実上既に決められているような推定値を統合することは，研究方法論の観点から好ましくないと筆者らは考えたため，上記の結論に至った。

15）この点に関する詳細な議論は，Carstensen and Toubal（2004）及び Michalíková and Galeotti（2010）を参照のこと。

16）この研究課題に取り組んだ先行文献のレビューを Iwasaki and Suganuma（2009）は行っている。

11.3 抽出推定結果のメタ統合

図11.1は，経済移行変数の推定結果を報告している42点の文献から抽出した計185点の推定値の偏相関係数及び t 値の度数分布を示している。それぞれ，0.15及び1.75を最頻値として，正規分布に従っている。Cohen（1988）の基準に従えば，全体の29.7%（55推定値）は，経済移行諸国における FDI と経済移行の間になんら実際的な関係（$|r|<0.1$）を見出しておらず，48.7%（90推定値）が「軽微な」効果（$0.1\leq|r|<0.3$）を，残る21.6%（40推定値）が「顕著な」効果（$0.3\leq|r|$）を報告している。他方で，t 値の絶対値が2.0以上の推定結果は，全体の55.7%（103推定値）を占めている。すなわち，以上の推定結果は，全体的に見れば経済移行がFDI の誘引にとって有意味であることを強調していると言えよう。他の FDI 決定要因に目を向けると，適合度検定の結果，偏相関係数もしくは t 値，あるいは双方が正規分布に従うケースは，9つのタイプのうち5つ（市場規模変数，集積効果変数，労働費用水準変数，EU 加盟変数，地理的距離変数）を数える。他方，4つのタイプ（購買力変数，貿易効果変数，労働費用格差変数，資源賦存変数）については，偏相関係数及び t 値ともに正規分布の基準を満たしていない[17]。

抽出された推定値のメタ統合の結果は，**表11.2**及び**表11.3**に示されている。前者は全文献から抽出した全ての推定値933点を対象にしているが，後者は経済移行変数の推定値185点に限定している。各表には，前節での議論に照応して，全体の統合結果に加えて，データ形式，モデル形式，FDI 変数タイプ，FDI 決定要因タイプ（表11.2のみ），経済移行変数タイプ（表11.3のみ）の違いに着目した統合結果も報告している。

偏相関係数の統合結果は，各表(a)に示されている。ほぼすべてのケースで均質性の検定は帰無仮説を棄却しているため，以下では変量効果モデルの推定値 $\overline{R_r}$ を参照値とする。全ての推定値（$K=933$）の効果サイズの統合値は0.1を超えており，経済移行変数の推定値（$K=185$）の場合の約0.06を大きく上回っている。どちらも1%水準で統計的に有意である。この点は，正の誘引効果を有する FDI 決定要因が他にも存在していることを意味している。具体的には，市場規模，集積効果，EU 加盟に関する諸変数は FDI の流入に肯定的な影響を及ぼし，より大きな統合効果サイズを有している。別言すれば，これらは経済移行変数よりも格段に強い

---

17) 各タイプの抽出推定結果の偏相関係数及び t 値の度数分布は，Tokunaga and Iwasaki（2016）で報告されている。

第Ⅳ部　経済開放と国際社会との共存

図11.1　経済移行変数の FDI 誘引効果に関する推定結果の偏相関係数及び t 値の度数分布（$K=185$）

(a) 偏相関係数[1]

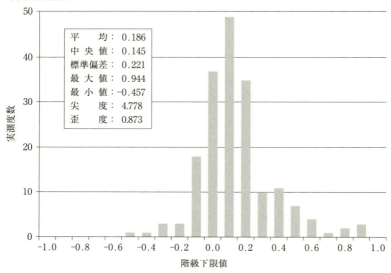

(b) t 値[2]

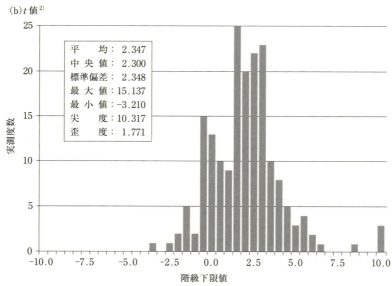

注 1 ）正規分布への適合度検定：$\chi^2=23.80, p=0.000$.
　2 ）正規分布への適合度検定：$\chi^2=64.52, p=0.000$.
出所）筆者作成。

第11講　市場経済移行と外国直接投資（FDI）：FDI決定要因の比較分析

表11.2　外国直接投資決定要因のFDI誘引効果に関する推定結果のメタ統合

	抽出推定結果数 (K)	(a) 偏相関係数の統合				(b) t値の結合[3]		
		固定効果 ($\bar{R}$) (漸近 z 値)[1]	変量効果 ($\bar{R}$) (漸近 z 値)[1]	均質性の検定 (Q_r)[2]	T_w (p 値)	$\bar{T}_w$ (p 値)	T_m	フェイルセーフ数 (fsN)[4]
全研究	933	0.006 *** (20.02)	0.105 *** (32.34)	62000 ***	60.395 *** (0.00)	10.954 *** (0.00)	1.977	1256706
(1) データ形式による比較								
パネルデータを用いた研究	829	0.006 *** (19.49)	0.100 *** (29.90)	60000 ***	57.616 *** (0.00)	10.554 *** (0.00)	2.001	1016128
横断面データを用いた研究	80	0.075 *** (8.29)	0.089 *** (3.32)	647.650 ***	8.679 *** (0.00)	1.489 * (0.07)	0.970	2147
時系列データを用いた研究	24	0.888 *** (29.77)	0.756 *** (12.49)	68.807 ***	22.098 *** (0.00)	3.539 *** (0.00)	4.511	4307
(2) モデル形式による比較								
モデル形式として総投資モデルを採用した研究	487	0.441 *** (116.36)	0.229 *** (11.26)	14000 ***	57.664 *** (0.00)	12.156 *** (0.00)	2.613	597926
モデル形式として二国間モデルを採用した研究	446	0.003 *** (10.67)	0.039 *** (12.47)	34000 ***	27.097 *** (0.00)	4.338 *** (0.00)	1.283	120570
(3) FDI変数タイプによる比較								
FDI変数タイプが年間純流入額である研究	272	0.084 *** (48.21)	0.084 *** (3.58)	46000 ***	27.730 *** (0.00)	4.608 *** (0.00)	1.681	77020
FDI変数タイプが年間総流入額である研究	152	0.104 *** (21.42)	0.138 *** (6.91)	2364.112 ***	22.678 *** (0.00)	3.921 *** (0.00)	1.839	28737
FDI変数タイプが総流入累積額もしくはFDI・固定資産残高である研究	250	0.044 *** (27.15)	0.127 *** (15.37)	5094.363 ***	22.678 *** (0.00)	3.921 *** (0.00)	1.839	28737
FDI変数タイプが国民一人当たり年間純流入額もしくは同総流入額である研究	86	0.204 *** (20.53)	0.242 *** (12.77)	265.569 ***	21.331 *** (0.00)	3.868 *** (0.00)	2.300	14374
FDI変数タイプが国民一人当たり年間純流入累積額である研究	13	0.052 *** (2.74)	0.047 (1.15)	50.287 ***	2.434 *** (0.01)	0.380 (0.35)	0.675	15

	N							
FDI変数タイプが1年間純流入額対GDP比、同対製造業付加価値比もしくは1年間FDI総流入額対製造業産出高比である研究	96	0.322*** (34.51)	0.145*** (3.18)	2057.314***	18.149*** (0.00)	3.842*** (0.00)	1.852	11589
FDI変数がその他のタイプである研究	64	0.001*** (4.54)	0.005*** (2.72)	1131.332***	16.741*** (0.00)	2.372*** (0.01)	2.093	6565
(4) FDI決定要因による比較								
FDI決定要因が経済移行変数である研究	185	0.004*** (8.01)	0.063*** (18.85)	1969.312***	31.924*** (0.00)	5.586*** (0.00)	2.347	69489
FDI決定要因が市場規模変数である研究	210	0.030*** (47.57)	0.279*** (27.58)	35000***	90.137*** (0.00)	15.288*** (0.00)	6.220	630297
FDI決定要因が購買力変数である研究	90	0.042*** (4.36)	0.035 (1.32)	585.821***	3.639*** (0.00)	0.817 (0.21)	0.384	350
FDI決定要因が貿易効果変数である研究	109	0.001 (1.58)	0.066*** (14.09)	1002.347***	22.602*** (0.00)	5.540*** (0.00)	2.165	20467
FDI決定要因が集積効果変数である研究	51	0.123*** (28.83)	0.368*** (15.28)	1098.199***	37.151*** (0.00)	7.333*** (0.00)	5.202	25962
FDI決定要因が労働費用水準変数である研究	82	-0.003*** (-4.64)	-0.015** (-2.28)	2787.725***	-3.603*** (0.00)	-0.580 (0.28)	-0.398	311
FDI決定要因が労働費用格差変数である研究	38	-0.041*** (-6.58)	-0.022 (-1.29)	225.475***	-4.274*** (0.00)	-0.965 (0.17)	-0.693	219
FDI決定要因が資源賦存変数である研究	43	0.058*** (11.19)	0.043** (2.09)	317.431***	6.205*** (0.00)	1.047 (0.15)	0.946	569
FDI決定要因がEU加盟変数である研究	49	0.092*** (18.07)	0.14*** (10.26)	214.061***	18.156*** (0.00)	2.977*** (0.00)	2.594	5920
FDI決定要因が地理的距離変数である研究	76	-0.381*** (-107.47)	-0.229*** (-9.15)	3359.708***	-61.972*** (0.00)	-10.099*** (0.00)	-7.109	107786

注1) 帰無仮説：結合効果サイズが0。
2) 帰無仮説：効果サイズが均質。
3) $\bar{T}_w$：無条件結合, $\bar{T}_m$：研究水準で加重した結合, T_m：中央値。
4) 効果要因の有無を判定する有意水準（ここでは5％水準）に、研究全体の結合率水準を導くために追加されるべき平均効果サイズ0の研究数を意味する。
5) ***：1％水準で有意, **：5％水準で有意, *：10％水準で有意。
出所）筆者推定。

表11.3　経済移行変数のFDI誘引効果に関する推定結果のメタ統合

	抽出推定結果数 (K)	(a)偏相関係数の統合			(b)t値の結合[3]			
		固定効果 $(\bar{R}_c)$[1] (漸近z値)	変量効果 $(\bar{R}_r)$[1] (漸近z値)	均質性の検定 (Q_c)[2]	$\bar{T}_u$ (p値)	$\bar{T}_w$ (p値)	T_m	ファイルセーフ数 (fsN)[4]
全研究	185	0.004*** (8.01)	0.063*** (18.85)	1969.312***	31.924*** (0.00)	5.586*** (0.00)	2.347	69489
(1)データ形式による比較								
パネルデータを用いた研究	165	0.004*** (7.82)	0.058*** (17.55)	1808.133***	30.036*** (0.00)	5.307*** (0.00)	2.338	54843
横断面データを用いた研究	17	0.148*** (6.99)	0.159*** (5.70)	25.080*	7.777*** (0.00)	1.228 (0.11)	1.886	363
時系列データを用いた研究	3	0.926*** (9.50)	0.926*** (9.50)	0.028	9.431*** (0.00)	1.886** (0.03)	5.445	96
(2)モデル形式による比較								
モデル形式として総投資モデルを採用した研究	96	0.240*** (24.86)	0.274*** (10.04)	677.378***	24.835*** (0.00)	5.018*** (0.00)	2.535	21785
モデル形式として二国間モデルを採用した研究	89	0.003*** (6.84)	0.025*** (10.22)	691.200***	20.233*** (0.00)	3.141*** (0.00)	2.145	13376
(3)FDI変数タイプによる比較								
FDI変数タイプが年間純流入額である研究	49	0.068*** (13.08)	0.160*** (9.76)	294.821***	18.048*** (0.00)	2.784*** (0.00)	2.578	5849
FDI変数タイプが年間総流入額である研究	24	0.098*** (8.91)	0.109*** (4.90)	75.306***	8.409*** (0.00)	1.363* (0.09)	1.716	603
FDI変数タイプが総流入累積額もしくはFDI・固定資産残高である研究	55	0.037*** (10.48)	0.155*** (9.53)	854.353***	19.617*** (0.00)	4.904*** (0.00)	2.645	7767
FDI変数タイプが国民一人当たり年間純流入額もしくは同総流入額である研究	29	0.232*** (12.19)	0.260*** (6.28)	119.629***	12.431*** (0.00)	2.416*** (0.01)	2.308	1627

FDI変数タイプが国民一人当たり年間純流入累積額である研究	3	0.137*** (3.17)	0.174* (2.19)	5.209*	3.784*** (0.00)	0.617 (0.27)	2.185	13
FDI変数タイプが年間純流入額対GDP比、同対製造業付加価値もしくは年間FDI総流入額対製造業産出高比である研究	10	0.258*** (7.79)	0.288*** (3.94)	38.856***	7.961*** (0.00)	1.134 (0.13)	2.517	224
FDI変数がその他のタイプである研究	15	0.002*** (4.74)	0.002** (2.53)	43.014***	5.812*** (0.00)	0.788 (0.22)	1.501	172

（4）経済移行変数タイプによる比較

経済移行変数タイプが総合移行指標である研究	20	0.122*** (16.79)	0.224*** (5.66)	445.870***	18.776*** (0.00)	4.800*** (0.00)	4.198	2586
経済移行変数タイプが経済自由化指標である研究	12	0.205*** (8.71)	0.250*** (4.88)	48.773***	9.676*** (0.00)	1.233 (0.11)	2.793	403
経済移行変数タイプが企業改革指標である研究	22	0.260*** (11.76)	0.312*** (7.74)	57.664***	12.373*** (0.00)	2.969*** (0.00)	2.638	1223
経済移行変数タイプが競争政策指標である研究	17	0.177*** (6.41)	0.159*** (2.61)	71.295***	5.702*** (0.00)	1.251 (0.11)	1.383	187
経済移行変数タイプが私有化関連指標である研究	70	0.001 (1.63)	0.048*** (11.33)	591.306***	19.131*** (0.00)	2.909*** (0.00)	2.287	9397
経済移行変数タイプがその他の指標である研究	44	0.005*** (7.51)	0.009*** (2.72)	222.536***	11.325*** (0.00)	2.137** (0.02)	1.707	2041

注1）帰無仮説：統合効果サイズが0。
2）帰無仮説：効果サイズが均質。
3）T_u：無条件結合。T_w：研究水準で加重した結合。T_m：中央値。
4）効果の有無を判定する有意水準（ここでは5％水準）に、研究全体の結合率水準を導くために追加されるべき平均効果サイズ0の研究数を意味する。
5）***：1％水準で有意、**：5％水準で有意、*：10％水準で有意。
出所）筆者推定。

第11講　市場経済移行と外国直接投資（FDI）：FDI決定要因の比較分析

FDI誘引効果を発揮している可能性が高いのである。他の統計的に有意なケースの中では，貿易効果変数が経済移行変数と同等の効果サイズを有しており，その説明力は貿易と投資の間の補完的関係を示唆している。労働費用に関する2つの変数と地理的距離変数は，理論的に予想される通り，FDIの流入を阻害しているように見える。ここで，後者の地理的距離変数の効果サイズが非常に大きく，かつ負の推定値を示している点は注目される。それは，各国の政策担当者の力の及ぶ範囲を超える要因が，国境を越えた資本移動に強く影響していることを証明しているだけでなく，FDI決定要因の計量分析を行う際には，その回帰モデルに物理的距離を含めないと，正のFDI誘引効果を有する他の決定要因の推定値が過大評価される恐れが高いことを意味しているからである。なお，経済移行変数の場合は，その定義の違いによって，効果サイズの規模は大きく2つに分けられる（表11.3の(4)項を参照）。すなわち，相対的に大きな統合効果サイズを示すタイプは，総合移行指標，経済自由化指標，企業改革指標であるのに対し，私有化関連指標とその他の指標のFDI誘引効果の推定値は相対的に見て小さい。

　偏相関係数の統合結果は，分析対象や手法によっても大きく異なる。まず，データ形式の違いで見ると，パネルデータもしくは横断面データを用いた研究よりも時系列データを用いた研究の方が，はるかに大きな正のFDI誘引効果を報告する傾向にある（表11.2及び表11.3の(1)項を参照）。次に，モデル形式で比較すると，二国間モデルに比べて総投資モデルの統合効果サイズの方が大きく，FDI決定要因の影響力を強調する結論に至る可能性が非常に高いと言える（同(2)項を参照）。最後に，実証分析の結果を解釈する際には，FDI変数の選択にも十分に配慮する必要があると思われる。すなわち，FDI変数タイプによる比較では，国民一人当たり年間FDI流入額を指標に用いた研究の統合効果サイズが全般的に大きく，経済移行変数の場合には，年間FDI流入額を対GDP比等で調整した指標が最大の値を示している（同(3)項を参照）。ただし，これらのメタ統合の結果は，メタ分析対象文献に報告された推定結果を抽出し，一定のルールに従って統合したに過ぎない。次節では，メタ回帰分析の手法を用いて，より厳密に抽出推定結果の差異がもたらされた要因を検証する。

　他方で，t値の結合結果を示した各表(b)に目を転じると，無条件に結合されたt値$\overline{T_u}$と比べて，研究水準で加重された結合t値$\overline{T_w}$は，あらゆる条件付けの下で大幅に低い値を示している。また，研究水準を加味すると統計的有意性（10%水準）を失うケースも散見されることから，研究水準と報告されるt値の間には強い負の相関関係が想定される。両表を比較すると，その蓋然性は経済移行変数の場合により高いと言える。ただし，このようなケースを除けば，各表の右端欄に示され

437

第Ⅳ部　経済開放と国際社会との共存

たフェイルセーフ数（*fsN*）は十分に大きく，今回のメタ分析の対象外とした未刊行文献（ワーキングペーパー，ディスカッションペーパー，カンファレンスペーパーなど）の存在を考慮したとしても，抽出推定結果のメタ分析から得られる研究上の結論や意義は，にわかには覆らないと考えられる。

11.4　研究間の異質性に関するメタ回帰分析

　前節で検討したように，メタ分析対象文献の研究間の異質性は，各々の実証分析の結果に多大な影響を及ぼし得る。この点をより慎重に吟味するために，本書序論で解説したメタ回帰分析の手法を用いて，抽出推定結果の偏相関係数と *t* 値を従属変数とするメタ回帰モデルを推定する。**表11.4**には，推定式の右辺に置かれるメタ独立変数の名称，定義，記述統計が掲げられている[18]。同表が示すように，ここでのメタ回帰分析の眼目は，研究対象国（投資国及び受入国），推定期間，データ形式，個別効果及び時間効果の制御の有無[19]，推定量，モデル形式，従属変数の形状（真数値もしくは対数値），FDI 変数タイプ，FDI 決定要因変数タイプ，自由度[20]，研究水準[21]に表される研究間の異質性が，各々の実証結果に対して，どのように影響しているかを見定めることにある。ちなみに，FDI に関する既存のメタ分析研究は，どのようなタイプの FDI 変数を選択するかに，メタ分析対象文献の実証結果は大きく左右されることを示している（de Mooij and Ederveen, 2003, 2008; Feld and Heckemeyer, 2011; Iwasaki and Tokunaga, 2014）。

　偏相関係数並びに *t* 値を従属変数とするメタ回帰モデルの推定結果は，**表11.5**（FDI 決定要因全体）及び**表11.6**（経済移行変数）に示された通りである。各表中のアンバランスド・パネル回帰モデルの［6］と［12］については，1つのケースを除いて Hausman 検定が帰無仮説を棄却しないため，クラスター頑健法を用いた変量効果推定の結果を報告した。ただし，その場合，変量効果推定の結果に基づく

18）抽出推定結果の標準誤差の逆数（$1/SE$）が500を超えるケースは，筆者らによる計算の過程で偶発的に生じたと考えられるため（$1/SE$ に関する情報を掲載したメタ分析対象文献は皆無），これらは非現実的な推定精度であると見なし，以下のメタ回帰分析の対象からは外した。

19）観察されない投資受入国の異質性と各国に共通の時間効果を制御することで，経済移行に関する変数の変化が小さくなる可能性があるため（Overesch and Wamser, 2010），双方の属性をメタ回帰モデルの独立変数に含めた。

20）標本サイズは，推定結果の統計的有意性を大きく左右する要因である。そこで，多くのメタ分析研究は，統計学的観点から自由度の平方根をメタ回帰モデルの制御変数に用いている。その一例として，Ljungwall and Tingvall（2010）や Hanousek et al.（2011）を参照。

21）前項末尾の議論を参照のこと。

438

第 11 講　市場経済移行と外国直接投資（FDI）：FDI 決定要因の比較分析

表11.4　外国直接投資決定要因の FDI 誘引効果に関するメタ回帰分析に用いる独立変数の変数名，定義，記述統計量

変数名	定義	記述統計量 [1]			記述統計量 [2]		
		平均値	中央値	標準偏差	平均値	中央値	標準偏差
中東欧 EU 加盟国比率	研究対象国（受入国）に含まれる中東欧 EU 加盟国 [3] の比率	0.742	0.833	0.262	0.769	0.875	0.276
中東欧非 EU 加盟国比率	研究対象国（受入国）に含まれる中東欧非 EU 加盟国の比率	0.158	0.120	0.204	0.149	0.091	0.214
EU 先進国比率	研究対象国（投資国）に含まれる EU 先進国 [4] の比率	0.457	0.119	0.410	0.466	0.243	0.408
非 EU 先進国比率	研究対象国（投資国）に含まれる非 EU 先進国の比率	0.093	0.081	0.075	0.089	0.081	0.061
推定期間初年度	推定に用いたデータの初年度	1994	1994	3.565	1994	1995	2.001
推定期間年数	推定に用いたデータの年数	10.615	10	4.107	10.768	10	3.635
横断面データ	横断面データを用いた研究(=1)，その他(=0)	0.085	0	0.280	0.094	0	0.293
時系列データ	時系列データを用いた研究(=1)，その他(=0)	0.027	0	0.161	0.017	0	0.128
個別効果	受入国の個別効果を制御した推定結果(=1)，その他(=0)	0.476	0	0.500	0.514	1	0.501
時間効果	推定期間内の時間効果を制御した推定結果(=1)，その他(=0)	0.393	0	0.489	0.436	0	0.497
WLS	加重最小二乗推定量を利用した結果(=1)，その他(=0)	0.002	0	0.047	—	—	—
FE	パネル固定効果推定量を利用した推定結果(=1)，その他(=0)	0.151	0	0.358	0.182	0	0.387
RE	パネル変量効果推定量を利用した推定結果(=1)，その他(=0)	0.295	0	0.456	0.381	0	0.487
SLS	二段階もしくは三段階最小二乗推定量を利用した推計結果(=1)，その他(=0)	0.040	0	0.196	0.033	0	0.180
GMM	一般化積率法を利用した推定結果(=1)，その他(=0)	0.188	0	0.391	0.127	0	0.334
三国間モデル	三国間モデルを用いた研究(=1)，その他(=0)	0.482	0	0.500	0.470	0	0.500
各産業部門	各産業部門（製造業等）を分析対象とする研究(=1)，その他(=0)	0.069	0	0.253	—	—	—
対数値	従属変数タイプとして対数値を用いた推定結果(=1)，その他(=0)	0.743	1	0.437	0.807	1	0.396
年間総流入額	年間 FDI 総流入額の推定値(=1)，その他(=0)	0.166	0	0.373	0.133	0	0.340
総流入累積額・残高	年間 FDI 総流入累積もしくは FDI・固定資産残高の推定値(=1)，その他(=0)	0.273	0	0.446	0.304	0	0.461
国民一人当たり年間純流入額・同総流入額	国民一人当たり年間 FDI 純流入額もしくは同総流入額の推定値(=1)，その他(=0)	0.095	0	0.294	0.160	0	0.368
国民一人当たり年間純流入累積額	国民一人当たり年間 FDI 純流入累積額の推定値(=1)，その他(=0)	0.014	0	0.119	0.017	0	0.128

第IV部　経済開放と国際社会との共存

変数	説明						
年間純流入額対 GDP 比等	年間 FDI 純流入額対 GDP 比、同対製造業付加価値比もしくは年間 FDI 総流入額対製造業産出高比の推定値(=1)、その他(=0)	0.089	0	0.285	0.055	0	0.229
その他 FDI 指標	年間 FDI 純流入額及び上記 FDI 指標以外の推定値(=0)	0.068	0	0.251	0.066	0	0.249
市場規模変数	FDI 決定要因変数が市場規模指標(=1)、その他(=0)	0.226	0	0.419	—	—	—
購買力変数	FDI 決定要因変数が購買力指標(=1)、その他(=0)	0.082	0	0.275	—	—	—
貿易効果変数	FDI 決定要因変数が貿易効果指標(=1)、その他(=0)	0.120	0	0.325	—	—	—
集積効果変数	FDI 決定要因変数が集積効果指標(=1)、その他(=0)	0.055	0	0.229	—	—	—
労働費用水準変数	FDI 決定要因変数が労働費用水準指標(=1)、その他(=0)	0.089	0	0.285	—	—	—
労働費用格差変数	FDI 決定要因変数が労働費用格差指標(=1)、その他(=0)	0.042	0	0.201	—	—	—
資源賦存変数	FDI 決定要因変数が資源賦存指標(=1)、その他(=0)	0.048	0	0.213	—	—	—
EU 加盟変数	FDI 決定要因変数が EU 加盟指標(=1)、その他(=0)	0.054	0	0.227	—	—	—
地理的距離変数	FDI 決定要因変数が地理的距離指標(=1)、その他(=0)	0.082	0	0.275	—	—	—
経済自由化指標	経済移行変数の指標が経済自由化指標(=1)、その他(=0)	—	—	—	0.066	0	0.249
企業改革指標	経済移行変数の指標が企業改革指標(=1)、その他(=0)	—	—	—	0.122	0	0.328
競争政策指標	経済移行変数の指標が競争政策指標(=1)、その他(=0)	—	—	—	0.094	0	0.293
私有化関連指標	経済移行変数の指標が私有化関連指標(=1)、その他(=0)	—	—	—	0.365	0	0.483
その他経済移行指標	総合移行指標及び上記経済移行指標以外の推定値(=1)、その他(=0)	—	—	—	0.243	0	0.430
√自由度	推定モデルの10段階評価[5]	39.975	12.288	109.639	59.164	12.042	151.142
研究水準	研究水準の10段階評価[5]	4.796	5	2.809	4.978	5	2.881

注1）外国直接投資決定要因をすべて含むメタ回帰分析に用いる変数。
2）経済移行変数のみを含むメタ回帰分析に用いる変数。
3）2004年又は2007年に EU へ新規加盟したチェコ、ハンガリー、ポーランド、エストニア、ラトビア、リトアニア、スロバキア、スロベニア、ルーマニア、ブルガリアの10カ国を指す。
4）国連貿易開発会議による UNCTAD Handbook of Statistics 2012の投資統計の国別分類に従い、EU 加盟先進国は17カ国、非 EU 加盟先進国は18カ国とした。
5）評価方法の詳細は、本書序論を参照のこと。
出所）筆者算定。

Breusch-Pagan 検定は，文献個別効果の分散がゼロであるという帰無仮説を受容している。そのため，例えば，同検定の帰無仮説が強く支持された変量効果パネル推定法による表11.5のモデル［12］の推定結果は，最小二乗法によるモデル［7］の推定結果とほとんど違いがない。他方で，表11.6のモデル［12］については，Hausman 検定も Breusch-Pagan 検定も帰無仮説を棄却したため，クラスター頑健法を用いた固定効果推定の結果を報告した。全てのパネルにおいて加重最小二乗法（WLS）の推定結果は分析的重みの違いに感受的であるが，いずれの場合も有意に推定された変数はほぼ共通している。モデル全体の説明力を示す決定係数（R^2）は，FDI 決定要因全体（表11.5）の場合，0.300（モデル［7］及び［12］）から0.558（モデル［9］）の範囲にあり，申し分のない水準と言える。他方で，経済移行変数（表11.6）については，推定の過程でいくつかの説明変数が脱落したために説明力が著しく低下したモデル［12］を除けば，0.404（モデル［8］）から0.965（モデル［9］）の範囲にあり，FDI に関する既存のメタ分析研究の推定結果と比べても遜色ない水準である。

　表11.5及び表11.6に示された計4セットのメタ回帰分析の推定結果から，メタ分析対象文献が報告する実証結果に対して，一部の研究属性が有意に影響を及ぼしていることが判明した。具体的には，中東欧・旧ソ連諸国向け FDI 決定要因の推定結果は，もっぱら以下に述べる要因に強く規定されている。第1に，FDI の受入国の構成は推定結果を大きく左右していない一方で，経済移行に関する FDI 決定要因の場合は，投資国に占める非 EU 先進国の比率が高まるほど，経済移行変数の効果サイズと統計的有意性はともに減少する（表11.6を参照）。この点は，経済移行の進展に対する投資家の関心の差を反映していると解釈できるかもしれない。例えば，中東欧・旧ソ連諸国向け FDI の大半が西欧諸国から来ていることを考慮すると[22]，規制緩和・自由化，企業再建・私有化，金融市場の整備といった一連の経済改革が，西欧の投資家にとっては大きな関心事で，投資決定に関する重要な判断材料になり得るのに対し，欧州外の国々の投資家は，経済移行の進捗度に表される投資環境の改善よりも，消費市場の急拡大，製造業部門の安価な労働力，豊富な天然資源を背景にした鉱業部門の開発プロジェクトのように，企業利益に直結した投資機会をより重視しているとも考えられる。

22）中東欧・旧ソ連諸国への主要な投資国は，西欧の EU 加盟国である。これらの国々は，オランダ，ドイツ，オーストリア，ルクセンブルグ，フランスの5カ国を中心に，中東欧 EU 加盟国で FDI 残高（2010年末）の8割前後（ラトビア及びリトアニアでは5割前後）を占める。他方で，ロシアやウクライナ等の旧ソ連諸国を含む非 EU 加盟国の場合は，ロシアの29.7％からアルバニアの64.8％までと国毎の差が顕著である（岩﨑・德永，2013a）。

第Ⅳ部　経済開放と国際社会との共存

表11.5　外国直接投資決定要因の FDI 誘引効果に関するメタ回帰分析

(a)従属変数：偏相関係数

推定量[1) 独立変数(デフォルト・カテゴリ)/モデル	Cluster-robust OLS [1]	Cluster-robust WLS [研究水準] [2]	Cluster-robust WLS [N] [3]	Cluster-robust WLS [1/SE] [4][3)	Multi-level mixed effects RML [5]	Cluster-robust random-effects panel GLS [6][4)
受入国構成(非中東欧諸国比率)						
中東欧 EU 加盟国比率	-0.070	-0.029	-0.004	-0.014	-0.070	-0.068
中東欧非 EU 加盟国比率	0.140	0.163 *	0.226 **	-0.127	0.129	0.106
投資国構成(その他比率)[2)						
EU 先進国比率	-0.024	0.038	-0.020	0.063	-0.033	-0.070
非 EU 先進国比率	-0.029	0.034	-0.066	0.149	-0.038	-0.059
推定期間						
推定期間初年度	-0.012 ***	-0.009 **	-0.016 ***	0.009	-0.011 **	-0.009 **
推定年数	-0.009 **	-0.006 *	-0.013 ***	0.014	-0.009 **	-0.009 **
データ形式(パネルデータ)						
横断面データ	-0.016	-0.013	-0.022	0.023	-0.041	-0.085 *
時系列データ	0.231 ***	0.256 ***	0.279 ***	0.238 *	0.237 ***	0.246 ***
個別効果・時間効果制御(非制御)						
個別効果	-0.027	-0.011	-0.023	-0.029	-0.023	-0.017
時間効果	0.074 ***	0.045	0.019	0.065	0.072 ***	0.074 **
推定量(OLS)						
WLS	0.209 ***	0.167 ***	0.215 ***	0.406 ***	0.219 ***	0.235 ***
FE	-0.042	-0.044	-0.032	-0.189 ***	-0.051 *	-0.064 **
RE	-0.024	-0.010	-0.010	-0.080	-0.034	-0.050 **
SLS	-0.020	0.022	0.015	0.039	-0.028	-0.039 *
GMM	-0.064 **	-0.081 ***	-0.063 **	-0.015	-0.066 **	-0.060 **
モデル形式(総投資モデル)						
二国間モデル	-0.092 **	-0.113 ***	-0.066 **	-0.225 **	-0.081 **	-0.053
研究対象産業(全産業)						
各産業部門	0.050	0.048	0.047	-0.117	0.057	0.069 *
従属変数形式(真数値)						
対数値	0.038	0.037	0.045 *	-0.550	0.034	0.023
外国直接投資変数タイプ(年間純流入額)						
年間総流入額	-0.052 *	-0.038	-0.012	0.009	-0.051	-0.049
総流入累積額・残高	-0.011	-0.011	-0.032	-0.039	-0.011	-0.008
国民一人当たり年間純流入額・同総流入額	0.001	0.007	0.013	0.017	-0.014	-0.034
国民一人当たり年間純流入累積額	-0.042	0.003	-0.028	0.250 *	-0.026	-0.001
年間純流入額対 GDP 比等	0.005	0.066	0.037	-0.034	0.000	-0.016
その他 FDI 指標	-0.025	-0.002	-0.044	-0.001	-0.026	-0.012
外国直接投資決定要因タイプ(経済移行変数)						
市場規模変数	0.094 ***	0.114 ***	0.011	0.050	0.094 ***	0.099 ***
購買力変数	-0.151 ***	-0.174 ***	-0.150 ***	-0.289 ***	-0.151 ***	-0.146 ***

442

第11講　市場経済移行と外国直接投資（FDI）：FDI決定要因の比較分析

貿易効果変数	0.006	0.013	-0.002 **	-0.007	0.007	0.011
集積効果変数	0.199 ***	0.236 ***	0.090 ***	0.161 **	0.206 ***	0.215 ***
労働費用水準変数	-0.225 ***	-0.219 ***	-0.008 ***	-0.179 **	-0.220 ***	-0.212 ***
労働費用格差変数	-0.143 **	-0.080	-0.151 ***	-0.272 ***	-0.140 **	-0.133 **
資源賦存変数	-0.173 ***	-0.161 ***	-0.084 ***	-0.184 ***	-0.180 ***	-0.191 ***
EU加盟変数	0.004	-0.001	-0.041	-0.074	0.000	-0.010
地理的距離変数	-0.390 ***	-0.406 ***	-0.495 ***	-0.405 ***	-0.393 ***	-0.397 ***
自由度・研究水準						
$\sqrt{}$自由度	0.000	0.000 *	0.000	0.000	0.000	0.000
研究水準	-0.005	—	-0.008 ***	-0.007	-0.005	-0.005
切片	23.586 ***	17.215 **	32.752 ***	-17.905	22.387 ***	19.070 **
K	896	896	896	896	896	896
R^2	0.465	0.522	0.542	0.536	—	0.451

(b) 従属変数：t 値

推定量[1]	Cluster-robust OLS	Cluster-robust WLS [研究水準]	Cluster-robust WLS [N]	Cluster-robust WLS [$1/SE$]	Multi-level mixed effects RML	Cluster-robust random-effects panel GLS
独立変数（デフォルト・カテゴリ）/モデル	[7]	[8]	[9]	[10][3]	[11]	[12][5]
受入国構成（非中東欧諸国比率）						
中東欧EU加盟国比率	-1.031	0.027	-2.994	-0.113	-1.031	-1.031
中東欧非EU加盟国比率	1.274	1.828	2.521	-2.437	1.274	1.274
投資国構成（その他比率）[2]						
EU先進国比率	0.559	2.299	4.695	0.804	0.559	0.559
非EU先進国比率	1.578	4.725	5.430	-0.463	1.578	1.578
推定期間						
推定期間初年度	-0.144 *	-0.103	-0.422 **	0.181	-0.144 **	-0.144 *
推定年数	-0.055	0.000	-0.171	0.464 ***	-0.055	-0.055
データ形式（パネルデータ）						
横断面データ	-0.454	-0.349	0.185	2.135	-0.454	-0.454
時系列データ	-1.087	0.250	-2.762	-0.763	-1.087	-1.087
個別効果・時間効果制御（非制御）						
個別効果	-1.009 **	-0.515	0.423	-0.968	-1.009 ***	-1.009 ***
時間効果	0.634	0.322	-0.583	-0.127	0.634	0.634
推定量（OLS）						
WLS	1.103	0.377	-2.304	5.154	1.103	1.103
FE	-0.923 *	-1.443 **	-3.890 *	-3.659 **	-0.923 *	-0.923 *
RE	0.113	0.347	1.221	-0.928	0.113	0.113
SLS	0.184	0.703	3.228	0.334	0.184	0.184
GMM	-1.599 **	-2.545 **	-6.130 **	-1.538 ***	-1.599 **	-1.599 **
モデル形式（総投資モデル）						
二国間モデル	-0.148	-1.023	1.622	-0.784	-0.148	-0.148
研究対象産業（全産業）						
各産業部門	2.028 **	2.129 *	8.758 *	-0.298	2.028 **	2.028 **

従属変数形式（真数値）						
対数値	0.248	0.355	2.102 *	-0.018	0.248	0.248
外国直接投資変数タイプ（年間純流入額）						
年間総流入額	-0.600	-0.583	0.103	-2.512	-0.600	-0.600
総流入累積額・残高	1.032 **	1.118 **	-0.811	-0.797	1.032 ***	1.032 **
国民一人当たり年間純流入額・同総流入額	-0.911	-1.222	-2.636	-2.853	-0.911 *	-0.911
国民一人当たり年間純流入累積額	0.130	0.451	1.446	0.656	0.130	0.130
年間純流入額対 GDP 比等	-0.106	0.322	-1.149	-0.473	-0.106	-0.106
その他 FDI 指標	-0.734	-1.361	-4.263	-1.150	-0.734	-0.734
外国直接投資決定要因タイプ（経済移行変数）						
市場規模変数	3.255 ***	4.221 ***	2.895 ***	3.686	3.255 ***	3.255 ***
購買力変数	-1.421 ***	-1.393 ***	-5.201 **	-2.833 ***	-1.421 ***	-1.421 ***
貿易効果変数	-0.207	0.024	-1.685 ***	0.285	-0.207	-0.207
集積効果変数	3.064 ***	4.312 ***	4.939 ***	2.906 **	3.064 ***	3.064 ***
労働費用水準変数	-3.635 ***	-4.080 ***	-3.675 ***	-3.747 ***	-3.635 ***	-3.635 ***
労働費用格差変数	-3.157 ***	-2.018 *	-6.385 ***	-6.017 ***	-3.157 ***	-3.157 ***
資源賦存変数	-1.866 **	-1.199	-4.273	-3.553 **	-1.866 **	-1.866 **
EU 加盟変数	0.598	0.811	-3.011	-0.151	0.598	0.598
地理的距離変数	-10.282 ***	-12.127 **	-35.871 **	-10.199 **	-10.282 ***	-10.282 ***
自由度・研究水準						
√自由度	0.000	0.000	0.000	-0.004	0.000	0.000
研究水準	0.002	—	-0.250	-0.144	0.002	0.002
切片	290.180 *	205.947	848.565 **	-359.257 ***	290.180 **	290.180 **
K	896	896	896	896	896	896
R^2	0.300	0.316	0.558	0.383	—	0.300

注1）OLS：最小二乗法，WLS：加重最小二乗法（括弧内は推定に用いた分析的重み），RML：制限付き最尤法，GLS：一般最小二乗法。

　2）表11.4の注3を参照。

　3）効果サイズの推定値が0.000もしくは-0.000と表示されているため，$1/SE$ が計算できない Ass and Beck（2005）の推定結果4点は，分析全体から外した。

　4）Breusch-Pagan 検定：$\chi^2=0.85, p=0.178$; Hausman 検定：$\chi^2=20.27, p=0.855$

　5）Breusch-Pagan 検定：$\chi^2=0.00, p=1.000$; Hausman 検定：$\chi^2=24.92, p=0.632$

　6）回帰係数の統計検定は，White の修正法による分散不均一性の下でも一致性のある標準誤差に基づいて行った。***：1％水準で有意，**：5％水準で有意，*：10％水準で有意。OLS，WLS 及びパネル変量効果推定に際しては，研究毎に抽出推定結果をクラスター化したクラスター法を採用している。

出所）筆者推定。メタ独立変数の定義及び記述統計量は，表11.4を参照。

第 11 講　市場経済移行と外国直接投資（FDI）：FDI 決定要因の比較分析

表11.6　経済移行変数の FDI 誘引効果に関するメタ回帰分析

(a) 従属変数：偏相関係数

推定量 [1)	Cluster-robust OLS	Cluster-robust WLS [研究水準]	Cluster-robust WLS [N]	Cluster-robust WLS [1/SE]	Multi-level mixed effects RML	Cluster-robust random-effects panel GLS
独立変数(デフォルト・カテゴリ)/モデル	[1]	[2]	[3]	[4]	[5]	[6] [3)
受入国構成(非中東欧諸国比率)						
中東欧 EU 加盟国比率	−0.039	−0.102	0.052	−0.261 **	−0.023	−0.017
中東欧非 EU 加盟国比率	0.167	0.071	0.337	0.056	0.187 ***	0.197 ***
投資国構成(その他比率) [2)						
EU 先進国比率	−0.025	−0.081	−0.054	−0.152	0.065	0.054
非 EU 先進国比率	−0.719 *	−0.757 **	−0.450 *	−0.151	−0.621 *	−0.624 *
推定期間						
推定期間初年度	0.000	0.000	−0.015	0.007	−0.010	−0.011
推定年数	0.007	0.008	−0.023 *	−0.006	0.007	0.007
データ形式(パネルデータ)						
横断面データ	−0.162 **	−0.127 **	−0.204 ***	−0.005	−0.188 ***	−0.195 **
時系列データ	0.652 ***	0.649 ***	0.653 ***	0.502 ***	0.691 ***	0.702 ***
個別効果・時間効果制御(非制御)						
個別効果	−0.066 *	−0.044	−0.053	−0.040	−0.056	−0.052
時間効果	0.131 **	0.121 **	0.053	0.156 ***	0.094 *	0.082
推定量(OLS)						
FE	−0.111 *	−0.140 **	−0.057	−0.063	−0.123 **	−0.126 **
RE	−0.114 *	−0.100 *	−0.092	−0.054	−0.118 **	−0.119 **
SLS	−0.226 **	−0.313 ***	−0.088	−0.191 **	−0.199 **	−0.196 **
GMM	−0.115	−0.059	−0.109 **	−0.008	−0.125 *	−0.129 *
モデル形式(総投資モデル)						
二国間モデル	−0.113	−0.007	−0.069	−0.025	−0.147	−0.148
従属変数形式(真数値)						
対数値	−0.076	−0.051	0.020	−0.052	−0.032	−0.024
外国直接投資変数タイプ(年間純流入額)						
年間総流入額	−0.167 **	−0.097 **	−0.103 **	−0.089 ***	−0.213 ***	−0.219 ***
総流入累積額・残高	−0.038	0.009	−0.074	−0.006	−0.077	−0.083
国民一人当たり年間純流入額・同総流入額	0.019	0.089 *	−0.016	0.080 *	−0.083	−0.100
国民一人当たり年間純流入累積額	0.233 **	0.188 *	−0.030	−0.026	0.201 **	0.197 *
年間純流入額対 GDP 比等	−0.118	−0.053	−0.138	−0.121	−0.123	−0.122
その他 FDI 指標	1.836 *	2.171 ***	0.183	1.156 *	1.853 *	1.849 *
経済移行変数タイプ(総合移行指標)						
経済自由化指標	−0.014	0.061	−0.118	−0.029	−0.047	−0.053
企業改革指標	0.012	0.096	−0.038	−0.074	−0.078	−0.091
競争政策指標	−0.158 *	−0.118	−0.153 **	−0.214 ***	−0.252 ***	−0.265 ***
私有化関連指標	−0.005	0.074	−0.087 ***	−0.106 *	−0.059	−0.069
その他経済移行指標	−0.038	0.058	−0.082 ***	−0.148 **	−0.070	−0.075

445

第Ⅳ部　経済開放と国際社会との共存

自由度・研究水準

√自由度	-0.004**	-0.004***	-0.001	-0.002**	-0.004**	-0.004**
研究水準	0.003	—	-0.001	-0.003	-0.002	-0.003
切片	1.431	1.297	30.581	-13.272	20.424	23.469
K	179	179	179	179	179	179
R^2	0.572	0.624	0.714	0.794	—	0.509

(b) 従属変数：t 値

推定量 [1)	Cluster-robust OLS	Cluster-robust WLS [研究水準]	Cluster-robust WLS [N]	Cluster-robust WLS [$1/SE$]	Multi-level mixed effects RML	Cluster-robust fixed effects panel LSDV
独立変数（デフォルト・カテゴリ）/モデル	[7]	[8]	[9]	[10]	[11]	[12][4)
受入国構成（非中東欧諸国比率）						
中東欧 EU 加盟国比率	0.349	-0.881	2.966	-1.283	0.318	0.108
中東欧非 EU 加盟国比率	2.961*	0.778	7.012	3.166	2.152***	1.380***
投資国構成（その他比率）[2)						
EU 先進国比率	-0.170	0.461	0.144***	-0.760	0.909	dropped
非 EU 先進国比率	-12.189*	-7.802	-7.460	-3.731	-10.192**	dropped
推定期間						
推定期間初年度	0.059	0.113	-0.171	0.032	-0.085	dropped
推定年数	0.157	0.226**	-0.377	-0.012	0.119	dropped
データ形式（パネルデータ）						
横断面データ	-3.223***	-2.936***	-7.139***	-1.659*	-3.350***	-6.011***
時系列データ	2.900***	2.463**	1.415	1.628	3.782***	3.649***
個別効果・時間効果制御（非制御）						
個別効果	-1.270**	-0.856	-1.079	-0.704	-0.918	-1.413***
時間効果	1.180	1.156	-0.668	1.563**	0.695	-1.384**
推定量（OLS）						
FE	-0.943	-1.943**	-1.959	-0.435	-1.379*	-0.898***
RE	-0.982	-1.009	-1.255	-0.128	-0.893	-1.022***
SLS	-2.109**	-3.330***	-0.554	-1.957	-1.840***	-1.508***
GMM	-2.013*	-1.332	-3.762***	-0.795	-2.324***	-3.709***
モデル形式（総投資モデル）						
二国間モデル	-0.155	0.160	-0.328	0.337	-0.751	-6.321***
従属変数形式（真数値）						
対数値	-1.059	-1.164	0.256	0.424	-0.358	53.501
外国直接投資変数タイプ（年間純流入額）						
年間総流入額	-1.897**	-1.206***	-1.858**	-1.554***	-2.318***	-0.190***
総流入累積額・残高	-0.146	-0.236	-2.082	-0.450	-0.459	-6.306***
国民一人当たり年間純流入額・同総流入額	-0.672	0.320	-2.183	-0.759	-2.138*	dropped
国民一人当たり年間純流入累積額	3.344**	2.733**	-1.236	0.959	2.446*	dropped
年間純流入額対 GDP 比等	-1.865	-1.136	-4.267	-0.777	-2.012	dropped
その他 FDI 指標	23.979*	25.431***	-4.824	17.614*	16.726	dropped

第 11 講　市場経済移行と外国直接投資（FDI）：FDI 決定要因の比較分析

経済移行変数タイプ（総合移行指標）						
経済自由化指標	-1.761	0.083	-6.583 ***	-1.830	-2.917 **	-4.058 **
企業改革指標	-1.753	-0.144	-4.624 ***	-2.742 **	-3.504 ***	-4.695 ***
競争政策指標	-2.844 **	-1.651 *	-5.836 ***	-3.521 ***	-4.673 ***	-5.901 ***
私有化関連指標	-1.622	-0.127	-6.702 ***	-2.484 **	-3.210 ***	-4.818 ***
その他経済移行指標	-2.183	0.211	-3.574 **	-3.079 **	-3.062 **	-3.944 ***
自由度・研究水準						
$\sqrt{}$自由度	-0.048 **	-0.051 ***	0.001	-0.030 *	-0.035 *	0.084
研究水準	0.179	—	0.225	0.000	0.095	dropped
切片	-111.012	-219.798	353.931	-56.435	176.050	-34.311
K	179	179	179	179	179	179
R^2	0.416	0.404	0.965	0.595	—	0.005

注 1 ）OLS：最小二乗法，WLS：加重最小二乗法（括弧内は推定に用いた分析的重み），RML：制限付き最尤法，GLS：一般最小二乗法，LSDV：最小二乗ダミー推定法。
　　2 ）表11.4の注 3 を参照。
　　3 ）Breusch-Pagan 検定：$\chi^2=0.69$, $p=0.203$; Hausman 検定：$\chi^2=892.84$, $p=0.000$
　　4 ）Breusch-Pagan 検定：$\chi^2=3.55$, $p=0.030$; Hausman 検定：$\chi^2=40.39$, $p=0.005$
　　5 ）回帰係数の統計検定は，White の修正法による分散不均一性の下でも一致性のある標準誤差に基づいて行った。***：1 ％水準で有意，**：5 ％水準で有意，*：10％水準で有意。OLS，WLS 及びパネル変量効果・固定効果推定に際しては，研究毎に抽出推定結果をクラスター化したクラスター法を採用している。
出所）筆者推定。メタ独立変数の定義及び記述統計量は，表11.4を参照。

　第 2 に，前節で述べたメタ統合の結果が示唆するように（表11.2及び表11.3を参照），ここでのメタ回帰分析の結果も，パネルデータと時系列データの間の顕著な差を明らかにしている。事実上の単一国研究である時系列データ分析は，複数年×複数国を研究対象としたパネルデータ分析に比べて，偏相関係数で見ると FDI 決定要因全体の場合は約0.25（表11.5(a)），経済移行変数の場合は0.502から0.702の範囲で（表11.6(a)），推定結果が平均的に大きい。その一方で，後者のケースでは，横断面データ分析はパネルデータ分析よりも偏相関係数及び t 値ともに平均的に小さい推定値を報告している。ここで，メタ分析対象文献の一覧を概観すると，横断面データを使用した研究は比較的初期の段階に集中していることが分かる[23]。そのため，パネルデータ分析に必要な中東欧・旧ソ連諸国全体のデータセットの入手が困難か，仮に入手できたとしても信頼性に欠けたことが影響しているのであれば，研究毎に異なる推定期間が各々の推定結果に有意に影響を及ぼすはずであるが，今回のメタ回帰分析の結果を見る限り，両者の間に特段の因果関係は見られない。従って，上記の差異はデータ形式の違いに起因するものと考えて間違いないと言える。

23）本講義注 4 を参照。

第Ⅳ部　経済開放と国際社会との共存

　第3に，やはり研究毎に異なる推定量の選択は，推定結果に著しい影響を及ぼしていることが分かる。すなわち，ベンチマーク推定量とした最小二乗法（OLS）と比較して，国家レベルの個別効果を制御したパネル固定効果推定量（FE）や二段階もしくは三段階最小二乗推定量（2SLSまたは3SLS），さらには外国投資と経済移行の間に存在するであろう内生性の問題に対処した一般化積率法（GMM）のように，より洗練された推定量は，効果サイズ及び統計的有意性の両面でFDI決定要因の誘引効果を控え目に報告する傾向がある。経済移行に焦点を当てたFDI決定要因の場合，FE，2SLS，GMMを用いた研究は，OLSの場合よりも，偏相関係数では0.109から0.313の範囲で（表11.6(a)），t値では0.898から3.762の範囲で（同(b)），平均的に小さい推定結果を報告している。また，FDI実績と経済移行の間には内生性が存在していると考えられるため，FDI決定要因に関する実証研究を行う際には，この問題に正面から取り組むべきことも，上記のメタ回帰分析の結果は示している。ちなみに，移行経済諸国におけるFDIと経済成長の関係に関するメタ分析研究の結果も，こうした内生性の問題に対処することの必要性を指摘している（Iwasaki and Tokunaga, 2014）。

　第4に，重力モデルの発展から生まれた二国間モデルは，総投資モデルに比べて，明らかに低下した偏相関係数の推定値をFDI決定要因全体では示しているが（表11.5），この結果は経済移行変数には当てはまらない（表11.6）。一般的に言えば，二国間モデルに取り入れられる説明変数の内容は幅広く，時にはユニークなFDI決定要因も含まれる。実際のところ，今回のメタ分析のために筆者らが分類した10タイプのFDI決定要因に収まらない変数は非常に多く，コーディングした推定結果（全2146点）の過半数（10タイプに分類された933点を除く1213点）に及ぶ。その定義も多種多様で，メタ分析対象文献の研究内容の多様性を象徴している。一部の研究者は，中東欧地域の歴史的・民族的な紐帯を実証分析に反映させようとして，投資国と受入国の間に形成された個人的ないしビジネス上のネットワークや，両者間に歴史的に存在する文化的・言語的な同質性が，国境を越えた資本移動にどのように影響しているかを把握しようと試みている。例えば，Bandelj（2002, 2008）は，二国間投資協定の締結，投資側の政府による公的支援の実施，投資国から受入国への長期的な移民の流れ，投資側における受入側の民族的マイノリティの存在が，二国間のFDI流入に対して統計的に有意に影響していることを示し，経済的な要因だけでなく社会的な関係性も中東欧地域の対内FDIを促進する効果があるという仮説を論証した。さらに，Deichmann（2010, 2013）は特定の投資受入国に焦点を当て，二国間ベースで投資国との関係を分析した上で，中東欧地域では文化的・歴史的な関係の近さと深さがビジネス上の関係を発展させる重要な契機であると結論

第 11 講　市場経済移行と外国直接投資（FDI）：FDI 決定要因の比較分析

づけた。最もシンプルな例を挙げれば，中東欧非 EU 加盟国の中では例外的に多額の FDI を早くから受け入れてきたクロアチアでは，同国の FDI 予測と実績の乖離を説明した Garibaldi et al.（2001）が述べているように，1990年代の FDI 受入額の一部は在外同胞からの援助的性格の強い投資であったと考えられている。当然ながら，こうした効果を実証的に検定することは総投資モデルでは技術的に不可能で，それらは除外変数（omitted variables）として分析過程から消え去るため，実証結果に多大な影響を及ぼすことになる。前節で述べた FDI 決定要因としての地理的距離変数の重要性も考慮すると，分析枠組みとしての二国間モデルの構造的妥当性を改めて強調しておきたい。

　第 5 に，FDI 変数タイプの選択は，FDI 決定要因全体の場合，その効果サイズと統計的有意性に重大な差をもたらす原因ではないようである。唯一の例外は，総流入累積額・残高を従属変数に用いた場合の統計的有意性の上昇である（表11.5(b)を参照）。別言すれば，大方の予想に反して，FDI 変数タイプの違いはメタ分析対象文献の研究間の異質性を惹き起こす重大な要因ではない。しかしながら，FDI 決定要因を経済移行変数に限定した場合は，表11.6に示された通り，FDI 変数タイプの選択は推定結果に大きく影響している。すなわち，従属変数として年間 FDI 総流入額を用いた研究では，経済移行変数の効果サイズは小さく，統計的有意性も低い一方で，国民一人当たり年間 FDI 純流入累積額を用いた場合は，逆の推定結果を生む可能性が高い。他方で，経済移行変数タイプの選択は，その偏相関係数に大きな差異をもたらさない（表11.6(a)を参照）。この結果には，11.2.3項で指摘した経済移行に関する変数の均質性，すなわち，多くの研究者が EBRD の総合もしくは分野別移行指標を直接用いるか，何らかの形で参照しながら変数を作成している実態が一部反映されていると考えられる。中東欧・旧ソ連諸国における経済改革の進捗度を示すために考案された指標の間に，強い正の相関関係が見られることはよく知られている[24]。しかしながら，経済移行変数タイプの選択は，その統計的有意性を示す t 値の大きさには一定の影響を及ぼしている（表11.6(b)を参照）。集計化された総合移行指標に対して，個別の分野に焦点を当てた移行指標を用いる場合は，経済移行変数の統計的有意性を引き下げる方向に働くようである。

　第 6 に，FDI 決定要因タイプの選択は重要な説明力を有しており，その相対的な強さの測定は，おそらく本研究のメタ分析が提供できる最も興味深いテーマの一

---

24) IMF（2000, pp. 133-137）によると，EBRD の移行指標と，その代替的指標と見なされている自由化指数（liberalization index）もしくは制度的質指数（index of institutional quality）は強く相関しており，こうした変数間の概念的な均質性を反映している。

449

第Ⅳ部　経済開放と国際社会との共存

つであろう。表11.5には，経済移行変数をベンチマークとして，FDI 実績を決定
するであろう他の9タイプの変数を比較した推定結果が掲げられている。同表から
明らかなように，7つのタイプの FDI 決定要因が統計的に見て有意に異なる。す
なわち，市場規模と集積効果に関する変数は，標準誤差の逆数を分析的重みに用い
たケース（モデル［4］及び［10］）を除いて，偏相関係数及び t 値ともに正に有
意な値を取っている。これは，他の条件が等しければ，経済移行に関する説明変数
と比べて両変数が非常に強い FDI 誘引力を備え，その統計的有意性も大きいこと
を意味している。その一方で，購買力，労働費用水準，労働費用格差，資源賦存，
地理的距離に関する5つの変数は，多くのケースで逆の結果（負に有意な値）を示
している。いずれも正の FDI 誘引効果が想定される経済移行変数と比較した結果
であるため，負の符号は FDI の流入が阻害されることを必ずしも意味しているわ
けではないが，前節で検討したメタ統合結果を踏まえれば（表11.2を参照），資源
賦存以外の要因は経済移行諸国における海外企業の活動を妨げているようである。
このうち，労働費用水準と地理的距離に関する変数の分析結果は，標準的な経済理
論と整合的である。すなわち，労働力が安価な近隣の市場に対して，投資家は資金
を投入する傾向があることを示している。労働費用水準変数と同様の働きをする可
能性があるのは，購買力変数である。通常は市場規模を表す変数として用いられる
が，実際に一部のメタ分析対象文献でも行われているように，賃金水準は生活水準
と強く相関することを前提にして，例えば一人当たり GDP を労働費用水準の代理
変数として扱うケースも珍しくない。しかしながら，前節で見た通り，購買力変数
のメタ統合は統計的に非有意な結果であり，今回のメタ分析においては有効な
FDI 決定要因と見なすことはできない。これと同じケースが労働費用格差変数で，
ここでは有効な FDI 決定要因であるとは判定できない。人件費に敏感な投資家は，
自国の労働費用との格差が大きく，相対的に見て労働力がより安価な国々に投資す
るはずであるが，労働費用水準変数の推定結果と比較する限り，そのような結論は
支持されない。こうした結果が，労働費用格差変数の推定値の少なさ（$K=38$）に
由来するものなのか，それとも海外投資家による独自のビジネス戦略のような他の
要因と関係しているためなのかについては，現時点で明確な回答をすることはでき
ない。最後に，資源賦存変数の推定結果は最も興味深く，また議論が分かれるとこ
ろかもしれない。中東欧・旧ソ連諸国向けの FDI 実績を一瞥すると，ポーランド，
ロシア，カザフスタンのように天然資源に恵まれた国々が，過去四半世紀の間に多
額の直接投資を受け入れてきたような印象を与えるが（表11.1を参照），石炭・石
油・天然ガスに代表される地下資源の埋蔵だけでは，2000年代以降における移行経
済諸国向けの FDI ブームを惹き起こすには不十分であったことをメタ回帰分析の

450

第11講　市場経済移行と外国直接投資（FDI）：FDI決定要因の比較分析

結果は示唆している。簡潔に言えば，天然資源の賦存以上に重要なFDI誘引要素が存在しており，その中の一つが経済移行である。残る2つのFDI決定要因，すなわち貿易効果変数とEU加盟変数を用いたメタ独立変数は，ベンチマーク変数と比べて統計的に有意な差を示していない。つまり，両変数は経済移行変数と同等のFDI誘引効果を有していると見なし得る。

以上の所見に加えて，表11.6の分析結果から分かることは，経済移行に関する説明変数の推定値に対して，自由度の平方根が負の効果を若干もたらす点である。言い換えれば，標本サイズがより大きなデータを用いた研究は，他の条件が等しければ，経済移行のFDI誘引効果の規模と統計的有意性をより低く評価する傾向にあり，中東欧・旧ソ連諸国における経済移行とFDI実績の因果関係は控え目に支持される。その他の研究属性，すなわち，投資受入国の構成，推定期間，個別効果・時間効果の制御，特定の研究対象産業，従属変数の形状に関わるメタ独立変数は，いくつかのケースを除けば，基本的に10％水準以下で有意に推定されておらず，これらの要因は異なる研究間の推定結果に大きな差をもたらす要因ではないことが確認された[25]。

11.5　公表バイアスの検証

中東欧・旧ソ連諸国向けのFDI決定要因を検証した実証研究の推定結果をメタ統合した上で，メタ回帰分析の手法を用いて，その効果サイズと統計的有意性を推定したとしても，いかなる実証研究も公表バイアスから逃れることができないことを肝に銘じなければならない。本節では，この問題に取り組むために，本書序論で解説した公表バイアスの検証方法に従って，経済移行変数を中心に公表バイアスの程度や，その影響を取り除いた後の真の効果の有無と規模を推定する。最初に，効果サイズ（本研究では偏相関係数）を横軸に，推定精度（同様に標準誤差の逆数）を縦軸に置いた漏斗プロットを作製すると，ここでは標本数も限られているために，公表バイアスが存在しない研究領域で観察されるような明瞭な形状を目にすることができない[26]。別言すれば，ゼロを基準としても，あるいは推定精度の高い順に上位10％の推定結果の平均値を真の効果の近似値と仮定しても[27]，統計理論の予想に従って，抽出された推定値が左右対称かつ三角形型に分布しているとは言い難

---

25) ただし，経済移行変数のメタ回帰分析から，推定量に関わるメタ独立変数を全て取り除くと，個別効果は10％水準以下で負に推定される。ベンチマークとして用いられたOLSを除けば，いずれの推定量も，その構造により個別効果を制御しているため，これは十分に予見し得る推定結果である。

451

第Ⅳ部　経済開放と国際社会との共存

い。繰り返すように，今回のメタ分析対象文献については，抽出推定結果の標本数の少なさと公表バイアスの存在が，輪郭が不明瞭な漏斗プロットをもたらした主な原因であると考えられる[28]。

図11.2(a)は，経済移行変数の推定結果に関する漏斗プロットである。一見して明らかなように，ゼロを基準としても，あるいは推定精度で最上位10％の推定値の平均値である0.272を真の効果の近似値と見なしても，左右対称かつ三角形型の分布を示しているとは言い難い。推定結果の正負比率は155対26であり，仮に真の効果がゼロの近傍にあるならば，推定結果の正負比率が等しいという帰無仮説は容易に棄却される（$z = 7.808, p = 0.000$）。真の効果が最上位10％の推定精度を持つ推定値の平均値に近いとしても，それを境に49対132に分かれているため，推定結果が真の効果を挟んで同数分布するという帰無仮説は同様に棄却される（$z = 5.608, p = 0.000$）。すなわち，正の効果サイズを支持する推定結果がより頻繁に報告されるという意味で，経済移行変数には公表バイアスⅠ型の存在が強く疑われる。他のFDI決定要因の中では，市場規模，購買力，集積効果，労働費用水準，EU加盟に関する5つの変数において，公表バイアスⅠ型の可能性が高く，経済移行変数のケースと同様に，真の効果をゼロもしくは推定精度で最上位10％の推定値の平均値と見なす双方の場合において，帰無仮説は全て棄却される。貿易効果変数と地理的距離変数については，どちらか一方で帰無仮説が棄却されるため，同バイアスの存在が潜在的に疑われる。逆に，両方の帰無仮説が受容され，その限りでバイアスの疑いが薄いのは，労働費用格差変数と資源賦存変数の2つである。しかし，どちらも推定値の標本数が少ないため，先に述べたように漏斗プロットの形状は不明瞭である。

次に，図11.2(b)に示されたガルブレイズ・プロットは，効果サイズの符号の向きとは関わりなく，統計的に有意な推定結果の報告頻度が高い公表バイアスⅡ型の検出に用いられるが，同図が示す通り，経済移行変数の場合，その可能性は極めて高い。有意水準5％の両側棄却限界値である± 1.96の範囲内に収まるt値は，推定結果181点中の72点に過ぎず，全体に占める比率が95％であるという帰無仮説は容易に棄却される（$z = 15.179, p = 0.000$）。また，最上位10％の推定精度を持つ推定値の

---

26) 国や地域の違いを問わず，FDIと経済成長の関係を実証的に考察した文献108点から抽出した推定結果（計880点）を利用して作製された漏斗プロットは，鮮やかな逆漏斗型の散布図を描いている（Iamsiraroj and Ulubasoglu, 2015, Fig. 1）。

27) 推定精度で最上位10％の推定値の平均値を真の効果の近似値と見なす分析手法は，Stanley（2005）に倣っている。

28) 全てのFDI決定要因の漏斗プロットは，Tokunaga and Iwasaki（2016）に掲載されている。

第11講　市場経済移行と外国直接投資（FDI）：FDI決定要因の比較分析

図11.2　経済移行変数のFDI誘引効果に関する推定結果の漏斗プロット及びガルブレイズ・プロット（K=181）

(a) 漏斗プロット[1]

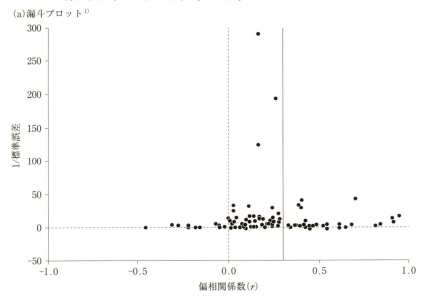

(b) ガルブレイズ・プロット[2]

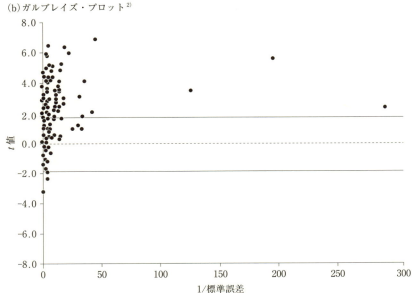

注1）実線は，精度最上位10%推定値の平均値である0.272を指す。
　2）実線は，有意水準5%の両側棄却限界値である±1.96を示している。
出所）筆者作成。

第Ⅳ部　経済開放と国際社会との共存

**表11.7　外国直接投資決定要因の公表バイアス及び真の効果の有無に関する
メタ回帰分析結果の概要**

	公表バイアスⅠ型	公表バイアスⅡ型	真の効果	公表バイアス調整済みの効果サイズ
経済移行変数	✓	✓	✓	0.028~0.036
市場規模変数	✓	✓		
購買力変数		✓		
貿易効果変数	✓	✓		
集積効果変数			✓	0.466~0.519
労働費用水準変数		✓	✓	-0.006
労働費用格差変数		✓		
資源賦存変数		✓	✓	0.031~0.038
EU加盟変数	✓	✓	✓	0.099~0.173
地理的距離変数	✓	✓	✓	-0.087

注）公表バイアスに関するメタ回帰分析結果の詳細は，本書第11講付録3を参照のこと。
出所）筆者推定。

平均値（0.272）を真の効果と仮定しても，統計量|(第 k 推定結果－真の効果)/SE_k|
が閾値1.96を上回る推定結果が全体に占める比率は5％であるという帰無仮説も，
先と同様に棄却される（$z = 5.018, p = 0.000$）。他の FDI 決定要因については，
ほとんどのケースでどちらの帰無仮説も棄却されるため，この研究領域に公表バイ
アスⅡ型が生じている可能性は極めて高いと判断される[29]。

　最後に，本書序論で述べられた手順に従って，経済移行変数を含む全10タイプの
FDI 決定要因に対して，上記2種類の公表バイアスと真の効果の有無をより厳密
に検証するために実施したメタ回帰モデルの推定結果の概要は，**表11.7**に示された
通りである。同表の第2列及び第3列から明らかなように，公表バイアスⅠ型及び
Ⅱ型はどちらも検出されたが，その頻度がより高いのは後者である。換言すれば，
今回のメタ分析対象文献には公表バイアスⅡ型が蔓延しており，統計的に有意な推
定結果であるほど，その公表の可能性が高まるという意味で恣意的操作が行われて
いると言えよう。その一方で，第4列に示されたように，強力な公表バイアスの存
在にも拘わらず，FDI 誘引効果に関する真の効果の存在が多くの FDI 決定要因で
確認された。具体的には，経済移行変数を始め，集積効果変数，労働費用水準変数，
資源賦存変数，EU 加盟変数，地理的距離変数の6タイプの抽出推定結果には，そ
れぞれ FDI 誘引効果に関する正真正銘の証拠が含まれている可能性が高い[30]。言

29）全ての FDI 決定要因のガルブレイズ・プロットは，Tokunaga and Iwasaki（2016）に掲載さ
　れている。

第11講　市場経済移行と外国直接投資（FDI）：FDI決定要因の比較分析

い換えれば，中東欧・旧ソ連諸国における経済システムの転換，海外企業の事業進出の実績，絶対的に安価な労働力の存在，豊富な天然資源の賦存，主要な中東欧諸国の欧州化戦略，投資国との地理的近接性には，確かに対内FDIを促進する力が備わっていたと断定できる。

　上表第5列に掲載された公表バイアス調整済みの修正効果サイズの推定結果を比較すると，中東欧・旧ソ連諸国向けFDIの流入に対して，最大の正の効果（0.466〜0.519）をもたらすことが判明した決定要因は集積効果変数である。興味深いことに，同変数は公表バイアスⅠ型及びⅡ型の影響を受けていない唯一のケースである。その理由は，おそらく多くの研究者にとって集積効果は主たる関心事ではなく，特定の好ましい推定結果を報告するような動機が強く働かないためと推察される。集積効果変数は制御変数として分析に用いられるか，先述したようにダイナミックパネル推定を行う際にラグ付き従属変数（FDI変数）として導入される場合がほとんどである。労働費用水準変数の修正効果サイズ（−0.006）は，理論的に想定されるように負の値を取り，同様に地理的距離変数も重力モデルに投じられると，その修正効果サイズ（−0.087）は負になる。つまり，労働費用水準が高いほどFDIの流入は阻害され，二国間レベルでは投資国との距離が離れるほど，やはりFDIを誘引する力は弱まる。天然資源の賦存がFDIの流入に及ぼす影響については，研究毎に推定結果が異なるために論争の的になっていたが，一部の公表バイアス（Ⅱ型）は存在したとしても，中東欧・旧ソ連諸国に対するFDIを促進させる真の効果（0.031〜0.038）を備えていることが判明した。最後に，この研究領域で最大の関心を呼び起こした二大テーマ，すなわち，経済移行とEU加盟が対内FDIに及ぼす影響を捉えるために考案された経済移行変数とEU加盟変数は，強力な公表バイアス（Ⅰ型及びⅡ型）に囚われていたとしても，正真正銘のFDI誘引効果を有していることが明らかにされた。両者の修正効果サイズ（0.028〜0.036及び0.099〜0.173）は，上記の集積効果変数の影響力と比べれば控え目な値であるが，資本不足に悩まされていた旧社会主義諸国を過去四半世紀の間に席巻した二大イベントは，確かに海外から資本を呼び込む重要な契機であった。それゆえ，メタ分析対象文献に報告された実証結果は，全体として経済移行とEU加盟の正のFDI誘引効果を証明するに十分な証拠を提供していると評価される。

30）以上の推定結果の詳細は，日本評論社ウエブサイト（https://www.nippyo.co.jp/shop/downloads）にある本書第11講付録3を参照のこと。

第IV部　経済開放と国際社会との共存

11.6　おわりに

　本講義では，中東欧・旧ソ連諸国における経済移行とFDIに関する実証研究を体系的に調査し，その研究成果を定量的に統合した上で，研究間の異質性の所在を明らかにしようと試みた。この分野には多数の研究業績が見られ，FDI実績に関する様々な決定要因の効果を検証している。そうしたFDI決定要因に関する多種多様な推定結果を首尾一貫した形で結びつけ，体系的に分析するために，経済・ビジネス研究分野のメタ分析用に開発されたツールを用いて，各々の効果を検証した。

　中東欧・旧ソ連諸国向けのFDI決定要因に関するメタ分析の対象として，筆者らは合計69点の文献を選択し，そこから計933点の推定結果を抽出した上で，10タイプの変数に分類した。そのうち，185点の推定値は市場経済移行に関するもので，本研究の分析の焦点であった。具体的には，これらの国々のFDI実績に対して，経済移行が及ぼし得る影響の有無と程度を定量的に把握し，さらには他の要因のFDI誘引効果と比較するために，各々の推定結果を大きく左右する可能性が高い研究間の異質性に十分に配慮しながら，メタ回帰分析を行った。その結果は，以下のようにまとめられる。

　第1に，メタ分析対象文献から抽出した推定結果のメタ統合の結果が示すところでは（11.3節），パネルデータや横断面データではなく時系列データを用い，二国間モデルよりも総投資モデルに依拠して，特定のタイプのFDI変数を選択した場合には，FDI決定要因の効果サイズ（偏相関係数）は上方に推定されることが判明した。さらに，経済移行変数の効果サイズは統計的に有意に正ではあるものの，市場規模，集積効果，EU加盟等に関する他の変数と比べて，その規模はかなり小さいことも明らかになった。この点は，経済移行に加えて，より格段に強力なFDI誘引力を発揮する要因が中東欧・旧ソ連諸国で働いていたことを意味する。しかしながら，以上のメタ統合は研究間の異質性を制御せず，単にメタ分析対象文献から抽出した推定結果を集計したに過ぎない。そこで，続く11.4節では，この問題の解決に取り組んだ。

　第2に，研究間の異質性に関する計4セットのメタ回帰分析の結果に基づくと，メタ分析対象文献の実証結果に対して，いくつかの研究属性が有意に影響していることが判明した。まず，10タイプに分類したFDI決定要因に目を向けると，先のメタ統合の結果を裏づけるように，他の研究属性を同時に制御しても，中東欧・旧ソ連諸国に特有の経済移行の過程以上に，市場規模や集積効果といった伝統的なFDI決定要因の誘引効果の方が大きいと言える。その上で，経済移行変数に的を

第 11 講　市場経済移行と外国直接投資 (FDI)：FDI 決定要因の比較分析

絞ったメタ回帰分析を行うと，パネルデータに対して時系列データ，年間 FDI 純流入額に対して国民一人当たり年間 FDI 純流入累積額を用いた場合，同変数の効果サイズは上方に推定される傾向にある。これとは逆に，横断面データを用いて，投資国の中に非 EU 先進国を含み，投資受入国の個別効果を明示的に制御するか（パネル固定効果推定量），外国投資と経済移行の間に存在する内生性の問題に対処して（二段階最小二乗推定量），年間 FDI 総流入額を従属変数とした場合は，経済移行変数の効果サイズを下方に推定し，その統計的有意性も低下するという結果が得られた。他方で，FDI に関する他のメタ分析研究の結論とは異なり，FDI 変数タイプの違いは，メタ分析対象文献全体に及ぶ研究間の異質性を惹き起こす主要な原因ではなかった。また，経済移行変数タイプの選択も，実証面で大きな差異をもたらす要因ではなかった。それは，同変数の多くが EBRD の移行指標に基づいて構築されている事実を映し出していると考えられる。しかしながら，研究間の異質性に関する以上のメタ回帰分析は，研究内容の水準とは別に，計量的な実証分析には必ずついて回る公表バイアスの問題を考慮していないため，最後の11.5節では，この問題の解決に取り組んだ。

　第 3 に，公表バイアスに関するメタ回帰分析の結果，それがメタ分析対象文献に蔓延しており，とりわけ公表バイアス I 型よりも II 型の方が深刻であると判定された。それでも，いくつかの FDI 決定要因の推定結果には真の効果が含まれ，正真正銘の FDI 誘引効果を有していることが明らかにされた。研究者の主要な関心事であった経済移行と EU 加盟を定式化した変数も，そこに含まれており，公表バイアス調整済みの修正効果サイズの推定結果によると，集積効果と資源賦存に関する変数とともに，非ゼロの正の FDI 誘引効果が検出された。それゆえ，中東欧・旧ソ連諸国が独自に経験した経済的及び政治的変化は，海外企業の進出と外国投資の進展に大きく貢献したと結論することができる。

　最後に，FDI に関する政策面の主要な議論は，それがもっぱら外生的要因によって決まるのか，それとも政策努力を反映した内生的要因にも影響されるのかという点である（Estrin and Uvalic, 2014）。筆者らのメタ分析は，双方の仮説を支持している。FDI を促進する真の効果があると判定された 2 つの特性，すなわち天然資源の賦存と地理的な位置は，政策担当者にとって明らかに制御不能の変数である。それでも，FDI を誘致するための選択肢は多数残されており，今回のメタ分析の結果に従えば，市場経済改革の遂行（経済移行），海外企業を含む事業活動の集中立地（集積効果），価格・賃金水準の高騰の抑制（労働費用水準），西欧諸国との制度統合（EU 加盟）等が挙げられる。公表バイアス調整済みの修正効果サイズの推定結果によると，産業集積が最大の FDI 誘引効果を有しており，その規模は他の

457

第Ⅳ部　経済開放と国際社会との共存

要因の数十倍にも及ぶ。このような結論を支持する分析結果は，世界の他地域における FDI 決定要因の実証研究にも見られる。それゆえ，外国投資の受入国の関係者にとって重要な政策課題の一つは，自己組織的な産業クラスターの形成と発展を適切な方法で支援することであろう。それによって，今度は FDI の生産性波及効果をもたらし，受入国への技術移転が進む可能性も開けてくるのである。

謝辞

　本講義は，科学研究費補助金基盤研究（A）「比較移行経済論の確立：市場経済化20年史のメタ分析」（課題番号：23243032），同（B）「日系企業の新興国市場ビジネスと政府間経済協力」（課題番号：17H04533），並びに平成28年度京都大学経済研究所共同利用共同研究拠点プロジェクト研究の成果であり，岩﨑・徳永（2013b）及び Tokunaga and Iwasaki（2017）に基づく。本論文の執筆に当たっては，トム・スタンレー（Tom D. Stanley）ヘンドリックス大学名誉教授，ミクロシュ・サニ（Miklós Szanyi）ハンガリー科学アカデミー世界経済研究所教授，久保庭眞彰一橋大学名誉教授，鈴木拓帝京大学准教授，並びに The World Economy 誌の匿名審査員の方々より，多くの貴重な示唆やコメントを頂いた。ここに記して謝意を表する。

参考文献

安藤研一（2006）「EU 拡大と多国籍企業」『日本 EU 学会年報』第26号，205-231頁.

岩﨑一郎・徳永昌弘（2013a）「外国資本と体制転換—市場経済化20年史のメタ分析」（Discussion Paper Series No.A593）一橋大学経済研究所.

岩﨑一郎・徳永昌弘（2013b）「外国資本と体制転換—市場経済化20年史のメタ分析」『経済研究』第64巻第 4 号，353-378頁.

徳永昌弘（2012）「欧州新興国と海外直接投資—日系企業の海外直接投資から見た欧州新興市場の発展」飴野仁子・高屋定美・田村香月子・徳永昌弘『グローバル金融危機と経済統合—欧州からの教訓』関西大学出版部，125-144頁.

Alter, Rolf and Frédéric Wehrlé（1993）Foreign direct investment in Central and Eastern Europe: An assessment of the current situation, Intereconomics, 28(3), pp. 126-131.

Babecký, Jan and Nauro F. Campos（2011）Does reform work? An econometric survey of the reform-growth puzzle, Journal of Comparative Economics, 39(2), pp. 140-158.

Babecky, Jan and Tomas Havranek（2014）Structural reforms and growth in transition: A meta-analysis, Economics of Transition, 22(1), pp. 13-42.

Bandelj, Nina（2002）Embedded economies: Social relations as determinants of foreign direct investment in Central and Eastern Europe, Social Forces, 81(2), pp. 409-444.

Bandelj, Nina（2008）From Communists to Foreign Capitalists: The Social Foundations of Foreign Direct Investment in Postsocialist Europe, Princeton University Press: Princeton and Oxford.

Bellak, Christian and Markus Leibrecht（2006）Effective tax rates as a determinant of foreign

458

第11講　市場経済移行と外国直接投資（FDI）：FDI決定要因の比較分析

direct investment in Central and East European countries: A panel analysis, In: Tavares, Ana Teresa and Aurora Teixeira（eds.）, Multinationals, Clusters and Innovation: Does Public Policy Matter?, Palgrave Macmillan: Basingstoke and New York, pp. 272-288.

Bellak, Christian and Markus Leibrecht（2007a）Some further evidence on the role of effective corporate income taxes as determinants of foreign direct investment in Central and East European countries, In: Proceedings of the 99th Annual Conference on Taxation under the Auspice of the National Tax Association, National Tax Association: New York, pp. 331-342.

Bellak, Christian and Markus Leibrecht（2007b）Corporate income tax competition and the scope for national tax policy in the enlargerd Europe, In: Andersson, Krister, Eva Eberhartinger and Lars Oxelheim（eds.）, National Tax Policy in Europe: To Be or Not to Be?, Springer: Berlin, pp. 11-43.

Bellak, Christian and Markus Leibrecht（2009）Do low corporate income tax rates attract FDI? Evidence from Central and East European countries, Applied Economics, 41(21), pp. 2691-2703.

Bevan, Alan A. and Saul Estrin（2004）The determinants of foreign direct investment into European transition economies, Journal of Comparative Economics, 32(4), pp. 775-787.

Beyer, J（2002）"Please invest in our country" How successful were the tax incentives for foreign investment in transition countries? Communist and Post-Communist Studies, 35 (2), pp. 191-211.

Botrić, Valerija and Lorena Škuflić（2006）Main determinants of foreign direct investment in the Southeast European countries, Transition Studies Review, 13(2), pp. 359-377.

Carstensen, Kai and Farid Toubal（2004）Foreign direct investment in Central and Eastern European countries: A dynamic panel analysis, Journal of Comparative Economics, 32(1), pp. 3-22.

Chakrabarti, Avik（2001）The determinants of foreign direct investment: Sensitivity analyses of cross-country regressions, Kyklos, 54(1), pp. 89-114.

Claessens, Stijn, Daniel Oks and Rossana Polastri（2000）Capital flows to Central and Eastern Europe and the former Soviet Union, In: Edwards, Sebastian（ed.）, Capital Flows and the Emerging Economies: Theory, Evidence, and Controversies, University of Chicago Press: Chicago, pp. 299-340.

Cohen, J.（1988）Statistical Power Analysis in the Behavioral Sciences, Second edition, Lawrence Erlbaum Associates: Hillsdale.

Dauti, Bardhyl（2015）Determinants of foreign direct investment in transition economies, with special reference to Macedonia: Evidence from gravity model, South East European Journal of Economics and Business, 10(2), pp. 7-28.

de Mooij, Ruud A. and Sjef Ederveen（2003）Taxation and foreign direct investment: A synthesis of empirical research, International Tax and Public Finance, 10(6), pp. 673-693.

de Mooij, Ruud A. and Sjef Ederveen（2008）Corporate tax elasticities: A reader's guide to empirical findings, Oxford Review of Economic Policy, 24(4), pp. 680-697.

Deichmann, Joel I.（2010）Foreign direct investment in the Czech Republic: The role of origin effects and government promotion abroad, Comparative Economic Studies, 52(2), pp. 249-272.

Deichmann, Joel I.（2013）Origins of foreign direct investment in Croatia: Application of an expanded gravity model, In: Karasavvoglou, Anastasios and Persefoni Polychronidou（eds.）, Balkan and Eastern European Countries in the Midst of the Global Economic Crisis, Physica-

459

第Ⅳ部　経済開放と国際社会との共存

Verlag: Heidelberg, pp. 3–21.

Demekas, Dimitri G., Balázs Horváth, Elina Ribakova and Yi Wu（2007）Foreign direct investment in European transition economies: The role of policies, Journal of Comparative Economics, 35（2）, pp. 369–386.

Derado, Dražen（2013）Determinants of FDI in transition countries and estimation of the potential level of Croatian FDI, Financial Theory and Practice, 37（3）, pp. 227–258.

Djankov, Simeon and Peter Murrell（2002）Enterprise restructuring in transition: A quantitative survey, Journal of Economic Literature, 40（3）, pp. 739–792.

Döhrn, Roland（2000）Foreign direct investment in Russia: An engine of structural adjustment? In: Welfens, Paul J.J. and Evgeny Gavrilenkov（eds.）, Restructuring, Stabilizing and Modernizing the New Russia: Economic and Institutional Issues, Springer: Berlin and New York, pp. 127–148.

Doucouliagos, Hristos, Janto Haman and T. D. Stanley（2012）Pay for performance and corporate governance reform, Industrial Relations, 51（3）, pp. 670–703.

Doytch, Nadia and Mesut Eren（2012）Institutional determinants of sectoral FDI in Eastern European and Central Asian countries: The role of investment climate and democracy, Emerging Markets Finance and Trade, 48（6S4）, pp. 14–32.

EBRD（European Bank for Reconstruction and Development）(1998)Transition Report 1998: Financial Sector in Transition, EBRD: London.

Edmiston, Kelly, Shannon Mudd and Neven Valev（2003）Tax structures and FDI: The deterrent effects of complexity and uncertainty, Fiscal Studies 24（3）, pp. 341–359.

Égert, Balázs and László Halpern（2006）Equilibrium exchange rates in Central and Eastern Europe: A meta-regression analysis, Journal of Banking and Finance, 30（5）, pp. 1359–1374.

Eicher, Theo S., Lindy Helfman and Alex Lenkoski（2012）Robust FDI determinants: Bayesian model averaging in the presence of selection bias, Journal of Macroeconomics, 34（3）, pp. 637–651.

Estrin, Saul, Kirsty Hughes and Sarah Todd（1997）Foreign direct investment in Central and Eastern Europe: Multinationals in transition, Royal Institute of International Affairs: London and Washington.

Estrin, Saul, Jan Hanousek, Evžen Kočenda and Jan Svejnar（2009）The effects of privatization and ownership in transition economies, Journal of Economic Literature, 47（3）, pp. 699–728.

Estrin, Saul and Milica Uvalic（2014）FDI into transition economies: Are the Balkans different? Economics of Transition, 22（2）, pp. 281–312.

Feld, Lars P. and Jost H. Heckemeyer（2011）FDI and taxation: A meta-study, Journal of Economic Surveys, 25（2）, pp. 233–272.

Fidrmuc, Jarko and Iikka Korhonen（2006）Meta-analysis of the business cycle correlation between the Euro area and the CEECs, Journal of Comparative Economics, 34（3）, pp. 518–537.

Garibaldi, Pietro, Nada Mora, Ratna Sahay and Jeromin Zettelmeyer（2001）What moves capital to transition economies? IMF Staff Papers, 48（Special issue）, pp. 109–145.

Hanousek, Jan, Evžen Kočenda and Mathilde Maurel（2011）Direct and indirect effects of FDI in emerging European markets: A survey and meta-analysis, Economic Systems, 35（3）, pp. 301–322.

Hany, Csilla（1995）Foreign direct investment in Central Eastern Europe: Some lessons for Poland from Hungary, Intereconomics, 30（1）, pp. 36–43.

第11講　市場経済移行と外国直接投資（FDI）：FDI決定要因の比較分析

Hengel, Erin（2011）Determinants of FDI location in South East Europe（SEE）, OECD Journal: General Papers, 2010(2), pp. 91-104.

Holland, Dawn, Magdolna Sass, Vladimir Benacek and Miroslaw Gronicki（2000）The determinants and impact of FDI in Central and Eastern Europe: A comparison of survey and econometric evidence, Transnational Corporations, 9(3), pp. 163-212.

Iamsiraroj, Sasi and Mehmet Ali Ulubasoglu（2015）Foreign direct investment and economic growth: A real relationship or wishful thinking? Economic Modelling, 51, pp. 200-213.

IBRD（International Bank for Reconstruction and Development）（1996）World Development Report: From Plan to Market, Oxford University Press: New York.（世界銀行東京事務所訳『計画経済から市場経済へ』世界銀行東京事務所, 1996年）

IMF（International Monetary Fund）（2000）World Economic Outlook: Focus on Transition Economies, IMF: Washington, D.C.

Iwasaki, Ichiro（2007）Enterprise reform and corporate governance in Russia: A quantitative survey, Journal of Economic Surveys, 21(5), pp. 849-902.

Iwasaki, Ichiro and Keiko Suganuma（2009）EU enlargement and foreign direct investment into transition economies revisited, Transnational Corporations, 18(3), pp. 27-57.

Iwasaki, Ichiro and Masahiro Tokunaga（2014）Macroeconomic impacts of FDI in transition economies: A meta-analysis, World Development, 61, pp. 53-69.

Iwasaki, Ichiro and Masahiro Tokunaga（2016）Technology transfer and spillovers from FDI in transition economies: A meta-analysis, Journal of Comparative Economics, 44(4), pp. 1086-1114.

Jensen, Nathan（2002）Economic reform, state capture, and international investment in transition economies, Journal of International Development, 14(7), pp. 973-977.

Jiménez, Alfredo（2011）Political risk as a determinant of Southern European FDI in neighboring developing countries, Emerging Markets Finance and Trade, 47(4), pp. 59-74.

Lankes, Hans-Peter and A. J. Venables（1996）Foreign direct investment in economic transition: The changing pattern of investments, Economics of Transition, 4(2), pp. 331-347.

Lansbury, Melanie, Nigel Pain and Katerina Smidkova（1996）Foreign direct investment in Central Europe since 1990: An econometric study, National Institute Economic Review, 156(1), pp. 104-114.

Lavigne, Marie（1999）The Economics of Transition: From Socialist Economy to Market Economy, Second edition, Macmillan: Basingstoke.（栖原学訳『移行の経済学—社会主義経済から市場経済へ』日本評論社, 2001年）

Lefilleur, Julien（2008）Déterminants des investissements directs étrangers en Europe centrale et orientale Un bilan de la transition, Revue d'études comparatives Est-Ouest, 39(2), pp. 201-238.

Ljungwall, Christer and Patrik Gustavsson Tingvall（2010）Is China different? A meta-analysis of the effects of foreign direct investment on domestic firms, Journal of Chinese Economic and Business Studies, 8(4), pp. 353-371.

Meyer, Klaus E.（1995a）Direct foreign investment in Eastern Europe: The role of labor costs, Comparative Economic Studies, 37(4), pp. 69-88.

Meyer, Klaus E.（1995b）Foreign direct investment in the early years of economic transition: A survey, Economics of Transitions, 3(3), pp. 301-320.

Michalíková, Eva and Elisa Galeotti（2010）Determinants of FDI in Czech manufacturing industries between 2000 – 2007, South East European Journal of Economics and Business, 5(2), pp. 21-32.

461

第Ⅳ部　経済開放と国際社会との共存

Myant, Martin and Jan Drahokoupil（2012）Transition indicators of the European Bank for Reconstruction and Development: A doubtful guide to economic success, Competition and Change, 16(1), pp. 69-75.

Okafor, Godwin and Allan Webster（2016）Foreign direct investment in transition economies of Europe and the former Soviet Union, In: Hölscher, Jens and Horst Tomann（eds.）, Palgrave Dictionary of Emerging Markets and Transition Economics: Insights from Archival Research, Palgrave Macmillan: New York, pp. 413-434.

Overesch, Michael and Georg Wamser（2010）The effects of company taxation in EU accession countries on German FDI, Economics of Transition, 18(3), pp. 429-457.

Selowsky, Marcelo and Ricardo Martin（1997）Policy performance and output growth in the transition economies, American Economic Review, 87(2), pp. 349-353.

Stanley, T. D.（2005）Beyond publication bias, Journal of Economic Surveys, 19(3), pp. 309-345.

Stanley, T. D. and Hristos Doucouliagos（2012）Meta-regression Analysis in Economics and Business, Routledge: London and New York.

Stern, Nicholas（1997）The transition in Eastern Europe and the former Soviet Union: Some strategic lessons from the experience of 25 countries over six years, In: Zecchini, Salvatore.（ed.）, Lessons from the Economic Transition: Central and Eastern Europe in the 1990s, Kluwer Academic Publishers: Dordrecht, Boston, London, pp. 35-57.

Tokunaga, Masahiro and Ichiro Iwasaki（2016）The determinants of foreign direct investment in transition economies: A meta-analysis, Discussion Paper No.952, Kyoto Institute of Economic Research, Kyoto University: Kyoto.

Tokunaga, Masahiro and Ichiro Iwasaki（2017）The determinants of foreign direct investment in transition economies: A meta-analysis, The World Economy, 40(12), pp. 2771-2831.

Velickovskia, Igor and Geoffrey Thomas Pugh（2011）Constraints on exchange rate flexibility in transition economies: A meta-regression analysis of exchange rate pass-through, Applied Economics, 43(27), pp. 4111-4125.

Wang, Zhen Quan and Nigel Swain（1995）The determinants of foreign direct investment in transforming economies: Empirical evidence from Hungary and China, Weltwirtschaftliches Archiv, 131(2), pp. 359-382.

Wang, Zhen Quan and Nigel Swain（1997）Determinants of inflow of foreign direct investment in Hungary and China: Time-series approach, Journal of International Development, 9(5), pp. 695-726.

Zinnes, Clifford, Yair Eilat and Jeffrey Sachs（2001）Benchmarking competitiveness in transition economies, Economics of Transition, 9(2), pp. 315-353.

第12講 体制転換と環境改革
中東欧諸国を中心に

徳永昌弘

12.1 中東欧諸国の体制転換と環境改革をめぐる問題

　経済成長と環境保護の両立を目指す欧州社会にとって，中東欧諸国は「鬼っ子」のような存在である。戦後数十年に及ぶ集権的な計画経済機構と強権的な独裁政治体制は，各国の国民経済や市民社会を疲弊させただけでなく，その自然環境にも大きな爪痕を残した。旧東ドイツ，ポーランド，チェコの国境地帯が，かつて「黒の三角地帯」（black triangle）と呼ばれ，欧州全体に広がる大気汚染の元凶と見なされていたことは記憶に新しい。一般的な理解では，1970年代のオイルショック後に資源節約型の構造転換を推進し，エネルギー効率性の向上を目指したことが産業公害の軽減に繋がったとされる欧米先進国と比べて，そうした動向が見られなかった共産圏諸国の環境破壊・汚染は極めて深刻な様相を呈していた。体制転換前後の時期に，その実状にメスを入れた研究者は，「環境虐殺」（ecocide）に代表されるように（Feshbach and Friendly, Jr., 1992; McCuen and Swanson, 1993），ショッキングで強い印象を残す表現によって，環境問題の大きさを伝えようとしていた。それゆえ，東欧革命後の中東欧諸国では，市場経済への移行（経済改革）及び政治の民主化（政治改革）と並んで，環境破壊・汚染の改善や実効性を伴う環境政策の構築（環境改革）も重要な政策課題であった。そして，これらの諸改革を並行して進めることが，欧州連合（EU）加盟を目指す中東欧諸国には早くから要求された。EUの環境法規を自国内に順次取り入れ，その内容と矛盾しないように国内の法規制を再構築する試みは新規加盟交渉前の段階から始まり，ポーランド，ハンガリー，旧チェコスロバキアが1991年末に署名した「連合協定」（association agreements）にまで遡る（Caddy, 1997a）。しかしながら，東欧革命から四半世紀が過ぎようとしている今日から振り返ると，経済改革や政治改革と同様に，環境改革も決して順風満帆ではなかった。それを象徴する出来事をいくつか挙げておきたい。

第Ⅳ部　経済開放と国際社会との共存

　第1に，新たに出現した先進国型の環境問題の広まりである。体制転換に伴う経済危機が重厚長大産業の衰退を招き，結果的に環境負荷の大幅な低下と産業公害の一定の改善をもたらしたという事実はほとんどの中東欧諸国で確認された一方で，計画経済から市場経済への移行に伴い，社会主義体制下では未経験の環境問題が一気に顕在化した。議論の焦点は論者により異なるが，（1）急速なモータリゼーションの進展による自動車公害と交通問題の発生，（2）農地・林地を中心に土地私有化（旧所有者への土地返還）に起因する開発圧力の高まりと不適切な土地利用の増加，（3）西欧流の生活様式や消費行動の浸透に伴う廃棄物問題（家庭ゴミの急増と処理・処分をめぐる対立など）の先鋭化の3点に大別される。いずれも体制転換後の市場経済化の過程で生じた問題で，発展途上の環境行政が十分に対応できなかったこともあり，無秩序に広まっていった感がある。そのため，自由放任の市場原理主義に基づく経済改革が環境面で悪影響を及ぼす可能性は絶えず指摘され（Manser, 1993; Scrieciu and Stringer, 2008），そのリスクを実証的に示した研究も少なからず見られる（Gille, 2004; Jorgenson et al., 2012; Křenová and Kindlmann, 2014; Pryde, 1995; Staddon, 1999; Sumelius et al., 2005）。さらに，東欧革命時の社会主義政権に対する反体制運動の結果，いったんは凍結ないし撤回された大規模な開発計画（道路敷設，ダム開発，原発建設など）が息を吹き返したことも，中東欧諸国の環境改革の行方に不安を抱かせる一因となった。

　第2に，一部の国々で1990年代に展開されたアンチ環境キャンペーンである。中東欧諸国では環境保護運動が反体制運動の一助となり，東欧革命へと至る道筋をつけたことはよく知られている。しかし，旧政権の打倒という政治的目標が達成されると，その後の環境保護運動の活動方針をめぐって組織内に亀裂が走り，新政権の発足後は刻一刻と進む経済危機への対応に追われたことで，自然環境の改善と環境政策の強化を求める人々は劣勢に立たされた（Frankland, 1995; Jancar-Webster, 1993b, 1998）。とりわけ，非暴力の民主化運動が高く評価され，環境保護主義者が深く関与していたことで「緑の静かな革命」（green velvet revolution）とも称されたチェコスロバキアにおいて（Podoba, 1998），1993年初のチェコとスロバキアの分離後に，環境保護団体や運動家に対して政治的弾圧ともとれる執拗なアンチ環境キャンペーンが繰り返されたことは，政治の民主化や民主主義の浸透が環境改革を促すと考えていた人々に大きな衝撃を与えた。

　分離独立後に誕生したチェコとスロバキアを率いた二人の政治家，すなわちヴァーツラフ・クラウス（チェコ）とウラジミール・メチアル（スロバキア）は，政治経済に関する信条は大きく異なっていたが，「反環境主義」（anti-environmentalism）という点では意見が一致していた（Watzman, 1992）。特にス

第 12 講　体制転換と環境改革：中東欧諸国を中心に

ロバキアは，チェコとの分離独立問題に加えて，ハンガリー系マイノリティの処遇をめぐって隣国ハンガリーと軋轢を抱えていたため，ナショナリズムの高揚が大規模な開発計画と結びついた。そのため，政府の威信をかけて取り組んだボフニチェ原発の増設とドナウ川のガブシコバ・ダム建設（ハンガリー側のダム建設計画は中止）[1] に反対する環境保護主義者には反スロバキアのレッテルが貼られ，メディア上では「外国人工作員の手先」との言説も流布された（Podoba, 1998; Snajdr, 2001）。他方で，中東欧政界きっての実力者であるチェコのクラウス前大統領が首相を務めた1990年代に展開した環境主義批判は，環境保護団体の立場を弱めただけでなく，経済と環境の互恵的・統合的発展を目指す概念として注目を浴び始めていた「持続的発展」（sustainable development）という用語の使用を政府の公式文書内で一切拒否したため[2]，体制転換に伴う新たな環境問題の出現に対して柔軟な政策対応ができなかったという（Fagin, 2001; Fagin and Jehlička, 1998; Jehlička, 2001）。さらに，強硬路線で知られる非営利団体（環境保護団体を含む）を政府当局が破壊分子もしくはテロリスト扱いする文書を作成していたことも（Fagin, 2002; Jehlička, 2001; Sarre and Jehlička, 2007），環境保護団体を始めとする市民運動の広がりを民主化の証と見ていた人々に深い失望感を与えた。その一方で，逆説的に聞こえるが，旧来型の産業公害の解決を念頭に置いた環境政策は一貫して強化され，その成果が汚染物質排出量の削減というかたちで現れたのも，1990年代のクラウス政権下であった（Earnhart and Lizal, 2008; Slocock, 1996）。

　第 3 に，EU が中東欧諸国に要求した環境法規の見直しである。EU（旧 EC）基準と合致するように国内の環境基準を自発的に見直す動きは1990年代初頭から見られたが，EU と加盟候補国の環境法規を市場統合（単一市場創設）の一環として調

1）当初は，国際河川のドナウ川に国境を跨いで多目的ダムを建設する開発計画で，スロバキア側はガブシコバ・ダム（Gabčikovo dam），ハンガリー側はナジュマロシュ・ダム（Nagymaros dam）と呼ばれた。どちらも東欧革命へと至る反政府運動の中で厳しく批判されたため，開発計画は凍結されたが，その後の動向は対照的であった。新政権のハンガリー政府が建設中止を一方的に正式決定したことに対し，体制転換後も建設継続を主張していたスロバキア政府は猛反発し，当時の EC による仲介も不調に終わり，オランダ・ハーグの国際司法裁判所で争われるという事態にまで発展した（Fitzmaurice, 1996, Chapter 7; Fleischer, 1993; 村上，1996）。1993年から97年にかけて行われた審議の結果，スロバキア側の主張がおおむね支持され，最終的には同国の水利施設のみが建設されることになった。

2）環境問題に対する当時のクラウス政権の姿勢と言説については，Slocock（1996）が詳しく分析している。クラウスによる持続的発展に対する批判は現在も衰えていない（クラウス自身のウェッブサイトに掲載された2014年 1 月の講演録 http://www.klaus.cz/clanky/3504を参照）。チェコ語から各国語に翻訳された Klaus（2007）は，気候変動問題を題材にしながら環境主義者への批判を展開している。

465

第Ⅳ部　経済開放と国際社会との共存

和させることが1994年末に開催されたエッセン欧州理事会で承認され，翌95年に発表された加盟戦略文書の中で具体化に向けた指針と施策が示された（Caddy, 1997a）。この時，後述するハンガリーでは，制度面の調和だけではなく実効性の担保も求めてきたEU側の厳しい姿勢に戸惑いと驚きを隠せなかったという（Kerekes and Kiss, 1998）。周知のように，EUの基本条約から規則，指令，判例法までを網羅した法体系の総称であるアキ・コミュノテールの受容がEUへの新規加盟の条件とされ（1993年のコペンハーゲン欧州理事会で決定），環境分野での受入要件は通称「環境アキ」（environmental acquis）もしくは「グリーンアキ」（green acquis）と呼ばれた。当初，環境分野におけるEU基準の受け入れは好意的に受け止められていたが，その実態が明らかになるにつれて，1990年代半ばにはEUに対する批判の声が上がり始めていた（Caddy, 1997b; Jancar-Webstar, 1998）。何よりも，環境アキへの対応だけで約450点にも及ぶ法制度の見直しが新規加盟国には要求され，それも数年間で終えるように求められた。そのため，環境行政を担当する政府機関には膨大な事務負担が生じ，議会の承認が必要なケースでは審議はしばしば「早回し」にされ，経済的な負担が課される可能性の高い利害関係者との協議も不十分であった（Börzel, 2009a; Börzel and Buzogán, 2010b; Börzel and Fagan, 2015; Buzogány, 2009a, 2009b, 2015; Guttenbrunner, 2009; Slocock, 1999）。環境アキの導入に伴う大きな負担に世界銀行も懸念を表明し，柔軟な対応を求めたが，EUは勧告を無視し，既存の加盟国と同水準の対応を新規加盟国にも課した（Gorton et al., 2010）。その結果，EUがアップロードする法令を中東欧諸国はダウンロードするだけの状態に陥り（Scrieciu and Stringer, 2008），西欧諸国でさえ不履行が頻発していた環境アキを上位下達で導入しようとするEUへの反発の声は小さくなかった[3]。とはいえ，社会主義体制下での環境面の負の歴史を踏まえると，「環境のEU」（臼井，2013）を正面から批判するだけの政治的力量も政策的実績も中東欧諸国には見出せなかったことも事実である。

　ところが，EU基準に沿うかたちでの環境法規の見直しが，かえって先進的な環境政策の推進を阻み，さらには重大事故の発生時に対応のねじれを招いた事案がハンガリーの廃棄物問題である。同国では，体制転換以前に当時としては極めて優れた廃棄物管理システムを導入し，西側諸国よりも積極的にゴミの減量と再利用を進めていたとされるが，こうした過去の取り組みの先進性と有効性をEU側は認めず，

3）計2千件近くにまで達するEU指令（directives）の中で，加盟国の法的な対応が最も遅れている分野が環境関連である（Bell, 2004）。さらに，欧州委員会に対するEU法違反関連の申し立ての約2割が環境派生法関連で，分野別では最多となる（臼井，2013，第3章）。

第 12 講　体制転換と環境改革：中東欧諸国を中心に

当時の西欧で浸透していた廃棄物処理の方針に基づいて焼却施設と埋立地の増設を求めたため，今日から振り返ると時代を先取りしていたハンガリーの廃棄物政策そのものが葬られたという（Gille, 2002, 2004）。そして，2010年10月に同国西部で発生し，死者10名の大惨事となった産業廃棄物の流出事故では，その主成分の赤泥（アルミナの製造工程で生じる強アルカリ性の残滓）が国内では有害物質と見なされていたのに対し，EU 基準ではそうではなかったため，ハンガリー政府は事故対応に苦慮しただけでなく，被害状況に関する調査結果をめぐって，EU 調査団と国内専門家の間で合意が形成されないという事態を招いた（家田，2014，第 4 章）。国内の環境保護団体の間では，EU 加盟に伴いハンガリーの環境基準は事実上引き下げられたという懸念が共有されており（Hicks, 2004），同国における環境改革の推移は，持続的発展の重要性を説く EU の理念と実態の乖離を示唆している。とりわけ，情報開示や住民参加といった環境政策の民主化を促すために，EU が非民主的な手続きで環境アキの導入を半ば強制するという問題は，中東欧諸国の欧州化（Europeanization）が露呈した根本的な矛盾である（Bell, 2004; Gorton et al., 2010）。そのため，詳しくは後述するように，中東欧諸国における環境面での EU の取り組みに対して，批判的・懐疑的な見解を表明する研究者は少なくない。

　以上の事例は，環境面の変化が政治や経済の動向と直線的な関係で結ばれているわけではなく，その因果関係の解明には複眼的な思考が求められることを示唆している[4]。

　こうした状況を踏まえて，本講義は中東欧諸国の体制転換と環境改革に関する諸問題を検討した先行研究の体系的レビューを通じて，各研究間のテーマ，学問分野，分析手法などの相違に留意しながら，その知見の全体像の描写を試みるものである。体制転換に伴う環境改革の必要性に直面している国々は他に旧ソ連諸国が挙げられ，両者を一括して移行諸国と呼ぶことも多い。他方で，被災地が複数国に及ぶチェルノブイリ原発事故やアラル海問題（海域の消滅と砂漠化の進行）に代表される激甚型の大規模な環境破壊を抱える旧ソ連諸国と，冷戦時代の軍事活動・施設に起因する汚染問題などの一部の事例を除けば，産業公害が環境破壊の主流であった中東欧諸国とでは，対処すべき問題の性格は大きく異なり，環境改革の目標や指針だけではなく，その具体的な内容と手順も自ずから違ってくる。また，1987年発効の単一欧州議定書によって環境分野でも個別的権限が EU に付与されたことで（中西，2009）[5]，環境政策の権限を EU と構成国が共有している中東欧諸国の場合と[6]，そ

---

4 ）"Dilemmas of Transition: The Environment, Democracy and Economic Reform in East Central Europe"（Baker and Jehlička, 1998）という書名は，当時の情勢を端的に言い表している。

467

第Ⅳ部　経済開放と国際社会との共存

の環境法規や基準の影響は強く受けつつも，環境政策に関わる立法権限の行使を各国で保持したままの旧ソ連諸国の場合は，別々に考察すべきであろう。なお，ここでの体系的レビューとは，いわゆる先行研究の紹介や批判の域を超えて，渉猟的な文献探索を経て収集した業績の中から客観的な基準に従って選択した研究の内容や特徴をコーディングした上で，その過程で指標化された情報の分析を通じて，当該の学問領域における先行研究の到達点の解明と残された課題の探求を目的としている。

　次節以下で詳述するように，本講義では中東欧諸国の体制転換が環境改革の動向に及ぼした影響を明示的に論じている英語文献243点を取り上げ，各研究が下した多様な評価に目を配りつつ，どのような研究上の要因が見解の相違をもたらしているかについて定量的に検証する。

12.2　体系的レビューの対象研究の概要

　本節では，今回の体系的レビューの対象とした諸研究の概要について述べる。まず，移行諸国における体制転換と環境改革の関係をめぐる議論をいくつか紹介しながら，体系的レビューの狙いを簡潔に述べる。続いて，レビュー対象研究の検索方法と選択基準を説明した後に，そこで取り扱われているトピックス，国・地域，分析時期・期間・方法といった研究上の属性に加えて，執筆者の所属機関，専門領域，性別，学位などの人的属性と，論文の発表年，掲載書誌の学問分野や研究水準といった発表媒体の属性についても考察する。

12.2.1　体系的レビューの狙い

　移行諸国における体制転換と環境改革の関係をめぐる議論は多岐に渡る。第1に，研究対象国の違いによって，著者による評価に大きな差が生まれる。その典型例は，中東欧諸国（バルト三国を含む）と旧ソ連諸国（同除く）の動向を比較対照した研

5）1980年代はギリシャ，スペイン，ポルトガルの新規加盟が議題に上り，その環境政策の遅れによる「エコ・ダンピング」の発生が懸念されたため，環境政策に関する法的根拠を当時の欧州共同体（EC）に与えることになったという（箱木，2002）。

6）EU運営条約4条2項（e）によれば，環境政策についてはEUと構成国が共有権限を有している。換言すれば，環境分野ではEUと構成国の双方が立法し，法的拘束力を伴う行為を採択できる。EUの環境政策に関する取り組みは，EU運営条約192条に定められているが，同193条中の環境分野に関する特別規定に従い，構成国はより厳しい環境保護措置を維持もしくは導入できる。ただし，その内容はEUの条約と合致しなければならず，欧州委員会への通知義務もある（Proelß，2016）。EU環境法の展開と意義については，臼井（2013，第1章，第2章）や中西（2016）などを参照。

468

究である。多くの場合，前者の環境改革は比較的順調に推移してきたと見られる一方で，後者では停滞もしくは後退さえしていると否定的に捉えられ，両地域の環境面でのギャップが強調される（Górz and Kurek, 2001; Missfeldt and Villavicenco, 2000; Zamparutti and Gillespie, 2000）。前述したように，中東欧諸国と旧ソ連諸国の環境改革を同じ土俵で論じることには慎重であるべきだが，今述べた点を踏まえて，両者があわせて議論されている場合には，今回の体系的レビューの対象に含めた。研究対象国の違いによる評価の差は中東欧諸国の中でも見られ，同一の研究トピックスでハンガリーとルーマニアの環境ガバナンスの水準を個別に検証したBuzogány（2009a, 2009b）の二論文は，前者を比較的高く評価する一方で，後者には厳しい意見を投げかけている。

　第2に，同じ研究テーマに取り組み，その内容や動向については見解の一致を見ながらも，最終的な評価が分かれるケースである。例えば，体制転換前後で大きく様変わりした中東欧諸国の環境保護運動に対する見解の相違が挙げられる。多くの国々で以前の戦闘的な草の根運動のスタイルは影を潜める一方で，西欧流に洗練された組織運営を行いながら，政策参加型・政権協力型の運動方針を掲げる新世代の環境NGOが台頭し，現在の主流となりつつある。こうした現状認識は共有されても，それを中東欧諸国の環境保護運動が有していた独自色の喪失や西欧的な価値観との同化過程と否定的に捉えるか，民主主義の要である市民社会の代表として環境政策の立案・実施・評価の過程に関与することで，環境保護の実現に一歩近づいたと前向きに評価するかで，白熱した議論が交わされてきた（Börzel and Buzogán, 2010a; Carmin, 2010; Císař, 2010; Fagan, 2005, 2006, 2010; Fagin and Jehlička, 1998; Gliński, 1998; Jancar-Webster, 1998; Snajdr, 1998; Waller, 1998）。

　第3に，同一の著者であっても，研究トピックスが異なる場合，もしくは同一のトピックスでも分析時期が異なる場合，体制転換が環境面で中東欧社会に及ぼした影響に対する認識の違いが浮き彫りになる。例えば，中東欧諸国における大気汚染と水汚染の動向を時系列で検証した研究によると，大気汚染については環境クズネック曲線仮説がおおむね支持され，経済成長が環境悪化をもたらした局面は過ぎ去り，逆に環境改善に繋がる段階に到達したと考えられる一方で，水汚染の場合には，そうした兆候は見られないか，非常に弱いとされる（Archibald et al., 2004, 2009）。他方で，ルーマニアの環境ガバナンスを考察したBuzogány（2009b, 2015）の新旧論文を読み比べると，当初の厳しい見方が和らぎ，最近は前向きに評価していることが分かる。

　この点で最も興味深いケースは，レビュー対象研究の中に最多の論文（単著7点，共著7点）が含まれるアダム・フェイガン（Adam Fagan/Fagin）の「揺らぎ」で

第Ⅳ部　経済開放と国際社会との共存

ある。チェコを中心に中東欧諸国の環境保護運動の展開を長年に渡り追究してきたフェイガンの見解は時期によって揺れ動き，1990年代前半は好意的な評価を寄せていたが，その中葉以降は舌鋒鋭い批判を展開した。その後，徐々に議論が穏健になり，近年は EU 未加盟の南東欧諸国（主にボスニア・ヘルツェゴビナとセルビア）の環境ガバナンスの分析や比較研究を通じて，再び積極的な評価を中東欧諸国の環境保護運動に示しつつある（Fagan, 2006, 2010; Fagan and Sircar, 2010; Fagin, 1994, 1999, 2001; Fagin and Jehlička, 1998; Fagin and Tickle, 2002）。その際，自らの過去の研究業績を批判的に振り返りつつ，環境保護運動の役割や位置づけに関する分析視角が変われば，その評価も自ずから異なってくるとまで述べている（Fagan and Sircar, 2011）。

　以上のような見解の相違や変化に影響を及ぼしたであろう研究上ならびに文献上の属性を定量的に分析することが，ここでの体系的レビューの眼目である。通常の記述的な文献レビューと比べて，過去の研究業績の全体像を客観的に把握できるだけでなく，各研究の属性が各々の結論に対して及ぼしうるバイアスを見定められるというメリットが体系的レビューにはある[7]。いかに優れた研究論文といえども，執筆者の思惑とは裏腹に，何らかのバイアスがかかっていることは否めない。その一端を客観的かつ定量的に把握できる可能性を秘めていることが体系的レビューの肝であり，翻って自らが同じ研究課題に挑む時には，他者との比較考量を通じて自身の議論の立ち位置をあらかじめ認識することができる。この点に，体系的レビューに基づく比較研究の発展性を見出すことができよう。

12.2.2　検索方法と選択基準

　体系的レビューの対象となる過去の研究業績の検索には，大規模な文献データベースが通常用いられる。本研究では，トムソン・ロイター社が提供する Web of Science を利用した。最初に，検索キーワードとして *transition**（*は語尾変化に対応した検索モードを意味する）かつ *environment**（同上）を指定したが，数千点に上る論文が該当したため，国・地域名や専門分野などで検索範囲を制限した。しかしながら，膨大な数の業績が拾われるという状況は変わらず，しかも本研究で取り上げたいテーマとは無関係の論文が大半を占めた。その理由として，上記2つのキーワードの語意が元来広いことに加えて，さまざまな学術用語の一部を構成していることが挙げられる（生態系の「遷移」を意味する transition，企業経営や事業投資をめぐる「環境」として用いられる environment など）。

7）記述的な文献レビューの問題点については，本書序論を参照のこと。

第12講 体制転換と環境改革：中東欧諸国を中心に

図12.1 体系的レビュー対象研究の発表年と刊行数（左：選定数，右：探索数）

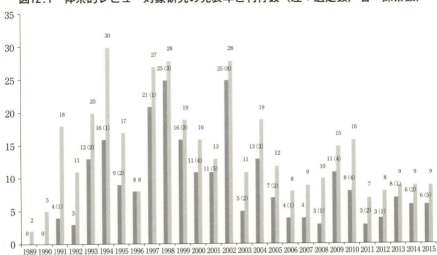

注）括弧内の数字は，非EU加盟国（主に旧ユーゴスラビアと旧ソ連の構成国）を分析対象に含む研究論文の本数を示す。
出所）著者作成。

　そこで，本講義の冒頭で触れた欧州社会の目標，すなわち，経済成長と環境保護の両立・統合こそが今後の産業社会の発展の要であると主張する *ecological moderniz(s)ation* という概念[8]を検索語に用いたところ，1989〜2012年の検索期間に対して，462本の論文（article）[9]が検出された。さらに，検索期間を2015年まで延ばした上で，*environmental transition*（上記の*を削除）や *environmental reform*（同上）などの検索語を追加して探索した結果，近年の出版物を中心に多数の研究成果が新たに加えられた[10]。この中から，中東欧諸国が分析対象とされた論文に絞り込むことで，体系的レビューの出発点とした。さらに，各論文の参考文献として掲げられた関連研究を順々にたどりつつ，主に中東欧諸国の環境問題をテーマにした学術書に収められた研究成果もあわせて探索した結果，計384点の業績が体系的レビューの候補となった。これらは，すべて英語文献である。
　以上の研究蓄積の中から，今回は学術書誌に掲載された論文に限定して，中東欧

---

8) 本概念の解説と基本文献の紹介については，徳永（2013，第1章及び第3章）を参照されたい。
9) 学会発表論文（proceedings paper）や書評（book review）など，論文以外のカテゴリーは検索の対象外とした。
10) 最後の文献探索は2017年6月に行われた。

第Ⅳ部　経済開放と国際社会との共存

諸国の体制転換が環境面に及ぼした影響を明示的に検証している243点の主要文献を選定した（**図12.1**）[11]。すでに雑誌などで発表済みの論文が図書に再録された場合は，最初に刊行された方をレビュー対象としたが[12]，元論文の改訂版と判断しうるケースについては，後者を選択した。今回の体系的レビューの対象外としたケースは，（1）論文集ではない体裁の学術書（単独執筆図書等），（2）ディスカッションペーパーやワーキングペーパーといった未刊行論文，（3）国際機関や環境NGOが出版した報告書に収録されたレポート類の3点である。なお，（3）のケースでは，多くの場合，研究者や専門家が筆を執っているが，それらを学術論文と同じ土俵の上で扱えるかどうかは議論の分かれるところであろう。

上記の手順によって，本研究の課題に該当する文献が完全に網羅されたとは言い難いが，一定の基準で体系的レビューの対象を絞り込む裁量は分析者自身に認められており，いわゆる標本からの脱漏についても，それが恣意的な選別でなければ不可抗力として許容される（Stanley and Doucouliagos, 2012, Chapter 2）。

12.2.3　体系的レビュー対象研究の基本属性

図12.1が示すように，今回の体系的レビューの対象として取り上げた論文は，主に1993年から2004年までの間に発表されており，全体の4分の3近くを占める。環境学系の学術誌を中心とする中東欧諸国の特集号の発行か[13]，中東欧諸国の環境問題を取り上げた学術書（論文集）の刊行が[14]，論文数の増減を決める大きな要因となっている。

以下では，今回のレビュー対象研究の基本属性を研究内容，執筆者，発表媒体，その他ごとに整理した**図12.2**に基づいて，その特徴を概観したい。

11）レビュー対象研究文献の詳細は，日本評論社ウエブサイト（https://www.nippyo.co.jp/shop/downloads）にある本書第12講付録を参照のこと。

12）例えば，Baker and Jehlička（1998），Carmin and Vandeveer（2005），Fagan and Carmin（2011）は，Environmental Politics誌の第7巻第1号（1998年），第13巻第1号（2004年），第19巻第5号（2010年）に掲載された特集論文をそれぞれ再録したものである。

13）Environmental Politics, 7(1), 1998; The Geographical Journal, 165(2), 1999; Environment and Planning B: Planning and Design, 27(3), 2000; Environment and Planning A, 33(4), 2001; Environmental Politics, 13(1), 2004; Land Use Policy, 22(3), 2005; Environmental Politics, 19(5), 2010; Environmental Conservation, 40(2), 2013; Environment and Planning C: Government and Policy, 33(5), 2015等で，中東欧特集が組まれている。

14）頻繁に引用される代表的な著作としては，Carter and Turnock（1993, 2002），Jancar-Webster（1993a），Vari and Tamas（1993），Carraro et al.（1994），DeBardeleben and Hannigan（1995），Bluffstone and Larson（1997），Klarer and Moldan（1997），Clark and Cole（1998），Tickle and Welsh（1998），Turnock（2001），Auer（2004），Börzel（2009）等が挙げられる。

第12講　体制転換と環境改革：中東欧諸国を中心に

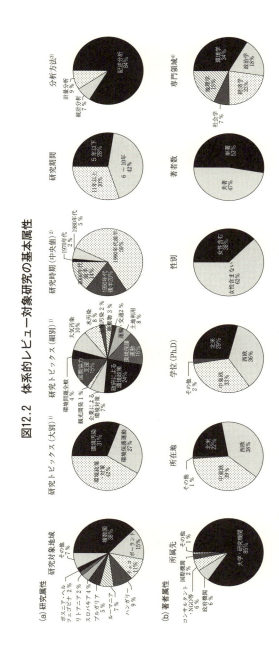

図12.2　体系的レビュー対象研究の基本属性

第Ⅳ部 経済開放と国際社会との共存

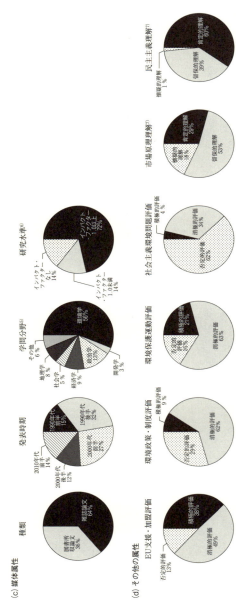

注1) コーディング方法が異なるため、大項目と細項目は厳密には対応しない（上位と下位の分類関係にはない）。
 2) 中央値は（分析開始年＋同終了年）/2で算出した。
 3) 計量分析は計量的手法を用いた研究。統計分析は統計データを利用した研究。記述分析はその他のスタイルの研究を意味する。
 4) 執筆者の所属機関所属部局名、学位名。過去の研究内容等を参照の上、分類した。
 5) 2012年版のJournal Citation Reports (JCR) に収録されている学術誌（タグ）、発行元のホームページ等を参照した。
 6) 雑誌論文（計155点）に限定して、2012年版のJCRに収録された同年のインパクトファクターを参照した。
 7) 経済改革もしくは政治改革の進捗状況に関する評価ではなく、市場原理（市場化）もしくは民主主義（民主化）に対する規範的な価値判断の表現に基づいて分類した。

出所：著者作成。

474

第12講　体制転換と環境改革：中東欧諸国を中心に

（1）研究属性

　第1に，レビュー対象研究（計243点）の大半は，2004年及び2007年にEUに新規加盟した中東欧諸国10カ国を研究対象としている。その内，43点は非EU加盟国，34点は旧ソ連諸国（バルト三国を除く），3点は他の国々（中国・香港，ベトナム，スペイン，ポルトガル，ギリシャ）を考察に含んでいる。複数の国々を取り上げた複数国研究は92点，一カ国のみを対象とした単一国研究は151点で，特定国に焦点を当てたケースの方が多い。その中で最も頻出した国は，ポーランド（37点），チェコ（26点），ハンガリー（22点）の3カ国で，以下，ルーマニア（16点），ブルガリア（13点），スロバキア（9点），リトアニア（5点），ボスニア・ヘルツェゴビナ（5点），旧東ドイツ（4点），エストニア（3点）と続く（後は各国2点以下）。本講義の冒頭で述べた「黒の三角地帯」に象徴されるように，中東欧諸国の中でも環境破壊・汚染がとりわけ深刻であったチェコとポーランドへの関心の高さが窺える一方で，両国とともに「黒の三角地帯」の一角を占めていた旧東ドイツを取り上げた研究は予想外に少ない。東西ドイツの統合（1990年）に伴い，中東欧諸国の中でも最悪と呼ばれた環境汚染地帯は西欧の一地域となったことに加えて（Juergensmeyer et al., 1991），その後は旧西ドイツとEUの主導下で環境面の修復が図られたことで（Boehmer-Christiansen, 1992, 1998; Wilson and Wilson, 2002），旧東ドイツの当事者の動向が見えにくかったか，強い関心を呼ばなかったと推察される。

　他方で，南東欧・西バルカン地域の非EU加盟国に対する関心は，1990年代にはほとんど見られず，ようやく2000年代に入ってから研究が進み始めた。中東欧諸国の環境問題に関する代表的な研究業績の一つとして知られるCarter and Turnock（1993, 2002）の構成上の変更（章立ての再編）は，従来の研究対象には含まれなかった国々への関心の高まりをいち早く伝えている。すなわち，1993年の初版では旧ユーゴスラビアと一括りにされていただけだが，2002年の改訂版では国別に取り上げられ，個別に検討されている。2000年代初頭には，クロアチアがEU加盟申請の意向を示し，戦後欧州で最悪の民族紛争に発展したボスニア紛争（1992～95年）停戦後の和平プロセスにEUが直接関与し始めたことで，旧ユーゴスラビア構成国に対する研究の機運が全般的に高まったと考えられる。これらの国々では，紛争中の軍事行動が直接的な環境被害を招くと同時に，経済活動を大きく制約したことで産業公害が改善されるという特異な状況に直面した（Clarke, 2002a, 2002b）。さらに，戦災に見舞われた地域の復興策の一環として環境再生の取り組みが始まっても，エスニシティによる地域社会の亀裂・分断やナショナリズムに基づく地方政治の展開が障害となり，いまだに期待された成果は得られていない（Broto et al., 2009; Fagan, 2006, 2010; Fagan and Sircar, 2010）。他方で，環境政策・行政は，EUの独

475

壇場と言われるほど，中東欧地域の新規加盟国以上に EU の影響力が強く，その是非が厳しく問われている（Fagan and Sircar, 2015; Obradovic-Wochnik and Dodds, 2015）。

　第2に，各研究で取り扱われているトピックスに目を向けると，大気汚染・水汚染に代表される環境破壊・汚染の実情の解明に関心が寄せられる一方で，その改善と解決を目的とした環境政策や環境保護運動，それを資金面と人材面で支えた国際協力・支援への注目度が高いことも分かる。こうしたトピックスに焦点を当てた研究の多くは，中東欧諸国の国内動向だけではなく，最大の支援者である EU の施策も議論の俎上に載せている。中東欧諸国に対する環境面での EU の資金・人的援助は，国内経済の再建と市場経済への移行を支援する PHARE（Poland and Hungary Action for Restructuring of the Economy）プログラムの一環として行われてきたが，新規加盟の問題が政治的議題に上ると，環境改善・再建に向けた取り組みよりも加盟準備に必要な作業の推進の方が政策的に重視されるようになった。こうした状況を反映して研究者の問題意識も変化し，市場経済への移行や政治の民主化と並んで，EU 加盟プロセスと環境改革の関係が議論の正面に据えられ，その成果と意義，課題と教訓などが論じられた（Börzel, 2009b; Carmin and Vandeveer, 2005）。

　EU との関係は，2004年及び2007年の新規加盟後も問われ続けており，主に2つの問題に焦点が当てられている。一つは，上述した南東欧・西バルカン地域の非 EU 加盟国に対する EU の取り組みである。環境アキへの対応や解釈をめぐって，交渉の余地が残されていた新規加盟国のケースとは異なり，旧ユーゴスラビア構成国では EU 側の意思がほぼ貫徹され，そこに妥協の姿勢や斟酌の気配は一切見られないという（Kay, 2014）。前節でも述べたように，こうした EU の振る舞いに対しては毀誉褒貶が見られ，辛口の評価を下す論者も少なくない。もう一つの争点は，EU による生物多様性保全戦略の一環として，汎欧州レベルで生物保護地区のネットワーク化を目ざした Nature 2000 の導入である。1979年発効の「鳥類指令」（birds directive）及び1992年発効の「生息地指令」（habitats directive）を主たる法的根拠として，欧州大での見地に立った自然保護区の拡大と連携に加えて，対象地区の関係者（地元住民・自治体・議会，土地所有者，農業・林業従事者，観光業者，環境 NGO 等）との事前協議や利害調整を EU は加盟国に要求した。しかし，自然・生物保護政策の経験と実績に富んだ西欧諸国でさえ度重なる反対運動に直面し，Nature 2000 の不履行を理由に欧州委員会は一部の加盟国を欧州司法裁判所に提訴していた（Cent et al., 2014）。それにもかかわらず，Nature 2000 の履行を中東欧諸国にも求めた EU の姿勢や国内での政策効果が問われ，厳しく批判する論者がいる一方で（Buzogány, 2009b; Grodzinska-Jurczak and Cent, 2011; Kay, 2014;

第12講　体制転換と環境改革：中東欧諸国を中心に

Knorn et al., 2012, 2013; Křenová and Kindlmann, 2014; Mikulcak et al., 2013; Sotirov et al., 2015; Stringer and Paavola, 2013; Švajda, 2008)，その先進的な取り組みを高く評価する研究者も少なくない（Cent et al., 2007, 2013, 2014; Evans et al., 2013; Kluvánková-Oravská et al., 2009, 2013; Niedziałkowski et al., 2012）。

　第3に，研究時期については，体制転換以前の旧体制下の動向にも焦点を当てた一部の研究を除くと，東欧革命を念頭に置いて1989年ないし1990年を起点とするケースが多く，全体の約3分の2を占める（計243点中の153点）。研究期間の平均は9.5年であるが，旧体制の時代も主たる検討対象とした18点の文献を除くと，残る225点の研究期間の平均は8.2年となる。研究時期の中央値の分布を見ると，過半数の文献（143点）が1990年代前半を記録している。こうした研究は，東欧革命を挟む激動の数年間を念頭に置いて，中東欧諸国における体制転換と環境改革に関する問題を論じていると言える。他方で，研究時期の中央値が1990年代後半以降の研究は全体の約3分の1を占め（84点），その多くは体制転換よりも欧州化に焦点を当てて，EU加盟との関わりの中で環境改革の成果と課題を検討していると考えられる。

　近年に発表された論文になるほど，当然ながら研究時期は新しくなるが，その開始年が遅くなり，必ずしも東欧革命や体制転換を出発点とはしていない点は注目に値する。図12.3が示すように，2000年代前半までに出版された文献の大半は，1990年前後の動向から検討を始めているが，それ以降の出版になると，半数弱（56点中の24点）の論文は1990年代末以降を主たる分析時期としており，それまでに起きた主要な出来事には全く言及しないか，与件として事実経過を確認するだけにとどめている。その裏返しと見られるのが，体制転換以前の旧体制下の環境問題に対する関心の低下である。比較的初期に発表された論文には，ある種の定型化された叙述スタイルが見られた。それは社会主義時代の環境破壊・汚染の概説と非難から始まり，体制転換後に待ち受けていた社会変動によって，いかなる変化が環境面に生じ，そこにどのような意義や教訓が見出せるのかを検討するというパターンである。しかし，2000年代半ばには，そうした定型的な筋書きは崩れ始め，過去の環境問題に言及している論文は明らかに減少している。詳しくは後述するが，社会主義体制下の環境問題に対する著者の評価を明示している論文は，2000年代前半までは8割を超えていたが（187点中の152点），同後半以降は4割を切っている（56点中の22点）。

　最後に，分析手法としては記述分析が大半を占め，統計データを活用した統計分析や本格的な計量分析は少数派である。ただし，何らかの推定法を用いた定量的な実証研究は着実に増えており，1990年代には126点の文献中の5点（4.0%）に過ぎなかったが，2000年代以降になると117点中の17点（14.5%）を数える。

477

図12.3 体系的レビュー対象研究の分析開始年と終了年（○：開始年，＋：終了年）

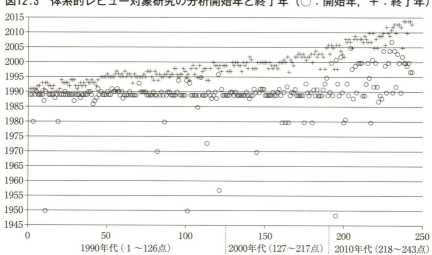

注）縦軸は分析開始年及び終了年，横軸は文献数（累積）を示す。文献は発行年の古い順に左から右に並べている。
出所）著者作成。

（2）著者属性

次に，各論文の執筆者の属性に注目すると，以下の3点を指摘できる。第1に，延べ466名の著者の所属先を見ると，大学・研究機関に勤める者が全体の85%を占め，レビュー対象研究の多くは研究者の手によるものであることが分かる。残りの15%は実務家で，環境NGOを含むコンサルタント，中東欧もしくは欧米諸国の政府機関，EUやOECDなどの国際機関に勤務している（その他はフリーランスの2名と政党所属の1名）。さらに，所属先の所在地を確認すると，中東欧諸国の環境問題に対する欧米諸国の関心の高さが窺える。中東欧諸国の出身者が欧米の教育機関で教鞭を執っているケースも散見されるが[15]，いかなる研究も基本的には研究費の獲得が前提である点を踏まえると，中東欧諸国とは陸続きの西欧諸国だけでなく，地理的に遠く離れた米国でも，中東欧諸国における環境問題の研究に一定の学術的価値が認められていることは興味深い。博士号学位（Ph.D.）の取得先は計304名の著者について判明したが，北米，西欧，中東欧で各々3割前後と拮抗して

---

[15] いずれも米国の大学に籍を置くPetr Pavlinek（チェコ出身），Zbigniew Bochniarz（ポーランド出身），Zsuzsa Gille（ハンガリー出身）など。

おり，多くは欧米で教育・研究経験を積んできたことが分かる。

　第2に，性別を見ると[16]，女性執筆者は延べ127名で全体の3割弱を占めているが，その割合は時期を追うごとに増えている。すなわち，1990年代に発表された論文126点中の37点（29.4％）は女性執筆者を含んでいるが，2000年代前半になると61点中の23点（37.7％），同後半以降の場合は56点中の32点（57.1％）となる。同じような傾向は著者数についても観察される。全体を通して見ると，論文数では単著のケースが共著を上回っているが，後者の割合は1990年代で126点中の47点（37.3％），2000年代前半で61点中の30点（49.2％），同後半以降で56点中の38点（67.9％）と時間の経過とともに増加している。近年は一つの論文に名を連ねる著者数も増える傾向にあり，その平均著者数は1990年代には1.5人，2000年代前半には1.7人，同後半以降には2.7人と推移している。2000年代前半までは執筆者が5名を超える論文は187点中の1点のみであったが（Pickles et al., 2002），後半以降は56点中の4点に上る（Iojã et al., 2009; Knorn et al., 2012, 2013; Young et al., 2007）。最大で10名にもなる多著者論文は文理融合型の研究成果が多く，生態学，土壌学，森林学等の環境学者の他に，人工衛星の観測データの解析を生業とするリモートセンシングの専門家も参加している。共著論文の過半数（115点中の68点）は学術的背景を共有する書き手によるものだが，専門領域を異にする研究者が手を組んで執筆した分野横断的な論考も約3分の1を占める（155点中の47点）。その場合，環境学と経済学の組み合わせが最も多く（47点中の20点），これに環境学と社会学（同8点），環境学と地理学（同6点），経済学と社会学（同4点）の組み合わせが続き，後は環境学と政治学，政治学と地理学，政治学と社会学，社会学と地理学のペアが見られる（それぞれ同3点以下）。

　第3に，当該論文のテーマだけでなく，各人の経歴（取得学位や所属先部局など）と過去の研究業績も考慮して著者の専門領域を判断すると，学際的な環境学の専門家に加えて，経済学系と政治学系の研究者がしばしば参画しており，三者で全体の4分の3に達する。その他に，地理学と社会学を専門領域とする研究者も若干見られる。この点は執筆者の学術的背景の多様性を示している一方で，各々の専門領域と当該論文で取り扱われている研究トピックスの間には，**表12.1**から明らかなように，一定の相関関係が確認される。例えば，経済学系の論文は大気汚染と環境政策の動向に関心を寄せている。その理由として，前者については，大気汚染物質や温室効果ガス関連のデータが最も整備されていることが挙げられる。複数国の比

16）性別をコーディングすることには異論も見られるが，研究テーマによっては結論に有意な影響を及ぼすケースがあるため（Stanley and Jarrell, 1998），本研究でもコーディングの対象とした。

第Ⅳ部　経済開放と国際社会との共存

表12.1　体系的レビュー対象研究の研究トピックス（細別）と著者の
専門領域（実数）[1][2]

	環境学	政治学	経済学	社会学	地理学	合計
環境問題全般	14	6	13	3	12	48
大気汚染	25	22	34	4	16	101
水汚染	26	14	23	2	17	82
土壌汚染	7	2	8	0	9	26
廃棄物	12	6	8	3	10	39
運輸・交通	7	5	2	0	3	17
土地利用	38	5	10	6	27	86
環境保護運動	48	56	15	22	25	166
政府による環境政策	76	58	57	20	37	248
企業による環境対策	31	6	26	2	11	76
観光開発	3	0	2	0	8	13
国際協力・支援	53	51	17	14	23	158
合計	340	231	215	76	198	1060

注1）研究トピックスと著者の専門領域に対応した複数コーディング。
　2）独立性の検定（χ^2）：149.168（1％水準で統計的に有意），クラメールの連関係
数（V）：0.265。
出所）著者作成。

較研究を時系列で行う際にはパネル形式のデータが要求されるが，その条件に適う
のは，多くの場合，大気関係の環境負荷指標である。後者については，1990年代の
中東欧諸国で広く観察された環境負荷指標の大幅な改善に，環境政策がどの程度寄
与していたかを見定めたいという問題意識が背景にある。体制転換に伴う経済危機
が鉱工業生産の減退を招き，それが産業公害の一定の軽減をもたらしたことは，あ
らゆる論者が認めるところである。しかし，その影響を制御した上で，環境政策の
効果の有無と程度を客観的に把握しようとする姿勢は，計量分析を旨とする経済学
者に特有のアプローチであろう（Archibald et al., 2004; Bluffstone, 1999; Earnharta
and Lizal, 2008; Vukina et al., 1999）。執筆者の学術的背景を問わず環境政策は最大
の関心事だが，管見の限り，このような視点は経済学系以外の研究者では弱く，環
境負荷指標の改善は移行期の不況によるものと一刀両断に論じてしまうケースも見
受けられる（Baker, 2002; Fagin and Jehlička, 1998; Fagin, 2001）。その他の専門領
域に目を向けると，政治学系と社会学系の論文は，民主化の試金石として体制転換
と環境改革の関係を捉えようとする傾向にある。具体的には，環境 NGO に代表さ
れる環境保護運動の盛衰や公的な政策決定過程への参加，各国政府内での環境行政
の位置づけ，EU による環境面での支援の効果などを検討している（Baker and
Jehlička, 1998; Carmin and Vandeveer, 2005; Fagan and Carmin, 2011）。さらに，地

480

第12講　体制転換と環境改革：中東欧諸国を中心に

理学系の論文はもっぱら農村部や山間部の動向に関心があり，農地・林地における土地利用の変化や土地私有化（旧所有者への土地返還）の進行が自然環境に及ぼす影響を論じる一方で（Dingsdale and Lóczy, 2001; Drgona, 1996; Górz and Kurek, 2001; Iojã et al., 2009; Knorn et al., 2012; Sklenicka et al., 2014），農村部の荒廃した環境と疲弊した経済をともに再生させる試みとして，エコツーリズムの発展に期待を寄せている（Mazurski, 1999; Turnock, 1999; Unwin, 1996）。

（3）媒体属性

　ここで，レビュー対象研究の論文が掲載された発表媒体に目を向けると，計243点中の155点が学術誌，残りの88点が学術書に収録されている。雑誌論文155点に限定して，2012年版の Journal Citation Reports（JCR）に収録された同年のインパクトファクター（IF）の有無と数値で，外形的な研究水準を確認すると，8割以上の論文（133点）が IF を取得した学術誌に掲載されている。他方，残りの22点の論文は実務的・啓蒙的な雑誌に収録されており，その性格上，IF の取得を申請していないと考えられる。学問分野については，論文の研究内容を反映して，環境学系の書誌に掲載されるケースが最も多く，全体の過半数を占める。次いで，政治学，経済学，地理学，社会学，開発学の順となり，特定の学問分野に縛られない学際的な媒体にも発表されている。前述したように，論文の発表年は特定の時期に集中しており，全体の6割弱が1990年代後半から2000年代前半までに刊行されている。東欧革命10周年を踏まえて，その間の成果と課題を総括しようという機運が各界で盛り上がっていたことに加えて，主要な中東欧諸国では，この時期に EU への新規加盟が最大の政治上の事案となり，環境面での改革に対する関心が高まっていたと推察される。先述したように，環境分野での EU 法規の受容と実行は EU 加盟交渉の重要案件の一つであった[17]。

（4）その他の属性

　本項で検討したい点は，中東欧諸国の体制転換と環境改革に対する評価に影響を及ぼすと考えられる他の属性である。まず，中東欧諸国の環境問題の解決に向けて，

17）中東欧諸国の新規加盟交渉が行われた時期に EU の環境政策も大きく変貌を遂げたため，環境アキの受け入れがいっそう困難になったことは事実である。しかし，EU の環境政策の動向と結びつけて新規加盟問題を検証した論考は一部に限られ，その多くは中東欧諸国に残るソ連製原発をめぐる紛争に焦点を当てている。特にチェコ南西部のテメリン原発の建設計画は，ドイツ及びオーストリアの国境近くに位置することから，当時のオーストリア政府がチェコの新規加盟の承認を拒否し，EU が仲裁に入るという事態にまで発展した（箱木，2002; Axelrod, 2004）。

481

第Ⅳ部　経済開放と国際社会との共存

国内の当事者以上に重要な政策主体と見なされることも多いEUの取り組みへの評価を検討するために，この点を明確に述べている177点の文献を選択し，3段階評価（積極的評価，消極的評価，否定的評価）に分類した。全体の3分の1弱の論文がEUの役割を積極的に評価している一方で，その否定的な影響を強調する研究も少なからず見られる。両者の中間に位置する消極的評価は，EUが果たした役割は功罪相半ばするという見方で，ほぼ半数を占める。こうした見方の背景として，EUの環境政策自体がしばしば批判の俎上に載せられることを指摘できる[18]。同様に，論文のメインテーマを問わず，環境政策・対策の水準や実効性と環境保護運動の成果や課題に言及しているケースも多く見られるため（表12.1を参照），その評価が明確に読み取れる文献を各々選択し，3段階評価で分類した。前者については，全体のほぼ9割に当たる218点の文献で検討されているが，総じて辛口のコメントが目立ち，体制転換後の環境改革を制度面から高く評価する論文は1割に満たない。後者には143点の文献が言及しているものの，中東欧諸国では民間の非営利組織（市民運動団体や環境NGO等）が環境改革の推進に大きく貢献したと見なす研究者は少数派であることが分かる。

　最後に，体制転換後の評価は転換前の環境問題をどのように評価しているかで異なる可能性があるため，社会主義体制下の環境問題に対する著者の見解が示されている174点の文献を取り上げ，先と同じように3段階評価で分類した。ほとんどが否定的もしくは消極的評価を下しているが，一部の研究は体制転換前の中東欧諸国にも環境面で見るべき点があったと考えていることが分かる。その多くは，旧体制下で環境保護団体が市民運動を結集し，東欧革命に結実させた点を高く評価している（Gliński, 2001; Hicks, 2004; Rinkevicius, 2000; Snajdr, 2001）。さらに，中東欧諸国には開発対象にされなかった原生林が比較的多く残されており[19]，残存種（遺存種）の維持や生物多様性の保全の点で，西欧諸国よりも良好であったことがしばしば強調される（Andersson, 2002; Ioras, 2003）。環境政策の面でも，当時としては先進的な取り組みがされていたことを紹介する論文も散見される（Gille, 2000, 2004; Gorton et al., 2010; Jendrośka, 1998）。総じて言えば，社会主義体制下の時代をすべからく否定するような論調は徐々に影を潜め，Pavlínek and Pickles（1999,

---

18）環境分野での共有権限に起因する環境政策の裁量権をめぐる問題，EU環境法に対する違反行為の大量発生，官僚的・硬直的な指令・命令スタイルの環境法規など（臼井，2013，第3章; Proelß, 2016）。

19）欧州最大の原生林は，アルプス・ヒマラヤ造山帯に属する大山系の一つで，チェコ，スロバキア，ポーランド，ハンガリー，ルーマニア，ウクライナに跨がるカルパティア山脈（Carpathian Mountains）に残されている。

2004）が主張するように，社会主義体制下の環境問題を検証する際には，是々非々の姿勢で臨むべきとする見方が浸透しているようである。

前節で紹介したように，環境改革に対する評価は経済改革もしくは政治改革に対する見方と関係しており，突き詰めると各自の経済思想や政治信条が一定の影響を及ぼしている可能性は排除できない。例えば，米国における環境政策の実践と言説を分析した Dryzek（2005, Part 3）によると，行政的合理主義（専門家主導），民主的実践主義（民衆主導），経済的合理主義（市場主導）が政策面で大きな影響力を有し，互いに競合関係にあるという。そこで，中東欧諸国における経済改革もしくは政治改革の進捗状況をどのように評価しているかではなく，環境面での市場原理（市場化）もしくは民主主義（民主化）の是非について論文中で表明された規範的な価値判断に基づいて，それぞれ3段階（肯定的理解，留保的理解，懐疑的理解）に分類した[20]。チェコのクラウス前大統領（元首相）のように，市場原理が貫徹すれば環境面にも好影響を与えると考える論者は全体の3割程度にとどまり，環境面における市場の失敗の可能性を考慮して，市場化の浸透には慎重な態度を取る研究者の方が多数派である。また，多党制と議会政治の成立，行政の地方分権化，市民社会の拡大など，政治機構・過程の民主化や民主主義の社会への浸透は環境面の改善に寄与すると考える者は全体の約6割を占める一方で，その効果に対して留保的・懐疑的な立場を示す論者も少なからず見られる[21]。

12.3　中東欧諸国の体制転換と環境改革に対する評価

続いて，前節で考察した体系的レビューの対象研究の基本属性が，体制転換後の中東欧諸国の環境改革に対する評価に影響を及ぼしているか，及ぼしているのであれば，どのような研究上の属性が評価の違いをもたらしているかについて，検討したい。ここでの眼目は，研究毎に異なると想定される属性，いわば各論文の個性が，体制転換と環境改革の関係に対する各々の評価を左右している可能性に配慮して，その違いを生んだ研究上の背景を見定めることにある。

中東欧諸国における体制転換と環境改革に対する評価は，前者がどのような影響を後者に及ぼしているかの判断に基づいて，全面支持（fully support），条件付支

20）官僚機構や行政機関に関する理解度のコーディングも試みたが，それが明確に読み取れるケースは少なかったため，途中で断念した。

21）市場原理理解と比べて民主主義理解の分類とコーディングは難しく，こうした発想そのものに全く問題がないとは言えない。特に，しばしば同一視される民主化と分権化が環境面に及ぼす影響は根本的に異なるとする Pickvance（1997）の主張は傾聴に値する。

第IV部　経済開放と国際社会との共存

持（conditionally support），支持困難（difficult to support），不支持（hardly support）の4段階に分類した。それぞれ，留保なしで全面的に支持，一定の条件下もしくは留保付きで支持，一部の成果は認めても全体的には支持困難，全面的に否定もしくは不支持を意味する。これと各研究の基本属性の相関関係を検証するために作成したクロス表が示すように，体制転換後の社会変動を環境面で肯定的に評価している前二者と，逆に否定的に捉えている後二者は半々に分かれ，両者は拮抗していることが分かる（**表12.2**の総計欄を参照）。同表には，以上の環境改革に対する評価と基本属性は互いに独立であるという独立性の検定（χ^2検定）の結果に加えて，両者間の連関の強さを測る指標としてクラメールの連関係数（Cramer's V）の値を示している。標点数の制限と度数分布の偏りによって，期待度数の推定値が極端に小さくなることを避けるために，一部の研究属性のカテゴリーは集約ないし削除した[22]。その結果を見ると，一部の基本属性が一定の影響を与えており，各研究の分析手法，執筆者の学位（Ph.D.）取得先，論文の発表年と発表媒体の違いが，環境改革に関する4段階評価と関係している可能性を示唆している。興味深いのは，その他の属性の多くが強く関連している点で，EU支援・加盟，環境政策・制度，環境保護運動に対する各々の評価が，体制転換と環境改革の関係を考える際に大きく影響している可能性がある。同様に，市場経済移行や経済改革が潜在的に有している環境面の功罪をどのように理解しているかも，一定の影響を及ぼしている。その一方で，クロス表の分析結果を見る限り，各論文の研究内容（トピックス），執筆者の専門領域，発表媒体の学問分野等の違いは，環境改革に対する評価には有意に影響していない。

そこで，各研究の基本属性を同時に制御した上でも，それらが中東欧諸国における体制転換と環境改革に対する評価と統計的に有意に相関するか否かを検証するために，順序プロビット推定量を用いた重回帰分析を行った。**表12.3**には，推定に用いた変数の記述統計量とあわせて，各独立変数と従属変数の間の相関係数が示されている。環境改革に対する4段階評価を表した従属変数は，3（全面支持），2（条件付支持），1（支持困難），0（不支持）の順序変数で，その平均値は1.5，中央値は1である。独立変数は，連続変数である研究時期の中央値（研究属性）及び論文の発表年（媒体属性），3段階の順序変数であるEU支援・加盟効果，環境政策・制度評価，環境保護運動評価，社会主義環境保護評価，市場原理理解，民主主

22）独立性の検定において，各セルの最小期待度数の推定値は1.0以上で，かつ5.0未満の値を取るセル数が全体の2割以下という基準はやや保守的であるため（太郎丸，2005，19頁），各セルの最小期待度数の推定値は1.0以上で，かつ5.0未満の値を取るセル数が全体の3分の1前後にまで収まるように調整した。

表12.2　中東欧諸国の環境改革に対する4段階評価と基本属性のクロス表（実数）[1]

	基本属性	環境改革に対する 4 段階評価					統計的検定[2]　上段：独立性の検定　下段：クラメールの連関係数
		全面支持	条件付支持	支持困難	不支持	合計	
研究属性	(a) 研究対象国数						
	複数国	12	35	40	5	92	
	特定国	13	61	58	19	151	4.494
	合計	25	96	98	24	243	0.136
	(b) 研究対象地域[3]						
	EU加盟国	25	91	90	21	227	
	非EU加盟国	3	19	17	4	43	
	旧ソ連諸国	4	12	14	4	34	1.207
	合計	32	122	121	29	304	0.063
	(c) 論文のトピックス（大別）[3]						
	環境汚染	16	62	65	19	162	
	環境保護運動	14	50	67	12	143	
	環境政策・対策	17	92	86	21	216	3.924
	合計	47	204	218	52	521	0.087
	(d) 論文のトピックス（細別）[3]						
	環境問題全般	2	13	19	4	38	
	大気汚染	9	43	30	5	87	
	水汚染	3	33	28	4	68	
	廃棄物	3	16	11	1	31	
	土地利用	6	25	28	9	68	
	その他の問題	2	9	16	2	29	
	環境保護運動	7	23	32	6	68	
	政府による環境政策	14	51	66	12	143	
	企業による環境対策	16	89	85	20	210	
	国際協力・支援	3	32	19	7	61	26.543
	合計	8	53	64	11	136	0.173
	(e) 研究時期（中央値）						
	1970年代及び1980年代	3	4	9	1	17	
	1990年代前半	11	66	55	11	143	
	1990年代後半	5	15	22	6	48	
	2000年代	6	11	12	6	35	12.178
	合計	25	96	98	24	243	0.158
	(f) 研究期間						
	5年以下	3	34	26	4	67	
	6～10年	12	40	40	11	103	
	11年以上	10	22	32	9	73	8.851
	合計	25	96	98	24	243	0.135
	(g) 分析手法						
	記述分析	17	81	89	17	204	
	統計分析・計量分析	8	15	9	7	39	11.227 **
	合計	25	96	98	24	243	0.152
著者属性	(h) 所属先[3]						
	大学・研究機関	25	83	87	24	219	
	その他	4	26	17	3	50	3.780
	合計	29	109	104	27	269	0.119
	(i) 所在地[3]						
	北米地域	13	26	26	6	71	
	西欧地域	7	44	50	14	115	
	中東欧地域	12	43	33	12	100	8.686
	合計	32	113	109	32	286	0.123
	(j) 学位（Ph.D）[3]						
	北米地域	14	23	24	7	68	
	西欧地域	4	28	33	10	75	
	中東欧地域	10	34	20	10	74	0.080 *
	合計	28	85	77	27	217	0.161
	(k) 性別						
	女性含む	11	31	41	9	92	
	女性含まない	14	65	57	15	151	2.326
	合計	25	96	98	24	243	0.098

第Ⅳ部　経済開放と国際社会との共存

基本属性	環境改革に対する4段階評価					統計的検定[2] 上段：独立性の検定 下段：クラメールの連関係数
	全面支持	条件付支持	支持困難	不支持	合計	
著者属性 (l) 著者数						
単著	8	51	57	12	128	
共著	17	45	41	12	115	5.548
合計	25	96	98	24	243	0.151
(m) 専門領域[3]						
環境学	9	33	29	10	81	
政治学	8	21	32	6	67	
経済学	8	33	23	3	67	
社会学	7	10	9	4	30	
地理学	3	15	19	7	44	14.588
合計	35	112	112	30	289	0.159
媒体属性 (n) 種類						
雑誌論文	20	53	61	21	155	
図書所収論文	5	43	37	3	88	11.847 ***
合計	25	96	98	24	243	0.156
(o) 発表年						
1990年代前半	0	19	15	2	36	
1990年代後半	6	35	31	7	79	
2000年代前半	9	23	29	4	65	
2000年代後半及び2010年代前半	10	19	23	11	63	16.616 *
合計	25	96	98	24	243	0.185
(p) 学問分野[3]						
環境学	16	80	77	19	192	
政治学	7	14	17	7	45	
経済学	5	12	12	2	31	
地理学	2	9	13	2	26	
その他	5	14	19	9	47	10.500
合計	35	129	138	39	341	0.124
(q) 研究水準						
インパクト・ファクター1.0以上	11	40	42	18	111	
インパクト・ファクター1.0未満	9	13	19	3	44	
インパクト・ファクターなし	2	7	12	1	22	8.259
合計	22	60	73	22	177	0.153
その他の属性 (r) EU支援・加盟評価						
積極的評価	16	32	17	2	67	
消極的評価	1	32	47	7	87	
否定的評価	1	5	11	6	23	41.637 ***
合計	18	69	75	15	177	0.343
(s) 環境政策・制度評価						
積極的評価	10	9	1	0	20	
消極的評価	7	77	46	4	134	
否定的評価	0	7	40	17	64	116.265 ***
合計	17	93	87	21	218	0.516
(t) 環境保護運動評価						
積極的評価	10	15	5	0	30	
消極的評価	4	31	46	9	90	
否定的評価	0	5	15	3	23	36.210 ***
合計	14	51	66	12	143	0.356
(u) 社会主義環境保護評価						
積極的・消極的評価	6	23	32	5	66	
否定的評価	8	49	40	11	108	2.841
合計	14	72	72	16	174	0.090
(v) 市場原理理解（規範的価値判断）						
肯定的理解	12	26	18	1	57	
留保的理解	4	48	41	10	103	
懐疑的理解	2	6	20	7	35	29.628 ***
合計	18	80	79	18	195	0.276
(w) 民主主義理解（規範的価値判断）						
肯定的理解	10	29	34	7	80	
留保的・懐疑的理解	1	20	28	5	54	5.077
合計	11	49	62	12	134	0.138
総計	25	96	98	24	243	

注1）独立性の検定において各セルの最小期待度数の推定値が1.0を下回らないように，各項目を適宜集約して作成した。
　2）***：独立性の検定値が，1％水準で統計的に有意，**：5％水準で有意，*：10％水準で有意。
　3）研究内容・属性に対応した複数コーディング。
出所）著者作成。

表12.3　順序プロビット回帰分析に用いる従属変数及び独立変数の記述統計量，並びに両者の相関係数

変数グループ	変数名	変数タイプ[1]	平均値	標準偏差	中央値	最大値	最小値	従属変数との相関係数[2]
従属変数								
	環境改革に対する4段階評価[3]	O	1.5	0.810	1	3	0	－
独立変数								
	研究対象国数							
	複数国研究	D	0.379	0.486	0	1	0	0.082
	研究対象地域							
	非EU加盟国	D	0.177	0.382	0	1	0	−0.008
	旧ソ連諸国	D	0.140	0.348	0	1	0	−0.016
	その他の国々	D	0.012	0.111	0	1	0	−0.069
	研究トピックス（細別）							
	大気汚染	D	0.358	0.480	0	1	0	0.131**
	水汚染	D	0.280	0.450	0	1	0	0.010
	土壌汚染	D	0.086	0.282	0	1	0	0.045
	廃棄物	D	0.128	0.334	0	1	0	0.083
研究属性	運輸・交通	D	0.066	0.249	0	1	0	0.020
	土地利用	D	0.280	0.450	0	1	0	−0.070
	環境保護運動	D	0.588	0.493	1	1	0	−0.050
	政府による環境政策	D	0.864	0.343	1	1	0	−0.066
	企業による環境対策	D	0.251	0.435	0	1	0	0.004
	観光開発	D	0.053	0.225	0	1	0	−0.102
	国際協力・支援	D	0.560	0.497	1	1	0	−0.105
	研究時期							
	中央値	C	1994	5.406	1994	2009	1972	−0.041
	分析手法							
	統計分析	D	0.070	0.256	0	1	0	−0.031
	計量分析	D	0.091	0.288	0	1	0	0.106
	所属先							
	政府機関	D	0.070	0.256	0	1	0	0.029
	コンサルタント・NGO等	D	0.086	0.282	0	1	0	0.045
	国際機関	D	0.037	0.189	0	1	0	0.013
	その他の組織	D	0.012	0.111	0	1	0	0.069
	所在地							
	北米地域	D	0.292	0.456	0	1	0	0.116*
	西欧地域	D	0.473	0.500	0	1	0	−0.140**
	その他の地域	D	0.012	0.111	0	1	0	0.023
	学位（Ph.D）							
著者属性	北米地域	D	0.280	0.450	0	1	0	0.112*
	西欧地域	D	0.309	0.463	0	1	0	−0.129**
	その他の地域	D	0.025	0.156	0	1	0	−0.066
	性別							
	女性含む	D	0.379	0.486	0	1	0	−0.023
	著者数							
	共著	D	0.473	0.500	0	1	0	0.095
	専門領域							
	政治学	D	0.337	0.590	0	2	0	−0.027
	経済学	D	0.412	0.774	0	4	0	0.150**
	社会学	D	0.132	0.362	0	2	0	0.055
	地理学	D	0.325	0.846	0	6	0	−0.131**

487

変数グループ	変数名	変数タイプ[1]	平均値	標準偏差	中央値	最大値	最小値	従属変数との相関係数[2]
媒体属性	種類							
	図書所収論文	D	0.362	0.482	0	1	0	0.062
	発表時期							
	発表年	C	2001	6.232	2000	2015	1991	-0.017
	学問分野							
	開発学	D	0.041	0.199	0	1	0	0.076
	政治学	D	0.185	0.389	0	1	0	-0.021
	経済学	D	0.128	0.334	0	1	0	0.068
	社会学	D	0.066	0.249	0	1	0	-0.042
	地理学	D	0.107	0.310	0	1	0	-0.034
	その他の分野	D	0.086	0.282	0	1	0	-0.173***
その他の属性	EU支援・加盟評価[4]	O	1.6	1.154	2	3	0	0.182***
	環境政策・制度評価[4]	O	1.6	0.781	2	3	0	0.354***
	環境保護運動評価[4]	O	1.2	1.113	1	3	0	0.091
	社会主義環境保護評価[4]	O	1.0	0.803	1	3	0	-0.038
	市場原理理解[5]	O	1.7	1.039	2	3	0	0.173***
	民主主義理解[5]	O	1.4	1.344	2	3	0	-0.052

注1）C：連続変数，D：ダミー変数，O：順序変数を意味する。
　　2）***：1％水準で有意，**：5％水準で有意，*：10％水準で有意。
　　3）全面支持＝3，条件付支持＝2，支持困難＝1，不支持＝0とする順序変数。
　　4）積極的評価＝3，消極的評価＝2，否定的評価＝1とする順序変数。
　　5）肯定的理解＝3，留保的理解＝2，懐疑的理解＝1とする順序変数。
出所）著者作成。

義理解（その他の属性）を除いて，0もしくは1の値を取るダミー変数である。先のクロス表の分析結果とは若干異なるが，やはり各研究の基本属性の一部が有意に影響していることが分かる。

表12.4には，順序プロビット回帰分析の推定結果が示されている。基本属性の中で，その他の属性については，論文毎にすべてを読み取ることはできず，結果としてコーディングできないことから，一定の標本数を確保するために，別々のパネルで推定した。また，多重共線性の問題に対処するために，一部の研究属性は分析から除外した上で[23]，研究時期の中央値と論文の発表年，並びに著者の専門領域と掲載書誌の学問分野については，別々に推定した。標準誤差の推定には，分散不均一性の下でも一致性のある Huber-White のサンドイッチ推定量を適用し，赤池情報量規準（AIC）とベイズ情報量規準（BIC）も参照しながら，望ましい報告モデルを選択した[24]。

表12.4に掲げた推定結果に基づくと，以下の3点を指摘できる。第1に，研究属性の中では，研究対象国数，研究対象地域，研究トピックス（細別）の違いが環境

23）研究トピックス（大別）と研究期間は，それぞれ研究トピックス（細別），並びに研究時期の中央値及び論文の発表年と強く相関しているため，以下の分析から外した。

24）以上の分析手順は，本書第Ⅰ部の各講義を踏襲している。

第12講　体制転換と環境改革：中東欧諸国を中心に

表12.4　順序プロビット回帰分析の推定結果

環境改革に対する4段階評価（3:全面支持　2:条件付支持　1:支持留保　0:不支持）

従属変数：モデル 独立変数（括弧内はデフォルトカテゴリー）	[1] 回帰係数	[1] 標準誤差 1)	[1] z値 2)	[2] 回帰係数	[2] 標準誤差 1)	[2] z値 2)	[3] 回帰係数	[3] 標準誤差 1)	[3] z値 2)	[4] 回帰係数	[4] 標準誤差 1)	[4] z値 2)	[5] 回帰係数	[5] 標準誤差 1)	[5] z値 2)	[6] 回帰係数	[6] 標準誤差 1)	[6] z値 2)
研究対象国数（特定国研究）																		
複数国研究	0.556	0.225	2.47**	0.498	0.228	2.18**	0.381	0.245	1.55	0.304	0.248	1.22	0.624	0.307	2.03**	0.722	0.321	2.25**
研究対象地域（EU加盟国）																		
非EU加盟国	0.045	0.269	0.17	0.003	0.239	0.01	0.250	0.246	1.02	0.268	0.227	1.18	-0.103	0.292	-0.35	-0.228	0.280	-0.81
旧ソ連諸国	0.108	0.312	0.35	0.062	0.295	0.21	-0.932	0.288	-3.24***	-0.904	0.287	-3.15***	-0.163	0.346	0.47	0.069	0.333	0.21
その他の地域	0.089	0.404	0.22	-0.505	0.357	-1.41	0.726	0.478	1.52	0.661	0.556	1.19	-0.698	0.400	-1.75*	-1.262	0.389	-3.25***
研究トピックス（細別）（環境問題全般）																		
大気汚染	0.642	0.320	2.00**	0.647	0.317	2.04**	0.260	0.243	1.07	0.246	0.238	1.03	0.068	0.387	0.18	0.098	0.367	0.27
水汚染	-0.508	0.262	-1.94*	-0.419	0.273	-1.53	-0.045	0.221	-0.20	0.000	0.214	0.00	0.277	0.294	0.94	0.002	0.326	0.01
土壌汚染	0.315	0.320	0.98	0.144	0.330	0.44	-0.205	0.317	-0.65	-0.425	0.308	-1.38	0.339	0.440	0.77	0.167	0.454	0.37
廃棄物	0.193	0.354	0.55	0.264	0.350	0.75	0.229	0.323	0.71	0.379	0.311	1.22	0.254	0.514	0.49	0.693	0.519	1.34
運輸・交通	0.113	0.340	0.33	-0.010	0.292	-0.03	-0.237	0.454	-0.52	-0.354	0.431	-0.82	-0.144	0.498	-0.29	-0.326	0.437	-0.75
土地利用	0.203	0.256	0.79	0.000	0.251	0.00	0.392	0.238	1.65	0.199	0.216	0.92	0.427	0.306	1.39	0.176	0.304	0.58
環境保護運動	-0.175	0.220	-0.79	0.042	0.206	0.20	0.074	0.192	0.38	0.139	0.191	0.73	0.680	0.532	1.28	0.341	0.726	0.47
政府による環境政策	-0.446	0.368	-1.21	-0.365	0.334	-1.09	-0.502	0.469	-1.07	-0.352	0.426	-0.83	-0.500	0.393	-1.27	-0.540	0.361	-1.50
企業による環境対策	-0.036	0.240	-0.15	-0.225	0.250	-0.90	-0.100	0.183	-0.55	-0.235	0.196	-1.20	0.050	0.259	0.19	-0.013	0.261	-0.05
観光開発	-0.774	0.447	-1.73*	-0.898	0.373	-2.41**	-0.697	0.283	-2.46**	-0.666	0.308	-2.16**	0.125	0.513	0.24	0.021	0.476	0.04
国際協力・支援	0.104	0.283	0.37	-0.103	0.299	-0.34	-0.308	0.238	-1.29	-0.483	0.236	-2.05**	-0.428	0.316	-1.35	-0.598	0.344	-1.74*
研究時期別																		
中央値	0.008	0.022	0.37				-0.003	0.019	-0.17				0.011	0.020	0.55			
分析手法（記述分析）																		
統計分析	-1.437	0.473	-3.04***	-1.348	0.442	-3.05***	-0.607	0.367	-1.65*	-0.487	0.332	-1.47	-1.415	0.579	-2.45**	-1.108	0.632	-1.75*
計量分析	-0.405	0.563	-0.72	-0.225	0.541	-0.42	-0.202	0.417	-0.48	-0.427	0.428	-1.00	0.720	0.508	1.42	0.085	0.567	0.15
所在先（大学・研究機関）																		
政府機関	-0.202	0.401	-0.50	0.007	0.490	0.01	-0.024	0.370	-0.06	0.106	0.413	0.26	1.218	0.501	2.43**	1.189	0.460	2.59**
コンサルタント・NGO等	0.371	0.346	1.07	0.343	0.353	0.97	-0.323	0.241	-1.34	-0.345	0.266	-1.30	0.161	0.363	0.44	0.085	0.434	0.20
国際機関	-0.123	0.403	-0.31	-0.153	0.446	-0.34	-0.490	0.550	-0.89	-0.503	0.608	-0.83	-0.279	0.667	-0.60	-0.236	0.466	-0.51
その他の組織	1.747	0.371	4.71***	1.886	0.473	3.99***	1.828	0.506	3.61***	2.009	0.658	3.05***	1.528	0.447	3.42***	1.644	0.557	2.95***
所在地（中東欧地域）																		
北米地域	0.105	0.261	0.40	0.226	0.259	0.87	0.010	0.233	0.05	0.123	0.207	0.59	0.268	0.298	0.90	0.559	0.280	1.99*
西欧地域	-0.276	0.260	-1.06	0.011	0.245	0.04	-0.046	0.231	-0.20	0.054	0.226	0.24	-0.176	0.306	-0.58	-0.168	0.280	-0.53
その他の地域	2.521	1.035	2.44**	-0.535	0.526	-1.02	0.132	0.586	0.23	-0.793	0.375	-2.11**	-2.304	0.506	-4.55***	-1.252	0.388	-3.23***
学位（PhD）（中東欧地域）																		
北米地域																		
西欧地域																		
その他の地域																		
性別（女性を含まない）																		
女性を含む	-0.323	0.220	-1.47	-0.147	0.220	-0.67	-0.089	0.198	-0.45	-0.049	0.200	-0.25	-0.217	0.236	-0.92	-0.294	0.246	-1.20
著者数（単著）																		
共著	0.063	0.229	0.27	0.109	0.209	0.52	0.214	0.204	1.05	0.244	0.188	1.30	0.394	0.292	1.35	0.374	0.285	1.31
専門領域（環境学）																		
政治学	0.194	0.197	0.98				0.003	0.218	0.02				0.144	0.237	0.61			
経済学	0.131	0.240	0.55				0.288	0.129	2.24**				0.388	0.228	1.71*			
社会学	0.854	0.314	2.72***				0.535	0.357	1.50				0.615	0.331	1.86*			
地理学	-0.032	0.130	-0.25				-0.122	0.111	-1.11				-0.066	0.169	-0.39			

環境改革に対する 4 段階評価（3：全面支持　2：条件付支持　1：支持困難、0：不支持）

従属変数　モデル	[1]			[2]			[3]			[4]			[5]			[6]		
独立変数（括弧内はデフォルト・カテゴリー）	回帰係数	標準誤差[2]	z値[2]	回帰係数	標準誤差[2]	z値[2]	回帰係数	標準誤差[2]	z値[2]	回帰係数	標準誤差[2]	z値[2]	回帰係数	標準誤差[2]	z値[2]	回帰係数	標準誤差[2]	z値[2]
種類（雑誌論文）																		
図書所収論文	-0.157	0.259	-0.61	-0.330	0.263	-1.26	0.468	0.210	2.22*	0.156	0.226	0.69	0.383	0.262	1.46	0.053	0.334	0.16
発表物																		
発表年	0.018	0.021	0.82				0.009	0.020	0.46				0.052	0.026	2.01*			
学問分野（環境学）																		
政治学	1.234	0.535	2.31**				1.003	0.410	2.44**				0.817	0.515	1.59			
経済学	-0.214	0.273	-0.78				-0.310	0.274	-1.13				-0.544	0.354	-1.54			
社会学	0.136	0.374	0.36				0.127	0.303	0.42				0.410	0.458	0.90			
地理学	-0.029	0.600	-0.05				0.583	0.459	1.27				0.531	0.353	1.50			
その他の分野	-0.052	0.327	-0.16				-0.855	0.335	-2.55**				-0.785	0.313	-2.51**			
その他、EU支援・加盟評価				-0.687	0.365	-1.88*												
の属性　環境政策・制度評価										-0.856	0.336	-2.55**						
(1)　環境保護運動評価																-0.847	0.408	-2.08*
	0.988	0.177	5.59***	0.863	0.178	4.86***	1.627	0.194	8.38***	1.731	0.190	9.14***	1.066	0.190	5.61***	0.956	0.203	4.71***
N	177			177			218			218			143			143		
Log pseudolikelihood	-167.504			-168.394			-182.553			-180.545			-129.305			-125.741		
Pseudo R^2	0.193			0.189			0.275			0.283			0.221			0.242		
赤池情報量規準 (AIC)	405.007			412.789			437.106			437.089			330.611			327.481		
ベイズ情報量規準 (BIC)	516.173			533.482			558.948			565.700			437.273			440.069		
Wald検定(χ^2)[3]	—			111.92***			154.86***			173.14***			154.38***			110.35***		

環境改革に対する 4 段階評価（3：全面支持　2：条件付支持　1：支持困難、0：不支持）

従属変数　モデル	[7]			[8]			[9]			[10]			[11]			[12]		
独立変数（括弧内はデフォルト・カテゴリー）	回帰係数	標準誤差[2]	z値[2]	回帰係数	標準誤差[2]	z値[2]	回帰係数	標準誤差[2]	z値[2]	回帰係数	標準誤差[2]	z値[2]	回帰係数	標準誤差[2]	z値[2]	回帰係数	標準誤差[2]	z値[2]
研究対象国（特定国研究）																		
複数国研究	0.600	0.243	2.47*	0.628	0.254	2.47*	0.427	0.243	1.75	0.373	0.246	1.51	0.638	0.262	2.43*	0.538	0.298	1.80
研究対象地域（EU加盟国）																		
非EU加盟国	0.163	0.274	0.60	0.104	0.259	0.40	0.259	0.271	0.95	0.151	0.257	0.59	0.583	0.309	1.89	0.200	0.299	0.67
旧加盟国	-0.434	0.389	-1.11	-0.434	0.365	-1.19	-0.546	0.313	-1.74	-0.328	0.307	-1.07	-0.545	0.354	-1.54	-0.436	0.377	-1.16
その他の国々	-0.626	0.646	-0.97	-1.067	0.693	-1.54	-0.920	0.574	-1.60	-1.074	0.467	-2.30**	-0.277	0.545	-0.51	-0.916	0.620	-1.48
研究トピックス（細別）（環境問題全般）																		
大気汚染	0.695	0.278	2.50*	0.876	0.287	3.05***	0.352	0.250	1.40	0.362	0.245	1.48	0.702	0.344	2.04*	0.805	0.353	2.28*
水汚染	-0.387	0.253	-1.53	-0.512	0.269	-1.90*	-0.093	0.214	-0.44	-0.140	0.204	-0.69	-0.255	0.284	-0.90	-0.557	0.277	-2.01*
土壌汚染	0.116	0.364	0.32	0.069	0.365	0.19	-0.099	0.348	-0.28	-0.019	0.320	-0.06	0.928	0.501	1.85*	0.772	0.512	1.51
廃棄物	0.165	0.350	0.47	0.290	0.374	0.78	0.201	0.304	0.66	0.169	0.295	0.57	-0.690	0.518	-1.33	-0.409	0.546	-0.75
運輸・交通	0.052	0.358	0.14	0.064	0.375	0.17	0.096	0.427	0.22	0.111	0.415	0.27	0.110	0.460	0.24	0.017	0.441	0.04
土地利用	0.080	0.282	0.28	-0.111	0.273	-0.41	-0.156	0.239	-0.65	-0.257	0.240	-1.07	0.095	0.273	0.35	-0.269	0.280	-0.96
環境保護運動	-0.040	0.235	-0.17	-0.006	0.228	-0.02	0.110	0.202	0.55	0.053	0.200	0.27	-0.197	0.277	-0.71	-0.166	0.296	-0.56
政府による環境政策	-0.205	0.370	-0.55	-0.086	0.332	-0.26	-0.531	0.336	-1.58	-0.362	0.330	-1.10	-0.134	0.344	-0.39	0.200	0.314	0.64
企業による環境対策	0.193	0.217	0.89	0.126	0.227	0.55	-0.010	0.189	-0.06	0.049	0.201	0.24	0.373	0.242	1.54	0.271	0.296	0.92
観光開発	-0.228	0.440	-0.52	-0.348	0.432	-0.81	-0.151	0.389	-0.39	-0.075	0.351	-0.21	-0.065	0.477	-0.14	0.241	0.271	0.89
同開発・支援	-0.461	0.261	-1.76*	-0.572	0.269	-2.13*	-0.094	0.241	-0.39	-0.172	0.252	-0.68	-0.243	0.335	-0.72	-0.299	0.317	-0.94
研究時期的特性																		
中央値	0.006	0.023	0.27	0.005			0.005	0.024	0.24				0.001	0.025	0.04	0.025		0.04
分析手法（記述分析）																		
統計分析	0.036	0.531	0.07	-0.416	0.505	-0.82	-0.823	0.350	-2.35*	-0.764	0.336	-2.28*	-0.735	0.728	-1.01	-1.020	0.802	-1.27
計量分析	1.197	0.670	1.79*	0.663	0.634	1.05	-0.158	0.475	-0.33	-0.280	0.519	-0.54	2.299	0.744	3.09**	1.567	0.692	2.26*

環境改革に対する4段階評価（3：全面支持、2：条件付支持、1：支持留保、0：不支持）

従属変数 / モデル 独立変数（括弧内はデフォルトカテゴリー）	[7] 回帰係数	[7] 標準誤差[2]	[7] z値[2]	[8] 回帰係数	[8] 標準誤差[2]	[8] z値[2]	[9] 回帰係数	[9] 標準誤差[2]	[9] z値[2]	[10] 回帰係数	[10] 標準誤差[2]	[10] z値[2]	[11] 回帰係数	[11] 標準誤差[2]	[11] z値[2]	[12] 回帰係数	[12] 標準誤差[2]	[12] z値[2]
審査属性																		
所属先（大学・研究機関）																		
政府機関	-0.433	0.459	-0.94	-0.413	0.482	-0.86	-0.414	0.370	-1.12	-0.201	0.399	-0.50	0.776	0.473	1.64	0.853	0.508	1.68*
コンサルタント・NGO等	0.353	0.315	1.12	0.274	0.310	0.88	-0.375	0.256	-1.47	-0.281	0.267	-1.05	0.506	0.386	1.31	0.250	0.366	0.68
国際機関	-0.362	0.500	-0.72	-0.407	0.471	-0.86	-0.745	0.418	-1.78*	-0.683	0.451	-1.51	0.451	0.646	0.70	0.120	0.576	0.21
その他の組織	0.996	0.314	3.17***	1.953	0.489	4.00***	1.088	0.336	3.24***	1.204	0.400	3.01***	1.374	0.400	3.43***	1.102	0.554	1.99**
所在地（中東欧地域）																		
北米地域	-0.006	0.260	-0.02	0.174	0.268	0.65	-0.029	0.232	-0.13	0.153	0.239	0.64	-0.251	0.315	-0.79	0.216	0.286	0.75
西欧地域	-0.327	0.271	-1.21	-0.212	0.254	-0.83	-0.215	0.252	-0.85	-0.151	0.248	-0.61	-0.671	0.303	-2.21**	-0.195	0.314	-0.62
その他の地域	-1.035	0.561	-1.84*	-0.398	0.441	-0.90	-0.814	0.432	-1.89*	-0.201	0.377	-0.53	-1.033	0.610	-1.69*	-0.549	0.427	-1.29
学位（PhD）（中東欧地域）																		
北米地域	0.039	0.231	0.17	0.231	0.236	0.98	-0.097	0.219	-0.44	-0.050	0.212	-0.23	-0.286	0.269	-1.06	-0.123	0.275	-0.45
西欧地域	0.312	0.248	1.26	0.262	0.233	1.13	0.620	0.228	2.72***	0.591	0.204	2.90***	0.390	0.271	1.44	0.344	0.293	1.17
その他の地域																		
性別（女性は含まない）																		
女性含む（単著）																		
著者数（単著）																		
共著																		
専門領域（環境学）																		
政治学	0.248	0.263	0.94				-0.257	0.213	-1.21				0.422	0.262	1.61			
経済学	-0.014	0.176	-0.08				0.138	0.157	0.88				-0.049	0.282	-0.17			
社会学	0.292	0.356	0.82				0.120	0.412	0.29				0.711	0.349	2.04**			
地理学	0.026	0.130	0.20				-0.160	0.126	-1.27				0.167	0.131	1.27			
論文属性																		
種類（雑誌論文）																		
図書所収論文	0.315	0.239	1.32	0.178	0.244	0.73	0.430	0.217	1.99**	0.238	0.238	1.43	-0.009	0.284	-0.03	-0.258	0.305	-0.85
発表年				0.027	0.024	1.11				0.022	0.022	0.38				0.036	0.027	1.32
学問分野（環境学）																		
開発学				1.084	0.584	1.86*				0.377	0.478	0.79				1.933	0.826	2.34**
政治学				-0.293	0.308	-0.95				0.005	0.299	0.02				-0.486	0.350	-1.39
経済学				0.200	0.302	0.66				0.132	0.271	0.49				0.105	0.452	0.23
社会学				0.311	0.495	0.63				-0.353	0.553	-0.64				0.776	0.433	1.79*
地理学				0.046	0.343	0.13				-0.253	0.282	-0.90				-0.577	0.374	-1.54
その他の分野				-0.583	0.408	-1.43				-0.541	0.345	-1.57				-1.050	0.408	-2.57**
その他の属性 社会主義環境保護評価	0.050	0.171	0.29	0.058	0.201	0.29	0.659	0.169	3.90***	0.673	0.157	4.29***	0.218	0.236	0.92	0.170	0.227	0.75
市場原理理解																		
民主主義理解																		
N	174			174			195			195			134			134		
Log pseudolikelihood	-178.258			-174.806			-197.160			-198.718			-130.438			-126.883		
Pseudo R^2	0.111			0.128			0.137			0.130			0.150			0.174		
赤池情報量規準 (AIC)	422.516			421.613			466.319			473.437			330.877			327.766		
ベイズ情報量規準 (BIC)	526.764			535.339			584.147			597.811			432.301			434.986		
Wald検定 (χ^2)[3]	–			–			75.93***			140.46***			–			–		

注1）Huber-White サンドイッチ推定量を用いた頑健標準誤差。

2）***：1%水準で有意、**：5%水準で有意、*：10%水準で有意。

3）帰無仮説：すべての変数がゼロ。

出所）著者推定。

第IV部　経済開放と国際社会との共存

改革に対する評価に影響を及ぼしている。まず，特定国のみを考察した単一国研究に比べて，複数国を分析対象にした場合には，環境改革に対する評価は高まる傾向にある一方で，中東欧の EU 加盟国のみを取り上げた研究に比べて，南東欧の非加盟国や旧ソ連諸国を分析対象に含むと，逆に評価は下がる傾向が見られる。旧ソ連諸国の環境改革の遅れは多くの論者によって指摘されており（Mol, 2009; Pryde, 1995; Tokunaga, 2010; Turnock, 2002），EU 加盟交渉の中で環境改革の進展が半ば強制された中東欧諸国とのギャップは今や定着した感さえある。

　次に，研究トピックス（細別）に目を向けると，評価が分かれた項目は大気汚染と観光開発である。前者を取り上げた研究は，環境問題全般と比べて，体制転換が特に大気汚染の軽減に大きく寄与したと見なす一方で，後者に焦点を当てた研究は，体制転換が環境面に与える影響について，慎重な態度を示している。体制転換後の産業構造の転換に伴い，かつての花形産業であった重厚長大産業は国を問わず苦況に陥り，操業水準を大幅に下げたために，大気汚染物質の排出量が劇的に減少したことは早くから知られていた。他方で，経済改革の柱の一つであった私有化，とりわけ土地の私有化が環境面に及ぼしうる悪影響については，多くの論者が懸念を共有しており，都市部の不動産開発や農村部のレクリエーション開発がもたらすかもしれない景観・自然破壊に対して，警戒心を抱くことは十分に理解が及ぶところである。その他に，国際協力・支援を取り上げた研究も，相対的に消極的な評価を示している。この点は，EU を始めとする海外からの資金・人材支援が環境面の改善には貢献していないという厳しい見方を反映していると考えられる。さらに，分析手法の違いも結論に一定の影響を及ぼしており，事例研究が中心の記述分析に比べて，統計データを参照しながら環境問題の動向を鳥瞰した研究は，体制転換の環境面への影響を総じて否定的に捉える傾向にある。

　第2に，著者属性と媒体属性の違いは各研究の見解を大きく左右しているとは言い難い。執筆者の所属先，所在地，学位取得先で，その他に分類される変数が有意に影響しているように見えるが，標本となる文献の数が非常に限られているため（それぞれ3点，4点，7点），安易な解釈は控えるべきであろう。前節で述べたように，女性執筆者を含む論文と共著論文の割合はともに増加傾向にあるが，いずれも体制転換と環境改革に対する評価に影響を与えているとは言えない。

　他方で，執筆者の専門領域と発表媒体の学問分野は一定の影響力を及ぼしているようである。すなわち，学際的な環境学の専門家と比べて，社会学を専攻する研究者は体制転換の環境面への影響に対して好意的な評価を下す傾向にある。社会学者は環境保護運動の検討に取り組むケースが多いことから，この研究テーマでは執筆者の学術的背景の違いが結論に影響を及ぼす可能性がある。同様に，環境学系の書

誌に掲載された論文と比べて，開発学系の書誌には環境改革の成果に対して楽観的な見方をする論文が収録されている一方で，地理学系やその他の分野（学際的な雑誌や法律・行政分野の専門誌が中心）の書誌に掲載された論文は辛口の評価を下す傾向にある。しかしながら，著者属性と媒体属性に関する推定結果は，先のクロス表の分析結果とは食い違う点が多いため，総じて説明力に欠ける印象は否めない[25]。

第3に，その他の属性については，クロス表の分析結果と同様に，EU支援・加盟評価，環境政策・制度評価，環境保護運動評価は中東欧諸国の環境改革に対する評価と密接に結びついている可能性が高い一方で，社会主義環境保護評価の推定結果は非有意であるため，体制転換前の環境問題の評価が転換後の評価に影響を及ぼす可能性は低いと言える。政府による環境法規の整備や環境行政の再編，企業による環境対策や環境経営の実施，環境NGOを始めとする環境保護運動の展開を検討した研究の多くは，EUの取り組みにも言及しており，それぞれの評価は強く相関している[26]。そのため，環境面でのEU支援・加盟の効果をどのように見るかで，中東欧諸国の環境改革に対する認識が大きく変わることを示唆している。実際，EU新規加盟の過程が環境面に与えたインパクトは，経済面や政治面に比べても小さくなく，その検証は中東欧地域研究の専門家にとって一大研究テーマであった。それゆえ，今回の体系的レビュー対象研究の中にも，この問題に正面から取り組んだ論文は多い。先進的な環境政策，もしくは経済成長と環境保護の両立・統合はEUが掲げる看板の一つであるだけに，その言説と実状の一致ないし乖離は，今後も重要な論点であり続けるであろう[27]。

次に，執筆者の規範的価値判断としての市場原理理解に関する推定結果については，経済改革と環境改革は表裏一体の関係にあると見なし，経済的合理主義に基づく市場主導の環境政策を支持する者は，中東欧諸国の環境改革の成果を高く評価する傾向にあると解釈されよう。実際のところ，市場経済メカニズムの作動が環境面の改善をもたらすと主張する一方で，それが実現していないことに不満を抱いている研究者は少なくない。EUの硬直的な官僚体質やコスト効率性を無視した直接規制を環境改革の障害と見なしている論文が，その一例である（Archibald et al., 2004, 2009; Zylicz, 1994, 1995）。他方で，同じく規範的価値判断であっても，執筆

---

25) コーディングの仕方やサンプルの文献数が異なる前稿の徳永（2014, 2016）と比較しても，著者属性と媒体属性に関する推定結果は不安定であることが分かる。

26) EU支援・加盟評価，環境政策・制度評価，環境保護運動評価のスコアは1％水準で正に相関している。

27) この問題については，臼井（2013，第5章及び第6章）の議論が参考になる.

第Ⅳ部　経済開放と国際社会との共存

者の民主主義理解の推定結果は非有意であるため，民主化を柱とする政治改革の進展や市民社会への民主主義の浸透が環境改革の発展に貢献するという思考は全般的に弱いと言えよう。

　以上の推定結果とクロス表の分析結果を総合的に解釈すると，今回の体系的レビュー対象研究の文献間の異質性を生み出している主因は，研究対象国の数・地域，研究トピックス，分析手法の違いに加えて，EU 支援・加盟の効果と，その結果でもある国内の環境政策・制度の実効性や環境保護運動の影響力に対する評価，並びに経済改革や市場経済移行の環境面へのインパクトに関する理解に求められる。

12.4　今後の展望と課題

　ここまでの考察を踏まえて，中東欧諸国の環境改革に関する研究展望を最後に述べておきたい。

　まず，図12.1が示しているように，このテーマに対する内外の関心は EU 拡大後に低下しているように見える。特に，2004年及び2007年に EU 加盟を果たした中東欧諸国は移行国という独自色を喪失し，EU 内の後背地として認識される傾向が出てきた（Börzel, 2009b）。欧州復興開発銀行（EBRD）が毎年発行する『移行報告』（Transition Report）からチェコが2007年末に外れたことは，その象徴的な出来事である。同時に，移行期特有の環境改革に取り組んできた研究者・実務家の関心は EU 未加盟の南東欧諸国に移りつつあり，中東欧の新規加盟国と比較考量するアプローチが現れている（Fagan and Sircar, 2010; Gorton et al., 2010）[28]。

　研究対象地域については，表12・4に掲げた推定結果が示すように，仮に旧ソ連諸国に焦点を当てた論文をレビュー対象のサンプルに追加すれば，移行国もしくは移行期の環境改革に対する評価は大幅に低下すると予想される。その際に見過ごせない点は，研究の基本属性の一つとして重要な使用言語が一定のバイアスを生み，その違いが結論に影響を与える可能性である。こうした問題はすでに起きており，ソ連におけるチェルノブイリ原発事故の影響に関する専門家の評価は，英語文献と非英語（特に露語）文献の間で大きく異なるという。そのため，もっぱら英語文献である約350点の論文に依拠して，世界保健機構（WHO）と国際原子力機関（IAEA）が編纂した公式の報告書及び勧告（2006年）に対抗して，千点余りのスラブ語文献の研究成果を総括した調査報告が，被災国（ウクライナ，ベラルーシ，

---

28) 同じ傾向は，移行諸国を対象にした外国直接投資（FDI）研究にも見られる（本書第11講を参照）。

ロシア）の研究者グループによって発表された（2007年）[29]。それゆえ，旧ソ連諸国に関する研究を体系的レビューの対象に加える場合は，英語と現地語（露語等）の違いに配慮し，その効果を制御していく必要があるだろう。

今後留意すべきもう一つの点は，主に著者属性の差異に起因するバイアスの存在である。本研究の場合は，前節で述べたように，著者属性の違いは結論を大きく左右するものではないが，他の研究テーマに関する体系的レビューでは，著者属性は各々の見解に一定の影響を及ぼしていることが判明している[30]。他の基本属性と比べて，著者属性は文献本体からだけでは読み取れない，あるいは解釈困難なケースが見受けられる一方で，こうした問題は，オンラインでのプロフィール検索に加えて，著者本人への書面アンケートや主要な研究者に対するヒアリング調査等を通じて，ある程度は対処可能と考えられる。文献自体には直接現れない追加的な情報をどこまで利用できるかを含めて，体系的レビューの内容を充実させるために，どのような事後調査を設計・運営できるのかも今後の検討課題の一つであろう。

謝辞

本講義は，科学研究費補助金基盤研究（A）「比較移行経済論の確立：市場経済化20年史のメタ分析」（課題番号：23243032），並びに平成28年度京都大学経済研究所共同利用共同研究拠点プロジェクト研究の成果であり，徳永（2014, 2016）に基づく。本論文の執筆に当たっては，蓮見雄立教大学教授や岩﨑一郎一橋大学教授を始め，多くの方々より貴重な示唆やコメントを頂いた。ここに記して謝意を表する。

参考文献

家田修（2014）『なぜ日本の災害復興は進まないのか―ハンガリー赤泥流出事故の復興政策に学ぶ』現代人文社.

臼井陽一郎（2013）『環境の EU，規範の政治』ナカニシヤ出版.

中西優美子（2009）「個別的分野に付与された EC 権限の範囲― EU における環境刑罰権に関する事例を中心に」『専修法学論集』第106号，81-116頁.

中西優美子編（2016）『EU 環境法の最前線―日本への示唆』法律文化社.

太郎丸博（2005）『人文・社会科学のためのカテゴリカル・データ解析入門』ナカニシヤ出版.

徳永昌弘（2013）『20世紀ロシアの開発と環境―「バイカル問題」の政治経済学的分析』北海道大学出版会.

徳永昌弘（2014）「中東欧諸国の体制移行と環境問題―体系的レビューによる比較分析の試み」『比較経済体制研究』第20号，7-24頁.

徳永昌弘（2016）「体制転換と環境改革―中東欧研究を中心とする体系的レビュー」『経済研究』第

29）Yablokov et al.（2009）は，その英訳版である。

30）本書第Ⅰ部の各講義を参照のこと。

67巻第4号，339-353頁．

箱木眞澄（2002）「中東欧諸国のEU加盟と環境問題」『世界経済評論』2002年8月号，23-32頁．

村上雅博（1996）「ドナウ川の水政治学—ガブシコバ・ダムと国際水環境裁判の争点」『水文・水資源学会誌』第9巻第3号，285-295頁．

Andersson, Magnus (2002) Environmental policy in Poland, In: Weidner, Helmut and Martin Jänicke (eds.), Capacity Building in National Environmental Policy: A Comparative Study of 17 Countries, Springer: Berlin, pp. 347-373.

Archibald, Sandra O., Luana E. Banu and Zbigniew Bochniarz (2004) Market liberalisation and sustainability in transition: Turning points and trends in Central and Eastern Europe, Environmental Politics, 13(1), pp. 266-289.

Archibald, Sandra O., Zbigniew Bochniarz, Masahiko Gemma and Tanja Srebotnjak (2009) Transition and sustainability: Empirical analysis of environmental Kuznets curve for water pollution in 25 countries in Central and Eastern Europe and the Commonwealth of Independent States, Environmental Policy and Governance, 19(2), pp. 73-98.

Auer, Matthew R. (ed.) (2004) Restoring Cursed Earth: Appraising Environmental Policy Reforms in Eastern Europe and Russia, Rowman & Littlefield: Lanham.

Axelrod, Regina (2004) Nuclear power and EU enlargement: The case of Temelin, Environmental Politics, 13(1), pp. 153-172.

Baker, Susan (2002) Environmental protection capacity in post-communist Bulgaria, In: Weidner, Helmut and Martin Jänicke (eds.), Capacity Building in National Environmental Policy: A Comparative Study of 17 Countries, Springer: Berlin, pp. 97-122.

Baker, Susan and Petr Jehlička (eds.) (1998) Dilemmas of Transition: The Environment, Democracy and Economic Reform in East Central Europe, Frank Cass: London and Portland.

Bell, Ruth Greenspan (2004) Further up the learning curve: NGOs from transition to Brussels, Environmental Politics, 13(1), pp. 194-215.

Bluffstone, Randall (1999) Are the costs of pollution abatement lower in Central and Eastern Europe? Evidence from Lithuania, Environment and Development Economics, 4 (1999), pp 449-470.

Bluffstone, Randall and Bruce A. Larson (eds.) (1997) Controlling Pollution in Transition Economies: Theories and Methods, Edward Elgar: Cheltenham and Lyme.

Boehmer-Christiansen, S. A. (1992) Taken to the cleaners: The fate of the East German energy sector since 1990, Environmental Politics, 1(2), pp. 196-228.

Boehmer-Christiansen, Sonja (1998) Environment-friendly deindustrialization: Impacts of unification on East Germany, In: Tickle, Andrew and Ian Welsh (eds.), Environment and Society in Eastern Europe, Addison Wesley Longman: Harlow, pp. 67-96.

Börzel, Tanja A. (2009a) After accession: Escaping the low capacity trap? In: Börzel, Tanja A. (ed.), Coping with Accession to the European Union: New Modes of Environmental Governance, Palgrave Macmillan: Basingstoke, pp. 192-210.

Börzel, Tanja A. (ed.) (2009b) Coping with Accession to the European Union: New Modes of Environmental Governance, Palgrave Macmillan: Basingstoke.

Börzel, Tanja and Aron Buzogány (2010a) Environmental organisations and the Europeanisation of public policy in Central and Eastern Europe: The case of biodiversity governance, Environmental Politics, 19(5), pp. 708-735.

第 12 講　体制転換と環境改革：中東欧諸国を中心に

Börzel, Tanja and Aron Buzogány（2010b）Governing EU accession in transition countries: The role of non-state actors, Acta Politica, 45(1/2), pp. 158-182.

Börzel, Tanja and Adam Fagan（2015）Environmental governance in South East Europe/Western Balkans: Reassessing the transformative power of Europe, Environment and Planning C: Government and Policy, 33(5), pp. 885-900.

Broto, Vanesa Castán, Claudia Carter and Lucia Elghali（2009）The governance of coal ash pollution in post-socialist times: Power and expectations, Environmental Politics, 18 (2), pp. 279-286.

Buzogány, Aron（2009a）Hungary: The tricky path of building environmental governance, In: Börzel, Tanja A. (ed.), Coping with Accession to the European Union: New Modes of Environmental Governance, Palgrave Macmillan: Basingstoke, pp. 123-147.

Buzogány, Aron（2009b）Romania: Environmental governance — Form without substance, In: Börzel, Tanja A. (ed.), Coping with Accession to the European Union: New Modes of Environmental Governance, Palgrave Macmillan: Basingstoke, pp. 169-191.

Buzogány, Aron（2015）Building governance on fragile grounds: Lessons from Romania, Environment and Planning C: Government and Policy, 33(5), pp. 901-918.

Caddy, Joanne（1997a）Harmonization and asymmetry: Environmental policy co-ordination between the European Union and Central Europe, Journal of European Public Policy, 4(3), pp. 318-336.

Caddy, Joanne（1997b）Hollow harmonisation? Closing the implementation gap in Central European environmental policy, European Environment, 7(3), pp. 73-79.

Carmin, JoAnn and Adam Fagan（2010）Environmental mobilisation and organisations in post-socialist Europe and the former Soviet Union, Environmental Politics, 19(5), pp. 689-707.

Carmin, JoAnn and Stacy D. Vandeveer（2005）EU Enlargement and the Environment: Institutional Change and Environmental Policy in Central and Eastern Europe, Routledge: London and New York.

Carraro, C., A. Haurie and G. Zaccour（eds.）（1994）Environmental Management in a Transition to Market Economy: A Challenge to Governments and Business, Éditions Technip: Paris.

Carter, F. W. and David Turnock（eds.）（1993）Environmental Problems in Eastern Europe, Routledge: London and New York.

Carter, F. W. and David Turnock（eds.）（2002）Environmental Problems of East Central Europe, Second edition, Routledge: London and New York.

Cent, Joanna, Małgorzata Grodzińska-Jurczak and Agata Pietrzyk-Kaszyńska（2014）Emerging multilevel environmental governance: A case of public participation in Poland, Journal for Nature Conservation, 22(2), pp. 93-102.

Cent, Joanna, Hanna Kobierska, Małgorzata Grodzińska-Jurczak and Sandra Bell（2007）Who is responsible for Natura 2000 in Poland? A potential role of NGOs in establishing the programme, International Journal of Environment and Sustainable Development, 6(4), pp. 422-435.

Cent, Joanna, Cordula Mertens and Krzysztof Niedziałkowski（2013）Roles and impacts of non-governmental organizations in Natura 2000 implementation in Hungary and Poland, Environmental Conservation, 40(2), pp. 119-128.

Cisař, Ondřej（2010）Externally sponsored contention: The channelling of environmental movement organisations in the Czech Republic after the fall of communism, Environmental Politics,

497

第IV部　経済開放と国際社会との共存

19(5), pp. 736-755.

Clark, John and Daniel H. Cole (eds.) (1998) Environmental Protection in Transition: Economic, Legal and Socio-political Perspectives on Poland, Ashgate: Aldershot.

Clarke, Richard (2002a) Bosnia and Hercegovina, In: Carter, F. W. and David Turnock (eds.), Environmental Problems of East Central Europe, Second edition, Routledge: London and New York, pp. 283-304.

Clarke, Richard (2002b) Yugoslavia, In: Carter, F. W. and David Turnock (eds.), Environmental Problems of East Central Europe, Second edition, Routledge: London and New York, pp. 396-416.

DeBardeleben, Joan and John Hannigan (ed.) (1995) Environmental Security and Quality after Communism: Eastern Europe and the Soviet Successor States, Westview Press: Boulder.

Dingsdale, Alan and Dénes Lóczy (2001) The environmental challenge of societal transition in East Central Europe, In: Turnock, David (ed.), East Central Europe and the Former Soviet Union: Environment and Society, Arnold and Oxford University Press: London and New York, pp. 187-199.

Drgona, Vladimir (1996) Ecological problems arising from intensive agriculture in western Slovakia, GeoJournal, 38(2), pp. 213-218.

Dryzek, John S. (2005) The Politics of the Earth: Environmental Discourses, Second edition, Oxford University Press: Oxford. (丸山正次訳『地球の政治学―環境をめぐる諸言説』風行社, 2007年)

Earnharta, Dietrich and Lubomir Lizal (2008) Pollution reductions in the Czech Republic, Post-Communist Economies, 20(2), pp. 231-252.

Evans, Douglas, András Demeter, Peter Gajdoš and L'uboš Halada (2013) Adapting environmental conservation legislation for an enlarged European Union: Experience from the Habitats Directive, Environmental Conservation, 40(2), pp. 97-107.

Fagan, Adam (2005) Taking stock of civil-society development in post-communist Europe: Evidence from the Czech Republic, Democratization, 12(4), pp. 528-547.

Fagan, Adam (2006) Neither 'north' nor 'south': The environment and civil society in post-conflict Bosnia-Herzegovina, Environmental Politics, 15(5), pp. 787-802.

Fagan, Adam (2010) The new kids on the block: Building environmental governance in the Western Balkans, Acta Politica, 45 (1/2), pp. 203-228.

Fagan, Adam and JoAnn Carmin (2011) Green Activism in Post-socialist Europe and the Former Soviet Union, Routledge: London and New York.

Fagan, Adam and Indraneel Sircar (2010) Environmental politics in the Western Balkans: River basin management and non-governmental organisation (NGO) activity in Herzegovina, Environmental Politics, 19(5), pp. 808-830.

Fagan, Adam and Indraneel Sircar (2011) Foreign donor assistance and environmental capacity building: Evidence from Serbia and Bosnia–Herzegovina, European Political Science Review, 3 (2), pp. 301-320.

Fagan, Adam and Indraneel Sircar (2015) Europeanisation and multi-level environmental governance in a post-conflict context: The gradual development of environmental impact assessment processes in Bosnia-Herzegovina, Environment and Planning C: Government and Policy, 33(5), pp. 919-934.

第 12 講　体制転換と環境改革：中東欧諸国を中心に

Fagin, Adam（1994）Environment and transition in the Czech Republic, Environmental Politics, 3 (3), pp. 479-494.

Fagin, Adam（1999）The development of civil society in the Czech Republic: The environmental sector as a measure of associational activity, Journal of European Area Studies, 7(1), pp. 91-108.

Fagin, Adam（2001）Environmental capacity building in the Czech Republic, Environment and Planning A, 33(4), pp. 589-607.

Fagin, Adam（2002）The Czech Republic, In: Weidner, Helmut and Martin Jänicke（eds.）, Capacity Building in National Environmental Policy: A Comparative Study of 17 Countries, pp. 177-200.

Fagin, Adam and Petr Jehlička（1998）, Sustainable development in the Czech Republic: A doomed process?, Environmental Politics, 7(1), pp. 113-128.

Fagin, Adam and Andrew Tickle（2002）Environmental movements, nation states and globalisation, In: Carter, F. W. and David Turnock（eds.）, Environmental Problems of East Central Europe, Second edition, Routledge: London and New York, pp. 40-55.

Feshbach, Murray and Alfred Friendly, Jr.（1992）Ecocide in the USSR: Health and Nature under Siege, BasicBooks: New York.

Fitzmaurice, John（1996）Damming the Danube: Gabčikovo and Post-communist Politics in Europe, Westview Press: Boulder.

Fleischer, Tamás（1993）Jaws on the Danube: Water management, regime change and the movement against the middle Danube hydroelectric dam, International Journal of Urban and Regional Research, 17(3), pp. 429-443.

Frankland, Erich G.（1995）Green revolutions? The role of green parties in Eastern Europe's transition, 1989-1994, East European Quarterly, 29(3), pp. 315-345.

Gille, Zsuzsa（2002）Social and spatial inequalities in Hungarian environmental politics: A historical perspective, In: Evans, Peter（ed.）, Livable Cities? Urban Struggles for Livelihood and Sustainability, University of California Press: Berkeley and London, pp. 132-161.

Gille, Zsuzsa（2004）Europeanising Hungarian waste policies: Progress or regression? Environmental Politics, 13(1), pp. 114-134.

Gliński, Piotr（1998）Polish greens and politics: A social movement in a time of transformation, In Clark, John and Daniel H. Cole（eds.）, Environmental Protection in Transition: Economic, Legal and Socio-political Perspectives on Poland, Ashgate: Aldershot, pp. 129-153.

Gliński, Piotr（2001）The ecologocial movement as the element of the civil society, In: Flam, Helena （ed.）, Pink, Purple, Green: Women's, Religious, Environmental and Gay/Lesbian Movements in Central Europe Today, East European Monographs: Boulder, pp. 112-119.

Gorton, Matthew, Philip Lowe, Steve Quarrie and Vlade Zarić（2010）European rule adoption in Central and Eastern Europe: A comparative analysis of agricultural water management in Serbia, Environmental Politics, 19(4), pp. 578-598.

Górz, Bronislaw and Włodzimierz Kurek（2001）Sustainable agriculture, In: Turnock, David（ed.）, East Central Europe and the Former Soviet Union: Environment and Society, Arnold and Oxford University Press: London and New York, pp. 200-206.

Grodzinska-Jurczak, Malgorzata and Joanna Cent（2011）Expansion of nature conservation areas: Problems with Natura 2000 implementation in Poland? Environmental Management, 47(1), pp. 11-27.

Guttenbrunner, Sonja（2009）Poland: When environmental governance meets politics, In: Börzel,

499

第Ⅳ部　経済開放と国際社会との共存

Tanja A.（ed.），Coping with Accession to the European Union: New Modes of Environmental Governance, Palgrave Macmillan: Basingstoke, pp. 148-168.

Hicks, Barbara（2004）Setting agendas and shaping activism: EU influence on Central and Eastern European environmental movements, Environmental Politics, 13(1), pp. 216-233.

Iojă, Cristian Ioan, Maria Pătroescu, Laurenţiu Rozylowicz, Viorel D. Popescu, Mircea Vergheleţ, Mihai Iancu Zotta, Mihaela Felciuc（2009）The efficacy of Romania's protected areas network in conserving biodiversity, Biological Conservation, 143(11), pp. 2468-2476.

Ioras, Florin（2003）Trends in Romanian biodiversity conservation policy, Biodiversity and Conservation, 12(1), pp. 9-23.

Jancar-Webster, Barbara（ed.）（1993a）Environmental Action in Eastern Europe: Responses to Crisis, M.E. Sharpe: Armonk, N.Y.

Jancar-Webster, Barbara（1993b）Eastern Europe and the former Soviet Union, In: Kamieniecki, Sheldon（ed.），Environmental Politics in the International Arena: Movements, Parties, Organizations, and Policy, State University of New York Press: Albany, pp. 199-221.

Jancar-Webster, Barbara（1998）Environmental movement and social change in the transition countries, Environmental Politics, 7(1), pp. 69-90.

Jendrośka, Jerzy（1998）Environmental law in Poland, 1989-1996: An assessment of past reforms and future prospects, In Clark, John and Daniel H. Cole（eds.），Environmental Protection in Transition: Economic, Legal and Socio-political Perspectives on Poland, Ashgate: Aldershot, pp. 81-115.

Jehlička, Petr（2001）The new subversives: Czech environmentalists after 1989, In: Flam, Helena（ed.），Pink, Purple, Green: Women's, Religious, Environmental and Gay/Lesbian Movements in Central Europe Today, East European Monographs: Boulder, pp. 81-94.

Jorgenson, Andrew K., Brett Clark and Vincentas R. Giedraitis（2012）The temporal (in)stability of the carbon dioxide emissions/economic development relationship in Central and Eastern European nations, Society and Natural Resources: An International Journal, 25(11), pp. 1182-1192.

Juergensmeyer, Julian, Michael Kulesza and Ewa Gmurzynska（1991）Environmental protection in post-socialist Eastern Europe: The Polish example, Hastings International and Comparative Law Review, 14(4), pp. 831-848.

Kay, Kelly（2014）Europeanization through biodiversity conservation: Croatia's bid for EU accession and the Natura 2000 designation process, Geoforum, 54, pp. 80-90.

Kerekes, Sándor and Károly Kiss（1998）Hungary's accession to the EU: Environmental requirements and strategies, European Environment, 8(5), pp. 161-170.

Klarer, Jürg and Bedřich Moldan（eds.）（1998）The Environmental Challenge for Central European Economies in Transition, Wiley: Chichester.

Klaus, Václav（2007）Modrá, nikoli zelená planeta: co je ohroženo: klima, nebo svoboda?, Dokořán: Praha.（若田部昌澄解説・監修，住友進訳『「環境主義」は本当に正しいか？チェコ大統領が温暖化論争に警告する』日経ＢＰ社，2010年）

Kluvánková-Oravská, Tatiana, Veronika Chobotová, Ilona Banaszak, Lenka Slavikova and Sonja Trifunovova（2009）From government to governance for biodiversity: The perspective of Central and Eastern European transition countries, Environmental Policy and Governance, 19 (3), pp. 186-196.

第 12 講　体制転換と環境改革：中東欧諸国を中心に

Kluvánková-Oravská, Tatiana, Veronika Chobotová and Eva Smolková（2013）The challenges of policy convergence: The Europeanization of biodiversity governance in an enlarging EU, Environment and Planning C: Government and Policy, 31（3）, pp. 401-413.

Knorn, Jan, Tobias Kuemmerle, Volker C. Radeloff, William S. Keeton, Vladimir Gancz, Iovu-Adrian Biriş, Miroslav Svoboda, Patrick Griffiths, Adrian Hagatis and Patrick Hostert（2013）Continued loss of temperate old-growth forests in the Romanian Carpathians despite an increasing protected area network, Environmental Conservation, 40（2）, pp. 182-193.

Knorn, Jan, Tobias Kuemmerle, Volker C. Radeloff, Alina Szabo, Marcel Mindrescu, William S. Keeton, Ioan Abrudan, Patrick Griffiths, Vladimir Gancz and Patrick Hostert（2012）Forest restitution and protected area effectiveness in post-socialist Romania, Biological Conservation, 146（1）, pp. 204-212.

Křenová, Zdenka and Pavel Kindlmann（2014）Natura 2000: Solution for Eastern Europe or just a good start? The Šumava National Park as a test case, Biological Conservation, 186, pp. 268-275.

Manser, Roger（1993）Failed Transitions: The Eastern European Economy and Environment since the Fall of Communism, The New York Press: New York.

Mazurski, Krzysztof R.（1999）Environmental problems in the Sudetes, Poland, GeoJournal, 46（3）, pp. 271-277.

McCuen, Gary E. and Ronald P. Swanson（1993）Toxic Nightmare: Ecocide in the USSR & Eastern Europe, Gary E. McCuen Publications: Hudson.

Mikulcak, Friederike, Jens Newig, Andra I. Milcu, Tibor Hartel and Joern Fischer（2013）Integrating rural development and biodiversity conservation in Central Romania, Environmental Conservation, 40（2）, pp. 129-137.

Missfeldt, Fanny and Arturo Villavicenco（2000）The economies in transition as part of the climate regime: Recent developments, Environment and Planning B: Planning and Design, 27（3）, pp. 379-392.

Mol, Arthur P.J.（2009）Environmental deinstitutionalization in Russia, Journal of Environmental Policy and Planning, 11（3）, pp. 223-241.

Obradovic-Wochnik, Jelena and Anneliese Dodds（2015）Environmental governance in a contested state: The influence of European Union and other external actors on energy sector regulation in Kosovo, Environment and Planning C: Government and Policy, 33（5）, pp. 935-949.

Pavlínek, Petr and John Pickles（1999）Environmental change and post-communist transformations in the Czech Republic and Slovakia, Post-Soviet Geography and Economics, 40（5）, pp. 354-382.

Pavlínek, Petr and John Pickles（2004）Environmental pasts/environmental futures in post-socialist Europe, Environmental Politics, 13（1）, pp. 237-265.

Pickles, John, Mariana Nikolova, Caedman Staddon, Stefan Velev, Zoya Mateeva and Anton Popov（2002）Bulgaria, In: Carter, F. W. and David Turnock（eds.）, Environmental Problems of East Central Europe, Second edition, Routledge: London and New York, pp. 305-329.

Pickvance, Christopher G.（1997）Decentralization and democracy in Eastern Europe: A sceptical approach, Environment and Planning C: Government and Policy, 15（2）, pp. 129-142.

Podoba, Juraj（1998）Rejecting green velvet: Transition, environment and nationalism in Slovakia, Environmental Politics, 7（1）, pp. 129-144.

Proelß, Alexander（2016）（中西優美子訳）「環境分野における EU の権限の範囲」中西優美子編『EU 環境法の最前線—日本への示唆』法律文化社，33-46頁.

501

第Ⅳ部　経済開放と国際社会との共存

Pryde, Philip. R.（1995）The environmental implications of republic sovereignty, In: Pryde, Philip. R. (ed.), Environmental Resources and Constraints in the Former Soviet Republics, Westview Press: Boulder, pp. 1-23.

Rinkevicius, Leonardas（2000）Ecological modernisation as cultural politics: Transformations of civic environmental activism in Lithuania, Environmental Politics, 9(1), pp. 171-202.

Sarre, Philip and Petr Jehlička（2007）Environmental movements in space-time: The Czech and Slovak Republics from Stalinism to post-socialism, Transactions of the Institute of British Geographers, 32(3), pp. 346-362.

Scrieciu, S. Şerban and Lindsay C. Stringer（2008）The transformation of post-communist societies in Central and Eastern Europe and the former Soviet Union: An economic and ecological sustainability perspective, European Environment, 18(3), pp. 168-185.

Sklenicka, Petr, Vratislava Janovska, Miroslav Salek, Josef Vlasak and Kristina Molnarova（2014）The farmland rental paradox: Extreme land ownership fragmentation as a new form of land degradation, Land Use Policy, 38, pp. 587-593.

Slocock, Brian（1996）The paradoxes of environmental policy in Eastern Europe: The dynamics of policy-making in the Czech Republic, Environmental Politics, 5(3), pp. 501-521.

Slocock, Brian（1999）"Whatever happened to the environment?" Environmental issues in the eastern enlargement of the European Union, In: Henderson, Karen (ed.), Back to Europe: Central and Eastern Europe and the European Union, UCL Press: London, pp. 151-167.

Snajdr, Edward K.（1998）The children of the greens: New ecological activism in post-socialist Slovakia, Problems of Post-Communism, 45(1), pp. 54-62.

Snajdr, Edward（2001）Grassroots and global visions: Slovakia's post-socialist environmental movement, In: Flam, Helena (ed.), Pink, Purple, Green: Women's, Religious, Environmental and Gay/Lesbian Movements in Central Europe Today, East European Monographs: Boulder, pp. 95-103.

Sotirov, Metodi, Marko Lovric and Georg Winkel（2015）Symbolic transformation of environmental governance: Implementation of EU biodiversity policy in Bulgaria and Croatia between Europeanization and domestic politics, Environment and Planning C: Government and Policy, 33 (5), pp. 986-1004.

Staddon, Caedmon（1999）Localities, natural resources and transition in Eastern Europe, The Geographical Journal, 165(2), pp. 200-208.

Stanley, T. D. and Hristos Doucouliagos（2012）Meta-regression Analysis in Economics and Business, Routledge: London and New York.

Stanly, T. D. and Stephen B. Jarrell（1998）Gender wage discrimination bias? A meta-regression analysis, Journal of Human Resources, 33(4), pp. 947-973.

Stringer, Lindsay C. and Jouni Paavola（2013）Participation in environmental conservation and protected area management in Romania: A review of three case studies, Environmental Conservation, 40(2), pp. 138-146.

Sumelius, John, Stefan Bäckman and Timo Sipiläinen（2005）Agri-environmental problems in Central and Eastern European countries before and during the transition, Sociologia Ruralis, 45 (3), pp. 153-170.

Švajda, Juraj（2008）Participatory conservation in a post-communist context: The Tatra national park and biosphere reserve, Slovakia, International Journal of Biodiversity Science and

第12講　体制転換と環境改革：中東欧諸国を中心に

Management, 4(4), pp. 200-208.

Tickle, Andrew and Ian Welsh (eds.) (1998) Environment and Society in Eastern Europe, Addison Wesley Longman: Harlow.

Tokunaga, M. (2010) Environmental governance in Russia: The 'closed' pathway to ecological modernization, Environment and Planning A, 42(7), pp. 1686-1704.

Turnock, David (1999) Sustainable rural tourism in the Romanian Carpathians, The Geographical Journal, 165(2), pp. 192-199.

Turnock, David (ed.) (2001) East Central Europe and the Former Soviet Union: Environment and Society, Arnold and Oxford University Press: London and New York.

Turnock, David (2002) The Soviet Union and the successor states, In: Carter, F. W. and David Turnock (eds.), Environmental Problems of East Central Europe, Second edition, Routledge: London and New York, pp. 92-116.

Unwin, Tim (1996) Tourist development in Estonia: Images, sustainability, and integrated rural development, Tourism Management, 17(4), pp. 265-276.

Vari, Anna and Pal Tamas (eds.) (1993) Environment and Democratic Transition: Policy and Politics in Central and Eastern Europe, Kluwer Academic Publishers: Dordrecht and Boston.

Vukina, Tomislav, John C. Beghin and Ebru G. Solakoglu (1999) Transition to markets and the environment: Effects of the change in the composition of manufacturing output, Environment and Development Economics, 4, pp 582-598.

Waller, Michael (1998) Geopolitics and the environment in Eastern Europe, Environmental Politics, 7(1), pp. 29-52.

Watzman, Nancy (1992) Velvet revolution no longer green, New Scientist, 20 June 1992.

Wilson, Olivia J. and Geoff A. Wilson (2002) East Germany, In: Carter, F. W. and David Turnock (eds.), Environmental Problems of East Central Europe, Second edition, Routledge: London and New York, pp. 139-156.

Yablokov, Alexey V., Vassily B. Nesterenko and Alexey V. Nesterenko (2009) Chernobyl: Consequences of the Catastrophe for People and the Environment, Blackwell Pub. on behalf of the New York Academy of Sciences: Boston. (チェルノブイリ被害実態レポート翻訳チーム訳『調査報告 チェルノブイリ被害の全貌』岩波書店, 2013年)

Young, Juliette, Caspian Richards, Anke Fischer, Lubos Halada, Tiiu Kull, Antoni Kuzniar, Urmas Tartes, Yordan Uzunov and Allan Watt (2007) Conflicts between biodiversity conservation and human activities in the Central and Eastern European countries, Ambio: A Journal of the Human Environment, Research and Management, 36(7), pp. 545-550.

Zamparutti, Tony and Brendan Gillespie (2000) Environment in the transition towards market economies: An overview of trends in Central and Eastern Europe and the new independent states of the former Soviet Union, Environment and Planning B: Planning and Design, 27(3), pp. 331-347.

Zylicz, Tomasz (1994) In Poland, it's time for economics, Environmental Impact Assessment Review, 14(2/3), pp. 79-94.

Żylicz, Tomasz (1995) Cost-effectiveness of air pollution abatement in Poland, Environmental and Resource Economics, 5(2), pp. 131-149.

| 終 論 | **閉講の辞**
| | あとがきに代えて

岩﨑一郎

　以上で我々の講義を終了する。序論を含めれば，全13回にも及んだこのリレー講義を，ここまで辛抱強く学ばれた受講生の皆さんは，いまや，移行経済論の「幹」とも云える部分を，かなり詳細に理解されているといっても過言ではない。その知識は，中東欧，ロシア，その他旧ソ連諸国，中国及びアジア旧社会主義諸国が，過去二十数年間に経験してきた社会主義計画経済から資本主義市場経済への体制転換という壮大な社会実験の全体像を把握することのみならず，これらの国々がいま現在直面している経済・社会問題の歴史的背景や深層を理解する上でも，必ずや役に立つと思われる。また，今後，上記の国々や地域に関する他の図書や論文を解読されるに際して，それらの著者の基本的な立場や主張の方向性を，移行経済論全体の中で相対的に位置付けることにも，本講義を介して養われた知見は大いに有効であろう。かくいう我々講師陣も，それぞれの担当講義を準備するために収集した，かつてなく数多くの文献や関連資料に目を通すことで，専攻領域の広がりと限界を共に良く知るよい機会となった。

　また，本書は，全ての講義テーマについて，先行研究の体系的レビューないしメタ分析を試行するという研究方針を，徹頭徹尾貫いてきた。受講生の多くの皆さんが，その新奇性に対して，多少の戸惑いを覚えられたであろうと想像する。我々講師陣もまた，「エビデンスの統合」を旨とするこの文献レビュー方法を，学習・実践するために，かなり苦心惨憺したことを，ここに正直に吐露しておきたい。経済学分野の殆ど全てのサーベイ論文が採用している記述レビューと比較して，計量的・数理統計学的手法を駆使する体系的レビューやメタ分析の特質や利点を，読者諸氏にある程度でも理解頂けたのなら，そのような我々の努力も決して無駄でなかったといえよう。序論でも述べた通り，本邦では恐らく初の，世界でも経済学の教科書としては非常に稀有な本書の試みも，これからは，より普遍的な研究スタイルとして受け入れられていくであろうと思われる。経済学研究の中心地である米欧諸国の歩みはとても早い。かかる世界の学問的趨勢に後れを取らないためにも，本書

が，我が国における体系的レビューやメタ分析に対する研究関心の醸成に幾ばくかでも寄与するのであれば，我々講師陣にとって大いなる喜びである。

　なお，序論に掲げた本書の目的，即ち，「いわゆる移行経済論の中核を形作るような問題領域において，研究者が，過去二十数年間に亘ってどのような論争を展開してきたのか，また如何なる研究成果が蓄積され，その結果，当該研究分野において，一定の結論ないし共通認識が導き出されているのか否かという点を問う」（2頁）という本講義の狙いは，概ね達成されたものと密かに自負している。しかし，移行経済論にとっての重大問題が，本書の講義テーマに限られるものではないことは，殊更強調するまでもないだろう。例えば，失業保険や年金制度に代表されるソーシャル・セーフティーネットの構築は，中東欧，旧ソ連，アジアのいずれの移行経済諸国にとっても，極めて重要な政策課題であり，従って，この分野の研究蓄積も相当の厚みを帯びているが，本講義では一切取り上げていない。農業改革，資源開発やエネルギー政策，欧州連合（EU）の東方拡大プロセスや，いわゆる「リーマン・ショック」に始まる世界金融危機や政治危機の影響，体制転換に伴う移行諸国市民の「幸福度」（happiness）の測定と評価という一連の大変興味深い研究課題にも，本書では殆ど触れることがなかった。これらの諸問題を扱う既存研究の内容があまりにも多種多様であり，従って，体系的レビューやメタ分析で，そのエビデンスを統合するのは非常に困難であると判断されたことが，その主な理由ではある。しかしながら，移行経済論をより広く深く理解するためには，これらの問題への取り組みは欠かせない。移行経済論に興味を抱かれた受講生の皆さんは，以上に列挙した研究テーマについても，他の図書や論文で是非学んで欲しい。

　各章の終わりに，担当講師がそれぞれ謝辞を述べているから，その内容は繰り返さないが，本書の基盤となった過去約7年に及ぶ我々の研究活動に対しては，海外研究者を含む非常に多くの方々や組織又は団体から，資金面や技術面で多大な支援や助言を得た。とりわけ，体系的レビューやメタ分析の対象候補に定めた文献の収集と整理に際して，一橋大学経済研究所の資料室スタッフと同研究支援推進員の吉田恵理子氏から得た助力に対しては，講師一同を代表して，深くお礼申し上げたい。各章のベースとなった我々講師陣の論文を受理・掲載して頂いた一橋大学経済研究所『経済研究』，北海道大学スラブ・ユーラシア研究センター『スラヴ研究』，比較経済体制学会『比較経済研究』，比較経済体制研究会『比較経済体制研究』各編集委員会からの本書への快い転載許可にも感謝する。また，極めて初期の企画段階から懇切に相談に乗って頂き，また我々講師陣の研究会に幾度も足を運んで頂いた日本評論社第二編集部の斎藤博氏には，本書刊行に至るまで大変お世話になった。更に，昨今における出版事情の厳しさにも係らず，本書の出版を引き受けて頂いた日

本評論社にも衷心から謝意を表したい。最後になったが，本講義の企画者である岩﨑は，講師を務めて頂いた7名の先生方に対して，その永年の御協力と御尽力に深く感謝申し上げる。ありがとうございました。

　比較経済論講義，これにて閉講！

索　引

欧　字

AIC → 赤池情報量基準

ANOVA → 分散分析

BIC → ベイジアン（ベイズ）情報量基準

Breusch-Pagan 検定　371, 441

CMEA → 経済相互援助会議（コメコン）

Corruption Perceptions Index（CPI）→ 腐敗認識指数

EBRD → 欧州復興開発銀行

ECB → 欧州中央銀行

EconLit　38, 69, 73, 106-107, 109-110, 155, 193, 264, 311, 365, 396, 424

ESCB → 欧州中央銀行システム

ESOP → 従業員持株制度

EU → 欧州連合
　　――加盟　156, 218-219, 224, 252, 286, 310, 315-316, 318, 328, 332-333, 349-350, 356, 361, 363, 365, 369, 371, 375, 395, 399, 404, 426-427, 430-431, 452, 455-457, 463, 467, 475-477, 481, 492, 494
　　――加盟変数　430-431, 451, 454-455
　　――の機能発揮に関する条約　345-346
　　――要因変数　25, 404, 406, 413
　　――東方拡大　118, 129, 259, 349, 506

FAT（funnel asymmetry test）→ 漏斗非対称性検定

FAT-PET-PEESE 接近法／手続き　14, 176, 295, 382, 407

FIMACO 社　353

fsN → フェイルセーフ数

GMM 推定量　362, 448

Google Scholar　365

Hausman 検定　14, 438, 441

Huber-White のサンドイッチ推定量　89, 488

i.i.d.（independent and identically distributed）　13

IDEAS　14-16

IF → インパクト・ファクター

IMF → 国際通貨基金

J カーブ型成長経路　141-143, 145, 147, 161, 179

Kruskal Wallis 検定　143

K 平均法アルゴリズム　145

loan-for-share privatization → 担保型私有化

MEBO（management and employee buyouts）→ 自社買収

Nature 2000　476

OLS → 最小二乗法推定量

PEESE（precision-effect estimate with standard error）→ 標準誤差を用いた精度＝効果推定法

PET（precision-effect test）→ 精度＝効果検定

ProQuest データベース　71

red executive　256, 325

Russia Longitudinal Monitoring Survey（RLMS）→ ロシア長期モニタリング調査

Shapiro-Wilk 正規性検定　158

Thomson Reuters 社　14

t 値　7, 158, 161, 166, 201, 267-269, 274, 281, 286, 290, 293, 366-367, 369, 371, 376, 399-400, 404, 406, 431, 438, 447-450

Web of Science　38, 155, 224, 264, 311, 365, 424, 470

WLS → 加重最小二乗法推定量

X 非効率　18

あ　行

アウトサイダー → 外部投資家

赤池情報量規準（AIC）　89, 488

アキ・コミュノテール　26, 466

アンバランスド・パネル推定量　13, 204, 407, 438

移行改革　223, 227-228, 234, 236

移行経済成長論争　141, 146, 149-151

移行経済論　2-3, 16, 19, 21-22, 24, 26, 67, 71, 95, 106-107, 109-112, 126, 128-129, 141-142, 149, 179, 311, 398, 419-420, 505-506

移行指標　149-150, 347, 428-429, 437, 449,

457

移行戦略論争　20, 67-71, 73-75, 77, 79-80, 83-85, 89, 94-98

一層制　24, 344-345

委任　358

インサイダー　233, 251, 255-256, 258, 260-263, 271, 274, 290, 303, 325-326

　——非効率仮説　255

インセンティブ　35, 37-38, 233, 255, 257

　——構造　255, 259-260

　——両立性　256

インパクト・ファクター　8, 14, 73, 201, 406, 481

インフレーション抑制効果　343, 359-360, 363-365, 367, 369, 375-376, 382, 384-385

ウクライナ内戦　154

埋め込み（embeddedness）　115-116

エージェンシー問題　303

エージェント　303

エコツーリズム　481

エストニア中央銀行　351-352

エビデンスの統合　5, 505

エリツィン政権　34-35

オイル・ショック　33

欧州化　118, 455, 467, 477

欧州中央銀行　345-346, 356

　——システム　346

欧州復興開発銀行　139, 149-150, 152, 200, 249, 259, 315, 319, 341, 345-347, 356, 428-429, 449, 457, 494

欧州連合（EU）　24-26, 111, 118, 224, 237, 259-260, 310, 315, 328, 332-333, 345, 349, 356, 419, 463, 465-468, 475-478, 480-482, 484, 492-494, 506

　——加盟　218, 252, 310, 315-316, 319, 328, 349-350, 356, 361, 395, 399, 419, 426, 430-431, 451-452, 454-457, 475-477, 481, 484, 492-494

横断面データ　366, 369, 375, 427, 437, 447, 456-457

オークション方式　252, 261, 263

汚職　21-23, 97, 215-217, 219-224, 226-229, 232-239, 260

オランダ病　358

オリガルヒ　223, 263

オルバン政権　356-357

か 行

カーネル密度推定　158

改革速度　151, 163, 166, 173

改革到達度　151, 163, 166, 173

外国直接投資（FDI）　10, 25, 68, 156, 419-458, 494

　——決定要因　420, 422-431, 433-434, 437-444, 448-452, 454-458, 494

　——変数　427-428, 430-431, 437-438, 449, 455-457

　——誘引効果　420, 432-437, 442-447, 450-451, 453-457

外国投資家　23, 255, 258, 260, 262-263, 265, 271, 281, 284, 286, 290, 293, 300-302, 356

悔悟度　43, 48-49, 59, 63-64

悔悟論　43, 55, 63

　——主張度　43, 48-49, 59, 63

外部投資家　23, 251, 256-258, 260-263, 271, 290, 293, 301, 303

カウントデータ　49

拡張重力モデル　402

学問社会学的アプローチ　64

家計規模　22, 203-204, 206, 210

家計調査データ　187

加重最小二乗法　9, 371, 441

ガバナンス　222-223, 228, 235-236

貨幣オーバーハング　146, 357

ガルブレイズ・プロット　10-11, 173, 176, 180, 294-296, 379, 452, 454

カレンシー・ボード制　351-352

環境アキ（グリーンアキ）　26, 466-467, 476, 481

環境改革　25-26, 463-464, 467-469, 477, 480-494

環境ガバナンス　469-470

環境虐殺　463

環境政策（行政）　26, 464, 466-469, 475-476, 479-484, 493-494

環境クズネック曲線　469

環境保護運動（団体）　464-465, 467, 469-470, 476, 480, 482, 484, 492-494

完全予測因子　55

観測誤差　369

機会主義　97, 255-256, 260

機関投資家　257-258, 288, 290, 293

ギガントマニア　147

企業改革　81, 91, 149, 166, 249, 422, 429, 437

企業金融論　251, 254, 300

企業内労働市場　255

企業パフォーマンス（効果）　10, 23, 228, 256, 258, 263-264, 267, 271, 286, 290, 301-302, 321-322, 325-326

企業文化　23, 309, 318, 322-323

記述分析　477, 492

記述レビュー　3-5, 364, 505

期待のギャップ　32, 38

逆淘汰効果　262

救済国家　97

急進主義　20, 68-69, 74-81, 85, 91, 93-98, 113, 151, 163, 263-264

――支持度　89, 91, 95

共産主義の浸透度　223, 236

強制貯蓄　38

競争政策　149, 163, 422, 429

共同決定制度　255

規律効果　363

キルギス中央銀行　354

銀行融資浸透度　147-148, 163, 166

均質性の検定　7-8, 158, 166, 201, 203, 270, 369, 406, 431

金融・産業グループ　257

金融深化　347

――度　147-148, 163, 166, 355, 404-406

クラウディング・アウト効果　258

クラスター分析　14, 145

クラスター法　9, 14

クラメールのV　→　クラメールの連関係数

クラメールの連関係数（Cramer's V）　45, 48, 85, 87, 89, 119, 484

クリミヤ併合　154

クロアチア紛争　153

グローバル・スタンダード（米国的価値観）　327, 331

クロス表　20, 32, 44-45, 48-49, 55, 59, 63, 85, 89, 95, 119, 484, 488, 493-494

黒の三角地帯　463, 475

経営者・管理者の交代　324-326

経営スタイル　324-325

経済移行変数　428-432, 435-437, 441, 445-456

経済格差　111, 187, 223, 235

経済自由化　83, 91, 341, 360-361, 422,

428-429, 437

経済成長　21-22, 26, 36, 67, 80-83, 118, 127-128, 141-159, 161, 163, 166, 173, 176, 179, 189, 219-220, 222-223, 227-229, 232, 234, 310, 347, 398-400, 419, 422, 448, 452, 463, 469, 471, 493

経済相互援助会議（コメコン）　25, 147, 393-394, 398-400, 407, 411

経済パフォーマンス　21, 141, 145, 152, 217, 219, 228, 357

経済・福祉の状況　227

軽薄短小　37

経路依存　20-21, 68, 105-130, 151, 200, 239, 310-311, 318-320, 357

経路偶発　127

経路形成　117, 127, 130

結合 t 値　8, 158, 166, 179, 201, 203, 369, 384, 406, 437

限定合理性　84

コーポレート・ガバナンス　325

コア・インフレーション率　358

公開市場操作　344

効果サイズ　4, 9-10, 12-14, 21, 142, 155, 157-159, 166, 176, 179-180, 266, 271, 274, 281, 286, 288, 290, 300-301, 343, 367, 369, 371, 375, 382-385, 406-407, 425, 429-431, 437, 441, 448-449, 451-452, 455-457

公共選択論　254

公式／非公式制度　84, 111, 124, 126, 128, 221

構造改革変数　25, 404-407, 412-413

構造変化変数　404-407, 412-413

購買力　429, 431, 450, 452

――平価　187

公表バイアス　6, 9, 13-14, 95, 124, 173, 180, 204, 206, 210, 253, 266, 294, 301, 366, 379, 385, 399, 407, 409-410, 412, 420, 422, 451, 457

――修正効果サイズ　180, 300, 382, 455, 457

――Ｉ型　10-11, 13-14, 173, 180, 204, 294-296, 301, 379, 382, 385, 407, 452, 454-455, 457

――Ⅱ型　10-12, 14, 176, 180, 204, 294-296, 300-301, 379, 382, 385, 407, 452, 454-455, 457

幸福度　228, 506

索　引

国際経済協力銀行（コメコン銀行）　393
国際通貨基金　68, 71, 91, 346, 349, 352-356,
　427
国内民間投資家　255, 258, 303
国民経済システムの構造変化　141-142,
　147-148, 155-159, 161, 163, 166, 173, 179
国民福祉及び自然環境　228
国民文化　318, 322-324
個人投資家　257-258, 281
ゴスバンク　353
コソボ紛争　153
国家銀行会議　353
国家金融会議　353
国家資本主義　98
国家捕獲　232, 234-235, 260
固定効果パネル最小二乗ダミー推定量　9,
　14, 173, 371, 441
固定効果モデル　7-8, 158, 201, 404, 406
コメコン体制　147, 393-394, 398-400, 407,
　412
コリドール　352
ゴルバチョフ政権　18, 34-37, 153
コンディショナリティ　346
コンテクスチュアル・パラダイム　326-327
コンピュータ過信　37

さ 行

サービス貿易　404
サーベイ論文　3-4, 505
最結合現象　303
財産権　23, 68, 76, 83, 94, 227, 229
再集権化戦略　97, 263
最小二乗法（OLS）推定　329
——量　9, 13, 59, 204, 371, 375, 407, 441
最低生活水準維持費用　189
産業集積（産業クラスター）　118, 457-458
時間差効果　159, 376
時間的速度　74-75, 80, 83-84, 94
時間的非整合性　358
時系列データ（分析）　366, 427, 437, 447,
　456-457
資源賦存　26, 111, 429-431, 450, 452, 454,
　457
資源保有国　221, 232
自社買収　252, 255, 260, 262, 264, 284, 288,
　290

市場移行論　42, 48
市場規模　25-26, 402, 423, 429, 431, 450, 452,
　456
市場原理（市場化）　464, 483-484, 493
市場社会主義（論）　19, 35, 41-42, 48, 53, 55,
　129, 255
持続的発展　26, 465, 467
質的選択モデル　20, 85, 89, 95
執筆者属性　41, 49, 71, 89, 91, 95
ジニ係数　189, 191
資本主義多様性（論）　107, 111, 121, 128,
　130, 326-328, 331
資本逃避　83, 428
資本論　16
シミュレーション　403
社会計画への生産主体の従属　17
社会経済制度　21, 220-222, 227-229, 239
社会（関係）資本　109, 111, 115-116, 119,
　121, 125, 237
社会主義計画経済の理念型　16
社会主義経済不可能論　36-37, 41
社会主義経済理論　19, 41-42, 48, 53, 55, 59,
　64
社会主義経済論　16, 35
社会主義国の雄　70
社会主義市場経済　1
社会主義体制下の環境問題（社会主義環境保
　護）　477, 482-484, 493
社会主義的遺制　23-24, 112, 126, 151-152,
　310, 317-318, 320, 326-328, 332-333
社会主義的人事労務管理　24, 309-311, 313,
　315, 318-320, 327, 331-333
社会主義の遺制　21, 141-142, 147, 151-152,
　155-159, 161, 176, 179-180, 192, 206
社会選択理論　84
社会的ネットワーク　107, 115-116, 124
社会（・制度）への信頼　224, 227-228
社会保障（制度）　187-188, 190, 227
私有化（政策）　23, 68, 76, 82-83, 98, 147,
　149, 216-217, 221-222, 227, 233, 238-239,
　249, 341, 422, 428, 437, 464, 481, 492
私有化クーポン　261
私有化小切手　261
私有化方式　23, 233, 252, 259-260, 262-263,
　288, 293, 301
私有化論争　254, 303
自由化　36, 80, 147, 149-151, 163, 166, 222,

511

227, 233-234, 238-239, 347, 360-361, 441

重回帰分析　32, 44, 49, 63

従業員・経営者の価値観や態度　318, 322-323

従業員持株制度　255

集権制　17-19

集積効果　430-431, 450, 452, 454-457

集団主義　313, 322-324

自由貿易地域　404

重力モデル（グラヴィティ・モデル）　25, 394, 398, 400, 402-404, 406, 412, 420, 427, 448, 455

収斂　21, 105, 114, 116-118, 322-323, 326-328, 331-332, 399

潤滑油仮説　22, 216, 223, 234, 239

順序プロビット回帰モデル　89

順序プロビット推定量　119, 484

順序ロジット回帰モデル　91

順序ロジット推定量　49

商業手形割引　344

条件付き急進主義派　75, 79, 81

正真正銘の証拠　13-14, 176, 180, 296, 302, 382, 385, 454, 457

情報経済学　37

情報非対称性　260, 262, 303

除外変数　449

初期条件　23, 75, 96, 111, 127, 141-142, 146-147, 151-152, 155, 179, 429

ショック療法　68, 80

処分国家　97

所有権理論　254

所有構造　23, 200, 251-253, 259-263, 267, 293, 300-301, 324-325

所有と経営の分離　255, 303

所有変数タイプ

　――小分類　265, 270, 281, 284, 286, 288, 290, 293, 296

　――大分類　266-267, 269-270, 274, 281, 284, 294, 296

進化／進化論／進化経済学　20-21, 105-106, 112-113, 115, 124, 127-128, 130, 151, 217, 318

新古典派モデル　37, 84

新制度派経済学　84

信頼性効果　363

裁量的金融政策　358

数量的レビュー　5

スタンドバイ・クレジット　356

政策順序　68, 74-76, 82-85, 89, 93-94

政策進行速度　259, 262, 284, 290, 293, 301

生産可能性フロンティア　17-18

政治経済学的接近　31, 33

政治情勢論　42, 49, 53, 55

政治的安定性　150, 166, 220-221, 229

精度＝効果検定（PET）　13-14, 176, 204, 296, 300, 382

制度主義派　76, 78, 81, 83, 94

制度的遺制　24, 107, 326-329, 331-333

制度の真空　111-112, 309-310

制度派経済学　84, 151

世界銀行　68, 71, 91, 149, 194, 220, 346, 403, 427, 466

世界金融危機　506

折衷派　77-78, 84, 94

線形回帰モデル　425

漸進主義　68-69, 74-78, 80-85, 93-98, 151, 163, 263-264

選択バイアス　274, 281

戦略的選択　112

戦略投資家への直接売却　252, 260, 262, 284, 290, 301-302

総投資モデル　426, 437-439, 448-449, 456

双方向的な影響　228

ソーシャル・セーフティーネット　506

組織経済学　300

組織文化　323-324

ソ連型計画経済システム　17

た　行

ターゲットゾーン為替システム　352

体系的レビュー　4, 31-32, 38-39, 63-64, 69-70, 94, 199, 217, 238, 251-252, 420, 467-472, 483, 494-495, 505-506

第三の道派　77, 96-98

大衆私有化　222, 255, 260, 302

体制移行政策　21, 141-142, 147, 149, 155-159, 161, 163, 166, 173, 176, 179

体制転換（プロセス）　19-23, 25-26, 67-68, 75-76, 80, 83, 85, 94-98, 105, 114, 127-128, 139, 147, 149-151, 163, 187, 189, 192, 201, 203, 210, 236, 249, 254, 259, 263, 302, 341, 345, 356-357, 394, 463-469, 472, 477, 480-484, 492, 505-506

索　引

——の終焉　95
ダイナミックパネル推定　430, 455
多項選択モデル　94
多項ロジット回帰モデル　59
多国籍企業　118, 249, 258, 260, 310-312, 314,
　322, 324, 327, 402, 419, 426, 428
多段混合効果制限付最尤法推定量　9, 173
段階主義強調度　89, 93-95
段階主義派　76, 78, 81-82, 89, 94
担保型私有化　263
地域紛争　21, 141-142, 147, 153, 155-159,
　161, 176, 179
チェルノブイリ原発事故　467, 494
中央銀行改革　341, 344-347, 349, 356, 376,
　384-386
中央銀行独立性　153, 342, 345, 347, 349, 351,
　355-357, 360-362, 364-365, 367, 369, 376,
　382, 384-385
中華人民共和国憲法　1
中国共産党大会　1
中立派　77-78, 84-85, 94-95
チューリップ革命　354
超越論派　77, 97-98
地理的距離　26, 429, 431, 437, 450, 452,
　454-455
ツキエルマン・インデックス　359
ツキエルマン命題　360, 364, 371, 376,
　384-385
ディスオーガニゼーション論　146
適合度検定　176, 431
転換不況　21, 76, 139, 143, 146-147, 151, 179,
　192, 197, 203, 206
伝統的な経済成長論　21, 141
伝統的二分法の脱構築　96
ドイツ連邦銀行　346
東欧革命　26, 463-465, 477, 481-482
動学的パネルデータモデル　362-363
動学的非整合性　358
統計的頑健性　9, 49, 407
統計的検定　85, 199
統計分析　44, 477
統合効果サイズ　158-159, 166, 180, 369, 406,
　431, 437
投資基金　261
投資私有化基金　257, 261
透明性　216, 222, 228, 239, 240, 260
独立性の（カイ二乗）検定　45, 48-49, 85,

　119, 484
突然の貧困　189, 197
トランスペアレンシー・インターナショナル
　216, 218, 225
取引費用（コスト）　112, 216, 222-223

な　行

内生性　220, 228, 375, 448, 457
ナゴルノ・カラバフ軍事衝突　153-154
二項選択モデル　425, 428
二国間モデル　426-427, 429, 437-439, 456
二重の独立性　346
二層制（銀行システム）　257, 341, 344-346,
　356
農村立地　203

は　行

ハイパーインフレーション　146, 153, 179,
　375
バウチャー私有化　23, 257, 286, 288,
　301-303
バウチャー方式　252, 260-262, 264, 284
破綻要因主張態度　42
破綻要因論　32, 39, 42, 63
発表媒体属性　41, 49, 73, 89, 93
パネルデータ（分析）　82, 143, 148, 229, 359,
　361-363, 366, 369, 375, 426-427, 437, 447,
　456-457
パラダイム・シフト　74
ハンガリー国立銀行　350, 355-356
ハンガリー社会主義労働者党中央委員会
　345
ハンガリー中央銀行法　355
反環境主義　464
反急速主義派　76, 81-82, 89, 94
非階層型クラスター分析　145
比較経済学　130
比較経済体制論　254
比較経済論　2, 16, 19
比較制度分析　128
非関税障壁　404
非公式経済　223, 228, 235, 238
非公式制度　84, 111, 124, 126, 128, 221, 227,
　236
非対称情報の経済学　84

513

ビッグ・バン方式　68
必然論　44, 55, 63-64
　——主張度　43, 48-49, 59, 63
標準誤差を用いた精度＝効果推定法（PEESE）
　13-14, 176, 204, 296, 300, 382, 407
票数カウント法　423
標本サイズ　4
貧困　76, 187, 224
　——確率　22, 203, 206
　——研究　22, 193-194, 199-200
　——者比率　189-190, 192
　——線　187
フィッシャーの z 変換　7
フェイルセーフ数　8-9, 158, 201, 203, 369,
　406, 438
福祉水準　223, 235
腐敗認識指数　216, 218, 234
普遍的急進主義派　75, 79-82, 89
フリーダムハウス　149-150
ブリコラージュ　127
プリンシパル　303
文化的遺制　24, 318, 322, 326-333
分岐　24, 107, 323, 327, 331-333
分権化戦略　97
文献間異質性　6, 9
分散成分　8
分散不均一性　89, 122, 375, 488
分散分析　143
分析視角　41, 55, 63, 74, 89, 251, 284, 470
分析的サーベイ　5
ベイジアン（ベイズ）情報量基準（BIC）
　89, 488
ヘリテージ財団　149
ベルリンの壁　1, 18, 68, 70, 80, 341, 384
ペレストロイカ　18, 112, 237
返還証券　263
偏相関係数　7, 158, 161, 166, 201, 267-269,
　274, 281, 286, 290, 293, 366-367, 369, 371,
　376, 399-400, 404, 406, 431, 438, 447-448,
　450, 456
変量効果パネル一般最小二乗法推定量　9,
　14, 173, 371, 407, 441
変量効果モデル　8, 158-159, 166, 201, 203,
　270, 369, 406, 431
貿易開放度　147-148, 163, 220, 403-406
貿易関連項目　397-399, 412
貿易効果　25, 430-431, 437, 451-452

貿易の国家独占　25, 393
法制度の効率性　220
法の支配　76, 83, 94, 150, 163, 166, 216, 220,
　227, 229, 234-235, 360-361
ボクロシュ・パッケージ　355
ボスニア内戦（紛争）　26, 153, 475
ポピュリズム　261
ホワイトの頑健標準誤差推定法　122
ポワソン推定量　53

ま 行

マーストリヒト基準　346
マルクス論　42, 48, 55, 59, 64
民営化　113, 117, 128, 200, 217, 313, 323-326
民主主義（民主化）　26, 75-76, 113, 128, 145,
　149-150, 163, 166, 215-216, 220-221, 229,
　232, 239, 463-465, 467, 469, 476, 480,
　483-484, 488, 494
命令国家　97
メタ回帰分析　6, 9, 143, 158, 161, 166, 180,
　274, 284, 290, 293, 295, 300-301, 366, 371,
　376, 382, 384-385, 399, 422, 424, 437-438,
　447, 450-451, 456-457
メタ統合　6-7, 143, 158, 160-161, 163, 166,
　252, 269-270, 300, 366, 375, 384-385, 404,
　406-407, 412, 422, 431, 437, 447, 450-451,
　456
メタ独立変数　9, 161, 163, 173, 274, 281, 284,
　286, 290, 301, 371, 376, 438, 451
メタ分析　4, 154-155, 157, 179, 193-194, 197,
　204, 206, 251-252, 264-266, 286, 300,
　302-303, 343-344, 362-366, 385, 393-394,
　400, 402, 404, 420, 422-425, 428-430,
　448-450, 456-457, 505-506
モーメント法　8
モスクワ大公国　35
モノカルチャー国家　395
モノバンク・システム　344

や 行

ユニヴァーサリスト・パラダイム　310, 326
輸入代替工業化　38
予算制約　20, 37, 42, 129, 153, 257

索 引

ら 行

リーダーシップ（論） 323-324
リーマン危機 356
リーマン・ショック 506
両義的な影響力 239
レイオフ 256
冷戦体制 1, 67, 95
歴史決定主義 117, 127, 129
歴史的遺制 193, 210, 227, 237, 324
歴史的経路依存性 68, 357
歴史的初期条件の減衰効果 152
レギュラシオン派 107
レント・シーキング 34, 215-216, 220,
　232-233, 236, 260
労働市場 85, 255, 320, 324-326
労働者自主管理 255, 262
労働費用 26, 429, 431, 437, 450, 452,
　454-455, 457
漏斗非対称性検定（FAT） 12, 14, 176, 204,
　295, 382, 407
漏斗プロット 10, 173, 180, 204, 294-295,
　379, 382, 407, 451-452
ローゼンタールのフェイルセーフ数 → フェイ
　ルセーフ数
ロシア憲法 352
ロシア中央銀行 352-354
ロシア中央銀行法 352-353
ロシア長期モニタリング調査 200
ロジスティックス 403
ロジット回帰分析 55
ロジット推定量 49, 53
ロジット分析 329, 331
ロックイン（Lock-in） 107, 116

わ 行

ワシントン・コンサンサス 34, 68, 302, 341

人 名

アーサー，ブライアン 115-116
アカーエフ，アスカル 354
アセモグル，ダロン 76
イグナチエフ，セルゲイ 354
ウイリアムソン，オリバー 115

ウェーバー，マックス 115, 129
ヴェブレン，ソースティン 107, 114-115,
　129
エルマン，マイケル 36, 59
オスルンド，アンデルス 37-38, 59
オルバン，ビクトル 356
ガイダル，エゴール 33-34, 36-38
クラウス，ヴァーツラフ 464-465, 483
クラウス，ニールセン 107
グラノヴェッター，マーク 115, 124
ゲラシチェンコ，ビクトル 353-354
コース，ロナルド 114-115, 129
コズロフ，アンドレイ 354
ゴールドマン，マーシャル 37
コルナイ，ヤーノシュ 129, 139, 254
コントロヴィッチ，ウラジミール 36
ジェイコブズ，ジェイン 215
シモル，アンドラーシュ 356
シャヴァンス，ベルナール 124
シュライファー，アンドレイ 37
ジョルジ，マトルチ 356
スターク，デイヴィッド 113-116, 126,
　128-129
スティグリッツ，ジョセフ 36-37, 129
スミス，エイドリアン 115
セレン，キャサリン 124
ソローキン，D.E. 34
チモシチナ，タチアーナ 35
ツキエルマン，アレックス 385
デイヴィッド，ポール 106, 115-116
デンザウ，アーサー 115
鄧小平 1
中兼和津次 32, 37
ノース，ダグラス 114-116, 129
ハイエク，フリードリッヒ 31, 36-37, 41,
　114-115
ハウスナー，イェジ 114-115
パットナム，ロバート 115
ピクルス，ジョン 115
フェイガン，アダム 469-470
ブラウォイ，マイケル 117
ブラウン，アーチー 33, 36
ブルスト，ラズロ 113-115
ホジソン，ジェフリー 107, 124
ホフステード，ヘールト 323-324
ポポフ，ウラジミール 83
ポランニー，カール 115-116

515

マルクス，カール・ハインリヒ　16
ミーゼス，ルードヴィッヒ・フォン　31，
　36-37, 41
ミューレル，ピーター　113-115
ライベンシュタイン，ハーヴェイ　18
ラヴィーニュ，マリー　33, 59, 63

リガチョフ，エゴール　36
レーニン，ウラジミール・イリイチ　17
ローラン，ジェラール　37
ローランド，ジェラルド　115
ワイツマン，マーチン　34

講師紹介

岩﨑一郎（いわさき　いちろう）［**編者，序論，第1，2，4，7，9，11講，終論担当講師**］
一橋大学経済研究所教授，2000年　一橋大学大学院経済学研究科博士後期課程単位取得退学，経済学博士（一橋大学，2001年）。『中央アジア体制移行経済の制度分析―政府・企業間関係の進化と経済成果』東京大学出版会，2004年（第6回大来政策研究賞），『比較経済分析―市場経済化と国家の役割』（共著）ミネルヴァ書房，2010年（第32回発展途上国研究奨励賞），『新興市場と外国直接投資の経済学―ロシアとハンガリーの経験』（共著）日本評論社，2014年，『法と企業統治の経済分析―ロシア株式会社制度のミクロ実証研究』岩波書店，2016年（第3回日本比較経営学会学術賞）等の著書・編著書を刊行，European Journal of Political Economy，Journal of Comparative Economics，Journal of Economic Surveys，World Development 等の学術雑誌に論文を多数発表。

上垣 彰（うえがき　あきら）［**第1，9，10講担当講師**］
西南学院大学経済学部教授，1981年　東京大学大学院経済学研究科博士課程単位取得退学，経済学博士（東京大学，1994年）。著書に，『ルーマニア経済体制の研究―1944-1989』東京大学出版会，1995年，『経済グローバリゼーション下のロシア』日本評論社，2005年，『ユーラシア地域大国の持続的経済発展』（共編著）ミネルヴァ書房，2013年，論文に，「比較の意義について―経済学の立場から」『比較経済研究』第46巻第1号，2009年，Central bank independence and inflation in transition economies: A comparative meta-analysis with developed and developing economies（共著），Eastern European Economics, 55(3), 2017等がある。

雲 和広（くも　かずひろ）［**第4，5，8，10講担当講師**］
一橋大学経済研究所教授，ロシア科学アカデミー極東支部経済研究所名誉教授，1999年　京都大学大学院経済学研究科博士後期課程単位取得退学，経済学博士（京都大学，2002年）。Migration and Regional Development in the Soviet Union and Russia: A Geographical Approach, Beck Publisher Russia: Moscow, 2003，『ロシアの人口問題―人が減り続ける社会』東洋書店，2011年，『ロシア人口の歴史と現在』岩波書店，2014年，Demography of Russia: From the Past to Present（共著），Palgrave Macmillan: London, 2017（第7回地域研究コンソーシアム研究作品賞）等の著書を刊行，Comparative Economics Studies，Post-Communist Economies，Transition Studies Review 等の学術雑誌に論文を多数発表。

杉浦史和（すぎうら　ふみかず）［**第1講担当講師**］
帝京大学経済学部教授，2002年　一橋大学大学院経済学研究科博士後期課程単位取得退学，経済学博士（一橋大学，2003年）。著書に，『ロシア経済10年の軌跡―市場経済化は成功したか』（共著）ミネルヴァ書房，2002年，『グローバリゼーションと体制移行の経済学』（共編著）文眞堂，2008年，論文に，Economic transformation and corporate finance in the post-communist world, In: Dallago, Bruno and Iwasaki, Ichiro (eds.), Corporate Restructuring and Governance in Transition Economies, Palgrave MacMillan: Basingstoke, 2007，「ロシア企業の資金調達行動―企業調査データに基づく分析」『経済研究』第58巻第2号，2007年，「日系企業のロシア進出―日産自動車のロシア・アフトワズ参加を例として」（共著）池本修一・田中宏編著『欧州新興市場国への日系企業の進出』文眞堂，2014年等がある。

鈴木 拓（すずき　たく）［第2，6講担当講師］
帝京大学経済学部准教授，2007年　一橋大学大学院経済学研究科博士後期課程単位取得退学，経済学博士（一橋大学，2008年）。著書に，『比較経済分析—市場経済化と国家の役割』（共著）ミネルヴァ書房，2010年（第32回発展途上国研究奨励賞），論文に，Radicalism versus gradualism: An analytical survey of the transition strategy debate（共著），Journal of Economic Surveys, 30 (4), 2016, Effects of the global economic crisis on FDI inflow in Eastern European economies: A panel data analysis, In: Havlik, Peter and Iwasaki, Ichiro（eds.），Economics of European Crises and Emerging Markets, Palgrave Macmillan: Singapore, 2017等がある。

徳永昌弘（とくなが　まさひろ）［第11，12講担当講師］
関西大学商学部教授，1999年　京都大学大学院経済学研究科博士後期課程単位取得退学，経済学博士（京都大学，2002年）。著書に，『グローバル金融危機と経済統合—欧州からの教訓』（共著）関西大学出版部，2012年及び『20世紀ロシアの開発と環境—「バイカル問題」の政治経済学的分析』北海道大学出版会，2013年（2014年度環境経済・政策学会奨励賞，第9回政治経済学・経済史学会賞）がある。Environment and Planning A, Journal of Comparative Economics, Journal of Comparative Economic Studies, The World Economy, World Development, 『経済研究』，『国民経済雑誌』，『スラヴ研究』，『比較経済研究』，『比較経済体制研究』，『ロシア・東欧研究』等の学術雑誌に論文を発表。

堀江典生（ほりえ　のりお）［第3，8講担当講師］
富山大学研究推進機構極東地域研究センター教授，1998年　大阪市立大学大学院経済学研究科後期博士課程単位取得退学。編著書に，『現代中央アジア・ロシア移民論』ミネルヴァ書房，2010年（第1回地域研究コンソーシアム研究作品賞），『中ロ経済論—国境地域から見る北東アジアの新展開』（共編著）ミネルヴァ書房，2010年，論文に，「ロシアの職業と職務の変容—遺制としての旧ソ連型職業分類」『比較経済研究』第46巻第1号，2009年（2009年度北東アジア学会賞），「ロシアにおける新規大卒者採用人事—経路依存と新たな展開」『北東アジア地域研究』第18号，2012年，「ロシアの職業分類と公共職業安定行政」『經濟學雜誌』第114巻第3号，2013年，「現代ロシア企業人事労務管理の東西地域間異質性」『比較経済研究』第55巻第2号，2018年等がある。

溝端佐登史（みぞばた　さとし）［第3，6，7講担当講師］
京都大学経済研究所教授，1987年　京都大学大学院経済学研究科博士後期課程退学，経済学博士（京都大学，1997年）。『ロシア経済・経営システム研究—ソ連邦・ロシア企業・産業分析』法律文化社，1996年，『市場経済移行論』（編著），世界思想社，2002年，『現代ロシア経済論』（編著）ミネルヴァ書房，2011年，Two Asias: The Emerging Postcrisis Divide（編著），World Scientific: Singapore, 2012，『ロシア近代化の政治経済学』（編著）文理閣，2013年等の著書・編著書を刊行，Annals of Public and Cooperative Economics, Journal of Comparative Economic Studies, Post-Communist Economies, Society and Economy, 『経済研究』，『世界経済評論』，『比較企業研究』，『比較経済研究』，『比較経済体制研究』，『北東アジア研究』等の学術雑誌に論文を多数発表。

●編著者紹介

岩﨑一郎（いわさき　いちろう）

一橋大学経済研究所教授

比較経済論講義
市場経済化の理論と実証

2018年 7 月20日　第 1 版第 1 刷発行

編著者──岩﨑一郎
発行者──串崎　浩
発行所──株式会社日本評論社
　　　　　〒170-8474　東京都豊島区南大塚3-12-4
　　　　　電話 03-3987-8621（販売）、03-3987-8595（編集）、振替 00100-3-16
　　　　　https://www.nippyo.co.jp/
印刷所──精文堂印刷株式会社
製本所──株式会社難波製本
装　幀──林　健造
検印省略 © I. Iwasaki, 2018
Printed in Japan
ISBN978-4-535-55862-5

JCOPY　〈(社)出版者著作権管理機構　委託出版物〉

本書の無断複写は著作権法上での例外を除き禁じられています。複写される場合は、そのつど事前に、
(社) 出版者著作権管理機構（電話03-3513-6969、FAX03-3513-6979、e-mail：info @ jcopy.or.jp）
の許諾を得てください。また、本書を代行業者等の第三者に依頼してスキャニング等の行為によりデ
ジタル化することは、個人の家庭内の利用であっても、一切認められておりません。